大英帝国
与第一次世界大战

THE LONG
SHADOW

[英] 戴维·雷诺兹（David Reynolds）——著

徐萍 高连兴——译

中国友谊出版公司

图书在版编目（ＣＩＰ）数据

大英帝国与第一次世界大战/（英）戴维·雷诺兹著；
徐萍，高连兴译.--北京：中国友谊出版公司，2019.6

书名原文：The Long Shadow

ISBN 978-7-5057-4627-5

Ⅰ.①大… Ⅱ.①戴… ②徐… ③高… Ⅲ.①第一次
世界大战－历史 Ⅳ.① K143

中国版本图书馆 CIP 数据核字 (2019) 第 040339 号

著作权合同登记号　图字：01－2019－2026

书名	**大英帝国与第一次世界大战**
作者	[英] 戴维·雷诺兹
译者	徐萍　高连兴
出版	中国友谊出版公司
发行	中国友谊出版公司
经销	新华书店
印刷	北京盛通印刷股份有限公司
规格	710×1000 毫米　16 开 35 印张　454 千字
版次	2019 年 6 月第 1 版
印次	2019 年 6 月第 1 次印刷
书号	ISBN 978-7-5057-4627-5
定价	128.00 元
地址	北京市朝阳区西坝河南里 17 号楼
邮编	100028
电话	(010) 64678009

献　给

亨利·乔治·雷诺兹（1882—1959）

詹姆斯·凯（1891—1928）

我们一步步地走出那些酸楚的时光，
走进了命运的宏观壮丽之中。

劳伦斯·比尼恩（1914）

当我死时，请记住我；
当我死后，请淡忘我。

基思·道格拉斯（1941）

不要再这样天真了，
以前没有，以后也不要再这样天真了……
永远不要再那样天真了。

菲利普·拉金（1964）

每个国家都有属于自己的第一次世界大战。

杰伊·温特，安托万·普罗斯特（2005）

序　言

在英国，一战已经被人们遗忘多年了。鉴于众多的小说家，诸如帕特·巴克、塞巴斯蒂安·福克斯以及地位显赫的威尔弗雷德·欧文和其他一战诗人的作品深受民众欢迎，甚至被罗列在学校的课程表里面，成为学生的必读书目，这些倾向看起来似乎非常奇怪。然而，1914—1918 年这一段历史似乎已经成为文学家笔下的战争，因而脱离了它的历史基础与内涵。正如欧文所说，"我的创作主题是战争以及对于战争的遗憾"，"对一战的论述主要是基于诗歌情怀"。现在我们对于弗兰德斯和皮卡第沼泽地区血流成河的战争场面的描写过于敏感，认为它们毫无意义，认为这是一场悲剧——那些风华正茂的年轻人不知道他们为之付出生命的这场战争的意义何在。但是，如果把这场冲突仅仅降低到个人悲剧的层面，不管怎么感动人，我们就失去了对历史大背景的感知能力，而对于一战的论述已经沉迷于对诗歌的情怀而展开。[1]

在学术史上，从历史层面的论述转向文化层面的分析这种趋向不断被提升。以 1914—1918 年的一战为例，这种趋向已导致人们对于一战的公共记忆过于迷恋，这种记忆不是基于事实，而是基于情感性的解读。自 20 世纪 80 年代以来，众多的学者已经解读了一战的文化影响，特别是对于死亡的人寄托哀思的情感，而这些确实是被传统的军事史学家所忽视的内容。但是，太过于相信这种记忆，就像现在的史学编纂趋势一样，离开主题太远，却往往忽视了战争的政治、军事、经济、

I

社会和知识等直接的和物质层面的影响。[2]《大英帝国与第一次世界大战》这本书，是一本既关注逝者又关注现实的书，因为 1918 年以后的生活仍在继续。事实上，正如伍德罗·威尔逊的首席发言人乔治·格雷尔在 1920 年所指出的那样，这是一个被战争的火焰重塑的时代。[3]事实上，战后欧洲的大部分国家并没有陷入永恒的哀思之中，20 世纪的二三十年代也并不是一个几乎被绝望、失望和哀伤所笼罩的"病态的时代"。[4]

本书的第一部分透过一战对于战后 20 年的影响来解析这一问题，这一时段被当时的人们称为战后岁月，而不是像我们今天所说的"两次大战之间的停战时期"。换句话说，本书是在另一次全球性大战爆发之前对 1914—1918 年的解析透视。这一部分的诸章节将按顺序系统地论述审视东欧新独立国家的边界问题，以及对于自由民主的挑战、殖民帝国的前景、世界经济的混乱、重新兴起的文化价值和国际和平所面临的总体问题。一战的部分遗产是负面的，甚至是有害的，但是有些影响则是向积极的方向转化：20 世纪并不仅仅是一个充满"仇恨的年代"。[5]

通过对贯穿 20 世纪二三十年代这些主题的论述和分析，我想说明的问题是，在最重要的方面，大英帝国在一战中的经历与欧洲大陆的法国和德国是不一样的，更不用说与俄国和巴尔干半岛的不同了，这也是本书的主要观点。英国在一战中没有遭受到本土入侵，没有遭受到严重的轰炸，没有被卷入到革命的浪潮之中，甚至也没有受到内战和非法军事暴动的蹂躏。事实上，除了民间的关于总罢工和经济大衰退的记忆，20 世纪二三十年代的英国无论是在政治上，还是在经济上，都比欧洲大陆的那些邻居们稳定得多。但是，也有一个例外，那就是 1916 年爱尔兰复活节起义之后的年代。爱尔兰关于一战的记忆与英国的主体部分相比更具有欧洲大陆的特征。1916—1923 年爱尔兰独立战争的遗产，它的内战和分离的倾向，将影响 20 世纪的其余岁月。[6]

一战的影响是全球性的，它重新塑造了近东、殖民地的非洲和东亚地区。[7]即使在这个层面上，英国的经历也是非同寻常的，当其他帝国在一战后纷纷崩塌之际，不列颠之下的和平（这有点像法兰西帝国）却在1918年之后达到了一个顶峰。然而，英国在巴勒斯坦和美索不达米亚势力的意外扩张，却成为它将来发展的障碍。当战争阴影在20世纪30年代初开始显现的时候，一战也对英国的反应产生了影响，英国不仅仅是通过绥靖政策来试图维持和平，同时也在为可能发生的战争做应急的准备。当时的执政者致力于英国自身防空体系的构建，而不是把另一批军队送到欧洲大陆去充当炮灰。30年代的英国一直在努力避免一场新的大战的爆发。也正因为如此，在下一次大战爆发并且呈现出与一战不同的战争形式的时候，这在1940年几乎拯救了英国。

与英国相比，美国无论在地理位置上，还是在精神感觉上，都更加远离一战。关于战争究竟能够带来什么，美国不断增长的幻灭感逐渐与英国趋于一致。最主要的不同主要体现于伤亡的人数，联合王国（UK）的死亡总数是72.3万人，美国则是11.6万人——而其中超过半数的死亡是由于1918年的大流感。[8]对于美国人而言，"大战"应该是1861—1865年的美国内战，共有62万人死于这场可怕的内战，这个数字比两次大战期间美国死亡人数加起来还要多。对于美国人来说，他们介入一战的时间短暂，损失微小，所以一战很快就被1941—1945年的二战与其后的冷战所冲淡了。然而，正是由于一战，美国第一次比较深入地介入了欧洲的冲突，并以此步入了全球外交。对美国领导人而言，这种经历将成为20世纪美国外交的一个标杆，尤其是当他们感到作为一个世界性的大国面临政治负担和精神困境的时候。

一战的影响非常广泛，并且贯穿了整个20世纪的20年代和30年代。但是这场被称为"终结所有战争的战争"的意义被彻底推翻了，因为不到1/4世纪之后就爆发了第二场更恐怖的大战。在二战中，英国遭到了严重的轰炸，面临着迫在眉睫的侵入英国本土的威胁，它在亚洲的殖民体系也被这场战争彻底颠覆了。20世纪二三十年代被称为"两次世界大战的间歇期", 1914—1918 年的战争也因此被称为"第一次世界大战"。在战后整整 20 年的时间里, 一战的意义被二战和冷战所掩盖, 因为它们带来了更恐怖的屠杀和轰炸。一战价值的重新发掘是在 20 世纪 60 年代, 也就是距离一战大约 50 年的时候。对于英国人而言, 正是在这一时期, 1914—1918 年成了一个故事的形式, 而且主要是关于战壕和诗人的故事。

1945 年之后, 1914—1918 年的一战造成的直接的物质层面的影响已经消失了, 但是关于这段历史的记忆方式却变得更加重要, 然而这却是被当代人的观念所塑造的历史。例如, 在 20 世纪 60 年代的时候, 英国爆发的年轻人反抗保守的当权派的造反运动和已经在德国爆发的反对"沉默的一代"的活动, 其行为同纳粹别无二致。而到了近些年, 在普遍的国际层面上, 对一战的看法则更加受到冷战的影响。这在关于索姆河战役、卡波雷托战役和靠近伊普尔的爱尔兰和平塔的问题上显得尤为突出。当然, 英国关于这场战争冲突的看法主要集中于索姆河战役。在本书的第二部分, 在一系列按照时间顺序设计的章节里, 我们追溯了 1914—1918 年对于 20 世纪下半叶产生的影响, 而这种影响虽然在当时没有直接显现出来, 但是仍然折射于其后的世界, 首先是通过 1939—1945 年二战的棱镜显示出来, 其后更是通过 1989—1991 年冷战的结局显示出来, 同时冷战的结束也标志着自 1945 年以来战后时期的终结。在这些章节里, 我将把大家熟悉的书籍、电影和事件进行随机的组合, 从而得出变动的现实在本质上是历史的不断再现的观点。9

因此, 本书对于一战的分析不仅仅是为了剖析 1914—1918 年的历史遗产, 而且也是为了解释 20 世纪一战后的岁月的某些重要特征。这些章节的范围非常广泛, 包含了很多历史学的分支学科, 既包括军事历史, 又涉及文化研究; 既探讨意识形态问题, 又蕴含经济学的内容; 同时也关注历史学科的最新研究趋势。而至关重要的是, 通过把英国人在一战中的经历置于欧洲语境中进行观察, 我希望能够达到这样一个目标：传统的、以英格兰为中心的关于战争的观念，是迫切需要加以修正的。简而言之，我试图解释这样一个问题，那就是为什么英国人关于一战的看法出现了偏差与问题。

解决这个问题的一个有效的途径，就是要扩展我们对于战争的年表的认识和感觉。英国人对于一战的观念主要集中于 1916 年，更确切地说，是集中在 1916 年的 7 月 1 日，也就是著名的索姆河战役爆发的那一天。但实际上，战争持续了四年的时间，分为几个阶段。如果我们想要充分理解一战对于战后几十年的影响，最后一年是至关重要的，然而恰恰这一年是最易被忽视掉的一年。对于本书而言，一战是如何结束的远远比它为什么开始更加重要。而一战后果的显现，类似于猛烈的压力在其后数十年的僵局中得以爆发出来。[10]

战争的初级阶段主要集中于 1914 年。我们这里不探讨在此之前的紧张状态的影响，但是 7 月危机是意料之外的事情，而它却成为一战的导火索。这里的问题是，谁将为一战的爆发负责任，或者说哪一个国家将负主要责任，这将在这本书中逐步地被推导出来。充分的证据表明，哈布斯堡帝国是主要的责任国，而它的外交政策选择，一方面是因为受到了突然刺杀事件的影响，另一方面是因为得到了德国皇帝威廉的支持。于是它试图一劳永逸地解决经常给它制造麻烦的邻国塞尔维亚问题。很快，支持塞尔维亚的沙皇俄国被卷入了战争，随后沙皇俄国的盟友法兰西共和国也介入了。在经过激烈的争论之后，英国当政的自由党政府把它的命运和法国以及比利时联系在了一起，因为比利时一直恳求英国保障它在战争中的中立地位。在 1914 年接下来的时间里，发生了很多事情，而这些事情通常都被人们遗忘了。这一年战争规模迅速扩大，法国的军队推进到阿尔萨斯和洛林，沙俄军队进入了东普鲁士地区，德国则迅速地向巴黎推进。各交战国政府都认为会迅速地取得一场决定性的胜利，但是战况的发展使得它们无法达到这些不同的目标，更为严峻的是，它们都低估了现代炮兵和机关枪对于步兵部队的巨大杀伤力。对于交战双方的大部分国家而言，1914年军队的伤亡率是一战中最高的一年，例如，法国的伤亡人数达到了50万。1914年8月22日是最为严峻的一天，法国军队在进攻的过程中损失了2.7万人，这个数字比英国在索姆河战役第一天的死亡人数要多得多。在德国进攻法国阵地的时候，法国士兵因为军服颜色（蓝色的束腰上衣和红色的裤子）非常鲜艳，而非常容易地成了德国机关枪的靶子。[11]

1915年，西部战线已经进入了漫长的第二阶段，这一阶段，从瑞士到北海，层层的战壕被挖掘出来，实际上也是进入了众所周知的相持阶段，同时它也是一个血流成河的相持阶段。交战双方的所有国家仍然幻想在战场上能够取得一场决定性的胜利，从而彻底根除敌人继续战争的愿望。英国和法国试图通过攻击德国的盟国奥斯曼帝国实现这一目标。对奥斯曼帝国的进攻发生在1915年4月，然而发生在加里波利的这场战役的结局是灾难性的。5月，意大利抱着同样的希望发动了对奥匈帝国的进攻，但是却被困在了阿尔卑斯山。1915年，德国的进展更为顺利一些，以势不可当的优势战胜了塞尔维亚，并且从沙俄那里攫取了波兰的大部分领土，然而这些胜利也没有达到致命一击的效果，沙皇俄国的士气仍然很稳固。实际上，一战前半段的一个非常重要的特征就是战争后方起着至关重要的作用，这与战前的对于社会主义和和平主义的恐惧是截然相反的。当战争的代价高昂时，和平的代价也是如此。正如一个德国大臣在1914年11月所说的那样，在付出了如此高昂的代价和恐怖的牺牲之后，只有明确的胜利似乎才是可以接受的，其他任何的结局对于人民来说都是不充分的。[12]

时间推进到了1916年，交战双方仍然一直抱着这样的希望，即一场决定性的战役能够取得最终的胜利，并为此做好了行动上的准备工作。大多数交战国把GDP的一半以上用到了军事防御上。各国政府逐渐意识到经济和社会在战争中的作用，这种方式也被称为"总体战"。各国纷纷强化了政治上的控制倾向。在德国，1914年的政治上的一致不复存在，持不同政见的社会主义者公开反对帝国主义战争。英国强制性地推行征兵政策，这违反了神圣的自由原则，以大卫·劳合·乔治为首相的新的联合政府成立，并且进行了继续战争的努力。在战场上，德国最高统帅部把目标锁定在凡尔登地区，希望在这一地区"让法国人的血流干"，但是这一战役失败了，德国军队与法国军队一样血流成河。凡尔登战役期间，交战双方的死亡人数估计在40万—60万。精确的数字统计是不可能的，因为许多士兵都被炸成了碎片，至今仍然可以在杜奥蒙葬尸堂里看到从战场上搜集到的大量碎骨。为了解救凡尔登困局，协约国在索姆河发起了进攻。但是英国在第一天就损失了6万人，其中的1/3是被杀死的，于是1916年7月1日对于英国人来说成了战争中最可怕的一天。然而，这场进攻仍然持续到了11月，因为当时的战地统帅道格拉斯·黑格仍然寄希望于能够有一个戏剧性的突破。在整个索姆河战役期间，英国的伤亡人数达到了42万人，法国的伤亡人数大约是这个数字的一半，同样，德国的损失也是巨大的，其数字可能接近于英国和法国的总和。[13]

1916年11月13日，当时的索姆河攻势已经因为冬天的来临而减弱了，英国的前外交大臣兰斯多恩勋爵建议英国内阁考虑和平谈判的问题。"鉴于目前的人口伤亡、金融损失和对生产力的破坏，战争损失的恢复可能需要几代人的时间"，伤亡人数已经达到了100万，英国每天的战争花费都达到500万英镑，"这确实是我们应该承受的责任"，"但是至少应该让我们看到我们的牺牲是会有回报的，如果所有的付出都是徒劳的，如果再有一年、两年或者三年，我们发现我们仍然无法解决问题，那么战争的延长毫无意义。那些进行毫无意义延长战争的人的责任并不比发动战争的人的责任要小"。当局者对兰斯多恩勋爵的建议充耳不闻，但他提出来的问题，而且几乎就是在最终的停战协定达成的两年前同一天的时间提出来的这个问题，即他所阐述的继续战争带来的后果这一观点，也一直让英国人备受折磨。[14]

1916 年，每一方发动的攻击（无论凡尔登，还是索姆河）都失败了，并且都付出了巨大的代价，同时国内的骚动也在战争后方给它们施加了很大的压力。1917 年，裂缝开始出现，战争进入了一个更加不稳定的第三阶段。德国人缩短了他们的西部战线，撤回到新加固的防御工事中去。美国仍然保持着中立的态度，但是英国进行战争的需求更加依赖于大西洋彼岸的美国，并且资金主要来源于美国银行和私人投资者的贷款。因此，德国最高统帅部做出了一项重大决定，决定在大西洋发动不受限制的潜艇战，此举把美国拖入了战争。德国人认为，在美国进行充分的战争动员之前，他们的潜艇能够彻底切断英国跨大西洋的供应线，在短时期内，德国人的战略似乎取得了成功。1917 年4 月，法国军队发生了兵变，主要导火索是在贵妇小径这一地区发动了对德国人的自杀性袭击。如果不是因为指挥官罗伯特·尼维尔傲慢自负，法国军队甚至可以预见到这场战争的未来。这场战役中，很多人投入了战斗，他们在倾盆大雨中沿着陡峭的山坡进攻，并且发出了类似绵羊的叫声。尽管这次兵变很快被平息了，但是法国军队在之后的所有进攻中几乎再也没有出现过类似的冒险行为。10 月，意大利的军队在阿尔卑斯山脉的卡普利托被击溃。英国在西线迅猛推进，从春天在阿拉斯到秋天在帕斯尚尔，都付出了巨大的代价，但是收益微乎其微，这也加剧了政治家和将军们的摩擦。

只有东线战场似乎还让人看到了一点希望，这来源于奥斯曼帝国的失利，英国军队占领了巴勒斯坦和美索不达米亚地区，但是这不能抵消1917 年欧洲东部战线的失利。2 月，沙皇俄国掀起了反战的狂潮，在首都彼得堡，仅仅在两个星期的时间里，因为食品问题爆发的骚乱和兵变就推翻了沙皇的统治。统治俄国 300 多年的罗曼诺夫王朝很快被送进了历史的垃圾堆。尽管新政府在整个夏天仍然参与一战，但是10 月份布尔什维克取得权力之后，东线很快进入了停火状态。在一战的战争进程中，德国首次能够全心全意地进攻西线了。

1918 年是战争的最后阶段，战争再度进入了一个易变期，这和 1914 年的情况类似，每一方都寻求决定性的突破。鲁登道夫将军和他的德国最高统帅部曾经在 1917 年发起过潜艇战，现在事实上他已经成为德国军事上的独裁者，再次决定赌一把，他发动了一系列的进攻行动，试图在新到来的美国军队认真地部署好之前突破西方战线。1918 年 3 月，鲁登道夫发动了攻击行动，这次行动几乎把英国军队与法国军队撕裂了，随后的危机平息了罢工及所有的反战言论。但是自从发动了 1916 年以来的首次攻击，鲁登道夫也等于把大量的德国军队暴露在了协约国的火力之下。德国一共发动了五次进攻，其攻势一次比一次弱，这是因为士兵的伤亡和开小差的现象造成的。到这个时候，协约国的封锁开始发挥作用了，柏林人翻遍垃圾堆寻觅腐烂的肉类和蔬菜用以充饥，他们要继续劳动的话每天至少需要 1000 卡路里的能量，这远比官方的最低限额的一半还要少。1918 年夏天，英国和法国的军队得到了百万美军的支持，开始向前推进。当时德国的担心是，如果战争持续到 1919 年，美国将发动一场决定性的进攻。这种设想击溃了德军的士气。但是在 1918 年，这些年轻人仍然在亲身体会战争的本质，并为这种虚张声势的胜利付出了巨大的代价。1918 年秋天，英国军队开始取得最终的胜利。黑格那时指挥着 60 个师的兵力，这也是英帝国指挥过的最强大的军事力量。他以步兵、坦克、飞机和炮兵联合作战的方式突破敌人的防线并以此取得了胜利，这完全不同于 1916 年的战术。最近英国历史学家坚持认为黑格的胜利持续了"百天之久"，而且他们也认为这是索姆河战役以来的不断学习过程中的一个高潮。[15]

在流血中得来的这些教训是否值得，仍然是一个引人争议的问题，但是战争的最后阶段确实揭开了本书的序幕。1918 年 11 月的战争后果，绝对不仅仅是体现在协约国的军事胜利和同盟国的失败，这场全面战争失败的代价带来的是秩序的全面崩溃。当鲁登道夫向协约国要求签署停战协议的时候，德国民众大为震惊，鲁登道夫给出的理由是德国已经面临严重的困境，战争无法继续打下去了，紧接着德国的海军发动了兵变，德意志帝国在四个星期的时间里就崩溃了，就像一个纸糊的房子一样不堪一击。德国皇帝被迫退位了，随即他流亡到了荷兰，他的家族在德国柏林长达 500 多年的统治就此终结。哈布斯堡王朝统治下的奥匈帝国也解体了。11 月 8 日，当时年仅 31 岁的卡尔皇帝最后一次站在维也纳美泉宫的舞厅里面，这个可怜的年轻人失去了玛丽娅·特蕾莎的华丽光环。正如一个政治家观察到的那样，这样的一个场景是名声与权力的最大悲剧性象征。[16]

当然，胜利的代价十分高昂，协约国很快发现它们很难适应这样到来的一个战后世界。如果正如兰斯多恩勋爵建议的那样，战争在 1916 年结束的话，是否会降低这场战争的灾难性影响呢？然而战争的继续既对交战双方造成了破坏性的打击，也摧毁了欧洲的旧秩序。

一战的最后阶段是非常混乱的，它也是本书接下来章节的一个基本背景。随着哈布斯堡王朝、罗曼诺夫王朝和霍亨索伦王朝统治下的诸帝国的纷纷崩溃，它们长期统治的中欧和东欧地区出现了权力真空，谁将在这里发挥新的替代性的作用呢？布尔什维克的革命带来了什么样的挑战？在一个投票的民众均被训练成为杀手的国家里，大众民主能够充分地实现吗？一战中，殖民地的人民已经接受了民族主义和民主浪潮的洗礼，在这种背景下，殖民帝国如何有效地治理它们的殖民地和势力范围呢？协约国如何重建一个已经被摧毁的全球资本主义体系呢？经历过四年的战争屠杀之后，谁敢妄言人类文明的价值？而且，最为重要的是，1919 年在巴黎缔结的和平协定能够维持下去吗？这些问题构成了本书前半部分的主旋律，也使我们能够从一个更加国际化的视角来剖析英国对于 1918 年这段历史的反映。

目 录 CONTENTS

是因为不可抗拒的事件的压力……但是迄今为止，我们中的大多数人却对我们下一步要做什么并不清楚，只有一个非常模糊的概念……

在艺术具备人性之前，它首先必须学会残忍。

我们已经得到了我们想要的一切，也许还要更多一些。我们唯一的目标是维持我们已经拥有的东西，生活在和平之中。

第二部分　镜像

这就是地理上的成本——为什么欧洲的地图从来没有固定不变过呢？

由于对一战中"暴行的宣传"持怀疑的态度，许多人不愿意太相信纳粹对待囚犯的不人道行径。然而，从上个星期开始，美国人不再怀疑这一点了。

我们这一代没有参加过二战的战斗。对我们大多数人而言，前者就像克里米亚一样遥远。无论是引发它的原因，还是参与决策的相关人员，我们都认为是晦涩不清的，甚至可以说是声名狼藉的。

几乎所有关于 7 月 1 日的故事都有特雷布林卡的倾向，那些温顺的年轻人排成长队，身穿质量非常差的军服，负担沉重，脖子上挂着编号，沉重缓慢地穿越一片毫无特征的景观，走向导致他们自我灭绝的铁丝网之内。

现在，所有的道路都通向法兰西，

活着的人步履沉重，

逝去的人却轻舞归来。

死者已经逝去，他们已经不在了。没有人知道他们的地位，今天是属于我们的。他们曾经像我们一样真实存在过，有朝一日，我们也会像他们一样，成为影子。

第一部分

遗 产

第一章　民族

　　普鲁士容克就像路霸一样在欧洲这片土地上横冲直撞……当两个弱小的民族被野蛮行为残酷地碾压和蹂躏的时候，如果我们袖手旁观，我们的耻辱将贯穿整个时代。

——大卫·劳合·乔治，1914 年 9 月 19 日

　　……所有民族的正当愿望都应该给予最大程度的满足……如果旧秩序一直持续下去，永远不引入新的内容，那么一切不协调的和充满敌意的因素都可能打破欧洲的和平局面，并且最终影响到全世界。[1]

——伍德罗·威尔逊，1918 年 2 月 11 日

在巴黎和会召开期间，美国总统威尔逊和他的夫人居住在穆拉特王子酒店。这是一座金碧辉煌的 19 世纪的宫殿式建筑，坐落在蒙索街，酒店里到处陈列着拿破仑时期的纪念品。伊蒂丝·威尔逊对此有着特别清晰的印象，包括大门前面红色、白色和蓝色的岗亭，清扫得一尘不染的楼梯，以及穿制服的仆人。她在回忆录中哀叹道："如果这种仅仅是为了引人注目的花费，能够提供给那些需要生活必需品的人们使用，这个世界将更加美好。"她也没有忘记，有一次，她来到沙龙寻找她的丈夫，发现自己的丈夫正和顾问们趴在地板上。他们在仔细地观察一张硕大的欧洲地图，正努力地划分出欧洲的新边界。她忍不住大笑着说："你们像一群正在玩游戏的男孩。"总统则转向她，表情非常严肃地说道："唉，这可能是我们玩过的最严肃的游戏，据我估计，这个游戏所导致的后果，将直接关乎世界未来的和平。"[2]

　　威尔逊和其他的政治家在 1919 年的巴黎所做出的决定，使他们经常遭受谴责。一般认为，正是他们的决定造成了战后欧洲的混乱局面，而实际上，问题远远不是他们能够掌控的。欧洲的政治地图从来没有被如此戏剧化地改画过。1917—1918 年的危机彻底摧毁了统治中欧、东欧和东南欧数世纪的大帝国，包括罗曼诺夫王朝、哈布斯堡王朝、霍亨索伦王朝和奥斯曼王朝。1914 年 8 月，欧洲只有 3 个共和国（瑞士、法国和葡萄牙），但是到了 1918 年年末，欧洲则出现了 13 个共和国。其中一个是德国，因为德意志帝国已经因战败和革命被推翻了。其余新出现的 9 个共和国在战争开始的时候根本就是不存在的，包括捷克斯洛伐克、波兰和南斯拉夫。[3]

事实上，当时政治安排面临的最主要挑战是如何处理好独立与相互依存之间的关系。正如威尔逊在 1918 年 2 月 11 日所指出的那样，是要在和平与秩序的框架之内实现"民族国家的愿望"。但是在一战末期要达成那样一个目标，需要的不是政治家，而是一位"炼金术士"。本章主要阐述新成立的多民族国家的急躁特性，而这主要是因为它们建立在被摧毁的帝国的基础上，而且往往是通过非常残酷的准军事的暴力手段建立起来的。这些国家的脆弱性将在 20 世纪的大部分时间里持续地影响欧洲大陆的政治局势。[4]

大不列颠和爱尔兰联合王国也是帝国，只不过规模较小，这是英格兰王国数世纪持续扩张的结果。但是它也没有逃脱帝国崩溃和民族重建这种龙卷风带来的命运。爱尔兰的经历与欧洲大陆的许多事件都有共同之处。经历过残酷的暴力践踏之后，爱尔兰被分裂成两个对立的部分，一部分通过残暴的方式建立了独立国家，另一部分仍然留在联合王国之内。但是在英格兰、威尔士和苏格兰，这场冲突创建了英国身份认同的全新感觉，这将在 20 世纪的大部分时间里持续地发挥影响。

那么，到底什么是民族呢？法国的知识分子欧内斯特·勒内早在 1882 年就提出了这个问题，但是关于民族的定义迄今仍然处于争论之中。[5]人们的身份意识有多种表现形式，包括通过性别、阶层和宗教来进行身份认同。在过去，身份认同具有地域化的特征，而且比较简单明确，通过朋友的圈子、教堂和各种俱乐部就可以体现出不同的身份。某人要真正感受到自己是民族的一部分，或者说具有清晰的民族意识，这往往是由于外部的因素。按照历史学家的说法，需要一个敌对的"他者"进行对比，然后才能具有自己的民族意识和价值观。但是民族主义同样需要在政治结构或者国家中加以表达和体现，这样它才能够对民众产生合法的情绪上的影响，而这一点对于塑造民族认同感是非常必要的。1800 年，欧洲大约有 500 个政治实体，它们的规模和生存能力具有很大的差别，但是到了 1900 年，则只有 20 个国家了。[6] 在整个 19 世纪，国家主要是被民族间的战争塑造出来的，各国以民族的名义作战，并且通过征兵动员民众参战。这种模式的原型来自于法国革命和拿破仑帝国。法国的战争在其他地区激起了强烈的民族意识，特别是在那些后来成为意大利和德国领土的地区。托马斯·尼培代关于德国历史的说法就是："德国的民族意识开始于拿破仑战争时期。"[7]

正是源于对 19 世纪这些斗争的分析，学者们逐渐把公民国家和民族国家划分了一个明确的界限。前者主要是在一定的地域之内，通过共同的法律、机构和公民权利连接在一起的一个共同体。而民族国家的定义则是拥有共同血统的共同体，根植于语言、种族划分和文化的基础。一般认为，法国充分体现了公民民族主义的特征，这个国家是由革命的意识形态（自由、平等、博爱）凝聚在一起的。德国则是种族民族主义的经典案例，完全沉浸于民族这个空想的概念里面不能自拔。当然，这种关于公民国家和民族国家的划分标准，或者说把国家贴上这样的标签，已经引起一些学者的质疑，到底这种划分标准还适用吗？[8]

在一战之前，民族国家主要建立于西欧和北欧地区。19 世纪末期，中欧和东欧地区确实也见证了民族主义情绪的高涨，而这种民族主义情绪是一种种族主义的强化。最初，这种情绪最激动人心的体现是在文化层面，通过诗歌和民间神话的形式（有时这两者是混合在一起的，就像斯美塔那在捷克和西贝柳斯在芬兰所做的那样）表现出来。更重要的是把民族的书面语言系统化的过程，而且要在学校里进行该语言的教学。于是一些具有政治抱负的知识分子，以及一些主张政治变革的人，组成了一些小规模的政治团体。在他们开始进行带有明显政治目标的大规模群众运动之前，特别强调民族的概念，把它作为一个重要的宣传口号。1900年前后，有些民族主义者比其他一些人走得更远一些。例如，波兰人与斯洛文尼亚人相比就是如此，但是对它而言，完全的民族独立在很大程度上是个乌托邦的梦想。1914年，虽然实质上那些大帝国已经摇摇欲坠了，但看起来还是在可控的程度上。最终是整体战争把这些帝国彻底摧毁了。[9]

我们可以看看哈布斯堡王朝这个例子。哈布斯堡王朝治下的奥匈帝国拥有5000万人口，是欧洲人口第三大的国家，境内包括了11个主要的民族，其中一些原来是独立的国家，后来被哈布斯堡王朝所统治。在这个案例中，这些民族的效忠主要是针对王朝的，而且从表象上看，主要是效忠于特别长寿的弗朗茨·约瑟夫一世，他自1848年登基以来一直在位。自从1866年被俾斯麦治下的德国击溃之后，奥匈帝国一直没有彻底恢复元气，这次失败使得约瑟夫被迫承认境内最大的王国匈牙利实行英国所称的"地方自治"。因此，他实行的是双重君主制的统治，奥地利和匈牙利拥有单独的议会，甚至有与帝国军队同时存在的独立军事力量。后来，匈牙利逐渐成为奥匈帝国的沉重负担，它不愿意缴纳本应承担的税收份额，特别是不愿意负担任何的军事开支。在帝国属于奥地利的区域内，德意志民族的人成为统治阶层，而其他的种族群体，包括波希米亚人、摩拉维亚人则还是老样子。居住在匈牙利地界的罗马尼亚人、斯洛伐克人、塞尔维亚人、斯洛文尼亚人和克罗地亚人大约占了人口数量的一半，他们处于马扎尔人的摆布之下，马扎尔人运用残酷的手段推行他们自己的语言和文化，却抵制这些人要求男性普遍选举权的请求。面对他们的请求，弗朗茨·约瑟夫一世非常不耐烦地说道，"政府永远不可能满足每一个民族的要求"，"这也是我们必须依赖那些最强大的民族的原因……我们必须依赖德意志人和匈牙利人"。[10]

对于哈布斯堡王朝来说，最大的挑战来自于塞尔维亚王国。1878年，它摆脱了奥斯曼帝国的统治，获得了自由和独立，之后一直试图把所有的塞尔维亚人统一起来，建立一个大塞尔维亚国家。到底是什么群体构成了塞尔维亚人，这个问题已经非常模糊了，但是塞尔维亚所涉及的地域范围则从马其顿地区延伸到匈牙利地区。然而，这种神话般的图景反映了一种关于塞尔维亚语的宽广的定义。这种神话般的历史可以追溯到1389年，当时在科索沃波尔耶（也就是黑鸟平原）地区，塞尔维亚人和奥斯曼帝国的其他人处于半对立的状态。卡拉乔治维奇王朝的统治和各种各样的恐怖团体进一步推动了塞尔维亚的扩张野心。1914年6月28日，弗朗茨·约瑟夫宝座的继承人被暗杀的事件则标志着塞尔维亚的扩张主义达到了高潮。维也纳决定一劳永逸地解决塞尔维亚构成的威胁，从而引发了欧洲的七月危机。[11]

在大战爆发之前，哈布斯堡王朝境内的一些克罗地亚和斯洛文尼亚的知识分子开始聚集起来，讨论与塞尔维亚人一起建立一个共同的南斯拉夫的问题，但是他们只属于少数派。1914年令人震惊的那一瞬间，反而使得他们对于帝国的忠诚更加强化了。在1914年秋天，哈布斯堡王朝发动的摧毁塞尔维亚的战争行动之中，许多士兵都具有南斯拉夫血统。尽管偶尔也有民族主义情绪的爆发，并且存在种族的多样性，但是总体而言，在战争的大部分时间里，他们都能够团结在一起，而且合作得非常好，这在今天看来似乎是非常荒谬的。1914年，帝国军队的每100个人之中，平均包含25个德意志人、18个马扎尔人、13个捷克人、9个波兰人、9个鲁塞尼亚人、6个罗马尼亚人、4个斯洛伐克人、2个斯洛文尼亚人、11个塞尔维亚和克罗地亚人以及2个意大利人。德语是他们的通用语言，尽管他们在使用这种语言的时候可能会有80个不同的版本，但是军官们要求必须掌握他们所指挥的士兵的语言。多数部队使用2种语言，有的甚至多达5种语言。从来没有一个军队使用如此之多的语言进行指挥，也许人们会想到那永远无法建成的巴别塔，但是这种局面确实一直持续到 1918 年。从那年开始，大多数的士兵开始不愿意团结在一起进行战斗了。[12]

同样的故事情节也在沙皇俄国上演了。1914 年，罗曼诺夫王朝统治的人口达到 1.7 亿（这几乎是英国人口的 4 倍），统治面积大约占了陆地面积的 1/6，其中俄罗斯族的人口不到一半。罗曼诺夫王朝没有创建出一个全面的帝国认同，甚至在人口的核心俄罗斯族中也没有形成一种民族的认同感。罗曼诺夫王朝的最后两个沙皇亚历山大三世和他的儿子尼古拉二世开始意识到这个问题，并且采取残酷的手段强制推行俄语和东正教，但结果却激起了具有强烈民族主义情绪的人们的愤怒。在 1905 年革命失败以后，政府开始改变立场，在政治上进行了一些表象的妥协，即在新的议会杜马里面给予民族主义团体发言权。当时，沙皇俄国面临的最为敏感的问题是波兰问题。波兰在历史上是一个独立的国家，但是自 1772 年以来就被瓜分了，当时大部分控制在俄国手中。尽管爆发了一些反对草案的暴动，但总体而言，1914 年的战争动员进行得还是比较顺利的，400 万男人按照日程应征入伍。在俄国军队的 1860 万士兵中，1/10 的人员来自境内的少数民族。[13]

在一战期间，来自欧洲边缘地位的民族往往在对立的双方阵营中都有士兵，包括波兰人、捷克人和克罗地亚人，甚至包括塞尔维亚人和意大利人。作为被征兵的民族，他们别无选择。军队的纪律非常严格和残酷，宣传机器也肆意夸大来自敌方的威胁，尽管这具有明显的让他们继续作战的动机。以沙皇俄国的军队为例，如果一个士兵逃亡或者"自愿地"被俘房，那么他的家人将被剥夺国家给予的津贴补助。而且，许多来自偏远的东欧地区的士兵识字率很低，从来没有想过自己的民族认同问题。1918 年，一位英国外交官嘲讽道，"假设你在乌克兰问一个农民，他的民族是什么，他将回答他具有正宗的希腊血统；如果接着问他是大俄罗斯人、波兰人还是乌克兰人时，他的回答可能就是他是个农民；如果坚持问他说什么语言，他的回答可能就是'地方方言'……他绝对不会想到知识界非常熟悉的民族性的问题"。[14]

战争的不断深化确实使民族意识问题尖锐起来。在东部战线，战俘们是按照民族成分被分别关押的，于是他们渐渐形成了反对他们为之效劳过的帝国的特殊团体。同盟国（德国和奥匈帝国）组建了一个波兰军团，还有芬兰军团和乌克兰军团去与沙皇俄国战斗。俄国人也把他们抓到的战俘编成波兰军团、捷克和斯洛伐克军团。俄国的捷克军团 1917 年 7 月 2 日在加利西亚省的兹博罗夫展开了浴血奋战，对各自的帝国而言，这是小型的战斗，但是这场战斗却被作为民族传奇的一部分为捷克人所铭记，因为他们战斗的对象是为哈布斯堡王朝作战的捷克人。所有这一切导致的结果，就是席卷整个东欧地区的强烈的民族认同感，而且这些参与作战的残忍士兵后来成为战后议会团体的核心力量。[15]

当然，通过这种方式挥动的民族主义旗帜并没有在战后的欧洲转换成伟大的计划。协约国集团（英国、法国和沙皇俄国）试图有限度地保留奥匈帝国的君主制，其目的是平衡德国在中欧地区的势力和影响。而且，英国和法国也没有一开始就支持波兰民族独立的奢望，因为那将侵犯它们盟友沙皇俄国的利益。美国参战之后，1918 年 1 月威尔逊出台的"十四点计划"开始设想"一个独立的波兰国家"，但是对于奥匈帝国的民众，他的建议仅仅是"自动发展的自由的机会"。其实是列宁和布尔什维克创造了极端的"民族自决"的口号，从而鼓动和促进了欧洲及之后其他地区帝国的崩溃。威尔逊在强调这个术语的时候去掉了"民族的"这个形容词，对他而言，"自决权"是"普遍的主权"和"被统治者满意"的同义词。[16]

到了 1918 年秋天，协约国的表现似乎越来越不符合大潮流了，哈布斯堡王朝和奥斯曼帝国的军队崩溃了，沙皇俄国也在内战之中瓦解了。它们将被什么势力所取代，权力真空将由哪些国家来填补，这取决于当地的势力和国际影响的混合作用。

一个经典的例证就是新建立的捷克斯洛伐克。对于托马斯·马萨里克而言，1918 年是对其早期活动所下赌注的一个回报。从一个哲学教授变身为捷克民族主义的政治家，基本上已经奠定了马萨里克对于西方的一种政治倾向。马萨里克的学术研究关注的是英国和法国的经验哲学（休谟、密尔和孔德）。同时，因为他娶了一位富有的纽约人的女儿，他的英语也非常流畅。1914 年年末，他飞离布拉格，其后两年居住在伦敦的汉普斯特德区，每天乘坐公共汽车去伦敦大学讲授斯拉夫问题，并且致力于构建他与英国官员和新闻记者们的联系。在俄国沙皇被推翻之后，他使用英国护照来到俄国，组织了捷克军团，随后在 1918 年飞往美国，期盼获得美国的支持。他在白宫与威尔逊数次会面。他还来到 1776 年美国《独立宣言》发表的圣地费城，站在独立大厅的台阶上，发表了一个声明，宣布了独立的中欧国家的共同目标，搞了一场辉煌的演讲政变。正是归功于这种把高层的影响和机敏的公关结合在一起的努力，马萨里克在哈布斯堡王朝崩溃的几个月之前，就已经成功地使捷克斯洛伐克的独立得到了盟友的承认。10 月末，布拉格的革命"是一场不流血的、温和的革命，它成功地从不再愿意为哈布斯堡王朝效命的地方官员手中接管了政权"。在他飞离布拉格 4 年之后，他以新的共和国总统的身份衣锦还乡，并执政 17 年。[17]

布拉格的天鹅绒式的革命（有点类似于 1989 年的剧变，指没有发生大规模流血冲突的改革，"如天鹅绒般平和柔滑"，因此得名）被前哈布斯堡王朝统治的许多地区所模仿，它们都是由民族主义政党组成的委员会执掌政权。1919 年 1 月中旬，巴黎和会召开的时候，哈布斯堡王朝的地图已经非常清晰了。捷克斯洛伐克已经成功地获得了独立，塞尔维亚、克罗地亚和斯洛文尼亚的联合王国（后来被重新命名为南斯拉夫）也获得了独立，奥地利和匈牙利也成为独立的国家。在沙皇俄国的边界内民族独立模式有所不同。1917 年之前，民族主义运动非常薄弱，或者说根本就不存在。但是沙皇制度的突然崩溃和俄国内战的突然爆发使得独立运动成为可能，它涉及波兰、乌克兰、爱沙尼亚、拉脱维亚、立陶宛和芬兰。[18]这些革命不是天鹅绒式的，而是流血的革命，是通过战争或者内战的形式展开的，而且一直持续到1920年。对于居住在东欧的数百万人来说，1918年11月的停战协定主要作用于西欧地区，在东欧几乎没有产生什么影响。

在这里的典型案例就是波兰，其领导人是约瑟夫·毕苏斯基，在战争期间他曾想左右逢源。他是一个没落的波兰—立陶宛贵族家庭的儿子，虔诚的天主教徒。但是在年轻的时候，他被迫讲俄语，参加东正教的礼拜。他参加了反对沙皇俄国的地下恐怖组织，并且组织起准军事武装，在战争爆发的时候，他把该军事组织作为波兰军团纳入德国的指挥之下。1915年夏天，在德国征服了波兰大部分地区的时候，毕苏斯基的赌注似乎下对了，但是没想到毕苏斯基本人却成为德国的一个傀儡和木偶。当他想就对军队的使用问题与德国谈谈交易的时候，德国人把他抓进了监狱。马萨里克在1917—1918年关键性的那几个月里面，为了捷克斯洛伐克的独立获得国际上的支持，行动上极其自由。但是毕苏斯基的命运则完全不同，从1917年7月开始，他就被关进了铁栅栏，彻底失去了行动自由，并且这种状况一直持续到战争的最后日子。然而，他虽然失去了外交上的影响，但却因此赢得政治地位。他被视为先是反抗俄国，后来又挺身反抗德国的爱国者。1918年11月，毕苏斯基被德国人释放出来，之后他返回华沙，被当作民族英雄，摄政委员会也任命他为政府的临时首脑。毕苏斯基额头很高，有着下垂的胡须，眼睛炯炯有神，总是身着一件朴素的灰色的军团外衣，一看就是一个司令官式的人物。"仅仅从外表来看，他就特别能够打动人的心房，"一位英国外交官评论道，"虽然在通常的交往中没有感觉到亲切感，但他确实是一个忧郁的天才型人物。"用公正的手段和违规的操作相结合的方式，毕苏斯基执掌波兰政权一直到1935年他去世为止。[19]

除却为民族的生存从事必需的斗争之外，毕苏斯基在 1918 年、1919 年和 1920 年还先后发动了不少于 6 次的战争。这部分是由于他的野心，也是由于他的立陶宛血统，他曾经想重建 16 世纪末期的大波兰—立陶宛联邦，而且试图把独立的乌克兰纳入波兰的势力范围。但是在 1918 年，任何一位波兰领导人都面临必须为保卫国家生存而战的问题，因为这个国家实际上没有自然存在的边界。在利沃夫城，一位波兰人对一个美国来访者指出："你看到这些小洞洞了吗？我们把它们称作'威尔逊点'，这些都是机枪留下的痕迹……我们现在确实是在忙于争取自决权了，但是天知道什么时候才能看到会有什么样的结局。"[20]

对于毕苏斯基来说，最关键的斗争是与布尔什维克的战斗。1920 年，双方进行了残酷的战争，胜败此消彼长，波兰人最远的时候进攻到了基辅地区，但是后来又被打回到距离华沙仅仅 300 英里[1]远的地方。8 月中旬，外国政府从这座被饥荒笼罩的城市中疏散了他们的外交人员。伦敦《新政治家》杂志的报道评论说："波兰的军队在这一时期似乎已经不存在了。"[21]但是在这种情势之下，毕苏斯基对苏维埃俄国发动了令人震惊的绝地反击式的袭击，这次进攻在波兰的民族神话中被记录为"维斯瓦河大捷"，使得形势彻底扭转。1921 年 3 月签署的《里加和约》把白俄罗斯和乌克兰的西部都划给了波兰，这两部分后来都成为随时可能失去的领土。

在沙皇俄国的其他边境地区，国家的构建途径也都是非常暴力的。乌克兰曾经享受过短暂的自由滋味，但是后来大部分地区也被纳入新的苏联版图。在 1919—1920 年与苏俄军队展开流血斗争之后，波罗的海国家获得了独立。芬兰，以前是在沙皇俄国境内享有高度自治权的地域，在 1918 年上半年经过残酷野蛮的内战之后，也赢得了独立，但是它的领土区域不是建立在民族和宗教的基础上，而是沿着传统的界限进行的

---

[1]1 英里约 1.6 千米。——编注

划分。芬兰境内得到布尔什维克俄国支持的红色势力，与得到德国支持的白色势力的较量导致了这种结果的出现。在白色势力取得胜利之后，双方的敌意仍然延续存在了几十年的时间。每一方的幸存者几乎都生存在自己封闭的群体里面，拥有自己的报纸、娱乐或者运动俱乐部。[22]

无论通过和平的方式，还是使用暴力的手段，1918 年之后兴起的建立国家的突发性高潮都与 19 世纪中期截然不同。德国和意大利国家是通过不同的地方政治组织的统一而建立起来的，它们享有共同的语言和文化。但是东欧和东南欧的国家则是从各王朝统治下的帝国分离出来的，这些帝国到那时为止一直控制着多民族混居的地区，其民族意识的觉醒和政治动员的实现都是体现在不同的层面之上的。[23]它们的开路先锋都是非常敏锐的民族主义者，如马萨里克和毕苏斯基等人，他们把古代存在的王国作为新建立国家的核心。但也正是因为这种分离和碎片化的过程，他们必须利用从帝国的瓦砾堆里能够找到的东西，这样他们仓促建立的新国家也是各种民族的混合体，这些民族曾经和他们并肩作战。从来没有那么多的民族国家看起来像一个小帝国一样，在残酷的四年大战之后，战前的民族之间的紧张关系反而加剧了。国家构建的过程和民族动员的过程持续了数十年，甚至是几个世纪，在西欧，它从波罗的海延伸到亚得里亚海，往往伴随着可怕的暴力进程。

因此可以说，巴黎的政治家们并不是新欧洲的建筑师，他们更像是极力用水灭火的消防队员。可悲的是，无论地图，还是统计数字，都是非常不充分的。为了自己的利益，这些互相竞争的国家所提供的人口统计数字都是篡改过的。当威尔逊和他的顾问们在金碧辉煌的穆拉特王子酒店仔细观摩美丽的欧洲地图的时候，他们意识到在民族混居的地区是不可能划出清晰的边界线的，这种情况由于这些民族自我意识的觉醒，变得更加复杂。

泰斯辰公国虽然很小，但却是一个能揭示问题的典型例证。它的面积还不到 900 平方英里，大约相当于英国德比郡这样中等郡的面积，但是它拥有西里西亚煤田，还是一个重要的铁路枢纽。哈布斯堡王朝崩溃之后，泰斯辰公国成为波兰和捷克斯洛伐克争端的焦点地区。从种族的角度看，波兰似乎更有优势。但是捷克斯洛伐克坚持认为，西里西亚煤田的煤矿对于国家工业的发展至关重要，而且铁路也是连接捷克斯洛伐克两个部分最重要的线路。尽管说波兰语的人占了泰斯辰公国人口的大多数，但是他们与斯洛伐克人、德意志人、西里西亚人的关系在 1914 年之前都是在合理可控的范围之内。然而到了 1919 年，这两个敌对国家的军队开始进驻泰斯辰公国。战争随即展开，同时也引发了人们的暴动。由于形势非常紧张，难以举行公民投票，1920 年，协约国决定把这个公国分裂。捷克斯洛伐克得到了煤田的大部分（虽然矿工们主要是波兰人），泰斯辰城市也被一分为二，老城区被划分给波兰，郊区包括铁路被划分给捷克斯洛伐克。一个美国的参与者悲观地说道："电光源被划给一个国家，燃气则被划给另一个国家，我实在想不起来市政的水力划分给哪个国家了。"这些争议在今天可以通过经济方式解决，也可以通过在波兰和捷克斯洛伐克之间进行协议的方式加以解决，但前提是这两个国家之间一定要存在信任感。然而，实质上在 1918 年以后，这种信任就已经不存在了。泰斯辰问题的解决方式进一步恶化了波兰和捷克斯洛伐克之间的关系，这两个国家本来应该在遏制德国的复仇主义上找到共同的国家利益的。[24]

霍亨索伦王朝被推翻后，德国仍然保留了它的身份，但是帝国的羽翼还是被折断了。它失去了战前 13% 的领土和 10% 的人口。[25] 西南部的阿尔萨斯和洛林，是在 1870 年的普法战争中赢得的，现在又被迫还给了法国。在东部，德国交出了波兹南的大部分土地、西普鲁士和上西里西亚煤田地区，这些被划归给新建的波兰。另外，还加上一个波兰走廊，使得波兰可以抵达波罗的海，但是却因此把东普鲁士和德国的其余地区割裂开来。300 万德国人被留在捷克斯洛伐克境内，而与奥地利签署的和平条约则明确地阻止奥地利这个德意志人占据人口绝对多数的国家与德国的统一。所有这些没有一条符合自决原则，同样，有 300 万匈牙利人居住在匈牙利以外的国家，其中一半居住在 1918 年被罗马尼亚统治的特兰西瓦尼亚地区。协约国及时地批准了这种不法所得，他们不喜欢匈牙利自治。由于 1919 年匈牙利爆发了短暂但是非常令人震惊的布尔什维克革命，这种情绪更为严重。德国和匈牙利之间的协议昭示了这样一个问题，在和平缔造者的心目中，除了自决权，没有其他的目标，特别是惩罚失败者和确保胜利者安全都不在其考虑范围之内。

中欧和东欧新建立的国家之所以能够站稳脚跟，是因为这里德意志帝国和俄罗斯帝国的崩溃导致出现的权力真空局面。但是，当这两个国家在 20 世纪 20 年代和 30 年代复兴的时候，它们重新展开了争夺领土和扩大影响力的斗争。波兰、乌克兰和波罗的海国家再度成为它们争夺的战场。尽管俄国和德国之间的敌对关系在 1941 年引发了东欧的另一场战争，但它的根源也在于后帝国时代的种族仇恨，特别是边界争端问题和被压迫的少数民族问题。下面我们简单地分析一下 1930 年以来简单的统计数据。在波兰，65% 的人口是波兰人，16% 的人口是乌克兰人，10% 是犹太人。在捷克，捷克人只占人口的 51%，还有 23% 的德意志人和 16% 的斯洛伐克人。在南斯拉夫，统治者主要是塞尔维亚人（占据人口的 44%），他们甚至不是多数民族，30% 的人口是克罗地亚人，9% 是斯洛文尼亚人。在各个国家，人口分布都不是平衡的。[26]

和平的缔造者们确实要求这些国家保证少数民族的权益，但是这些很快就被证明是形同虚设的规定。毕苏斯基的波兰虽然不断进行自我辩解，但实质是种族主义国家。而大多数的塞尔维亚人都认为南斯拉夫是大塞尔维亚的一个伪饰。即便是被认为在这些国家中最民主和最具包容性的捷克斯洛伐克，也没有很好地对待其境内的少数民族。马萨里克，捷克的民族主义者，但他的父亲是斯洛伐克人，他认为这两个民族在语言和文化上并不存在特别明显的区别。但实质上，在长达三个世纪的时间里，捷克人一直处于德意志人的统治下，他们信奉的是新教，面对的是西方和工业化的环境与形势。而与此形成对比的则是，斯洛伐克人长期处于匈牙利人的统治之下，他们是天主教徒，主要是一个农业的乡村社会，在经济上主要与匈牙利和乌克兰发生联系。这种基础上的差别实际上是很难弥补的。斯洛伐克民族主义运动的领导者安德烈•赫林卡很快就强烈呼吁要求斯洛伐克的自治地位。马萨里克和他的小圈子很快就自动地解决了德国问题，他们采取行动打破了主要由德国人拥有的大量地产，捷克人为此欢欣鼓舞，这是对 1620 年以来哈布斯堡王朝征服的一种早就应该给予的补偿。外交部部长爱德华•贝奈斯坦率地告诉一个英国外交官，"战前，德国人在这里"（手指天花板说），"我们在那里"（指向地板）。接着他说道，"现在，"他改变了他的手势方向，"我们在这里，他们在那里。"贝奈斯坚持认为，土地改革对于教训德国人是非常必要的一课。[27] 但这是德国人非常不愿意上的一课，在 1938 年，贝奈斯为此尝到了苦头。

1918 年的独立声明，经巴黎和会确认而生效，使得民族主义的原则通过了国家合法性的主要测试，而不是王朝的遗产或者帝国的原则，这在欧洲历史上是"地震式的转移"。[28] 虽然，民族主义的概念是人为构建出来的，有点拟人的幻想成分，但它也有一些同源的概念，如民族意识、民族愿望、自决权等；在每一个案例里面，民族与个人都有点相类似。但是这种虚构的统一性和连续性实际上在任何一个国家都是不存在的，当然也不存在于 1918 年新诞生的国家中。到 1900 年，在任何情况下，个人、自我在现代的心理学中都呈现出更复杂的方式。如果用比较阴暗的视角进行审视的话，民族"自身"有点像一束无意识的从众本能的集合，是需要国际机构加以控制的。[29] 民族主义本身到底是福还是祸，是 20 世纪 20 年代和 30 年代和平与安全问题争论的最核心的问题。尽管民族主义的疯狂发展是一战的结果而不是起因，但是大战的发动者确实把这个"妖怪"从瓶子里释放了出来，而和平的缔结者则没有办法把它收回去了。

那么，联合王国哪里符合这种模式呢？英国在本质上是一个公民的民族（大不列颠），但是拥有一个阿喀琉斯的后脚跟（爱尔兰）。因而英国的民族主义动力与中东欧在 1918 年发生的民族主义大爆炸截然不同。在联合王国境内，种族民族主义在一战之前已经变得比较危急，随后又冷却下来，自 1916 年以来只在爱尔兰到达紧急关头，而且引发了悲剧性的、长期的后果。

自从 1469 年阿拉贡的费迪南二世与卡斯蒂里亚的伊莎贝拉一世两者之间实现王朝联姻之后，英国在仿照西班牙模式的基础上首创了"复合君主制"。[30] 多亏了爱德华一世，到 13 世纪末期，英国控制了威尔士的大部分地区。1542 年，在英国征服爱尔兰之后，爱尔兰议会宣布亨利三世和他的继承人同时也成为爱尔兰的国王。1603 年，没有子嗣的英国伊丽莎白女王的王位被苏格兰的詹姆士六世继承，他是大不列颠王国的詹姆士一世国王（他最喜欢的称号是皇帝）。在那个时代，王朝的融合因为政治的联合而得到进一步的加强。1536 年，威尔士已经单方面地被纳入英国议会之中；同时，经过 1707 年《联合法案》的谈判，苏格兰和爱尔兰在一片恐慌之中被纳入了英国，恐慌主要是因为 1798 年的民族起义所引发的，当时起义得到了革命的法国派出的入侵力量的支持。

1801 年的新年，大不列颠和爱尔兰联合王国正式形成，这主要是议会层面的联合。在行政层面，统一度要少一些。亨利三世统治时期，威尔士被彻底置于英国法律和行政机构的管辖之下，但是苏格兰人，即使在 1707 年之后，也保持着相对独立的立法和教育体系，他们有自己的长老会教会。1801 年之后，爱尔兰也保留着自己的行政结构，这有点类似于英国殖民地的地方总督体制，有总督、法院和比较混杂的政府机构，这些与盎格鲁－爱尔兰的士绅阶层一起，强加于爱尔兰的领土之上，使之成为新教统治的一部分。[31]

英国联合的黏合剂是被称为"英国国民性"的意识形态，这主要是詹姆士一世倡导的，但更主要是英国进行的一系列反对信奉天主教的法国的战争的结果，特别是在乔治三世统治期间（1760—1820）的战争。英国这种新型的爱国主义通过不同的途径表达出来，不仅仅是把"上帝保佑国王"作为赞美诗，还包括歌曲、印刷品、漫画、不列颠的图解、对尼尔森的崇拜，以及君主制的新仪式。法国则成为萦绕于英国人民心头的天主教异端。自从改革以来，威尔士和苏格兰学会了恐惧。"面对他者，它们埋葬了内部关于生存、生理和战利品的分歧与斗争。"[32]除了新教和议会政府，战利品提醒我们还有促进大英帝国联合的其他黏合剂的存在。对外贸易、殖民地的行政机构以及军队（是不列颠少有的实质性机构之一）都不成比例地依赖于不讲英语的人力资源，特别是来自苏格兰的人群。这在一定程度上反映了苏格兰大学的优势，它是培养医生、律师和工程师的重要摇篮。但是大英帝国对于被伦敦排除在外的冒险者有一种特殊的吸引力。如果说，"英格兰构建了联邦，苏格兰则使联邦正常运转"[33]，这种说法并不夸张。

维多利亚时代英国的稳定和繁荣强化了这样一种观念，即大英帝国已经成为一个"宪政国家"，拥有一个共享的国家结构，塑造了一种新的建立在议会政府和新教基础上的出类拔萃的认同感。因而，英国的国民性是一种公民民族主义的体现，寻求把冲突的种族纳入到更广泛的政治和意识形态价值观念中来，这种意识形态有助于缓和英格兰长期统治所带来的问题，虽然它在1910年占据了英国4500万人口中的3/4。但是英国的国民性从来没有跨越爱尔兰海发挥影响，除了新教的精英阶层，这也算是他们至高无上地位的一个重要支柱。19世纪末期，在爱尔兰大量的天主教人口中，反对英国统治的声音逐渐加强。其催化剂是由于文化的复兴，这有点类似于东欧的模式。"盖尔人联盟"

成立于 1893 年，致力于重新唤起爱尔兰的身份认同感，方式是通过诸如爱尔兰式曲棍球和盖尔式足球的体育运动，也通过语言和文学的形式达到这一目标。联盟的创建者之一道格拉斯·海德经常宣扬爱尔兰的非英国化，他特别反对爱尔兰那种"在感情上痛恨英格兰人，但是同时却继续模仿它"[34]的情绪。爱尔兰用英语写作的前卫派们，很快开始从事海德所倡导的爱尔兰文艺复兴运动。诸如威廉·巴特勒·叶芝和约翰·米林顿·辛格，在都柏林建立了爱尔兰民族剧院。这种文化上民族主义的政治表达是新芬党运动（意思是"我们自己"）。该党成立于 1905 年，领导者是亚瑟·格里菲斯，他最早倡导用匈牙利模式赢得爱尔兰的独立，并决定效仿 1867 年哈布斯堡王朝的双重君主制。

这种对于英国公民性的反弹也开始蔓延到居于不列颠边缘的凯尔特人居住区。19 世纪 80 年代，威尔士开始重新举办每年的艺术节（Eisteddfod），设在阿波利斯特维斯、加地夫和班戈区的新的大学学院在 1893 年被合并成威尔士国家大学。在苏格兰，身穿格子呢的高地人不仅被英格兰人嘲讽为非常落后的人，而且遭到低地苏格兰人的嘲笑，可现在却受到了赞美，诗人罗伯特·彭斯和中世纪的爱国者威廉·华莱士被奉为文化偶像。这种泛凯尔特化的现象是欧洲 1900 年流行趋势的一部分，为了反抗以城市化为标志的现代性，当时流行乡村文化传统的复活，这种趋势甚至在英格兰也非常明显，特别是体现在托马斯·哈代的小说《潘》（潘是希腊神话中的半人半羊的山林和畜牧之神）以及拉尔夫·沃恩·威廉斯的民谣中。但是在凯尔特人那里，文化上的骄傲具有政治含义，这种情形由于 1867 和 1884—1885 年联合王国的选举权法案而更加紧张，因为这两个法案无论在地方层面还是国家层面都有利于伦敦对于他们的控制。在哈布斯堡王朝统治下，民主还是可控的，但是在联合王国境内，民主和民族主义的混杂导致了一场严重的政治危机。

英国最难以对付的问题是爱尔兰问题，在下议院的 580 个席位中，爱尔兰占有 101 个。19 世纪晚期，爱尔兰 4/5 的席位被爱尔兰议会党（IPP）所控制，该党纪律十分严明，致力于重建爱尔兰自治议会。1886 年和 1893 年，格莱斯顿的自由党政府答应给他们地方自治权，但是都没有成为法律。1912 年 4 月，由于当时的自由党必须依靠爱尔兰议会党才能在下议院中占据多数，第三个地方自治法案便被提出了。这驱使那些想保持统一的自由党与保守党结盟，重新更名为"自由党统一派"，这也反映了保守党宣称的联合王国的统一和认同都已经危如累卵了。[35]

1912 年关于爱尔兰的提案再度点燃了苏格兰地方自治运动的火炬，这次运动得到了青年苏格兰人党的支持，它是自由党内一股主张社会改革的势力。他们谴责了英国的保守派，以及阻碍他们改革努力的一系列议会的纷杂议事日程。他们坚持认为："在整个激进主义的浪潮和社会改革的进程中，没有单独需要解决的问题。如果苏格兰有权通过法律，那么早在 1/4 世纪之前就开始实施了。"1913 年 5 月，苏格兰的激进派在下议院提出了他们的地方自治法案，在第二次宣读的时候，在政府的支持下得以通过。在威尔士地区，要求独立的民族议会的呼声没有那么嘈杂，青年威尔士运动早在 19 世纪 90 年代中期就已经瓦解了，取而代之的是，人们开始反对在威尔士建立英国国教的教堂，因为它们的捐赠强化了英国大地主的权力。1912 年春天，下院议员提出了一项关于废除威尔士教堂和取走其捐赠的议案，支持地方分治的人呼吁实行联邦制，或者普遍的地方自治，设想在威尔士和英格兰都设立议会。威廉·考恩是苏格兰地方自治运动的一位领导人，甚至预言"联合王国的联邦制"将导致出现"一个真正的帝国议会，海外领土的代表也将参与其中"，而且是"以绝对平等的地位参与其中"。狂热的自由主义者，包括温斯顿·丘吉尔（他精心为整个英国所属地区设计了至少七个议会），他们坚信为了保持统一和帝国的存在，地方分权是非常必要的，但是顽固的统一分子坚持认为这两者都是英国毁灭的开端。[36]

赌注看起来太大了。而且，经过 1909—1911 年的残酷斗争，阿斯奎斯的自由党政府通过了议会法案，取消了上议院关于立法的否决权。无论上议院是否批准，在众议院连续三次通过的议案就将成为法律。作为对这一法案的反应，爱尔兰和英格兰的统一派转向寻求进行反对的超法律的手段。阿尔斯特的新教徒，认为地方自治就是实施罗马规则。他们组织起了准军事力量，主要由阿尔斯特的志愿者和民族主义者组成，这是对爱尔兰志愿者很好的回应。伦敦几乎没采取任何措施阻止这种军事化的倾向。1914 年 3 月爆发的卡拉兵变表明了这样一个事实：英军的许多军官都是坚定的统一派，不能指望他们通过武力的方式来实施地方自治。更为不祥的是，政治语言中的好战情绪也不断上扬，"我无法想象面临阿尔斯特的攻击，竟然毫无抵抗，当然我也不准备支持他们"，丘吉尔从另一个层面谴责联邦主义者们，认为他们只在法律符合"他们的愿望和野心"的时候才予以支持。他怒喝道，"暴力的否决权，已经取代了特权的否决权"。[37]

解决这一问题的可能方式，就是在阿尔斯特地区（大多数爱尔兰新教徒都居住于此）不实施地方自治法案，但是爱尔兰议会党拒绝任何形式的分割，虽然当时爱尔兰的统一派已经立约要把爱尔兰整体留在联合王国之内。无论如何，就像在波希米亚的德国人和捷克人一样，在阿尔斯特也很难画出一条清晰的分界线。在弗马纳郡和蒂龙地区，天主教徒占据人口的大多数，而在贝尔法斯特和伦敦德里工人阶级居住的地区，这两个宗教团体经常居住在相邻的街道上。1914 年 5 月 25 日，爱尔兰自治法案在众议院第三次通过，在宪法上这也是其截止时间。阿斯奎斯给予阿尔斯特 6 年的时间进行选择，但是这被阿尔斯特的统一派驳回了，他的领导人爱德华·卡森爵士宣称："我们不想被判死刑，尽管是缓期 6 年执行。"7 月末，国王在白金汉宫召开了跨党派的座谈会，但最后没有达成任何协议，谈判失败。精神高度紧张的不列颠军队在都柏林向抗议的人群开枪射击，打死了三个人。这里似乎已经变成内战的舞台了。[38]

接下来发生的一切事件都被以多样性的方式呈现于丘吉尔的回忆录之中。7月24日，内阁仍然在讨论阿尔斯特的其他问题，其注意力仍然集中于弗马纳郡和蒂龙泥泞的偏僻小路上，整个下午内阁都忙于讨论这一问题。会议结束的时候，外交部部长爱德华·格雷子爵宣读了他刚刚收到的一个信笺，丘吉尔回忆道，"在我的思维刚刚从漫长的、乏味的和令人困惑的争论中摆脱出来的时候"，格雷说了好几分钟。这个信笺是维也纳就萨拉热窝事件对塞尔维亚发出的最后通牒。丘吉尔用一贯的不屈的话语写道："弗马纳郡和蒂龙的问题很快消退于爱尔兰的薄雾之中，但是突然一束奇怪的光穿过薄雾透出光亮，而且通过可以感知到的层面，在欧洲的地图上起起伏伏地闪耀。"[39]

战争的爆发重塑了国内政治。1914年9月，自由党政府仍然强制性地把爱尔兰的地方自治写进了法令全书，与之并行的还包括不在威尔士修建新教教堂，但是这两个法案的实施在战争期间都暂停了。由于战争造成的压力，苏格兰的地方自治法案没有能够在下议院第三次宣读的机会。1915年5月，阿斯奎斯与自由党统一派和工党代表达成联合，这相当于在法国和德国之间的政治休战，这在一年之前政治对立形成的怨恨氛围之中几乎是不可想象的。同时，这种联合也为大卫·劳合·乔治在1916年12月建立真正的民族统一的联合政府铺平了道路。[40]因此，丘吉尔的如意算盘真的戏剧化地实现了，一旦战争爆发，爱尔兰的地图以及英国国民性的危机都会发生转变，因为人们的注意力已经转移到海峡那边去了。

英国内阁中诸如丘吉尔的强硬派毫不犹豫地认为，英国必须介入欧洲大陆的冲突。德国对于奥匈帝国的支持，很快使得奥匈帝国发动了一场针对法俄同盟的先发制人的战争，而这很容易威胁到英国靠近海峡的港口，并且破坏欧洲的权力均衡状态。对他们来说，这是一场重复的战争，是反对路易十四和拿破仑战争的重复，自从1815年拿破仑失败以来已经过去一个世纪之后的重复。但是自由党也因此深陷于分裂之中，对于它的大部分成员来说，平衡是在 8 月 4 日英国宣战那天被打破的，这一天，德国通过比利时入侵了法国，而根据条约，比利时的中立是英国应该加以保护的，它也向英国提出了请求。于是"小小的比利时"成为意识形态上的一个重要标记。德国军队悍然入侵了一个中立的国家，并且公然嘲弄士兵与平民之间的界限，烧毁了设在鲁汶的大学城，炮击兰斯大教堂。在 1914 年德国发动的侵略行动中，大约 6500 名比利时和法国的平民被无辜地残酷杀害了。[41]

战争爆发的开始几周的公开报道和发表的图片严重影响了英国公众的情绪。《伦敦新闻》的报道说："比利时的牛津被像匈奴一样野蛮的德国人烧毁了。"《每日邮报》则以《鲁汶的大屠杀》为题对德国的侵略行为进行了报道。到了秋季的时候，人们真的害怕德国的恐怖行为会跨越英吉利海峡而蔓延过来。居住在埃塞克斯的居民们一直在挖战壕，试图以此抵御可能的入侵。斯卡波罗、哈特尔普尔和其他东部沿岸的城镇遭到德国战舰的炮轰，造成了妇女和儿童的死亡。德国的国际形象成为"婴儿杀手"（丘吉尔语），特别是 1915 年 5 月"卢西塔尼亚"号邮轮被炸沉事件，造成近 1200 人死亡，使得德国的这一形象进一步被固化。在面对德国人匈奴式的军国主义和野蛮暴力的时候，人们认为英国代表着自由和文明。在英国，人们普遍相信，战争的理由是基于道德问题，而不是基于国家利益。我们在之后的论述中将看到，这样的认识对 1918 年以后的世界产生了深远的影响。[42]

劳合·乔治是这种民族主义精神的经典例证。他成长于卡那封郡的乡村，讲威尔士语言，他敏锐的头脑和辩才最初主要是面对威尔士的异教徒，攻击圣公会教堂的特权。尽管他与青年威尔士党一起，认为威尔士被当作了"撒克逊家族里的黑鬼"。当他在 1890 年以自由党人身份进入下议院的时候，只有 27 岁，他主张全面的地方自治。作为英国在南非发动布尔战争的批评者，他宣称"这种耻辱将永远与大英帝国的名字捆绑在一起"，并且建议在战争结束之后，荷兰的移民者应该被赋予"全面的地方自治权"，他的立场使他在当时声名狼藉。劳合·乔治并不是一个和平主义者或者反帝国主义者，他对大英帝国在世界上的地位深信不疑，但是在1914年，七月危机全面展开的时候，他的愿望是对战争应该置身事外。然而，他的立场在8月份发生了转变。8月3日，他告诉他的妻子："如果作为一个小国的比利时遭到了德国的攻击，我所有的传统观念与偏见都将在战争中经受洗礼。"[43]

事实上，劳合·乔治与妻子的谈话发生在他公开表态之前的几个星期，这一方面是受制于他的身份，当时他担任内阁的财政大臣，而且战争爆发之后，英国爆发了金融危机；另一方面这也出于他个人的忧虑。他最终的表态是在9月19日，就像他自己说的，"感觉一切都即将面临执行的状况"。他在伦敦的女王大厅发表了一篇非常重要的讲话，表明了战争的道义原因，而且充分发挥了他年轻时作为牧师的充满热情和流利的演讲才能。德国总理认为与比利时的条约只是一些废纸片。这使劳合·乔治想起了一磅的纸币，是他刚为防止金币运行而推出的。"那只是一堆纸片，"他讲道，"但是对于大英帝国意味着什么呢？这是大英帝国的整体信誉。"他对比利时和塞尔维亚的抵抗称赞不已，他认为这两个国家和威尔士类似，"虽然地方很小"，但是却能够为自由而战，而且敢于反对像路霸一样在欧洲横冲直撞的普鲁士容克。他对听众宣称，"这是一场把欧洲从军事等级制的奴役中解放出来的伟大战争""它正在把整个世界沉浸在流血和死亡的阴影中"。[44]

劳合·乔治的观点代表了整个英国数百万人的观点。席卷全国的爱国热情是这场战争的结果而不是原因，但当这种热情在战争的头几个月里不断膨胀的时候，仍然再度导致了政治上的激烈争论。然而，战争爆发之前，由于议会政治引爆的国家问题（这在20世纪早期的欧洲十分普遍），现在却归于平静了。或者说，种族的民族主义现在被纳入公民的民族主义之中，因为这场冲突使得英国的价值观转向反对新的来势汹汹的他者——军国主义的德国。

在威尔士地区，对新教教堂的解散和剥夺，满足了民族主义者的主要需求，同时劳合·乔治在1916年晋升为首相，也证明威尔士人和苏格兰人一样可以抵达英国政治的顶峰。用威尔士语言发行的报纸全部拥护战争，其中许多报道都在宣扬历史学家肯尼斯·摩根所描述的"粗鲁的反日耳曼的种族主义"，战争同时促使了矿业、工厂和南威尔士港口行业的复兴。[45]

在苏格兰，煤炭、钢铁和造船业也开始繁荣起来。到1916年的时候，英国黄麻纤维的生产基地敦提市每个月麻袋的产量是600万条，以供应布置在西线的战壕。面对战争，一位制造商欢呼雀跃，认为战争已经把黄麻纤维转化成了"缕缕的金线"[46]。在这样的战争收益中，苏格兰付出了巨大的代价。按照人口比例来算，苏格兰拥有整个英国最高的志愿军队比例，在战争中，1/6的士兵来自苏格兰，因此死亡率也是最高的。格拉斯哥市曾经骄傲地宣称自己创下了战争贷款的最高纪录，在1918年1月，仅仅一个星期的时间里就为坦克研发贷款1400万英镑，打破了先前伦敦创立的每周350万英镑的纪录。苏格兰对于大战的热衷很难解释，也许是它历史上战争传统的一种反映，以及高地人和低地人军事竞争传统的反映。但是很明显，在大英帝国的战争付出中，苏格兰的骄傲能够得以充分地表达出来，而且也能够充分地融入英国的战争努力之中。[47]

在苏格兰和威尔士，伴随战争而来的是战后的经济衰退，并导致了非常紧张的社会和政治形势。但是，正如我们在下一章将要说明的一样，这些问题被看作是阶级的问题，而不是民族的问题。作为苏格兰国民党前身的苏格兰国家党，创立于1928年，是在威尔士民族党建立三年之后成立的，但是这两个党都没有太大的影响力。"如果没有战争的爆发，关于苏格兰实施地方自治的某些条款早在1920年就被写入法令书中了"，这样的假设是具有其合理性的。而对德战争加强了苏格兰和威尔士作为英国国民的归属感。这种归属感由于 1939—1945 年更为残酷的斗争而得到进一步的强化。只是到了 20 世纪 60 年代末期，德国已经不再是威胁的时候，英国作为可怕的他者的身份才开始浮现出来，于是苏格兰和威尔士的民族主义开始复活，并演变为非常严重的政治运动。[48]

但是，爱尔兰的状况还是有所不同的。1914—1918 年的战争对于爱尔兰产生了广泛的和决定性的影响，导致了民族独立战争和内战，并且留下了深深的、持久的伤痕。

1914 年的时候，事情看起来还是向好的方向发展的。正如丘吉尔所说，英国对德国宣战对爱尔兰起到了一定的安抚作用。爱尔兰议会党的领导者约翰•雷蒙德，是一位立场坚定的统一派，他追求的是在英帝国范围内的最终的统治地位，而不是像澳大利亚和加拿大那样的地位。虽然雷蒙德是一位虔诚的天主教徒，但是作为爱尔兰人，他是比较包容的，认为新教徒和天主教徒应该具有同等的地位，而且也没有陷入盖尔人复兴的观念之中。雷蒙德身材健硕，是一个比较严肃的人，大战的爆发以及英国人从地方自治立场的后退对他影响非常大。1914 年 9 月，他为英国政府动员了大量的爱尔兰志愿者作为战争的人力资源，"这些人力不仅仅可以在爱尔兰使用，而且可以投入到战线延伸到的任何地方"。在某种程度上，这是一种策略，也是在模仿欧洲大陆上某些民族运动领导人的行为，希望通过为宗主国奋力而战来为自己赢得更大程度的自治权。当然，雷蒙德也坚信，英国正在为文明而战，进而在从事反对普鲁士专制主义的斗争。对他而言，地方自治法案的通过和为比利时而战，显示出英国这只金钱豹的斑点已经改变了，现在它是为弱小民族的自由挺身而出，而不是像以前那样践踏他们，就像 15 年前在南非发动的布尔战争一样。雷蒙德也希望，如果爱尔兰的天主教徒和新教徒能够并肩作战，而不是相互对立，"那么他们在战场的联合也会导致他们在家乡的联合"，所以"他们的鲜血也许会成为把爱尔兰凝结为一个民族的印章"。至于那些认为应该乘此机会与英国决裂的持不同政见者，雷蒙德认为他们是"没有明确政策，没有领导人的""孤独的怪人"，认为"爱尔兰的未来不能指望这样一些人"，于是把他们都免职了。[49]

如果战争很快就结束了的话，雷蒙德的观点可能就被证明是正确的。爱尔兰人在 1914 年秋季志愿参军的比例高于英国其他地区，如英国西南部和东盎格利亚。但是随着战争进程的不断延长，牺牲越来越多，在爱尔兰天主教徒中征兵越来越困难，雷蒙德所下的赌注看起来也更像是对爱尔兰的背叛。"我们拥有的地方自治看起来更像是法令书的装饰，"一个民族主义者如此说道，"我们每天清晨都在刷洗这一蜘蛛网。"[50] 在这个政治的危急关头，雷蒙德也无计可施。1915 年 5 月，阿斯奎斯建立了一个联合内阁，并把最顽固的敌人包括波纳·劳和爱德华·卡森都吸纳进来。他也给雷蒙德提供了一个职位，但条件是要与爱尔兰议会党的政策保持一致，雷蒙德拒绝了，他因而也丧失了任何发挥平衡的影响的机会。

随后，1916 年 4 月，"孤独的怪人"们抽掉了他最后的根基，他们发动的复活节起义是为了爱尔兰民族主义的复活所做的最后努力。理论上，这一起义的领导者是帕特里克·皮尔斯。他个子很高，威风凛凛，擅长演讲，经常穿着黑色的衣服，是盖尔人复兴的狂热倡导者。诗人威廉·巴特勒·叶芝把他描绘成一个极其危险的人物，好像是被打了自我牺牲的迷魂针一样。皮尔斯的一些同事认为起义是非常危险的军事行动。例如，约瑟夫·普伦斯特坚持认为，如果德国人的春季攻势成功地击溃了英国军队，在英国被迫寻求和平之后[51]，那么起义可以坚持三个月。但是事实上，整个的运作都是堂·吉诃德式的，很多方面都被搞得一团糟。从德国运来的重型武器在半路上就被英国拦截了，起义的部署从复活节的那个星期天又推到第二天，行动陷于一片混乱。而且起义也没有重点突出地对要塞实施进攻，比如防守非常薄弱的都柏林城堡。起义者把总部设在总邮政局，在那里宣布了爱尔兰共和国的成立。他们的行动在都柏林之外鲜有支持。起义的第二个周末，英国军队就重新控制了这座城市，大约有60名叛乱者被杀死，还有130名军人及警察、300名平民死于这场起义，他们主要是死于双方的交火过程中。[52]

从欧洲人的视野审视爱尔兰的民族主义者们，他们依赖一方反对另一方的努力是比较正常的选择，就像毕苏斯基在波兰所做的那样。真正使得都柏林在1916年独树一帜的是，它是在战争进行到最高峰的时候，发动了一场反对现任政府的起义。[53]爱尔兰最初的反应是困惑的，甚至是充满敌意的。一些嫁给英国军人的当地女性，感到非常困惑不解，为什么她们不能再到被包围的邮局中领取"分居津贴"了。当然也有人非常钦佩叛乱者的勇气。一位雷蒙德派的牧师在基尔肯尼写道，"贫穷的、愚蠢的年轻人们进行了一场目的纯净而且非常勇敢的斗争"，"所以在每个真正的爱尔兰人的心目中，对他们的同情将永存于记忆之中"。[54]在英国军队指挥官残忍地对待被抓进监狱的这些人的时候，这种钦佩很快转换为强烈的愤慨。而这些英国指挥官完全是依靠自己坚持了数个星期，直到阿斯奎斯的地位彻底得以巩固。根据颁布的临时戒严法，3000人被逮捕，90人被宣判死刑，15人被执行，他们中的一些人在起义中只是小人物。詹姆斯·康纳利是起义的领导者之一，在战争中身负重伤，大约没有几天活头了。但是死刑执行却来得更早一些。他已经没有办法站在行刑队前面了，是被绑在椅子上执行的枪决。这种执行方式使这些"愚蠢的年轻人"成为民族的烈士，被授予纪念性的徽章以及圣像性质的照片。都柏林的断壁残垣无论在文字中还是图片中都经常被与伊普尔遭受的破坏相提并论，皮尔斯自杀性的起义成为了事实。

最终，阿斯奎斯抓住了这场灾难提供的重要机会，决定趁机把1914年的地方自治法案付诸实践，他让劳合·乔治主持这场谈判。劳合·乔治意识到了英国对美国军需品和贷款的依赖在不断增加，担心一且爱尔兰的自由问题得不到解决，爱尔兰裔的美国人游说集团会把"丢脸的和平强加给英国"。但是他们更为担忧的是强硬的统一派会从联合内阁中辞职。最危急的时刻出现在 1916 年 7 月，也就是把阿尔斯特从地方自治的范畴中排除之后。雷蒙德最多只能忍受暂时的排外主义，但是强硬派诸如兰斯多恩勋爵坚持那必须是长期的政策，最终，劳合·乔治和阿斯奎斯都不愿意打击统一派的愿望，这将进一步削弱雷蒙德在爱尔兰的地位。[55]

这些政治家之所以如此谨慎的一个主要原因，是因为这些谈判与英国在索姆河发动的宏大战役在时间上是基本吻合的。在蒂耶普瓦尔山脊的山坡上，另一场流血的画面也在展开，这与复活节起义不同，但是具有同样的重要性。在 7 月 1 日阿尔斯特的第三十六师在对德军阵地的进攻中，损失了它 1.5 万名士兵中 1/3，包括被杀死的、受伤的和失踪的人员。死亡人口中的多数是 1914 年的阿尔斯特的志愿兵。根据旧历，7 月 1 日是 1690 年博伊奈战役的纪念日，这也是效忠于阿尔斯特的人一直隆重纪念的日子，是他们打败天主教法国的日子。当第三十六师投入战斗之前，士兵们喝着醉人的鸡尾酒，并且不断地祈祷，唱着赞美诗，许多官员戴着奥兰治秩序组织（Orange Order, 一个新教组织）的肩带。统一派谴责阿尔斯特师的所谓为了文明的自我牺牲精神（包括四位维多利亚勋章获得者），认为他们在都柏林的罪行是类似于犹大的背叛。因此 1916 年，无论对于民族主义者还是统一派来说，都是流血牺牲的一年。但是，与雷蒙德的愿望相反，流血事件进一步固化了他们的分裂。复活节起义和索姆河战役的第一天对于敌对的双方而言都是极为重要的一天。

对于许多的爱尔兰人来说，英国镇压都柏林起义暴露了历史中人性固有的罪恶，而且与雷蒙德设想的相反，英帝国仍然会对弱小民族肆意践踏。"一切都变了，完完全全地变了，"叶芝在他的诗歌《1916年的复活节》中写道，"恐怖的美丽诞生了。"第十六爱尔兰师军官托马斯·凯特尔是一位非常杰出的雷蒙德主义者，他悲观地写道，皮尔斯和他的同僚们"将以英雄和烈士的身份载入史册；而我如果能够载入史册的话，我的形象也将是血腥的英国官员"。凯特尔也是一位非常著名的律师和作家，1916 年 9 月，他战死在索姆河战场。[56] 1917 年 6 月，约翰·雷蒙德的非常有个性和魅力的兄弟威利，第十六爱尔兰师的陆军少校，在梅西纳地区率领他的部属发动进攻的时候战死了，年仅 50 多岁。威利一直坚信，战争中的流血牺牲能够愈合爱尔兰的伤口，阿尔斯特师团也确实为他的葬礼组建了一个仪仗队。但是所有这一切，都来得太晚了。1917 年，在补缺的选举中，重新焕发活力的新芬党击败了爱尔兰议会党。其中的一个获胜者就是埃蒙·德·瓦勒拉，是在复活节的那个星期中幸存下来的最高级的指挥官，他赢得了雷蒙德空出来的位置。德·瓦勒拉在复活节的行为引起了广泛的争议，但是，就像毕苏斯基在波兰一样，他的声望主要靠他被监禁于帝国监狱的经历，1917 年，他被选为新芬党的领袖。对于爱尔兰问题的解决方案，那种匈牙利模式的讨论已经不被认可了，也就是同一个君主，分立的议会。新芬党要求的是爱尔兰共和国的完全独立地位。

1918 年 4 月，危机严重升级，当时的英国政府正因为德国发动的强大攻势而非常紧张，决定把 1916 年在英格兰地域内实施的征兵法扩展到爱尔兰地区。英国在都柏林的统治当局认为这与其民族主义的观点相背离。军队的指挥官宣称，"我们也可以征募德国人"，"这将是爱尔兰的损失"。但是议会仍然要使英国民众坚信，战争的负担是公平分配的。爱尔兰议会党在威斯敏斯特的议会里占有席位，它声称自己能够保护爱尔兰的利益，而新征兵法的通过将扯下它身上信誉的最后一块遮羞布。[57] 罢工和抗议浪潮迅速席卷整个爱尔兰，大多数的新芬党领导人也结束了其监狱生涯，甚至天主教的主教也公开反对征兵。尽管最后西线的危机减弱了，爱尔兰的征兵也从来没有被严格地执行过，但是政治上造成的损害是无法修复的。在 1918 年 12 月的民意调查中，爱尔兰议会党的国会议员只保留了 7 个席位。新芬党则赢得了爱尔兰 105 个席位中的 73 个，但是他们却拒绝接受这些席位。相反，他们在都柏林召集了革命议会，并在 1919 年 1 月 21 日宣称建立爱尔兰共和国，那时巴黎和会刚刚召开。新芬党援引欧洲的例证表达自己的愿望，坚持认为爱尔兰应该与波兰和芬兰这些历史上存在过的，现在重新恢复独立地位的国家享有同等的权利。但是和平的缔造者并不准备在他们自己的国家之内实施自治权。爱尔兰的一位民族主义者抱怨道：“会议召开之前，黑色人种也好，黄色人种也罢，各种肤色和种族的人在会议前都能够听到呼声，唯独爱尔兰不行。”[58]

由此看来，爱尔兰的独立，和东欧国家不一样，它不是在和平会议上赢得的独立，而是在战场上，是通过持续了两年半的激烈的反对英国的游击战赢得的。新建立的爱尔兰共和军，通过暴力的和恐怖的手段逐渐从根基上破坏了英国在爱尔兰的行政机构——税收系统、陪审团系统以及皇家爱尔兰警卫队，后者是当时最大的天主教警备力量，部署在爱尔兰的绝大部分地区。英国政府动用了由前军士兵组成的准军事组织支持英国军队和皇家爱尔兰警卫队，包括爱尔兰王室警吏团，以及其预备队。爱尔兰王室警吏团（直译为黑色和黄棕色，“The Black and Tans”），是因为他们最初穿的制服颜色而得名的，总共大约有 9000 名成员，全部由英格兰人和苏格兰人组成。一位皇家爱尔兰警卫队的退伍军人回忆说：“他们非常粗鲁，全是一群目光短浅的并且爱酗酒的人。”他们中的许多人都认为在爱尔兰服役是战争的一种延续，爱尔兰王室警吏团的一位成员回忆说：“工作同样地低贱，都是在战壕里来来往往。”但是这次的敌人有所不同，以前的敌人来自西线，但是这次的敌人则隐藏在暗处，非常难以捉摸，往往是披着平民的外衣，所以这个准军事组织把所有的爱尔兰人都视为潜在的敌人。[59]

皇家爱尔兰警卫预备队被认为是英国的精英部队，招募的都是以前的军官，包括三名维多利亚十字勋章获得者，但该部队共有 2200 人左右，情况也没有好到哪儿去。在一次枪战之后，一位军队的高级指挥官注意到："他们都害怕、紧张，因而不断制造流血事件，他们从事着和在法国战壕一样的工作。在这种背景下，你不能追究他们的刑事责任，但是他们确实不适合当警察，但是预备队是不是都这样呢？"在一次关于性格的检测记录中显示，预备队是一个有心理疾病的人的避难所，学生们不上大学而成为杀手，工人阶级因为在战时有可能当官员和得到绅士的地位而迷失了方向。因为1914—1918年的战争，孩子们失去了正常的童年，导致他们个性扭曲。他们只有依靠穿着卡其色的制服，屁股上挂着韦伯利·455in的转轮手枪，才会精神上觉得安心，进而保持外在的稳定状态。[60]

在爱尔兰共和军里面，很多人都是非常残忍的前英军士兵，例如，汤姆·巴尔是前皇家燧发枪团的中士，他在1915年宣称："我不会因为要拯救比利时和其他弱小民族的请求而去战斗，我参加战争没有别的原因，我只是想见识一下战争是什么模样，去得到一支枪，去看看其他的国家，去体会成年人的感觉。"巴尔性格善变，而且是一个雄心勃勃的人，他把自己的军队训练成专门执行爱尔兰共和军中最冷血残酷任务的部分。1917—1923年，他杀死了700个人，其中1/3是平民——从来没有卷入过任何的警察和游击事件之中。"政治的角斗场竟然变成了人间地狱，到处都是杀手和受害者，失踪事件、屠杀和午夜的行刑十分普遍，子弹随时有可能打在后脑，尸体遍布田野和沟渠。"[61]

1920年11月，英国颁布了戒严法令，在全国的大部分地区实施。这是一种宣传上的乌龙球，有点像复活节起义之后的处决执行。冲突在那年冬天升级，但是大多数的伤亡不是来自敌对双方的直接冲突，而是出自伏击和令人惊愕的突然袭击。这是一场肮脏的恐怖与反恐怖的战争。丘吉尔当时担任陆军大臣，批准了对此状况实施的报复性政策。丘吉尔的妻子是一位非常坚定的自由主义者，也对这种"粗暴的、铁腕的、匈奴式的野蛮手段"进行了谴责。[62] 这是一个非常具有倾向性的阶段，英国当局使用了在欧洲大陆没有受到处罚的手段，包括准军事武装的雇佣兵，这让人想起德国自由军团在波罗的海国家的所作所为。英国的戒严法令从来没有在不列颠实行过，但是在爱尔兰却执行得很严格（1798 年、1803 年、1916 年和 1920 年），同样它在殖民地执行过，这也标志着英国对于爱尔兰问题的潜在的态度。[63]

这一政策损害了英国的国际形象，在爱尔兰也遭到了失败的命运，这些因素迫使劳合·乔治将国内政策彻底转向，政府被迫接受停火这一事实，最终在 1921 年 12 月签订了《英爱条约》。这同时也意味着英国的统治地位将由 26 个郡分享，它们获得了和英帝国境内白人精英一样的地位，就像加拿大、澳大利亚、新西兰和南非一样，只在外交和防务政策方面隶属于英帝国。支持条约的爱尔兰人务实地认为这是走向完全独立的良好开端，但是许多爱尔兰共和军的成员认为矛盾仍然不可调和，因为条约"既没有创建一个统一的爱尔兰，也没有建立起共和国"，而且还要求他们宣誓效忠他们仇恨的英国王室。条约产生的对立是不可弥补的，在 1922 年 6 月导致了长达 10 个月的内战，而内战中爱尔兰的死亡人数远远超过在与英国的冲突中死亡的人数。据估计，大约有 1500~2000 人被杀死，其中 77 名主张爱尔兰建立共和制的人被拥护条约的一派残忍地杀死了。这里虽然有原则之争，但是也有不少的个人动机：私人的恩怨与仇恨，拉帮结派的对抗，以及年轻人反对被他们的父辈、牧师和资本家主导的社会。内战"导致爱尔兰的历史陷于停顿，导致政党、利益群体甚至家庭的分化，并且为最终的政治分裂创造了理论依据"[64]。历史上，在独立战争爆发之后，紧接着又爆发内战，这种状况是非常罕见的。1914—1918 年之后在欧洲唯一的例证就是芬兰，而且那场冲突也留下了长久的伤痕。爱尔兰在大战中的经历与东欧国家的经历有相似的地方。[65]

在阿尔斯特，也有与欧洲大陆相似的地方，有 6 个郡脱离了爱尔兰自由邦，留在了联合王国之内，拥有自己的地方自治议会。英国政府希望这种分离是一个制冷装置，最终将建立整个爱尔兰的议会，但是民族主义者坚持整个爱尔兰的独立地位，他们认为这是权宜之计，没想到最后却僵化为长期的现实。新政府的资金由不列颠提供，它4/5 的收入来自伦敦的财政部。早在 1914 年，如何划分界线就是一个具有争议性的问题，特别是在弗马纳郡和蒂龙这样天主教徒居住的地区，根据条约成立的边界委员会巡视了有争议的地区，就像巴黎和平会议的参与者那样仅仅在诸如泰斯辰那样的热点地区进行调查。但最终的结果是，爱尔兰妥协了，在 1925 年接受了已经存在的边界现状。

阿尔斯特的民族主义者开始接受分裂的现实，但是新成立的北爱尔兰这一小国仍然反对他们。1920 年，根据爱尔兰法案成立的政府决定推行比例代表制，以保护少数民族的利益。这确实产生了一些影响，例如，在 1925 年的普选之中，英国政府认可的统一派在总共拥有的52 个威斯敏斯特国会席位中，由 40 个议席下降到 32 个议席。但是民族主义者们抵制阿尔斯特拥有自己的议会，这也使得统一派轻易地废除了比例代表制，这种废弃先是体现在地方议会，随后又推广到联合王国议会。伦敦担心阿尔斯特政府下台会引发新的危机，统一派也重新划分了选区以更有利于他们自身的利益。他们攻击调查委员会以模糊不清的地图为依据，并且还相信东欧国家的民族主义者制造出来的假的统计数据。以贝尔法斯特地区为例，统一派的选区每个都不超过两万名选民，但是民族主义者则被聚集到超过 3 万人的巨型选区。天主教徒基本被排除在警察和其他公共服务系统之外，这些都是在詹姆斯·克雷格的眼皮底下公然进行的，他当时是操纵阿尔斯特政局的人。当南部开始成为所谓的"天主教邦"的时候，教堂的特殊地位被记入了宪法，克雷格自称"我们是一个新教的议会，新教的国家"。[66]

在某种程度上，爱尔兰的分裂存在不可避免的历史必然性。其根源在于，17 世纪的时候苏格兰的新教徒移居到东北部爱尔兰天主教地区。在爱尔兰的其他地区，英国公民性从来没有得到认同，早在1914年之前，关于分离的讨论就开始了。而复活节起义和征兵危机确实巩固了已经存在的分裂状态，并且把关于地方自治的争论转变为争取独立的流血战争，从而出现了关于分裂的僵局状态。克雷格的阿尔斯特让人联想到马萨里克的捷克斯洛伐克的分裂，即一个种族宗教的团体限制少数民族的权利以保证自己至高无上的地位。胜利的英国已经无力阻止爱尔兰的独立，但是它确实也在保护新教的统一派的地位，虽然这也为后来遗留下了大量的难题。有意思的是，我们现在很难想象大英帝国在1918年如果失败的话，情形又会怎么样？也许阿尔斯特的新教徒会进入一个最恐怖的梦魇，在统一的爱尔兰国家里，他们会沦为二等公民，就像在捷克斯洛伐克的德国人一样。这种假设也许毫无意义，但是它再次提醒我们为什么一战是"爱尔兰在20世纪唯一最重要的、最核心的经历"。[67]

因此，大不列颠和爱尔兰联合王国变成了大不列颠和北爱尔兰联合王国，大不列颠看起来比1914年以前更加统一了，但是北爱尔兰成为英国国民性最不稳定的因素，因为它面对的是一个更加独立的，而且充满敌意的爱尔兰。

1921年之后，不列颠的英国公众所做的非常重要的选择就是忽略爱尔兰问题，他们更愿意把英国在1914—1918年的经历与欧洲大陆进行对比。除了1914年年底的恐慌，英国从来没有被入侵过，或者面临严峻的入侵威胁（这和1940年不同）。英国也确实是唯一一个国内平民免于战火的国家。来自德国发动的海上和空中的轰炸，包括臭名昭著的对伦敦的突袭，给英国造成了1266人的死亡（1939—1945年，数字是60595人）。[68] 但是，在东欧地区，波兰、罗马尼亚和塞尔维亚都成为杀人战场，塞尔维亚15~49岁的1/4的成年男子死于战火，是在交战国中情况最糟糕的。即使是在法国和意大利这两个英国胜利的盟友，也不得不在本土作战，法国东北部遭到了毁坏，意大利的民族主义者认为所有的岛屿都是属于意大利的，这种尝试也失败了，并且引发了一场政治危机。德国本土没有遭遇入侵，但战争结束后，协约国的军队占领了莱茵兰地区，法国拿回了1870—1871年战争所丧失的阿尔萨斯和洛林地区。

然而，英国对战斗的免疫也有一个相对潜在的麻烦。法国死亡人数是130万人（大约占15~49岁成年男子的13%），但这种牺牲可以通过领土获得公平的补偿，英国和爱尔兰的死亡总数是72.3万（约占15~49岁成年男子的6%），然而在公众的意识中这种牺牲没有任何明确的国家层面的目标，只是强化了一些抽象的概念，如文明的价值、战争的根除等。当这些概念在20世纪20年代和30年代持续发酵的时候，人们开始质疑战争牺牲的意义到底在哪里。在本书的第二部分，我们将看到这种质疑如何在1939—1945年之后被进一步强化，并且它作为一场民族幸存下来的真正的战争被深深地刻进民族记忆之中，而且是在牺牲了大约一半的人的生命的基础上的民族记忆。

只有一个交战国比英国更超然于战争，那就是美国，它距离欧洲战场3000英里。尽管有470万美国人被动员起来，其中一半被派往欧洲，但是美国军队投入战斗不到6个月。在这段非常短暂的时间里，它人员的损失如果按照比例计算的话，堪比凡尔登和索姆河。美军指挥官约翰·潘兴认为美军的模式是"公开的战争"，他认为凭借以来福枪和刺刀为武器的出色的美国步兵，就能够突破法国和英国部队未能突破的战线。结果是可想而知的。在1918年10月的默兹—阿尔贡战役中，整整一个美国师团都被德国的反攻打垮；另外5000人甚至在没有抵达前线的时候就被猛烈的炮火所击败；还有1/3的力量攻击了1.2万人，仅剩2000人安全归来。德国的进攻模式是步兵、炮兵、坦克和飞机的密切配合，在潘兴领教他的盟友早已经领略过的德军威力之前，在不到一个月的时间里，他的部队中已经有2.6万人死于战场。这种大屠杀比美国内战中的夏伊洛战役、安提塔姆战役、葛底斯堡战役和冷港战役加在一起的死亡人数还要多。对潘兴而言，非常幸运的一点是，如此重大的伤亡在国内并没有真正报道出来，这主要归功于美国严格的军事审查制度，迫使记者们对于伤亡数字保持了"极端冷静"的态度，这一点与英国在索姆河战役之后的命运不同。美国当时报纸的头条主要报道的是即将签署的和平协定的问题。[69] 所以，尽管美国的一战经历与英国一样血腥，但是它持续的时间要短得多。结果是，官方统计的死亡总数是 116516 人（约占 15~49 岁成年男子的 0.4%）。即便是这个数字也是有误导性的，因为死于战争的人只有 53402 人，大多数的步兵死于大流感，而不是德国人的子弹，并且有一半的流感受害者是死在美国本土的。[70]

对于美国人来说，一战主要是"精神上的事情"[71]，当时他们最为关注的是民族认同感的问题。许多美国人认为民族主义是他国存在的缺点，一些学者甚至在他们关于"主义"的分析中自动跳过了美国。[72] 的确，美国展示出来的是公民民族主义的形式，这有点类似于英国，但是却也有扭曲的地方。它的民族性的本质存在不是建立在同一种族的基础上，而是建立在共同的国内价值理念的基础上，按照霍布斯鲍姆的话来说，美国人就是"那些希望成为美国人的人"。[73] 这些价值观念（简而言之就是"自由"）是从英国移植到美国殖民地的，然后通过民主的扩展进一步政治化，到 1830 年的时候，把所有的白人男子都纳入其中，这比欧洲要早得多。虽然这些观念主要来源于英国，但确实是美国人在反对英国的疯狂斗争中开始大声宣扬出来的，而且这也是两次独立战争（1776—1783 年和 1812—1814 年）的原因之一。19世纪，美国开始成为移民国家，其移民主要来自整个欧洲大陆。但是美国公民权的核心仍然是这些民主自由的观念，而且仍然使用英语作为官方语言。

新生的美利坚合众国并不是一个像英国和法国那样的统一国家，而是松散的联邦政体。在它成立之后的前 80 年之中，因为分离力量的存在而十分脆弱，在如此号称自由的土地上使用种族的奴隶制度更令其蒙羞。这种紧张关系在1861—1865年的内战中达到了高峰。南部声称其在从事一场类似于1776年的独立战争，按照后来威尔逊的说法，也就是在追求自决权。北方的最初目标是阻止南方的分离，认为美国是一个不可分割的整体。但是，随着斗争的深化，对北方而言，战争演化为一场解放奴隶的斗争。1863年，亚伯拉罕·林肯总统在葛底斯堡重申，美国是一个民主的国家，现在正在进行一场自由的新生运动，以保证"民有、民治、民享的政府不会在地球上消失"。他认为美国的民主应该是整个世界的楷模，这一理念在50年后由威尔逊再度发扬光大。[74]

威尔逊的早期生涯是在普林斯顿度过的，他最初是政治学教授，后来成为大学校长，但是他真正的雄心是要步入政坛。在一个民主的时代里，他迷恋于政治领导权的挑战，坚信总统应该倾听公众的呼声，但又不能被公众的情绪左右。坦率地说，他看不起国会的作用，认为这是完全考虑地方利益的狭隘论坛。他偏爱于英国的首相制模式，坚信总统应该被置于前台，特别是在外交领域。威尔逊是一位长老会牧师的儿子，加尔文教塑造了他的思想观念，他有一种非常强烈的先定论理念，特别是在涉及国家利益的时候。尽管在学术上，他被认为是极端保守的，但他确实是一位典型的知识分子——语言极其流畅（经常引用自己的笔记而不是教科书），而且经常迷恋于自己提出的口号。没有比外交更适合威尔逊这种行为模式的领域了。

战争在欧洲爆发之际，威尔逊在深思熟虑之后宣布中立。美国1.05亿人中，超过800万的人出生于德国，或者说他们的父母是德国人。相反，许多在美国的捷克人和塞尔维亚人希望哈布斯堡王朝战败，这样就能够推进他们民族的自由，他们也能够重返家园。"美国是一个多民族的国家，而且主要是现在正处于战争中的民族，"威尔逊注意到了这一点，"在这场残酷的斗争中，一些人希望这一方获胜，而另外一些人希望另一方获胜。"所以，介入欧洲战争也可能意味着美国国内的内战，总统并不希望种族的民族主义危及美国最为主要的公民民族主义。他认为这场战争主要是源于旧世界的世仇，缺乏任何的道义性，因此，美国的中立是非常合理的一种选择。有人打趣说"没有什么特别的事情值得投入战争"，美国"太傲慢了，不屑于打仗"这种说法都没有被伦敦和巴黎所接受。[75]

1917 年，德国绝望地发动了无限制潜艇战，希望实现最后一搏，这迫使威尔逊投入战争，他用公民民族主义的语言解释了他政策的转变。他在 4 月 2 日发表的战争声明勾画出了这样一幅图景，"为了民主，世界必须更加安全"（这也许是他最著名的口号），认为和平"应该建立在政治自由的基础之上"。他还坚持认为，主要的敌人是普鲁士独裁统治，而不是德国人民。同样，他对于沙皇制度的坍塌而欢呼，认为这意味着俄国可怕的独裁制度的终结，这种制度曾经压迫了俄国人民的民主天性。因此，威尔逊郑重宣告，美国参战的目标是"为了民主，为了那些饱受独裁统治压抑之人的权利，让他们在本国的政府中能够拥有自己的声音，是为了弱小民族的权利和自由"。[76]

简而言之，威尔逊是想用美国模式重新塑造世界。即便考虑到美国特有的种族歧视问题，威尔逊的理念也不能说仅仅是出于自我欺骗的考虑。当威尔逊在罗马尼亚的玛丽王后面前谈到她的国家应该怎样对待少数民族之时，她狡猾地回答说，美国总统当然也会意识到美国黑人和日本人问题。[77]但是，经历过一次牺牲达到上千万人的毁灭性的战争之后，威尔逊和大多数美国人都更清醒地看到了欧洲的缺点，而对自己的问题却视而不见。他前往巴黎，地位举足轻重，但事实上他正在踏入一条未知的河流。他是第一个在任期间离开西半球的美国总统，而且他的所有前任都没有如此大规模地介入欧洲的战争。"美国的外交传统没有办法给他提供任何的经验和指引，是他把美国的遗产国际化了。"在巴黎，威尔逊最为重要的目标是创建一个国际关系的框架，这种框架建立在国际联盟的基础之上，国联将反映民族主义的现实，但是将调整它们的好战倾向，他坚信，通过这种手段，世界将从无序状态转向一个民主将取得成功的世界。[78]

但1919年，威尔逊的理想主义构想与欧洲的现实发生了激烈的碰撞。他的国务卿罗伯特·兰辛对此不抱太大希望，他问道："当总统谈及自决权问题的时候，那是以什么为单位基础呢？""他的意思是一个种族，一个地理区域，还是一个共同体呢。"兰辛接着警告说，这个词组是"动态的充满复合的概念"，"它可能给从来没有这种意识的人带来希望"，也可能"以成千上万个生命为代价"。1919年，威尔逊非常悲哀地对参议员们说，当他声称"所有的民族都应该享有自决权的时候"，他并没有"关于民族主义存在的任何知识背景，但是民族主义却日复一日地向我们走来"。[79]他也逐步放弃了他关于民主意义的宣讲口号，他不耐烦地对新闻记者说："我不是为了民主而战，而是为了想要民主的民众。如果他们想得到民主，我会一直战斗下去，直到他们实现目标；如果他们不想，那跟我一点关系都没有。"[80]

威尔逊也没有真正考虑过国联的真正意义是什么。国联的构想起源于英国自由主义者，主要是来源于爱德华·格雷。在1914年阻止战争的努力彻底失败以后，这位英国外交大臣建议成立一个国际议事论坛，以便国家在开战之前能够坐下来谈一谈。这种非常简单的联盟也是伦敦所希望的一个机构。在这一基础上，威尔逊设计了一座更为复杂的"大厦"，其中的核心体现于国联盟约的第十条。它确定国联的任务是保障所有成员国的安全，"反对危害领土完整和政治独立的外来侵略"。这项原则的实施手段可以包括经济制裁，甚至是军事手段。英法政府都同意了第十条的原则，因为它意味着美国史无前例地投身到全球事务中来。外交部非常担心对"领土完整"和"政治独立"严格的限定这一条款，尤其是新欧洲的边界问题重重的时候，但是它也没有办法在条约里强力地承诺推进领土调整，因为这似乎是为了和平所需要的东西。威尔逊认为第十条是"整个盟约最关键的一条"，认为这种保证本身就是一种威慑，它非常有力，所以可能都不会走到请求援助的那一步，他不希望他的措辞有一丝一毫的改动。[81]

总统毫不妥协的态度成为阻碍条约在参议院通过的一个主要绊脚石，当时参议院主要由他的政治对手共和党所控制。威尔逊坚持认为国联的成员将允许美国重塑世界事务，而且丝毫不会限制到美国的自由，但是共和党参议员没有被威尔逊的能言善辩说服。威尔逊的主要对手是参议员亨利·卡伯特·洛奇，他并不反对在欧洲承担特殊的责任，例如由英美对法国的安全提供保证，以预防将来可能发生的德国侵略问题；他反对的是"这个条约在很大的程度上，可能导致美国在任何时候可能都会受制于联盟，无论通过直接的还是间接的方式……美国可能被迫卷入处理其他国家的内部冲突，而且还不知道这些冲突到底是怎么回事"。[82]威尔逊十分沮丧，决定赢得公众的支持以间接实现自己的目标，为此，他在美国的领土上掀起了旋风式的旅行演讲，但是这种疯狂的行为最终使他中风瘫痪。美国政府没能让条约获得2/3的参议员的支持，而这是批准和平条约所必需的票数。所以，国联条约虽然生效了，但是却缺乏了这个最强大的战胜国的参与。英国和法国试图让国联运转起来，但却是在它们所不想接受的原则之下运行。这种对于旧世界的新地图的设计和承诺不是在巴黎的沙龙上决定的，而是通过欧洲战场的流血斗争完成的。

面对世界大战爆发的悲剧，威尔逊潜在的信念是，美国必须打破其孤立主义的传统，在重新塑造世界事务中扮演一个决定性的角色。他决定把此观念兜售给他的民众，并且强调他是基于原则而非利益才这样做的。这有点类似于英国领导人对民众表述战争的方式，与欧洲大陆的现实处于一种半分离的状态。20世纪20年代和30年代，这两个国家都经历了理想主义的辞藻与黑暗的现实的冲突。但是威尔逊诱人的演讲表达了美国清晰的公民民族主义的概念，这将回荡于整个20世纪。而最容易引起共鸣的，比"自决权"更为重要的，是"民主"的概念。

第二章　民主

为了民主，必须确保世界的安全。

——伍德罗·威尔逊，1917

为了世界，应该让民主更加安全。[1]

——斯坦利·鲍德温，1928

赫伯特·乔治·威尔斯指出，在战争结束之际，伍德罗·威尔逊在人们心目中的形象被彻底美化了。在人们眼中，他不是一位普通的政治家，而是被当成了弥赛亚式的救世主。[2] 1918 年 12 月 26 日，在去参加巴黎和会的途中，威尔逊路过伦敦，受到了空前热烈的欢迎。当天，他与乔治五世一起并肩站在白金汉宫的露台上，对于人们的欢呼，他欣然接受。第二天晚上，他出席了在白金汉宫举行的庆祝协约国胜利的宴会。宴会十分隆重，有上千位客人参加了这个宴会，他们之中有将军，有政治家，有大使，有大臣，均来自英国和英帝国最重要的领域。他们都穿着正式的上面缀饰着勋章和珠宝的十分华丽的礼服。威尔逊的随行医生注意到，"所有的餐桌用品都是纯金制造的，并且刻有精美的带有王室标志的纹饰"，总价值据说达到 1500 万英镑。但是宴会最尊贵的客人威尔逊总统却与众不同，他只穿了一身普通的黑色套装，也没有佩戴勋章和任何的配饰。他的答谢词非常简短，也极其冷淡，甚至一句都没有提到英国在打败德国方面发挥的作用。劳合·乔治后来回忆道，威尔逊的讲话"丝毫看不出来友情的成分，或者说在看到从事共同事业的伙伴时的高兴劲儿都没有"。这有点像克伦威尔在观看王子们选美一样，是非常具有戏剧性的一幕。威尔逊先生有他自己的一套，1918年似乎就是"威尔逊的时代"。[3]

威尔逊曾经谈道，为了民主，必须确保世界的安全。但是在一战后，民主已经处于四面楚歌的境地。1917—1918年战争引发的危机在沙皇俄国点燃了布尔什维克革命的火焰，并创造了一种新型的政权形式，而且确实有蔓延到欧洲的可能。对它的反弹则是激起了墨索里尼的法西斯运动，他于1922年在意大利夺取了政权。到了30年代，得到军队支持的法西斯主义和代表极右势力的独裁政权迅速蔓延到了东欧和中欧地区。更为重要的是，德国以至法国都出现了极左和极右势力两极分化的局面。在当时共产主义和法西斯主义蔓延的时代，在大众政治和政治超人流行的时代，民主的自由变异形式看起来似乎已经落后于潮流了。

然而，与这种趋势不同的是，英国保留了自由政体，并调整了它的代表机构，以适应大众政治和阶级政治的形势，英国的政治引进了一些社会主义的因素，也使君主政体得以保留。同样重要的是，英国的两党体制仍然十分稳定，而在这一时期，欧洲大陆的国家或者被一个政党所控制，或者政坛像万花筒一样瞬息万变。甚至爱尔兰都从内战的暴乱局面走出来，建立了稳固的宪政的两党政治。在大西洋的彼岸，无论共产主义还是社会主义都没有对美国产生任何的影响，这使得美国的经历与欧洲包括英国都截然不同。

1917年2月，在不到两个星期的时间里，欧洲最专制的王朝——罗曼诺夫王朝以闪电般的速度被推翻了。这件事情发生的时候，被沙俄政府驱逐的列宁正流亡瑞士的苏黎世。当他得知这一消息时，兴奋之情溢于言表，他对妻子大声喊道："这简直太令人难以置信了！这太出乎意料了！"著名的俄国诗人亚历山大·勃洛克则把沙皇制度的突然崩溃比喻为与"夜间行驶的火车突然发生了碰撞事件"一样令人震惊。[4]

二月革命的导火索源于当时极端可怕的粮食短缺危机：1917年年初，由于粮食首先要满足前线的士兵需求，再加上极度恶劣的天气等原因，最终导致了俄国城市的粮食供应链处于瘫痪的境地。受此影响，俄国许多城市因为粮食短缺而引发了大规模的骚动。当然，二月革命很大程度上是在彼得格勒（这是一个具有德语色彩的名字，在战争时期，因为想去掉这个名字的德国化特征，被称为"圣彼得堡"）这座城市发生的。相比于欧洲的其他城市，彼得格勒是一座极其不寻常的城市。

彼得格勒是欧洲的第五大城市，也是如火如荼的工业革命时期让工人们有苦难言的"血汗工厂"。在这座城市，240万人仍然主要居住在农村。但是这里的工人队伍是比较集中的，70%的工人受雇于人数超过1000人的工厂。即使在美国和德国这样高度现代化的国家，这种集中程度也是极其罕见的。

由于战争进程的不断推进，战争经济一度处于繁荣状态，而彼得格勒的无产阶级则生活在令人难以忍受的极度肮脏的环境之中。平均每间地下室或单人房都居住着3个以上的工人，这一数字是柏林、巴黎的两倍。不仅如此，彼得格勒几乎半数的房间没有净水供应和污水排放设施，大约有1/4的婴儿在不满1岁的时候就夭折了。而富人和特权阶层则对这些工人横眉冷对，充满鄙视。也许你会认为，这是由于主要的工业区维堡与市中心仅隔着涅瓦河，与彼得格勒最主要的繁华街道涅瓦大街以及帝国的宫殿遥遥相望所导致的。但实际上，欧洲其他国家的首都也同样是工业中心，但在郊区化更彻底的柏林、巴黎和伦敦，工人们居住的贫民窟距离市中心也只有数英里之遥。[5] 同样重要的是，彼得格勒是一个非常重要的军事要塞，大约有30万名士兵驻扎在这里，一位目击者把这一现象比喻成"在火药桶旁边放置了一堆引火的干柴"[6]。正是这些来自农村的士兵的哗变把面包问题引起的骚乱转化成了大范围的革命，他们不仅拒绝向抗议者开枪，而且主动加入到了抗议者的行列。

指挥官失去了对军队的掌控，就等于失去了对首都的控制。种种失控行为吓坏了尼古拉二世，迫使他退位。顺位继承人——沙皇的弟弟拒绝接受皇位的诱惑，统治俄国300多年的罗曼诺夫王朝就这样以迅雷不及掩耳之势退出了历史舞台。仅仅10天，这个王朝就彻底消失了。

沙皇旧秩序的脆弱性可以在更广泛的层面上加以解释。在欧洲国家之中，沙皇俄国是一个非常独特的国家，它仍然保留着个人专制主义的传统。与父亲亚历山大三世一样，尼古拉二世仍然保留着古老的拜占庭式的传统，即把自己看作民众的父母，认为自己是上帝在人间的化身，是整个俄国土地的拥有者。沙皇不仅不信任议会，而且也不信任官僚机构和法律，因为这些机构都束缚着他们家族的统治权力。他顽固地坚守着加冕时，捍卫"专制主义"原则的誓言。作为国家的象征，沙皇因战争的不断升级带来的灾难而备受谴责。当这个王朝在1917年2月分崩离析之际，整个的社会和政治结构也彻底被颠覆了。二月革命之后，俄国的问题不仅仅是出现了两个对立的权力中心，即建立在议会基础上的临时政府和彼得格勒工兵代表的苏维埃，而且也在于这两个权力中心并立的政治僵局所导致的政治的整体瘫痪状态。没有了沙皇、警察、法官、牧师、知识分子、官员和农村的乡绅们似乎都失去了权威，处于一种极其迷茫的状态。

正在这个国家处于无政府状态的时候，列宁看到了机会。与爱森斯坦在电影《十月》10周年纪念的庆祝日中指出的不同，列宁的成功不是大众革命的结果，而是他通过大胆的、小规模政变的形式赢得了革命的胜利，其实当时他的许多布尔什维克同志对革命能否成功是持怀疑态度的。随后的社会革命彻底清除了一切旧秩序残留下来的痕迹，列宁逐渐地把所有的权力都集中到了布尔什维克政党的手中。历史学家奥兰多·费吉斯这样写道："作为专制主义的一种统治形式，布尔什维克政权是纯粹的俄罗斯式的统治，它似乎是沙皇国家的一种镜像。"[7]

1917 年的俄国革命似乎因此具有了罗曼诺夫王朝统治的某些特征。但同时代的人并不是这样认为的。导致罗曼诺夫王朝倒台的原因是战争动员所引发的危机，当时许多的欧洲国家也面临同样的问题。在整个欧洲大陆，数以百万计的人应召入伍，到 1918 年 11 月，奥匈帝国人口的 15%，德意志帝国人口的 17%，法国人口的 21% 都应征入伍。这种兵员的紧张状况是非常普遍的，影响也非常巨大，法国军队在 1917 年发生了哗变，紧接着，1918 年的德国和奥匈帝国也发生了哗变。与此同时，另外还有上百万人被迫投身于与战争相关的产业之中，这些人的日常生活储备越来越匮乏，工资增长的速度远远跟不上通货膨胀的速度。1917—1918 年，所有的参战国家都深陷困境，面临着食物、煤炭和其他生活必需品严重匮乏的问题，诸如米兰、巴黎和柏林这样的工业中心成为工人极端主义行为的温床。虽然与俄国不同，这些严重的问题在战争期间被暂时地抑制下去了，但是在停战之后，这些亟待解决的问题却直接引发了席卷整个欧洲的罢工和抗议的狂潮。而导致形势更加恶化的是上百万士兵的复员问题，这种复员行动的进行是非常仓促的，因为这些士兵主要受到的是战争暴力的训练，而缺乏其他谋生技能，使他们的就业机会因为战争的消失而变得希望渺茫。[8]

因此，在战争结束的时候，俄国和其他国家发生的事件是相似的，而且是惊人的相似。德国 1918 年发生的革命与俄国的二月革命有明显的共同之处，武装部队的哗变同样是德国革命的催化剂。[9]与俄国革命不同的是，德国军队的这次哗变不是发生在德国的首都，而是由基尔港的水兵起义引发的，在对柏林的政权发起挑战之前，兵变迅速波及了整个德意志北部地区、莱茵兰和德国南部地区。兵变的领导者模仿布尔什维克的模式，建立了工人和士兵委员会。基尔港起义之后，在不到两个星期的时间里，德国已经成为社会民主党主导的一个共和国，德国皇帝流亡到了荷兰。1919 年 1 月，德国共产党利用这种危机造成的混乱局面，准备仿照列宁的方式在柏林夺取政权。但是他们的行动被残酷地镇压了，当时，社会党政府主要依赖军队和退伍军人为主的自由军团恢复秩序。但是在这一年的春季，罢工和抗议的狂潮仍然在整个德国蔓延，在巴伐利亚地区甚至建立了一个苏维埃共和国。"也许德国的其他地区也会建立类似的政权，"小说家托马斯·曼指出，"也许随后协约国的无产阶级也会走上这条道路。"[10]

事实上，巴伐利亚共和国仅仅维持了一个月的时间，就在激烈的巷战中被血腥镇压了。随后，匈牙利的国土上飘起了红旗。这个社会主义政府的建立是贝拉·库恩领导的。一战之前，他是一位立场比较激进的记者，十月革命之后，他的命运与列宁紧紧绑在了一起，得到了布尔什维克党的资金资助。事实上，无论贝拉本人还是他所建立的政权都是平淡无奇的。在英国外交官哈罗德·尼科尔森的眼中，贝拉看起来就像是一个非常不可靠的人，他"脸部浮肿，面色苍白，嘴唇松垮而潮湿"，"有点像一个经常绷着脸的，反复无常的罪犯"。[11]贝拉进行了疯狂的改革，他把商业国有化，打破了农村中的庄园制度，颁布了禁酒令，在学校里强制推行性别教育。这些改革的结果是，贝拉在很短的时间里就失去了几乎所有人对他的支持。匈牙利苏维埃共和国1919年3月建立，到8月就被罗马尼亚的军队所颠覆，只存在了三个半月的时间。

发生在德国和匈牙利的剧变，虽然时间短暂，但却具有浓浓的警示性。这就意味着，革命不仅仅有可能发生在有庞大亚洲领土的俄国，而且也可能发生在现代欧洲的心脏地带。当时人们对于1918—1919年爆发的全球大流感十分恐慌。他们也同样认为，布尔什维克主义是非常有害的病毒和瘟疫，并因此试图采取"意识形态领域的围堵政策"。一战后，这种恐慌的心理迅速弥漫到整个欧洲，也包括英国。但是，最后这种担心被证明是多余的，布尔什维克政权并没有在苏维埃俄国以外的领土立足，而且在整个20年代，也只有两个欧洲国家发展起来强大的共产党势力。其中之一是德国共产党，它的势力在1932年11

月达到了顶峰，在这次选举中，它得到了全国 17% 的选票。但是，德国共产党没有抓住这次机会扩展自己的影响，它既没有参加政府，也没有趁机发动革命运动，随即在 1933 年被希特勒给清洗掉了。20 年代的时候，法国共产党大约赢得了法国选民 1/10 的选票，1936 年，这一数字进一步上升到 15%。这种突破性的进展主要是因为法国共产党的策略发生了转变。原来法国共产党奉行自我封闭的严格的派系政策，而 30 年代的人民阵线政府则采取了与其他所有反法西斯政党合作的措施。但是，实际上法国共产党的胜利也反映了法国政治文化的一个鲜明的特征，那就是革命在其中扮演着一个非常重要的角色，这种传统可以追溯到 1870 年、1848 年，甚至 1789 年。在欧洲的其他国家里，没有任何一个其他国家的共产主义可以和民族主义如此紧密地融合在一起。[12]

在这个时间段里，还存在着比共产主义更大的威胁，那就是社会党左翼力量的加强以及由此带来的右翼势力的反弹。在所有涉及大众民主的大革命中都存在这样的趋势和特征。在法国，自 1848 年以来，所有的男子都享有投票权；德国男子的普遍投票权开始于 1871 年；而美国成年男子（仅限于白人男子）的投票权开始于 19 世纪 30 年代。但是在 1918 年，参政权在欧洲的扩展速度极具戏剧性的特征。因为工人们在战争中做出了突出的贡献，这是对他们工作努力的一种回报，实际上也是对布尔什维克建立的苏维埃俄国政治模式的一种回应。前哈布斯堡王朝统治地区建立的许多国家都给予了成年男子选举权，意大利和英国也是如此。美国和德国还给予了妇女选举权，英国 30 岁以上的女性都享有选举权。但是法国和意大利直到二战之后才给予妇女选举权。这些政策主要是在 1918 年通过制定法案加以实施的，这些变化的结果在英国和德国产生了巨大的影响。当时的统治精英们害怕工人和妇女会倒向左翼政党，加强它们的力量。

民主不仅仅体现在选举权问题上，它还体现在政府的统治形式上。

在德国及前哈布斯堡王朝统治的地区，不论选举权问题处于什么样的状态，议会在政治中几乎是没有任何发言权的。以德意志帝国为例，政府总理对皇帝负责，而不是对议会负责。但是在英国和意大利，运作的状态似乎是相反的，这两个国家是议会制政府，有着自由主义的传统，它们的政府需要进行的改组则是为了适应战后扩大的选举权。在东欧和东南欧的国家里，与选举权问题相伴而行的是新诞生的宪法问题。因为当时人们更多地注意到，这一时期是"威尔逊时期"，从而容易忽略这样一个事实，即这些新独立的民主国家的宪法不是按照美国模式建立起来的，实质上是来自于欧洲的法国模式，换句话说，是弱政府、强议会的模式，政府各部的组成是考虑到政治力量之间的平衡而设立的。在这样的体制之中，政治的稳定性取决于各个竞争政党之间的联合，也取决于对有限的政府权力的熟练运用，这并不是一件容易做到的事情。

一战后欧洲政治面临的最大挑战，就是如何处理这种新型的大众民主。在欧洲大陆，右翼的力量比左翼的力量影响要大很多。意大利和德国是最具典型性的两个国家。[13] 相比较而言，德国的危机更引人关注，这是因为它后来成为另一场大战的发源地。然而，意大利的右翼革命比希特勒早了整整 10 年的时间，对整个欧洲的政治都产生了重要影响。

法西斯主义在意大利的胜利反映了一个严峻的社会事实，即一战造成了欧洲国家的社会分裂态势。1914 年 8 月，一战刚刚爆发的时候，意大利在战争中保持着中立的地位。1915 年 5 月，意大利的少数领导人决定参战，这违背了大多数人的意愿，这个决定甚至都没有和意大利总参谋部进行协商。在爱国主义的旗帜之下，在新闻媒体的鼓动和宣扬下，意大利的干涉主义者们向政府疾呼，要求政府收回处于哈布斯堡王朝统治之下的意大利领土，特别是东北部的特伦蒂诺省和的里雅斯特这座城市。激进的干涉主义者们甚至把战争美化为一个自然的选择，加布里埃尔·邓南遮，这位以华丽的辞藻而著称的作家，甚至重新改写了"登山宝训"（《圣经·马太福音》中耶稣在山上所说的话），"上帝将保佑那些如饥似渴追逐荣誉的人，他们的愿望将得到满足"。[14] 但是大多数的天主教徒都是温和派，意大利的社会党公开反对战争，这在当时的欧洲是独树一帜的。在 1916 年和 1917 年，意大利军队的总指挥路易吉·卡多尔纳将军，指挥他的军队沿着阿尔卑斯山麓的伊松佐河推进，但是这种进攻是徒劳的，当时对军队的控制完全靠野蛮的惩罚和随机的处决。直到 1917 年 10 月，在伊松佐河地区进行了第十二次战役——卡波雷托战役，这次战役是因为附近的小镇而得名的。在这次战役中，奥匈帝国的军队因为得到德国突击队的支持战斗力猛增，而参与这场战斗指挥的还有年轻勇猛的埃尔温·隆美尔。他们的进攻令人大吃一惊，在山脊上来回猛烈地发起进攻，把意大利的军队打得晕头转向，意军很快撤回到了 30 公里之遥的威尼斯城，30 万人被关进监狱，35 万人逃亡。卡波雷托后来被纳入了意大利语之中，意思就是"一团糟的溃败"。

尽管在战争结束之际，随着奥匈帝国的崩溃，意大利人重新得到了特伦蒂诺的大部分地区，停战给意大利留下的仍然是酸楚的味道。社会党人和天主教徒都用可怕的人力与物力的损失来为自己的反战行为进行辩护，但是军方和右翼势力则为此对他们不断进行指责，认为他们是"红色的和黑色的失败主义者"。1918 年 10 月，墨索里尼已经谴责他们是"罪恶的一家"，"使这个民族不断倒退和衰败"。[15] 同时，意大利在战争中的死亡总数高达 60 万人，这刺激意大利人提出了过分的要求，他们要求得到阜姆这个城市和亚得里亚海沿岸的大部分领土区域，以作为对意大利"残缺的胜利"的一种补偿。1919 年 9 月，加布里埃尔·邓南遮又赢得了一个新的荣誉称号，他被誉为"勇猛的战士"，决定自己主导事情的发展态势。他带着 2000 人组成的军团前往阜姆，公开占领这座城市长达 15 个月。他的这一在国际舞台上臭名昭著的挑战行为更加暴露了意大利国家的脆弱。

意大利传统的统治阶层，也是自由主义的政客们试图再次打起民主这张牌，但是这种尝试却是徒劳无益的。1918年12月，为了拉拢军队，他们承认了男子的普遍选举权。第二年夏天，他们引进了比例选举制，试图拉拢天主教党派和社会党，从而达到清除极权主义的目的。但是这两种努力都失败了，1919—1920年，意大利的政治形势被称为"红色的两年"，托斯卡纳和波河谷地区都爆发了剧烈的佃农起义，同时，西北部由米兰、热那亚和都灵组成的工业三角区的罢工也是此起彼伏。1919年的11月选举是意大利最公开的一次选举，新产生的议会由两个新的群众性政党所控制，一个是意大利社会党，控制了1/5的选票，另一个是意大利天主教人民党，控制了1/3的选票。因此，任何自由派政客组成的政府必须得到其中一个政党的支持。但是意大利社会党被认为（至少从名称上看是如此）具有发动革命的倾向，而天主教人民党的成员来自社会各个阶层，具有不稳定和缺少政治经验的特征，因此，他们在内阁都没有参与很长的时间。

意大利的政府本应在制约左派上发挥领导性的作用，就像后来的德国一样，然而事实上，这一角色却被准军事的武装组织所扮演了。与德国的自由军团相对应的组织是"战斗的法西斯"这一组织，主要成员是退伍军人，当然也包括激进的学生们，这个组织的头目就是前社会党报的主编贝尼托·墨索里尼。1920年夏天，他的武装组织进入了社会党势力强大的意大利中部和北部地区，殴打当地的工会会员，恢复地主的权力，支持中产阶级。为了把这股新兴的政治力量纳入到传统的政坛之中，在1921年5月的选举中，自由派政客乔瓦尼·乔利蒂把法西斯政党纳入了他的国家统治集团，此举使墨索里尼获得了更高的政治荣誉。1921年，墨索里尼把政党改名为"国家法西斯党"（PNF），这个政党仍然保留了武装组织，而且这个武装组织再也不会受到警察的限制了。于是国家法西斯党有了双重的定位，它既是一个参与议会政治的"政治性党派"，同时还是一个使用武力的"军事组织"。[16]正是受益于这种双重的身份，墨索里尼才能最终在1922年10月夺得政权。因为意大利天主教人民党仍处于边缘地位，而社会党又要发动总罢工，自由派的政客们已经没有转圜的余地了。法西斯的武装组织不断向各地省会进军，并且对罗马构成了严重的威胁。在这种危机四伏的背景之下，自由派全面衰退，国王任命了墨索里尼担任政府总理。于是墨索里尼的武装组织成功地开进了罗马，这一事件也是法西斯主义者一直引以为豪的"向罗马进军"事件。

希特勒在德国的成功也是因为国家立法的危机，这种危机比意大利要广泛得多。这种危机根植于1918年春天德国攻势的彻底失败，鲁登道夫发出停战请求的时候，军队和公众都大吃一惊，因为当时他们对形势的严峻性全然不知，完全被蒙在鼓里。这种局面最终导致了11月早期席卷整个德国的革命。当时的情况是，尽管德国的军队不断后退，但是并没有达到溃败的境地，西线的战役甚至没有波及德国的本土。于是，就有了这样的提法：德国的失败是由于国内的社会主义者和革命主义者在背后"放暗箭"造成的。这种想象带有瓦格纳歌剧的特征：鲁登道夫告诉他的下属——德国必须寻求停战，当时，一位德国官员眼含热泪地回忆道，在《诸神的黄昏》这部瓦格纳的歌剧中，齐格菲尔德最终死于背部的创伤，而这个伤口是海根的矛所造成的。鲁登道夫坚持主张成立的新的文人政府，"必须理清使我们陷入困境的所有混乱状况"，虽然这种混乱是由于他不断地呼吁停战而引起的。[17]鲁登道夫采取的权谋策略取得了成功，新成立的社会党领导的共和政府承担起了停战谈判的责任，被迫接受了遭人憎恨的《凡尔赛条约》。魏玛共和国是带着深深的原罪而诞生的，而且没有任何人、任何事能够拯救这种原罪。

在主要由退伍军人组成的极端右翼群体之中，这种愤怒的情绪尤其强烈。以"钢盔团"这一组织为例，1928年，他们在勃兰登堡的分会宣布，"我们从心底里憎恨现在的国家宪法"，因为"它打破了我们解放我们被奴役的祖国的希望和在东部赢得生存空间的可能性"。德国退伍士兵联盟在 30 年代有 300 多万的成员，其中大多数坚信在一战中德国等于从后背被刺了一刀，他们对于新生的魏玛共和国毫无好感。这些成为纳粹主义兴起的肥沃土壤。魏玛共和国的军队也坚决要求打破《凡尔赛条约》的束缚，根据这个条约，德国只能保持一支有限的军队，不允许发展空军、坦克、战斗舰和潜艇，他们希望彻底冲破这一束缚，使德国重新回归大国的行列。在这一过程中，这一目标首先意味着与法国的冲突，最后还会与英国和美国发生冲突。德国的军方认为共和制的德国与被阉割的军队是由于军事上的失利和政治上的崩溃结合在一起而诞生的畸形儿。但是所有这些因素并不意味着他们会自然而然地支持希特勒：大多数的政治右翼和官僚集团成员都是怀旧的君主制主义者，他们对于共和国没有热爱之情，因而易于受到强硬的军国主义者的诱惑。[18]

德国当时的政治形势与意大利一样，左派的势力被证明是毫无价值的，德国共产党不准备发动革命，而社会党也不愿意在共和国中发挥宪法赋予他们的权利。事实上，在整个 20 年代，社会党都是德国的最大政党，但是他们的问题在于一直回避与其他资产阶级政党的合作。魏玛共和国主要依靠传统的中心政党，即天主党和自由人民党。一战后，德国的军队在《凡尔赛条约》的限制下只能保留 10 万人，所以德国也同样受到街道暴力的折磨，然而这种情形在 1923 年 11 月的慕尼黑啤酒馆暴动之后衰退了。这场暴动是纳粹试图模仿墨索里尼向罗马进军的方式夺取政权，但是它失败了。吸取了这一教训之后，希特勒把他的运动改组成为一个政治性的党，即国家社会主义党，这一政党拥有自己的准军事武装组织。

与意大利不同的是，德国政治的转折点是发生于 1929—1933 年的经济大危机，在形势最严峻的时候，德国 1/3 的工人处于失业状态。我们将在本书的第四章全面地分析这场资本主义的危机，在这一部分我们强调的是这场危机的政治后果。几乎没有任何一种政体能够在德国的这种失业的状态下幸存。选民们抛弃了传统政党，开始转向极端主义的政党，无论左派还是右派，其中国家社会主义德国工人党是1930年选举的最大受益者。纳粹主义似乎给德国政治和军事上的统治阶层提供了一种政治选择，这种政治选择和10年前意大利的法西斯是一样的，即它是一个能用来击退日益膨胀的左翼潮流的群众性政党，正因为如此，1933年1月，希特勒被任命为政府总理。前总理弗里茨·冯·巴本开玩笑说："不用担心了，我们已经雇用他了。"库尔特·冯·施莱谢尔将军更是预言："如果希特勒想要在德国建立独裁统治，那么军队则将成为这一独裁体制下的真正的独裁者。"这句话太不自量力了，并且带来了致命的后果。巴本得以幸存，但是施莱谢尔则在18个月之后被暗杀了。[19]

无论在墨索里尼统治下的意大利，还是希特勒统治下的德国，对于强有力领导人的崇拜都是非常明显的政治现象。从通俗的意义来解释这一现象，它实质上体现了弗里德里希·尼采的思想。尼采面孔棱角分明，留着两端下垂的类似海象的胡子，早在1900年的时候，他已经成为一种文化的象征。尼采的思想复杂多变，对他的漫无边际的话语和辛辣的口号可以有不同的解读方式。他的"上帝之死"和"超越善与恶"的道德观念，使他成为一战之前极端的左派们的崇拜对象。[20]然而真正把尼采理论付诸实践的是信奉黩武主义的右翼，他们相信尼采的"从众型民主"，认为"权力欲"是人生的信条，并支持他对"超人"（übermensch）的崇拜观念。"超人"这个词语在英语中很难翻译，higher man, overman, superman 这些单词都在翻译的时候被使用过。尼采的核心思想很可能是"自制克己"。按照传记作家沃尔特·考夫曼的话说："真正战胜自我的人才能被称作超人。"但是尼采的著作中同样颂扬了大众民主所提供的掌控他人的机会："那些学习起来很容易的人，那些易于顺从的人，就是法则。在一群动物之中，尤其是高级动物之中，实质上任何能够主宰意志的那一个将脱颖而出，而且很容易使他人顺从。"[21]

墨索里尼是尼采的狂热崇拜者，他一直认为，正是尼采给他带来了"精神上的热情"，他经常宣讲的"追逐权力的愿望"和"危险的生活"都是从尼采那里得到的启迪。尽管墨索里尼在公开的场合一直回避任何关于独裁的话题，但是他却把墨索里尼主义发展成为意大利法西斯政权的一个基本信条。1929年，他在担任总理职务的同时，还兼任了政府八个部的部长，包括外交部和公众事务部。在整个20年代的意大利，对于DUCE（意大利语"首领"）的崇拜几乎成为全民信仰。[22]

德国纳粹首次使用"元首"这个词语称呼希特勒的时候，它的意思就是"我们的领导人"。在效法墨索里尼1922年向罗马进军的行动之后，希特勒就被赞美为所有德国人都在翘首以待的"领袖"，也被誉为"我们的墨索里尼"。纳粹刚刚夺得权力，戈培尔就创建了一个新的敬礼仪式，这是效法墨索里尼的罗马式敬礼而设计的，即在欢呼"希特勒万岁"的时候举起右臂。1934年兴登堡去世之后，希特勒把总理和总统的职位合二为一，他本人作为德国救世主的形象与声望得到了进一步的加强。尤其是在1934年举行的纽伦堡纳粹党集会之后，这种趋势更加明显。在会场上，希特勒从天而降，飞机的影子甚至直接投射到正在阅兵中行进的军队上，正如鲁道夫·赫斯反复吟诵的一样，"希特勒就是德国，德国就是希特勒"。[23]纽伦堡的聚会被莱尼·里芬斯塔尔拍成了一部电影《意志的胜利》，这个颇有尼采色彩的名字是希特勒特意选定的。元首一词，与首领一词不同，这个词似乎不具有那么浓厚的尼采色彩。但是在整个30年代，这位哲学家确实被纳粹化了，他成为德国民族好战和雅利安种族优越论的一个哲学依据。第三帝国逐渐把它的敌人和圈外人都称作"劣等民族"，虽然尼采并没有频繁地使用这个词语，但是在德国，它逐渐成为犹太人和斯拉夫人的代名词，作为劣等民族，他们面临被灭绝的命运。[24]

如何给法西斯下一个定义，先不说能否定义法西斯，这个问题已经引起了无尽无休的历史争议。[25]但是这种关于德国和意大利的讨论却使法西斯的某些共性特征日益清晰起来——对于生机勃勃的领袖的崇拜，关于新型大众民主的灵活运作，极端的民族主义（这种民族主义实质上成了战争的温床），对权力意志和战争暴力的顶礼膜拜。除德国和意大利，奥地利、匈牙利和罗马尼亚也酿成了得到民众普遍支持的法西斯运动，虽然只有这三个国家，但是毫无疑问，20 世纪 30 年代的欧洲是一个反左翼政治运动的时期。这体现在建立在准军事基础之上的极端右翼整体，也包括得到传统宗教支持的保守派，他们眷恋的是 19 世纪的杰出人物统治论。他们的共同之处在于都是对议会政治失败的反弹。以波兰为例，当时的波兰拥有 26 个政党，另外还有 33 个以少数民族为基础建立的政党。1926 年，毕苏斯基发动军事政变试图打破这一政治僵局，其结果并没有在波兰建立一个一党专政的法西斯国家，但是却达到了掌控议会制的目标，议会开始被军事力量所控制，波兰的范式在当时的东欧国家是一个普遍现象，保加利亚、南斯拉夫和罗马尼亚都是君主主动采取这种模式的，这些君主的地位因为对民主政治的激情衰落而得到了复苏。在一些地区，统治者试图通过建立"先发制人的威权主义"的模式（这是一种限制议会民主的形式）来防止来自外部的法西斯的全方位挑战。1934 年的爱沙尼亚、拉脱维亚和 1938 年的罗马尼亚就是典型的例证。在整个欧洲大陆，只有诞生于 1918—1919 年的两个国家——芬兰和捷克斯洛伐克保留了类似自由民主的体制。[26]

30 年代，这种不稳定性同样蔓延到了西欧国家。法国的政府活动能力严重受限于 1875 年的法兰西第三帝国宪法，该宪法为了防止另一种形式的拿破仑帝国的再现，采取的是弱政府、强议会的政治模式，这导致各种各样的政党组合和内阁，而这种联合内阁却往往是非常短命的。从1918年象征着法国辉煌胜利的停战协定的签订，到1940年在二战中可耻的失败这一期间，法国至少换了42个内阁。[27]在不断深化的经济大危机背景之下，法国政治开始出现了两极分化的局面，在欧洲这种现象是非常普遍的，一面是社会党和共产党为代表的左翼力量，但是他们遭到来自另一面的法西斯势力的挑战。当时法国的法西斯势力包括准法西斯组织"联盟"、保皇派法西斯组织"法兰西行动"，以及由退伍军人组成的法西斯组织"战斗十字团"。到1936年初期，"战斗十字团"组织已经拥有50万的成员。[28]它的领导者拉罗克是一个保皇党家族的退役上校，当时他采用了摩托化的准军事武装力量对"红色区域"实施恐怖统治。在法国政坛有可能法西斯化的背景之下，同时也考虑到德国左派的分裂最终导致希特勒上台的这一事实，法国的社会党和共产党史无前例地联合起来，在1936年5月赢得了议会的多数选票，联合组建了人民阵线政府。新产生的社会党人总理勃鲁姆开始推进一场迟到的改革，包括一周40小时的工作时数、带薪的假期，以及在法律上承认工会的权利，但是这些举措吓坏了右派分子。莫里斯·甘末林将军宣称："在人民阵线的背后，我似乎看到了布尔什维克的幽灵在游荡。"由于面临来自内部的左翼力量的挑战，法国在如何准备应对希特勒德国方面是缺乏准备的。[29]

在西班牙，政治的两极分化最终导致了一场全面的内战。1914年，西班牙的政权被控制在一个腐败的议会手中，其稳定性是建立在意大利的政治模式基础上的。虽然西班牙在一战中保持了中立，但是这并没有使它免于1917—1923年欧洲革命风暴的冲击。在这一时间段，西班牙政府更迭了15次[30]，直到米格尔·德里维拉将军建立了军事独裁统治，其政治局势才相对稳定下来。如果形势一直这样演变下去，西班牙将沿着传统的欧洲道路走下去，但是1930年独裁政权的倒台，以及第二年君主制被推翻，导致西班牙第二共和国的建立。大众的民主政党首次登上政治舞台，随后，政治钟摆在左右两股势力之间摇摆。1936年2月，社会党和共产党联合组成了"人民阵线"政府。该政府进行了激进的土地改革，没收了许多私有财产，由此导致军队在7月发动了军事政变，从而引发了长达三年的西班牙内战，这场内战大约牺牲了50万人的生命。对于很多同时代的人来说，它成了欧洲政治危机的一个重要象征。

西班牙内战现在经常被认为是在法西斯主义和民主之间展开的斗争，这场斗争也经常被比喻成摩尼教式的黑暗与光明的斗争。佛朗哥将军确实是一个军事强人，他把法西斯组织"长枪会党"纳入了由右翼势力和民族主义者组成的联合党之中，这样做是为了避免德里维拉将军的错误，因为德里维拉将军的军事统治没有建立在政党和意识形态的基础之上。[31] 同时，共和党人确实在很多领域体现出其革命性的特征，包括给予妇女许多权利、把农庄和工厂国有化，更主要的是他们对教士们采取了政治上的恐怖政策。当时，无政府工团主义的工会公然宣称："我们必须指出，我们不是为了民主共和而战，我们的奋斗目标是无产阶级革命的胜利。"[32] 在内战期间，苏联支持西班牙共和国政府，包括英国在内的许多政府则采取了"不干涉政策"，它们担心共和党人的胜利将促进布尔什维克病毒的传播。但是这种政策却是有利于佛朗哥的，因为他始终得到德国和意大利的支持。

1936年发生在法国和西班牙的危机都昭示了议会民主的脆弱性，这种情形不仅出现在西欧、德国、意大利，也包括东欧地区。这里就提出了一个问题，为什么英国是一个例外？大英帝国如何平稳地实现了向大众民主的转型？在此期间，英国社会党也两次组建政府，但是为什么却没有引起法西斯势力的反弹？

对这个问题一个很明显的答案就是：胜利！一战中英国遭遇了巨大的流血牺牲，损失了巨额财富，但是战争没有以凄惨的失败而告终。只有那些战争的失利者，包括俄国、德国、奥地利、匈牙利、土耳其帝国和意大利遭遇到了严重的革命形势，因为它们或者为战败国，或者即使胜利了也是被肢解的残缺不全的胜利。[33]

事实上，大英帝国的胜利在 1918 年春天的时候还没有显现出来，当时英国政坛被笼罩在"失败的阴影"之下。[34] 在经历长达一个冬季的不断升级的劳工运动之后，德国在战场上的突破使英国的公众意识逐渐觉醒。4 月中旬的官方报告显示"工人们的对立情绪奇迹般地消失了"，"而且几乎所有要求立即和平的公众集会都停止了"。英国的民众（不包括爱尔兰）接受了兵役法延长的这一事实，用劳合·乔治的话来说，"只有处在危机中，人们才会在心理上接受这一手段"，"以前任何强制性地推行这一法律的努力，都会引起国内的骚乱"。公众这种情绪的变化，再加上德国的突然崩溃，帮助英国政府渡过了危机。[35]

但是，假如鲁登道夫的"锤击"行动成功地把黑格统领的军队逼迫到了英吉利海峡，就像 1940 年的形势那样，那当时的情形可能是英国被迫签署一个妥协性的和约，于是也会出现导致英国遭受到暗箭难防之伤的因素。关于这一问题，它体现在战争期间对于外国人和犹太人的敌意，也体现在中产阶级日益增长的对工人的不满情绪，因为当时英国的产业工人既免除了兵役问题的困扰，又在战争中享受了高工资的待遇，虽然在前线他们也付出了"血的代价"。据历史学家阿德里安·格雷格瑞的观察，如果英国真的被彻底卷入失败导致的仇恨情绪之中的话，也可能发生类似墨索里尼的机会主义的新闻记者夺取政权的现象，而且这种势力会得到中产阶级的支持。以侵略主义分子霍雷肖·博顿利 [他写了一篇文章《约翰牛（英国人）》] 为代表的一些人预言说，到 1918 年 5 月的时候，"英国的议会政府将突然垮台"，因为政治家们已经"失去了他们的统治基础"。这种推测虽然没有在实践中实现，但仍然有一定的依据，而且它反映出一个非常关键的事实：胜利真的是至关重要的。[36]

然而，值得注意的是，对于战争结果的不满并不能完全解释遍及整个欧洲大陆的政治不稳定现象的出现。正如我们前面谈到的，一直持中立立场的西班牙和最终取得战争胜利的法国在 30 年代同样面临着政治混乱的局面。因此，我们必须挖掘英国经验的深层原因，这样才能更好地理解英国的宪法如何与大众民主最终有机地融合在了一起。

战争后期，英国的统治阶层也面临着重重危机与挑战。英国左派力量对于沙皇制度的失败额手称庆。著名小说家赫伯特·乔治·威尔斯声称，英国应该脱掉自古以来的权杖和王位的外衣，哀叹英国在战争期间一直处于外国人和资质平庸之人的统治下。这番带有嘲讽意味的话语激怒了乔治五世，他嘟囔着说："我可能是平庸的，但我赌咒我不是一个外国人。"从我个人的角度来看，这个评论是公平的，乔治五世无论是在行为举止还是语言方式上，都非常像一个典型的执拗的英国乡村绅士。但是他的许多亲属都是德国王室贵族，更不要说他的侄子是德国皇帝了，而且他的王朝也以萨克森—科堡—歌德家族而命名，当然这一事实在伦敦遭到德国轰炸的时候是很尴尬的一种处境。国王的私人秘书斯坦福德姆也关注到了这一问题，于是他开始使用温莎王朝这个名称，这是用莎士比亚的文字风格命名的，这一名称在 1917 年 7 月被正式启用。国王也劝说他的英国亲属们把名字和头衔英国化，例如，把"巴尔贝克"改为"蒙巴顿"，把"公爵"改为"侯爵"。他还宣布，君主的子女只能和英国人通婚，不能再和外国皇族联姻。伊舍勋爵是一位资深的皇室顾问，他在 1918 年 11 月发出警告，"我们正面临采取何种方式与过去告别的问题"，"君主制必须进行调整，以适应被深受战争和饥饿折磨的无产阶级的要求，他们在投票权问题上具有绝对的数量优势"。[37]

1918 年的人民代表法案几乎使选民数量增加了 3 倍，达到了 2140 万人，几乎把年龄在 21 岁以上人口的 80% 都包括在内了。以前选举权是有财产限制的，只有具备一定资产的人才能享受这一权利。但是 1918 年的法案给 21 岁以上的大多数男子以选举权，同时还包括 30 岁以上的女性，没有人预料到这一政治结果。著名的宪法史专家布莱斯子爵，把这一现象称为自 1640 年内战以来英国最具革命性的变革。在1918 年 12 月 14 日举行的普选中，这是根据新的规则实行的第一次选举，英国工党赢得了 23% 的选票，得到议会 707 个议席中的 57 个，这是它设定目标的一半，但已经是一个历史性的突破了。[38]

　　1914—1918 年的战争在很多层面解决了战前似乎难以对付的问题。其中一个，就是战后出现了联合政府。按照工会领导人塞尔伯斯勋爵的说法，这形成了一种新型的工作上的合作关系，其合作对象主要是在战争期间勇猛战斗的人。在上议院召开的会议上，选举权问题也最终得以解决，这实质也废弃了在 1916—1917 年所达成的那种妥协。到现在为止，战争已经彻底改变了关于选举权问题争论的态势。英国 1/4的成人男子，大约 570 万人战争期间在军队服役，其中 245 万（43%）都是志愿加入军队的。工人阶级因为没有资产，一度被认为是没有根基的阶层，现在他们得到投票权，这主要是对出身于无产阶级的士兵的一种回报，他们其中的许多人冒着生命和致残的危险参加了一战。阿尔斯特地区的工会领导人爱德华·卡森曾经是一位极端的顽固分子，现在则指出："如果没有在前线浴血奋战的士兵和水手们，这个国家的人还有什么资产而言呢？"如果一个人能够为国家去战斗，那么他就有资格参加投票。"一枪，一票"这一口号成为一股不可抗拒的潮流。尽管遭到一些谨慎人士的反对，但是 1918 年投票权仍被授予所有超过21 岁的成年男子和不受任何年龄限制的士兵们。[39]

　　为战争能够提供有效服务的这一选举权授予标准，也同时转变了关于妇女选举权争论的态势。战争期间，至少有 80 万的女性在军火企业工作，她们被昵称为"托米的姐姐""持枪男人后面的女人"。人数更多的女性则在工厂、办公室和公共交通领域工作，她们填补了因男人参战而造成的劳力空白，并且生产出战争所需的必需物品。苏珊·劳伦斯是一位工会领导人，她坚持认为："帐篷是军工品，靴子是军需品,饼干和果酱都是军需品。"在生产爆炸物工厂里工作的女孩被称为"金丝雀女孩",因为她们的皮肤由于接触有毒的化学物质逐渐变为类似黄疸的颜色,从而引起了公众的特殊同情。以前反对给予妇女投票权的人开始转变态度,曾经在 1917 年担任过英国首相的赫伯特·阿斯奎斯承认了这一事实:"如果没有她们,战争怎么能够进行下去呢?"尽管他也承认女性在战争期间也改变了很多,因为她们放弃了战前那种暴力的行动方式。英国著名的社会杂志《闲谈者》曾经刊登了一幅卡通画,上面是一位在军工厂工作的女工手里拿着一把刻着"为国家工作"的钥匙,正在打开议会的大门,并且丢弃了原来拿着的用以战斗的斧子。[40]

具有讽刺意味的是,许多"金丝雀女孩"并没有在 1918 年赢得选举权,因为英国议会把女性选举权限定在 30 岁以上,她们或者是户主,或者是户主的妻子。[1] 针对这一现象,柯曾讽刺道,这有点像对战争期间的女工们这样说,"我们非常感激你们","所以把选举权给予你们的姐姐、你们的母亲、你们的祖母,还有你们的阿姨"。议会当时这样做主要是为了避免女性选民在总数上超过男性,而且也是担心年轻的单身女孩们容易感情用事,更倾向于选择那些长相英俊的候选人,所以对战争的投入这一标准的设定保证年轻的男性都获得了选举权,但是年轻的女性则不适用于这条原则。当男性不再受限于户主这一身份获得选举权的时候,议会则限定了女性的主妇身份的选举权。直到1928 年,所有年龄超过 21 岁的女性才得到了普遍的选举权。[41]

即便如此,1918 年选民的三倍增长的数量仍然导致了政治模式的变化。与此同时,英国面临着大范围的各种形式的抗议活动。1919 年1 月,许多地区的兵营爆发了骚乱,这主要是由于军队的复员问题进程

---

[1] 女性的选举权同样受到限制,只限于那些受过大学教育的女性,同时有一定的财产限制,即租金达到每年 5 英镑以上的女性。——原注

缓慢，而且待遇也很不公平，其中包括发生在驻加莱地区的士兵发动的兵变。很多军队的代表团不断地对英国政府进行游说。在这种背景之下，帝国总参谋部的长官亨利·威尔逊先生对内阁发出警告："现在局势的危急性有点类似于苏维埃。"军队的复员危机与莱德赛德地区的工人罢工遥相呼应，工人们要求缩短工作时数。1919年春天的情况和1914年之前的情况有些相似，罢工实际上是煤炭、铁路和交通三方工会联合发起的。由于在战争期间矿业和铁路也被收归国有控制。劳合·乔治把这次罢工看作是工团主义者的挑战，他警告内阁说："一旦罢工走向夺权的层面，政府必须赢得这场斗争的胜利，否则将导致一个苏维埃共和国的建立。"最终，政府并没有走"与工人们对抗"，而是同意提高矿工们的工资待遇，缩短他们的工作时数。英国首相认为，如果走向对抗，就会在"我们的国土内给自己树敌"。他警告他的同仁们，在英国，数百万的男人已经学会使用武器，而枪支和弹药也是随处可取的。[42]

1919年，因为罢工，英国的损失大约在3500万英镑；1920年，这一数字是2900万英镑。而1917—1920年的四年间，参与罢工的工人人数比英国工业化以来的任何一个时期都多。这也从一个侧面反映了工人组织起来的力量。1914—1920年，工会的成员成倍增长，已经达到830万人，大约占当时工人总数的一半。[43]

客观地观察，实际上来自左翼力量的威胁并没有看起来那么来势汹汹。当时的铁路及其他交通运输系统尽管存在缺陷，遭人抱怨，但还是在有效地运行。在一战中，英国并没有遭遇面包、煤炭的短缺危机，这一点和沙皇在1917年的遭遇不同，也与1918年同盟国面临的危机不一样。尽管1918年英国因为工人罢工损失了600万英镑，这一数字是德国的四倍，但是德国自1914年就实施了戒严法令，而英国民众的自由从来没有被限制到那种程度。英国工人的大多数罢工都是要求改善工资待遇和工作条件，很少看到在欧洲大陆上发生的那种政治性的罢工。事实上，英国真正的罢工浪潮开始于 1918 年下半年，在 1919 年达到高峰，工人们不是要革命，而是在索取胜利的报酬。[44]

1918—1919 年，政府虽然偶尔使用镇压手段，例如在莱德赛德地区，但政策的最主要的特征还是安抚工人。自 1914 年以来，工人的工资实质上是下降了的，考虑到这一因素，劳合·乔治和他的阁僚们同意大幅度地增加工资，他们意识到目前英国社会最应该遏制的是来自工业领域的威胁，而不是通货膨胀。更为重要的是，尽管战后英国工业面临下滑的态势，政府仍然同意缩短工作时间。1919 年，大约有 600 万工人每周缩短了 6.5 小时的工作时间，其中 60% 的缩减发生在 1 月和 4 月，这也是工人的政治情绪最为高涨的时期。停战协定签订之后的两年是"英国工业史上工作时数缩短最为显著和涉及领域最为广泛的时期"。劳合·乔治实施的是一种混合性的政策，对大部分人采取安抚政策，有时也有选择性地实施强硬手段，这使他面临更为严峻的罢工问题的困扰。但是 1919 年三方势力联合的总罢工归于失败，1921 年败局重现，主要原因是最后码头工人和铁路工人都不支持矿工的要求了。在这种背景下，1921—1922 年，英国工会人数锐减，直到二战结束，再也没有达到 1920 年的 830 万。[45]

因此，1918—1920 年的罢工主要是出于经济上的、而非政治上的动机。而且，可以进一步说明这一特征的是，与欧洲大陆的其他国家相比，英国的工人阶级运动具有相对保守的特征，20 世纪初，大多数欧洲大陆上的国家出现了马克思主义政党，但是英国则没有。由于上述的一系列原因，大多数的英国工厂规模较小，很少有规模特别大的工厂，只有巴罗因弗内斯市的维克斯造船厂和泰恩赛德的惠氏—阿姆斯特朗工厂规模较大。事实上，在 20 世纪初，在英国，只有 6 个公司雇用的人数超过了 1 万人。与彼得格勒、都灵和艾森相比，这个数字简直微不足道。即使在英国的大型公司里，也存在着严格的工艺和地位的界限，工人阶级很难形成坚固的联盟。而且，英国的工人也没有觉得他们在教堂、礼拜仪式和运动俱乐部等更广泛的文化层面上受到排斥。英国工党植根于不那么墨守成规的新教之中，它的成员也超越了阶级的界限。以亚瑟·亨德森为例，他不仅仅是位铁匠，是工会的组织者、政党领袖，还是卫理公会的世俗的领导人、纽斯卡尔地区曼联足球俱乐部的创建人之一，更是一个草地滚球的狂热爱好者。而德国的情况恰恰相反，无论社会主义的政党还是天主教的党派，都生活在自己的小圈子里，他们更强调内部的统一，他们有自己的学校、唱诗班和运动俱乐部。[46]

　　这个规律唯一的例外地区是红色的莱德赛德地区，他们的激进主义似乎与英国其他地区格格不入。在通过团结的力量争取自身利益这一层面，苏格兰显然是落后于英格兰的。他们拒绝工会，因此工资比边界南部的英格兰要低，在他们工作的场所，他们更忠于传统的伦理分类，他们分别忠于苏格兰低地的熟练劳工的力量，以及苏格兰高地人和爱尔兰人，用这些身份活动达到自己的目标。他们也忠于支配政治的长老会的精英们的统治。在莱德赛德地区，建立在工作场所基础上的团结的集体的力量远远大于传统的行业工会的影响。在战争期间，管理者的职权几乎无人制约。在这一地区，大多数的工人受雇于几家大公司，最著名的就是约翰布朗造船公司。工人们居住在极其肮脏的公寓里面，而在格拉斯哥市，70% 的公寓都是只有一个或两个卧室，而且租金非常昂贵。这种条件带有更多的彼得格勒的风味，而与英国大多数地区不同。这种形势造成的后果就像马克思的理论清晰地指出的那样，造成了工人与资本家之间的尖锐对立。1919 年 1 月的大罢工是自称为西苏格兰苏维埃的组织筹划领导的，它的领导是约翰·麦克莱恩，以前的一个教师，曾经担任过一段苏维埃俄国驻格拉斯哥的领事。尽管罢工提出的直接要求是每星期 40 小时的工作时数，但实质上麦克莱恩认为发动总罢工是挑战国家政权的一种普遍方式。英国最终动用了军队来恢复秩序，罢工的领导人也被抓进了监狱，《格拉斯哥先驱报》

认为这是"对布尔什维克式的恐怖主义的致命一击"。但是,即使这场红色革命被扑灭了,在莱德赛德的文化中仍然保留了激进的马克思主义的温床,包括长期供职于议会的共产党人威利·加拉赫,以及劳工武装分子吉米·马克斯顿和伊曼纽尔·欣伟尔。[47]

但是大多数英国劳工都不是马克思主义者,事实上英国工党成员及其领导者都是英国议会政治的支持者。亨德森在 1917 年受命重组工党,在它极具社会主义色彩纲领的第四条中,提出了"生产工具的公有化"。然而,这并不是一个要发动革命的信号,其意思是恰恰相反的。亨德森在那年夏天访问俄国,回国后发出预警,指出俄国面临布尔什维克的挑战,同时指出,激进的变革可以通过政治手段而非革命的手段来达成。他指出,对于目前组织良好的工党来说,至关重要的工作就是,我们可以"建成一个民主的国家,但是不会采用导致国家动乱或混乱的暴力手段"。在随后的几年里,工党断然拒绝了英国共产党人提出的联合要求。正如英国矿工协会的领导人弗兰克·霍奇在 1922 年断言的那样,英国共产党人是"莫斯科的仆人",并且试图"建立亚洲式的秩序"。工党的战后领导人约翰·克莱恩斯回忆说,当他刚刚投入政坛的时候,工党的支持者常常遭人嘲笑,认为他们是思想古怪的人。但是克莱恩斯,这个出身于兰开夏郡棉纺厂的工人,对这个词语做了重新解释,他指出"思想古怪的人是那些想要革命的人","我们思想并不古怪,我们避免了英国革命,我们是在英国立法允许的范围内给工人提供帮助"。[48]

在其他国家,工人在战后也相继获得了立法权,但是他们获得立法权的途径也是值得探讨的问题。正如我们前面已经指出的那样,在意大利,男性的普遍选举权的获得,以及比例代表制,这两项准则彻底撼动了意大利古老的议会政治的政坛。在英国,比例代表制是在 1918 年被推动实施的,但它主要是在非选举产生的上议院推行的,这样做的目的主要是在新推行的选举制中,使得激进的力量得到缓冲,防止类似 1906—1914 年的那种激进议会的诞生。但是下院拒绝了这一提议，于是英国采用了全新的得票最多者当选的政治体制。而在同时期的欧洲大陆，比例代表制激起了普遍的愤怒。英国的政治体制则使英国得以在长时期内保持稳健的两党制。[49]20 年代早期，自由党曾经短暂复兴，这主要是由于阿斯奎斯和劳合·乔治之间联合与分裂的影响。在 1923 年的选举中，工党和自由党各自赢得了 30% 的选票，但是 1924 年自由党的票数就下降到了这一数额的 1/3，英国的政坛重新演变为工党与保守党之间的长期竞争。1925 年，保守党决定放弃它自 1912 年以来一直使用的"保守统一党"的名称，这不仅仅是对爱尔兰不满的一种回应，也是为了证明保守党新的定位中反对社会主义的特征。[50]

1924 年 1 月 22 日，主要是由于保守党和自由党错误估算形势的结果，工党建立了一个由拉姆齐·麦克唐纳组成的少数党政府，他是一个农场工人的私生子。乔治国王在他的日记中以忧伤的笔调写道，23 年以来，也就是他"亲爱的祖母维多利亚女王去世之后"，他从来没有这样悲伤过，"我真的无法想象如果她还健在，她会怎么看待这届劳工政府"。[51]右翼则发出了启示性的警告："大英帝国的太阳将面临日食的威胁。"《英语评论》杂志则指出，有些爱国主义者注意到这样一个事实，在一战期间，麦克唐纳反对英国卷入战争。乔治五世心情极其郁闷，他受到一个工党议员乔治·兰斯伯里的警告："几个世纪前，国王反对人民大众，结果他被送上了断头台。"但是这番言语也使兰斯伯里没能进入内阁，麦克唐纳认为最重要的是要展示出这个政党是"尊重当时政体的，要消除人们对革命即将发生的这件事情的顾虑"。[52]吉米·托马斯，以前担任过铁路工人的领袖，现任殖民事务大臣，清晰地表述了他对宪法的感激之情："正是这部宪法使得昨天的工人成了今天的首相，宪法如此内涵广泛，如此具有张力，如此民主，它必须要被保留下来，而制定这部宪法的帝国也一定要维系下去。"麦克唐纳、托马斯和其他工党成员与反对左派和倾向于右派的王室成员、贵族和商业巨头亲切交谈，并为此欢欣不已，他们表现出来的是英国工人保守的政治文化的特征。对于王室的基本权利、议会以及帝国的尊敬使得工党与欧洲大多数的左翼政党具有明显的区别。[53]

　　尽管英国的首届工党政府在 1924 年仅仅执政了九个月的时间，并且遭到来自右翼的污蔑，说它与布尔什维克主义有着千丝万缕的联系，但是在执政期间工党政府展示了它的治理能力。1929 年 6 月，麦克唐纳组成了第二届少数派工党政府，当年它是下议院最大的政党。第二届工党政府执政时间有两年之久，直到 1931 年的金融危机才导致其下台。自 1918 年起，工党就在纲领中删除了一些激进的口号，如土地国有化、废除上议院等。这样做部分原因是策略上的谨慎，但是麦克唐纳真诚地相信如果工党真的要发动对资本主义的所谓的"游击战"，英国的社会主义就会真正地迷失。他一直坚持他在一战前就具有的信仰，即社会主义不是来源于"阶级起义"，而应该是"社会自然成长的产物"，它意味着每个人都真正地"用社会主义的方式思考和行动"。由于在 1931—1935 年麦克唐纳领导一个应急国民政府，因而被左派视为阶级的叛徒。但他在说服成百上千万的支持前自由党的选民上发挥了重要作用，正是他向这些人证明了工党并不是一群狂热的社会主义者，也不都是具有强烈阶级意识的工人，而是当时英国最进步的政党，是取代保守党的最现实的选择。[54]

　　英国工党在当时政坛所发挥的应急性的作用，它所带有的激进政策的特质，以及与英国保守文化的结合，是 20 年代英国政坛相对比较稳定的一个重要因素。另外一个因素，也许是更为重要的因素，是保守党作为一个民主政党的复兴。战前，保守党已经连续在三次选举中失利，这使得自由党与爱尔兰民族主义者一起改动了宪法，上议院的权力被阉割，并对爱尔兰实施同样的规则。在 1918 年，除了进行选举权改革，同时还对选区进行了重新划分，这主要是为了防止选举中出现因为地区造成的议席的差距（1910 年，爱尔兰的基尔肯尼选区只有几百个选民，而偏远的埃塞克斯郡的罗姆福德地区则拥有超过 5 万名的选民）。1918 年选区的重新划分使得保守党大约增加了 30 个席位。更为重要的是，爱尔兰在 1921 年有了自己的议会之后，使得保守党的大约 70 个席位转移了。这些变化综合作用的结果使得保守党从"1914 年之前的少数党转变成为二战之前的多数党"。除了在 1924 年和 1929—1931 年工党执政之外，这一时间段的其他时间，保守党或者单独执政，或者在内阁中具有绝对优势，从而牢牢控制了英国的政坛。[55]

保守党得以重新称霸政坛，这不仅仅是由于选区结构变化这一单独的因素，它同样开始广泛接触新获得选举权的选民们。最初，保守党对于 1918 年的选举法非常担忧，尤其是斯坦利·鲍德温，他是乌斯特郡的一个商人，既精明，又直率，1923—1937 年曾经连续 14 年担任保守党的领袖，并担任过 1923—1924 年、1924—1929 年和 1935—1937 年三届内阁的首相。尽管鲍德温因为经营钢铁生意非常富有，但无论经商还是从政，他都具有海纳百川的胸怀和特点，一句话，他认为保守党应该"胸怀整个国家和民族"。鲍德温的母亲出身于一个文化世家（画家爱德华·伯恩—琼斯是他的舅舅，小说家鲁德亚德·吉卜林是他的一个外甥），这使得鲍德温对于英国的传统具有敏锐甚至是罗曼蒂克的感觉。在他看来，大战彻底暴露出来"文明的外壳是多么的脆弱"，在战争持续的四年里，英国人既"登上过天堂"，也曾经"徘徊在地狱之门"，历史上的旧秩序被推翻，带有毁灭性的野蛮制度被解除。他对大众政治的爆炸性出现曾经忧心忡忡。1928 年，他曾谨慎地指出，"民主在英国进程太快了"，"我感觉它是一场竞赛，但是我们能否在它造成毁灭性后果之前使他们受到应有的教育呢？"这也是鲍德温政治哲学的核心部分，不像伍德罗·威尔逊在 1917 年宣称的那样，"为了民主，让世界更加安全"，而是"为了世界，应该让民主更加安全"。[56]

鲍德温的战略考虑既有消极的一面，也有积极的一面。消极的一面是指他攻击工党是狭隘的，受阶级意识驱动的运动，他认为在麦克唐纳遵守宪法的表象下，工党的实质是非常危险的极端主义。1925—1926年的总罢工对于鲍德温而言，似乎是对他言论证明的天赐良机，鲍德温因此能够证明保守党才是在英国真正能够"举起民主火炬"的力量，在他看来，这场罢工也恰恰暴露了某些人试图"用革命的暴力威胁宪法的意图"。而且，尽管鲍德温准备同煤炭行业的工人进行关于工资和工作条件的谈判，但是他也在 1926 年 5 月宣布，对于罢工行动本身他是绝对不会屈服的。他在一次特别的广播节目中告诉公众，"总罢工是对议会的一个挑战"，"是在走向一条通往独裁和毁灭的道路"。10 天后，总罢工失败了。第二年，在鲍德温的推动下，议会通过了《行业争端法案》，其目的是为了预防未来可能发生的罢工，手段则是对同情性罢工[1]和大规模罢工采取严格的限制措施。[57]

在对工会进行攻击的同时，鲍德温也在积极寻求新出现的工人阶级选民的支持。他最早采用的策略就是重新采用了约瑟夫·张伯伦在19 世纪 80 年代推行的政策，即力图通过关税改革的形式，把大英帝国建成一个保护性的贸易联盟，以此拉拢工人阶级，因为这意味着"便宜的食品"。但是鲍德温在 1923 年重新推行这一政策的时候，选举结果却是灾难性的，失去了大多数支持保守党的选票，反而却有利于工党的胜利。鲍德温的政策得到了比较进步的保守党人，例如约瑟夫的儿子内维尔·张伯伦的支持，他们都意识到应该把工人阶级按照救助者、纳税人、地方税纳税人进行分类，针对不同的群体应该采取不同的具有针对性的政策，这一点对于保守党非常重要。他一再声明，保守党的目标不是让民众被迫进入"一切都归国家所有的社会"，而是让他们进入一个高层次的社会，在这里每个人都会有主人的感觉。在工党试图通过政府提供的房屋和公寓解决住房危机的时候，鲍德温坚持认

---

[1] 为声援其他工厂、企业、工业部门工人的罢工而举行的罢工。——编注

为，在让"民众拥有自己的住房方面"，"我们和社会主义者不一样"。20世纪30年代，他开始使用"财产拥有基础之上的民主"的这一提法。这一提法在今天看起来纯属陈词滥调，但在当时是应对大众民主的一个比较激进的新方法。在过去只有住户业主具有投票权的时代，只有少数拥有房屋的人才有投票权，但是现在保守党则在英国社会赋予了成百上千万的投票者投票的资本。[58]

事实上，在两次世界大战期间，英国的家庭置业率不断提升。在一战之前，英国各阶层的人往往是租住私人地主的房屋。尽管数据的准确性有一定的争议，但是在英格兰和威尔士，自住房屋的占有率在整个住房市场的比重从1914年的10%左右提高到1938年的35%左右。最初，这个数字的提升主要来源于租户们购买了他们租住的房产，但是到了30年代，则主要来源于自己建造房屋，因为建筑房屋的费用明显降低了。20年代，建造一座带有三个卧室的双拼别墅的成本是800英镑，但是30年代早期只需要不到300英镑。英国房屋建筑协会的业务以前主要在英国北部，例如在利兹和哈利法克斯市，后来其建造范围逐渐扩展到英国南部和中部地区。1910—1940年，他们的总资产增加了10倍，达到了7.56亿英镑。除了现金交易，他们可以提供房屋总价90%~95%的贷款。在欧洲大陆，情况则正好相反，政府是私人租赁市场的主要支撑力量。无论在俄国、法国还是德国的城市里面，居民们的大多数是租房户，其中比较典型的是臭名昭著的柏林的廉租房。在苏格兰，情况基本和欧洲大陆差不多，那里很少有新的建筑，多层的租户仍然是这个城市的住房常态。因此，英格兰和威尔士是非常有远见的，它们看到了在城市中自有住房不断上涨的一个趋势，这是30年代多方面的危机局势背后隐藏的"无声的革命"。[59]

具有讽刺意味的是，开发自住房屋本意是为了阻止工人阶级的革命行为，但最大的受益者却是中产阶级。事实上，中产阶级在欧洲大陆上是一支稳定性的力量。在欧洲大陆，20年代的意大利和30年代的德国，并不是由于无产阶级力量大增而导致革命形势的出现，因为政治上反弹的结果是对无产阶级的强烈反对，而恰恰是焦虑不安的、破产的资产阶级成为政治反弹中的支撑力量。就像我们在第四章将要分析的那样，一战后英国的经济比欧洲大陆上的国家要稳定得多，也要繁荣得多（经济大危机期间除外）。保守党的策略是联合中产阶级，吸引境况较好的工人阶级，同时污蔑工党是嫉妒心极强的、搞派系的社会主义者。[60]

除了工人阶级，选举制度的改革还使得其他一些力量在政坛中的作用开始加大，妇女的力量是很重要的，保守党在这方面的政策和行动也是极为成功的。1914 年以前，女性在政治上的地位被认为是无足轻重的。保守党在被教导如何拉票的时候说，"不要仅仅满足于看到妻子的角色"，"她们也会说话，但一定要记住丈夫是真正的投票者"。但是 1918 年之后，30 岁以上的女性成了选民，而且 10 年之后，正是保守党政府赋予了所有 21 岁以上女性普遍的选举权，使她们获得了与男性平等的地位。鲍德温再一次与时俱进，他一再强调，如果不能把所有的人容纳在内，那么民主"既不完全，也不平衡"。1928 年 6 月，选举权平等也成为一项法律。尽管在平等的选举权问题上，《每日邮报》提出了强烈的反对观点，它指出如此扩大选举权将使数百万"不具备责任感"的年轻女孩进入选举的名册，而这将有可能意味着"在整整一代人中保守主义的消失，也意味着在国家历史上这个最关键的时刻对国家的错误统治"。《每日邮报》这种危言耸听的观点反映了它的老板罗塞米尔勋爵反对社会主义的狂热态度。但实际情况是，1928 年女性成为选民的多数之后，她们对于保守党的政策，特别是有关家庭、住房和道德层面的政策是持高度接受的态度的，而且在地方选区，女性也在从事政党工作方面比男性活跃得多。[61]

英国女性选民的保守倾向具有一定的普遍性，战争末期，德国 20 岁以上的女性被赋予选举权之后，她们同样表现出这种倾向。在德国，这种倾向比英国更具有爆炸性的轰动效应，其余波就是后来使德国的右翼受益匪浅。在 20 年代，正是得益于女性的选票，德国的保守党派和天主教派能够赢得胜利。在 30 年代初期，在把希特勒推向权力顶峰的道路上，女性的选票扮演了非常重要的角色，当然那也是因为在经济大危机的背景之下，纳粹党成为一个主要的政治党派。英国当时也存在极端主义的势力，但是对于经济大危机，英国政治则采取了与德国不同的解决方式。[62]

1931 年，英国货币状况持续恶化，这迫使麦克唐纳政府寻求华尔街的金融支持。但是通货紧缩条款的实施也意味着缩减失业救济金，而这使工党政府面临分裂的局面。8 月 24 日，麦克唐纳去白金汉宫递交辞呈，但是仅仅几个小时后，他就返回了唐宁街，他的新身份是应急国民政府的首相，他的内阁同僚们对此的态度是难以置信，非常愤怒。在这次宪政危机之中，乔治五世在劝阻麦克唐纳辞职方面扮演了一个至关重要的角色。国王的态度使得鲍德温除了加入国民政府外几乎没有选择的余地，完全没有考虑到他在劳合·乔治 1918—1922 年组阁之后对于联合政府深深的反感。乔治五世兴高采烈地评论道："当法国和欧洲其他国家在数星期的时间里没有政府的情况下，在我们的国家，我们的宪法如此包容，各个政党的领导人，虽然他们在众议院数月以来一直争斗不休，但是为了国家的主权，他们坐在一起，搁置了他们之间的分歧，为了共同的利益团结在了一起。"尽管这一评论不乏卖弄和天真的成分，但是确实也说出了当时英国政治的一些事实。[63]

英国主要政党的领导人组成了紧急内阁，内阁包括 4 位工党人士、4 位保守党人士和 2 位自由党人士，他们的主要任务是推动一系列通货紧缩法案的通过。据估计，这种状况至少要持续一个月左右，直到开展全国性的选举，然后各个政党再展开竞争。但是金融危机愈演愈烈，最终迫使英国在 9 月 21 日放弃了金本位制度，而麦克唐纳的工党同事们也开始站在反对派的立场上反对这个国民政府。1931 年 10 月，国民政府开始作为力量联合的象征亮相于英国政坛，这种情形与1918年11月在爱国的、反社会主义基础上建立的联合政府极其相似。在资本主义面临崩溃的危机形势下，工党抛弃了麦克唐纳那种有节制的政策纲领，要求采取更为激进的社会主义的政策措施，包括把银行和关键的行业都国有化。菲利普·斯诺登是工党成员，当时任政府的财政大臣，他攻击他以前的党内同事，因为他们认为"布尔什维克主义是疯狂的行为"。像1918年一样，反左派的论调再次盛行，他们之间实现了力量的联合，并取得了压倒性的胜利，他们赢得了2/3的选票以及议会615个议席中的554个，工党最后只得到了52个席位。国民政府中80%的职位都属于保守党人。英国保守党主席戴维德森声称，"我们通过投票渡过了危机，而欧洲大陆国家采取的是革命的形式"，"我们建立了一种独裁"。[64]

保守党控制的国民政府在30年代其余的时间里一直是执政力量，最初政府首脑是麦克唐纳，这看起来有点不可思议，也似乎令保守党不太舒服。但事实上这更能体现其民族性的特征，之后接任首相职务的是鲍德温和张伯伦。在1940年的危机中，以保守党为首的国民政府开始被真正的联合政府所替代，工党放弃了其政治反对派的地位，在二战期间与丘吉尔领导的政府在反法西斯德国方面通力合作。看到这里，人们也许会想到由阿斯奎斯和劳合·乔治领导的1915—1922年的联合政府。在1914年8月到1945年7月的31年间，有21年的时间大英帝国都是在联合政府的统治之下。[65]换句话说，在这段时间，英国先后经历了一战、战后重建、1931年的动荡、经济大危机和二战。在这危机频出的时代里面，是跨党派的联合力量共同面对和解决这些危机的。虽然我们必须得承认，保守党占据着支配地位，但是英国这艘大轮船的根基极其广泛，这有助于解释为什么这艘船没有遭遇剧烈的颠簸而停泊在港口，也没有在1914—1945年的暴风雨中右转。

30年代早期，英国与德国之间的对比特别鲜明，它们走上了截然不同的道路。德国的危机使得纳粹党成为政治生活中非常重要的力量，它能够登上政治舞台是受益于德国统治阶级的支持，他们自认为能够控制希特勒。德国当时的国家元首保罗·兴登堡，是一位退役的陆军元帅，也是一位战争英雄，他对议会民主政治嗤之以鼻。而在英国，经济大危机没有导致一个极端右翼政府的建立，而是成立了各党派通力合作的联合政府，并且这样的政府是得到国家元首的首肯和鼓励才建立起来的。虽然在这一联合政府中，保守势力占据主导地位，但是英国在1931年对于左翼力量的还击采取了投票而不是子弹的形式。如果说这种政府形式有点类似于专制统治的话，那么按照当时担任内阁官方副长官汤姆·琼斯的说法，它也只能算是"议会专制"，在这次选举中，琼斯第一次把票投给了保守党，原因是他认为"工党的力量必须被挫败"。[66]

那么法西斯在当时的英国有没有可能上台呢？在20年代的欧洲大陆，当时普遍盛行的谣言都是关于民主政治会造成毁灭性的后果，以及政党政治都是腐败的。右翼力量对墨索里尼十分着迷。1924年，《旁观者》杂志的编辑圣·洛·斯特雷奇，对"法西斯反革命"恢复了意大利的精神面貌和国内统一称赞不已，认为这一事件是"现代世界社会和政治发展史上最著名的事件之一"。[67] 在英国，号称墨索里尼式的人物是一位非常善于蛊惑人心的政治家，即奥斯瓦德·摩兹利爵士，他是斯坦福德郡的一个贵族之子，在一战期间曾服役过，之后，以他的智力、雄辩术进军政坛，同时还以沉迷女色而著称。摩兹利在政治上的表现和他在床上一样随便，他先是加入了保守党，然后成为独立政治人，后来又加入了工党，1930—1931年他建立了自己的新政党，1932年建立了英国法西斯联盟（BUF）。其政党标记是穿着整齐的黑色衬衫。摩兹利主张国家在经济生活中扮演一个更重要的角色，并且非常欢迎女性加入英国法西斯联盟。但是摩兹利的政治动力不是来源于意识形态而是来源于自我意识的膨胀。1932年，他称赞墨索里尼为

"最伟大的意大利人"，"是第一位登上权力顶峰的现代人"，其实他的话外之意是他自己也是这样的一个人物。[68]

1934年1月，英国法西斯联盟得到了《每日邮报》的支持，它的老板罗塞米尔勋爵告诫读者："在下一次关键性的选举中，英国作为一个大国地位能够延续下去主要取决于一个组织良好的右翼政党的存在，这个政党必须对整个国家的事务负起责任，而且应该具有与墨索里尼同样的目标和充满活力的手段……这是我为什么会赞赏黑衫党的原因。"[69]罗塞米尔对于黑衫党的同情是他的另一个比较狂妄的行动，就像一场反对"女性的选举权"的十字军东征运动一样，这种狂热的劲头在1934年7月英国法西斯联盟在伦敦街头上演集会的暴力场面之后迅速消退，摩兹利也很快转向了猖狂的反犹太主义。英国法西斯联盟的成员从来没有超过几千人，它主要的资金来源是意大利的墨索里尼。除了摩兹利的独裁倾向，神授政治同样不适合于英国政治文化的土壤，英国发生的一系列事件使得摩兹利垂头丧气。1931年紧急联合国民政府的形成使得摩兹利的新政党失去了存在的根基，于是他领导的英国法西斯联盟退出了1935年的竞争选举，他已经意识到危机最困难的时刻已经过去了。即使在1910—1930年英国最困难的时刻，英国的经济状况也没有达到意大利和德国那样可怕的境地，这种局面，再加上联合政府成立的影响，限制了英国极端主义的发展。[70]

英国的联合政治也把激进的人物从政治主流中排挤出去了。20世纪，剧作家乔治·萧伯纳把尼采关于超人的思想普及化了，尽管他一再宣称，他本人并不寻求在拿破仑式的人物的专制统治下的社会制度。在两战期间，英国政坛上出现过两位拿破仑式的人物，一位是劳合·乔治，另一位是丘吉尔。相比于对政党的忠诚而言，他们两人更看重政策特征和自我提升。他们与摩兹利不一样，都寻求在议会政体中完成自己的目标。劳合·乔治具有马基雅维利般的政治权术，这点保证了他在一战后以保守党为主导的联合政府中担任了4年的政府首脑。1922年，在与保守党联合政府分裂时，鲍德温指出劳合·乔治是能够把自由党撕成碎片的重要动力，但是对保守党他也会采取同样的手段。在之后的10年里，劳合·乔治似乎有可能回归政坛，然而这种状况一直没有发生，1922年是他在政治上的最后亮相。[71]

此时，鲍德温开始担心另外一位充满活力的超人式的人物，他就是丘吉尔。丘吉尔在20世纪20年代和30年代的政治生涯实际上也反映了本章节的主要旋律。正如我们指出的那样，很多传统的政治家对于选举权的扩大忧心忡忡，特别是对于女性选举权和社会主义的挑战感到非常痛苦。但是从来没有一位政治家像丘吉尔的反应那样直接和持久。1918—1919年，他是内阁中主张干预苏维埃俄国国内战争的最积极分子，他认为对布尔什维主义的犯规行为必须镇压。他坚持认为，"在历史上出现过的所有暴政中，布尔什维克的暴政是最恶劣、最具破坏性的，也是最让人类蒙羞的"，"比德国的独裁更糟糕"。丘吉尔的态度如此认真和持久，以至于劳合·乔治都告诫他说，这种摆脱不了的思想定式已经"扰乱了其思想的平衡"。在国内，丘吉尔也遭遇到了来自左派的挑战，这使得他转向保守党，他曾在1905年放弃保守党转投自由党，这一行为使得他一度被称为叛徒。随着1924年"社会主义政府"的上台，丘吉尔发出警告，这将"成为民族的不幸，而且这一事件的不幸仅次于在大战中的失利"。1926年的总罢工期间丘吉尔十分活跃，鲍德温任命他主管政府报纸《英国公报》，目的是"让他忙碌起来，免得他采取更糟糕的行动"。1927年，丘吉尔访问了罗马，之后他对墨索里尼赞不绝口，宣称意大利法西斯"提供了对于苏维埃俄国这剂毒药的解药"，并且宣称，"如果我是一位意大利人，我一定自始至终全身心地拥戴你，以帮助你成功地展开对充满野蛮欲望的、充满斗志的列宁主义的斗争"。[72]

丘吉尔对社会主义的反感反映了他残留的自由主义思想，他反对政府的控制，致力于维护基本的自由，但是到了30年代，他又公开反对民主。1931年，他警告说，"民主的政府在最后的驻扎地随波逐流"，"从短期来看，是用救济金和面包片来维持这一政治的"。自从1929年离开内阁之后，丘吉尔似乎想通过各种手段给国民政府制造麻烦，其目的是希望重返内阁。他反对让英国给予印度更大的自治权和更广泛的选举权的建议，认为这是"维多利亚自由主义花朵的凋零，这种行为无论在提议者自己看来是多么令人钦佩，但是这对亚洲没有什么益处，也会遭到欧洲大陆国家的嘲笑和嘲弄"。在那场辞职危机中，他是鲍德温的头号敌人，有人认为如果爱德华八世强迫鲍德温辞职的话，丘吉尔将是一个替代性的人选。在西班牙内战爆发的时候，丘吉尔偏袒佛朗哥，因为"西班牙共产党的危险就像毒蛇伸出的舌芯一样，将通过葡萄牙和法国进一步向外扩散"。甚至在1937年4月，他也对公众宣称，尽管他同时讨厌"两种主义"，但"我不会掩饰，如果让我在共产主义和纳粹主义之间选择，我将会选择共产主义"。[73]

毫不奇怪的是，丘吉尔和鲍德温之间的关系十分紧张，当时他们举行了多次公众辩论。有一次，他们突然在男厕所相遇了，那儿只有一个空位，丘吉尔发现自己紧挨着鲍德温。这时出现了令人非常难堪的安静，即使是普通的朋友在这种场合都会感觉尴尬，更何况是他们两人之间。然而鲍德温说道："我非常高兴我们还有一个能够碰面的平台。"[74]

尽管鲍德温从来没有认为丘吉尔是"非常有活力的人"，但是毫无疑问他认为丘吉尔有着令人敬畏的愿望，而且其能量具有极强的破坏性。他开玩笑说，丘吉尔就像是一个仙女，突然来到了她的发源地，带来了梦幻般的礼物、雄辩的口才、工业、能力等，但是唯独没有带来"公正"和"智慧"。鲍德温进一步解释道："我们为什么在下议院里愿意听他演讲，但是不能采纳和实施他的建议，原因就在于此。"这也是鲍德温为什么在整个30年代不让丘吉尔进入内阁的原因。但1935年鲍德温通过观察，得出了这样的一个结论："如果爆发一次战争的话——没有人能够确认这不可能——那我们应该让他担任首相。"[75]

20 年代和 30 年代，英国的政治不是属于劳合·乔治和丘吉尔这两个强人的时代，而是麦克唐纳和鲍德温的时代，他们两个人把对立的两个政党整合成一个政府，目的即使不是为了整个世界的安全，但也是为了英国，要确保社会主义和民主的安全。他们倡导的政治文化，特别是工党在文化上的保守性，有助于解释为什么英国在处理大战的负面遗产问题上比欧洲大陆国家成功得多。

在这一时期，发挥稳定作用的力量还包括英国王室，它非常敏锐地重新对自己的角色进行了定位，使其成为英国民主政治的有机组成部分。在英国贵族面临灾难性衰落的形势下，英国的君主制却达到了一个顶峰，这一点非常引人注目。大战本身对于英国贵族的衰落发挥了关键性的作用。所有在大战期间服役的英国和爱尔兰贵族及其儿子们，1/5 的人战死沙场，在军队的死亡总数中他们占了 1/8，"自从玫瑰战争以来，还没有这么多的贵族如此突然地战死"。与此同时，贵族拥有的土地资产因为税收的原因大幅度缩水，正如查尔斯·马斯特曼在 1922 年不无浮夸地宣称："税收制度彻底摧毁了英国 1066 余到 1914 年一直持续的几乎没有什么改变的封建制度。"英国房产税最早开始征收是在 1894 年，当时继承价值超过 100 万英镑的房产，征收 8% 的税。但是在一战后，税率迅速飙升，1919 年税率高达 40%，1930 年以后达到 50%，1939 年甚至达到了 60%。同时，收入税也在不断增长，英国还实施累进所得税，这些都大大加重了贵族的负担，导致了许多地产的分裂，这不仅在英格兰地区成为普遍现象，而且也蔓延到爱尔兰和威尔士地区。奥斯卡·王尔德曾经在 19 世纪 90 年代看见过写在墙上的标语，布拉克内尔夫人在电影《不可儿戏》中引用了这段标语："在一个人一生中应负的责任，与一个人死后应负的责任之间，土地已经不再是一种财富，它也不能带来愉悦和幸福。它给人带来地位，但是却使人不能持续永久地拥有它。"[76]

这种情况也存在例外，如果这个人是君主，那么该原则并不适用。从房产税开始实施起，英国王室就被免除了该项义务。维多利亚女王非常尽责地缴纳了收入税，但是这项负担在乔治五世和劳合·乔治治理期间也逐渐被免除了。大战之前，在下议院引发的危机中，内阁非常敏锐地意识到安抚君主的重要性，便采取了这样的措施，之后一直延续到 20 世纪 20 年代和 30 年代，并最终免除了王室的收入税，这既包括国王的私人收入，也包括来自公众财政的王室年俸。所以在英国贵族被搜刮见骨的时候，王室却被养肥了。[77]

同时，在经历过战争末期被边缘化的历程之后，乔治五世也对王室做了一些改变，使其更容易被公众接受。从个性上来说，他并不是一个特别具有吸引力的人，他是一个非常严格的父亲，经常被法院的议定书所困扰，而且也非常肥胖。他的官方传记作者哈罗德·尼科尔森在私下里评论说，国王似乎心态永远年轻，在长达 17 年的时间里，除了猎杀动物和集邮，他没真正做过什么事情。但是乔治五世对国家有发自肺腑的热爱，对人民有一种家长式的感情。在精明的侍臣们教会他如何通过新的收音机传媒对公众发表讲话之后，1932 年，他发表了第一次圣诞广播谈话。当时，在广播间的桌子上，放了一件厚厚的衣服，这主要是为了消除乔治五世颤抖的手指在翻页的时候发出的沙沙声。国王那个非常有魅力的、生活极其美国化的儿子争取到了年轻一代的支持，但威尔士亲王很快就被鲍德温排挤出了政坛，因为担心他的亲力亲为会带来更多的损害，直到他的弟弟作为乔治六世才恢复了家族的体面。回溯到 1918 年，伊舍勋爵已经指出了美国和布尔什维克主义对于君主制构成的威胁。"共和制的力量就存在于威尔士亲王的个性之中，以及他对于他地位的运用方式！这是一个教训！他已经制造了共和这一时尚，如果我们努力，我们会做得更好。"到 30年代末期，新的温莎家族已经使英国王室具有鲜明的个性特征，而且即使不是引领了一种时尚，但是至少使它能够在一个民主政治的时代被接受。如果把这个问题和欧洲大陆上的国家联系起来看，考虑到诸如兴登堡之类的国家首脑所带来的灾难性后果，这不能不说是一个很大的成就。[78]

1923 年，对于爱尔兰来说，民主的稳定性是其面临的最后一个需要解决的问题。反对英国的独立战争造成 1200 名爱尔兰人的死亡，还有 4000~5000 人在随后 1922—1923 年的爱尔兰内战之中丧生。[79] 这种自相残杀的冲突造成了持久的仇恨。这个时期，接受《英爱条约》的实用主义者认为最好的可能性选择是，在大英帝国的范围内获得尽可能的有效的独立地位，在此基础上建立爱尔兰自由政府。但是被他们打败的敌人，由于得到了爱尔兰共和军残余力量的支持，既不承认爱尔兰自由政府的合法性，也不接受这个国家的割裂状态，认为这两者都是英国殖民统治的遗产，两者就爱尔兰 1916 年复活节起义的共和理想争论不止。随之而来的结果是，他们没有参与爱尔兰议会，这使得爱尔兰被置于古特曼领导的一党统治之下，或者说是置于"盖尔人社会"（CnaG, Society of the Gaels）的统治之下。难道这就是欧洲大陆法西斯主义的肥沃土壤吗？但实质上，到了 20 世纪 30 年代中期，爱尔兰已经建立起切实可行的两党体制的民主政治，法西斯已经在政治上被边缘化了。

新爱尔兰国家的缔造者是威廉·考斯格莱夫，他在 1922 年 8 月成为"盖尔人社会"的领导者和政府首脑，但是 10 天之内就发生了令人震惊的死亡事件，第一个死亡的人是阿瑟·格里菲斯，他死于心脏病发作，随后是迈克尔·柯林斯，他在爱尔兰共和军部署的伏击中，脑袋被炸掉了。柯林斯身材魁梧，长相英俊，是一个非常有魅力的领导人。考斯格莱夫则是一位安静的、非常注重仪表的人，他在复活节起义中参与过战斗，后来成为保险代理商。他的贡献主要是在内战造成的创伤之后，创立了一系列卓有成效的行政体系。他一再宣称："我并不关注政府是否具有共和的形式，我不关心它是什么样的统治形式，只要它是自由的、独立的和权威的，是属于人民的主权政府。"[80] 考斯格莱夫协助建立起关键性的机构，包括非军事化的警察力量，它超越了皇家爱尔兰警队的力量，并建立起卓有成效的民事服务机构，当然这是建立在英国遗留机构的基础之上。当时还建立了有效的税收体系以恢复被毁坏的金融行业。到 20 世纪 20 年代中期，反对签订协约的头目埃蒙·德·瓦勒拉意识到，他们不仅在内战中失利，而且在政治斗争中也是失利的。对爱尔兰自由国家的严格的具有意识形态色彩的对立态度，不仅使他们失去了政治影响，而且加强了枪手的力量。

德·瓦勒拉高高的个子，戴着眼镜，衣着朴素，但却是一个十分有魅力的领导人，他擅长使用马基雅维利式的权术，既是狮子，又是狐狸。现在，他成功地运用了他的说服能力把反对条约的人组合在了一起，组建了一个新的政党——命运战士。1927 年，他们首次参与了竞选，几乎取得了与"盖尔人社会"一样的成功。但是为了得到在议会中的席位，他们必须在宪法的范围之内签署他们所仇恨的对英国王室效忠的誓约。瓦勒拉先吹嘘他不会妥协，但最终还是签署了，并且宣称这只是"空洞的形式"，他的目的只是为了进入议会大厅。作为一位虔诚的天主教徒，他把《圣经》放到一边，上面放着他宣誓时所要说的话，并且在官方出版的书上签署姓名，他说："我将用同样的方式亲笔签名。"[81]

尽管考斯格莱夫实际上与枪手们结成了紧密的联盟，但是他仍然决意伪造一个议会民主的形式。1928 年，他对一个美国记者说道："我们已经执掌政权太久了，我现在希望在不久的将来现任政府能够退休，然后由其他的政治力量来执掌政权。"这种话语很少能从一个政治家的口中说出，更不要说经历过内战洗礼的政治家了。权力的转移事实上并不像他说的那样一帆风顺，他也没有那么宽宏大量。考斯格莱夫的政党参与了 1932 年 2 月的选举竞争，并以红色势力对法律和秩序的威胁为斗争理由。正如瓦勒拉描绘的那样，这是一个枪手和共产主义者竞争的战争。在选票统计出来之后，结果是爱尔兰共和党成为最大的单一政党，考斯格莱夫试图运用军队发动先发制人政变的努力也落空了。权力从内战的胜利者手中和平地转移到失败者手中，这是爱尔兰历史上的一个重要标志。康纳·克鲁斯·奥布莱恩对此的反应是，"它给予了人们对新建立的这个国家具有机构合法性的一种感觉"，"到1932年，国家和拥护签署条约的政党似乎只做了一件事情"，而这玷污了爱尔兰独立的意义。现在爱尔兰国家终于开始实施两党制了。瓦勒拉后来也在私下里承认考斯格莱夫和他的同事们"做了一项伟大的工作"。[82]

如果说考斯格莱夫是爱尔兰国家的设计师，那么瓦勒拉则塑造了爱尔兰的民族意识。在整个20年代，考斯格莱夫一直避免与英国发生冲突，他意识到爱尔兰国家的经济仍然完全依赖于跨爱尔兰海的与英国的贸易往来。瓦勒拉则采取了截然不同的政策，他认为爱尔兰的民族自立必须通过同英国全方位的对抗才能完成，于是发起了非常具有破坏性的贸易战，认为这是独立战争的另一种形式的继续："如果英国成功地击败了我们，那我们将丧失自由。"[83]他甚至用辞职相威胁来切断爱尔兰与英国残留的联系，虽然爱尔兰在名义上仍然留在帝国范围内。他出台的新爱尔兰宪法坚持对整个爱尔兰的管辖权，尽管约定要宗教自由，宪法仍然特别强调天主教教堂的特殊地位，禁止离婚，称颂家庭作为社会团体基本单位的重要性，认为女性的主要角色就是待在家里。

宪法具有明显的瓦勒拉的个人印记。虽然一些内阁成员反对它的宗教政策，世俗主义者认为天主教在爱尔兰本身就是殖民主义的一种形式，用詹姆斯·乔伊斯的话说，在爱尔兰这块土地上，"基督和恺撒是勾结在一起的"。在他们看来，真正的独立意味着从祖国和祖国的宗教彻底地分离出去。许多妇女也认为瓦勒拉背叛了1916年他宣称的性别平等的原则。玛丽·海登，女权主义的领导者之一，她明确指出：

"这部宪法甚至不能说是倒退到了中世纪,事实上,情况比那还要糟糕。"在 1937 年 7 月关于宪法的全民投票中,56% 的有效选票是采取支持态度的。天主教在宪法中的投影疏远了阿尔斯特新教徒。瓦勒拉最主要的评论家之一弗兰克·麦克德莫特认为,宪法"似乎是为制造牢固的分裂状态而特意设计的"。[84]

爱尔兰对于法西斯的态度曾经十分轻率,好在时间很短。1933 年 9 月,"盖尔人社会"的残余力量与其他共和党的反对力量联合,建立了一个新政党——盖尔民族,由约恩·奥达菲领导,他曾经担任过警察局长,但是被瓦勒拉解雇了。奥达菲的发展具有明显的法西斯倾向,他的蓝衫议会团不断地卷入各种游行示威,对它们的领袖进行敬礼仪式,欢呼"奥达菲万岁"。他不断自夸"在欧洲他是继希特勒和墨索里尼之后的第三位最伟大的人物",但是爱尔兰并没有走向与德国和意大利同样的道路。奥达菲实际上是一个自我沉醉式的人物,缺乏基本的政治判断能力,盖尔民族很快意识到了自己的错误,随后考斯格莱夫接管了这一政党。尽管到 1934 年中期,盖尔民族的成员激增到将近 5 万人,这主要是由于经济危机的打击,而不是意识形态催动的结果。他们主要的支持力量来自科克市以及西南部地区,这一地区主要是畜牧业农场主,他们因为瓦勒拉实行与英国的贸易战争而在经济上深受打击,当贸易争端最终在 1934 年得以解决之时,蓝衫党的成员数量迅速下降了。[85]

潜在的威胁还是来自左翼,即爱尔兰共和军,虽然被"盖尔人社会"和共和党禁止,但是其势力并没有被彻底扑灭,这一内战的遗产仍将发挥作用和影响。但是爱尔兰毕竟与英国不同,它一直存有反国家暴力的传统,而这种情况在 1916—1923 年更为严峻。爱尔兰缺乏欧洲大陆法西斯主义滋生的先天关键因素,特别是强有力的社会党,种族关系的紧张和普遍的经济危机。无论考斯格莱夫还是瓦勒拉,他们都证明了爱尔兰对于议会民主的接受,这本身也是英国统治的一个遗产。瓦勒拉的宪法是一个比较保守的文件,强调了传统的天主教的价值观,这也是当时爱尔兰大多数人所接受的一种价值观。如果说1918年之后的爱尔兰历史是被"超越小分歧的大仇恨"所驱动的，那确实有点言过其实。但是在爱尔兰，主要的政治分歧产生于正确和错误之间，而不是左派和右派之间，而且在争议的背后，他们事实上都在爱尔兰必须实施议会民主方面达成了一致意见。[86]

在大西洋彼岸，美国面临的威胁，无论左翼的威胁，还是右翼的威胁，都比英国小得多。但是，非常奇怪的是，美国1919年发生了红色恐慌，它相对于极端主义的恐惧似乎更为严重。

与欧洲大陆一样，19世纪后期快速的工业化进程在美国引起了严重的社会对立与冲突。例如，1894年的芝加哥铁路工人罢工，在芝加哥引发了街道暴力的狂潮。但是左翼力量确实没有在美国真正扎根。美国的社会党，即使在它发展的高峰时期，在1912年的选举中，也仅仅赢得了6%的选票。尤金·德布兹，社会党的领袖，也曾经5次成为总统候选人，但从来没有倡导建立英国工党那样的政党，更不要说从事布尔什维克起义的那种行为了。在他的心目中，美国真正的革命就是转向1776年独立时期的美国精神，但是这种精神已经被残忍的财阀和腐败的政治家们滥用了。他指出，美国的工人阶级并不是"世袭的奴隶"，而是随自由而诞生的父亲们的儿子，他们手中拥有选票，他们能够选出也能够罢免总统、国会和法院。德布兹的分析是正确的，但是它却削弱了社会主义的存在。在英国和德国，社会主义力量的成长往往都伴随着工人阶级争取选票的斗争。而在美国，从19世纪30年代开始，大多数的白人男子就赢得了选举权，他们早就开始参与美国活跃的两党政治之中。所以，工人阶级没有建立一个新的政党来推进他们自身目标的需求。[87]

美国的主要工会也都是在这个政治体系之内开展活动的，其中最为典型的是美国劳工联合会，在长达40年的时间里，它一直由塞缪尔·冈帕斯领导。他是一个来自伦敦东区的犹太移民。冈帕斯没有时间关注社会主义，只关注于他们自己的政党。他坚信工会是美国商业的有机组成部分，是一支经营性的而不是破坏性的力量。他宣称："美国的工会会员是想在真正美国化精神的前提下解决我们的问题。" 冈帕斯想依托行业单独建立工会，而不是要建立一个基于整个工业基础的联盟。他特别关注的是技工，而很少在制造业发动非技术工人。虽然在战争时期，美国劳工联合会人数激增，但在1919年早期，它的成员也只是达到了400万，这是英国总数的一半，但是英国的总人口还不到美国人口总数的一半。[88]

德布兹和冈帕斯控制了美国社会主义和工会的走向，从而削弱了这两种力量潜在的激进主义倾向。但是社会主义不能在美国扎根，还有更深层次的原因。德国评论家沃纳·桑巴特特别强调，与欧洲国家相比，美国工人的生活水平非常高，"这是主要原因，而不是因为资本主义"。他宣称美国的工人生活太安逸了，所以不会具有激进的思想。"在烤牛肉和苹果派面前，所有的乌托邦都会化为乌有。"桑巴特描绘了一幅过于乐观的画面，因为数百万的美国工人仍然生活在贫困之中，但是许多人确实已经上升到了中产阶级，或者说他们的孩子已经成为中产阶级了。更为重要的是，成百上千的甚至是成千上万的工人可以在另外的城市或者迅速发展的郊区找到更好的工作。与欧洲相比，这种流动性有助于削弱本地的工人阶级团体，而这种团体是英国、德国城市里社会主义发展的原因之一。[89]

在美国，妨碍阶级意识觉醒的最大障碍是种族的分化。战争期间对于产业工人的需求量加大，这样许多黑人从偏僻的南方来到北方的芝加哥、匹兹堡和底特律等城市。美国严格的种族界限使得他们很难与白人工人形成双方的紧密联合。许多的白人工人都是新近来自欧洲的移民，主要是1890—1914年涌入美国的1500万移民。美国早期的移民主要来自英国、爱尔兰、德国和斯堪的纳维亚，而现在的新移民主要来自意大利、俄国、巴尔干和奥匈帝国。他们仍然沿用了以前家族的名字，如欧文·柏林、山姆·戈尔德温，他们都是逃离俄国的犹太人。尽管一些新移民，如在纽约的服装工人，成为狂热的社会主义者，但是大多数的工人几乎没有什么阶级意识。他们之间由于语言、宗教、生活方式，以及主要关注自己生活的社团等原因，力量实际是被分割开的。在曼哈顿下城黑暗的小巷里，以及阴冷潮湿的院子里面，记者雅各·里斯注意到，几乎难以找到意大利人、德国人、法国人、非洲人、西班牙人、波希米亚人、俄国人、斯堪的纳维亚人。犹太人和中国人的聚居区，他们混聚在一起，也没有均匀地分布，就像在一个杯子里威士忌和水混合在一起一样。因为这些移民五年之后就有资格自然地成为美国公民，进而自然成为投票人，他们更加注意维持他们的工作，避免在警局里有任何记录，因此不会被左派的乌托邦所吸引和动摇。[90]

欧洲式法西斯主义在美国的失败反映了美国政治和社会的深层结构。特别是大战的后果具有特别典型的象征意义。与英国工人一样，美国工人也要求胜利的回报。其中取得的成就之一就是宪法第十九条修正案，把投票权给予妇女。但是1919年，工人阶级的战斗性也体现出来，每五个工人中就有一个参与了罢工，这样频率的动荡在美国历史上是不曾出现过的。6月2日，美国发生了一连串的爆炸事件，从波士顿到匹兹堡，一批名人的住宅遭遇爆炸袭击，美国总检察长米切尔·帕尔默在华盛顿的住宅也被波及。作为回应，美国司法部逮捕了几千名激进分子，其中大多是外国人，而且逮捕他们的时候没有许可证，对他们进行毒打。帕尔默大搜捕彻底摧毁了美国世界产业工人联盟（IWW）所代表的共产主义的力量，当时它的力量大体与工团主义者持平。[91]

美国的红色恐慌，虽然持续时间不长，但是留下了长久的伤疤。在美国政坛，共产主义是被严令禁止的，社会主义也已经被边缘化了。工会成员从20世纪20年代顶峰时期的500万人，在1933年跌落到300万人，尤其是在重工业领域，一直到20世纪30年代末期也没有恢复过来。尽管美国共和党和民主党之间在意识形态上存在明显的差别，它们作为美国的主流政党都曾经尝试过欧洲右翼的某些方式，但是美国人对于欧洲模式的左翼政治是不太了解的，所以很容易就被诬蔑成布尔什维克。

在对外政策领域，美国对于俄国革命的反应是十分极端的。与西欧的某些国家的态度不同，虽然美国与俄国存在贸易往来，但这在整个 20 世纪 20 年代都没有转换成对新生的苏维埃政府的外交承认。相反，1920 年 8 月，它态度坚决地声明，因为苏维埃俄国宣称自己坚持的原则是建立在全世界其他主要文明国家包括美国发生革命的基础之上，美国不可能与这样一个国家建立外交关系。不承认政策的目标是促使俄国政权的更迭，但这一目标并没有实现。1933 年，富兰克林·罗斯福总统接受了苏联作为一个现实的存在，并且与其建立起了正式的外交关系。他在其夫人建立一所乡村小学的时候受到了很大的震动，因为墙上有一幅世界地图，上面有很大的一块空白地区，那本来应该标注苏联的。老师们说他们不允许谈论这个国家。1933 年，罗斯福把苏联印上了地图，但是在美国人的头脑中，那里还是一片空白，而且在 1945 年之后，这个国家被看成是邪恶国家。[92]

当伍德罗·威尔逊在 1917 年谈到为了民主必须让世界安全的时候，他设想的价值观的输出完全是根植于美国的传统之中的。尽管苏联的存在对美国的政治身份是一个新的挑战，但是总体而言，大战对于美国的政治影响非常有限。然而，在欧洲，由于体现民主的选举权是与议会制政府一起出现的，引发了一场政治上的大爆炸，动摇了一些国家存在的根基。因此，鲍德温认为真正的问题是为了世界，要让民主更加安全。就像我们看到的一样，英国在这个问题的解决上比大多数的欧洲国家都要成功，20 世纪 30 年代初期欧洲大陆许多国家的自由民主已经萎缩了。但是就影响力而言，威尔逊的挑战是全球性的。在欧洲大陆之外，民族主义与民主之间的争论在全球仍然不断上演，因此帝国也处于风雨飘摇之中。

第三章　帝国

一战向整个世界甚至是我们国家自身的民众证明了，或者说揭示出这样一个事实：大英帝国绝对不仅仅是一个抽象的概念，而是长期被忽视的一支有生力量。

——大卫·劳合·乔治，1921

20世纪的问题是肤色界线的问题——是发生在亚洲、非洲、美洲和海洋岛屿上，深色人种与浅色人种的关系问题。

——威廉·爱德华·伯格哈特·杜波依斯，1903[1]

在英国，现在人们对于大战的记忆主要局限于它是一场欧洲的冲突。我们脑海中关于一战的画面，可能是废墟中的伊普尔，黏重的佛兰德斯泥沼，也可能是索姆河被毁坏的景色。鲁伯特·布鲁克在《战士》中有这样一句台词，"世界的某些角落，那是永远的英格兰"，它使人们想起沿着西部战线布满的青翠的墓地，布鲁克本人也被埋葬在爱琴海的一个荒凉小岛之上。战争的结果也往往在很大程度上从欧洲的视角体现出来。就像我们在前两章看到的一样，罗曼诺夫王朝、霍亨索伦王朝和哈布斯堡王朝在1917—1918年纷纷崩塌，导致了一大批国家的诞生，这些国家政治不稳定，彼此之间充满敌意，因而处于一种非常狂躁的状态，这些都成为另一场欧洲冲突的根源。

诚然，一战是一场全球范围内的战争，产生了全球性的影响。大战结束之际，德国在非洲和亚洲的殖民地被瓜分了，统治近东地区长达400余年的奥斯曼帝国也瓦解了。几个主要的战胜国重新瓜分了德国的殖民地，这引起了中国的长期愤慨。在奥斯曼帝国统治地区，则诞生了五个新的国家，它们的建立主要是基于民族原则，包括叙利亚、黎巴嫩、巴勒斯坦、伊拉克和外约旦。从帝国到民族国家，欧洲似乎非常熟悉这种模式，不过在近东地区，民族很大程度上是人造的一个概念，它们只是存在于由英美两国设定的新的帝国框架之内。

在这一进程中，尽管有所谓的"威尔逊时刻"，但美国更主要的角色是一个旁观者。虽然威尔逊自决权的口号和民主的宣传激励着反对殖民主义的民族主义者，但如果说1919年是"国际事务中帝国秩序结束的开端"也太言过其实了。[2] 与此相反，历史学家约翰·达尔文观察分析的结果是，一战事实上是"帝国的时刻"，当时英帝国和法兰西帝国都蹒跚地走到了其巅峰时刻，"与其他交战国相比，它们损失的较少，但是收益却很大"。它们的成功主要是在1918年6月，从欧洲大陆失败的鬼门关中取得的"帝国的胜利"。[3] 这种"战争帝国主义"对于英国将产生深远的影响，而且这种影响也波及处于英国统治下的国家。

当今人们很难想象的是，20世纪早期，英国领导人的帝国主要是一种"家庭式"的帝国。[4] 他们思考的方式是帝国的，认为不列颠是一个帝国式的国家，这实际也是他们英国公民性概念最核心的一点。然而，同样重要的是，他们的帝国与现在关于帝国主义的概念模式是不一致的，现代的观念认为帝国主义就是西方对于其他地区实施的铁腕统治，而英帝国并不是这样的。尽管在1900年左右，英帝国包含了4亿人口，其中10%居住在不列颠，75%居住在印度，但实际上这种局面更像是一个大杂烩。当时，大英帝国内部只有像加拿大和澳大利亚这样的殖民地的地位是不一样的，它们已经按照议会政治的模式实现了自主治理。在英帝国范围内，更多的是直接管理的殖民地，从印度到尼日利亚，英国官员都是通过与当地精英们合作的方式，来保证最为重要的战略和经济的收益。这个帝国既包括如直布罗陀这类重要的堡垒和要塞，以及如埃及这类军事占领区，也包括类似于皮特克恩（宽度仅仅两英里）这样外围的太平洋小岛。加拿大和印度的获得可以追溯到18世纪的反法战争，而英属非洲是在维多利亚时代晚期通过分割的方式得来的。

最初，对于这些成分混杂的大部分地区，特别是印度，英国的目标主要是追求商业上的影响，但是英国逐渐，而且有时是不情愿地获得了统治权。事实上，英国的全球霸权主要来自于其巨大的商业和运输网络，以及从伦敦辐射出去的投资和金融服务，这些主要是面向那些非正式的殖民地国家，包括中国、阿根廷和美国（1914年，在英国的对外投资中占到了1/5）。英国的"无形帝国"[5]则比法国更为广泛，经济上也更为重要，当时法国商业海军的吨位只是英国的12%。与其以欧洲为中心的防务优势相一致和配合，法国的投资主要集中于沙皇俄国而不是其殖民地，1914年，前者占法国总投资的25%，后者仅占9%。[6]

英国的帝国，无论有形的，还是无形的，后来都被证明对于进行战争是至关重要的。早在1904年，英国制订的军事计划就预测到，如果未来英德之间爆发一场冲突的话，那将是一场"大象与鲸鱼之间的战斗"，因为每一方"尽管都在某一层面具有优势，但是每一方都会发现很难把自己的优势转化成向对方施加的压力"。当战争真的在10年之后爆发之时，德国这一欧洲大陆的陆地强国已经发展起像鲸鱼一样强大的、难以对付的U型潜水艇舰队。但是英国这一传统的海上强国，最终也证明了自己更像是一个两栖动物，它运用自己对海上力量的控制权，从帝国范围内和英国本土动员了大量的军队，不仅把他们部署在法国，而且也分布在非洲和中东地区。英国在海外部署的军人总数是700万，其中约500万是英国人和爱尔兰人（大约占70%），15%来自印度，其余的15%来自4个主要的殖民地——加拿大、澳大利亚、新西兰和南非——众所周知当时是由白人统治的。尽管法国也从黑非洲动员了一些力量，但是还没有任何其他的交战国如此依赖于殖民地的人力资源。在英国看来，这场帝国战争的努力同时也是帝国建设的手段。1918年11月，英国的67个师中，有54个在法国进行战斗，这些部队涉及英国12个统治区域中的10个，而且这些部队越来越发挥着突击队的作用。英国主要是依靠南非的军队夺得了西南部和东部的大量德国殖民地。而在1917—1918年，也主要是由印度人组成的大约100万人的军队，征服了奥斯曼帝国的大部分地区。[7]

当然，这种帝国的辉煌时刻是没有被预见到的，也很大程度上是没有计划性的。1914年，在战争爆发的第二天，一个英国内阁委员会庄重地宣布，战争的目标不是要获得更多的领土，任何欧洲之外进行的获得领土的战役必须用当地人来完成，因为英国军队无法从西线脱身。[8]当时，德国的巡洋舰不断威胁英国的供应和交通线，皇家海军下决心要解决这一问题。为此，德国分布于全球的海军基地和装煤基地，以及海底电缆网与无线电站，就成为皇家海军重要的打击目标。但英国用来从事这些行动的力量依赖的主要是当地的力量，然而这些力量也有着自己的雄心壮志。在太平洋地区，来自新西兰和澳大利亚的军队仅仅用了几个星期的时间，就占领了萨摩亚群岛和新几内亚，但是他们追求对这些地区的长期兼并。英国的盟友日本，在前20年中曾经打败过中国和沙皇俄国，利用了1914年的欧洲危机来扩展在东亚地区的势力。日本并不像英国所期望的那样，仅仅是对付德国的巡洋舰，它很快攫取了德国在青岛的海军基地以及横跨山东半岛的德国人控制的铁路。紧接着，日本又提出了《二十一条》，要求在中国享有一系列的商业和经济特权。英国的外务部无力改变局面，只好建议内阁"在中国采取忍耐的政策，直到战争结束，那时我们再想办法修复我们的损伤"，但是后来的事实证明这将是痴心妄想。在欧洲战争爆发之后的几个月内，德国在亚洲和太平洋地区的领土都落入到了当地力量手中，而且他们没有抽身而出的愿望。[9]

非洲也上演了同样的一幕，机会主义的倾向不断上升。英国最初的目标主要是特定的战略要地，但是战争爆发之后的几个星期，英属西非部队不仅占领了德国在卡米纳的广播电台，而且还占领了它在多哥兰的整个殖民地。法属赤道非洲则具有更大的野心，他们在没有得到巴黎指令的情况下就采取了行动，战胜了顽强抵抗的德国人，在1916年年初，得到了整个的喀麦隆。在南部，英国的南非自治领地也关注于自身收益，就像澳大利亚和新西兰在太平洋那样。1915年，南非的军队占领原德属西南非洲（今天的纳米比亚），但德属东非是一个非常难以敲碎的坚果。扬·史末资是南非的指挥官，曾经希望战争仅限于白人之间，但是最后也被迫动用来自于西非的黑人军队。即使这样，德属东非的军队并没有投降，一直坚持到1918年11月停战协定签署之后的两个星期。[10]

战争遗留下来的最具有典型意义的帝国遗产体现在中东地区。奥斯曼帝国的衰落曾经是令19世纪的欧洲外交官非常头疼的一个问题，现在回顾起来，1914—1918年可以说是这个臭名昭著的"欧洲病夫"最后的亮相仪式。只是到了20世纪20年代之后，在穆斯塔法·凯末尔的领导下，土耳其才重新获得了新生。但是，新近的学术界已经绘制出一幅更为复杂的晚期奥斯曼帝国的画面，它的命运是由1908年的"青年土耳其革命"决定的，而且在1912—1913年失去天主教徒为主的巴尔干半岛区域之后，获得了一种新的伊斯兰教的连贯性。一战期间，重建的奥斯曼军队战斗力非常强，令人震惊，它部署在从亚美尼亚到西奈半岛，从巴格达到贝鲁特数千公里的战线上。如果断言，1914年的奥斯曼帝国"没有生病，而是被它的敌人所伤，并且最终被谋杀了"[11]，那么这种论断与事实却相距甚远。但是新近的修正主义过于强调这场总体战争对于奥斯曼帝国致命的后果，就像它对于哈布斯堡王朝的作用一样。修正主义者认为，尽管奥斯曼帝国步履蹒跚，但是由于它对非穆斯林地区实施文化和宗教的自治政策，所以还能够蹒跚地继续前行一段时间。也就是说，奥斯曼帝国的崩溃不会像在1918年发生得那样突然，而且也不可能是全面的解体。[12]

一提到"青年土耳其"这一术语，西方人的脑海中浮现出的形象一定是这样的：他们是自由的、现代化的改革派。事实上，团结进步委员会（CUP）的成员们运用这一术语来命名他们的运动，他们实际上是土耳其民族主义者。他们的意识形态，主要受到当时欧洲的种族主义的影响，而这与奥斯曼传统的比较松散的公民民族主义处于一种相对的紧张关系之中。奥斯曼传统的民族主义建立在所有种族和宗教团体对苏丹及其家族统治（对后者而言，"Turk"的意思是"乡巴佬"，起源于安纳托利亚的边远地区）的忠诚基础之上。团结进步委员会则呼吁新的民族意识的觉醒，那就是"土耳其的、穆斯林的和现代的"民族性。[13] 这种新型的民族主义不仅仅在内部具有分裂性（1915年，成千上万的信奉天主教的亚美尼亚人遭到大屠杀），而且也具有明显的扩张主义倾向。伊斯梅尔·恩维尔是青年土耳其党的领导人，认为战争是从沙皇俄国的统治中解放位于亚洲的土耳其人的一个绝好机会，在此基础上可以建立一个大土耳其国家。他对高加索地区特别痴迷，特别是在俄国革命之后，这也是导致奥斯曼帝国1918年在地中海的布防非常薄弱，以致难以抵挡英国攻势的原因。

那时，英国已经把中东地区变成了一个主要的战场，这在1914年是难以想象的。除了明显具有离奇和悲剧色彩的加里波利，这种态势也与我们传统的关于西线的概念是不一样的。事实上，加里波利行动开始于1915年春季，当时它主要是被设计成一个快速解决方案，试图通过进攻达达尼尔海峡和炮轰君士坦丁堡达到这一目标。当时英国人认为这样的进攻会导致奥斯曼帝国陷于恐慌状态，并因此很快发出求和申请。这场战役在最高峰的时候动员了高达40万人的军队，但结果却是英国军队在1916年1月丢脸的溃退，英国严重低估了奥斯曼帝国军队的战斗力。1915年晚些时候，印度军队被从巴士拉派往底格里斯河谷，主要任务是保护英国在波斯湾的石油利益，而且英国还希望他们能够占领巴格达，以洗刷加里波利的耻辱。但是，由于土耳其军队的顽强抵抗，再加上运输线崩溃的原因，1916年4月，1.3万人的军队被迫在库特城投降，这种耻辱经常被与1781年的约克镇之战相提并论。

加里波利和库特城的惨败使得全英国都陷于悲痛的气氛之中，直接导致了阿斯奎斯政府的倒台。这也是一个具有标志性意义的转折点，此后英国对奥斯曼帝国的战争开始具有更多的复仇色彩。1917年时，一支供应良好的英国军队沿着底格里斯河逼近巴格达，另一支队伍则沿着海岸从埃及出发艰难行军，进入了巴勒斯坦，这是两支主力军，总数大约有100万人。在整个战争期间，英国大约把它1/3的军队部署到了对抗奥斯曼帝国的前线。[14]

除却报复这一因素，意识形态在中东战争中也扮演着重要角色。在西线陷入僵局的时候，为了鼓舞国内的士气，英国政府对1917年在巴勒斯坦取得的胜利肆意地夸大宣传，认为这是最后一次的"十字军东征"，并最终结束了奥斯曼在这块"神圣的土地"上的压迫性统治。这种论调使当时的民众沉浸于《圣经》基督教的情绪之中。劳合·乔治，出身于威尔士一个虔诚的浸礼会教友家庭，为此次在贝尔谢巴、希伯伦、伯大尼和伯利恒的所有地区取得的胜利，特意举行了庆祝活动。他承认："我在学校时就接受了这样的教育，我对犹太人历史的了解比对本国历史的了解还要多。"但是这种十字军东征式的论调在中东地区是不能予以张扬的。1917年12月，艾蒙德·艾伦比将军进入了耶路撒冷，他是徒步进入这一城市的，这与德国皇帝在1898年的访问形式对比十分鲜明，当时的德国皇帝身披一件白色的斗篷，戴着用羽毛装饰的头盔，骑着高头大马。艾伦比特别注意穆斯林们的反响，因为这在当时的印度是非常重要的一支力量，他承诺要保护好这一块对所有的信仰都非常神圣的地区。巴勒斯坦的进军通过这种方式也显示出英帝国比它的对手更有道德上的优势。[15]

地缘政治危机也在英国的布局中开始显现出来。1918年，苏维埃俄国退出战争之后，德国在法国的胜利，以及奥斯曼帝国对位于里海的巴库油田的占领，这些使英国联想到这样一个噩梦般的画面：德国及其盟友将沿着高加索向印度进军。当时，已经处于惊慌失措中的米尔纳勋爵警告劳合·乔治："我们必须阻止德国的影响向东扩展，并且进入亚洲的心脏地区。"[16]当然，随着秋季的到来，英国的担心与恐惧都消失了，因为德国和奥斯曼帝国都崩溃了，英国军队控制了叙利亚、巴勒斯坦和美索不达米亚。但是直到今天，伦敦的决策者们都一直认为，中东地区虽然与英国的利益关联不大，但是必须被看作是英帝国地缘政治的主轴。这种战略观念就是一战造成的一个直接后果。

最敏锐地利用这一形势的人是乔治·寇松勋爵，他在1919—1924年担任了英国的外交大臣。按照玛戈特·阿斯奎斯的话说，这是一个"严加装饰的极度自信的人"。在世纪之交，寇松曾经担任过长达七年的驻印度总督，这塑造了他的英国外交政策理念。1901年，他以教皇式的口气预言道："只要我们能够统治印度，我们就永远是世界上最强大的国家；如果我们失去印度，我们将沦为三流强国。"站在以印度为中心的视角观察，寇松认为英国在中东的胜利，是加强英国统治的一个黄金般的机会。他甚至希望英国在波斯（伊朗）建立一个保护国，并且在沙皇俄国统治崩溃的高加索地区，建立起几个得到英国支持的独立国家。寇松的继任者，外交大臣贝尔福则持反对意见。他对寇松的观点冷嘲热讽，指出印度的大门"离印度越来越远了"，"我们不能把我们所有的人力和物力消耗在这里，教化那些不想被教化的人"。内阁同意了贝尔福的意见，排除了在格鲁吉亚和阿塞拜疆长期驻扎的可能性。[17]

但是，即便寇松的想法有些极端，1919年前后，整个伦敦事实上仍然陷入一种极其兴奋的乐观主义情绪之中。当时人们普遍认为，英国对中东大部分地区的占领可以转换成为长久发挥作用的势力范围。内阁当时设想通过代理人政权的形式控制巴勒斯坦、叙利亚和美索不达米亚。当时还有一种普遍性的看法，认为具有压迫性的土耳其人必须被彻底镇压，甚至要把他们从目前协约国占领的君士坦丁堡驱逐出去。劳合·乔治则被格莱斯顿的热情所点燃，格莱斯顿认为土耳其民族极其野蛮，所以应该恢复希腊人在小亚细亚半岛的影响力，也就是恢复到 1453 年土耳其摧毁拜占庭帝国之前的状态。这样做就好像在人类的记事录中抹去了 500 年。

英国人这种积极进取的态度，很容易使我们联想到当今美国傲慢的保守主义，在当时则直接导致了英国与它的战时盟友的对立。在战争中，英法曾经并肩作战，但是 1918 年 12 月，也就是欧洲这场史诗般的战争结束三个星期之后，寇松就告诫英国内阁："将来最值得我们恐惧的大国就是法国。"在巴黎和会上，劳合·乔治一直对提升英国在中东地区的地位抱有浓厚的个人兴趣，而法国总理乔治·克列孟梭则关注于德国和欧洲。法国的外交官们，以及法属殖民地的游说团都十分愤慨，抱怨政府对法国在叙利亚的利益采取了"全面投降"的政策，最后克列孟梭也实行了大棒政策，对于他号称的"英国不加约束的贪婪"愤怒不已。在一次愤怒的争吵中，这位法国总理甚至让英国人选择是用剑还是用手枪进行决斗。[18] 但是在 1919 年间，两国政府逐渐达成了暂时的妥协，因为这时英国胜利的香槟酒时刻已经转换成了痛苦的宿醉。战争帝国主义带来的兴奋情绪很快被国际关系的现实所冲淡，特别是新的威尔逊主义者对英帝国日益明显的过度伸手政策，以及对英国盟友的承诺，都采取限制性的政策。这三个因素中的任意一个都值得仔细研讨，因为它们将共同塑造英国在中东新的帝国形式。

1918 年，威尔逊关于"自决权"和"民族平等"的口号一直深受反对殖民主义者的拥戴和利用。在停战协定签署的那一天，美国驻开罗的总领事报告说："埃及各阶层的人们都有这样一种倾向，认为威尔逊总统主张全世界都应该实行自治，他将保护这个国家的民众自我治理的权利。"一位印度的民族主义者认为，如果威尔逊访问亚洲，他将受到特别热烈的欢迎，就像"人类的任何一位伟大的导师一样，其地位如同基督或者佛祖"。[19]

然而，正如我们在第二章看到的一样，其实威尔逊总统对他言辞的含义并没有考虑得那么多。他也存有那个时代大多数美国人具有的种族偏见，认为非白人世界自治权的获得需要通过渐进的改革，而不是突如其来的革命来实现。无论如何，当他在巴黎裁定欧洲问题的时候都困难重重。当殖民地的民族主义者在巴黎和会进行游说活动的时候，他们经常引用威尔逊的口号，这引起了总统先生的警觉，于是他从国际联盟盟约的草案中删除了这样一个条款，即应用自决权原则来调整将来的领土范围。他同时也避开了其盟友的帝国带来的挑战，默许了英国在埃及建立保护国，有礼貌地承认了来自印度的民族主义愿望，并且不情愿地同意日本占有山东而不是把它归还给中国。威尔逊总统私下里认为，这种解决方案是"从肮脏的过去中得到的最好结果"，但在国际上他也备受谴责，因为他失信于自己的原则。关于山东问题的交易在北京天安门广场引起了强烈的民众示威游行，愤怒的民众洗劫了与日本串通一气的"民族叛徒"的住宅，抗议活动迅疾地扩展到其他城市，中国在巴黎的代表团拒绝签署《凡尔赛条约》。五四运动成为中国历史上民族主义的一个传奇，无论左派还是右派都这样认为。[20]

威尔逊逐渐领悟到，他诱人的华丽辞藻一旦落实到实践层面，将是一个"失望的悲剧"，但是他意识到这一点已经太晚了。1918 年 11 月他乘船横跨大西洋的时候，他一直在想，"人们还将忍受专制统治很多年"，"但是如果千禧年不能马上实现，他们却会把他们的拯救者撕成碎片"。到 1919 年中期的时候，抱怨愤恨十分普遍。在埃及这个国家，威尔逊认可英国的统治就像一道闪电一样令人震惊，按照新闻记者穆罕默德·海卡尔的回忆，这就像一场"最丑恶的背叛"。在中国，毛泽东把威尔逊比喻为"热锅上的蚂蚁"，认为威尔逊只是在被克列孟梭和劳合·乔治这样的"小偷们包围的时候，不知道怎样才好"。毛泽东是在五四运动中觉醒的众多民族主义者中的一个，并且转向了共产主义。事实上，在整个殖民地世界，因为威尔逊信誉的崩溃，导致了列宁主义的扩展。但无论威尔逊先生还是列宁，他们关于自决权的论述，现在仍然是国际政治中非常重要的一部分。[21]

威尔逊主义一项更为久远的遗产是委任机构的建立。与以前为帝国而战的历次战争不同，一战中英国并没有直接彻底地实现领土的收益与占领，而是在国联的授权下，对当地的居民实行委任统治。在这点上，威尔逊总统的态度十分坚决，他坚持认为如果允许大国肆意地瓜分"世界上孤立无援的部分"，那么国联就将彻底成为一个"笑柄"。但是法国公开反对总统的提议。南非的扬·史末资坚信英国的利益可以通过披上威尔逊主义的外衣来实现，他进一步发展了委任统治的思想。他最初的想法尚未把这一原则应用到非洲和太平洋殖民地，因为这一地区主要"居住着野蛮人"，"他们不能很好地管理自己"。史末资企图吞并原德属西南非（其面积大体相当于英格兰和威尔士），把其并入自己的国家。同样，澳大利亚觊觎新几内亚，新西兰瞄准了萨摩亚。在巴黎和会上，威尔逊被澳大利亚总理比利·休斯激怒，后者是一位粗鲁的民族主义者，挥舞着一幅被大致篡改过的地图，坚持认为"澳大利亚就像一座被太平洋上的岛屿包围的堡垒"，这些岛屿对澳大利亚的重要性就像"水对一个城市的重要性"一样。[22]

在总统的启发下，史末资把他的委任方案分为三个层次，这主要是依据他们对于自我统治的准备程度进行划分的。C类是事实上的占领，国联只承担很小的责任，大多数的太平洋占领区都被归入了此类——这也等于事实上给了日本、澳大利亚和新西兰充分的行动自由。B类只是略有不同，国联只对其公开的贸易进行监督；在这一层级里，法国和英国（包括史末资）得到了他们在德国所属的非洲想要得到的东西。但是A类的委任统治覆盖的人群，是接近于自治的水平，也就是委任的权力只限于提供"行政的建议和辅助管理"，而不是统治。这也是奥斯曼的中东陷入的层面，这也同时意味着，尽管英国和法国能够随意瓜分这个地区，但是它们必须卷入"冗长的、令人厌烦的和公开的争论之中，争论是围绕对于外国人不民主的统治（这在威尔逊时代之前是被看作完全正常的国家事务）如何被合理化的问题"。这也是委任统治的真正意义，这不是帝国主义的新形式，而是履行国际责任的新制度。[23]

于是威尔逊主义对于英国的新中东帝国施加了一种典型的限制，但同等重要的是英国对全球过度扩展的关注。停战协定签署的时候，英国有350万军队部署在世界各地，但是一年以后，这个数字下降到80万人，1920年11月下降到37万人。1919年早期的兵变使内阁意识到，在和平时期，不能长期实施征兵法案。因此，在延长一年之后，1920年3月，征兵法案失效了，英国重新恢复到战前的志愿兵役制度。现在内阁的责任比1914年之前更大，也更加易变。停战协定签署一年之后，帝国总参谋部的最高长官亨利·威尔逊非常气愤地说道，我们已经在世界各地发动了20~30次的战争，他谴责英国的政治领导人"完全不称职，并且不具备统治能力"。威尔逊的对手，菲利普·切利伍德将军则发出警告："干涉其他民众的事务，一旦养成习惯，尽管在表面上被称作'和平'，但是这就像'鸡奸'一样，一旦你开始做这件事情，你就无法停止下来。"[24]

内阁采取新军事干涉的倾向不是唯一的问题，1919年英国同样面临着核心殖民地的反抗问题。3月，对于埃及民族主义倡导者的镇压激起了罢工、游行和破坏活动，800人死于这场冲突。5月，阿富汗政府趁机侵入印度，引发了持续整个夏季的边界战争。所有这些都是与新芬党宣布独立同时发生的，当时的爱尔兰正被卷入恐怖和反恐怖的旋涡之中，在1919—1920年的冬天大约牵扯了3万英国军队。强硬的爱尔兰统一派亨利·威尔逊认为爱尔兰是联合王国的有机组成部分，针对当时的形势提出警告，"如果对爱尔兰的暗杀团体投降"，将会对埃及和印度的民族主义鼓动者产生"可悲的，并且非常迅即的影响"。后来他被爱尔兰共和军枪杀了。[25]

一些英国的决策者认为这些麻烦都是伍德罗·威尔逊以及他的"不

可能实现的自决权的原则"[26]造成的，但事实上，原因主要存在于固有的社会之中。自19世纪末期以来，全球的变化呈现出加速发展的特征，由于商品的广泛扩展、制造业的发展以及国际市场的形成，农民经济已经被彻底侵蚀掉了。[27]而欧洲帝国对于世界大战的参与动员更是具有毁灭性的影响，这在埃及的危机中体现得尤为明显。尽管埃及从1882年被英国占领，但正式层面上奥斯曼帝国一直是埃及的宗主国。然而，奥斯曼帝国在1914年宣战之后，英国实施战时法令，并宣布埃及是英国的"保护国"。战争期间，英国在埃及征收高额的税收，对劳动力和家畜都有大量的需求，并且对食品、武器和运输都实行了严格的控制，这都严重影响了农民的生活，同时损害了精英们的传统特权。1919年的危机引发了一场严重的权力斗争，这场斗争是在苏丹政府和持不同政见的社会贤达之间展开的，后者运用民众的动乱以及威尔逊的论调作为反抗现政权的政治武器。

尽管埃及的民族主义者认为1919年的运动是一场"革命"，但英国武力的使用以及策略上的让步很快使危机最恶劣的形势得以化解。1922年2月，英国放弃了保护国的提法，承认埃及是一个"独立的主权国家"，同时买通了其政治精英，使他们从公众的不满中解脱出来，这样就破坏了1919年危机之后的邪恶的联盟。英国只保留一些"有限的权利"，包括对外国利益的托管（例如苏伊士运河），监管外交政策和英国军队的调动自由，而这些其实是最为重要的权利。就像寇松所反问的那样："如果我们能够得到果实，为什么要去为它的皮壳操心呢？"[28]

这种模式到处可见。由于过度扩张和身陷困境，1919年之后，英国政府决定从战争帝国主义的兴奋的雄心中撤退。但这在前奥斯曼帝国统治的中东地区困难重重，因为这与它的主要盟国产生了领土交易上的冲突。1916年5月，外交官马克·赛克斯和弗朗索瓦·乔治斯—皮科达成了一项秘密协定，把前奥斯曼帝国统治的大部分地区在英国和法国之间进行了势力范围的划分：英国控制了现在的南部伊拉克地区，法国控制了今日的叙利亚和黎巴嫩。同时，亨利·麦克马洪——英国在埃及的最高长官，与侯赛因·本—阿里达成了一致，当时后者是哈希姆家族和控制神圣的麦加卫队（沙里夫）的领导人。麦克马洪对于侯赛因做了虽然模糊但是比较广泛的承诺，允诺战后"阿拉伯世界的独立"，其目的是"把阿拉伯人引导到正确的道路上"，并且鼓励他们反对奥斯曼的统治。[29]当布尔什维克在1917年把所有的秘密条约公诸于众的时候，英国和法国都感到非常尴尬，因为赛克斯—皮科的协议尽管采用了一般性的术语，但是仍然明显地与对哈希姆家族的承诺有矛盾和冲突的地方。

同时，侯赛因—麦克马洪达成的一致，与贝尔福发表的宣言发生了矛盾和冲突。1917年11月，时任英国外务大臣的贝尔福声明，英国政府支持"在巴勒斯坦地区为犹太人建立一个民族家园"。尽管贝尔福一再解释"他们不会采取可能危害现居住在巴勒斯坦的非犹太人的权利"的政策，当时非犹太人占据了当地人口总数的90%。从一开始"家园"这个词汇实质就是犹太复国主义建国的一种委婉说法。《时代》杂志在刊登贝尔福声明的时候，用了一个非常明确的标题"为了犹太人的巴勒斯坦"。[30]

当时，英国在中东地区的政策陷入一片混乱状态。就像贝尔福后来承认的那样，英国签署的协定"每一个都不一致，都有矛盾的地方"，而且"没有非常清晰一贯的政策"。在某种程度上，这种混乱反映了长期以来伦敦、开罗、德里和巴士拉之间缺乏相互协调的这一状况。设在开罗的最高委员会注意力集中在阿拉伯人身上，夸大了他们发动叛乱的可能性；而在伦敦的政策制定者们，则受到犹太复国主义游说团体的影响，关注于国际上的犹太民族对其盟国可能产生的重要影响。1917年10月，贝尔福对内阁说道，"生存在俄国和美国的大多数犹太人，也许是遍布全世界的犹太人，似乎都青睐于犹太复国主义"，发

表一份亲犹太人的声明因此可能会是"在俄国和美国都最为有效的一种宣传"。[31]

英国的外交混乱既是见利忘义的机会主义的恶果，也是由于官僚主义机构的混乱。沙皇俄国崩溃之后，中东地区的问题主要是集中于英国身上。1918 年 11 月，法国在中东驻有 1000 人的部队。令他们暴怒的是，与土耳其人签订的停战协定完全控制在英国一个舰队司令的手中。伦敦的情绪变得极为乐观，英国对抗了 3/4 的土耳其军队，同时劳合·乔治指出："在反对土耳其的战斗中也造成了成千上万的英国士兵的伤亡"，"而其他国家的政府只是派了少量的下层的警察部队，他们主要是来看看我们有没有偷抢这些神墓教堂。"[32] 1919 年的大部分时间里，内阁都不愿意与他国分享好不容易得来的胜利成果，所以希望逃避赛克斯与皮科达成的交易，认为那只是在战争的非常时期产生的一个结果。它设想把巴勒斯坦，最好也把叙利亚作为保护埃及的一个缓冲区域。内阁也强化了麦克马洪对于阿拉伯人的保证，1918 年 11 月的声明指出英国和法国一直坚持战斗的原因，是为了被土耳其人压迫的人们获得完全和彻底的解放，是为了土生土长的当地民众拥有对民族政府和行政机构的自由选择的权利。[33]

于是英国在中东的政策既有精打细算的特征，又充满困惑，特别是在关于民族和帝国这一问题上，他们的想法受到诸多困扰。贝尔福观察到，"我们地位最薄弱的地方"，"就是在巴勒斯坦问题上，我们故意但是比较正确地拒绝接受自决原则"，在这里"正确地"这个术语只是一个即时的评论。贝尔福尽管是一位比较特别的、充满激情的犹太复国主义的支持者，但他的发言讲话代表着绝大多数英国决策者的观点，他们都认为阿拉伯人并不具备管理自己的能力，这一点与"红色的印度人"（引自一位印度办公室高级官员的说法）是一样的。相反，犹太人被看成（尽管带有淡淡的反犹太的味道）在几个世纪以来善于赚钱和创造历史的民族——这是创建一个国家的胚胎基础。1918 年 9

月，贝尔福通过观察认为，"犹太复国主义是一个纯粹的民族问题，就像在波兰、爱沙尼亚的百余个民族中的任何一个一样，都是希望得到我们的支持以获得自决权。"事实上，犹太复国主义者在伦敦与报刊编辑们和政治家们都建立起了非常密切的联系，这种方式与托马斯·马萨里克及其他拥护捷克斯洛伐克建国的活动者方式是一样的。但是游说者中最具说服力的人，例如弗拉迪米尔·雅博廷斯基和哈伊姆·魏茨曼依赖于先前的假设，即犹太人是一个民族，而不是一个宗教，这种观点后来在内阁中被普遍地接受。[34] 与此形成鲜明对比的是，英国领导人认为阿拉伯人是懒惰的、落后的，没有准备好建立一个国家，所以只能实行旧帝国的代理人的政权模式。如今，这种模式按照威尔逊关于自决权的理念，就是委任统治的形式。当时的印度事务大臣埃德温·蒙太古认为："我们应该保有阿拉伯的外表，同时保证英国人的最高权威。"[35] [1]

因此，在1919—1920，中东地区逐渐出现了一种新的秩序，这既是建立在早期与哈希姆家族达成的协议的基础上，也受到英法妥协情绪的影响。沙里夫·侯赛因的儿子费萨尔曾经领导过反对奥斯曼统治的起义。费萨尔是西方人心目中理想的阿拉伯首领的形象，他个子很高，气质高贵庄严，颇有君主风范，在巴黎和会期间，他给人们留下了非常强大的印象，于是英国人安排他作为英国在叙利亚统治的代理人（当时一位法国外交官讽刺说，这就是戴上阿拉伯帽子的英帝国主义）。[36] 1919年秋天，当人力危机暴露出来的时候，劳合·乔治才姗姗来迟地决定履行赛克斯—皮科协议，并且决定让法国管理叙利亚。英国撤军之后，

---

[1] 犹太人到底是宗教还是国家，英国内阁中两个犹太裔成员围绕这一问题分成了两派：赫伯特·塞缪尔是一位坚定的犹太复国主义者，而他的堂弟蒙太古则认为英国才是"他的国家"，他的家族在英国已经生活了几代人的时间。蒙太古希望与他信奉同一宗教的人被看作是"犹太裔英国人"，他声称，犹太复国主义造成了这样一种印象，他们是"英国的犹太人"，其爱国主义是模糊的。——原注

费萨尔很快被法国驱逐出境。作为对哈希姆家族的一个安慰奖，英国又安排费萨尔担任他们在美索不达米亚的代理人，这是由奥斯曼帝国的三个省份拼在一起的，包括巴士拉、巴格达和摩苏尔。英国也建立了侯赛因的兄弟阿卜杜拉在外约旦的统治。外约旦建立于1922—1923，主要是希望借此协调英国对于阿拉伯人和犹太人互相矛盾的承诺。英国官方在巴勒斯坦地区的委任统治涵盖了一片广阔的、参差不齐的区域，从地中海一直到约旦河，在某些地区甚至深入到了沙漠300英里。通过在河流东部广大但是人口稀疏的区域建立起另一个哈希姆家族的代理政权（外约旦），同时在海岸西部狭窄但是肥沃的黄金地带（也就是重新定义的巴勒斯坦）为犹太人建立了一个家园，英国官员寻求贝尔福宣言中双重诺言的实现，既建立一个犹太人之家，也尊重现在当地人的权利。这两个承诺都在巴勒斯坦和外约旦这两个国家得以体现，虽然它们中的任何一个在经济上都不具有可行性。

为了政治上的便利，法国也把它的委任统治地进行了分割，从叙利亚分离出来了一个单独的黎巴嫩国家。这主要是由于宗教和战略上的因素，就像英国在巴勒斯坦采取的政策一样。自1860年以来，黎巴嫩山区就是奥斯曼帝国境内享有高度自治的一个省份，当时法国一直对于马龙派的天主教团体给予特殊的保护。当法国在1920年接管叙利亚之后，他们答应了马龙派扩大领土面积的要求，把他们的领土从被孤立的腹地向西延伸到海边，从东北深入到肥沃的贝卡谷地，向东几乎到达了大马士革。法国希望这一个"大黎巴嫩"国家成为有价值的代理人政权，完全依赖法国人的保护，同时把贝鲁特和的黎波里建成重要的海军基地，以平衡英国在海法和雅法的势力。但是这一国家的构建制造了巴勒斯坦式的问题，因为额外的领土主要是穆斯林居住的，而且使得碎片化了的天主教团体仅仅占到人口的半数，同时黎巴嫩在叙利亚的扩张在大马士革激起了持久的民族统一主义者的强烈愤怒。

尽管新形成的中东地图沿袭了奥斯曼帝国的行政边界，但是其诞生的国家主要是英国和法国"制造"出来的。在某种程度上，这与后哈布斯堡王朝时期的政治地图十分相似。但是东欧在前历史时期就存在一些民族和王国，而且战争激发的具有强烈的民族主义色彩的运动对于伦敦和巴黎产生了很大影响。中东的问题与此相反，人们普遍认为，犹太复国主义的胜利就意味着阿拉伯民族主义的失败。而且中东的委任统治，也与后哈布斯堡王朝的国家的民主是不一样的。法国从来不想在中东地区推行民主，它对叙利亚和黎巴嫩的统治很大程度上是靠武力维系的；英国确实建立了代表机构，但也仅仅是表面上的。到1932年，美索不达米亚的委任统治已经转换成一个名义上的独立国家——伊拉克，但是英国仍然牵拉着控制它的绳子，在阿拉伯统治精英中，议会选举掩盖着的是实质上的分赃制度。

在巴勒斯坦这样一个分化的社会，民主是没有任何立足之地的。阿拉伯人拒绝接受犹太人的存在，更不要说进一步的移民了。1922—1923年，他们抵制了试图把穆斯林、基督教徒和犹太人联系在一起来选举立法委员会的计划。因此，英国在巴勒斯坦的统治自动地演变成为皇家殖民地，同时限制犹太人这一被认为具有民主萌芽的民族，但是也拒绝给阿拉伯人进行任何有关议会政治的培训。事实上，巴勒斯坦在英帝国主义的历史上很快被证明具有独一无二的特性。尽管巴勒斯坦是一个被占领的殖民地，但是出于战略上的考虑，它实际上是一个移民者的殖民地，只不过这次的移民者不是英国人，而是犹太人。而且，与其他移民者殖民地不同的是，巴勒斯坦地区的移民和当地人似乎永远没有和解的可能性。[37]

英国和法国主要是在沙滩上画线，这既是字面上的含义，也具有隐喻的特征，而它们的理念对这个地区的影响持续至今。在巴勒斯坦，权力的和平转移已经毫无可能，犹太复国主义在1948年取得了优势，并赶走了很多巴勒斯坦的阿拉伯人。对于肥沃的约旦河谷的控制在以色列与其邻国的战争中至关重要。再向北一些，"大叙利亚"的思想是悬挂在黎巴嫩独立之后的一个非常重要的外部问题，这在 20 世纪七八十年代的冲突中变得非常明显。在伊拉克，英国支持居于少数的逊尼派，反对居于多数的什叶派，而北方的库尔德人则在 1958 年哈希姆家族被推翻后选择了错误的路线，这将产生非常持久的影响，尤其是在萨达姆·侯赛因的独裁统治之下，这一点非常明显，也非常致命。[38]具有讽刺意味的是，外约旦这个似乎最不适合推行委任统治的地方，逐渐被证明是最具忍耐性的一个国家。尽管长期存在民主的赤字，但阿卜杜拉的哈希姆家族后代的统治一直持续到 21 世纪。

在今日的中东，很容易看出一战的长长的阴影。当然在后奥斯曼时代移民的错误并没有马上显现出来。20 世纪 20 年代中期发生在美索不达米亚和叙利亚的叛乱很快被平息下去，巴勒斯坦的局面也一直是可控的。然而，这一地区在 1936—1939 年发动了暴乱，其原因主要是在希特勒夺取政权之后，来自德国和奥地利的犹太移民急剧增加。在中东所有的这些国家之中，真正爆炸性的事件发生在第二次世界大战之后。而东欧由于民族、国家和民主纠结在一起产生的问题则在 20 世纪 30 年代达到了顶峰，这是导致二战爆发的非常重要的原因。在两次世界大战期间的大部分时间里，后奥斯曼的中东相对是比较稳定的，尽管面临威尔逊观点和民族主义鼓吹者的挑战，帝国仍然是当时国际政治中的一个常态存在。

1918 年之后，英国在这一地区的地位还有另外一点需要强调，那就是石油。尽管 1914 年欧洲投入战争的时候使用的是蒸汽火车，但是赢得战争的燃料是石油，而不是煤炭。内燃机不仅对于坦克和飞机至关重要，而且对军队运输的卡车也是必需的。英国、法国和美国在石油供应方面具有独到的优势，在这一点上远远超过同盟国。就像寇松指出的那样，协约国的胜利是被"石油的浪潮推动起来的"。英国非常珍视石油的作用，内阁大臣莫里斯·汉基在 1918 年就告诫说，"石油在下次战争中承担的角色就像煤炭在这次战争中的角色一样"，而且"最大的潜在供应基地"就位于波斯湾和美索不达米亚，所以控制这两个地区是"英国战争最为重要的目标"。贝尔福完全赞同这一观点，并且补充道，"我并不在意我们通过什么体制来控制石油"，美索不达米亚的委任统治形式被认为是吞并形式的更好的一种替代物，所需要花费的代价更小，而且看起来也不会引起威尔逊的敏感情绪。英国政府通过控制英国与波斯（伊朗）的石油公司，以及在荷兰皇家壳牌公司的金融优势，在20世纪20年代和30年代对这个地区至关重要的自然资源享有较大的控制权，而这正是英帝国所缺乏的资源。[39]

透过中东地区，我们需要检验的对象是英国和法国这两个领导性的帝国，它们是怎么看待和运作它们帝国的复兴的。在这两个帝国中，英国的范围更为广泛，在1918年之后达到了帝国的巅峰时期，统治了地球上将近1/4的领域面积，统治的人口也大致是这一比例，而法国统治了地球上1/10的领土面积和1/20的人口。[40]在英属印度和移民殖民地如加拿大、澳大利亚、新西兰和南非这样的层面，法国与英国的资源不具有可比性。与法国相比，英国对殖民地更为重视，形成了对付1918年之后兴起的民族主义的战略手段，而且其手段被证明是代价较小，效果则更为显著。当然，1945年之后，这两个帝国都被证明是"泥足"帝国，都有自己的缺陷，但是因为本章谈论的是这样一个基本观点，英国很快调适自己，适合了20世纪20年代、30年代风向的变化。这种调整的成功强化了英帝国的地位，这在民主化发生后很长的一段时间内都在发挥作用。

英帝国也是一个分散的帝国，它起源于商业，正如帕默斯顿勋爵在维多利亚时代观察得出的结论一样："对于商业而言，土地不是必需品，我们可以在属于他们的土地上进行商业贸易。"尽管为了保护商业利益，武装力量的使用和直接的统治有时是不可避免的，但是正式的帝国总归耗资巨大，负担沉重，所以英国的政策是："如果可能的话，进行非正式的扩张；如果必要的话，进行正式的扩张。"[41]所以，在较为平静的 1830—1932 年这个世纪，英帝国是建立在自由贸易的基础之上的。反观法国，它在工业和运输业方面都无法与英国竞争，所以保持着高度集中的重商主义的政权形式。

法国的政治传统也具有更强的国家干预的特征。大革命最主要的遗产就是形成了一个普遍的理性观念：殖民地被认为是法国家园的延伸，应该使用宗主国的法律，并且应该归巴黎严格控制。其最终的目标是"同化"，把殖民地的"国民"变为法国"公民"，他们可以选举代表加入巴黎的议会，但是适用的选举标准（包括语言能力和接受天主教）是必要的，而且通常具有任意性的特征。例如，在 1939 年，法属西非洲只有不到 1% 的人具有公民权。法国主要统治的是一个"国民"的帝国。事实上，在任何法国的殖民地，议会体制都没有运转起来，他们开会的目的只是行使非常有限的预算审查权，没有权利去进行立法提议。[42]

与之形成对比的是英国。英国创造了一个"和解的帝国"，其方式是英国的移民逐渐使英国的权力融入了当地的自治政府之中，这一点远远超过法兰西帝国，更不要说那些其他的欧洲强权了，到 1918 年前后，英国移民的数目是非常庞大的，800 万在加拿大，500 万在澳大利亚，100 多万在新西兰，还有 140 万人在南非。英国总的移民者的数量，主要是来自英格兰，大约占了联合王国 4600 万人中的 1/3。[43] 这与寇松统治的印度是一种形式截然不同的帝国，对于许多英格兰人来说，这也是更容易接受的方式。"东方的英国不是我们熟知的英国"，自由党下议院议员查尔斯·迪尔克在 1868 年这样评述，在那里，"讨厌的不列颠，与锚和船只一起，构成了神秘的东方专制主义"。[44]

关于英国既能够保持国内的自由，又能够建构在国外的帝国这一问题，一直是维多利亚时代的改革者们关注的问题，他们特别考虑到古代的罗马帝国这一例证，它的共和理念逐渐被军事帝国主义侵蚀掉了。但是人们普遍认为，这种"帝国与自由"的传统的困境，可以在英国的移民者殖民地范围内，也就是迪尔克所称的"大不列颠"繁荣领域内得到很好地解决。这场争论越来越有名，主要是因为剑桥大学的教授约翰·西莱在1883年出版的著作《英格兰的扩张》。1919年，这本书卖出了1.1万本。到1956年，这本书一直在印刷。1956年，发生了苏伊士运河危机，西莱对于英国得到印度深表遗憾，他认为英国在那里没有血缘，甚至没有利益的关系，但是他也知道英国不能轻易脱身，否则印度会再度陷入无政府状态。他对于移民的殖民地充满热情，认为"伟大的不列颠根本不是通常意义上的帝国"，而是"英格兰民族进入其他土地的一种自然的延伸"。在这片土地上，"一切都是全新的，一个最先进的民族进入了一个愿意进步的环境之中，在那里，你没有过去，只有无限的未来"。然而，"印度完全属于过去，并且，我也几乎可以说，没有未来"。西莱认为英国执行着两种截然不同的种族政策，"在亚洲的专制和在澳大利亚的民主"，而后者更能表达它的真正的价值观。[45]

移民者的殖民地逐渐合并起来，在1867年形成了加拿大自治领，1901年形成了澳大利亚联邦，1907年建成了新西兰自治领，1910年建立了南非联邦。在最后一个案例中，南非联邦是通过残酷的1899—1902年的布尔战争形成的。在战争中，英国征服了讲荷兰语的德兰士瓦和奥兰治河殖民地，但是随即允许它们在联邦范围内享有区域的自治权。这些移民者殖民地拥有自己的行政和立法机构，但是在这种众所周知的"两头政治之下"，一些诸如国防和外交政策的权力是控制在伦敦那里的。到1900年左右的时候，关于移民者的殖民地，也就是目前所称的自治领，是否会走1776年美国殖民地脱离母国的道路引起了很多的争论。从帝国到民族国家，这似乎是历史的必然逻辑。

一个虽然规模较小，但是眼光敏锐的知识分子团体提出了一个替代性的方案，就是把帝国变成联邦，这种想法主要来源于他们协助南非构建了联邦的形式。这个被称为"圆桌"的集团，建立于1910年，创建者是牛津大学的唐·莱昂内尔·柯蒂斯莱，他们认为缺乏合作的帝国本身是不可能生存下去的。柯蒂斯莱欣赏的是"有机的联邦"这一概念，这意味着通过选举产生的议会，依靠帝国军队控制的征税系统。他的大部分同事没有认识到那种程度，比如说西莱，他认为帝国面临着一种僵硬的选择——联邦或者解体。当时联邦主义比较流行，这一方面是因为各个自治领的发展状况，另一方面也是因为美国成功地克服了内战带来的危机而成为经济上的巨人。这种观念在1911—1914年的地方自治危机中引起了更热烈的争论。1911年，尽管当时的新西兰总督约瑟夫·沃德提出了一个较为详尽的联邦蓝图，但是其他自治领的领导人认为它"十分荒唐"，"绝对没有可行性"，于是该方案被否决了。[46]

自治领的战时经历经常被认为是走向独立道路的台阶，但实际上这段历史是比较迂回曲折的。当然，战争期间，既有民族英雄史诗般业绩带来的骄傲（如澳新军团在1915年加里波利取得的成功，抑或1917年加拿大在维米岭发动的进攻），也有对英国人失败的不断增长的愤怒。一位加拿大的内阁大臣如此评论道，尽管伦敦讨论了所有表面上的问题与缺陷，但是真正的问题与缺陷是智力上的。由于缺乏有效的商讨，殖民地的领导者们变得更加愤怒，特别是在他们自己的伤亡人数不断上升的时候。加拿大总理罗伯特·博登抱怨说："不要指望我们在战场上投入40万或者50万的军队，还要我们自愿被当成玩具般的机器人一样任人操控。"1918年秋天，停战协议的谈判正在进行中，但是没有提及自治领，当时澳大利亚的总理比利·休斯大发雷霆，因为他们的地位就相当于"听差或者仆人"一样。休斯对于这个问题特别敏感，因为与加拿大和新西兰不同，当时他已经不能对他的国民实施征兵法案了。在1916年10月和1917年12月的投票中，澳大利亚人已经否决了这一法案，尽管是非常勉强的否决，但直接导致了休斯的工党的分裂，使得在一个爱尔兰天主教徒占1/5的国家里宗教关系再度紧张起来。[47]

当然，这种自治领的新型的民族主义需要更仔细地审视。在某种程度上，它反映了地方主义的侵蚀作用，现在他们认为自己是"澳大利亚人"，而不是"维多利亚人"或者"新南威尔士人"。这种情况同样在军队发生，这主要是由于损失过重，同时团级单位中士兵的征兵来源的多样化淡化了地方主义的影响，特别是当他们与来自法国、比利时和其他盟国的军队并肩作战的时候。但是黑格的军队主要是英国人，联合王国在主要战场投入了来自不列颠本土和自治领的 74 个师中的 64 个师，其中 80% 来自英格兰。毫无疑问，当时这些军队的人，无论来自苏格兰还是其他自治领的士兵都认为自己是完全平等的（他们认为苏格兰人更有亲和力），而英国兵通常被认为是下等的，这显然是对英国不利的。这部分原因是因为一天付一先令，他们买不到啤酒、咖啡，也满足不了基本的需求，但是在新西兰和澳大利亚则可以做到这一点。而更深层次的原因是英国军队特殊的等级制度，它坚持推行严格的、卑鄙的、让人唾弃的惩罚制度，并且实行严格的等级分离制度，这与自治领甚至是法国的民族精神相悖而行的。英国军队也没有运用等级来调动人们积极性的这种倾向，他们主要依赖于从公立学校毕业的年轻的"绅士们"进行指挥。在战争期间保持志愿兵役制的澳大利亚人，因为缺乏对军官们的尊敬而臭名昭著，但是这种情况逐渐在大多数自治领的军队中扩散开来，英国兵特别是那些带有北方口音的"小矮子"，被描绘成缺乏本能和智商的笨蛋。一幅澳大利亚的卡通画，描绘了一群英国兵坐在一个荒凉的十字路口的火盆边上，灯柱后面写了一个标志"灯柱角（Lamp Post Corner）[1]"：

澳洲人（路过的）：哎，伙计，这是灯柱角吗？
英国兵：我不知道，我才来到这里一个月。[48]

---

[1] Concer 一词也有困境、绝路的意思。——译者注

1916 年，黑格及其他英国军队的高级指挥官都认为，管理这样一支没有受过很好的教育，并且没有经验的志愿兵军队，等级制度是唯一的方法。他们应该毫不质疑地去从事最简单的工作，比如在徐进弹幕射击之后，这些人在无人的场地练习走直线。但是 1918 年的胜利，无论德国还是其同盟国，战胜它们的都是军官指挥的快速行进穿越战场的小分队，这样小分队能够更好地抓住战机，而这依赖的不是服从，是靠小分队的主动性。[49] 由于机遇和良好的训练这两个因素，英国以及自治领的军队都能够胜任这种打法，但是在战争的大部分时间里，自治领的军队都由于违反英国军队的纪律被关进了监狱。所以大概可以得出这样的结论，本质的问题不在于"民族特性"，而在于英国的等级制度。

自治领对英国的战争的指挥问题的抱怨可以进行更加合理地分析。1915 年和 1916 年的重大损失反映了训练的薄弱以及高层的无能。就像黑格和他的下属一样，自治领的指挥官们也有很多需要学习的东西。来自堪培拉的历史学家杰弗瑞·格雷注意到，在战争的这一阶段，"澳大利亚的将军们和英国将军们一样对澳大利亚士兵的重大伤亡负有责任"。但是到了 1918 年夏天，加拿大和澳大利亚都建立起了自己的军团，并且都各自拥有了非常能干的指挥官，分别是受人尊敬的亚瑟·柯里和约翰·莫纳什。他们的手下，由于受过严格的训练，在亚眠战役中都是充当先锋，在战争最后几个月里的其他突破性战役中也是如此，因此在联军中被誉为是最好的突击队。这些胜利不仅应该归功于"殖民地"的非常卓越的战斗精神，这是诸如澳大利亚的查尔斯·比恩之类的民族主义作家所宣称的，而且应该感谢 1918 年进行战斗的方式。柯里和莫纳什的策略证明了步兵和坦克、空军尤其是炮兵配合的统一运用、密切合作是非常重要的，而这些必需品主要是英国供应给自治领士兵的。同时许多高级指挥官的位置仍然被英国牢牢掌控，当然他们的指挥技术比以前提高了，他们在使柯里和莫纳什名声大噪的战役之前进行了非常细致入微的规划工作。[50]

在外交领域，主题同样是相互依存，而不是完全的独立。1917 年，自治领的领导人迅速解决了再次出现的帝国“联邦”问题，但这次他们盗用了圆桌会议的术语“英联邦”来描述自治的混合状态和已经在英国与自治领之间呈现出来的合作关系。南非的代表扬·史末资将军成为这种新型团体观念的最主要的代表人物，1917 年在伦敦他被视为要人，这不仅是因为他在非洲的显赫战功，而且因为他是 15 年前布尔战争的领导人之一。他的生涯充分显示出英国宽广的包容性，这与普鲁士主义的铁笼子政策是不一样的。对于史末资而言，1906 年承认败在英军手下的布尔省区的自治权，是英国对于自由价值观践行的一个最奇妙的标志，所以他罗曼蒂克地认为 1906 年是“我一生中最伟大的时刻”。而且也正是史末资这个人，把大英帝国的世界看作是阳光下的新的场景，他告诉议会两院：“我们不是帝国。德国才是帝国，罗马也是，印度也是，但我们是一个民族的体系，一个国家和民族的共同体，我们比历史上存在过的任何帝国都要伟大。”对于新型的英帝国，他称之为“英联邦”。[51]

在巴黎，自治领的领导人得到了最好的待遇，有独立的代表权，同时也是英帝国代表团的成员，史末资称之为“多余的独立”。但是，在整个 20 世纪 20 年代，我们看到自治领最终与英国渐行渐远。1926 年，贝尔福的报告中把它们界定为“自治的”“平等的”社会，“它们与英联邦的关系是非常自由地连接在一起的”。1931 年，《威斯敏斯特法案》宣布放弃帝国议会拥有制定自治领法令的权利。但这在很大程度上是策略，目的是为了把南非和爱尔兰留在英联邦之内；其他的自治领基本没被考虑到，澳大利亚和新西兰甚至都没有批准这一法令。这部分是由于自治领在贸易和投资上对于英国的依赖（在下一章里将更充分探讨这一问题），同时也是因为战争之后来自英国的新移民。1920—1929 年，大约有 181 万人从联合王国移居国外，这超过了 1900—1909 年的那段繁荣期（167 万人），他们之中的 60% 去了加拿大和澳大利亚，但是美国在世纪之交是最具有吸引力的国家。所有这些都塑造了更深一层的、被称为"英格兰不列颠的民族主义"，这一术语被历史学家约翰·达尔文解构为"作为全球文明代表的一种文化上的优越感，具有一种进攻性的特征，随之而来的是由于战争的胜利，其声望达到了顶峰"。作为在英联邦境内的一个自治领，它们的身份因此是"一种民族地位与帝国身份明显的混合状态"。[52]

所以，这并不是一个从帝国臣民到本国公民的经典的轨迹，我们必须承认自治领的许多人在联合王国内部对于他们的多重身份感到非常舒服，甚至可以说是非常骄傲的。1926 年，贝尔福声称，作为一个苏格兰人，他不准备屈服于"大宪章和莎士比亚"，这主要是考虑到"班诺克本和弗洛登战役"的因素。同样，1930 年，澳大利亚历史学家基里·汉考克 1930 年宣布，尽管"一个国家就像一位善于嫉妒的主妇"，"对于澳大利亚人来讲，由于受到文学的滋养，以及被旧的记忆包围，会同时爱上两块土地"。新西兰对帝国的忠诚是非常狂热的，英国人和新教徒占据了其人口的大多数，也没有像加拿大那样信奉天主教的少数派和澳大利亚居于少数的爱尔兰人。1912—1925 年担任新西兰总理的威廉·梅西，出生并成长于阿尔斯特的一个橙带党人之家，他认为英国人就是上帝选择的一个民族。他公开声称，"帝国将持续到时间的最后一刻"，"伦敦永远都是首都"，"1918 年 3 月，拯救我们的只有奇迹，只有神圣的上帝"。[53]

梅西的英国人是上帝选民的宗教观点虽然不能说是离奇古怪，却是比较极端的，但是它也确实提醒我们应该在后殖民主义时代的民族主义浪潮中，相对轻松地看待一战这一时期。即使在澳大利亚经历了战争的痛苦之后，比利·休斯仍然在 1919 年宣布"我们是英国人，而不仅仅是大英帝国的人"，而他的继任者斯坦利·布鲁斯在 1926 年仍然坚持认为"英帝国是一个伟大的民族"。加拿大总理的论调则更为温和，至少是在争取说法语的魁北克地区的投票者的时候体现出这一特点，但他们的主要观点是一致的。与约翰·西莱在 19 世纪 80 年代的观念不同，20 世纪 20 年代，加拿大、澳大利亚和新西兰的精英和大多数民众都认为自己代表了新的、更好的英国的形象，已经摆脱了等级和阶级的桎梏。他们最先实行无记名投票，男性有普选权，并给予女性投票权（新西兰的女性 1893 年就获得了选举权，比联合王国大约早了 1/4 个世纪），他们的民族主义设想都是用比较熟悉的术语表达出来的——青出于蓝而胜于蓝，新的英格兰要比旧的英格兰好得多——这与 1918 年以后即帝国之后的欧洲不同，这些民族对帝国的态度没有出现两极化。[54]

因此，关于一战的记忆是十分复杂的。以加拿大为例，像澳大利亚一样，1914—1918 年经常被比喻为这个国家的诞生时期。当今，这个理解通常是与"他者"联结在一起的，加拿大开始把自己定义为反对英国的地区，当然在此时这种强调是建立在新的包容性的基础之上的。加拿大最壮观的民族战争是维米岭战役，而不是另一场更具有战略影响的战斗，因为正是在 1917 年的复活节进行的维米岭战役中，加拿大军团的四个师首次团结协同作战。他们的指挥官是陆军元帅朱利安·宾·马歇尔，他在 1925 年宣称，"正是在那一时刻，9 个省区的人作为一个统一的整体走到了山顶，他们拥有一致的意识形态"，于是维米岭在加拿大成为统一而不是分裂的象征。[55]

1939 年，第二次世界大战爆发，这四个海外自治领响应自由和帝国的召唤，再度走到了一起，虽然南非是经过投票才决定这样做的。从宪法上讲，根据《威斯敏斯特法案》，它们可以选择中立，就像爱尔兰和其他自治领一样。这里我最终想说的是，在一个帝国与民族共存的世界里，大英帝国的移民者殖民地使得英帝国具有了不同寻常的特征，这体现在英帝国的广度、资源以及内部的互相联系上。这种英国公民性的感觉，主要是在一战期间被强调和神圣化的，这也是 1918

年留下来的最重要和最持久的遗产。

但是英帝国统治的大部分地区都不是白人，1903年，英国黑人评论家威廉·爱德华·博格哈特·杜波依斯预言，肤色界线将是20世纪最大的问题，而事实上，大英帝国自由的表象下面，也经常有种族的信号释放出来。例如，斯坦利·布鲁斯在谈到澳大利亚的时候认为它是"世界上最好的不用加以保护的白种人的国家"，他的意思是，这是一个在英国的帮助下能够抵御来自日本的黄祸[1]的乐园。[56]当关于委任统治的争论进行之际，以及巴勒斯坦的问题暴露出来的时候，关于非白色人种什么时间能具备自我管理能力这一问题引起了普遍的怀疑。40年过去了，西莱关于英国移民者殖民地和征服者殖民地的划分已经显得过于僵化了。"民主"的帝国就是反对"专制的"，但是到了1918年，印度这个西莱的帝国计划中最大的盲点，不可能再被忽视了。当然，印度在大战中的经历及其后果，并不能非常清晰地意味着就走向了1947年英国统治终结之路。

1914年8月，包括15万人的印度军队，是英帝国士兵中最大的受过良好训练的部分。尽管它的主要责任是保卫印度西北部，但是也曾经作为远征军被派往法国，以遏制西线的危机。1914年和1915年，在大部队到来之前，印度军团在伊普尔附近的几个战场进行战斗，在这个潮湿阴冷的冬天里，他们的士气暴跌，随后被部署到中东地区。埃及的保卫，美索不达米亚以及巴勒斯坦的征服都主要是靠印度军团完成的。这支军队大部分来自旁遮普，主要是穆斯林和锡克教徒，英国人认为这两个教派的人与印度人不同，他们是"尚武的种族"。士兵们主要是普通的农民，是被可靠的收入吸引过来的。换句话说，与人们通常对于英国统治时期的印象不同的是，战争时期的印度军队都是志愿兵役者。1918年年末，当时印度的3亿人中，有127万的士兵，

---

[1] 黄种人对于白人是威胁。——编注

这大约是英国战时兵力的 1/10。[57]

就像在其他地区一样，战争也彻底搅动了印度的政治与社会。物价至少上涨了两倍，加上灯油之类的必需品的缺乏，导致许多省份出现了罢工、抢劫和暴乱的现象。当时主要的政党印度国大党还是高等级的政治家组成的松散联盟，其活动区域主要集中在加尔各答、孟买和马德拉斯。他们开始团结行动起来以引导公众的不满。国大党还与主要的伊斯兰政党穆斯林联盟组成了联合阵线，这在当时看起来是不可能的，但是也反映了穆斯林的担忧，因为当时英国正与伊斯兰教神圣之地的卫兵——奥斯曼帝国的皇帝作战。1916 年，两个印度的"地方自治联盟"建立起来，这个名字有意地回应了联合王国早期的争论。他们通过集会、印刷小册子，甚至是歌曲的方式在这块次大陆上传播民族主义的理念，"战争把钟表……提前拨动了 50 年"，早在 1917 年 3 月，出身于老兵的国会政治家马丹·穆罕·马拉维亚就这样说道，他也表达了这样的一种愿望，印度将"在未来几年的时间里，赢得在半个世纪以前几乎不可想象的成功"。[58]

印度抗议的焦点人物是莫罕达斯·甘地，直到 1948 年他被刺杀之前，他一直在塑造印度的历史。在维多利亚时代的伦敦，他的人生目标是通过系统的学习成为律师，但随后在南非的 20 年间，他开始涉足政治。甘地在南非主要进行维护印度人群体权益的活动。在这一过程中，他从一名衣冠楚楚、西方化的律师，逐渐变身为一个禁欲的精神领袖，他剃去了胡须，穿起了被遗弃的衣服。在南非，甘地也发展起了他的非暴力不抵抗策略，这主要是根植于其精神的变化，他坚决认为民族的自治（斯瓦拉吉）必须开始于个人自治。在他看来，威尔逊主义十分冷酷，甚至主要是宣传工具，他认为最可怕的东西是物质的工业社会，美国和英国同样是这种社会的典型代表。他在 1909 年发布的《印度自治》宣言中说："印度不仅是被英国踩在脚下，而且也是被现代文明踩在脚下。"甘地断言，英国人"没有带走印度"，"我们已经把它还给他们了", "我们把英国人留在印度是基于我们自身的利益，我们需要他们的商业"。除非印度人拒绝工业化和国家权力，否则独立仅仅意味着"没有英国人的英国的统治"。[59]

回顾起来，甘地的挺身而出是非常明确和有先知性的，他成为和马丁·路德·金等许多其他类似的人一样的典范，但他同时也是一位政治家，本能地为自己在印度政治中寻找机会。在 1918 年的战争危机中，甘地坚持认为自治联盟的成员有责任支持英国军队实施征兵法。作为公认的和平主义者，很多传记作家都认为甘地的这一立场十分奇怪。其实，甘地的路线与爱尔兰的约翰·雷蒙德及其追随者具有异曲同工之处。他们都认为，尽管英国存在各种错误和缺点，但英国在这场战争中是在为自由而战。如果印度在法国的战场上能够忠诚作战，这会与在国内的抗议产生平衡的效果，这样英国更有可能承认印度的"斯瓦拉吉"，他也希望借此"催逼"他所说的"地方自治的不屈不挠的军队"的诞生。通过这种途径，印度将"成为像加拿大、南非和澳大利亚那样的帝国内的合作者"，享受"英国人的权利"。但是甘地的运动并没有为英国统治时期征集来多少兵员，同时还激怒了国会的政治家们，到停战协定签订的时候，他的精神紧张到崩溃的程度了。[60]

1919 年新年来临之际，甘地改变了策略，这主要是因为民族主义和民主的潮流从欧洲涌向了亚洲。时任印度总督的切姆斯福德子爵决定延长战时政府的紧急权力，以应付无政府状态和革命运动。他在立法委员会中，不顾所有印度成员的反对，强行通过了这一法案。甘地提出了严重的抗议，声称他"不能和平地服从这一法律，这个法律只是体现了权力的意志，而且是一个邪恶的立法"。作为抗议，甘地发起了非暴力不合作运动，但是最终他控制不了他的追随者。最暴力的情形发生在旁遮普省的阿姆利则市，在那里财产被掠夺，还有几个欧洲人被杀。1919 年 4 月 13 日，雷金纳德·戴尔将军指挥的军队强制疏散了手无寸铁的抗议者，在一个封闭的广场内，军队事先没有发出警告就开枪射击，而且在人们纷纷逃离的时候还在继续射击，这样就产生了戴尔所说的"充分的精神上的影响……这种影响遍及整个旁遮普地区"。即使是官方的估计，也大约有 379 人死于这场后来被称为"阿姆利则大屠杀"的事件之中。[61]

甘地很快停止了这一运动，他认为在没有经过充分教育的人群中推行"斯瓦拉吉"是犯了一个喜马拉雅山那么大的错误，并且哀叹"这已经走到了没有法律界限的边缘，差点滑向在某些地区已经扎根的布尔什维克主义"。甘地随后花了几个月的时间进行力量重组，并且构建国会政治家们对他的支持。1920 年，他发起了一项新的运动，这主要是因为"官方一直在粉饰"戴尔的罪行，从而点燃了他的怒火。他呼吁开展与英国当局的"不合作运动"，其动员起来的政治力量也达到了前所未有的高峰，主要是从不发达的省份如古吉拉特邦和旁遮普省吸收了低级种姓[1]的人们。但这次运动对于当局产生的影响微乎其微，并同样发生了他不能控制的暴力行为。1922 年 2 月，暴乱者焚烧了一个警察局，烧死了 22 名警察，甘地随即宣布取消这场国内进行的运动，断言它已经"远离了正常的轨道"，国会中支持他的领导人陷入了孤立无援的境地，拉杰帕特在狱中哀叹道，多亏甘地的"超级自信"和"冲动"，"我们就这么轻易地被打败了"。[62]

对于英国而言，1921—1922 年印度发生的剧变，和在其他地区一样，构成了战争帝国主义的危机而不是帝国本身的危机。英国对使用武力维持帝国的统治秩序丝毫没有感到内疚，"阿姆利则大屠杀"（就像爱尔兰的黑色人种和黄棕色人种一样）都是由于对革命的恐慌而产生的偏差，军队发挥了首要的作用，而不仅仅是作为支持警察的力量。戴尔成为一个替罪羊，甚至丘吉尔这一反对印度独立的铁硬派也在谴

---

[1] 种姓制度是印度存在的一种以血统改为基础的社会体系，这一制度将人分为 4 个等级。——编注

责他，尽管他认为射击针对的是激进的恐怖主义，但认为这不应该是"英国的行事方式"。[63] 吸取了这一教训之后，1920—1921 年，印度当局做出了一项决定，不能再让甘地通过死亡的方式威胁英国的皇冠，于是在"非暴力不合作运动"失败后把他投入了监狱。后来成为越南民族运动领导人的胡志明非常明智地得出这样一个结论：如果甘地和瓦勒拉这样的鼓动者"出生于法国的任何一片殖民地，他们早就被送进了天堂"。[64]

发生在 1921—1922 年的戏剧性事件预示了下两个 10 年印度的发展动态。甘地可以发动群众，但是他还没学会卓有成效地运用街头暴力获取政治上的收益。许多议会里的政治家与他结盟主要是出于策略上的考虑，因为甘地具有在落后地区和低级种姓之中动员起非常广泛支持的能力。但是他们也担心无政府状态带来的危险，也不认同他关于印度未来是一个大农村的设想。贾瓦哈拉尔·尼赫鲁，作为甘地的继承人因此脱颖而出，他坚信印度应该通过社会主义的方针建成一个现代的工业化国家。最为重要的是，甘地从来没有真正能够切断非常复杂的合作纽带，正如他所承认的，这使印度人成为帝国的共犯。事实上，在 20 世纪 20 年代和 30 年代，英国人成功地织成了新的纽带。

问题的主要症结在于印度是否会走向英国采取的移民者殖民地式的道路，这个问题在英国政坛上造成了一种分裂。1917 年，寇松声称，那是不可能的，即使做梦都不可能，想让印度成为像澳大利亚或者加拿大那样的自治领，至少是 500 年之后的事情。贝尔福是主张白人移民者殖民地推行自治的最为典型的代表，他同意这个观点。他观察到，"东方是东方，西方是西方"，"即便在西方，除了在说英语的人群中，议会政治也很少取得成功。而在东方，他们不仅从来没有努力过，而且甚至从来没有这种愿望，只有一小部分受西方影响的知识分子才做过这样的努力"。贝尔福表达了保守派关于印度民族主义的观点，认为这只是亚洲精英们的妄想，根本不具有任何的代表性。[65]

在战后的危机中，劳合·乔治的联合政府对于印度也做出了一些让步，决定在印度实行其他白人殖民地早就开始的双头政治。1919年通过的印度政府法案，对于主要的权力机构仍然是严格控制，这反映了保守党的观点；但是把教育和农业这样机构的权力转移给了地方立法机构。同时，法案扩大了建立在税收基础上的选举权，并且自动地给予了所有士兵投票权，因此大约1/10的成年男子，以及少数极为富有的女性获得了选举投票权。尽管这很难说是完全的民主，但是法案仍然可以说在省一级的部门为权力开辟了新的通道，从而转变了印度的政治生态，这很快被国会和穆斯林中敏锐的政治家们所利用。在20世纪20年代的大部分时间里，1922年的不合作运动停止之后，当时的政治在民族这个层面已经衰退了。

但10年之后，英国政府被迫重新审视这个法案。那时它不得不再度把印度的民族问题放到议事日程中来，而且由于保守党处理这个问题不那么敏锐，这引发了范围更为广泛的危机。英国政府在印度设置了一个完全由白人组成的委员会，印度人只能进行议事，却没有决策权。鲍德温的策略仍然是建立在种族冷落基础之上的统治，也代表了许多保守党人深层的观点，他们认为印度人不具有自我管理的能力。委员会在整个印度创立了一个新的政治焦点——恢复了议会中的各种派系。这使甘地重回民族主义政治领域，并在1930年3月发动了著名的"食盐进军"的斗争。这个头发已经秃落，身裹腰布的老人发动的这次简单的、和平的抗议活动，是反对关于食盐这一生活必需品的税收问题，它戏剧化地把帝国主义的邪恶与不公正呈现在全世界的观众面前，同时在印度开始了新的国内的不合作运动。

除非高层发生政策的调整，否则危机形势将进一步恶化。1929年10月，总督欧文勋爵明确指出，"印度的宪法进步的问题"必须通过"自治领地位的获得"而解决，他同时给在伦敦召开的圆桌会议提供了来自印度不同党派和利益群体的代表——这是一个非常平等的象征。欧文

（后来他以哈利法克斯勋爵这一名字而闻名）强烈谴责了受到威尔逊自决权影响而造成的印度的动荡，他认为威尔逊主义已经让"西方世界困惑不已，并且很大程度上影响了西方世界"，现在又扩展到亚洲了。但是他也毫不怀疑地指出，他所称的"政府的墨索里尼式的体制"——包括逮捕、驱逐、新闻审查以及"大量的枪杀"将会"使我们试图把印度留在帝国范围之内的努力变得百倍的困难"。他推行的和解政策得到新上台的工党麦克唐纳政府的支持。事实上，如果没有1929—1931年这位思想进步的保守党总督和社会党内阁的合作（这种合作似乎是不可能的，而且的确非常短暂），无论关于自治领地位的宣言，还是圆桌会议的召开都是不可能发生的。[66]

面对这种形势，保守党的强硬派惊恐万分。伯肯恩德勋爵在一次讨论种族问题的会议上明确地声称："我们不是在处理一个与我们具有同样信仰、同一血缘的子民族的关系。"因为欧文把甘地从监狱里释放出来，并且与他进行了直接的对话，这让保守派更为愤怒。但是，甘地仍然没有足够的筹码，所以决定结束"不合作运动"，并且在没有得到废除食盐税的可靠保证下加入了圆桌会议的会谈（在会议上，他的影响力微乎其微）。尼赫鲁对此怆然泪下，认为这是对国大党完全独立要求的一种背叛。即便如此，《甘地—欧文协定》仍然激怒了保守党的右翼力量，尤其是丘吉尔特别夸张讽刺地说道："这令人震惊，也让人恶心"，"看看甘地，本来就是一位煽动性极强的中殿律师学院的律师，现在则在东方过着一种非常著名的苦行僧似的生活，半裸体地大步走上总督官邸的台阶，而且他还在组织挑衅性的国内'不服从运动'，以此同国王的代表进行平等地谈判。"[67]

关于这一问题，保守党的强硬派并不是铁板一块的。当时保守党的领袖是鲍德温，认为印度是对英国是否具备"民主根基"的"尖刻而最终的检验"。在这一罢工的年代，这反映了他隐含的对于民主面临挑战的担心，这意味着工党准备承担帝国的责任，而保守党也认为具有改革的必要。当鲍德温在 1931 年以国民政府领导人的身份重返政坛的时候，他支持了宪法下一阶段的改革。虽然遭遇到丘吉尔和保守党强硬派的反对，但是《印度政府法案》仍然在 1935 年得以通过，在英国议会的议事录中，关于这次法案的通过，共包括 1951 个发言，1550万个单词，长达 4000 页。丘吉尔预言这个法案将敲响英帝国在东方的丧钟，但实际上该法案只是继续把印度留在英帝国的一个战略手段，而且也只是对以前白人殖民地方案的一种调整。这次，英国寻求的是把对地方的进一步放权与中央的联邦主义结合起来，这实际上也是 30年前它对待南非的一种战略。[68]

印度联邦并没有马上取得成功，这主要是因为涉及王室特权维护的冗长的讨论，包括收入、货币、邮政等诸如此类的利益，在 1939 年二战爆发的时候这些问题还在讨论之中。但是 1935 年法案所涉及的地方分权问题，却进展得很快。从 1937 年春天开始，民选的印度诸部长已经掌握了地方政府几乎所有的权力。尽管选举权仍然有财产限制，但也得到了扩大，增加了 3000 万人，虽然从普选权的角度来看，这些人大约只占总人口的 1/6，相当于英国的一个选举区的规模。在1937 年的地方选举中，国大党大约得到了一半的席位，且并没有像事先担心的那样抵制选举。相反，国大党的政治家们开始进入地方行政机构，在英属印度的 11 个省区中的 7 个组建了多数派的政府。尽管甘地努力弥补公民之间的分裂，但是这时的国大党已经成为一个印度人的政党。

站在 1947 年这一局外人占优势的点上审视 1937 年，我们似乎可以辨别出事情即将发生的某种暗示——英帝国的统治已经机能失调，它早就应该承认印度的独立。[69] 国大党迫切想要统治这块次大陆，而印度教徒与穆斯林关系的紧张则预示着分离将要走的血腥道路。但是后见之明是有误导性的，1935 年的法案是英帝国把权力分流到非白人殖民地的一个非常重要的尝试，这也可以说是所有欧洲帝国的一种尝试。

"作为英国统治印度的一种临时方案，它也是比较成功的"，其方式是赋予印度诸部长控制地方政府的广泛的权力，当然这也伴随着保持法律和秩序的责任和耻辱。[70] 这种形势似乎是对 20 年代中期的一种重复，国大党的政治家们面临他们的运动在全国范围内崩塌的时候，开始更关注于地方政治。1939 年，甘地为了控制国大党，发起了一场更为猛烈的反对苏巴斯·钱德拉·鲍斯的斗争，因为后者开始迷恋于欧洲模式的法西斯主义。同时，尽管在巴基斯坦这块"纯粹的穆斯林的土地"上举行了多次会谈，但是穆斯林的政治仍然一如既往地分崩离析。

1939 年后期的僵局没有持续很长时间，但是下次危机的本质以及结局都是无法预见的。1933 年，担任两个印度人居住的省份的领导人马尔科姆·黑利爵士已经平安度过了民族主义浪潮风起云涌的 10 年，这种动荡在 20 世纪 80 年代的印度仍然存在，虽然当时的印度已经推行了"不断提升的军队的印度化进程"。[71] 在反对这种动荡的基础上，1918 年之后的 20 年，英国仍然成功地保持了它在印度的帝国统治。同时，英国也在逐渐地有时甚至是残忍地运营印度非常不稳定的政治，使其沿着其他白人殖民地已经走过的道路走下去。

真正削弱英国统治根基的并不是一战，而是它的继任者。1941—1942 年日本取得的非同寻常的胜利暴露了英国对亚洲统治存在的问题。在亚洲，是美国——而不是英国——最终颠覆了日本进攻的浪潮。事实上，大战投射在欧洲帝国身上的阴影不是民族主义，而是新型的帝国主义。

尽管法国和英国都是帝国在欧洲和近东危机的受益者，但是战争也使它们的对手在太平洋地区迅速地崛起，这就是日本和美国的崛起。在这两国内部，帝国和种族问题紧紧缠绕在一起，日本是唯一的非白人强国，而美国也存在非常严重的种族问题，虽然它不断地诡辩它并不是一个殖民帝国。在结束一战的亚洲战场问题上，它们的海军都发挥了至关重要的作用，这对英国构成了新的挑战。

巴黎和会上，日本跻身于世界五大强国之一，参与决定战后世界秩序。这似乎表明了日本过去 40 年现代化政策的成功，日本成功地运用西方的方式发展成为一个强国，并且建立了包含朝鲜在内的帝国。但是，从种族的观点来看，日本并没有真正感觉到自己是西方俱乐部中的一员，在西方，许多人仍然大声疾呼，污蔑日本是"黄祸"。这种观念来自于法国作家古比诺的作品，他认为世界上存在三大人种——白色人种、黑色人种和黄色人种，这种思想在 1900 年左右广为传播，而不仅仅是针对日本问题。1908 年，知识分子的杂志《太阳》提出了这样一个问题，即"黄色人种与白色人种的冲突"。在澳大利亚、加拿大和美国对日本工人歧视的问题，引起了广泛的关注，招致了强烈的抱怨。所以当时似乎存有一种内在的自相矛盾的地方，在新的世界秩序里日本被看作"一流强国"，但是在"盎格鲁—撒克逊统治的区域，日本人被看作是二等公民"。[72]

这个问题也与关于日本民主的争论纠结在一起。19 世纪末期，日本采取的基本模式是俾斯麦的德国模式，即采取军国主义、寡头政治的统治方式，权力主要掌握在来自少数大宗族的元老级政治家手中。但日本少数人也存有对英国的崇拜，他们被英国的自由贸易和议会政治所吸引，1902 年英日结成同盟之后这种想法逐渐被机制化，英国结盟的目标主要是突破它在世纪之交被孤立的局面。在一战期间，主要由英国造船厂装备起来的日本海军，确实对英国的海上力量起到了重要的辅助作用，这既体现在中国海域，也表现在印度的防务问题上。在 1917 年的危机中，日本的两个小型舰队被派往地中海保护英国的贸易。作为回报，英国支持日本对于德国在中国山东以及北太平洋权益的请求。对于日本而言，这个联盟是非常重要的象征，它意味着日本的大国平等地位首次得到西方最强大国家的承认。[73]

在战争期间，日本国内对于采纳德国还是英国模式发展道路的争论进一步激化。1918 年 9 月见证了日本首届政党内阁就职，此内阁完全不同于寡头政治，担任过新闻记者和外交官的原敬，成为日本第一位平民首相。这一历史性的时刻与德国的战败和崩溃，以及威尔逊主义带来的转折几乎是同时发生的。在日本，拥戴民主的那一派，如东京大学教授吉野作造，预言世界整体的大趋势是在国内民主的完善，以及在国际关系中平等主义的构建。加入国际联盟成为原敬政府的主要目标，但是许多保守派仍然认为国联就是继续盎格鲁—撒克逊统治的一个工具。作为这种思潮的一种反应，日本在巴黎的代表团要求国联盟约写入"平等公正地对待"所有成员国的这一原则，"无论在法理上，还是在实践中，对待种族和民族性的问题，都不应该有任何的差别"。[74]

这一原则，后来成为著名的种族平等条款，它反映了日本对于其移民限制问题长期存在的不满情绪，但是其最重要的目的是检验一下日本是否被真正地赋予国际上的平等地位。"种族平等"这一术语实际上是有误导性的，在日本建立的帝国中，从来没有停止过对于中国人和朝鲜人的压迫。对于种族问题，日本存在双重标准，他们认为自己应该与西方平等，但是却认为自己高于亚洲其他民族。除双重标准这一问题，日本的行动方针也把巴黎和会的政策制定者们置于危险的境地。法国忠诚于他们普遍的意识形态，同意签署公正的无争议的这一原则，虽然这实质是破坏而不是有利于维护它的帝国统治。英国对此采取逃避的态度，声称日本的要求主要是针对移民问题，因此这主要是一个关于自治领的问题。这对澳大利亚的比利•休斯推行的"白人澳大利亚"的政策构成了一个基本的挑战，本来他试图通过这一点在下一次选举中占据有利地位。他大声责骂，"在同意之前，我应该脱下衣服到塞纳河，或者女神游乐厅去走走"。休斯的煽动性行为非常令人尴尬。南非的博塔总理，虽然不赞成种族平等，但是也对日本代表团表示："私下里说，我认为他已经疯了。"最终，威尔逊阻止了可能危害联盟建立的这一建议，但是日本一直没有忘记他们要求种族平等被拒绝的这一事实，1946 年，裕仁天皇认为这是日本发动二战的主要原因。[75]

一个更为严重的歧视性条款是 1924 年的美国移民法案，其目的是为了保存美国人口中北欧人的特征。来自于南欧和东欧等斯拉夫国家的移民受到严格的配额限制，而亚洲的移民则被完全禁止。这一法案一直沿用到二战，是建立在长期的对东方人歧视的基础之上。特别是在加利福尼亚，表面上的原因是东方人作为廉价的劳动力对美国人的工作机会构成了威胁，但其实主要是种族的原因。参议员詹姆斯·费伦，是加利福尼亚民主党的领导人，认为"中国人和日本人……美国公民不可能从他们之中诞生"，认为他们将成为"破坏美国文明的坏因素"。[76]

许多美国人都相信费伦的种族主义观点，这也有助于理解美国复杂的世界观。就像我们在第一章了解到的那样，美国已经发展出了一种公民主义的意识形态，来自世界各地的移民都选择适应美国的自由与种族的观点。换句话说，这些也都被包含在美国的民主之中。但是自由也有其局限性，它是被种族所限定的。尽管美国已经废除了奴隶制度，但许多黑人仍然是二等公民，被剥夺了公民权和投票权，居住于加利福尼亚的日本人和中国人也受到同样的严格限制。在一战造成的种族主义的氛围中，许多国会议员都想保持黑人的底层地位，并且力图把黄种人驱逐出去。美国在国际舞台上的种族主义观点主要是因为没有殖民帝国。1898 年的美西战争是一场血腥的战争，美国吞并了夏威夷，征服了菲律宾，在这两个地区的暴行很快促使美国人反对任何进一步的殖民冒险行为。美国开始准备从菲律宾脱身的战略，但是仍然试图通过与保守的、拥有土地的精英们的合作维护其经济利益，威尔逊也试图通过在这一岛屿推行的托管制度为国联的委任制度树立一个样板。他宣称，"不管涉及哪个种族"，美国的旗帜"都代表着整个人类的利益"。[77]1935 年，菲律宾被给予自治权，并且得到承诺，10 年后它将获得完全的独立。通过这种方式，美国得以保持其公民民族主义的基本因素，同时否认其帝国主义的特征，追根溯源，这些都根植于 1776 年的《独立宣言》。

对于日本而言，更为敏感和实际的问题是关于海权的国际新秩序。1914 年之前，海军的对立主要在英国和德国之间展开，它们都竞相建立更大、更好的战舰，但是到了战争末期，英国海军人员注意到，"最严重的战略问题"，"已经从北海转移到了太平洋"，这主要是因为德国舰队被摧毁，而美国和日本的海军迅速崛起。1916 年，威尔逊已经厌倦了德国和英国海上力量的威胁，同时也出于即将到来的选举的需要，他宣布美国要建成"世界上最强大的海军"。白宫对他的发言稿进行了修补，改为"世界上最适当的海军力量"，但绝对是世界一流的力量，这很快成为一个简单的然而非常有吸引力的爱国口号。但 1916 年造舰计划并未实现，当美国参战后，它的注意力从战列舰转向了驱逐舰、潜艇以及商船，其原因在于德国 U 型潜艇在大西洋造成的危急的局面，当时这种潜水艇是悬在英国海军优势地位上的一把剑。[78]

1920 年，日本议会通过了新的海军建设计划，这是对美国海上舰队发展的一种回应，同时也是因为美国舰队的目标在战后从大西洋转移到了加利福尼亚。这是一个非常明显的信号，拥有世界第三大海军力量的日本，现在被看成是美国最大的潜在的敌人。1917 年，威尔逊私下里讲道，必须保持"白种人的强大，以对付黄种人"。他还说道，尽管关于日本会入侵加利福尼亚的这种想法是非常"荒唐的"，但是日本攻击菲律宾或者其他外围地区的可能性还是不能够忽视的。从这个角度看，英日同盟是对美国利益的最大威胁。许多美国人根本不相信英国的承诺，说什么这一联盟排除了它们两国发动对美战争的可能性。美国海军委员会是反英的一个重要阵地，1916 年的美国海军战争演习仍然包括假设英国对新英格兰地区入侵，随即英国会沿着长岛向曼哈顿进军。[79]

1920 年，劳合·乔治意识到，鉴于美国经济力量的强大，如果英国与美国进行军备竞赛，这将会是在 1914 年投身一战以来"最大的一项决定"，而且可以想象将"更加困难"。最终，另一场军备竞赛的危险在 1920—1921 年的裁军压力下化解了，这主要是因为经济的急剧下滑以及反战情绪的高涨。美国国务卿查理·埃文斯·休斯，在华盛顿召集了一次特殊的海军会议。在致欢迎词的时候，休斯回避了通常的论调，建议所有的大国 10 年内在海军建设领域采取冻结政策，他同意放弃美国 1916 年的计划，但是作为回报，他要求建立起海军力量的模板，即美国和英国在吨位上平等，日本占 60%，（5:5:3 的比例）。他接着列举出了 23 艘船只的名字，认为英国皇家海军必须把它们当作废料进行处理。英国代表团非常震惊，并且感觉受到了奇耻大辱。美国的一位新闻记者把英国第一海务大臣贝蒂海军上将比喻成"一条斗牛犬，本来正在洒满阳光的门口台阶上睡觉呢，突然被无礼的、到处行走的肥皂推销员一脚踹到了肚子上"。[80]

虽然英国刚开始被休斯抛出的重磅炸弹炸到了，但是它很快发现相对于发起一场毁灭性的竞争来对抗 1916 年的美国计划，这种对等原则比较适合英国。无论何时，英国都必须比美国废弃少于 50% 的吨位，这相当于它所有过时的战舰的吨位。[81] 换句话说，美国真正想要的不是一支强大的海军，而是与英帝国的平等地位。但是对于日本而言，1921—1922 年的华盛顿会议是伤害性的。5:5:3 的比例具有明显的歧视性，这就是带有轻蔑性的、后来非常闻名的"劳斯莱斯—劳斯莱斯—福特"公式。而且，英国还宣布终止英日同盟，因为美国认为这一条约的废除是达成任何海军协议的前提。为了不让日本这个讨厌鬼过于失望，日本被纳入关于太平洋地区和平与稳定的条约之中。但是由于 1902 年以来的英日同盟是日本大国地位的非常重要的象征，它的终结意味着日本处于被冷落的地位。与此同时，英国决定在新加坡建立海军基地的决定是另外一个风中飘来的稻草，这一基地似乎只有在皇家海军被派到东方与日本作战的时候才会被用到。

在 5:5:3 的比例在 10 年到期的时候，这个公式又被沿用到小型的海军船只上面，完全没有受到特立独行的丘吉尔进行的另一场运动的影响。在印度，丘吉尔的语言变得更加没有节制，例如，1927年，他对内阁说，尽管毫无疑问与美国发生战争是不可想象的，但事实上每个人都知道这不是事实。丘吉尔接着说道，那样的战争将十分愚蠢，并且具有非常大的破坏性，我们不想让自己被美国控制，我们甚至不知道如果有那么一天，美国在关于印度、埃及或者加拿大问题上对我们发号施令，他们将做一些什么事情。丘吉尔的顽固言论只是激起了另一场美国海军建设的狂潮。然而，这个问题就像印度的自治领地位一样，随着1930年工党政府的上台，问题再度得以解决，工党政府把这一平等原则从巡洋舰扩展到战列舰，于是美国的海军建设再度萎缩了。[82]

因此至少就字面而言，皇家海军仍然是世界上最强大的海军，而日本的领导人也接受了他们作为福特而不是劳斯莱斯的地位。敌对的帝国主义，就像民族主义在自治领和印度构成的挑战一样，都被遏制住了。关于"泛亚洲主义"的论调，即所有亚洲人团结起来反对白人霸权的这一想法，如同法属非洲的"黑人文化的传统认同"一样，最终只停留在少数知识分子的论述之中。[83]

但是，美国对于海军优势地位的争取是一个非常明显的信号，即美国正在挑战世界上最强大的国家：英帝国。而且美国的这种构想建立在其庞大的金融与工业实力的基础之上，同时一战已经把它的实力充分展示于世界舞台。美国的全球化对于英国、资本主义以及世界经济都产生了深远的影响，它在即将发生的空前庞大的经济危机中扮演了重要的角色。这场危机引起处于边缘地位的德国和日本的强烈不满，这种不满最终转化成了两国民族主义政策的基本目标。

第四章　资本主义

现在英国很少有人相信《凡尔赛条约》、战前的金本位制或者通货紧缩政策的价值和作用。这些战役能够取胜——主要是因为不可抗拒的事件的压力……但是迄今为止，我们中的大多数人却对我们下一步要做什么并不清楚，只有一个非常模糊的概念……

——约翰·梅纳德·凯恩斯，1931

在这10年的过程中，我们将逐步了解到，究竟是美国式的资本主义，还是俄国式的共产主义能够给人类的大多数创造更幸福的生活模式，无论其中哪一种文化获胜，我们大英帝国都将紧随其后，如法炮制。

——比阿特丽斯·韦伯，1931[1]

1914 年，金本位制早已成为国际资本主义的重要标志，它也是建立在与黄金挂钩的固定汇率基础上的全球贸易体系的基本保证。战争破坏了这一结构，金本位制也被迫暂停实施。20 世纪 20 年代中期金本位制的重建被看作是经济恢复常态的一个重要标志。因而，当拉姆齐·麦克唐纳政府在 1931 年这一和平时期放弃金本位制的时候，一位纽约的银行家如此说道："看起来，好像世界末日到来了。"[2]金融崩溃和全球危机已经清晰地显示出时间不可能倒退到 1914 年了。而且这也特别凸显了美国在全球资本主义体系中扮演的新角色，当然这一角色同时是问题重重的一个角色。

　　就政治层面而言，1931 年也逐渐被证明是一个转折点。工党开始意识到，与其在 20 世纪 20 年代的普遍期待有所不同的是，社会主义不可能从资本主义的框架中自动生成，而是需要政府的介入，需要政府自 1915 年以来就开始采取的刺激战争的那些极其果断的措施。1931 年的危机也使我们能够从一个新的角度去观察一战。一战并不是对自由资本主义的短暂的、临时的偏离，而是一种新型的政治经济学的前兆，其特征是凯恩斯等经济学家所极力辨别和论析的。放大来看，工党所采取的国有化和经济措施实际也代表了一种国际化的倾向。20 世纪 30

年代，英国及欧洲大陆的左翼力量都被斯大林主导的苏联模式的成就所吸引，它成功地把落后的农业经济进行了现代化。特别是当美国的繁荣景象破灭之际，当时的知识分子一直在探讨这样一个问题：苏联共产主义是否会成为未来社会的一种先兆。

资本主义的危机，无论国际层面上的，还是国内层面上的，都是本章所要探讨的主题。追根溯源，危机根植于一战导致的剧变。但是，我们将再次见证，英国在战后的经历与其他的交战国都明显不同，特别是与美国和德国差异巨大。

1914—1918 年一战期间，欧洲的协约国在全球范围内动员各种资源参战，这是它们赢得战争的重要因素，但是也使全球经济处于不平衡的状态。以小麦生产为例，美国、阿根廷、加拿大和澳大拉西亚的小麦产量大幅度增加，但是当俄罗斯和东欧地区的生产在 20 世纪 20 年代恢复的时候，却导致了全球产量过剩的问题，导致了小麦价格的长期走低。同样的情形也发生在诸如橡胶、糖类等关键商品的生产问题上。更引人注目的是，工业的生产开始从欧洲扩散开来，特别是扩展到了美国和日本，同时扩散到了印度和英国的自治领。美国的制造商开始进军到很多原来属于英国的拉美市场，同样地，日本进驻了中国和东南亚市场。日本和印度纺织业的发展对英国兰开夏郡的棉纺织厂造成了严重的冲击，其他的欧洲国家也遭受到了战争引起的出口替代品的冲击和影响。例如，在 1914 年，德国生产的染料占据了世界 4/5 的产量，10 年之后，它占据的份额还不到一半，这是因为所有的协约国被迫发展起它们自己的工业。就经济而言，美国是战争的最大受益国，到 1929 年，美国已经取代英国成为最大的出口国，并且超过德国，成为继英国之后的第二大进口国。[3]

工业生产的本性就是不断地变化，这次美国再度领跑了世界工业的发展。1922—1929 年美国工业繁荣主要是受益于耐用消费品工业，最主要的是汽车工业的发展，同时诸如收音机和留声机等家用电器行业的发展也很快。美国的汽车产量，1919 年的时候为 200 万辆，10 年之后就飙升到 450 万辆，几乎每个家庭都拥有一辆汽车，而这也带动了与汽车有关的工业的发展，例如橡胶行业和石油行业。这种耐用消费品的发展建立在信用贷款（"现在购买，将来付款"）的这一基础上，在这种背景下，可以通过高利率分期贷款的方式购买物品。把抵押贷款除外的话，20 世纪 20 年代美国消费者的债务成倍增长，超过了美国家庭收入的 9%。当时，诱人的广告一直在宣传"逐步淘汰"的福音式的理念，其目的是通过每年改变产品的颜色和款式以刺激新的购物需求。亨利·福特最后也屈服于这一趋势了，对其标准的黑色的 T 型车进行了更新换代，在 1927 年出品了时髦的 A 型车。通用汽车公司的一位经理承认，这样做的目的就是"让消费者对自己拥有的东西一直不满意"。福特的流水线式的生产模式得到了全世界的赞誉，即使在苏联，也采用了福特工作法。1924 年，斯大林向党内的工作人员指出："俄国革命的扩展与美国效率的结合是列宁主义的本质所在。"[4]

最具典型意义的是全球金融的变化，1914 年，美国是净国际债务国，其债务达到 37 亿美元。到 1919 年，它则成为净债权国，数目几乎是相同的。这种转变的原因，部分在于英国战时对黄金储备的抛售，以及美国公民拥有的有价证券，如铁路证券等，这有利于产生出可用于购买军火、食物和原材料的美元。英国在一战中向美国借了很多钱，最初主要是通过贷款财团从私人投资者那里借款，这一财团主要是摩根集团发起建立的。在美国介入战争之后，英国则从美国政府那里借款。北岩勋爵，是 1917 年 7 月英国派往美国战时代表团的领头人，他抱怨说："我们几乎都要给美国人跪下了。"对于美国，战后遗产意味着 47 亿美元的债权和美国在全球金融领域地位的凸显。美国政府放弃了早期对美国银行和私人投资者的限制，并且对他们从国内市场的向外扩展抱有很高的期待。1922 年，美国取代英国成为加拿大的最大外国投资者，20 世纪 20 年代末，在拉丁美洲也是如此。尽管英国全球股份的总额仍然巨大（1930 年大约是 180 亿美元，美国是 150 亿美元）。但是 20 世纪 20 年代，美国成为世界新资本的主要来源，1924—1929 年，达到 64 亿美元，几乎是欧洲的一半。特别是与德国相比，优势更为明显。神学家雷因霍尔德·尼布尔宣称，"我们是世界上第一个没有使用军队就建立起支配地位的帝国"，"我们的军队就是美元"。[5]

美国在全球金融体系中的新地位在重建的国际货币体系中得以充分体现出来。到 1914 年之际，世界主要的经济体已经建立起来固定的与黄金挂钩的汇率制度。理论上，这种金本位制应该是全球经济的调节器，高通货膨胀的国家将通过国外的市场调节商品价格，以抬高其收支逆差，花光其黄金储备，从而导致价格的补偿性下降。但是，实际上的操作并不是如此简单和顺畅。只有在花费也被强制降下来的时候，降低价格才会发挥作用。但是由于工会的抵制，工资是保持固定不变的。而且，如果一个国家囤积黄金，也会对信贷扩展产生自动的压力。而这取决于各国中央银行的政策。这个体系应该如何运转仍然神秘莫测。一些分析家认为中央银行应该合作以保持固定的汇率，而另外一些即使在金本位制相对稳定的时期也认为，国家最大的敌人就在于固定的标准。唯一清晰的一点就是，英国在全球贸易、投资和诸如保险等金融服务业的枢纽地位，以及英国出于自我利益在全球商业领域的不断扩张。英国是这座庞大而脆弱的大厦的基石。[6]

在一战期间，各国政府纷纷阻止货币转为黄金，这主要是为了防止其黄金储备的减少。即便如此，大多数货币也只是在表象上接近于它们战前的价值，而且也是在付出一定代价的基础上才达到这一目标的，英国政府在战争期间投资了 20 亿英镑以维护美元与英镑之间的汇率。1919 年，当战时控制政策结束的时候，很多国家开始允许它们的货币流通，但是也有一个总的承诺，即这些货币要尽快转换成为黄金，这个目标是在 20 世纪 20 年代达成的。但是，这个新的金本位制和旧的金本位制明显不同。以前占据统治地位的金融中心只有一个，现在则变成了两个：伦敦和纽约。1926年，法国的货币稳定之后，又加上了巴黎这座城市。但是到20世纪20年代末，美国的黄金储备已经占到了世界的40%，法国也占到了10%，超过了英国。这种新的体系实际是金汇兑本位制，它不仅仅是建立在黄金储备的基础上，而且是建立在英镑、美元和法郎等国家外汇储备的基础之上。在国际危机发生之际，当需求从各个方向同时来临的时候，这是金融紧张的一个深层原因。1914年，只有4家中央银行持有英镑，但是到了1923年，则达到了20家。[7]

三个金融中心的合作也是极为勉强的。纽约和巴黎都非常嫉妒伦敦当时已经摇摇欲坠的优势地位，它们在20世纪20年代后期累计黄金的目的之一，就是力图迫使英国退回到一个真正的金本位制，而不是一个仅仅建立在英镑基础之上的体系。英国英格兰银行的总裁蒙塔古·诺曼，与法国和他具有同等身份的埃米尔·莫罗之间一直存有深深的敌意。1926年，在他们的首次会晤之后，莫罗就直言不讳地说道："他是一个名副其实的帝国主义者，他希望他挚爱的国家统治整个世界。"而诺曼和他的同事们站在自己的立场，认为莫罗这个人"愚蠢、固执"，而且"非常难以对付"。[8]

除却个性因素，无论法国，还是更主要的美国，都没有像英国那样与全球经济的和谐与健康发展利益攸关。1921年，一位芝加哥银行家观察到，英国的"帝国"遍布海外，而美国则是在国内，统计数据也支撑了他的论点。尽管美国是世界上最大的出口国，但是在1928年，美国的出口还没有超过全国收入的6%，而英国的这个数据是20%。进口占据国家收入的比例说明了同样的问题，美国是5%，英国则是29%。简而言之，在战后的全球经济中，存有一种新的而且特别具有关键意义的不对称状态：在19世纪的时候，英国需要世界与世界需要英国的程度是一样的，但是到了20世纪20年代，世界需要美国的程度，远远超过美国需要世界的程度。[9]

随着 1928 年美国消费繁荣景象的消退，这一特征变得更加明显。美联储更加关注于过热的股票市场，而不是真正的实体经济，而 1928—1929 年美国利率的持续走高也使得通货紧缩形势更加严峻。当时阻止股票市场螺旋式的不受控制的上升态势已经为时过晚，这使得国内的信用卡消费代价变得更为高昂，因此各个家庭延缓了他们对耐用消费品的购买计划，而这进一步加剧了衰退的局势。汽车的产量从 1929 年的 450 万辆跌至 1932 年的 110 万辆，同样，钢铁产量也下降到了 1929 年的 1/4。[10] 美国经济的衰退引起了全世界的连锁反应。美国的进口需求锐减，削减了世界原材料的生产，导致其价格暴跌。而且，高利率也促使美国的投资者视野转向国内，这充实了股票市场，却导致他们对国外借贷的中止，本来这正是平衡全球经济紧缩态势所必需的手段。欧洲的中央银行特别依赖于国外的存款。1931 年 5 月，在维也纳最大的奥地利信贷银行倒闭之后，危机迅速蔓延到德国，随后是英国。在新的国际金融秩序中，本来英格兰银行的储备就极其有限，现在则被进一步地压榨，1930—1931 年，收入只占到原来的 50%（这种有形的收入来自于运输、股息、保险和其他的金融服务），这主要是由于全球不断加深的危机造成的。来自于巴黎和纽约的支持远远不够，1931 年 9 月 21 日，英国被迫暂停英镑兑换黄金的服务。

危机暴露了战后国际经济的突出特征，这一现象也被称为美国的"有缺陷的霸权"。近些年来，修正主义学者们开始强调 1914 年战前"黄金时代"的不稳定性，也强调了其他国家在大危机中的责任问题，但是这种研究只是使这幅图画得以润色，而不是重新改画。历史学家查理斯·金德尔伯格的总结非常直白，也是非常恰当的："除非一些国家采取平衡的措施，就像英国在 19 世纪一直到 1913 年所做的那样，否则世界经济体系并不稳定。1929 年，英国没有能力做到这一点，而美国则不愿意去做。"由于这个缺口，现代世界最大的经济危机爆发了。[11]

关于美国不愿意扮演一个平衡性角色的说法，不仅仅是指美国缺乏参与世界经济的兴趣与直接利益，而且是强调美国内部存在的制度性问题。维多利亚时期的英国确实在全球经济中有毋庸置疑的重大利益，其政体也是围绕着这些利益建立起来的。在伦敦城与财政部之间存有一条非常紧密的轴线，财政大臣在议会体系中地位非常重要，在立法机构中几乎可以为所欲为。但是，在大西洋彼岸，总统和国会是分开选举产生的，宪法确定的是分权的原则，白宫在关键的经济领域的政策的制定上几乎没有发言权。以关税政策为例，权力掌握在国会山那里，主要受制于国会议员们之间的相互斗争与利用，他们关注的是地方的商业利益以确保选举的再次获胜。20 世纪 30 年代，美国的关税急剧提高，而站在全球的视域下观察，关税应该降低下来以带动全球经济的繁荣和复苏。同样地，在整个 20 年代，对于国会而言，任何战争债务的减少都是国会所不愿意看到的，他们害怕这种花费将落到美国消费者的身上，即使债务减少本身可以缓解全球的支付问题，他们也不愿意这样做。而且，与伦敦金融区和政府白厅之间的关系形成鲜明对比的是，美国的政治中心华盛顿与金融中心纽约之间的关系纽带不是紧密连接在一起的，它们之间互相反感，甚至存有敌意。这反映了关于银行、银行家和华尔街的旧政治准则仍然在延续。

因此，美国并没有能够控制通货的中央银行，1914 年 11 月刚刚建立起来的联邦储备系统，只是一个公共的调节机构，权力极其有限。它由一个董事会和 12 个地方银行组成。尽管纽约的联邦储备银行最初建立的时候是想与英格兰银行对等，但是它的主席本杰明·斯特朗却没有能力和办法使其发挥与英格兰银行同等的功能。他于 1928 年去世，留下了政策的真空，当时正值货币危机刚刚开始。但是根源性的问题在于联邦储备系统自身的运作，这是东海岸的银行家与其政治上的对手达成的极不稳定的妥协的结果，从而导致了这一系统在结构上就存在弊病。在经济由繁荣转向危机的时候，它没有办法充分发挥本应发挥的在微观经济学中的角色与作用。[12]

这些局限性充分反映了美国整个金融体系在现代资本主义国际体系中存在的问题。与英国形成鲜明对比的是，美国的银行系统具有地方化和支离破碎的特征，这是出于对章鱼式的搂钱的一种恐惧，而这种担心在法律和流行文化中都得到了进一步的巩固，这主要是由20世纪初像洛克菲勒、卡耐基和其他强盗式的资本家的垄断风波所导致的。1920年，美国有3万家独立的银行，只有500家存在支行，而且每家银行的资产平均少于200万美元。在经济危机来临的时候，面临现金挤兑的狂潮，它们没有借方可以求助以维持自己的生存。1930—1933年，营业中的银行有将近一半倒闭了，其余的也经历了重大的损失。这样大规模的银行倒闭的影响是极其广泛的。它加重了美国的危机，而且比除了德国之外的任何欧洲国家的状况都更为严重。1933年，美国1/4的劳动力处于失业状态，GDP自1929年以来也下降了1/3。金融机构信用的崩溃也反映了更深层次的信用危机。评论家埃德蒙·威尔逊对此评论说："我们不仅仅是在经济迷宫中找不到出口，而且失去了我们正在践行的价值观的说服力。"[13]

美国既无意愿、亦无能力承担经济的领导责任，这提醒我们注意到这样一个事实，从1917年到后来我们所称的"美国世纪"之间的转变并不是一帆风顺的。20世纪30年代，危机一直与美国如影随形，到1938年，仍然有1/5的劳动力处于失业状态。但是这个国家的政治机构很快被证明是非常有弹性的，在危机中民主体制得以在美国幸存下来，但是德国的政治制度缺乏这种弹性，德国的民主制最终崩塌。在德国，就像在美国一样，经济危机与金融崩溃紧密地联系在一起，这与1918年遭遇的失败几乎是一致的。

关于德国的最热点的问题，来源于一战最臭名昭著的遗产——赔款问题。在《凡尔赛条约》中，和平的缔造者们确定了这样一个原则，德国及其盟国对它们发动的侵略战争造成的损失负有责任（第231

条），但是同时在第 232 条中承认它们现有的资源不足以进行完全的赔偿。在所有与战败国签订的条约中也基本有类似的声明，只有德国例外（主要是考虑到宣传上的原因）。在与德国的条约中，这个问题转化成了"战争罪责"问题，这是一个在条约中从来没有使用过的词组。1921 年，协约国给德国开列出了一张 1320 亿金马克的赔偿清单，还要加上 330 亿的利息，但是这一非常苛刻的数字仅仅是用来装饰门面的，主要是为了让法国和英国的强硬派们满意。实际上的数字是德国要在 36 年之内偿还 50 亿金马克，但这仍然是一个非常巨大的数字。减轻赔偿负担成为 20 世纪 20 年代每一届德国政府的主要目标。

在英国和美国，关于德国赔偿问题的认识仍然主要受到约翰·梅纳德·凯恩斯的影响。在战争期间，他是英国财政部的一个官员，聪明、武断，但是非常具有伦理上的热情，他和他的同事布鲁姆斯伯利等知识分子们持有一样的观点，那就是对这场总体战的不断增长的厌恶感。1917 年 12 月，凯恩斯在一个私下场合里非常痛苦地承认："我在为一个我所厌恶的，甚至是最后觉得罪恶的政府在工作。"他认为劳合·乔治是一个"肮脏的恶棍"。在巴黎和会上，凯恩斯曾经试图减少德国的赔款数额，这必然引起协约国之间实际得到的赔偿比例的减少，但是从政治上看，这个提议在美国是行不通的。凯恩斯本人因为自己在这个"邪恶而愚蠢的条约"中被看作共犯而深感沮丧，因此从财政部辞职，并且把他的愤怒发泄到《和约的经济后果》这本小册子之中。该书于 1919 年 12 月 12 日出版，仅仅四个月的时间，这本书在英国就售出了 18500 册，在美国售出了将近 7 万册，而且被翻译成包括德文和中文在内的 11 种语言的译本，凯恩斯摇身一变成为一位具有全球影响的知识界名流。[14]

《和约的经济后果》之所以产生广泛的影响，是几个因素合成的结果：第一，这本书非常简洁（大约只有 6 万个单词）；第二，论证的是一个非常紧迫的现实问题；第三，也是最为重要的一点，就是它绘制的关于和约的毁灭性后果的草图。克列孟梭，这位非常冷漠和见利忘义的法国总理，坚信这样一个理念："你永远不能与德国人谈判，不能安抚德国人，你所需要做的只是给他下命令。"威尔逊作为一个孤独的、固执的"长老会成员"，他的思想具有更多的神学特征，而不是真正的知识分子特征，他们无法对抗像猫一样的凯尔特人出身的劳合·乔治，因为他"具有常人没有的第六甚至是第七感觉"，他具有对于争论"心灵感应的本能"，"非常的自负、软弱，精于算计"。[1]在巴黎和会上展开的唇枪舌剑的谈判交锋中，他与高卢的民族主义者以及威尔士那些能人们讨价还价，从而把美国长老派的这位总统变成一位"既聋又瞎的堂·吉诃德式的人物"，看不到自己设计的自由的图景，最终只是达成了"迦太基式的和平"，"这是使德国整整一代人遭受奴役的政策"，因此也必然导致"欧洲整个文明的衰退"。15

凯恩斯所有关于和约对当时影响评价的分析，现在都已经被超越了。从历史的角度观察，这个赔款的数额，是法国和德国之间以牙还牙、一报还一报这一恶性循环的最先版本。1919 年，法国的政策设计者在考虑赔偿数额的时候，他们头脑中想到的是 1871 年两国签署的《法兰克福条约》，这是法国惨败之后俾斯麦强加给法国的。而俾斯麦想到的，是 1806 年签署的《提尔西特和约》中拿破仑是如何对待普鲁士的。1921 年的赔偿时间表，在德国人看来就是伦敦发出的最后通牒，其每年的负担最多时大致相当于德国总收入的 8% 左右，少于 1871 年之后法国人每年支付的 9%~16% 的比重。但是那次设定的总数额较小，而赔偿时间也很短（3 年）。而 1871 年的法国，确实有马上全部还清的意愿，只有这样才能结束德国军队对法国北部大部分地区的占领状

---

[1] 最初草稿中关于劳合·乔治的描述更加直白，"这是一个在团队中具有如此特征的人物，没有最终的目标，内心极度没有责任感，其存在是远离撒克逊的善恶观的，并且狡诈、冷酷，喜欢追逐权力……"——原注

态。1919 年之后，尽管协约国军队短暂地占领了莱茵兰，但是并没有控制德国的大部分地区，协约国的军队没有以胜利的姿态行进在柏林菩提树下大街上，这与 1871 年德国军队在巴黎的香榭丽舍大道的所作所为是不一样的。事实上，无论 1871 年还是 1919 年的和平条约都在凡尔赛和会中表明了这样一个事实，如果法国真的是在进行一种以牙还牙的外交报复，1919 年签订的就应该是《波茨坦条约》，而且应该是在柏林的德国皇帝的宫殿里签署的。相反，在 1871 年条约签订的路易十四世的镜厅里面条约签署的重演，虽然对德国来讲是比较丢脸的，但是也揭示出其军事失败的局限性。20 世纪 20 年代的法国如此纠缠于德国赔款问题，原因在于协约国 1918 年并没有赢得决定性的胜利，法国因此寻求经济上的补偿。正如一位德国官员观察到的，它是"战争的另一种形式的继续"。[16]

在这场战役的第一个回合，魏玛政府使用货币作为武器。就像战争期间所有的交战国一样，马克的价值在战争期间也一直处于贬值状态，但是到 1919 年对于交换的控制取消之后，这种贬值的状况就更为严峻了。德国经济部门乐于让这种情况继续下去，甚至在 1920 年通过购买大量的外国货币来影响马克的价值，其目的是确保德国的出口更有竞争力。一位非常重要的经济顾问指出，出口的繁荣"将破坏同英国与美国的贸易，所以债主们会主动来到我们面前要求修正"1921 年的最后通牒。但是这场贸易战最后也反作用于德国本身，德国出口的增长被进口的繁荣景象所抵消了，因为德国的工资仍然维持高水平，所以消费也急剧增长。反之，协约国正在想方设法地控制战后的通货膨胀，魏玛政府没有这样做，我们即将看到，这一对比具有非常重要的意义。[17]

德国另一件用来对付赔款问题的武器，就是它不平衡的预算。它经常使用或者说挥舞这一武器，以向协约国证明其多么难以支付赔款。德国总理约瑟夫·沃恩辩解说："我们政策的总体目标就是彻底瓦解伦敦的最后通牒。"他反对为了平衡预算征收财产税的决定，警告说，那将意味着"最后通牒数字中80%是可以偿还的"。预算的缺口实际也反映了国内政治必须履行的责任问题。德国新的政治统治者很清楚地意识到，他们的选民同协约国的选民一样，期望得到对战争期间牺牲的补偿。1921年，除了赔款，德国的公共花费占到了国民生产总值的1/3，在战前这一比例少于1/5。除了一些不可避免要支付的项目如战争养老金等，这一账单也包含了更多的公用事业的开支，如失业救济金、食品和住房补贴，再加上臭名昭著的铁路和邮政系统的人员冗余。这些开支，从实际效果而言，是"德国对于德国人的赔偿"，这在政治上是必要的，因为德国并没有承认它的失败。同时，这是由于1918—1919年它与布尔什维克主义进行了可怕的接触，从而受到了其影响。弥补这一预算赤字意味着需要印刷更多的货币，而这会加剧通货膨胀。企业家大亨胡格·斯廷纳的话代表了大多数精英的想法，他在1922年坚持认为，"或者选择通货膨胀，或者选择革命"，这也是"关于你的财富，甚至是你生命的一个问题"。[18]

然而，战争却引起了另一种形式的革命。从1922年秋天开始，德国物价飙升，进入了一个恶性通货膨胀时期，这种形势使欧洲的其他地区都相形见绌。德国拒绝履行其战争赔偿责任，于是在1923年1月，法国总理雷蒙·普恩加莱遵循（赔款）是另一种形式的战争的原则，派出军队占领了德国的鲁尔区，这是德国工业的心脏地带，力图以实物偿付的方式让德国进行赔款。鲁尔当地的工人和管理者很快采取了消极抵抗的方式，这种抵抗造成的损失由德国政府给予补贴，随即抵抗扩展到整个德国，在一些地区是由共产党人煽动的。直到由古斯塔夫·施特雷泽曼领导的新一届联合政府成立的时候，德国才停止了消极抵抗政策（当时右派们认为这是后背刺来的另外一剑，如同1918年的停战协定一样）。当时鲁尔处于饥荒的边缘，货币系统被彻底破坏，1914年1月，马克与美元的比价是4.2马克兑换1美元，10年后，名义上汇率是 4.2 万亿马克换 1 美元（与 1914 年相比，后面多了 12 个 0）。1923 年，日常生活变得十分离奇，工人们用篮子或者独轮手推车装着工资，领到工资后要马上付账单或者购买不容易腐坏的食品，因为银行支票的价值瞬息万变。7 月 24 日，身为大学教师的维克多·克伦佩雷尔，花了 1.2 万马克买了一杯咖啡和一块蛋糕，10 天后，一杯咖啡和三块蛋糕花费了他 10.4 万马克。经历过这次疯狂通货膨胀的人们，没有一个能够忘却这段经历。这虽然与 1918—1919 年的无政府时期的暴力不同，但它同样是一场革命。克伦佩雷尔在日记中写道："德国正在以一种怪异的方式逐步走向坍塌与崩溃。"[19]

真正把德国从崩溃的边缘解救回来的是伦敦和纽约的银行家们的金融干预。1924 年，他们提供资金支持德国的新货币，并且在较低的水平上重新界定了德国的赔偿问题，而且还给予德国国际贷款的支持。这一系列的方案与行动被称为"道威斯计划"，它宣告的不仅仅是芝加哥银行家查尔斯·道威斯的主席地位，而且表明了美国金融扮演的主导性角色。在这种解决方案下，德国把法国的军队弄出了鲁尔，法国又开始从德国得到赔款。最为重要的是，美国的投资者开始陷入德国经济之中，道威斯贷款是在 1924 年 10 月提出来的，由 400 家银行和 800 家投资银行组成的全国范围内的辛迪加提供，在仅仅 10 分钟的时间里，就实现了 6 倍的超额认购。这掀起了美国投资的洪流，随后英国和其他贷方也相继进入。1924—1930 年，德国得到的贷款是它所需赔款的 3 倍，其余的钱被投资于德国的商业（福特和通用收购了一些汽车厂），有的是用股份的形式，有的是用市政债券的形式，其发行是为了建设房屋、学校和其他便民设施。换句话说，国外的投资主要被应用于 20 世纪 20 年代早期货币贬值时期所做的同样的事情，而回避了赔款负担和补贴及福利增长的问题。到 1929 年，德国在全球工业出口中的份额占到了 11.6%，比英国高得多（9.4%）。但是正如贬值导致灾难一样，债务依赖也是具有毁灭的。从 1928 年开始，美国的贷款开始减少，同时德国经济开始萎缩。到 1932 年，工业产量仅仅相当于 1929 年的 60%，1/3 的劳动力处于失业状态，数百万工人的工资被缩减，许多银行体系也趋于瓦解。[20]

如同 1922—1923 年的高通货膨胀一样，在诱发 1930—1932 年德国经济危机的原因中，政治因素与经济因素扮演着同样的角色。海因里希·布吕宁，是一位朴素、严厉、具有普鲁士式专制主义思想的人，他 1930 年 3 月到 1932 年 5 月担任德国政府总理，在此期间推行严格的通货紧缩政策，大大加剧了局势的紧张。尽管在前凯恩斯时期，布吕宁的经济政策选择的余地是极为有限的，但是他的政策最优先的目标不是减少失业，而是控制魏玛政府的福利开支，特别是终止了赔款。事实上，赔款问题已经成为当时所有病症的替罪羊，他坚持认为，"如果没有赔款改革，我们就必须削减，削减，再削减"，"赔款问题将把我们可怜的国家撕成碎片"，他把解决德国经济萎靡不振的方法，完全寄希望于德国债权国能够大发慈悲。1931 年夏天，也就是银行危机最高峰的时期，美国总统赫伯特·胡佛经过仔细考虑，决定所有关于赔款和战争债务的支付都延缓一年。这项决定的影响是永久性的，德国成为最大的受益国，实际收益大约是 7700 万英镑，而美国则损失了 5400 万英镑 [1]。但是布吕宁也不确定这种冻结是否会长期有效，因此并没有改变经济策略。[21] 在当时的情况下，缓解信贷和扩大货币供应的这种反周期的措施，都是行不通的，因为它们会很快让人们联想到 1923 年的可怕记忆。相比于不断加深的经济危机，德国领导人更害怕新型的通货膨胀。结果是，在不到 10 年的时间里，为每日的生存而挣扎再次成为德国人的噩梦。所以毫无疑问，德国民众热烈地期盼一个救世主。在 1930 年 9 月的选举中，纳粹党赢得了 18% 的选票，一夜之

---

[1] 这种缩小比例的支付在冷战期间由德意志联邦共和国支付，在 1990 年德国统一后还是如此。——原注

间成为德国国会的第二大党。希特勒信誓旦旦地说道，"我们一定会看到物价平稳"，"这也是我的冲锋队存在的原因"。历史学家尤尔根·冯·克鲁德纳观察到这样一个事实，毫无疑问，"如果没有这场经济大危机造成的毁灭性后果，希特勒的崛起是不可想象的事情"。[22]

这样，我们再次见证了经济和政治的紧密缠绕在一起的局面。就像全球危机的不断扩展反映了这样一个事实，即美国不愿意扮演战时经济权力赋予它的国际上的领导角色，于是德国持续不断的危机被进一步地人为恶化。当时政治上的判定是基于这样一种假设，他们联想到的是 1918 年背后被刺一刀的梦魇。就像政治原因导致经济危机一样，经济上的崩溃引发了政治上的恶果，德国政治上的右倾为希特勒夺取政权铺平了道路，而美国在经济和外交领域重新回到了孤立主义的状态。在这两个国家，银行的危机都导致了民众对于银行家和高级复杂融资的极端仇恨，并引发了日益增长的对资本主义生存能力的怀疑。在这种背景下，我们需要审视与之形成对照的英国的经历，英国 20 世纪 20 年代的经历是极为可怕的，但是 20 世纪 30 年代则好了很多。

1918 年之后英国经济最明显的特征就是史无前例的高居不下并且一直持续的失业率。无论在美国，还是在德国，20 世纪 30 年代早期的失业状况都比英国严峻得多，但是美国经历过 20 世纪 20 年代的经济繁荣状况，而德国经济也有过发热的上升阶段。但是在英国，1921—1938 年的平均失业率达到了 10.9%，这几乎是 1870—1913 年平均失业率的两倍。也许，更为重要的是，失业人群的景况已经被 20 世纪 20 年代和 30 年代的局面固定化了，这体现在游说国会的饥饿大游行中，也反映在沃尔特·格林伍德的畅销书《爱在多尔》（1933 年）等小说之中。

与战前的经历对比，还有两个因素非常突出。1914 年之前，失业状态与商业繁荣和衰退的周期是大体一致的，但是战后的失业率出现了突然的令人震惊的增长，1920—1921 年几乎在一夜之间就飙升到12%，1929—1931 年则达到了 17%。1921 年的危机，现在几乎都被遗忘了，但它却是英国经济发展史上最严重的经济危机之一，"自从工业革命以来，是 GDP 数字的最严重的一次倒退"，其后果，从 1913—1924 年，英国的经济实际上处于严重萎缩的状态，其经济增长率甚至达到了—0.1%。另外一个对比性的特征就是失业周期的问题，1914 年之前，登记的失业人数失业时间一般不超过三个月，但是到了 1933—1937 年，30% 的人失业时间超过 1 年。这种戏剧性的、持续的失业人口增长激发了人们普遍的绝望感。而且，从表面上看起来，资本主义的运转已经失灵了。[23]

在这种严峻的背景之下，当时的人竭力去解析到底发生了什么事情。就像在德国赔款问题一样，凯恩斯再度提供了在历史上颇具影响力的草案初稿。继出版《和约的经济后果》这一小册子之后，他又出版了《丘吉尔先生的政策的经济后果》（1925 年）。在这本书中，凯恩斯强力抨击了财政大臣重回战前的金本位制，即 4.86 美元兑换 1 英镑。凯恩斯认为，这导致英镑的价值至少被高估了 10%，而且除非工资或者工作的报酬被大幅度地缩减，否则英国的出口商品价格将难以控制。他声称，"工人们是这场经济大破坏的受害者"，他们本人亲身经历了由财政部和英格兰银行发起的"表面上的调整"，而这些调整主要是为了安抚市政官员和市议员的不安情绪。实际上，丘吉尔在私下里是认同凯恩斯的某些观点的，也非常害怕这种政策会加剧英国的高失业率和出口乏力的情况。他声称，"我更愿意看到法国少一点骄傲""我希望我们的工业状况更令人满意"。丘吉尔甚至还邀请了凯恩斯参加了一个晚餐讨论会，与当时的高级官员一起探讨这一问题。但是英国财政部非常固执，坚持认为金本位制具有"类似抵制霸王条款"的自动调节的功能，而且 4.86 这一神圣的汇率非常重要，因为它能向全世界再次证明英国货币与黄金具备同等的价值。[24]

1931 年的金融危机发生之后，1925 年黄金价位的回归成为两次大战期间经济管理的象征和替罪羊。这种政策的实施显示了仅仅关注于货币政策本身是一种非常愚蠢的行为，而且在更深的层次上，它揭示了建立在优先满足制造工业需求基础之上的全球金融服务的局限性，这种倾向也被称为英国的"绅士资本主义"。但是，在20世纪晚期的时候，也就是凯恩斯主义已经失去了其权威地位之后，这一争论被重新开启了。尽管凯恩斯认为英国货币定价过高的观点也许是正确的，但是仅仅这种政策本身，就如同赔偿问题对于德国的作用一样，并不是决定性的。这一政策本身应该被置于更广阔的背景之下，在这里，当我们观察非常具有标志性的1929年的经济大衰退的时候，政治的因素、经济的因素、1919—1921年的繁荣与衰退都应该具有同等的重要性。[25]

英国1919—1920年出现的重建繁荣并不具有唯一性，但是其结果是特别严峻的。在战争结束之际，工业领域的很多方面都存在大量的需求，这主要是由于战争期间被压抑的消费刺激起来的。在战争时期的严格控制之下，无论公司还是个人在储蓄、现金和政府债券等领域都积累了非常可观的购买力。这一繁荣发端于1919年的春天，持续了一年的时间，但无论在英国本土还是领土之外，供应都满足不了消费需求，所以价格迅速上涨。因为经济的流动性，许多经济活动在本质上是具有投机性的，在金融领域的狂欢之中，公司不断地被买进和卖出，合并和浮动。在伦敦的货币市场上，新发行的资本股票上涨了将近6倍，从1918年的6500万英镑，上涨到1920年的38400万英镑，这个数字再也没有被超越过，直到1945年以后。1920年4月，这种假象的繁荣开始消退，当时英格兰银行突然并且残忍地把利率提高到了7%，从而加剧了经济下滑的趋势。[26]

投资买卖也处于不正常的发烧状态，这在以飞涨的价格购买造船厂和棉纺厂方面表现得很明显，后来这些行业都被证明是负债累累的行业，它们是全球基础行业生产能力过剩的、毫无竞争力的受害者。英国的造船业是蒸汽时代的产物，而其在国际上的竞争者早已经更迅速地进入了石油时代。同样，兰开夏郡的棉纺工业，在引进纺纱用的环锭纺和织布用的自动织机方面也远远落后于其竞争者。尽管英国钢铁厂的生产效率大大提高，从 1913 年每炉产能 3 万吨，提高到 1937 年的 8.3 万吨，但在当时美国是 21 万吨，而德国则是 12.5 万吨。作为世界上"第一个工业化的国家"，英国在竞争力方面实际是非常脆弱的，它经济上的竞争对手很容易通过运用现代技术赶上它。但是战争的需求以及战后的繁荣实际上为某些行业提供了保护色彩，包括英国经济中非常重要的煤炭、造船、棉纺织品和钢铁等行业，它们都在使用着过时的技术，而那时恰恰是多样化和现代化发生的时期。[27]

1919—1921 年的繁荣对于劳工关系产生的影响，对英国未来的发展也极其重要。为了避免可能发生的革命，英国政府做出了妥协与让步，用一种英国的方式确立和巩固了劳工的地位。关于每天工作 8 小时（每周 48 个小时）的立法在 1919 年产生了戏剧化的影响，这与战前相比，工作时数平均被削减了 13%。在战后的繁荣时期，这种工作时数的缩减，并没有导致相应的工资缩减，因此也从整体上削减了产量，降低了竞争力。1921 年的工资水平与失业率的严重上升相对应，而且在接下来的两个 10 年中生活消费在平稳下降，工资也与之对应，但是这种弹性却被英国集体谈判的制度所制约。战争期间英国政府创建了一个联合的工业委员会体系，把遍及很多行业的雇主和工会代表召集在一起，仲裁纠纷，避免罢工。到了 20 世纪 20 年代中期，英国的雇员中大约有 60% 的人都签署了全行业的工资支付协议。10 年之后，即便经济大危机已经过去，这个比例仍然保持在 40% 左右。这些支付交易是一个一个企业逐步协调成功的，而不是采取 1945 年之后那样的整个劳工市场统一协调的方式。因此，支付的工资率很少考虑到整体的经济形势，这也妨碍了在经济大危机期间工资弹性调整作用的发挥。[28]

1920—1921 年对劳工的另外一个让步，体现为牢固地确立了一个非常明确的失业救济金系统。1911 年，阿斯奎斯领导的自由党政府通过了一个非常领先的失业保险法案，但这在当时只覆盖了 225 万人口，而当时英国的工人有 1900 万人，所以保险的受益人是有限的。1920—1921 年新的立法则把覆盖人群扩展到 1200 万人，而且失业保险金的水平达到了全国最低工资收入的 1/3。1911 年的法案主要是自筹资金的方式，国家保险金主要来源于雇主和雇员们的缴纳，但是这一原则在 1920—1921 年遭到了非议。出于对大规模失业的恐慌，政府把援助之手伸向了那些需要帮助的人，即使他们没有缴纳失业保险金，也对他们的妻子和孩子予以救济。这样做的结果导致了一项普遍的救济政策，而这些都来自财政部从税收中拿出来的补贴，而这一点因为前所未有的失业状况被证明是一项正确的选择。在整个 20 年代，任何试图通过进行经济情况调查或者其他方式进行限制这种花费的努力，都被两届工党政府否决了。到 1931 年，失业保险补贴达到每年 1.2 亿英镑，其中的 2/3 是国家支付的。[29]

这些保险金的账单成为 1931 年 8 月经济和政治危机中非常核心的关键问题。因为没有得到保证，华尔街拒绝支持英国货币日趋明显的不稳定的地位，希望工党执行一项非常稳定的预算政策。问题的症结在内阁中，关于削减 10% 的失业保险金的提议遭到了亚瑟·亨德森和其他几位大臣以及许多工会领导人的反对。亨德森与麦克唐纳个人的恩怨在这场争论中起了非常重要的作用，但是根本问题在于原则分歧。引用运输行业工人领袖欧内斯特·贝文的话说："在工人阶级的花费很多的情况下，市政府是不可能得救的。"贝文并不认为金本位制值得保留，但是麦克唐纳坚信在健全的财政方面，市政府在更大程度上代表着国家的利益。他说，向工会的妥协与让步，将会证明工党是被狭隘的只关注自我利益的部分所驱动，而不是关心整个国家的福利问题，因而也会削弱他所进行的要使工党成为全民接受的政党的努力。就当时紧迫的金融问题而言，贝文是非常正确的，就像凯恩斯一样，他是从本能而不是从理性思维上考虑问题，他已经隐约地感觉到救济金问题主要是受到货币贬值的遏制，而不是通货紧缩的影响。相反，麦克唐纳在经济上的政策是错误的，他徒劳地试图使英国保持金本位制度，从而破坏了政府存在的根基，但是从长时段观察，他的政治判断也许更为明智。为了清晰地说明这一点，我们需要从旁观者的角度观察一下 20 世纪 30 年代的德国。[30]

研究福利国家的社会学者通常把德国和英国作为两种不同的模式进行对比研究，德国模式是基于俾斯麦创立的家长式的对社会进行控制的原则，英国模式则是保证基本个人权利的自由模式。虽然这两种模式的出发点不一样，但是在 20 世纪 20 年代大规模失业危机之中，两者在实践上是趋同的，它们都是由纳税人支撑，并且因此导致了政治上左翼和右翼的对立。然而斗争的结局截然不同。在德国，斗争的结果是 1930 年 3 月德国的"大联盟"政府被彻底瓦解，建立了布吕宁政府，实行非常残酷的财政紧缩政策，随后总理弗朗茨·冯·帕彭不断攻击魏玛政府的"福利国家"政策，认为这只是加重了负担，而不是强化了责任。英国则与之形成了鲜明对比，1931 年 8 月的金融和政治危机为形成广泛的政治联盟铺平了道路，联合政府采取了非常有争议的削减政策，但也保持了最基本的福利体系。相比于欧洲大陆国家，英国的福利开支主要依赖于国家提供的资金，提供了更为广泛的公众援助，而不是把目标对准社会福利。这些根植于 1920—1921 年的恐慌而采取的手段以及它们带有的鲜明特征和所带来的一系列问题将在长时段内逐步显现出来。另一方面，英国福利系统的范围和持续的时间也是非常有效的，它缓冲了大危机对社会造成的经济和政治冲击，减轻了社会的不满情绪。[31]

我们已经注意到，英国 20 世纪 20 年代经济上的萎靡不振很大程度上是由于竞争对手的迎头赶上而造成的，这实际是不可避免的。幸运的是，由于战后出现的一系列的特殊问题的混合，这种危机没有显现得那么严重。这些问题包括基础工业的结构性惰性、对金本位制的坚守，以及劳工的经济收益等等。以救济金为例，我们可以看出它也有积极的一面。尽管它有诸多的缺陷，但是英国的资本主义以及英国的社会在大危机中能够幸存下来，其状况远远好于欧洲大陆的大部分国家甚至美国。这个故事最核心的部分是一些表面上非常令人厌烦的机构——税收、国债和银行系统，这些机构代表着市政机构的积极层面，是绅士资本主义非常重要的体现。

英国以前的战争开支主要来源于税收。例如，1792—1815 年的对法战争，将近一半的花费都是来自于税收。但是，在一战期间这一比例只占到了 26%，与德国 17% 的比例非常接近。换句话说，这两个国家进行战争的花费主要来自于借贷，而这就蕴含了通货膨胀的基因。当然，作为世界金融体系的领导力量，英国的手腕更为灵活，效率也更高一些。它不仅具有筹集到美国贷款的信誉和渠道，而且英国的货币市场也的确比德国更有能力，它能够以短期的财政部账单的方式吸纳巨额的流动债务，其结果是一战期间国债 1/4 的增长来自于美国。一战后，工党的一些激进分子想要"废除关于这场资本主义金融和金融把戏的战争记忆"，方法是对富人征收重税，但是工党的领导层否决了这一提议，因为他们一直在努力保持一种中间立场。财政部坚持认为政府应该回归到正常的金融运作原则，即把短期的账单转换为长期的债务，动用偿债基金减轻总体的债务负担，并且确保和平时期的花费仍然主要来自于国家税收。1923 年，财政部的奥托·尼迈耶观察到，"目前许多欧洲国家存在的最危险的情况"，"主要应该归因于其政府的不良习惯，即政府的花费不是完全来源于正常的财政收入"。这种轻率的处理态度不仅仅加重了通货膨胀的危机，而且降低了政府的信誉，正如英国最近的经历已经显示出来的一样，政府的信誉在战时的贷款中是非常重要的。[32]

从 1920 年春天开始，英国财政部坚持推行高税率政策，其目的是控制投机行为，并且减轻国债压力（这项开支在 20 世纪 20 年代后期占到了政府开支的40%），然而这项政策不可避免地带来了通货紧缩的后果，加重了失业状况。但是这些政策也有助于防止德国式的高通货膨胀现象的发生。同时，正如我们所看到的，政策瓦解了公众对于货币甚至是对于国家的信任。尽管担心在1918年的时候，英国民众已经达到了他们所能容忍的税收的极限，但是战后的税收却是战前的两倍，而且也没有引发政治暴动。向穷人以及有妻子和孩子的人提供补助金的体系是保证税收政策被普遍接受的原因。到1930年，英国政府2/3的收入都是来自直接税收，而与之形成对比的是，欧洲大陆主要是来源于消费税和销售税，这样社会下层承担的部分就不成比例了。英国的税收革命是非常重要而深刻的革命。1913年英国的总公共开支占到了GDP的12%，其中不到4%的GDP被应用在社会服务领域，3%是国防开支。到了1937年，公共开支开始上升，占到了GDP的26%，其中不到5%是国防开支，10.5%运用在社会服务上。实际上，在1918年之后的两个10年间，英国政府的开支急剧增长，远远超过20世纪的其他任何时期。这不仅减轻了战争负担，因而保持了金融稳定，而且为社会福利提供了资金，使社会福利达到了一个新的水平，除了瑞典，其他国家的社会福利都无法与英国相比。这也有助于解释为什么英国经济上的混乱并没有转换为政治上的极权主义。[33]

我们也不应该低估英国稳定的银行系统的重要性，这与德国和法国银行崩溃导致经济信心的丧失形成了鲜明的对比。从19世纪后期开始，英格兰和威尔士的银行日趋集中，银行的总数从1855年的400家减少到1913年的70家，而这种集中的趋势在一战期间得到进一步加强。到了1920年，当政府开始阻止进一步的合并之时，英国的银行体系已经被寡头所垄断，包括米特兰银行、莱斯银行、巴克莱银行以及国民地方银行，每一家银行都有数百家的分支机构。以巴克莱银行为例，1919年其支行达到了1700家。这五家大的银行控制了80%的银行存款，并且以卡特尔的方式进行运作，它们协商利率和透支的额度。

由少数几家伴有多家分支银行的大银行组成的系统，的确有助于保证金融系统的稳定，这恰恰是美国所缺乏的。在美国，不仅成千上万的银行倒闭了，而且银行的股票比工业证券坍塌得更快，也更深入。而英国，即便在经济大危机期间，也没有银行倒闭，银行的股票非常坚挺，即使到了1931年6月奥地利和德国银行危机最严峻的时刻，英国银行股票的市值仍然达到了1928年水平的90%。英国废除金本位制，以及由此带来的黄金标准的坍塌使得英格兰银行面临危机，但是并没有对英国银行系统造成整体的损害。[34]

回顾1931年，看起来让人感觉很震惊的一件事情就是：无论银行还是政府都没有采取很多的措施来保证英国货币的平价，虽然它们在这方面投资很多。英国对于1931年的反应，主要是由20世纪20年代的经历所形成的。一方面，这个国家长期持续的高失业率使它很难推行进一步的财政紧缩政策。尽管英国很快从1926年5月的总罢工中摆脱了出来，那次罢工仅仅持续了九天的时间，但是这加深了1919—1920年以来对工人不满的焦虑。在1931年的英国，这个问题变得异常敏感，主要原因在于当时这个国家是由少数派的工党进行统治的，这使预算削减难以进行，本来这对于法国和德国的右派政府来说是很平凡的事情。继续停留在金本位制上对政治的损害是非常巨大的。但是另一方面，让英国货币浮动的经济危险看起来也不像货币遭到严重通货膨胀损害的那些国家一样令人震惊。与德国无情的通货紧缩政策形成鲜明对比的是，英国的国民政府愿意放弃金本位制，并且为此宁愿忍受通货膨胀的后果。而且，这一政策在1931年10月取得了胜利，产生了内维尔·张伯伦所说的"议会的独裁"，从而可以推行它想要推行的反社会主义的政策。尽管阻止公共工程既无助于经济产量的提高，在金融上也极为有害，但是，这种联合并没有彻底改变失业救济政策。[35]

1931年的危机有可能是英国和平时期的历史上最具有戏剧性的一

幕，英格兰银行的总裁蒙塔古·诺曼甚至患上了神经衰弱。他对大灾难即将来临的恐惧和同时代人认为资本主义与民主制将要倒塌的恐惧都没有成为现实。1932年1月，诺曼气喘吁吁地说道："我们已经从悬崖上跌落了，但是我们在山脚下重新生存了下来。"凯恩斯则进行了更有预见性的评价："最重要的一点，在于我们已经重新赢得了选择的自由。"英镑的浮动，而不是非常剧烈地上下摆动，最终被停留在3.5~3.7美元的水平，这是保障稳定的水平，也使英国的出口更加具有竞争力。英国通过更早地废除金本位制而比其竞争对手赢得了相对的比较优势。在这一政策的实施上，英国比美国早两年，比法国早五年。与凯恩斯的正统观念说法不一样的是，财政政策在英国经济恢复中的作用并不是决定性的因素。相比于较低的税率和较高的财政赤字，更为重要的是货币和信贷的扩张，货币的贬值已经使人们消除了那种扩张会削弱报酬平衡的恐惧。简而言之，1931年使英国得以放手实施更加积极的国内货币政策。在货币供应方面，美国比英国扩张得更多，但是其收益却由于放弃金本位制太晚和银行系统的崩溃而抵消了。[36]

最令人震惊的对比发生于英国和法国之间，后者比其他任何大国坚守金本位制的时间都长。在处理战后短期债务的问题上，法国远远没有英国成功，法国政府被迫大肆举债，物价不断上涨，削弱了人们对于法郎的信心，到1926年夏季时，法郎的价值仅仅是1914年的1/8。1919年后，法国的政局不稳，对此也无任何帮助：在这期间，八个部委来而复去。这相应地反映了右派与左派之间深刻的分歧，从而阻碍了达成关于平衡预算、高税收和债务平衡的协议，这种模式是1920—1921年在英国通过联合政府的形式达成的。直到1926年7月，政治休战才得以达成，组成了以雷蒙·普恩加莱为首的温和派政府，法国才排除万难，采取通货紧缩的手段，使法郎保持了平衡状态，其币值大约相当于1914年价值的20%。这使得法郎被看轻了，和英国货币在 1925 年之后的命运是不一样的,因此有利于法国的出口。在把这个国家从灾难的边缘拯救出来之后(1926 年的通货膨胀率达到了350%),法国紧紧抓住新的金本位制不放,即使它在国际上的竞争对手放弃金本位制和使本国货币贬值的情况下,法国也坚持这样做。法郎现在被严重高估,法国的黄金囤积、贸易盈余和稳定的预算全都消失不见了。但是在法国,这种通货紧缩的政策不像在英国那样具有政治上的争议性,同时因为工业规模较小,法国工人的失业率也相对较低,而且法国的工人还可以选择回到农场去工作(其农业可耕面积比英国要大得多),同时 20 世纪 30 年代早期的法国政府绝大多数出自右派或者中右派,而不是来自左派。只是到了 1936 年,法国建立了人民阵线政府,这是一个由社会主义者、共产主义者以及极端分子组成的联盟,这也可以说是一个非常不合理的联盟,在某种程度上这也是由于民主在德国的命运造成的。这一政府扭转了通货紧缩的潮流,以便支持工人和重整军备,这使得货币贬值成为不可避免的一种选择。[37]

尽管英国政府从来没有形成过一个明晰和连贯的政策,但在某种程度上,早期的货币贬值、低利率以及稳定的银行体系,这些因素的偶然结合加强了经济的恢复趋势,而这又导致了政治上的稳定局面,这在本书的第二章中已经论述过了。1929—1931 年,英国工业出口下降了 20%,到了 1935 年,其出口则比 1929—1931 年高出了 20%,但在法国以及其他坚持金本位制的国家,出口仍然处于停滞状态。英国出口的增长表明经济已经稳步恢复,但是真正刺激经济增长的是其国内需求。20 世纪 30 年代,英国开始经历美国在 20 世纪 20 年代经历过的消费者革命,主要集中于小轿车和电子产品,事实上在这两个领域英国的技术是落后于美国的,但是就像抵押贷款促进房屋建设一样,这两个行业的需求主要得益于政府的自由货币政策,它使消费者比较容易获得贷款。[38]

1938 年,英国生产了 34.1 万辆小轿车,这一数字是 1930 年的两倍,而且几乎占到了整个欧洲轿车产量的40%。20世纪20年代早期，法国是欧洲轿车生产的领头羊，占了欧洲出口量的一半，此时则下滑到不到1/4的比例，远远落后于英国和德国。尽管美国的汽车制造商在英国建立了工厂，亨利·福特的新工厂设在伦敦东部的达格南区，是美国本土之外的最大轿车生产厂家，但是占据支配地位的仍然是莫里斯和奥斯汀公司，它们都是英国的家族企业，生产大量的小型轿车。如同美国一样，其相关产业如钢和橡胶产业的收益也非常巨大。在电能的利用上，英国落后于美国和德国，这主要是因为英国在相当长的历史时期内一直依赖煤炭，即便这一点在20世纪30年代也发生了戏剧性的变化。1926年建立的国家电网，到30年代中期基本覆盖了英国的主要地区，从而使得用电成本降低了一半。1926年，电力的消费者只有176万人，1938年，这一数字则上升到900万人，覆盖了英国3/4的住房。这导致了对电器产品的需求，包括收音机、电熨斗、电炊具以及真空吸尘器等。这些产品以及汽车的销售由于消费品信用贷款的普及而变得更加容易。在消费品信用贷款的问题上，英国通过租用采购系统的实施，其使用与推广比法国要早得多。[39]

在整个30年代，尽管小轿车和冰箱、洗衣机等昂贵的耐用消费品很大程度上是中产阶级的事情，但是工人阶层中的很多人也的确需要收音机和电熨斗。这同样受益于私人建筑商以及地方当局营造简易住宅推动的房屋市场的繁荣，它们与新建的公路以及电气化一起，加快了英格兰的工业化进程，结果导致半独立式的别墅呈现出带状发展的态势。其建筑风格是仿都铎王朝的，从而形成了一种典型的乡村景象，这令纯粹的美学家感到非常震惊。诗人约翰·贝杰曼在1937年高呼："来吧，亲爱的炸弹，落在泥沼里吧，你现在不适合人类。"但是，一种新型的家庭模式却开始出现，室内的卫生间、安装好的浴室、一些用来减轻每日苦差事的家用电器，甚至开辟新的活动空间和机会的轿车是其典型特征，而这些使得20世纪30年代成为成千上万英国家庭改变面貌的一个非常重要的转折点。

当然，这些新兴工业和都市化的影响也不应该被过分夸大，它具有地域上的特点，主要集中在英格兰的东南部及中部地区。尽管在两次世界大战期间出于找到新工作的需要，大约100万的劳动力从经济萧条的北部和威尔士地区迁移到东南部，但是更多的人口则是固定不动的，继续保持着失业状态。[40]也许有人会说英国能够在资本主义的危机中幸存下来，其代价就是其人口贫困化比例较小，这些人口主要集中于老工业区，包括英格兰北部、威尔士南部和苏格兰中部，这些地区的主要产业是煤炭、钢铁、纺织业和造船业，而这些行业在战后都纷纷崩溃了。位于伦敦最北部边缘的圣奥尔本1934年的失业率低于4%，而在贾罗和泰恩赛德，一半的劳动力处于失业状态，在威尔士的"钢城"——梅瑟蒂德菲尔，其比例则达到2/3。很多的萧条区都是工党的据点，在1931年工党分裂成立国民政府之后，许多人退党了。经济上的边缘化以及政治上的不满，在英国强化了政治上的相对平衡感，这与20世纪30年代欧洲大陆的大部分国家形成了鲜明的对比。

然而，稳定是需要付出代价的，这一主题可以被放大来看。20世纪20年代的企业合并浪潮加剧了英国工业领域中卡特尔化和限制性的趋向。所谓的"合理化"实际也经常意味着保护市场份额的低风险的防御型战略，不推行激烈的改组或者重建。在1920—1921年的经济繁荣过程之中，管理部门、劳动者和已经投入重金的银行都在让事情按既定方式运转的这一方面存有既定的利益，但是事实上这种运转是无利可图的。这不仅在煤炭、棉纺和钢铁行业中充分体现出来，甚至在诸如轿车制造这些新兴工业中也已经体现出来。这些英国公司生产出各种各样的产品，但却没有按照标准化的进程来生产。1938年，英国最大的6个轿车生产商生产出40种不同的发动机，甚至还有更多的底盘和不同的车型，这有利于他们在中产阶级中保持有利可图的市场，但是却阻止了节约成本、提高效率和促进繁荣的努力，因而不能闯入美国模式的那种大众化市场。安全的操作缓冲了大危机带来的震荡，但是却损害了英国的长期竞争力，这在 1945 年之后变得尤其明显。[41]

也许最大的，也是最舒服的保护层就是新的关税壁垒。30 年来，关于实施自由贸易还是保护主义的争论不断上演，这损害了英国的政治。但是经济大危机以及保守党主导的国民政府的上台，使得内维尔·张伯伦有了大展拳脚的机会，他担任财政大臣，并在这个岗位上开始完成他父亲就已经开始了的这项工作。1932 年 2 月 4 日，在英国众议院旁听席里坐着乔的遗孀和孩子们[1]，内维尔骄傲地宣布，要对绝大多数的进口商品至少征收 10% 的关税，这也是将近一个世纪的自由贸易的终结。那年夏天，渥太华的经济会议同意从英帝国进口的产品享有优先的权利，作为回报，对英国的出口也做出一些让步。1930 年，大约有 83% 的进口到英国的商品是免税的，1932 年，这个比例只有 25%。这种保护对于英国经济的总体恢复的作用非常有限，但是它却加快了英国的贸易从全球到英帝国内部的转变。1930 年，英国出口到帝国境内的产品比例从占据英国出口总量的 43.5% 在 1938 年上升到 50%，进口则从 29% 上升到超过 40%。英国正在姗姗来迟地践行着法国从 19 世纪晚期就已经开始一步步走过的道路，用保护帝国市场的方式来支撑国内已经不具备全球竞争力的工业。这里再度验证了这样一个事实，能够应付短期经济危机的政策将损害英国产品的长期竞争力。[42]

与发达世界的大多数国家相比，英国比较平稳地度过了 20 世纪 30 年代。经济得以幸免于难，尽管这是建立在货币贬值和保护主义的基础上的，是为了保证国内平衡的"狭隘的资本主义"。[43] 但这也是事后看来才非常清晰的。20 世纪 30 年代早期，关于英国的资本主义能否在

---

[1] 内维尔·张伯伦的父亲是约瑟夫·张伯伦（Joseph Chamberlain），英国国内以乔（Joe）称呼约瑟夫·张伯伦。因此，此处的"乔的遗孀和孩子们"，指的是内维尔·张伯伦的母亲和他的兄弟奥斯丁·张伯伦等。——译者注

经济大危机中幸存，以及是否这就是金本位制的终结，都是有严重争议的。同时，第二届工党政府非常丢脸地倒台，给英国的左派带来了十分麻烦的问题，即社会主义能否从资本主义的环境中和平地进化而成。这种争论不仅仅限于英国的情况，历史学家阿诺德·汤因比这样写道："1931 年，全世界的人，无论男女，都在认真考虑并且公开讨论这样一种可能性，即西方的社会是否可能就此崩溃了。"[44]

与此同时，一种新型的社会出现于苏联。20 世纪 30 年代早期，关于共产主义革命的危险已经消退了，这与 1919 年那种担忧的气氛完全不同。现在的苏联被看成是斯大林的国家，和列宁时期是不一样的，这个国家脱离了全球的舞台，在自己的国土之内实行了具有史诗般意义的现代化进程。确切地说，苏联在 20 世纪 30 年代取得的成就很难加以评判，苏联的统计数据不仅不充分，而且很多是故意伪造的。当然，其结果的广泛性是清晰可见的，苏联经济和社会的转型比布尔什维克夺取政权还具有革命性的特征。从 1929 年开始的 10 年间，大约有 2500 万以畜力进行耕作的农民被并入了 25 万个集体农庄，并且得到 8000 个机器拖拉机站的支持。苏联选择了美国大规模生产的模式，这一点远远超过英国和西欧，苏联由此创建了主要的新兴工业，比如说机动车制造业（1928 年生产了 700 辆卡车，10 年之后则超过了 18 万辆），还包括机床、飞机以及各种有关军备的行业。斯大林，全名是约瑟夫·维萨里奥诺维奇·斯大林，这个名字被其政党所采用，它的意思是"钢铁英雄"，而钢铁确实是他工业革命的最核心部分。"我们正在成为一个金属之国，一个汽车之国，一个拖拉机之国，"他在 1929 年正式宣称，"当我们把苏联置于汽车之上、把农民放在拖拉机里，就让自夸自己的'文明'非常有价值的资本主义努力追赶我们吧！"对斯大林来说，比民族自豪感更为紧迫的是对另一场大战的恐惧，"我们落后于发达国家 50 年，甚至是 100 年，"他在 1931 年发出警告，"我们必须在 10 年之内完成追赶的历程，如果我们做不到这一点，就必定走向失败。"[45]

斯大林革命中最引人注目的部分就是巨大的形象工程，比如说建立在马格尼托哥尔斯克市的钢铁联合企业，建立在乌拉尔的"磁山"工程（这是模仿美国在印第安纳州的加利钢铁厂建立的），以及在伏尔加河上高尔基市建立的巨大的轿车厂（这是仿照福特在密歇根的迪尔伯思工厂建立的）。斯大林认为这些都是证明苏联可以赶上甚至超过资本主义的非常重要的象征。关于资本主义的恶魔般的景象，为这个政权的残酷和效率低下提供了辩解的万能理由，这和西方在1919年把布尔什维克政权看成是妖怪有点对等性。20世纪30年代，斯大林认为历史似乎是站在他一边的，当马格尼托哥尔斯克开始大规模生产的时候（它的多种缺点已经被掩盖住了），曾经使大战期间美国发光的明星加利钢铁厂看起来已经锈烂了。美国的钢铁生产量从1929年的6000万吨下降到1932年的1500万吨。[46]

斯大林的伟大规划及其万能的五年计划不断被西方左派知识分子所称颂，他们认为苏联提供了一个非常明显的证据，即自私的个人主义已经被为了所有人福利的集体性的改革运动打垮了。现在回顾起来，这些同路人具有不可思议的轻信的特征。例如，比阿特丽斯和西德尼·韦伯，是一对信奉费边社会主义[1]的老夫妇。尽管在外表上他们看起来不像是一对，比阿特丽斯是一位个子很高、面目清秀的女士，她长着鹰钩一样的鼻子，拥有令人感到恐怖的能量；西德尼身材微胖，蓄着山羊胡子，戴着夹鼻眼镜，有一点伦敦口音。从世纪之交开始，他们就着手进行大量的开创性工作，领域涉及社会学和政治科学，但是他们也非常克制地认为，可以和平地、逐渐地过渡到社会主义社会。但是在1931年的经济大危机期间，他们的论调彻底改变了。比阿特丽

---

[1] 传统的受过教育的费边主义者，主要得名于费比乌斯·马克西姆斯·迦太基，他提倡用消耗战略使汉尼拔人感到筋疲力尽，而不必采用直接进攻的手段。他们的目标不是迦太基，而是资本主义。——原注

斯在私下里开始怀疑从"资本主义转向平等的文明"这种和平转变的"不可避免性"与"实践的可能性"问题。她认为,麦克唐纳工党政府的垮台,"是美国和英国金融家们取得的胜利",也是"公开宣告"了"资本主义独裁"的确立,而麦克唐纳已经成为这一政权的傀儡,成为一个彻头彻尾的叛徒。1931 年 9 月,她的反应是,"在下一个 10年的时间里","我们将逐步了解到,究竟是美国式的资本主义,还是俄国式的共产主义能够给人类的大多数创造更幸福的生活模式"。无论其中哪一种文化获胜,她都坚信我们将紧随其后,如法炮制,因为当时已经没有可行的第三条道路。她把这场斗争比拟成发生在中世纪末期的基督教与伊斯兰教展开的"欧洲灵魂之争"。比阿特丽斯也同时声明:"毫无疑问,我们将选择站在俄国这边。"[47]

1932 年夏天,他们开启了一场朝圣之旅,他们来到苏联,写了两本书《苏维埃共产主义:一种新的文明?》,该书长达 1100 页,1935 年11 月出版。两年后这本书重印再版的时候,韦伯把书名中的问号去掉了,坚信苏联已经真正创造了一种新型的文明,其主要特征是"为了集体的社会消费实施有计划的生产",以及根植于科学中的意识形态,"拒绝弥漫于整个西方的迷信和巫术"。就像他们的其他所有书籍一样,《苏维埃共产主义》一书晦涩难懂,传记作家玛格丽特·科尔曾经把西德尼的文风比喻成无限长的超负荷运载的货车。但是这一次,他们发射出的"重型火炮"好像是"明显被不信任和扭曲所操纵的第五纵队"一样。这本书看起来完全是被苏维埃的统计数据和声明等表面的东西所支撑,这些是这本书的主要资料来源。这本书也提及了对俄国社会的蔑视("其民众中的大量的文盲、迷信,特别是病态的甚至可以说是遍及各处的野蛮状态"),这些可以成为革命具有长期的暴力和残忍的理由。韦伯无视发生在乌克兰的大饥荒,以及对于斯大林是一个独裁者的判断。"我们并不认为该党完全由个人的意志所操纵,或者说斯大林是希望得到那样一个位置的人。"[48]私下里,当然他们也有怀疑，1937—1938 年，比阿特丽斯研究了关于大清洗与做样子的公开审判的报告，担心斯大林及其派系小集团“也许会丢掉脑袋”。但是在公开场合，他们一直坚持自己的信仰。[49]

韦伯并不是孤军奋战。20 世纪 30 年代，他们夫妇也有其同路人，在这里他们的观点有点类似“文艺复兴运动的后记”，他们把斯大林统治下的苏联看作是“进步”的体现，代表着一个合理的科学的社会的最新与最好的希望版本。姑且不论他们的理性成分，他们中的许多人的确实现了信仰的飞跃，这主要是由于 1931 年工党的作为让他们幻想破灭而最终觉醒。[50] 当然，只有极少数人放弃了对自由民主价值观的坚守而成为纯粹的马克思主义者。哈罗德·拉斯基是伦敦经济政治学院的政治学教授，面色严肃，个子不高，他是英国顶级的公共知识分子之一，1934 年他访问了苏联，并公开声称他毕生关于社会主义的“梦想”已经“变成了现实”。但是拉斯基也质疑，为什么韦伯对于斯大林的清洗与做样子的公审视而不见。按照一本传记的提法，他“把苏维埃俄国看作是新型文明来临的预兆，但是其罪行却使他的心破碎了”[51]，这是阿尔弗雷德·金曼总结出来的，20 世纪 30 年代的时候他是一位年轻的共产主义者，后来成为研究撒切尔主义的专家，这句话总结出了这些同路人的精神演变历程。如果苏联这一天堂并不存在，那么还需发明使社会主义信仰具体化的模式。他们并不是被苏联的宣传所欺骗，更多的是在苏联宣传的辅助下，他们进行了自我的欺骗。[52]

工党非常谨慎地使自己远离共产主义者及其同路人。它的一些领导人物，如克莱门特·艾德礼和工会领袖欧内斯特·贝文都是坚定的反共产主义者，他们非常警觉，认为英国共产党自从 20 世纪 20 年代晚期就已经开始斯大林化了。当然，工党也受到了斯大林革命的影响，不过是以它自己的方式。20 世纪 20 年代，工党“构想的社会主义是脱胎于充满活力的资本主义社会，通过提高社会福利、教育水平，以及推进国际和平，为共同的所有权铺平道路”。1931 年选举上的混乱并没有动摇工党对于议会民主的遵守，但它也开始推动了对费边式渐进社会主义的重新思考。相对于草根式的社会主义的那种模式，即在地方层面尽可能地掌控必要的社会福利，工党寻求全国范围的解决方案，特别是通过全面的经济计划拥有对关键性工业行业的管理权。尽管工党坚持认为英国与苏联不同，但是在意识形态上也的确受到其想象中的苏联计划经济成功的影响。他们坚信苏联的计划经济可以而且应该被改造成适应西方的模式。休•达尔顿是工党新模式的建筑师，他在1932 年访问苏联之后说："我坚信这一点，我们国家也应该采纳社会主义的计划经济原则，否则我们找不到解决经济困境的出口。如果苏联能够做到这一点，而且在如此短暂的时间内取得这么大的成果，那么如果我们在英格兰实施这一计划，那将会多么有成效啊！"[53]

计划不仅仅是左派的专利，它也被中右派的保守党所使用，保守党也受到对自由资本主义的普遍怀疑的影响。他们采纳的案例不仅仅局限在苏联。例如，在 1927 年，哈罗德•麦克米伦、罗伯特•布思比和奥利弗•斯坦利，这些人都是非常有前途的保守党成员，他们出版了《工业与国家》一书，书中表明，这种巨型的经济活动，虽然引发的原因是多样的，而且在整个世界上是周期性地蜂拥而来，它不可能被阻止，更不可能经由个人进行准确的预测，战争的历史告诉我们，这种活动在很大程度上可以由政府掌握或者控制。战争时期使得预先设定的经济准则成为泡影，却使理论上不可能的一些东西成为现实，排除了似乎不可移动的障碍物，创造了新的意想不到的形势。萦绕在这些成员脑海中的是 1914—1918 年的广泛的控制，诸如对铁路、海运以及煤矿的国有化，对于股票市场的调节，还有征兵活动等。但是所有措施在战后都被颠覆了，因此，"到目前为止，立法中关于当今对于贸易和工业的管理可以追溯到那个时期"，他们也表示疑问，这是否"是已经发生巨大变化的现代经济的最好方式呢？"可以肯定的是，英国已经从维多利亚晚期的陈规中解放出来，包括金本位制和自由贸易等，在不干涉的自由主义国家这个问题上，英国应该说正在逐步成长。[54]

这些问题在 1931 年之后显得更为中肯。在大规模失业所导致的贫穷和损耗面前，麦克米伦十分震惊，他的迪赛德选区在大危机中损失惨重。30 年之后，在撰写回忆录的时候他记忆犹新："我永远不会忘记那些脸上写满绝望的人们，很多人沿着斯托克顿大街来回流浪。"他在 1938 年的反省认为，这场经济大危机的一个后果就是"把人们的思想从战前的经济定律中解放出来，人们长期以来一直屈从于这一所谓的经济正统思想"。对于麦克米伦来说，经济的计划性逐渐成为他所宣称的"中间道路"的一个核心特征，这种中间道路就是介于"自由放任的资本主义"与"极权独裁"之间的道路，这一道路将证明"自由和效率可以有机地结合起来，因此介于保守与革命之间的民主也终将得以保留"。[55] 作为保守党的右派，麦克米伦和他的志同道合者正在描绘一幅新型的历史画面，到 1931 年的时候，已经完成了从 1914 年开始的对于战前的所谓真理的瓦解，但是他们并没有采纳保护主义的灵丹妙药，他们主张把计划作为改良资本主义发展的未来前景。很多支持国民政府的工党成员也非常认可麦克米伦关于中间道路的提法。1935 年，"未来五年集团"（The Next Five Years Group）建立了，这是一位工党中的贵族人物克利福德·艾伦独创的点子。尽管这一组织的名字似乎与斯大林的五年计划相呼应，但是其使命却是典型的英国式的，即在五年的议会任期内可以做些什么。该集团的宣言坚持认为，"关于具有完全竞争性的资本主义体系的观念，与国家所有、调节和控制的观念的""历史性的争论"，在 20 世纪 30 年代的英国"完全没有打中目标"，没有任何意义，因为"非常清楚的一点是，在任何情况下，英国实际运作的系统都是两者的混合，多年来一直如此"。[56]

对这种"中间论"的强化，成为英国 20 世纪 30 年代中期一个非常重要的特征。[57] 这里我们将分析另外一个原因，为什么英国避免了在欧洲大陆非常普遍的极左或者极右的倾向。计划的概念吸引了温和的保守党人、工党和自由党人，以及来自商界的很多重要人物。成立于 1931 年的压力集团是英国政治经济委员会，其创立者包括英格兰银行董事巴兹尔·布莱柯特爵士，以及玛莎百货的副主席伊瑟尔·西弗。这个委员会为美国早期的新政雀跃欢呼，特别是其强调计划性的《国家复兴法案》，1935 年，劳合·乔治公开呼吁要实施"英国式的新政"。罗斯福的动态领导模式成了敲打麦克唐纳及他的那些暮气沉沉的同仁们的一根大棒。1933 年自由派人物维奥莱特·伯纳姆·卡特指出，只有"行动、远见和治国之才才能拯救这个濒临崩溃的世界"，"就像美国现在展示给我们的一样"。但是罗斯福的美国从来不能理解英国对于斯大林统治下的俄国的想象。即使英国政治经济委员会（PEP）的宽幅印刷品《计划》中引用了罗斯福新政，但是对罗斯福的政策，主要是赞扬他勇敢的领导力。而保守的《每日电讯》傲慢地指出："罗斯福新政的社会立法中最显著的特征在英国已经持续两代人的时间了。"20 世纪 30 年代，美国并没有被看作是未来世界发展的一个模板，更不要说是"新型文明"的胚胎了。[58]

关于资本主义的一种非常独特的评论来自于凯恩斯，他的论著《就业、利息和货币通论》在 1936 年 2 月出版。与强硬的左派不同，凯恩斯并不认为大危机是资本主义最后面临的危机。1931 年 11 月，他评论说，"经济上的问题"，"只不过是可怕的混乱问题，是短暂的、不必要的混乱"。[59] 在寻找政策的补救措施之时，无论社会主义还是计划经济都没有打动凯恩斯。未来的计划主义者想要取代失败的市场力量，但是凯恩斯"想要的是用充足的需求供应市场体系，保持充分的就业"。尽管大危机不是他论著的主要分析对象，但却是促使他思考正统经济学的重要激发因素，动摇了他对于诸如降低工资和利率等传统调整措施的信念。但是凯恩斯的建议在 20 世纪 30 年代的影响极为有限。无论经济学家还是政治家，花了多年的时间才真正消化了这本非常复杂、看起来杂乱无章的书籍。他在书中对于国家扮演的角色的提议，即国家应该扮演弥补生产能力与消费能力之间的鸿沟的这一角色，只有在另一场战争爆发之后才被真正地实施起来。[60]

所有的作者都有这样一种感觉，这场危机的延长将超过资本主义本身。看起来，相比于经济学家的身份，凯恩斯更像一位精神上的哲学家。他在为这一时代寻找新的确定性，因为这一时代已经丧失了其宗教信仰，因此也失去了经济和社会发展行动的指南针。他并不热爱资本主义，但是他坚信资本主义必须被加固，因为整个社会和文明都依赖于资本主义。同样地，麦克米伦辩解称，"经济的进步"对于民主和自由的幸存是至关重要的，而这反过来"对于科学、艺术和教育等分支的进步"又是非常必要的。[61]克利福德·艾伦本人哀叹道，20世纪很多国家似乎又要回到欧洲历史上极权的黑暗时代了。这看起来是一个非常根本的问题。一战不仅使资本主义陷入极度混乱的状态，也削弱了文明本身。[62]

第五章　文明

在艺术具备人性之前，它首先必须学会残忍。

——约翰·米德尔顿·默里，1911

我并不认为，这些令人极度惊恐的诗句，会让我们的孩子深受感动。

——亨利·纽伯特爵士，1924[1]

1918 年英国在取得战争胜利之后，给本国的军人和妇女们颁发了勋章，以表彰他们"在一战中为了文明"而战的英雄行为。然而真正的事实则是，战争似乎更像是对文明价值的彻底否定。人类在泥泞的战场上展开的厮杀，似乎已经回到了原始动物争斗的水准。同时，还有很多人被现代化的奇迹——机枪和重炮炸成了碎片。在整场战争期间，英国军队死亡总数的 60% 是由于炮火的攻击造成的，对于德国而言，这一比例甚至更高一些。人们对于战争的传统记忆是中世纪式的，是骑士般的、英勇的、理想化的、一对一的冲突与决斗，但是这场战争则不一样，战争已经演变成为工业企业式的，而且完全是远距离的操控与运作，甚至你都不知道是什么人在与你作战。《时代》杂志的战地记者查尔斯·雷平顿上校对其特征进行的总结是，"由看不见的人操纵的莫名的屠杀"。[2]

　　即便是仅仅照顾伤员的工作，也成为一个工业流程。法国作家乔治·迪亚梅尔的获奖作品是《文明》一书，这也是一本关于战争的回忆录，书的最后一章完全是描写一战中的流动救护单位这一问题的。他指出，"科学的最后一个词语"，是"工厂"，而且是专门修补损坏最为严重的战争机器零件的"工厂"。只不过，这些"零件"是活生生的人，法国铁骑军的士兵们被堆积在一起，等待治疗。这些"法国最优秀的男人"，拥有发达的胸部、强壮的四肢，现在却陷入了"破碎的状态"。迪亚梅尔认为，这些流动的救护车，实质就是"文明对自身的答复，是文明对自身导致的毁灭性战争的修正"，当然，这种修正与调整是非常浅层次的，因为"任何一个人都不可能逆时代潮流而动"。[3]

在这种野蛮的行径之后，我们该怎样探讨文明的问题呢？这也是1914年之后很多的男男女女都在思考的问题。在艺术、建筑和文学领域，这场可怕的工业化战争应该如何被呈现出来？传统的文化表现形式是否已经不合时宜了呢？所有交战国的知识分子和艺术家都在密切地关注这些问题，但是英国的反应却与众不同。导致这种局面的部分原因在于，曾经席卷欧洲的现代主义运动几乎没有对战前的英国产生什么影响，英国的艺术，特别是绘画和诗歌领域，田园传统仍然占据支配地位。同样重要的是，英国政府一直在艺术赞助方面态度非常鲜明，扮演着独一无二的角色，这一点在战争期间主要体现在绘画领域，在战后则主要体现在纪念性的建筑物方面。在英国，艺术的现代性主要是战争年代的产物和现象。在英国文学这一领域，现代性有着更大的影响力，但这也主要是在 20 世纪 20 年代之后。艺术、建筑和文学这些领域的共同合作，最终塑造了 1914 年的战争景象，这些作品呈现出来的是这一无辜时代的最终结局，是英国从来没被拯救过来的第二次的艺术滑落。

就像所有的"主义"一样，现代主义也是一个令人难以掌握其真正含义的术语，它的意思很难被加以解释。但在通常意义上，它经常被用来指代在 20 世纪早期发生在艺术和文学领域的"表述危机"。这种危机事关两个方面，一方面是表达什么，另一方面是应该如何表达，因此也提出了内容和形式两方面的问题。[4] 在艺术领域，这场危机的产物是这样的一些图像，它们挑战了已经延续了数个世纪的关于透视法的常规原则，即在纸上和画布上描绘三维立体空间的做法。这种对传统的反叛呈现出多种形式，现在比较著名的包括立体派、表现主义派和未来主义派，这些运动在今天回顾起来是比较连贯的，但是当时却没有体会到这一点。

1935 年，巴勃罗·毕加索回忆道："当我们发明立体派的时候，我们并没有意识到发明这种主义意味着什么，我们只是想表达我们内心拥有的东西。"[5] 其实他的话有些口是心非。当然，画家们在处理与传统的关系之时，心理是非常矛盾的，即使是先锋派的画家也是如此。这个术语可以追溯到 1848 年革命时期，它表达的意思是，在文化与政治变革的时代，艺术家和知识分子都是先锋和前卫性的力量。1912 年，德国表现主义派画家弗朗茨·马克声称，"我们就像没有经过组织的'野蛮人'[Wilde（德语"野蛮"之意）] 一样在进行战斗，反对古老的、确立已久的权力体系""野蛮人最令人恐惧的武器就是他们的新思想，新的思想远远比钢铁具有战斗力"。[6] 站在个人的角度，艺术家们也确实有自我本位的兴趣取向，为了把自己与老师和同僚们区分开来，他们往往夸大其作品的新颖独特性。20 世纪早期的所有这些运动，都是对民族艺术制度的反叛，这种制度曾经影响和塑造了艺术市场，并控制了学院的相关教学。当然，这些正在奋斗中的放荡不羁的文化人，也必须赚钱谋生。他们需要商人们的独家经销合同，这也意味着他们必须迎合精英们和中产阶级的比较正统的品位，并且必须通过他们所厌恶的画廊和沙龙的方式进行推销。1907 年，意大利的先锋派画家翁贝特·博乔尼这样写道，"我并没有为自己的力量感到沮丧，但是考虑到金融的经济的因素，如果没有令人鄙夷地出卖自己的灵魂，经济状况是不可能得到改善的"。[7] 艺术史中的大部分作品是被这些压力塑造出来的，一方面他们想要猛烈地反抗传统，另一方面却必须去迎合赞助商的需要。

立体派、表现主义派和未来主义派都是对被视为非常浅薄的印象主义派艺术的反应，这种艺术局限于表象。立体派用空间形式上的新颖方式进行创作，把艺术创作的原型分解成碎片。"立体派"这一术语最早出现于1908年，起源于一位评论家嘲讽当时一幅布满"小立方体"的画作。这幅画的作者是乔治斯·布拉格，他曾一度被视为是给毕加索的油画"挂上钩子的人"，这是格特鲁德·斯泰因总结出来的特点，但是现在他被重新加以认识和评价了，他在1908—1914年与毕加索发生的友好的、富有创意的对抗，被描绘成艺术史上最具特色的一组关系[8]，对艺术的发展起到了"双重努力"的效果。尽管毕加索的《阿维尼翁的少女》描述的是忧伤妓院的场景，但是后世的人把它高雅化了，它被认为是毕加索和布拉格众多作品中第一幅立体派的画作。但是在一战之前，这幅作品没有被展出和出售，因为两位艺术家都想得到安全可靠的赞助。只是到了20世纪30年代之后，这幅《阿维尼翁的少女》才赢得了画坛偶像的地位，其主要原因是位于纽约的现代艺术博物馆收购了这幅画。其实，一战前欧洲更值得纪念的画作是被称为"沙龙立体主义"的作品，包括艾伯特·格莱茨、让·梅金杰和亨利·福克尼尔等人的作品，其中福克尼尔的《丰饶》被誉为"可能是1914年之前欧洲立体派最为著名的作品"。格莱茨与梅金杰发表的非常有影响力的文章《论立体主义》一文（1912），推动了沙龙主义者的工作，把它作为一项运动加以推广。对于立体派的品位和倾向，当时的国家和民众的看法还是比较低调的，它被看作是古典绘画艺术的再发明和创造，那曾经是非常令人骄傲的法国式的艺术，经常描绘的对象是埃菲尔铁塔，这也是1900年左右法国现代性的非常卓越的象征。[9]

　　表现派的画家们则毫不隐讳地把自己看作是对法国印象派的反应。奥地利评论家赫尔曼·巴尔坚持认为印象派是古典艺术的"终结"，他们追求的是"阻止内心对于外部刺激的回应"，"除了视网膜，不要给人们留下任何东西"，但是表现派的"眼泪让人类开口说话了"，这样就能够给予"精神上的答案"。[10]在大战期间，巴尔一直在进行写作，这是与军事冲突相伴随的国家文化之间的战争的一部分，理论家们一直致力于把表现主义派别的抽象概念具体化，把其定位为现代艺术领域中激进的、具有明显德国特征的一场运动。但是，相比之下，早期艺术家，如布拉格和毕加索对这一术语的使用，实际上是非常宽泛和包容的，其意义是对视觉印象的主观上的回应。那也就是说，印象派根植于德意志世界，包含了诸多的团体组织，如"桥"于1905年在德累斯顿建立，还有更为能够体现主题的组织"蓝骑士"曾于1911—1912年在慕尼黑展出其作品，随即在整个欧洲大陆巡回展览。很明显，他们的艺术表达方式大部分是非常抽象的，为了很好地表达情绪使用鲜艳的、非自然主义的色彩，而不仅仅是在其现代性的作品中传达恐怖的感觉。表现主义派的艺术作品把过去发生的事情浪漫化，并且突出自然和情欲的特征。"蓝骑士"这一术语主要来源于瓦西里·康定斯基对于中世纪骑士的迷恋，以及弗朗茨·马克对于骏马的喜爱之情。

相形之下，未来主义更加沉迷于现代性的特征。它也是这三个艺术流派中最具意识形态色彩的派别。它的《未来主义宣言》发表于1909年2月，作者为意大利诗人菲利普·马里奈蒂，他是一位昙花一现式的人物，坚信现代工业世界是非常具有"美感"的世界，这是一个由翱翔的飞机、伟大的排扣机车和呼啸着的汽车构成的以"速度"为特征的世界。未来主义学派力求"美化战争"，认为这是使"世界能够保持洁净的唯一手段"。他们关于"极具破坏性和毁灭性暴力"的宣言在意大利极受瞩目，使得教授、考古学家、导游和研究文物的人深受其思想毒害。当然，不能否认的是，这也是对于立体派和表现派更具民族特性的机敏的回应，这样做的目的是为了证明意大利比其北方邻国更有激情去拥抱现代性。[11]许多未来主义学派的艺术作品具有明显的政治倾向，路易吉·卢梭罗的《叛乱》（1911）描绘的是这样一幅画面，疯狂而抽象的人类射出很多箭头，射向代表传统的蓝色和黑色的力量，从而呈现出一幅红色混乱的画面。尽管站在哲学的角度进行思辨，立体派和未来主义派都各自夸大了它们与众不同的特征，但在实践层面上，法国和意大利的艺术家是互相学习与借鉴的，例如有的历史学家称其为"立体未来主义"。[12]立体派的艺术家，如费尔南德·莱热受到了未来主义抽象特征的影响，同时未来主义派的人物如博乔尼，则运用立体派的碎片化的方法来描述群体和机车的运动方式。

这种令人眩晕的艺术趋势，也就是我们今天客观地称之为立体派、表现主义派和未来主义派的艺术，它们都发生在1914年之前的10年中，而且都是欧洲艺术的国际因素的一部分。但是，它们在实质上几乎没有触及英国海岸。爱德华七世时代的艺术仍然是保守主义的，传统的肖像画家如奥古斯都·约翰和威廉·奥宾仍然占据主流的支配地位。1905年大约有300幅法国印象派作品在英国展出，但效果却让人极其沮丧。只是到了1910—1912年，著名的评论家罗杰·弗莱举办了两次大规模的后印象主义派的展览，英国的艺术圈才首次知道了高更、梵·高和塞尚等人的作品，随即又开始接触到毕加索和马蒂斯等人的画作。历史学家弗朗西斯·斯伯丁注意到这样一个事实："这两件事情连接在一起产生的影响，意味着伦敦的观众必须在两年的时间里追赶上法国30年前就已经开始的艺术发展的步伐。"但无论评论家还是公众的反应都是非常消极的。作家威尔弗雷德·斯科恩·布伦特认为，他们的绘画作品中没有"任何感觉、技能或者品位的痕迹"，能看到的只是"就像在厕所的墙上乱涂乱画一样的、非常粗俗的幼稚之作"。[13]

当未来主义派的代表们抵达伦敦的时候，艺术圈反应则更加充满敌意。1914年6月，马里奈蒂发表了一篇宣言《至关重要的英国艺术》，他试图通过这篇宣言赢得伦敦激进的青年艺术家的支持，把他们吸引到未来主义派的事业中来，但是结果却只是激起了漩涡派画家的反击，该派别的代表人物是32岁的柏西·温德姆·路易斯，他是一位具有反叛精神的画家和作家，对欧洲大陆的艺术非常精通。他个子很高，精力充沛，眼睛是黑色的，胡须也修剪得非常整齐。路易斯有着进行辩论所必备的魅力、头脑和天赋。他把马里奈蒂的方法运用到他自己发表的漩涡派画家的宣言《爆炸》之中（出版的时候采用了非常鲜艳的粉红色）。这对宠物文化形成了致命的冲击，而且激起了艺术家们的仇恨，并且这种仇恨以一种尖锐的方式呈现出来。如同其他所有的"主义"一样，漩涡派这一术语运用得非常勉强，其含义也非常含糊，这种用法起源于诗人埃兹拉·庞德，他把英格兰比喻成一个涡流："从这个涡流、通过这个涡流和进入这个涡流之后，所有的思想似乎都是仓促成型的。"这种模糊化使路易斯得以囊括欧洲大陆近期进行的所有文艺运动，并且以此攻击英国文化的传统特征〔"我们必须用艺术杀死约翰牛（英国人）"〕，但是同时他也坚持认为漩涡派具有明显的民族特色，具有控制的、个人主义的和盎格鲁—撒克逊的特征。这与"拉丁民族"对于机器、飞机等极具情绪化的沉迷的未来主义派是不一样的。[14]

1914 年 7 月，路易斯发表了漩涡派的宣言。与欧洲大陆的经验不同之处在于，大战之前，现代派艺术仅仅局限于开始进入英国。但是在接下来的那场冲突之中，它终于达到了自己的辉煌时刻，这一点再度与欧洲大陆的其他地区形成了鲜明的对比。

战争刚一爆发，欧洲大陆的先锋派运动就失去了它们的力量和重要性。1914—1915 年，艺术市场处于崩溃的状态，艺术的圈子也分崩离析了，画家们都迸发出了爱国主义的热情。其中一些人再也没有回到圈子之中，德国表现主义派的弗朗茨·马克和奥古斯特·马克，未来主义学派的翁贝特·博乔尼、安东尼奥·圣伊利亚和乔治斯·布拉格都被射中了头部，仅仅能够生存而已。

在德国，文化领域的作品是要经过严格审查的，德国皇帝一直认为自己是传统价值观最重要的后盾和支撑。1901 年德皇公开宣称，"我们在文化领域中的所有努力，其目标都是要强化我们的理想"，"为了实现这一目标，艺术必须达到鼓舞士气的作用，而不是把他们引导到排水沟里面"。战争期间，德国的保守派发起了一场反对先锋派的运动，指责他们受到了法国和意大利的污染，但是在凡尔登和索姆河大屠杀发生之后，表现主义派开始逐渐觉醒，并且把自己的情绪发泄了出来。卡尔·施密特—罗特卢夫指出，"或者你是一个画家，恶劣地对待所有的人群"，"或者你加入这一群体，与真正的绘画亲吻告别"。事实上，就像许多画家的选择一样，他选择了加入告别绘画的群体，由于对战争的恐怖而彻底崩溃，既不能打仗，也不能绘画了。奥托·迪克斯的神经和手在战争期间都没有发生颤抖，这是一个非常罕见的例外，他从前线向家里送回了几百幅画卷的草稿。战争结束之后，迪克斯与其他德国的表现主义艺术家如乔治·格罗兹等人一起开始转向政治艺术，他们采用达达主义的嘲讽手法，使1918—1919年革命性的剧变被戏剧化地呈现出来。但是随后，迪克斯开始加工其战争时期的作品草稿。1924年的《战争》是由50幅蚀刻版画构成的，主要描绘的是前线的堕落，即人们的斗争已经下降到动物的水准（第十幅）。在《战壕》这幅作品中，是一堆令人作呕的脑袋、内脏和排泄物构成的画面，还有一具腐烂的尸体被钉在顶部。这幅帆布画可能在纳粹时期被毁掉了，但是在他1932年三幅一联的作品《战争》中进行了重新修订，而这部作品一直留存了下来。在战后由迪克斯、马克斯·贝尔曼和其他觉醒的老兵一起创造的艺术中，战争的残酷性完全用下流的直率的方式表现出来，这与法国和英国是截然不同的，他们不仅在总体上描绘了死亡及濒临死亡的场景，而且也体现在对因战争而致残的人的诸多画面上。[15]

　　在法国，大约有3000名男女，其中大部分是职业的艺术家，在军队中的非战斗部队里面度过战争时期，他们使用立体派的技法，使枪支、观察哨和其他的军事物体"去形式化"，因此在格特鲁德·斯泰因观察到一门改装过的大炮沿着拉斯帕埃大街滚动的时候，毕加索的评论是"这是我们做的"。这种战争时期极端的爱国主义热情也开始导致对于艺术现代性的怀疑。法国的保守派对立体主义展开了攻击,暗示它是一种"德国"的艺术形式,所以艺术家们开始回到传统的过去,寻找一种适合宣传法国作为拉丁文明阵地的形式,以反对德国的极权主义。毕加索虽然居住在巴黎,但他是西班牙人,因此被免除在法国服兵役的要求,他对于诸如安格尔和普桑之类的画家表现出新的兴趣,同时也产生了对意大利戏剧中丑角人物的兴趣。毕加索已经从战前对于立体主义的经历中转移了,由于战时的需求,"对于秩序的回归"主导了他艺术征程的下一阶段。[16]

除了公众的压力,欧洲大陆的艺术家们在表达战争造成的恐怖方面也面临真正的问题和挑战。尽管政府对涉及本国死伤的作品审查非常严格,但是照片、电影等形式已经把前线的景象呈现出来,这些都非常的清楚、直白,非常令人震惊。艺术家们努力想要达到相应的效果,或者试图揭示出更令人震惊的与众不同的东西。高度抽象的技术手法很难恰当地表现出战争对于人类及自然景观的伤害,因此,即使诸如康定斯基和马克•夏卡尔这样高度抽象派的著名人物,在他们的作品中也开始出现可以识别的人物、建筑和树木。大多数艺术家都在苦苦寻觅,试图在一个摄影的年代里找到一种适合现代艺术的表现方式,这也是大多数艺术家脱离战争这一主题的原因,当然也有例外,如德国的迪克斯和法国的莱热。

在战争进行期间,大多数的交战国都经历了文艺市场的复兴,博物馆参观人数也在激增。然而,公众对绘画的关注并不是为了去回顾战争,恰恰相反,他们是想在那里暂时逃避战争的影响,他们渴望看到的是心灵安慰的主题以及传统的表达方式。在一次展览会上,一位居住在俄国的波兰难民,站在一幅漂亮的风景画前面泪如雨下。"鲜血,鲜血,到处都是鲜血,"她哭喊道,"但是这里是多么美好啊!"即使人们关注与战争有关的绘画艺术,那也是因为这有助于使他们激起对死亡之谜这一问题的思考和悼念，这也使宗教主题重新兴起。在俄国，娜塔莉亚·洛娃以前是一位狂热的立体未来主义者，现在则以拜占庭式的宗教艺术方式进行创作，这体现在 1914 年她的系列石版画"战争的神秘景象"之中，天使和飞机同时出现在这些画面里边。[17]

大多数政府也没有做出足够的努力来推动战时艺术的发展，也许这是因为它们对电影、摄影和海报投入了更多的关注。1918 年，美国军队把 8 个艺术家送往欧洲，但是他们在艺术背景上都是杂志和书籍的插图作者，这也使得哈维·邓恩显得独树一帜。他来自美国的南达科他，年轻时是一个健壮的农场小伙，他创作出一些能够表现个人痛苦和西部战线恐怖的作品，在他的创作中能够看出很强的情绪特征。哈维·邓恩完成的作品总数不到 30 幅，每一幅都承载着巨大的情感。但是他也试图"用特殊的品质抓住对战争的感觉"。美国的战争艺术绝大多数是描述的，并没有唤起人们思考的特征，他们主要使用炭化笔或者蜡笔作画，且不是全幅的画作，其战争作品总共只有 500 幅。[18]

法国的艺术体系则规模更加庞大。画家在军队中的任务被界定为要抓住前线的气氛，而且使用"敏感与情绪把其所发生的事情鲜明地呈现出来"。但是，尽管有 8 个官方的艺术家梯队于 1916 年和 1917 年在不间断地进行工作，但是他们的作品看起来仍然非常传统，集中于营地、运输、废墟和空洞的风景，很少有关于冒着危险行军的军队、爆炸和炮击的特写镜头，也体现不出现代战争的残暴，当然原因也在于画家们不被允许到前线去。一位评论家提醒道："这是一群行色匆匆的旅游者，手里拿着指南书，来到国外进行访问，但是没有时间细细地体会，因而也不能充分地理解这种场面。"[19]

事实上，法国人的战争艺术作品之中，最具艺术价值的是《睡莲》，该作品由 8 幅在细长画板上所画的莲花构成，作者克劳德·莫奈，是印象派中最伟大的坚守者，其出处来自于 1914 年，当时他的儿子正在前线战斗。停战协定签订后的那天，莫奈把这幅作品呈交给了法国政府。法国总理克列孟梭是他的老朋友，而且本人也是一位评论家，他把这些版面进行了组合，把它放置在巴黎的橘园美术馆两个专门腾出来的房间里面，一位评论家因此称之为"印象派的西斯廷教堂"。莫奈对和平的纪念，按照法国历史学家菲利普·达恩所说的，虽然是"画家的沉默"的表达方式，但也许是第一次世界大战的一项最雄辩的证词。[20]

在英国本土及英帝国的范围之内，故事呈现出截然不同的特点。因为当时的艺术家们要直接面对战争这一主题，而且很多人是在政府资助的情况下从事这项工作的。20世纪20年代和30年代，英国最具代表性的和最重要的作品都被陈列在帝国战争博物馆之中，该博物馆建立于1919年，它的藏品远远优于泰特美术馆，尽管后者比帝国战争博物馆早建立20年。帝国战争博物馆有3000多幅艺术藏品，其中大部分是政府赠予的，其目的是"为先锋派的作品有意打造一个公共场所，同时使得先锋派作品能够被用作公共事业"。[21]

与欧洲大陆一样，在战争爆发的最初几个月，英国也出现了反对先锋派的强烈的爱国反弹。1915年3月，《时代》杂志谴责了当时的一次温德姆·路易斯、威廉姆·罗伯茨和其他漩涡派作品的展出，称其为"艺术领域的德国容克地主"。艺术评论家们宣称，这些绘画作品在精神领域本质上是普鲁士主义的，采取的是走正步式的绘画方式，而不是用自然的方式去作画。另外一位评论家甚至希望所有漩涡派的画家"在战争中丧生"。一些人的确丧生了，包括著名的雕塑家亨利·戈蒂耶—布尔泽斯卡，其他一些人如罗伯茨和大卫·邦伯格加入了军队，主要原因在于爱国热情的压力，同时也是在艺术市场崩溃之后为自己谋一条生路。就像欧洲大陆的艺术圈子一样，由于战争的原因，漩涡派也被分散了，《爆炸》的第二期也是最后一期是在1915年7月出版的。

真正拯救艺术家们的是战争宣传，更确切地说，是1914—1918年英国关于战争宣传的特殊理念拯救了艺术家们，这是在战争办公室要求的保密与自由公开之间达成妥协的结果。这里至关重要的人物是查理斯·马斯特曼，他是惠灵顿别墅（也就是负责战争宣传的政府保密局）的首脑。由于他长相幼稚，衣着草率，他的作用很容易被人低估，但实际上，马斯特曼是一位极其精明的知识分子，也是一位非常杰出的能够暗中完成政府大事的人。"他对艺术几乎一窍不通，但他具备发现他人潜能的非同寻常的能力，早期的官方艺术可以说是他精心设计的一件作品。"[23]

在推行强迫性的保密制度方面，英国在所有的交战国中是最为突出的。一直到1916年中期之前，英国在法国一直没有官方的摄影师，1914和1915年间少量的关于英国人在法国的图片主要来自士兵们，他们用自己的相机偷偷摸摸地拍了一些照片。只是在发动索姆河进攻的时候，当时迫切需要来自英国国内的支持，黑格的手下才授权两名官方的摄影师来到西线，按照情报局长约翰·查特里斯将军的说法，其原因是"居住在河边的人必须与鳄鱼成为朋友"。在整个战争期间，英国的官方摄影师拍摄了4万幅底片，其中2.8万幅是关于西部战场的。与此形成对比的是，早在1915年4月，法国军队就建立了一个拥有照片恢复专家的部门，由上百名职员构成，并且具有移动的实验室装置进行配合，但是在战争期间也只产出了15万幅照片。同样地，到1917年，德国军队的图片和电影局制作了20万幅幻灯片和3万幅底片。[24]

战争办公室和英国海军部对于电影制作者都采取了故意阻碍的态度。马斯特曼曾经想通过动感的照片促进英国的战争动力，无论在国内还是海外都想达到这一目标，但是主管的官员认为这会暴露关键性的秘密。许多政府的工作人员认为，与音乐的圣殿相比，照相机是非常粗俗的。第一部电影《准备好了的英国》直到1915年的圣诞节才开始投入拍摄，而当时德国的宣传则已经遍及全世界。一份电影杂志发出呼吁，"醒来吧，英格兰！"，德国已经"垄断了电影院，而且电影已经成为引导公众观念的非常重要的手段"。[25]

截至1916年年初，英国无论在战争摄影还是电影制作方面都落后于敌国。但是这种视觉艺术的空白部分被战争艺术项目的推行所弥补。这一项目最初起源于惠灵顿别墅的一位职员与著名腐蚀铜版画作者默多克·伯恩的一次偶然谈话。后者在谈话中提及他随时准备应召入伍。这似乎是对伯恩才能的浪费，这一问题引起了马斯特曼的关注。马斯特曼本人对艺术并不太感兴趣，他问自己的妻子："你知道有一位名叫默多克·伯恩的艺术家吗？"她后来回忆说，她当时的回答"带有一些小激动"，并提醒她的丈夫家里的墙上就挂着一幅伯恩的作品。于是，1916年8月中旬，伯恩抵达法国，其身份是名誉副中尉，配有司机驾驶的小轿车，任务是对西部战线进行简介。与摄影师和电影拍摄者不同，战争艺术家是英国军队的一项传统，而伯恩也是一位遵循传统惯例的艺术家，他的任命是由黑格批准的。伯恩的木炭画重视细节，但并不血腥，再加上注释的文字，被重新以系列的方式公开出版，并很快成为非常畅销的口袋书，这一系列书就叫《西线》。这是一个经过审查的对前线的描绘，是"一部被没有参加战争的检查者组合出来的旅行记录"。但是伯恩却为诸如理查德·内文森和保罗·纳什等年轻艺术家的被任命铺平了道路。更为重要的是，这些艺术家几乎没有受到任何限制，内文森有一次曾经问道，创作中是否有需要避开的主题，马斯特曼摆着手回答道，"画任何你想要画的东西"。[26]

对于当时的这种评价，值得进行再度思考，因为它反映了马斯特曼作为自由党人的信条。他关于英国宣传的哲学是"呈现事实，并建立在这些事实基础之上的普遍争议"。人们往往被设定为在本质上是非常理性的生物，容易被争论说服，而不完全是被情绪所操控。与英国形成鲜明对比的则是，德国的宣传完全被军事掌控，完全受制于非常严苛的《围攻法》，该法案是建立在对民众权利践踏的基础之上的。

这展现出来的是一种失败的理念，"对后方既不理解，也不信任"，这最终导致了德国在1918年的溃败。[27] 当然，在所有的交战国家，精英们都很难信任后方。随着战争的深入，英国开始实施更大程度的强制手段，就像自由党内的其他人一样（例如在征兵法问题上），但是马斯特曼仍然试图在战争的紧急状态中努力践行他的自由派价值观念。他的反应部分是由于传统，特别是德国的极权主义在鲁汶、兰斯和卡西塔尼亚暴露出来之后，马斯特曼认为这些行为使自由和文明的理念遭到了践踏。马斯特曼同样需要一些手段反映这样的结局，否则英国等于抛弃了自己宣布的战争价值目标，于是他的优先选择是基于事实的宣传以及尽可能的艺术自由。[28]

马斯特曼使得战争艺术项目得以进行下去，但是其更大的导演则是两位媒体大亨：马克斯·艾特肯与比弗布鲁克勋爵。"比弗"是一位充满活力但也是一位不知廉耻的加拿大商人，他于1910年来到英国，并且很快与博纳·劳和劳合·乔治等人建立起了紧密的政治联盟。传记作家A.J.P.泰勒的分析认为，他的性格特征"主要是由出生的时候决定的，是一个机灵的、不知疲倦的小男孩，经常制造恶作剧"，这从他顽皮的面孔中就可以看出来。1918年2月，比弗布鲁克被任命为负责掌管信息部的全面工作，其优先的任务是通过无线的和有线的多种手段，包括电影和摄影等，传达最新的新闻态势。传统的宣传手段看起来已经过时了，1918年3月，英国撤回了所有在法国的战争艺术家，其原因是德国的进攻可能会轻易地使其工作陷于危险之中。而同时，在战争的最后几个月，战争艺术则空前繁荣，这不仅仅是因为宣传的自由（这也是马斯特曼最初的信条），而且是因为比弗布鲁克想要通过绘画的形式记录和纪念战争。在这方面，他已经在加拿大军队尝试过了，现在他想在更大的范围内复制这一模式。比弗布鲁克作为信息部首脑的第一项行动就是建立英国战争纪念委员会（BWMC），包括马斯特曼和作家阿诺德·班尼特等人。他们共同拟订了一项雄心勃勃的非常具有系统性的计划，涉及国内外的 8 个战争领域，包括"军需品"和"文员以及妇女从事的其他工作"等。在默多克·伯恩等人的指导下，英国战争纪念委员会调动了大量的艺术家，包括漩涡派的路易斯和罗伯茨等人，建立宏大纪念堂的计划也在筹划之中，主要是为了集中体现民族的牺牲。这也有英国政府本身的作用，准予创作一系列特别表现西部战线特征的巨幅画作。[29]

关于英国战争纪念委员会，历史学家苏·马尔文的评价是：这是英国在 20 世纪"最野心勃勃"的一个国家资助的"指导现代绘画艺术"的项目。当然，如果没有总体的战争背景以及相伴随的政府指导，这一项目是不可能实施的。当然，称之为"国家资助"似乎是从英国政治与社会中非常明显的自由主义特征的滑落，这种自由主义特征与敌国的极权主义特征是截然不同的，虽然也有像比弗布鲁克那样的对个人的掠夺与剥削。他对加拿大和英国实施战争艺术设计的特征，按照玛利亚·蒂皮特的话说："是个人的特设的组织，并且是有强有力的人物通过各种手段和联系建立起来的组织。"比弗布鲁克甚至在这个部门受损之后，创立了一个临时性的慈善机构以保证该项目的顺利运行，其目的是为"后人留下遗产"。与传统的英雄般战役的绘画不同，这主要是在工作室里面进行的，而油画必须"建立在个人经历的基础之上"，需要抓住"最高峰时期的情感、情绪和热情"，每一位艺术家都应该拥有"最适合自己品位的绝对的创作自由"。[30]

这种得到授权的关于战争艺术的创作自由具有明显的英国特色，其根植于早期的表现主义和注重风景的传统，但是注入了现代派的态度和技巧。对于许多青年艺术家而言，战争委员会给予了他们一种战前所没有的艺术主题和艺术视角。

例如温德姆·路易斯 1917 年的时候曾经作为炮兵部队的军官服役六个月的时间。20 年后他回忆这段经历的时候认为，经过炮火的洗礼，他"迅速地被融进了战斗的传奇之中"，他的意思是这引发了情感的投入，而不仅仅是固有的美感。路易斯讽刺性地写道，"的确，浪漫是美丽的敌人，那个巫婆，战争每次都能把它带到特洛伊的海伦那里"，"如果战争在进行，一定不要错过。你不能承受失去那种经历的代价"。也许他没有充分抓住这一经历，由于战争艺术项目，他在 1918 年整年都远离前线。他的绘画技巧与战前漩涡派的抽象特质完全不同，就像他后来所评论的那样："以前让我特别迷恋的是几何学的方式，我现在突然觉得它是非常暗淡和空洞的。它们需要填充物。这种方式和以前一样仍然存在于我的头脑之中，但是却逐步被淹没在多姿多彩的生活之中，血肉丰满，那才是真正的生活。"他补充说道，"在弗兰德斯和法国众所周知的《路线》这一作品，描述的是绵延数里的沙漠，它们现在则给予了我一种与那种'抽象'的概括相一致的素材，这是我以前极力尝试过的一种方式，因而是比较容易过渡的。"[31]

路易斯关于战争的抽象的观念，在其一系列的关于炮兵的绘画作品中得以充分体现，其中最著名的就是《带壳的电池》，这是一幅把漩涡派和抽象派的技巧极不和谐地结合在一起的一部作品。在帆布画的大部分画面中，一队炮手正在狂奔去装炮弹。这些士兵生硬，挺拔，看起来像机器人甚至像昆虫，都服务于机械化的主人。在画面最左侧的位置绘出了 3 位军官，站在昏暗的背景里面，其手法是现实主义的，其中一位正在注视着这些狂乱中的炮手，第二位看起来极其疲倦，手里拿着烟斗，第三位（看起来有点像路易斯本人）视线则根本没有关注这些炮兵们。如何解释这些旁观者的行为已经引起了无穷尽的争论。这幅画真的代表了面对新的世界，路易斯作为旧的漩涡派代表自己的选择吗？难道这幅画在指明战争是一场悲剧，就像希腊合唱队那样分声部地运作吗？难道这种官员与士兵之间的分开反映了一种更深层次的分裂，就像路易斯看到的一样，是个体与群体之间的分裂？又或许，鉴于他对马修·阿诺德的浓厚兴趣，他是力图唤起文化与混乱之间的思考，通过文明反对混乱无序，用理性面对精神上的错乱？因为，他在后来曾经写道："为了获得这块干热的、空洞的、毫无生气的沙漠，你必须先假定人们已经疯狂了。"[32]

关于如何解释《带壳的电池》的争论，这一问题可能永远得不到解决，但是毫无疑问的是，战争的传奇经历使得路易斯的艺术人生达到了一个新的高度，而这一高度是以前的他所无法企及的。这一结论同样适用于理查德·内文森，他是另一位设在布卢姆斯伯利的斯莱德美术学院的毕业生，在绘画技巧方面受过良好的训练，但是一直在追求自己的艺术风格。1914年他以马里奈蒂的弟子的身份出现，并以一种非常幼稚的对抗方式反对路易斯。但是经历过在救护车上工作的几个月之后，他逐步显示出自己作为一个艺术家的特征，找到了自己关注的主题和绘画风格，它与路易斯的非常相像，但是却用另一种不同的方式呈现出来。

内文森把立体派的简化方式和未来派的能量进行了一种奇怪的混合，创造出了一些关于战斗中的军队的画作，非常引人入胜。最为著名的是《机枪》。这幅画作的主题是一小队法国炮兵被禁锢在一个封闭的空间里面，周围都是武器，背景是被铁丝网分割开来的天空。这幅画作被诗人劳伦斯·比尼恩解释为"一个被自己制造出来的机器奴役的男人的世界"，因此给人以非常震撼的感觉。事实上，所有艺术评论家的意见几乎都是完全一致的，就像路易斯·欣德所写的那样，"当战争不再存在的时候，这幅画仍然将向我们的后人证明这种战争带来的震惊和耻辱，它也是一个鲜明的例证，证明了在20世纪的第一个四分之一的时间里，文明人对于文明人所做的事情。"《机枪》这幅画是现代派的，但并不十分抽象，休假中的士兵正在排队等着看风景，因为只有这样他们才能证实自己的存在。后来在战争中，内文森的风格转向了非常形象的现实主义，他不再关注于士兵们的勇气或者遭受到的痛苦，但是他关于战争的最后一幅画作《战争的收获》重新回到了战斗中的军队这一主题，这次他的主题不再是机械化的群体，而是把眼光投向一队衣衫褴褛的伤兵，正在跋涉穿越一个布满尸体和泥土的即将枯萎的沼泽地。尽管是以战争的摄影为基础，内文森仍然通过把人物按照从右到左的序列，并把其设置在椭圆形的框架之内，从而赋予了这幅画诗意般的深度。这个椭圆形是喷射的机枪所形成的，这也是一个象征，表明他们以及他们这一代人所无法逃离的一种命运。[33]

对于其他战争的绘画作品来说，"收获"也是一个讽刺性的题目，例如，奥彭的三个农妇的色彩非常亮丽的画作，其中一位带着孩子，还要照看土地，但是土地上却布满了坟墓和铁丝网。收获的主题创作重新拾起了田园风景画的传统，重现回溯到从特纳到康斯特布尔的时代，这也是英国艺术的根基所在。在所有的战争艺术家中，这一风格最成功的实践者就是保罗·纳什，他也是斯莱德美术学院的毕业生，在战争之前他一直在苦苦找寻自己的风格。保罗以前沉迷于对树木的绘画，他说，观察它们，"就好像它们是人类一样"，但是在学生时代的这种前拉斐尔派的忧伤主义，随着 1917 年他投入战争而被彻底摧毁了，他最初是作为一个步兵军官，后来作为战争艺术家介入了战争，他观察到了西部战线的情况。他第一次接触西线是在春天，像其他许多画家一样，他开始完全沉醉于令人吃惊的形状和色彩，那种"奇妙的、极具破坏性的格式……冒烟的、摇晃的屋顶以及到处露出的房屋的一半，而这些都被掩映在斑斓的树木和盛开的鲜花之间"。他在给妻子的信里写道，"我相信我在战壕里的生活比其他任何地区都要快乐""这听起来比较荒唐，但是这里的生活却更有意义，有一种全然不同的崭新的意味，而且具有更为深刻的美感"。但是当纳什在 11 月重返帕斯尚尔战役的战场的时候，看到雨中的战场，充满泥泞的战场，他完全呆住了，"这是一个国家经历的最可怕的噩梦，这主要是但丁和波等人构想出来的，而不是自然塑造的结果"，"在任何地方都看不到上帝之手的闪光作用"，"日出日落，都是在亵渎神明"，他声称，"这都是对于人类的嘲讽"。这一场景由于来自地狱的颜色而更加鲜明：黄色的散发着恶臭的泥浆，盛满绿白色水的弹坑群，黑色的即将枯死的树木，以及源源不断发射的炮弹在不断地袭击这块土地，使其变成了一个坟场。纳什宣称，"我不再是一位兴趣浓厚、充满好奇心的艺术家"，"我是一个信息的传递者，将把那些正在战斗中的人们的信息传送回去，传递给那些希望战争永远继续下去的那些人。也许我的信息是无力的，无法真正发声的，但它却是令人愤怒的事实，也许这会烧毁他们污秽肮脏的灵魂"。[34]

在艺术创作的兴头上，纳什开始关注土地，并且把立体派和未来派的方法和关注点，如"几何形状、不连贯的运动，以及折翼的飞机"，都应用到传统的风景画里面。《梅宁路》和内文森的《战争的收获》一样，描述了西部战线的荒原地区，但是它的关注点在于土地而不是人类。正如历史学家保罗·高夫所定位的那样，纳什揭露出来的是"战争的空隙"中蕴藏的"潜在的暴力"——不同领域范围内的水、泥浆、小路和树木，如果对这些景物进行近距离的审视，你会发现无路可逃。[35] 更能明显表现出这一特征的是《我们正在创造一个新世界》，在这幅画中，银色的太阳从云层之中升起，云层的颜色就像干枯的血一样，太阳的光芒照射在被猛力攻击过的土地以及无枝杈的树木所组成的月白色的风景上。时至今日，它仍然是关于西部战线最具讽刺性的一幅画，它的题目本身就体现出这种犀利的讽刺特征。当然，值得记住的是，这是官方艺术作品中的一幅，它最初出现的时候，没有题目，是《乡村生活》出版的《前线的英国艺术家》的封面。换句话说，正如艺术史学家苏·莫尔文提醒我们的那样，现在我们认定的这是一幅"反战的画作"，在1917年发布的时候是为了协约国的事业进行隐蔽宣传的目的而使用的。今天我们看到的这幅作品是全面抽象地宣传战争恐怖的画作，当时给英国人们提供的信息是：这是对法国和比利时进行的野蛮的匈奴式侵略的形象证据。透过这幅画面，人们应该感知到英格兰仍然是一块绿色的、和平的土地，但是也必须意识到英国很可能也会遭受到欧洲大陆那样的蹂躏，这正是英国兵流血牺牲的原因。通过这种方式对这幅画面进行理解，才能表达一种更积极的意义，英雄的英格兰士兵正在创造一个新的世界。[36]

于是，纳什因此能够把"他早期的爱国的视角和现代的力量融合起来"，进而表达了"战争带来的全面恐怖"。[37]内文森则在相反的方向发展，他把抽象的画法与人性的新感觉结合起来；而路易斯追寻了同样的轨迹，但却是在一个更高的层次上进行的。当然，许多的战争艺术家并不是来自先锋派，他们的很多主题来自传统的表现主义，其质量要更高一些。但即便是已经自成风格的艺术家，仍然会被某些特别的事情所打动。肖像画家约翰·辛格·萨金特受命创造出非常重要的一幅"超级画作"，其主题是当时被建议成立的纪念堂。他出生于美国，他认为理想的画作应该描绘跨大西洋的合作，但实际上这位肥胖的、衰老的来自伦敦的名人仍然在寻觅一个合适的主题，这已经远远超出了他在前线所能体会到的深度，因为他不知道军队是否会在周末停止战斗。最后，萨金特创作出了一幅令人感受最为强烈的战争画作，其画面是 1918 年 8 月靠近阿拉斯的一幅场景。他花了一年的时间把他的草图画成一幅 20 英尺 [1] 长的画面，那是一队中了毒气的被蒙上眼睛的士兵，他们沿着一条公路从左向右行进，而路的两边则躺满了痛苦不堪的人们。这些士兵穿着粗绒毛呢的衣服，在非常僵硬地行进中，努力使自己保持尊严。尽管没有应用现代派的手法，《中毒》仍然浮现了现代战争的狂热场景。当然，它没有引发剧变，不是对迪克斯残酷的表现主义的反应，而是同情。这就是要把你吸引进来，而不是把你排除出去的战争艺术。

但是，这只是一个简短的词组。纪念堂本来计划可以安放《中毒》

---

[1]1 英尺约 0.3048 米——编注

这幅画作的，但是却没有建立起来。在和平时期的财政紧缩政策中，这个项目显得过于浪费。同时，还有对现代战争绘画艺术的反弹，1919 年，当这些作品中的一部分在皇家学院展出的时候，当时的新闻界惊呼这是"艺术上的布尔什维克主义"，"英雄们看起来都和小丑一样"。《每日镜报》的一位评论家说道，现在他知道人们所说的"战争的恐怖"是什么意思了，这些画面进行了"有益的补充"。[38] 在 20 世纪 20 年代，许多现代派画家挣扎着在寻找，一旦战争消失之后他们应该侧重什么样的画面。内文森很随便地对待不同的主题和格调，比一般的画家更有学问，而按照奥登的话说，路易斯已经成了"孤独的、年迈的右派的火山"，喷射着前法西斯主义的火焰。保罗·纳什相对来说更加成功一些，他重归了田园风景系列，对肯特郡的神秘沼泽的描绘以及南唐斯丘陵的描绘都属于这一系列。他对于风景的回归，在某种程度上说，是英国艺术甚至英国文化在 20 世纪 20 年代和 30 年代的典型特征。[39] 但是这些独特的英国艺术作品，这些被马斯特曼的自由理念所鼓励的艺术，被比弗布鲁克的自我意识和英国福利国家的资助保留下来，最终在新的帝国博物馆中找到了自己的安放之地。在那里，这些作品成为图片的财富宝库，反映了大战期间英国视野与观点的不断转化。

尽管政府对于战争艺术的资助由于战后财政紧缩而受到限制，但是 20 世纪 20 年代官方兴办纪念性建筑物的项目还是比较引人注目的。所有的交战国都面临这样一个挑战，即如何处置在此前欧洲所有的战争中都没有经历过的大规模死亡事件，其结果是形成了一个在战场上兴建公共墓地的大型工程，在西部战线尤其如此。但是，仅就战争艺术而言，英国的反应也是别具一格的。

对 1918 年 11 月 11 日的停战，整个英格兰地区都进行了广泛和狂热的庆祝，但是就官方而言这只是一个停战协议而已。对和平正式的纪念必须等到次年 6 月《凡尔赛条约》的签署，而在英国这一特殊的和平纪念日被定在1919年7月19日。它的最高潮体现为横穿伦敦的胜利大游行。在劳合·乔治的坚持下，这一纪念活动的中心设置在白厅中心的"停灵台"，在这里军队的士兵们将隆重纪念死者。这座停灵台是在两个星期的时间内建成的，是著名的建筑师埃德温·鲁琴斯爵士用木头和石膏搭建而成的，并且建议把其命名为"阵亡纪念碑"或者"空旷的坟墓"。令英国政府非常震惊的是，这一建筑物的落成取得了巨大的成功，在新闻媒体的照片里，这一灵台被致敬的花圈环绕。《时代》杂志引导了这一新闻界的潮流，认为这一简单严肃但是非常具有美感的设计应该"用更长久的方式保留下来"。到了1919年7月末，国会支持鲁琴斯把它用石头进行了重建，这一次，其目的也不是为了在1919年11月11日举行的停战周年庆典。只是到了11月5日，内阁才同意整个国家默哀两分钟，这也是考虑到南非在战争时期每天中午都要"三分钟的默哀"，这是对无论活着的还是死去的士兵们的一种纪念方式。停战协定这一天的默哀对整个国家产生了巨大的影响，在伦敦，鲁琴斯的短暂的纪念性作品由于公众的要求被保留在原地，而且成为以国王为首的献礼活动的焦点。[40]

一年后，也就是1920年11月11日，乔治五世按时地为这一阵亡纪念碑揭幕了，并站在那里默哀了两分钟。随后，他来到威斯敏斯特大教堂参加了"一战中无名战士"的纪念葬礼，这些无名战士是从西线挖掘出来的士兵尸首中随机选出来的，现在重新在中殿被隆重安葬，尽管保留下来的可能都是自1914年参战以来的普通士兵，但是他们在理论上也可能是任何一个人的亲属，这也是为什么坟墓具有吸引力的原因。因为它代表的是整个帝国的死者，英国政府拒绝了任何在其联邦建立其他类似纪念碑的要求。

英国的这种纪念方式并不是独一无二的，1920年停战纪念日那天，法国也修建了自己的无名战士纪念碑，1921年美国也这样做了。伦敦的阵亡纪念碑从一个短暂性的停灵台变成了一个胜利纪念碑，这在巴黎则表现为 1919 年的法国国庆节。但是这一思想从未在法国扎根,而对英国却是绝对重要的一个问题。这种长久的纪念比最初创意的时候要受欢迎得多,在仅仅一个星期的时间里,125 万人参观了这一建筑,呈献的鲜花竟然达到了 10 英尺的厚度。[41] 这种强烈的愿望部分应该归功于鲁琴斯的设计——传统与现代、摩登与世俗的混合——运用了圆柱收分曲线的原则,表面上是笔直的侧面,实际上具有曲线的柔和之美。而且它也留下了公众想象的空间,数百万的先生和女士都可以体会到他们自己不同的感觉。但是公众请求使阵亡纪念碑永存还有另外一个深层次的原因。除了威斯敏斯特教堂作为象征性的坟墓,白金汉宫的空棺材将成为纪念这个国家的痛苦的永久宝库,因为英国的战争阵亡者将永远被埋葬在外国的土地上。

在战争早期,英国政府就决定战士们战死时应该被就近埋葬在牺牲的地方,把所有的尸体运送回国,甚至包括寻找和鉴别这些尸体是被禁止的。法国政府最初采取了同样的立场,但是在 1920 年的时候,由于公众的强烈呼吁,被迫对这一政策进行了调整,最终大约有 30%的可以鉴别出来的死亡者(24 万人)被重新安葬在家族的墓穴里面。其余的绝大多数死于这场战争的人,只是被安葬在法国的国土上。与英国一样,德国也不准备让大多数的死者回国,但是考虑到 20 世纪 20 年代早期的政治和金融危机,纪念性的建筑被淡化了,而葬礼则仅在规模较大的墓地上举行。死者们被奉为"倒下的英雄",而不仅仅是普通的公民士兵。他们被埋葬在黑色的英雄墓地里面,周边环绕着日耳曼的橡树。例如,凡尔登那个充满装饰艺术的可怕的藏骨堂,采用的是巨石柱的坦嫩贝格式的纪念方式。但是英国的方式却是独一无二的,这体现在纪念建筑物上花费的金钱、艺术和情感方面,特别是在沿着西线构筑的纪念物方面。[42]

在英国的这一项目之中,费边·韦尔的想象力和精力发挥了决定性的作用。他以前是一位教育家和新闻记者,还在南非担任过行政官员，因而既具有公众的情怀，也有帝国的情感。战争爆发的时候他已经 45 岁了，年龄太大，所以不能服役了，韦尔自愿在法国担任救护车的司机。在那里，他被大规模的肆意残杀所震惊，于是决心把士兵们的坟墓进行登记注册和纪念。他的法语极其流利，到 1915 年中期，他已经成功地说服了法国政府捐献出一块土地，用以埋葬协约国的士兵。两年之后，英国政府采纳了他的建议，以进行长久的战争纪念，这就是战争博物馆建成的始末。战争博物馆中不仅可以容纳英国士兵的坟墓，还容纳了整个帝国范围内士兵的坟墓。为了更好地在战后继续照管好这些坟墓，帝国战争墓地委员会（IWGC）在 1917 年 5 月接受了皇家的称号。事实上，在英国漫长的战争历史进程中，它也面临着前所未有的挑战，这不仅仅是因为杀戮的规模，到战争结束之际，英帝国的死亡人数超过了 100 万。但却因为当时处于民主的时代，英国对战争的死亡者也采取了非常不同于以往的态度。[43]

在莎士比亚的《亨利五世》中，在英国对法国的阿金库尔战役之后，法国的传令官们允许英国人要求离开"……让他能走遍这血腥的战场，登记己方的死者，然后进行掩埋"，特别是"从普通人中甄别出高贵的那些人"。在《亨利五世》的第一部分，在圣女贞德把表格提交之后，一位英国骑士要求法国人：

把他们的尸体交给我，我可以接纳他们。
把他们埋葬起来，以配上他们真正的价值。[44]

莎士比亚剧中所提供的依据他们的"价值"进行安葬的观念，在后来的战争中仍然是一个基本准则。1815 年滑铁卢战役之后，1.5 万名英国士兵战死，大部分的军官被运回国内，举行了家族葬礼，但是其他的士兵和军官则被埋葬在当地公墓中。直到 1890 年，在维多利亚女王进行了一场公债发行运动之后，才在布鲁塞尔的维尔公墓树立起一个特殊的纪念碑。下面埋葬了17具尸体，都来自于滑铁卢战场，多数是高级军官。

100年之后，也就是一战之后，韦尔和他的同事们采取了截然不同的立场。他们坚持政府的决定，顶住了来自死者亲属的压力，认为所有的尸体都不应该被运回国内，即使那些富有的能够支付这笔费用的人也是一样。"上万名的母亲和妻子渴望她们挚爱的亲人的坟墓在国内，以便她们拜祭和照看，但是她们的想法逐渐枯萎了。"一位请愿者告诫女王："因为我们被剥夺了其他国家的人们能够享受的权利，我们深受伤害。"但是委员会决定，每具尸体都应该有自己的坟墓，但是"无论军官还是士兵，他们都应该长眠在形式基本相同的纪念性墓地里面"，不应该有任何的区别。韦尔在一次新闻发布会上解释道，"富裕的人家竖起了价值不菲的纪念碑，而那将使贫穷的无力购买那种纪念碑的人家感到卑微，这是极不人道的对比与反差"。相反，"在死亡这一问题上，从将军到士兵，无论什么种族，什么信仰，都应该在同样的纪念碑下接受同等的荣誉，这能够体现出他们的战友之情和他们为之战死的事业具有的重要意义"。至于墓碑的形式，委员会的政策非常强硬，坚持采用朴素的、同一种碑石，而不是采用基督教的十字架。这符合帝国宗教多样化的特征，考虑到各种因素，这也是可以接受的一种方式。墓石上也留出了一定的空间，写上名字、军衔、军团，以及死亡日期，还包括其最近的亲属提供的简短的铭文，当然其措辞要经过审查，以避免太平间的泥瓦匠、敏感的诗人或者其他具有奇思妙想的人利用这块自由的空间随意发挥。[45]

委员会的"奇妙构想"引起了抗议的狂潮。雕刻家埃里克·吉尔谴责这一思想，认为50万人的墓石都统一地标准化，是类似"普鲁士"的强制行为，这是在支持"统一的平庸"，来应对个体的工匠技艺。一位母亲表达了这样的一种恐慌："这些墓碑看起来就像众多的里程碑一样。"[46]英国的教堂和议会同样表达了非常不安的情绪，这是由诸如贝尔福、兰斯多沃内和罗伯特·塞西尔等高级政治家领导的异议表达，他们于 1920 年 5 月 4 日在议会进行了一场辩论。双方都情绪高涨。一位支持委员会决定的议员引用了一位失去亲人的父亲的来信："我们的孩子在罗斯的战场上失踪了，这片大地已经被毁坏，被开采，这也泯灭了所有可能重新被恢复的希望，我希望那些制造这场麻烦的人们意识到这样一点，他们在一个被命名的场所的墓石上能够刻上名字是多么幸运的一件事啊。"那封信的作者是鲁德亚德·吉卜林，英帝国的民粹主义的游吟诗人，为 1914 年的志愿征募不断地敲响战鼓，甚至通过幕后的操纵，让他唯一的儿子杰克被征集为一名军官，虽然他的儿子有弱视的毛病。吉卜林对于杰克之死的痛苦和罪恶感也许被表达在他的一篇嘲讽性诗歌之中："如果你质疑我们为什么死去 / 告诉他们，那是因为我们的父辈撒了谎。"杰克的尸体一直没有被甄别出来，而吉卜林把个人的痛苦升华到国家的纪念层面上来了。[47]

但是其他人对于这种做法并不满意。在国会的辩论中，塞西尔坚持反对意见，认为"墓碑的目的就是对个体的真正悼念"。在和平时期，那些"与死者最近和最亲的人"保留有决定的权利，那么为什么在战争时期就应该有所不同呢？塞西尔如此质问，并且非常愤怒地说道，"通过墓地委员会的形式表达国家统一的纪念"，这种概念的确是"一个新奇的想法，在世界历史上从来没有出现过……从来没有人说过，国家有权利把个人对个人的纪念转化成国家的纪念，而不考虑他们亲人的意愿"。[48]

然而，当时担任战争大臣的温斯顿·丘吉尔支持委员会的决定，决定把战争墓地变成永久性的国家纪念馆。"也许理由并不充分，但是至少我们可以做到这一点，我们可以让那些在战争中死亡的士兵的相关记忆持续数百年的时间。"丘吉尔宣称，通过那样的方式，他们的亲人也能找到些许安慰，"即使最卑微的阵亡的士兵"，他们的名字、军团和死亡地点也将被记住，这些将经历时代的考验，可能我们这个时代其他所有的纪念物都将褪色和消失。而这是一种更为长久的记忆方式，以前只有君主和贵族才享有这种待遇，他们的名字被刻在大教堂的石头上。[49]

塞西尔反对这一项目中的国家主义，认为对个人主义的珍爱才是高于一切的原则。但是真正使韦尔的观念充满生机的是民主的精神。他和他的支持者都抓住了在军队和国家中都业已出现的新的民主情绪，二者在1918年的兵役制度改革中体现得非常明显。[50]那些幸存下来的士兵现在已经拥有了投票权，他们的意见与那些绅士是同等重要的，所以那些没有回来的士兵应该享有同样的平等。在死亡的问题上，被命名的这种承认对于那种尊严是非常必要的，因此应该付出巨大的努力去记录那些甚至已经失踪的人。在伊普尔，上万名英国士兵通过梅宁门向东部推进，许多人再也没有回来。就像这座城市的大部分一样，战争期间梅宁门被破坏了，但是被重建了的大门的内部拱形门在1927年开放了，上面刻了5.5万名英帝国士兵的名字，他们都没有已知的坟墓。当然，对此也有批评的意见，西格弗雷德·萨松谴责这些"这些无名的名字令人无法容忍"，他们不是"英雄地阵亡"，而仅仅是"喂养了枪炮"。他把新梅宁门称为仅仅是一个"罪行的坟墓"。[51]

但是委员会的工作在继续进行。它最具雄心的计划是对索姆河中蒂耶普瓦尔战役的失踪者的纪念，这一战役发生于1916年，许多不列颠和英帝国的士兵都在此阵亡。这些用石头和粉色的砖头修筑的高耸的墓碑，方圆数里可见，是在1932年建成的。它是鲁琴斯设计的，就像他设计的停灵台一样体现了古典和现代的混合。这次，他同样采用了一个复杂的几何图形，这次是网状的交织在一起的拱形门，其内部刻满了7.2万个名字。在纪念馆的下面——山脚下，是一个容纳了300名法国士兵和300名英国士兵的公墓，大多数是未经甄别的士兵。这一联合安葬象征着英法协约。但是，很明显它也体现出形成鲜明对比的国家纪念方式。法国的坟墓被标上了十字架，光秃秃的十字架，上面只刻有令人非常震撼的词语"安科尼"。而英国的墓碑则包含了一些细节，如关于军阶、军团以及死亡日期等尽可能收集到的信息，再加上"上帝知道"的话语。这些墓碑上的铭文的避讳是吉卜林建议的，他一直不知疲倦地在为委员会工作，也正是他建议引用"他们的名字将永远活着"这句来自《圣经·德训》篇的话语，这句话被刻在每块墓地的纪念石上面。石头也是由鲁琴斯设计的，有点类似于祭台的形式，但是比较抽象，而且与宗教无关，这也是帝国战争墓地委员会避免与官方基督教纠结在一起的一个例证。[52]

英国的武装军队对于非白人士兵的命名的态度是不一样的。当时人们认定绝大多数的非洲士兵是没有宗教信仰的人，没有达到"文明的层面"，对他们不能通过个人的坟墓或者命名的方式进行通常的纪念，这一观念同样适用于被认为相对级别较高的印度军队，包括一神论的穆斯林。一个特别凄美的例证是设在巴士拉的英帝国战争纪念碑，那是一个巨型的石柱长廊，是为了纪念美索不达米亚战役期间失踪的4万名士兵，这一建筑物建造在阿拉伯河航道的岸边。[1] 但是巴士拉不是蒂耶普瓦尔，这一纪念物罗列了大约 8000 名英国士兵的名字，其中包括 665 名印度军官的名字，但是其余 33222 名印度士兵的名字仅仅被每支军队单独记入失踪士兵的数字名单里面。在大部分情况下，英国参与大战的非白人士兵都被以无名的方式进行纪念，"这是他们的价值所在"，这是一个只有白人才被认为是对民主比较安全的时代。[53]

这种对于名字和命名的迷恋或者其根源，在于美国的一个例证：1917—1918 年，大概只有不到 30% 的美国战争死亡者的尸体被埋葬在国外的土地上。许多亲属都把这些尸体运回家乡，而且在当时的情况下，美国 11.6 万为官方服务的死亡人数中，大约超过半数是死于

---

[1] 后来萨达姆·侯赛因耗资巨大把其向沙漠里移动了 30 公里。——原注

1918 年席卷美国的大流感之中。[54] 真正开启这种纪念为民主而战的死亡者的先例，是 1861—1865 年的美国内战，这是美国人真正的大战。北方士兵的死亡比例达到了 40%，无名的失踪者比例则更高，正如诗人沃尔特·惠特曼所说的，能够鉴别出来的"可以用一个单词表示，那就是：无名"。但是后来，在战争中，北方做了非常大的努力来收集资料，并对国家公墓中的死者进行鉴别。其中最为重要的是葛底斯堡，这是因为它的战争规模比较大，也是考虑到其背后的目的。每一个坟墓都被赋予平等地位，不因军阶和社会地位而享有任何特权。1863 年11 月，在公墓的正式开幕式上，亚伯拉罕·林肯总统的讲话进一步强调了这一原则，这次讲话只有 272 个单词，当时毫不引人注目，但是很快在修辞学领域赢得了至高无上的地位，林肯认为工业化带来的杀戮是一项非常可怕的事情，力劝他的同胞们努力完成"这些光荣战死的人"的已经开始了的未竟事业，这样，"民有、民享、民治的政府才不会在地球上消失"。[55]

作为一个战争领导者，林肯这一例证既有原则上的坚定性，又有策略上的实用性，英国在大战期间也被激发出这样的情绪。不仅劳合·乔治，而且一个关于圣高登斯总统雕像的复制品，也于 1920 年在议会广场被揭幕。葛底斯堡的例子经常被用作例证，1916 年，也就是在索姆河战役之前，一位新闻记者注意到，美国"对其内战中某些场面的沉思已经由于林肯在葛底斯堡的讲话而变得庄严但愉快，这是对永恒的死者的所有现代的告别词中最高贵的一篇"。[56]

不论葛底斯堡对帝国战争墓地委员会产生了什么样的影响，它的项目事实上根植于那种模式之中，寻求赋予这些为民主而战的死者以高贵和意义，但是在 20 世纪 20 年代，这一点是在更广泛的层面上被做到的，有将近 1000 名建筑师设计墓地和纪念馆，他们忙于工作，在比利时和法国之间来回穿梭。一些墓地和纪念馆的选址，如泰恩河、维米桥和蒂耶普瓦尔，实际上都是非常浪费的。总的预算达 815 万英镑，大约是战争最后几个星期中每天花费的两倍。所以安葬比杀戮要便宜很多。但是，考虑到和平时期不同的财政计算方法，委员会的工作仍然是 20 世纪 20 年代政府建设项目中最大的一笔开支，大抵相当于现代伦敦地铁的所有车站，或者新开发的电话交换项目的花费。20 世纪 30 年代早期，西部战线上的公墓已经成为"朝拜"的公共场所，包括学校团体的访问。鲁琴斯和他的建筑师同僚们创建了一种被比较恰当地称作"民粹主义和民族主义的艺术形式。""对一个国家而言，这是令人敬畏的，这是由于民族主义的作用，因此不能、也永远不要忘记这一点"。[57]

战争艺术和战争墓地都是非常庞大的官方项目，而且都是由英国政府资助的。与此形成对比的则是，官方没有对诗歌或者诗人的资助项目，今天我们知道这可能是由于他们对于战争和官场的怀疑导致的。大不列颠王国最全的关于个体诗人的传记，涉及 1914—1918 年的部分大概罗列了 2225 个人的名字，在这些人中，有 532 名女性（24%），而且只有 417 名（19%）曾经在军队或者有关的组织中工作过。[58] 许多的诗篇都是中等水平，而且在数量上很多英国的战争诗人出自平民而不是士兵，女性的数量也超过士兵的数量。当然，我们今天在使用"战争诗人"这一术语的时候，指的是少数值得纪念的出身于士兵的诗人，例如西格弗雷德·萨松和威尔弗雷德·欧文。而且，后者是非常不具有典型性的士兵，也不是具有普遍代表性的诗人。作为年轻的、没有结过婚的军官们，有时他们对于自己的同性恋倾向感到不安，而且对自己的勇气也是非常不确定的，这种情绪常常以殉道者的精神而终结。"看在上帝的分上，高兴一点，写得更热情一些吧，"罗伯特·格雷夫在 1917 年 12 月指责欧文说，"战争虽然没有结束，但是诗人应该具有一种超越战争的精神。"[59] 事实是，欧文、萨松以及和他们具有相同倾向的最强有力的反战诗歌作品，不应该遮盖他们在现代文学中的典型性特征。在这本书的后面部分，我们将涉及这些战争诗人是如何蜕变成这场大战中的讲真话的人。但是本章主要分析的是 1914—1918 年诗歌的多样性，以及它们如何解释英国对于战争意义的理解。

用欧洲的视角来进行观察，我们会发现英国的诗歌与艺术一样，似乎是对 20 世纪早期的一种回流，也似乎是一块不被外部事件影响的净土。在法国已经流行了几十年的对自由体诗的迷恋之风，几乎没有刮到英格兰地区。这一派诗歌的最主要推动者——"比较民主"的美国诗人沃尔特·惠特曼的作品在英国几乎没有读者，尽管都同为讲英语的人。英国的诗歌似乎被禁锢在 19 世纪浪漫主义的死壳之中。人类与自然的相互交融，在华兹华斯以及济慈的作品中以非常激情的方式呈现出来，这种激情的强度在 20 世纪初有所减弱，例如诗人史蒂芬·菲利普斯的作品，其特点已经变成了令人腻烦和多愁善感，一位评论家认为其诗歌读起来让人感觉"把一瓶帝国的糖浆全部放到了餐桌之上"。英国关于诗歌的争论仅仅发生在战争爆发之前的几年，而且这是欧洲大陆的艺术姗姗来迟地袭击英格兰的浪潮中的一部分。劳伦斯·本尼恩既是诗人也是艺术家，他在 1912 年宣称："我们终于慢慢地从 19 世纪走了出来"，"现在，我们呼吸着不同的空气，不再处于世纪末了，我们已经开始转变了，世界和我们在一起"。[60]

至于绘画，这一土壤产生了各种各样的封闭的派系，试图通过夸张的宣言彼此反对来界定自己的身份。被称作想象派的派系努力为直接的、简朴的语言应用而斗争，而且试图通过自由的诗篇来衬托画面，这实际是诗人们极力想要达到的目标。对于某些机械的绘画来说，这比遭受禁锢的思想要好得多，这有点像"把一个孩子放到盔甲里面"，这是诗人哲学家托·厄·休姆的一句话。他们的很多作品被刊登在杂志《自我主义者》上面，他们发表了埃兹拉·庞德和艾略特的作品，以及詹姆斯·乔伊斯的"作为年轻人的艺术家画像"的系列连载作品。到了1914 年，庞德和休姆已经从对温德姆·路易斯的效忠转到了给漩涡派涂上一层哲学表征象的工作上来了。[61]

另一种对于漩涡派诗歌的比较热烈的反应是格鲁吉尼亚式的。5卷本《格鲁吉尼亚诗歌》，相继在1912—1922年出版，它们的编辑是爱德华·马什，他当时是温斯顿·丘吉尔的私人秘书，堪称艺术的守护神。在第一卷的前言里，马什断言，"英国的诗歌现在重新被赋予了力量和美感"，他预言说，"'格鲁吉尼亚时代'可能会及时地超越过去几个时代的诗歌水准"。格鲁吉尼亚很难说是一个联系非常紧密的学派，《格鲁吉尼亚诗歌》的创刊号包括了鲁伯特·布鲁克和大卫·赫伯特·劳伦斯的作品，但是格鲁吉尼亚的反叛针对被认为已经垂死的漩涡派的另一个侧面，而且是非常具有自我意识的一种反应，因为漩涡派一致认为艺术是对生活所具备的原始生命力的真实反映。评论家约翰·米德尔顿·默里是另一本新刊物《韵律》的编辑，他认为"在艺术具备人性之前，它首先必须学会残忍"。他坚持认为无论绘画还是写作，都是对其所接触的生活非常有韵律的回应。最后，尽管格鲁吉尼亚的诗人如拉塞尔·阿伯克尤比更喜欢传统的形式，对韵律以及传统的主题特别关注，还注意到自然的本质世界，但是他们的目标都是重新复活浪漫主义的传统。[62]

尽管暴怒的庞德向阿伯克尤比发出了挑战[63]，要进行一场决斗，但是印象派和格鲁吉尼亚派的分歧也不应该被过分夸大。就艺术领域的"主义"而言，立体主义、表现主义和未来主义，它们不应该被作为对立的学派来理解，而是应该被看成是这一漩涡中不同的水流。而且，无论过程如何，那种区别都被大战的爆发所激起的诗歌浪潮所淹没。

英国诗歌的大规模出现并不是个别的现象。在战争时期的法国，大约有300卷的诗歌出版发行，1915—1919年，德国的书籍交易目录中至少有1000个条目是在"世界大战：诗歌"这一主题下面的，包括关于火车车厢的碑文、挖掘出来的资料以及类似的东西，一共有六大类的收藏，换句话说，属于文学上的涂鸦之作。而这些收藏表明了在公众媒体上的诗歌的分裂。1914年英国出现的诗歌大爆炸（《时代》

杂志在8月份每天收到至少上百篇的诗作)可能在规模上比德国大得多，但它绝对不是独一无二的。[64]

如同在德国一样，英国的战争诗歌的大部分是爱国的，实际上也起到了宣传的作用。今天我们会带有娱乐性地回忆起某些陈腐平庸的表达，诸如亨利·纽伯特在公立学校宣传的，"努力，努力，遵守比赛规则"。或者是鲁伯特·布鲁克的警句式的十四行诗《和平》，对即将到来的战争表示迎接：

现在，让我们感谢上帝，他的时间和我们匹配在一起，
抓住我们的青春，把我们从睡眠中唤起……
要转身，就像游泳运动员一样跳跃……
我们最坏的朋友和敌人都只有死亡。[65]

而且，事实上，英国在1914年公开发表的绝大多数诗歌，而且事实上可能在战争的大部分时间里写作的诗歌，都是支持国家的。而且，这种"平静的情感的集中表现形式"——这是华兹华斯在他的《抒情诗集》中对于诗歌的经典定义——这些最流行的作品绝大多数不是亲身经历战争的士兵写作的，而是平民们对报纸上战争新闻的反应。而这些新闻充斥的都是关于德国残暴性的陈词滥调，这建立在对德国与比利时冲突的前几周观察的基础之上，因此，"一场故意诽谤敌人的运动是非常不必要的，因为公正已经被彻底说服了"。尽管英国没有遭遇到比利时或者法国那样的入侵，按照一位诗人的话说，英格兰正在"为他们不那么喜欢的民族"战斗，而且是为了让野蛮的敌人在远离英国的时候就陷入困境。尽管所有交战国的作者都在唤起关于自己祖国的意象，英国的诗歌在爱国主义方面还是比较极端的，这根植于英国的浪漫主义传统，习惯于庆祝和平的美丽和田园生活的季节变换，其关注的是土地和鲜花、山脉和山谷、羊群和马群、云雀和夜莺、黎明和

日落。法国则是通过山村、教堂和文明的价值激发起对祖国的热爱之情。德国的作者同样聚焦于他们的文化遗产（军国主义），但是他们纪念的是他们的城市和工业。而英国的诗人们则通过乡村景色来界定农村，这的确是不同寻常的。[66]

毫无疑问，"英国"和"英格兰"在这里都是正确的术语。这些爱国的诗句之中的大多数不仅仅出自于浪漫主义学派的诗人，如济慈和谢莉，也是由于英国文学开始展现出来的新的自我意识。为了回应19世纪末期以来英国和法国文化上的民族主义，在维多利亚晚期，英国连续出版了"最好的"和最具代表性的英国诗人的作品，包括帕尔格雷夫的《英国最动听的歌曲和抒情诗歌金库》（从1861年开始）以及《英国诗歌的牛津书》（从1900年开始），到1939年的时候，后者已经被重印了20次，卖掉了50万册。这些连续出版的书籍主要是面向受过教育的民众，同时被广泛地应用到学校之中，它们有益于重塑文学的地位。引用斯蒂芬·克里尼的话说："这是英国民众'意象中的社会'最具代表性的表达方式之一。"到了1900年，英国作者群的地域来源发生了变化，原来主要集中于比较荒凉的英格兰湖区的北部山区，现在这一地区逐渐受到浪漫主义的影响，而在地域上也慢慢地转移到了南部英格兰地区，以哈迪和吉卜林的作品为代表。这里，实际上存在这样一种假定，乡村的安定场面能够被识别和表达出来。当然，在跨世纪之后，许多最值得纪念的"英国文学"作品已经被非英格兰人重新书写了，沃尔特·司各特、罗伯特·路易斯·史蒂文森，以及从斯威夫特到叶芝的爱尔兰诗人。但是点燃1914—1918年英国爱国热情的诗歌大爆炸，主要关注的是英国化的景象。例如，约翰·梅斯菲尔德在《1914年8月》中如此写道：

> 这些房子，这一山谷，在我这里传播，
>
> 白嘴鸦，倾斜的烟囱，野兽，都在我的笔下浮现，

这些一直都是发自内心的东西，也是我过去一直在说的，

亲爱的，这些要说给那些一代又一代无名的死去的人们……

按照梅斯菲尔德的话说，这些离开英格兰的人"死于（大多数时候是无以计数的）国外的土地上"，原因在于他们热爱自己祖国的土地。梅斯菲尔德把 1914 年的这些士兵及其祖先们都用历史和诗歌的方式联系在一起了。[67]

这些风格以及由此产生的景象塑造了战争诗歌的特征。许多作者使用四行或者八行一节的创作模式，交替押韵或者使用类似对联的固定的押韵方式。他们喜欢古体的词汇，经常使用形容词，如"勇敢的""大胆的""清澈的"和"有力的"等，颂扬挥舞着剑、头盔、旗帜和战鼓相伴行的战争。在描绘史诗般的战争、爱国死亡的光荣和荣誉的至高无上性的时候，他们使用"高尚"的语言，并且把这种类型的作品从古典的战士延伸到现代的军队中来。布鲁克 1914 年的十四行诗再次确定了这样一个基调："吹起来吧，军号，为了这些大量的死亡！"但这也仅仅因为他是最著名的一个。现在人们经常说到，那种"高调的用语"随着索姆河战役的爆发而归于沉寂，但即便在战争早期，这种风格仍然遭受到很多人的批评，但这种批评主要集中于后方而不是前线。1915 年 8 月，自由派的报纸《民族报》力劝民众们"通过这种造词的泥沼和对词组的膜拜，依据确切的事实"，深入地进行挖掘关于战争的意义。1916 年以来爱国诗篇的减少在很大程度上也是由于征兵制的实施，这点与索姆河战役具有同等重要的影响。1914 年和 1915 年，这些诗歌的目的在于鼓励志愿者参军。1914 年的修辞手段在 1918 年春天的时候重现了，主要是由于当时德国对于海峡发动的进攻造成了一种新的恐慌。[68]

也许最值得纪念的战争诗歌，是约翰·奥克森汉姆的诗歌，现在人们几乎已经把他遗忘了，这是小说家威廉·邓克利的笔名，那时他正好

60 多岁。他的诗集《一切都好》出版于 1915 年 11 月，到 1918 年的时候卖出了 20 万本，《对前线士兵的赞美诗》作为单面印刷的大幅纸张则卖出了 700 万张。为什么奥克森汉姆的作品如此流行，评论家马丁·斯蒂芬说道："他并不是要通过对战役真实性的忽视而提供一种舒适的感觉，但是通过这种忽视，作者却提供了这种舒适感。"例如，奥克森汉姆告诉读者，一个战士"死于泥泞的战壕里面，没有人注意到这一点"，在这之前，则断言"上帝与他在一起，于是他没有畏缩"。这不能说是伟大的诗歌，但是对于许多人这都是非常好的安慰。战争后期最流行的赞美诗之一是威廉·柯伯写的，他是 18 世纪的爱国主义诗人，坚信最终的善行都是神圣的天意，"上帝以一种神秘的方式在行动，而奇人们则在执行这一指令"。[69]

当今，最值得纪念的关于"真实的"战争的诗作应该是威尔弗雷德·欧文在 1917 年的诗歌《美哉！宜哉！》，在这首诗歌里，欧文的灵感来自一位没有及时戴上防毒面具的士兵的面部表情，这表情令他震惊："他冲向我，半死不活的、呛着的、将要溺死的模样"，就像"在一片绿色的海洋下面"。欧文告诉读者，如果你看到那张脸，如果你能听到血液"从被泡沫腐蚀的肺部涌出"，那么

我的朋友，你就不会带着如此高涨的热情

对那些热衷于令人绝望的光荣的孩子们说出那句

古老的谎言：美哉！宜哉！

为国捐躯！[70]

欧文被认为是"战争诗人"的原型，这意味着他是一位反战的士兵诗人，但是正如绝大多数英国的战时诗人实际上都和支持战争的平民一样，欧文的愤怒主要针对极端爱国主义的修辞（"战争词汇"），而不是战争本身。而且，萨松的比较严重的讽刺作品在 1917 年夏天很

大程度上影响了欧文，欧文不是一个和平主义者，但他是一位比较勇敢的、有时可以说是鲁莽的军官，他因为杀死德国人赢得了军队的十字勋章，这是他弟弟哈罗德后来极力掩饰的一点，因为它不符合欧文在 20 世纪 60 年代作为最高级别的反战诗人的形象。尽管对战争愤怒不已，但是欧文一直认为他确切的位置就在于战场上。这部分是由于他对士兵们的热爱——"我站起来就是为了帮助这些男孩们"，他在 1918 年 11 月牺牲之前给母亲的信中这样写道——但是这也反映了他残留的为什么而战的一种信仰。[71]

　　我们还可以考察一下其他关于这一信仰的两个例子。欧文在为即将出版的诗集写的序言草稿之中坚持认为："我对于诗歌并不感兴趣。我的主题是战争，战争的悲悯。诗歌存在于悲悯之中。"他的意思是他的书籍描绘的"不是英雄"，也不是"光荣、荣誉、伟大、威严"以及其他所有用来描述战争伟大的词汇。他所能够做到的就是对于战争的"真实的描述"，由此引发悲悯的情怀。但是在前言中，有一个很少被人注意到的结局，欧文表达了这样一种希望，希望他的书籍能够使"普鲁士生存下来"，有时他运用"铺路石"这个词汇去表示伦敦和柏林一样的军国主义精神，但是他最基本的反德倾向还是比较明显的。在他的诗歌《暴露》中也表述出了这一点，这首诗完成于 1918 年 9 月，在法国完成，现在经常被引用来描绘被狂风、暴雨和冰雪袭击的士兵们的可怜境遇。欧文运用了讽刺性的画面描述了士兵们的苦难（在狂风之中，士兵们在用力地拉扯铁丝网上的荆棘，黎明时分，雨在不停地下着，"忧郁的军队士兵们"排成一队袭击"颤抖的、穿着灰色衣服的另一队士兵"），但是在这首诗歌中，他也描绘了他最终为之付出生命的青翠的、和平的英格兰：

既然我们不相信，除此之外和平之火能够被点燃。
不相信太阳的光芒会照耀孩子、土地和果实。

我们虽然有爱，却害怕上帝那无尽之爱，

那么，我们就别抱怨了，我们就在此躺倒吧！

《暴露》这首诗歌表明，即使在战争最后的岁月里，欧文仍然坚信这场斗争是有意义的。[72]

其他的战争诗人也有类似于欧文的这种矛盾情绪，既有表面上的修辞，又有深层次的含义。例如，爱德华·托马斯在 1915 年 12 月的诗篇《这不是一例轻微的正确或错误》，是这样开篇的：

……我恨的不是德国人，也不是急剧增长的热情，

我热爱英格兰，愿意为报纸提供娱乐。

但是最后，他呐喊：

……上帝拯救英国，

以免我们失去我们从来没有奴役过的历史，

失去被庇佑的牛群。

时代本身，使我们从灰尘中起身：

她是我们认识和经常一起生活的，也是我们相信的，

她很好，总是忍耐，应该这样爱她，

就像我们爱自己一样，我们应该憎恨她的仇人。

托马斯，出生于伦敦，成长于伦敦，却对乡村生活充满热情。尽管已经 30 多岁了，与妻儿们生活在一起，他仍然决定不仅要注册，而且一定要志愿履行海外义务。当被问及他为什么要投入战斗的时候，他蹲下身子，揉碎了手里的土块，回答说："按照字面上的理解，就是为了这个。"托马斯的"战争诗歌"没有一首直接触及战争，而是

颂扬自己的祖国，它的特征，它的连续性，而这些诗句因为他对即将到来的死亡的直觉而更加敏感。[73]

在战争期间，对于许多无论生活在英国还是战斗在前线的人来说，他们为之战斗的"文明"最终可以归结为对家乡的广泛的、朦胧的热爱之情，这经常在爱国的话语中被表达出来。这对于类似托马斯的诗人是真实的，就像它对于保罗·纳什这样的战争艺术家是真实的一样。在弗兰德斯，人类和自然景观都遭到了毁灭，而在理想化的英格兰地区，人与自然是极其和谐的——战争的意义就存在于这种差距之中。

家乡的自然景观同样是英国战争公墓的主题。在德国的公墓中，坟墓周围种植鲜花是被严格禁止的：那似乎被认为是敏感的法国化文明的象征，而面对这种悲剧的时候应该明显体现德国文明的特征，这就是黑色的石头和阴影笼罩下的坟墓。然而，英国的战争公墓，则因为它们丰饶的鲜花和灌木而让人震惊，很多的鲜花和灌木都是英国土生土长的，包括玫瑰和石竹花、山毛榉和紫杉，紫杉尤其被鼓励种植，因为它常常让人联想到教堂的院落。这儿列举布鲁克的意境非常著名的诗句：

> 如果我注定死去，请这样想起我，
> 在外国土地上的某个角落里，
> 那是为了永远的英格兰……[74][1]

这些比较尖锐的关于"战争是为了文明"的评论并不完全出自于

---

[1] 布鲁克的自负源于坦尼森的《悼念》（1849）——在那里，在教堂的院子里，"老紫杉"的根部"被包裹在骨头里面"。而且，这还体现在哈迪的诗歌《鼓手霍奇》（1899），这是关于一个年轻的士兵被杀死在南非草原上的诗歌，对于他而言，'那片不知名的平原，是霍奇永远要长眠的地方。'——原注

212

具有爱国传统的战争时期的诗人，20 世纪 20 年代的作家们站在不同的角度对此进行了回溯审视，并且受制于战前意象派的影响。真正的分歧不是产生于欧文与布鲁克之间，欧文自己公开承认是具有乔治亚风格的特征。[75] 而不同于此的是，布鲁克延续了 1914 年十四行诗的格调与形式，如果他在 1917—1918 年也像欧文那样作战的话，也许他也会和欧文一样，但是在他们两者之间，有埃兹拉·庞德引领的传统风格。庞德是一位美国人，1908—1920 年生活在伦敦。在早年，他就自称诗人，他的创作之源比英国的爱国主义要广泛很多。庞德了解浪漫主义和其他经典，他同时注意吸收诸如波德莱尔这样的法国象征派的特征，并且汲取来自东方的灵感。事实上，很少有诗人像他一样如此吸收世界诗歌领域的丰富营养，进行自我教育与提升。庞德喜欢自由的体裁，其节奏和韵律都是依据诗歌需要表达的情绪而设定，而不是反过来的选择，而且这也是"长久的比喻"，"从不使用对比喻没有意义的单词"。其结果是强硬的、比较收敛的形式，这种形式对于表达他关于战后世界毫无希望的幻灭是颇为理想的一种方式，能够淋漓尽致地体现这一特征的是《休·塞尔温·莫伯利》（1920）这篇诗作。就像欧文一样，这次攻击的是最高的战争口号"为祖国牺牲，愉快而光荣"，而且继续谴责为了文明而进行战争的这一思想：

> 那里，有无数的死亡，
>
> 他们之中，最为优秀的，
>
> 为了一个老婊子，牙齿都不见了，
>
> 为了一个拙劣的文明……
>
> 为了两尊破损的雕像，
>
> 为了几千本破旧的书籍。[76]

庞德也成为 20 世纪 20 年代伟大的现代派长篇诗歌的助产士，这主要是指艾略特的《荒原》（1922）。艾略特，正如庞德一样，是美国人，但是其诗歌被法国的诗歌学界广泛地接受。与庞德不同的是，他长期扎根于英国的传统之中，开始有意地英语化，并且变得日益保守。与庞德和乔治亚时期形成强烈对比的是，他对英国文学的浸入，是关于伊丽莎白一世和詹姆士一世时期的，而不是田园风格的浪漫主义的。自从战争爆发以来，艾略特断断续续地写了不少诗篇，充满了文学的典故，并没有找到压倒一切的统一性。当他在1921—1922年把所有的材料聚集在一起的时候，他的神经连同他的婚姻一起，都土崩瓦解了，随之出现的主题是关于西方文明的没落，这是由于大众文化的兴起，而战争则加速了这一进程。这些诗歌中的多数被置于伦敦的背景之下：

虚幻的城市，

在一个冬天的黎明的棕色的雾色之下，

一群人在伦敦桥上经过，很多很多的人，

我从来没有想过死亡，而且死了这么多人。

但是他的潜意识中仍然在思索布尔什维克的威胁，"谁是那些戴头巾的游牧部落"，他发出疑问，"分解，在无尽的平原之上？"最初的场景是关于"波兰平原"的，艾略特围绕这一时期的回应显示出他对"惨败"以及"威尔逊关于民族性的重新组织"的关注，而这导致了欧洲的"巴尔干化"，这种情绪在诗歌中也体现得相当明显：

在紫色的暮色中开裂、重建又爆炸

倾塌着的城楼，

耶路撒冷、雅典、亚历山大、

维也纳、伦敦，

都是虚幻。[77]

214

对于这一不规则的草稿，艾略特也不十分有信心，于是把它委托给庞德进行修改，庞德砍掉了其中的很多典故和旅行散记的部分，并且把它按照潜在的韵律进行了调整，使其符合自己简洁硬朗的关于真实诗歌的概念。《荒原》仍然是碎片化的，但是正如斯蒂芬·斯德彭观察到的一样，这成为一个美德，而不是缺陷，因为诗歌就是关于一种破碎的文化。这些关于过去文学的深奥的典故本身就成为文学的碎片，在对过去破坏的基础上，庞德成为"破损的雕像"。艾略特的不断衰落的文明是关于城市的，而且是极其肮脏的，是一幅城市风光的图景，有轨电车和出租车，运河和煤气厂，没有任何田园风光的参与。自然在这里主要体现为关于生育的神话以及自然的不断贬值，在一幅理想化的风景之中，痛苦是不能够被挽回的，但是被赋予了从佛经之中已经被放弃的词汇。公开出版的《荒原》版本像是一个欺诈的诡计，艾略特，就如庞德一样，对于他的标志很敏感，文学的典故都是用注释的形式加以解读，后来艾略特自己也称"这是关于伪造知识的令人瞩目的爆炸"。但是这种学识的光辉确实把注意力吸引到他的作品上来，而庞德严厉的笔触确实使内容具备了抽象的特征，使其具备"格言式的精辟"的质量，这有点像鲁琴斯的停灵台，这就是《荒原》对于每一位读者来说，他们能够想象和继承的东西。这首诗歌很快在青年知识分子中赢得了很多的狂热信徒。[78]

1922年之后，庞德和艾略特走上了不同的道路，庞德的幻灭感使他走向了意大利和法西斯主义，而艾略特仍然关注英格兰，并且最终拥抱了他所宣称的"基督教文明"。但是在20世纪20年代早期，他们都在创作关于大战的诗歌，内容上不一样，但是形式上都来源于乔治亚时期，而欧文和托马斯等人仍然根植于那个传统。艾略特和庞德所开辟的诗歌形式将塑造20世纪英国诗歌的主流。田园的传统已经无法继续下去了，这就像诗人们无法继续前行一样。但是在这一时段里，在一个失落的时代里，命运将提高它乃至于它们的吸引力。

尽管艾略特和庞德的诗歌是对 1918 年之后的混乱状态一种非常清晰的回应，关于文明的未来问题，仍然是 20 世纪 20 年代的知识分子激烈争论的一个问题。最经典的声明是奥斯瓦尔德·斯宾格勒 2 卷本的《西方的没落》，它于 1922—1923 年出版，在 20 世纪 20 年代的德国是一本畅销书，这本书用英文出版的时候也采用了这一名字。销售没有创造出特别的奇迹，但是这一书名很快成为文化悲观主义的一个普遍的速记符号。大战同样迫使西格蒙德·弗洛伊德重新思考其关于自我的理论，除了生育的本能，现在的他也假定人有破坏的本能。他把这些思想发展完善，形成了一本书，翻译成英文就是《文明及其不满》（1930），弗洛伊德断言"文明演变的意义在于，生存的本能和破坏的本能之间"的不断斗争。但是他也发出警告，现在人们已经赢得了对于自然力量的控制能力，因为"他们在消灭根除到最后一个人这方面毫无困难"。在为文明展开的下一轮争斗中，爱神厄洛斯将使自己与桑纳托斯展开竞争，但是，弗洛伊德也发出了不吉利的疑问："谁能够预见是什么样的胜利和什么样的结果呢？"[79]

　　英国的作者也做了一个同样的声明，埃及古物学者弗林德斯·皮特里所写的《文明的革命》，在 1911 年第一次出版，很多人熟悉这本书的思想，就是认为文明本身起起伏伏，而不是构成一个连续不断的叙事进程。最著名的关于这一论述的英国的作者就是阿诺德·汤因比。他的 10 卷本《历史研究》直到 1934 年才出版发行，而其赢得众多的读者也仅仅是通过二战之后的缩编本，但是其基本的观念则早已广为人知。他在 1931 年告诫他的听众，西方的文明，仅仅是世界历史潮流中的另一个泡沫，"难道我们的泡沫就不会像其他的泡沫那样很有可能发生破灭吗？"[80]

　　1928 年，艺术评论家克莱夫·贝尔在《文明》上发表了一篇相当平庸的文章，他确定这一题目是依据"在英国的战争目标中，这一词汇已经被运用到最高的程度，这一点令人非常困惑"。[81] 20 世纪

20 年代末期，许多的怀疑论者提供了一种非常简单的解释——宣传。马斯特曼一直在非常谨慎地推进英国的宣传事业，其方式是通过很有地位的文章、艺术和更为直接的诺思克利夫（北岩）和比弗布鲁克的方法，而这通过回忆录和博览会的形式已经成为公众知识的一部分。同样的卷本也出现在法国、德国和美国，社会科学家们开始在一个民主的世界里进行宣传工作。也许最具影响力的作者是哈罗德·拉斯韦尔，他是芝加哥大学年仅 25 岁的教授，他重新整理并出版了他的博士论文《世界战争中的宣传技巧》（1927）。对于拉斯韦尔来说，宣传是"对于现代世界理性特征的一种让步"。而且，尽管披着文明的外衣，它实际是引发战争的类似于战争中手鼓作用的升级版，是出于原始部落的贪求。在精练化的散文中，他界定出一系列的普遍原则，"动员起来反对敌人的仇恨情绪""保存盟友之间的友谊""获得中立国的合作"和"使敌人的士气低落"。他指出，在大多数的得分上，1914—1918 年的英国取得了令人震惊的成功，而德国的宣传则因为"愚蠢"和"生疏"而非常引人注目。[82]

对于拉斯韦尔来说，宣传已经成为协约国取得胜利的第三条战线，与经济封锁和大规模的军队发挥着同样的作用。而"宣传战线的总司令就是威尔逊"，他认为"宣传战争是为了反对各地的独裁统治"，从而把美国人民焊接在一起，而且"它在许多国外的土地上都发挥了作用，把他们之间持久的对抗"整合成了"一个战斗的群体"。正是威尔逊"冲跑了这些微妙的毒药，而勤勉的男人们把它注射到蹒跚前行的人们的静脉中，直到了不起的协约国军队把他们彻底击败"。而且，"瓦解性的宣传直接反对哈布斯堡已经动摇的王国，从而导致了强烈的不满，最终促使捷克、斯洛伐克、罗马尼亚、克罗地亚、波兰和意大利这些国家的分离"。这些都是关于 1918 年历史的虚张声势的图景，但是拉斯韦尔关注的是如何推进宣传（包括自身）。给读者们留下深刻印象的是，好像是语言真正赢得了这场战争。10 年来，拉斯韦尔已经把威尔逊由一位理想主义者塑造成一位宣传家，威尔逊在扮演这一角色的时候具有无人能敌的技能，"世界历史上几乎没有人能够与之相媲美"。[83]

拉斯韦尔以学术上的愤世嫉俗的特征，冷眼旁观了1914—1918年的所有交战国。但是在实践上，20世纪20年代后期的宣传的博览会都是关于协约国的。其中一个最具雄辩性的谎言例证就是《战争时期的谎言》（1928），作者亚瑟·庞森比，他声称，"国际战争就是虚伪中诞生出来的一个魔怪，吃的是谎言，因为欺骗而变得更加肥胖"，而且"直击死亡，影响了数百万人的命运"。尽管谎言是战争的普遍特征，他也只是在书籍的最后一章里面用寥寥数页的篇幅涉及德国的犯罪问题。几乎他所有的书籍里面都充满了对英国政府的谴责和控告，他辩称，一系列的秘密条约才是战争的真正原因，英国宣称德国是唯一的战争罪犯，而对中立国比利时的盘剥和德国所谓的暴行的曝光，只是为了"用谎言这一颜料来描绘这幅画面"，并且"激起公众的愤怒"。[84]

庞森比是一位和平主义者，也是1914—1918年的反战组织民主控制联盟的领导人之一。20世纪20年代，他仍然在继续从事反对战争"魔鬼"的行动。与博览会宣传的目标不同的是，《战争时期的谎言》本身就是一个"宣传的谎言"，这是历史学家艾德里安·格雷戈里的观点，他把这些引起争论的解释和一位争论家关于对德国的深切同情进行了组合分析，得出了这一结论。这些暴行中的一部分的确是没有事实依据的谎言，特别是那个著名的"被钉上十字架的加拿大人"的故事，但是关于德国人的侵略以及在比利时的暴行，也考虑到在战争期间大约25万人的死亡人数，已经被持续不断的调查所证明了。当时，在20世纪20年代后期，很多人是对这一问题持比较怀疑的观点的。[85]

庞森比的"事实"推断主要是基于战后德国政府提供的材料，而该政府对《凡尔赛条约》中关于战争有罪的条款持坚决不信的态度，认为对这一和平解决方案的修订是极为正当的。引用历史学家霍尔格·赫维希的话，"这种大量的虚假信息，以及与此有关的宣传运动"，是德国外交部"战争罪行委员会"组合出来的，得到比较容易驾驭的学者和表面上私立的学术团体如战争条款研究中心的支持。其结果是整理出来源于德国外交档案中的 40 卷文献，它们是经过仔细挑选的，主要目的是证明德国介入战争主要是为了自卫，以反对专横的沙皇政体以及其盟友法国所做的军事动员。这些文件出版于 1922—1927 年，这样就迫使其他政府，包括英国，公布自己挑选过的文件，但是德国的行动领先非常成规模，所以，20 世纪 20 年代和 30 年代研究大战起因的学者主要依赖于德国提供的材料，这些材料成为美国的修正派学者，如西德尼·费伊以及哈里·埃尔默·巴恩斯等人写的非常有影响的著作的立足点。按照劳合·乔治的回忆录，这就产生了一个普遍的观点，即 1914 年的时候，"没有人想要战争"。他声称，七月危机实际是一个巨大的"混沌状态"。到了 20 世纪 30 年代，很难再坚守这样的一个观点，即德国是世界大战的直接罪人，甚至在英国这一观点也很难站得住脚。许多德国人坚信他们的官方立场，认为 1914 年是一场自卫战争。对他们而言，宣传在实践中是被"完全的谎言"所操纵的。[86]

总体上，20 世纪 20 年代晚期是一个对战争进行反思的成熟期，因为停战协定和《凡尔赛条约》已经签订 10 年了。拉斯韦尔和庞森比的书籍只是同时期大量出版的小说、回忆录和研究中的一部分，他们用了一种特殊的视角对于为了文明所引发的战争进行了观察。在英国，最值得纪念的著作是《向一切告别》（1929），它是诗人罗伯特·格雷夫写的，副标题是《一本传记》，但这部作品对于事实采取了非常漫不经心的态度，格雷夫笔下的战争生活图景之所以被注意，主要是因其活泼朴素的写作格调，在其中可以看到士兵生活的轨迹，他告诉读者："在战壕里，不存在什么爱国主义。"从战后 10 年的视角进行审视，格雷夫把战争时期置于比较开阔的叙事视角之中，从而他由一个拘泥刻板的漩涡派，转换成一位随意的、放荡不羁的现代派。这种类似地震裂缝般的感觉，在其他的畅销书如西格弗雷德·萨松虚构的《猎狐人的回忆录》（1928）中也表现得非常明显。他的这本书在很大程度唤起了一种关于肯特郡的玩板球和骑马所引发的战前田园牧歌式的情感。在末尾，描述的是 1914 年一个无云的夏天，"灼热且是蓝色的天空美景"，随即，萨松的笔触转向了义勇骑兵，基于享受生活的美景，就像我们能够感知到的一样，被野蛮的侵略所威胁，于是他们不得不面对折磨比利时婴儿的德国士兵。"那样的故事被视为是理所当然的，如果不相信的话就意味着不爱国。"在《猎狐人的回忆录》中的最后几页，萨松最好的朋友去世了，他的马匹失踪，而他也躺倒在弗兰德斯的战壕里了。[87]

弗吉尼亚·伍尔夫用另一种不同的方式，表达了时间流逝的感觉，这主要体现在其现代派小说《到灯塔去》（1927）。该书的三部分完全按照时间的顺序对 1910—1920 年拉姆齐家族在斯凯岛的夏季别墅里的故事进行了描述。书中的大部分都不是基于总体的讲述，其情节的发展完全是根据不同的人群进行场面的转换。而重要事件的发生，在字面上则是体现在括号中。通过这种方式，我们了解到了拉姆齐夫人的突然死亡，同样，还有她儿子的死亡。（"一枚炮弹爆炸了，20 个或者 30 个年轻人丧生于法国，他们中间就包括安德鲁·拉姆齐，可悲的是，他的死亡就是瞬间发生的事情。"）随后，小说（生活）都还在继续。战争采用了加括号的方式，就像一段插曲一样，这是评论家文森特·谢里所说的。当然，这些插曲给人的感觉很恐怖，并且留给人们一种关于伤亡无法修复的感觉。格雷夫、萨松和伍尔夫都把 1914 年塑造成一个巨大的分裂时期。[88]

这些 10 年反思的书籍中最具影响力的是《西线无战事》，它是一位年轻的德国志愿兵埃里希·玛利亚·雷马克所写的，1929 年 1 月在德国出版发行。这一题目，是来自德国军事文件的一句公式化的语言，在英文中也被翻译成"西线无战事"，这一讽刺性的陈词滥调很快进入了英国语言之中。在保罗·鲍默的眼里，这本书讲述的"是一代年轻人的故事，即便他们已经脱离了炮弹的打击，但是仍然被战争毁掉了"。雷马克以同情而不敏感的视角描绘了士兵生活中的小欣喜，包括捉虱子、装备完善的厕所，他们作为同志的亲密无间，以及远离家庭和故乡形成的疏离感："离别是什么？"——这里是一处停顿，在事情已经被弄得非常糟糕之后。这是一群已经从文明生活疏离出来的人，"我们已经死去了"。在一个无人的地域被困住之后，保罗疯狂地刺杀一个掉在弹坑中的法国士兵，随后不得不用了几个小时的时间看这个人在死亡过程中的喘息，以及因为痛苦发出的咯咯声。在克服了自责之后，看着照片和家里的来信，他和法国人讲到。敌人已重新成为一个人，"我已经杀死了印刷工，杜瓦尔·热拉尔"。保罗宣誓说，如果他能够活下去，他将为反对战争而奋斗，因为战争对于双方的打击都是非常巨大的，"同志，我向你承诺，这绝不会再发生"，但是保罗自己也在停战前几个星期被杀死了，"他的脸看上去十分平静，非常乐于看到这种结局到来一样"。[89]

《西线无战事》很快成为一本国际上的畅销书。到1930年5月，它已经卖出了250万册，共有20种语言的版本，包括在德国的100万册和美国及英国的30万册，同时报纸上也对它进行了长篇连载。好莱坞则引导了时尚的潮流，环球影业制作的这部电影，导演是路易斯·迈尔斯通，可能是故意的，电影开拍于1929年停战日那一天（环球影业的老板卡尔·拉姆勒是一位和平主义者，也许是故意要传达某种讯息）。当这部电影在1930年4月发行的时候，其影响与书籍一样大。尽管该电影在纳粹德国是被禁止的，而且从来没有在苏联放映过，但是在美国、英国以及世界上的大部分地区都产生了巨大的票房冲击效应。劳合·乔治称它为"我看到过的最杰出的战争影片"。西尼·卡罗尔在《星期日泰晤士报》上说："它把我带回了战争，好像1918年之后，我什么都没有做过一样。"影片揭示了普通士兵最基本的人性，这一士兵是德国"敌人",而且也是在那潮湿的死亡坑里的自己的敌人。同样重要的是,《西线无战事》是第一部最主要的关于战争题材的有声电影。观众们不仅能够听到演员们随着镜头在说话,而不是在屏幕上看字幕,而且这部电影还传达出战争的轰轰声形成的噪音,包括嘶嘶作响的子弹、机关枪的轰鸣、雷鸣般的炮弹以及伤者的呻吟。[90]

这是一个非常重要的文化转折的信号。停战10周年书籍市场的繁荣被认为塑造了公众的态度,但是电影的观众更为广泛,因而就拥有了更大权力。理查德•奥尔丁顿,是想象派诗人,也是战争中的志愿者,他在1926年观察到:"那些试图真诚地,不多愁善感地,避免事先设定的态度(伪英雄的,或者和平主义的,或者准幽默的)的传达真实战争经历的人们,一定会感受到这种被折磨的感觉……试图在交流这种无法交流的感觉。"[91]一些关于战争时期的连续镜头或者画面开始填补那种裂缝,但是电影确实运用至高无上的权力做到了这一点。战争不再是通过语言去进行想象,或者通过摄影的远镜头进行观看,现在它能够被看见、听到,几乎可以感觉得到。德国和法国的电影制作商同样开始关注战壕中的经历。《西线1918》(1930),通过一位士兵的视角追踪了四位士兵的死亡进程,关注于战壕中的幽闭恐惧症,而没有战场的全景图。《木十字架》(1932),缺少了《西线无战事》中那种密集的暴力,但是同样激起了战争的恐怖、战壕中的友情,以及德国人和法国人普遍的死亡感,在无处不在的木十字架下,他们都一样了。《木十字架》对于法国的电影来说,是一个罕见的例外,因为关于一战,法国的电影与其绘画一样,被称作"沉默的法国电影院"。这三部来自美国、英国和法国的经典影片,创建了一种关于一战的影像学模式,即采用持续不断的画面形式进行展现,这影响了后来的电影拍摄形式:战壕中黑暗的世界,被铁丝网困住的夜间巡逻队,被损害的景色,以及无处不在的泥浆。电影同样创立了一种讲述的模式,那里没有宣传,没有英雄,只有几个注定死亡的年轻人,而战争的意义则没有表现出来。[92]

对于美国人来说，一战仍然是一场远距离的冲突，是距离美国3000英里远的"那边"发生的事情。就像在1917—1918年新旧世界正在进行的不同的战争一样，所以在这几年中，他们对冲突的意义理解是不一样的。美国没有很深的田园牧歌般的诗歌传统，甚至也没有一个严格的诗歌经典，《美国诗歌的牛津书》一直到1950年才开始出现。[93]美国文学作品的大多数，关注的是其多变的西部与已经开发过的东部的两极分化，以及伟大的分裂之间的边界。欧洲在那里是一个遥远的东方，是好是坏完全依赖于个人对东西部的基本判断。许多部美国战争小说都适用于这一模式。在薇拉·凯瑟获得普利策奖的小说《我们中的一员》中，克劳德·惠勒是来自内布拉斯加州这一被遗忘的边疆中的一位牧场男孩，最终在法国的战场上找到了成就感。《出征的儿子》在1923年由伊迪斯·华顿——一位在法国流亡的美国人写成，讲述了一位青年人的英雄故事，他最终摆脱了年迈父母的束缚，战斗并且死于法国，而且坚信："如果法国不存在了，那么西方文明也就不存在了。"[94]

同样地，多数的美国战争电影都把这场战争描绘为一个伟大的冒险故事，而美国军队的到来是对欧洲错误的修正，其中最著名的是《约克军曹》，这部电影到1941年才开始拍摄，但是，加里·库珀塑造的阿文·约克的形象，在1918年因为找到了德国机枪的藏匿处和抓住了130个俘虏，而在10月份获得了十字勋章，这个故事自20世纪20年代以来一直是美国神话故事中非常鲜明的一部分。约克是来自田纳西州的一个山村男孩，出生在一个小木屋里面，非常正直，有着虔诚的宗教信仰。电影设计得非常精彩，他履行了自己的责任，并且回到家乡与心爱的姑娘结了婚——简而言之，是一位经典的美国英雄。[95]极少有电影持有一种怀疑的观点，这也表明了其他国家，包括德国、法国和英国的特点。美国自身的卷入，以及其后的动机"几乎没有被这个国家的电影工业所质疑"。历史学家迈克尔·伊森伯格这样写道："从这一视角看，战争最可怕的收获，是那些在1914年开启这场巨大战争的国家的法律上的收获。"[96]

一个例证就是欧内斯特·海明威的《永别了，武器》，该书在1929年出版，1932年被拍成电影，主演是加里·库珀，这部小说大体以海明威个人的经历为原型，在意大利前线，他是一位救护车司机，小说的情节是一场注定失败的爱情故事。受伤的美国士兵弗里德里克·亨利和照顾他的英国护士之间产生了爱情，但是这个故事最终在阿尔卑斯山麓演变成一场战争造成的巨大悲剧。"我经常对'神圣的''光荣的'和'牺牲的'这些字眼感到尴尬，"亨利宣称，"这种牺牲就像芝加哥的牲畜栏一样。"最终，"只有这个地方的名字是高尚的、抽象的词语，如光荣、荣誉、勇气和神圣等都是令人憎恶的，"这部电影的成功主要是由于它成功地形象地描绘了卡波雷托战役的残杀与混沌状态，这也是其在美国展示出来的首要场景。1934年，弗朗西斯·斯科特·基·菲茨杰拉德所写的小说《夜色温柔》中，一对美国旅游者访问了索姆河的战壕，迪克·戴弗告诉他的妻子："看到那条小河流了吗？——我们可以在两分钟之内走到那里。但是英国用了一个月的时间才抵达那里——整个帝国都在缓慢地前进，在前线垂死挣扎，在后方不断地推动。另外一个帝国走得更慢，每天后退几英尺，留下的死者就像一块价值百万的血腥的地毯。"迪克强调性地总结了这一历史教训："这一时代没有任何欧洲人再会做同样的事情。"[97]

时至今日，大多数为纪念战争胜利10周年的书籍和电影都被解读为只有一种含义——反战，但其实这不是这些作者在当时所要表达的意思。雷马克坚持认为："我的作品，并非为了政治，从目的上而言，我既不是和平主义者，也不是军国主义者，而仅仅是一个人……我只想唤醒对一代人的理解，这一代人比其他的任何人都感到他们很难从长达四年的死亡、挣扎和恐怖中摆脱出来。"罗伯特·格雷夫表达了同样的动机，而这体现在他的回忆录的标题——《永别了，一切》之中。因为"一旦这些东西出现在我的脑海里，我把它们写出来，公开出版，我就永远不会再想起它们了"。尽管他在研究上是愤世嫉俗的，但是格雷夫仍然为其战争期间的服役经历感到骄傲，并且在1939年再次志愿参加战争服务，只是由于被认为不合适而未能成。[98]

能够体现作者矛盾心理的一个非常有趣的例证是英国剧作家谢里夫，他的剧本《旅程的终点》，1929—1930年在萨沃伊剧院上演了593场，而且是在停战日那一天在广播上被播放出来。剧本的背景是一个制造幽闭恐惧症的英国防空洞，揭示了战争带给一组战士不间断的心理压力，而在结尾中，他们战胜了自己，这是因为德国在1918年3月21日发动了大规模的进攻。《旅程的终点》现今被看成是反战的经典之作，当时的许多评论家也持这种观点。普里斯特利认为它是"我所了解的对和平最强力的呼吁"。但是评论家和观众最常用的一个词就是"真实性"，剧本对于前线生活的关注，既抓住了那些经历过战壕的人们，也吸引了那些远离前线但是对此非常困惑的人们。谢里夫曾经当过西部战线的军官，他坚持认为："我写这个剧本不是为了宣传，而且它也肯定不是为了和平所做的宣传。我既没有想美化战士们的生活，也没有任何道德上的含义，它仅仅是对一种理想的表达，我想使那些人的记忆能够被永久地保存下来。"[99]

当然，关于作者意图的争论始终没有明确一致的意见，最具典型性的艺术作品可以通过不同的方式加以解读，事实上，也正是这种公开性使这些作品更加具有典型意义。当然，谢里夫的论断提醒了我们要避免这样一种危险，即用我们当今的态度去解读20世纪的20年代和30年代。在那两个10年的时间里，英国关于战争的小说和电影的蜂拥而出，并没有宣扬一种特别清晰的反战信息。它们真正尖锐地强调的是战争的恐怖，而保留了对最终意义的公开性解读的可能，读者们和观众们可以依据自己之前的信念对其意义进行判断。对于亚瑟·庞森比来说，1914 年的战争就是一个错误，在 1928 年仍然是一个错误，他有根有据地展示了最新的证据。对于亨利·纽伯特来说，1914 年 8 月，战争就是一种正确的选择，而且在 10 周年纪念的时候，他也没有改变自己的观点。威尔弗雷德·欧文的最好诗篇，在他看来"好得让人害怕，但仍然是非常有限的，几乎所有的含义都要在一个符号中体现……欧文和其他所有受伤的人都谴责这些老人把年轻人带到战场上送死，他们残酷地承受着一切，但是这主要是在神经上，而不是体现在心脏上"。纽伯特非常严肃地得出结论："我并不认为这些非常残酷的战争诗句能够深深地令我们的孙辈们感动。"[100] 彼时，那似乎是一个合理的赌注，尽管欧文的诗歌全集在 1931 年就出现了，但是一直到 20 世纪 60 年代才开始真正引起人们的关注。

无论进行总结是多么需要做的事情，但是大战的意义却是通过许多不同的方式被 4000 万的英国人加以解读，他们年龄不同，党派各异。即使那些经历过 1914—1918 年的人们实际"也在进行不同的战争"，男人和女人，成年人和孩子们，战壕中的英国士兵和后方的士兵们，他们的解读体会都是不一样的。[101] 随着时间的流逝，每年大约有 75 万的婴儿诞生，英国人口中的大部分已经根本没有战争的经历或者记忆了。这也是为什么把二三十年代的英国作为"病态的时代"一笔勾销的原因。这些人或者痴迷于 1914—1918 年，或者声称"战争的神秘"已经成为 30 年代英国人意识的一部分，很少有人走到断言战争是毫无意义的这一步，即使是出于对死者和失去亲人的人们的尊敬也不能这样做，停战协定签订后的 10 年，"牺牲"的概念仍然是扣人心弦的。[102] 关于 1914—1918 年的战争被证明是结束战争的战争，这一点仍然需要加以判断。最终，战争的意义应该以和平能否持续来加以判断。

第六章　和平

我们已经得到了我们想要的一切，也许还要更多一些。我们唯一的目标是维持我们已经拥有的东西，生活在和平之中。

——英国外交部备忘录，1926 年 4 月 10 日

我想，夜晚的城市在等待他们……
可怜的、惊慌失措的大军们会听到嗡嗡的声音，
恐惧将与飞行如影随形。

——西格弗雷德·萨松，《1932 年沉思录》[1]

  1920 年 6 月 9 日，乔治五世为新的帝国战争博物馆揭幕，它暂时性地被安置在伦敦南部的镜宫里面。镜宫是一所巨大的、狭长的温室暖房，最初是为了 1851 年的第一届世界博览会而建立起来的。国王承认，"现在很难说，我们的子孙后代将如何看待这座博物馆"，"也不清楚这座博物馆在他们的脑海中将引起什么样的反响"。但是他希望"这是我们所作所为和所承受的一切表现出来的结果，他们也许会借此回顾战争，它的武器工具，它的组织运作，这一切属于已经死去的过去的东西"。换句话说，这不仅仅是一座战争的博物馆，而且是为了战争筹建的博物馆。让战争消亡，把战争送进历史，将是对 1914—1918 年的正确的和基本的判断。[2]

  "不重蹈覆辙"是 20 世纪 20 年代和 30 年代的一个流行性警句。但是，就像我们在前面各章看到的那样，暴力仍然是战后欧洲的地方病，问题在于这一病症能否被遏制，从而避免下一次席卷整个大陆的大战的爆发。现在，我们知道这些努力都是徒劳的，但是探讨 20 世纪二三十年代对于和平的态度，特别是通过纪念的仪式以及反战运动的视角，我们可以看到欧洲是如何理解一战的，也可以了解英国甚至是美国经历的奇异性。我们也将看到，20 世纪 30 年代末期，当战争的阴云在欧洲大陆聚集的时候，上次战争的"教训"如何引导了为下一次战争所做的计划。

在大战中，有1000万士兵战死，2000万士兵受伤，800万士兵带着无法治愈的残疾返回祖国。如何纪念死者，安抚失去亲人的家属，保障伤残者的生活，成为各交战国政治生活中的核心问题，当然，各国的纪念方式有很大的不同。下面，我们将介绍并分析几个例证。

俄国的死亡人数大约是200万，与德国的死亡数字大体相当。当然在苏联时期（1917—1991），没有关于一战的官方纪念碑。共产主义政权把1914—1917年的冲突看成是帝国主义战争，对它的记忆只是因为它触发了俄国的布尔什维克革命。而对于俄国民众来说，200万的死亡数字，与随后五年因为内战和相伴随的流行病以及饥荒而造成的900万~1400万的死亡数字相比，也是相形见绌的。因此，把俄国战场的战争沉寂化，似乎是不可避免的结局。1915—1916年，沙皇政府制订了建设国家战争博物馆、教堂和公墓的比较详尽的计划，准备把这些建筑设在莫斯科的市郊，这项计划由沙皇的姐姐提供赞助，但是由于革命，这项计划最终成为泡影。尽管墓地仍然存在，但是逐渐由于管理不善而日益破损，并逐渐成为遭到斯大林迫害的受害人的尸首堆积场。最后，在20世纪50年代，这一场所被清理出来，建成了一座电影院——"列宁格勒"，这一命名是为了纪念1941—1944年的这座英雄的城市。我们在这里主要讲述的是官方提供的证据：苏维埃政权完全清除了任何关于1914—1917年的记忆，但却把1941—1945年的伟大卫国战争的地位迅速抬高，使其成为这个国家历史的最大神话。[3]

非常自然的是，在德国，11月11日的周年纪念很少引起人们的注意。他们的纪念集中在1914年"8月的那些日子"。德国的右翼强调的是位于东普鲁士的坦嫩贝格，在那里兴登堡取得了对沙俄军队的胜利，这一地点成为每年举行反对《凡尔赛条约》和魏玛共和国示威的一个场地。而左派则利用战争开始的周年纪念发动大规模的和平示威活动，其口号是"永远不要再有战争"。1924 年 8 月，政府试图疏导这种情绪，试图把对死者的 10 周年的悼念转换成一个关于反战的纪念活动，同时也是为了纪念 1914 年 8 月德国人的统一行动，希望以此推进共和国的团结一致。但是这一努力彻底失败了。一些州，比如最著名的是巴伐利亚州，拒绝参加这场"失败的"和"共和的"游戏，而在柏林和德累斯顿这样的一些大城市，和平主义者和共产主义者破坏了反战抗议的仪式，这导致了暴力的冲突事件。1927 年，坦嫩贝格成为德国主要的战争纪念馆所在地，这是一座中世纪式的堡垒式建筑，最初其中心是 20 具无名战士的尸体，但是从 1935 年开始，成为兴登堡本人的坟墓。坦嫩贝格一直是德国历史记忆的一个重要场所，这也是 1410 年的时候，日耳曼骑士被碎尸万段的地方。但是现在它则成为一个胜利的符号，因为 1914 年兴登堡的军队包围并且击败了入侵的俄国军队。这一纪念碑使德国作为自卫战争的神话被戏剧化地表现出来，完全不同于英国和法国所认为的德国是侵略者的这种观念。自从战争爆发的几个星期之后，兴登堡那张方形的、粗糙的面孔就成为民族的象征。10 年之后，1914 年的神话被搬上了银屏，拍成电影《铁血兴登堡》（1929）和《坦嫩贝格》（1932），这是对好莱坞电影《西线无战事》颇具德意志民族主义特色的回答。[4]

尽管在事实上几乎所有的德国人都拒绝接受德国"战争罪行"的观念，并且要求推翻《凡尔赛条约》中强加于德国的单方面的苛刻条件，但是 20 年代的大多数人仍然想通过和平的手段达到这一目的。"最愚蠢的呼吁'不再战争'得到了广泛的共鸣"，担任军队指挥官的汉斯·冯·赛克特，在 1922 年也承认这一点，"当然，在德国的民众之中，存在着普遍的、可以理解的对于和平的渴求"。前普鲁士陆军大臣 1927 年注意到这样一个现象——民众中的厌倦情绪太强烈了，以至于"政党在选举的时候，必须考虑到这一点"。[5]尽管希特勒和极端的右翼分子仍然在庆祝战壕中的"前线经历"，但是德国 1100 万老兵中的绝大多数在 20 年代回归了平民生活，而不是进行军国主义的抗议活动。加入右翼"自由军团"的老兵不到 40 万人，当时最大的战争受害者组织是社会民主党建立的"帝国联盟"，该组织在 1922 年发展到了顶峰，由超过 80 万人的老兵、受抚养的家属以及伤残军人组成。这一组织公开宣称自己"是反对战争潮流中的一员"。[6]

事实上，希特勒在《我的奋斗》一书中，关于他自己战争经历的描述在很大程度上是编造的。在战争的大部分时间里，他确实服役于前线，即战争进行的 51 个月中，他的服役时间是 42 个月，但他不是战壕中的战士，而是一个军团司令部的通讯员。这也是一项具有危险性的工作，但是不像前线的其他士兵那样随时面临着死刑判决。在索姆河战役的大部分时间里，他都是预备队士兵，这也是由于他腿部受过的伤以及 1918 年 10 月份的第二次住院治疗，希特勒把这次治疗归因于英国的芥末气攻击导致的失明，这也可能是"战争兴奋"或"炮弹休克"的结果。希特勒对战壕中战斗精神的唤起是在 1924 年暴动失败之后，这是一个后来的想法，主要体现在《我的奋斗》一书之中。直到希特勒掌握政权之前，对于战壕中战士的崇拜从来就不是一个主流的意识形态，纳粹党取得政权后，镇压社会党人、他们的老兵联合会以及纪念 1914—1918 年的反战传统。虽然在 1929 年之后，关于战争的民族主义倾向的书籍不断出版，这部分是出于对雷马克的一种反应，同时也反映了在向大危机滑落的进程中人们的失望情绪。20 世纪 30 年代，德国对另一场战争几乎没有什么热情。1938 年的捷克危机期间，希特勒从战争的边缘收手，公众的忧郁情绪是一个主要的原因。[7]

德国在纪念问题上的相互冲突的尝试与努力，主要集中于 1914 年战争开始时期，因为关于战争的结局没有什么值得庆祝的。相反，战胜的协约国，主要关注的是 1918 年德国对于战败的承认，他们通常纪念的是 11 月 11 日，而意大利纪念的是 11 月 4 日，那天是他们与哈布斯堡王朝停战协定生效的日子。英国的纪念仪式，尽管在开始的时候是即兴而起的，但是就像我们在最后一章看到的那样，很快赢得了一局，而且因为战争纪念碑的建立和默哀的仪式，其形式更加具有神圣感。1921 年 11 月，英国皇家军团开始建立，很快发展成为英国最主要的老兵组织，它从法国进口了 150 万朵人造的罂粟花，进行销售以帮助退役军人。这一次，公众的热情再度令当局非常震惊，在陆军元帅黑格的支持下，罂粟花的诉求很快成为另一种民族的纪念仪式，罂粟花主要由伤残士兵制作，女士们则进行销售。到 1928 年，收入超过了50 万英镑，而在停战日佩戴罂粟花几乎成为义不容辞的责任。[8]

在法国和美国，停战日很快成为一个公众的节日，这主要是由于老兵组织推动的结果。美国老兵组织的规模和政治化程度都要超过英国军团，同时也由于这些老兵的事务是由非常敬业的部门或者官僚机构处理的。在这一点上，美国与英国形成了鲜明的对比。在这两个国家里，11 月 11 日为以前当过兵的人提供了纪念胜利和战友之情的机会。美国军团为停战日准备的活动是严格依照顺序进行的，包括上午的庄严爱国仪式、下午的体育赛事，以及晚上的"烟火和舞会"。在英国，停战那天的晚宴和舞会则成为非常敏感的一个话题，建议举行"胜利舞会"（用以援助军人的慈善行为）在 1925 年引起了广泛的争议。第二年停战日的时候，《每日快报》指出，这是"关于停战日纪念的最令人震惊的项目"，纪念应该具有"明显的严肃性，随着时间的流逝，这一天要进行庆祝的感觉会逐步降低和减少"。1927 年，新闻媒体发起了首次"英国军团纪念庆祝"活动，地点选定在厄尔球场，内容有全体合唱和阅兵，而这很快成为每年固定的程序，并提供了一种非常高雅的纪念方式。可以看出来，在英国，准备好的纪念日更多的是为了失去亲人的家属，而不是为了这些幸存下来的老兵。[9]

"英国军团"的力量相对软弱是需要特别强调的。相反，在德国有很多的老兵团体，它们都有政治上的极化倾向，并且得到了公众的支持。例如，"帝国战旗组织"经常被与社会党扯在一起；而"钢盔团"

则被与极端的右翼组织联系在一起。为了宣传的效应，每一方都夸大其成员的数量。1925 年，帝国战旗组织宣称有 300 万成员，而实际上它比较活跃的成员可能从来没有超过 100 万人。但这一数字仍然给人以非常深刻的印象，可能是钢盔团规模的两倍。如果与英国进行进一步的对比，这些德国组织在本质上是准军事化的，对魏玛共和国持强烈的反对态度。帝国战旗组织是一个局部的例外，它对士兵没有采取极端崇拜的态度，而且主要是反对军团，保卫共和国。但是它的存在同时也反映了魏玛共和国没有能够建立起对军事力量的垄断地位。在法国，老兵组织的政治分立与军事化倾向都不如德国那样严重，但是存在两个较大的组织，一个是"联邦"，另一个是"全国联盟战士"，前者比后者要左得多，它主张与德国志趣相同的组织建立起联系。而极端右翼的全国联盟战士的成员，在 1934 年 2 月参与了非常戏剧化的街道示威游行，推翻了达拉第政府。[10]

相比之下，由 4 个对立的组织合并在一起形成的"英国军团"，主要是受到以前军官们的控制和引导。它的精神气质因此具有保守的特征，但是并不是盲目的和具有军事化倾向的。该军团的势力在英国西部和南部比较强大，超过城市化的北部和威尔士地区，其力量主要来源于英国的乡村和集镇。该组织采取会员制，其人数在 20 世纪 20 年代达到顶峰，为 31.2 万人（1929 年），在大危机之前数字下降，到 1938 年再度恢复到 40.9 万人。这也意味着它从来没有超过以前服务团体数量的 10%。但是，法国的老兵联合组织在 20 世纪 30 年代的时候大约有 300 万名成员，大约一半都是活下来的退役士兵，几乎占到了选民的 1/4。历史学家尼尔·巴尔观察到，作为一个统一的民族运动，它没有明显的政治偏好，而且在它的队伍中，退役军人组成的团体比例是比较低的，这样的老兵团体在欧洲是独一无二的。[11]

作为一个直接为老兵游说的院外集团，老兵团体的作用之所以非常有限，可以用令人非常揪心的战争补偿金问题加以解释说明。自从克里米亚战争以来，对于残疾的英国退役军人的照顾，按照传统是属于私人的慈善事业。这反映了一个权力有限的政府，以及资金较少并且要保持平衡的预算需求，反映了它们对自由的偏好。在一战期间，战争补偿金问题引起了非常大的争议——至少有 100 万的英国伤残军人返回家乡，当然，志愿者和慈善机构发挥了带头作用，就像那场罂粟花的请愿一样，为盲人提供帮助的圣邓斯坦之家，以及提供假肢的罗汉普顿中心都是属于这样的机构。20 世纪 20 年代晚期，各种形式的战争补偿金大约占到了政府年度预算的 7%，在德国，这一比例将近 20%。魏玛政府不仅为"残疾老兵提供了最为全面的补偿项目"，而且它也消除了各种敌对的私人慈善团体的努力，这些努力得到社会党和中心党派的支持，其目的是通过成为主要的社会救助力量加强受质疑的政府的合法性。同样的态度也使魏玛共和国对于青年人、妇女和失业者采取了非常慷慨的支持政策。老兵团体组织的游说仅仅是为了得到更多的金钱，在这一最主要的目标上，其政策是失败的，在大危机期间，因为福利支出的缩减，引起了社会上的强烈抗议，从而削弱了魏玛共和国的权威，加强了纳粹党的支持力量。英国的老兵们从来没有奢望从国家得到更多的补贴，因此没有失望，他们也没有反对政府，尽管他们为这个国家的稳定和生存的民主付出了巨大的个人代价。[12]

美国老兵游说团体的影响力是非常大的，这要感谢 1861—1865 年的美国内战，大约 62 万人死于那场战争。到 19 世纪 90 年代，将近 100 万的退役士兵及其受抚养的亲属得到了政府的补贴。大约占到了联邦预算的 40%。这项计划的定义也非常广泛，包括战时服役人员（穿制服仅仅 90 天就可以），以及残疾人（无论出于何种原因，战争期间和战争之后都可以）。因为有了这一先例，"美国军团"（1919 年成立）很轻易地就游说成功，政府同意慷慨地为 400 万的大战老兵提供补贴。1931 年的时候，该组织的成员有 100 万，还有来自全国的 1 万封邮件，这些无法拒绝的请求都给国会山带来了巨大的压力。一位说客告诫激进的、持反对态度的国会议员们："如果你不支持这项议案，那么你的继任者会支持的。"于是，福利在一点点地扩大，最后演变成"老兵们可以过着花天酒地的生活"。到1933年的时候，在老兵身上的花费占到了联邦预算的26%，但是受益人群只占到人口的1%。同一年，英国在一战中受伤的200万士兵中，只有50万得到了残疾补贴，而美国的数字是77.6万人，但是只有23.4万名美国人受伤！这需要经济大危机和一个强有力总统的联合作用，才能进行大幅度的削减。即便如此，国会山也对这项削减能否实施持有怀疑的态度。直到富兰克林·罗斯福总统明智而审慎地宣布，一旦国会在1933年3月通过这一经济法案，他就要求它撤销禁酒令，据说他当时面带微笑，说"我认为这是一个喝啤酒的好时候"。[13]

相对于英国和欧洲大陆老兵活动的场景，"美国军团"提供了非常有趣的对应性活动。1920年，它还仅仅是美国相互敌视的老兵组织中的一员。1921年，激进的"世界大战退伍老兵"组织声称拥有70万名成员，要求把"控制的土地"分配给那些为挽救文明而做出贡献的士兵们，每月租金为30美元，但是这一激进的组织被1919—1920年的红色恐慌彻底破坏了。"国外战争退伍老兵"组织幸存下来，但是其成员在20年代和30年代从来没有超过30万人。因此，与德国不同，"美国军团"成为这个国家最主要的老兵组织，它达到目标的手段是民主的，而非准军事的，特别是在向国会施加压力的时候也是采用民主的手段。与"英国军团"形成对照的是，"美国军团"设定了大量的政治和社会议程，尤其是致力于推进"百分之百的美国精神"。1921年，美国"国家美国精神委员会"的头头，亨利·赖安宣布："我们工作的出发点和落脚点都是民族主义，是为了树立起一种民族意识。"在红色恐慌中，军团扮演了一个非常核心的角色，伊利诺伊州、马萨诸塞州和其他地区的地方政府都用它来对付极端的威胁。它面临的一个对手是"美国公民自由联盟"（ACLU），该组织形成于战争期间，反对狭隘的爱国主义。军团也经常对言论自由的问题感到非常困惑。军团的一位发言人在倡导教师们要进行效忠宣誓时声称，"我们并不介意开展政府形式的讨论"，"但是必须采取保护措施防止任何形式的政府广告，除了我们自己的政府"。为了在草根阶层推广美国的民族精神，军团资助了学校的征文竞赛和童子军野营活动，而最为成功的是青少年棒球运动，到1930年，大概有来自各州的50万名男孩参与了这项运动。来自内布拉斯加州的一位军团成员指出，青少年的世界杯系列活动，"找到了一个接近精力旺盛的青年人的方法，他们没有时间听长篇说教，也不热心于倾听成为良好公民的清规戒律"。在大西洋彼岸，英国军团也表现得非常爱国，但是这种非常热烈的关于英国精神的谆谆教诲从来都不是其计划的一部分。[14]

相比于其他的交战国，尽管英国老兵的游说力量是比较弱的，但是它却滋养了这个国家，帮助它孕育出世界上最强大的和平主义运动。就像我们在上一章提到的，1928年之后，有关战争的书籍和电影的不断涌现重新塑造了公众的态度，关于战争的起源和进程的展示，都对英国的政治家和将军们进行了质疑，关于战争宣传和暴利的启示录给人留下了非常负面的印象。1929年，令人泄气的大萧条的到来，以及战争时期由著名的和平主义者引导的工党政府的选举，导致了人民关于战争意义的争论。那是由于威尔斯关于"终结战争的战争"的声明——最初在1914年成为一个反对普鲁士军国主义的一个宣传口号——从而作为一种信仰抓住了公众的心理。战争的悲剧和损失，污秽及无能，在这种牺牲的言语中仍然能够找到其正当性，还有点类似基督的语调。帝国战争墓地委员会的主任费边·韦尔勋爵在1932年停战日的广播中宣称，"上千万的人都在用同一种语调说话"，"他们是在对世界上的政治家们说，你们已经失败了，没有用战争以外的手段实现你们的目标，我们已经为你们的失败进行了赎罪，不能再失败了，接受我们的补偿，把生活和真理都还给这个世界吧"。两分钟的默哀是一个"嘲讽"，作家拉尔夫·黑尔·莫特拉姆宣称，"只有这一行为能够引起精神的净化，产生出一些明确的解决方案，如此那种大规模的机械化的大屠杀将永远不会再发生"。到20世纪30年代，为了文明进行的战争已经转换成了和平进行的战争，而且那也成为纪念的主要论据。1933年11月，《英国军团杂志》的封面是一座雕像，妈妈抱着她死去的儿子，底座上的文字是"裁军"。[15] 因此，在蒂耶普瓦尔和伊普尔，在白宫的停灵台，以及遍布英国的数百个纪念馆，人们纷纷举行了年度的纪念典礼，而这"呈现出一种矛盾的状态"，一方面是对亡灵的崇拜，使年轻人作为爱国者的死亡理想化，但另一方面又强调了新的理想："战争永远不再有。"[16]

在20世纪二三十年代的和平运动中，妇女的作用是极为重要的，作为新获得选举权的选民，她们表现出了行动上的激进性。1928年之后，尽管女性成为选民中的多数，但是在这两个10年中，女性议员从来没有超过15名（总数大约是550名）。20世纪20年代，有过一次反对女权主义的反弹，主张女性应该专注于家庭生活。但女性组织甚至是最保守的那些，如拥有50万成员的"母亲联盟"，也极力鼓励女性运用他们的投票权和声音，以争取性别平等（例如关于离婚和财产法的改革），并且推进世界和平。[17] 她们声称在裁军方面保有特殊的兴趣，这主要是由于她们的双重身份：死者的母亲和男性暴力历史上的受害者。非战主义的知识分子，维拉·布里顿在1934年评论说，"因为女性生育孩子"，"对她们而言，生活以及生活的意义是极为重要的，这些事情对男人们就没有那么重要了"。她坚持认为，"一个战争理念非常流行的文明，总是与女性的利益相对立"，因为"军国主义和对女性的压迫都是建立在暴力的基础之上"。当时和平宣传的先锋是"国际妇女争取和平与自由联盟"（WILPF），它建立于1919年，发端于战时的和平运动，并利用了当时在奥地利、英国、加拿大、德国、匈牙利、冰岛、波兰、俄罗斯以及美国女性获得的选举权。尽管该联盟属于一个少数派组织，到 1926 年其成员只有 5 万人，分布在 40 个国家，但是在动员观念方面，它的工作是卓有成效的。这些努力在 1931 年达到了顶峰，走在了世界裁军会议的前面。该组织为裁军请愿书征集了 300 万人的签名，其中一半来自英格兰，它是通过遍及全国的妇女组织网络得到如此众多的支持的。[18]

花了 6 年时间进行准备的世界裁军会议，最终于 1932 年 2 月在日内瓦召开，59 个国家参加了会议。全世界上千万的男女们签署了和平请愿书。即便是在要求与其他大国享有同等权利的德国，也大约有 60 万人参加了产业联盟组织的"支持裁军会议"的集会。在一个全球经济大危机的时期，军备竞赛不断上升的费用，使和平问题变得更加敏感。在接下来一年半的时间里，对于日内瓦裁军会议的扭曲及其走向成为一个焦点问题，会议带来希望，扭曲则让人恐惧。每一个国家都制造了一些问题：一个国家认定的防卫合法手段，但是对于其他国家，很可能就是公然挑衅的侵略性武器。在 1928 年的一次讲话中，温斯顿·丘吉尔巧妙地捕捉到这一困境，并且把其比喻成关于动物园的寓言。犀牛宣布，"动用牙齿是野蛮的、恐怖的，应该被严格禁止"，但是坚持角是纯粹的防御性武器。毫不奇怪的是，水牛、牡鹿和豪猪是支持犀牛的，但是老虎、狮子和其他大型的猫科动物则极力反对。熊的态度则和它们都不同，认为牙齿和角都应该被禁止，它辩称："当这些动物围绕'火鸡是否陷入恐慌'互相争吵的时候，如果动物们彼此给予温暖的拥抱，这才是更好的选择。"在丘吉尔的寓言中，动物饲养员能够让动物们平静下来，但是在日内瓦，饲养员们本身就是动物，每个都有自己的利益所在，所以，丛林法则很容易大行其道。[19]

1931 年年末，英国外交部简洁地总结了会议的问题："世界的复苏（也是我们政策的目标）有赖于欧洲的复苏，欧洲的复苏有赖于德国的复苏；德国的复苏取决于法国的同意，法国的同意（一直都是）

取决于免于攻击的安全感。"在不到半个世纪的时间里,德国已经侵入了法国两次,而且其人口是法国的两倍。因此,在得到完全的安全保证,特别是来自英国的安全保证之前,法国领导人是不会裁减军备的。"英国需要表明的是,'如果德国进攻法国,我将与你站在同一战线上'",这是 1934 年法国外交大臣告诉英国外交官的。[20]

但是,在经历了 1914—1918 年之后,这也是历任英国政府都不会做的一件事情。法国政府周期性的请求不断地被拒绝,同样,法国要求英国加入其安全条约网络,主要是法国与东欧新建立的国家缔结的条约体系,它是对 1914 年法俄同盟的一种替代,这一要求也被英国拒绝了。1925 年,奥斯丁·张伯伦,在两战期间最亲法国的英国外交大臣,确实安排了在洛迦诺的谈判,在这一条约中,法国、德国和比利时都接受了目前的边界现状,英国和意大利则承诺反对任何"明目张胆的侵犯行为"。但是,对法国的直接承诺仍然是遭人厌恶的,20 世纪 30年代早期,英国政治家和公众的情绪已经具有越来越明显的孤立主义特征。1929—1930 年,关于开通英伦海峡海底隧道的建议,被英国政府严厉地拒绝了,"只要欧洲大陆上仍然存有强大的军事力量,这一隧道,如果不能被很好地防御,就会成为潜在的危险;如果能够被很好地防御,军事上的义务就是不可避免的,相当的力量将被冻结在那里,无法进行调动"。即使是罗伯特·樊西达爵士,当时他担任外交办公室的主任,在 1932 年早期也评论道:"法国事实上已经赢得了我们传统上在欧洲一直寻求避免的东西,如果不说独裁的话,那就是霸权,政治和经济方面都是如此。"[21]

因此,在日内瓦裁军会议上,德国对平等权利的要求,以及法国坚持在裁军之前确保安全的要求,使问题处于僵持的状态。一俟希特勒在 1933 年得到了政权,他很快退出了裁军会议,并且退出了国际联盟。现在众所周知的是,随着德国的重新武装,英国在 1934 年也开始重新累积军事力量。这种不断上升的军备竞赛,令人非常警惕性地想起 1914 年之前的欧洲，也促使英国的和平运动成为一支主要的政治力量。

国际联盟位于这次运动的核心地位。联盟在多个会员国都调动起了众多的志愿团体，但是没有一个能与英国同类组织的规模、范围和政治联系相比。在英国，这一团体成立于 1918 年，得到了跨党派的支持，1925 年，它保卫了《皇家宪章》，而后来的历任首相都接受了名誉会长的职位。该组织的领导人是罗伯特·塞西尔勋爵[1]，他来自英国最大的一个政治家族，他是一个天生的改革者，喜欢为不太可能的事业而进行奋斗。塞西尔是最早拥护女性选举权的人，而且长期担任英国行人联盟的会长，帮助引进了驾照考试，并且在城镇中限速每小时 30 英里。在 1918 年之后，成立一个维护国际和平的联盟成为他的热情所在，他坚信战争也许是"有史以来最大的灾难性事件"。22

塞西尔是二三十年代联盟的主要推动人，但是组织的真正力量存在于其成员之中。在巅峰时期的 1931 年，联盟拥有 40.7 万名成员，拥有遍布英国的 3000 个分支机构，当然其最强力的支持来自于伦敦、英国的中西部各郡和伦敦周围各郡。它还有大约 4000 个"具有单独法人地位的联合机构"，如行业联盟、童子军和女子学院，特别是还深入到了新教的教会。相比之下，法国国际联盟的支持力量在 1927 年只有 12.7 万人。联盟范围的广泛反映了它的信念，世界大战的灾难已经显示出必须摒弃狭隘的民族主义的必要性，而且应该给予公民在外交上的发言权。因此，在学校和大学推进国际主义教育成了优先事项，"没有理由不让'国际意识'成为普通人知识储备的一部分"，阿尔弗雷德·齐默恩教授观察到，"100 年前，普通人应该识字，或者具有阅读

---

[1] 罗伯特·塞西尔勋爵（Lord Robert Cecil），全名 E. A. 罗伯特·加斯科因—塞西尔，是英国历史上著名的政治家，是曾三任首相的第三代索尔兹伯里侯爵的第三个儿子，诺贝尔和平奖获得者。——译者注

地图的能力,同样被看作是不可思议的",因此,联盟成为1918年之后英国日益增长的民主的政治文化的一种表现方式。[23]

希特勒登上政治舞台鼓励了英国的孤立主义情绪,无论右派还是左派都是如此,右派主要体现在比弗布鲁克的新闻媒体,而左派的工党在1933年10月的会议通过了一项决议,英国"不应参与战争"。作为回应,塞西尔在1934—1935年组织了一个民意调查,其顶点是1935年6月,在伦敦皇家阿尔伯特厅成功举办的集会。这一调查得到了1160万人的支持(占英国人口的38%)。更引人注目的是,50万志愿者被动员起来,为个体家庭分发选票。而且,这种"入户游行"的参与者大多数是女性。[24]女性们经常运用她们在本地社区的位置得到信任,引发兴趣。一位志愿者回忆说:"我发现附近一带那种小商店是谈论这种调查目的的一个好场所。"学校的教师们,无论男女,都是特别活跃的说客。利兹的一个学校校长写信给议员,强调这种选票的重要性。"今天上午,我履行了停战日的义务,我面对的是450名可能卷入下次战争的孩子。"这也是为什么投票的年龄是21岁,而调查票是面对18岁以上的任何一个人的原因,因为那是征兵的年龄。[25]

尽管后人都清楚这是一次关于和平问题的调查,但是这次调查的正式题目是:"关于国际联盟和军备的国家宣言"。比弗布鲁克的媒体认为这是血腥的投票,其真实目的是与孤立主义者搏斗,推动政府在欧洲的和平进程中扮演一个更积极的角色。因此,结果肯定不是公众意见的随机样本,反对国际联盟的人是低于适当比例的,他们或者没有提交投票的反馈意见,或者没有被要求这样做。不过,这一结果显示出比较清晰的全国范围的样本,90%或者更多的人支持英国政府继续保持国际联盟的会员资格,支持削减武器的国际协议,并且不能为了私人营利的目的制造或者销售武器。同样,在面临侵略国的时候,压倒一切的意见是采取经济的或者其他非军事手段的制裁措施(87%)。但是,如果用挑剔的眼光进行分析,在武器的使用问题上,意见实际是分裂的，59%的人回答是"可以"，20%的人回答说"不可以"，另外20%的人没有回答。对于这一和平调查的结果，需要对其进行更细密的解读。温斯顿·丘吉尔在回忆录《风雨欲来》（1948）中指出，对第五个问题的回答证明了英国公众已经准备就绪，他们愿意"为了正义的事业，投入战争"。但更确切地说，结果显示出来的是，公众支持"集体安全"原则，反对孤立主义者的倡议，同时显示出对于重新武装以及运用武力反对独裁者的手段抱有相当大的疑虑。[26]

和平调查的高潮是与墨索里尼对于埃塞俄比亚的残酷侵略在时间上是一致的。它的政治影响非常明显，内阁勉强地对意大利实施了经济制裁，随后，外交大臣塞缪尔·霍尔在他与意大利的秘密交易被曝光之后也被迫辞职。在这两个例子中，尽管政府对于收买意大利这一问题都非常敏感，因为更大的战争威胁来自德国和日本，但是也被迫考虑公众的情绪。1936年3月，希特勒对于莱茵兰地区的合并，以及几个月之后在西班牙内战中的行为，暴露了英国"和平运动"中潜在的紧张关系。这种紧张关系体现在那些愿意使用武力保持集体安全的人，同那些明显反对任何形式军事行动的人开始分裂。绝对的和平主义者找到了他们的斗士，牧师迪克·谢泼德，一位具有超凡魅力的英国国教牧师，而且也是"电台牧师"的先锋，1936年5月，他正式组建了"和平请愿联盟"。在此之前，英国没有公开的非战组织的成员达到1万名，但到了1936年年末，其成员已经高达11.8万人。这仍然只是国际联盟的支持者的1/3，但是后者的成员在不断减少，到1939年下降到了20万人。尽管该组织拥有著名的奥尔德斯·赫胥黎和伯特兰·罗素这样享誉全国的人物，但是"和平请愿联盟"成员的特殊增长也是因为其创建人的作用，他把贵族的行为方式与给人留下深刻印象的知识分子的谦卑有机地结合起来。该组织的成员被视为没有了"谢泼德"的"绵羊"。但是从20世纪30年代开始，英国和平运动的分歧显示出战争的威胁已经非常严峻，它带来一个比较严肃的问题，人们在多大程度上愿意为了集体安全而使用武力。新闻记者金斯利·马丁在 1938 年观察到，"最终，这是两种信念之间的冲突"，"在危机中，人们才对自己有了清晰的界定"。[27]

在欧洲大陆上，没有任何组织规模上能够与国际联盟或者"和平请愿联盟"相比。德国的和平运动被希特勒所镇压，但是即使在最高峰的时期，即 1928 年，它自称人员达到 10 万人（也许要少得多）。而且当时遍及全国全境的 22 个组织呈现碎片化的状态。法国的和平运动具有更巴尔干化的特征，1936 年有 200 多个组织，在整个 20 世纪 30 年代，人数在不断减少，而不是增加。与"和平请愿联盟"对应的法国组织，是"国际联盟的和平战士"（LIPC），其成员在 1935 年的时候不到 7500 人。"法国和平协会"（APD）是一个知识分子精英的组织，成员只有 5300 人。这明显根植于高卢人的追求和平的方法，即通过国际法和仲裁达到目标。1919 年，政治家皮埃尔·科特宣称："盎格鲁—撒克逊人拿着《圣经》游遍世界，而法国人携带的则是法典。我们的和平概念是司法上的，而不是神秘莫测的。"[28]

科特这里所指的是英国和平运动中明显的宗教根基，简直是回到了 17 世纪贵格会那种无条件的信守非暴力承诺的状态。当阿斯奎斯政府在 1916 年实行征兵制度的时候，许多人即以宗教理由拒绝服兵役，在大战期间，此人群人数多达 1.6 万。这种宗教理由在欧洲大陆国家是非常奇特的观念，那里认为军事服役的义务是公民的核心义务。例如，在德国，只有几百人以宗教理由拒服兵役。英国传统上对于志愿军队的依赖意味着 1916 年的征兵只是暂时推行的一个手段。给这一国家的每个家庭带来的是战争与和平的明显区分。20 世纪 30 年代中期，出于政治上的考虑，国民政府一再请求不要征兵，不要重整军备，这种要求直到 1939 年 4 月才被摒弃，也就是希特勒吞并了整个捷克斯洛伐克之后。

对以宗教理由拒绝服兵役者的尊重，是英国和平运动具有强大力量的一个主要原因。然而，同等重要的是英国的地理位置。在欧洲大陆上，陆地边界是可以渗透，甚至是可以改变的，和平注定是一种危险的政治奢侈品，在不断侵蚀该国的自卫能力。相比之下，英国在本国和敌人之间，享受了 21 英里宽的"壕沟式的防御"，这是莎士比亚独特的形象语句。英吉利海峡的宽度足以使其具有一种安全感，但是还没有宽阔到令其高枕无忧的程度，这一点在 1588 年和 1804 年的入侵危机中已经表现得非常明显了。因此，英国对于保持欧洲大陆上的均势抱有浓厚的历史兴趣，认为这样才能够遏制潜在的侵略者。1914 年对法国和比利时的承诺就是为了防止德国对于英吉利海峡港口的控制。20 世纪 30 年代关于英国安全的争论中，比较新颖的一个因素就是关于远程飞机轰炸的威胁问题。1934 年 7 月，斯坦利·鲍德温警告议会："自从飞机发明以来，古老的边界就不复存在了。当你考虑英格兰防御的时候，你不应该只考虑多佛港用粉笔画出来的陡峭的岸边，应该考虑的是莱茵河。"在议员们大喊，"同意，同意"的时候，他继续讲道："那才是我们的边界所在。"[29]

问题不仅仅在于英国安全边界的扩大，也在于英国暴露出新弱点。1932 年，鲍德温向国会提交了新的关于恐怖的诊断，他断言，"世界将遭受""新的恐惧感觉，一种信任缺乏带来的恐惧感"，"而没有比空军更能引发这种恐惧的原因了"，因为空投炸弹，妇女儿童与前线战士一样容易遭受到攻击。鲍德温继续用令人恐怖的直率说道："即便对于行走在街道上的男人来讲也是如此，地球上没有任何权力能够保护他免于轰炸。无论人们怎么告诉他，炸弹还是能够最终抵达的。"这也是主张制订军事计划的人们的观点。1936 年 10 月，代表三军的联合战略委员会警告说，在任何未来的战争中，德国追求的都是快速的胜利，即在英国强大的经济力量能够施加影响之前就要取得胜利，"从战争的第一天开始，德国对于英国进行频繁的集中进攻就是极有可能的，这也是试图摧毁这个国家的最为可行的方法"。委员会指出，

"我们的平民从未被暴露于战争的恐怖之中"，这一点与欧洲大陆不同，而德国人"也许会认为，如果我国民众，特别是妇女和儿童遭遇到这些恐怖之后……大多数人会认为投降是更可取的一种选择"。在1917—1918年的哥达袭击中，仍然有一些非常丑陋的反战抗议声，但是下一次战争的伤亡会更大一些。这些计划者预测说，在空袭的最初24小时之内，大概会有2万人的伤亡，到了第一个星期末，人数可能上升到15万人。[30]

计划委员会的报告在提交给白金汉宫之前，调子已经降低了。但是它表达了一种人们普遍拥有的观念，如果我们想要理解英国在20世纪30年代的态度趋向，这是一个被强调的观点。首先，"致命的一击"这一概念。当政策制定者们和公众在30年代探讨未来的战争之时，他们想到的是这样一种情节——对英国进行迅速的、毁灭性的进攻。事实上，直到法国崩溃之前，德国一直没有尝试过这种进攻，那时已经是战争的第二年了。其次，它认为人类的损失将是空前惊人的。把计划委员会设计的死亡人数考虑在内，我们应该注意到，在整个二战期间，英国遭遇的各种空袭中，其死亡人数总数不到15万人，包括闪电战和V式飞弹使用所导致的伤亡都计算在内。正如在古巴导弹危机期间担任英国首相的哈罗德·麦克米伦后来所说，从20世纪60年代进行历史回溯，"1938年我们对于空战的看法，就像今天的人们看待核武器一样"。[31]

这是一个比较恰当的比较。20世纪30年代中期，关于空军的威胁在电影、小说以及政治家的有导向性的宣传中，都被夸大其词。哲学家伯特兰·罗素在1936年预测道，在一次空袭之后，伦敦将呈现大规模的疯狂的混乱状态，医院将遭到袭击，交通将陷于瘫痪，而政府也将由于这种恐怖的崩坍局面而被一扫而空。于是敌人可以任意制定规则。接下来的一年，建筑师约翰·格劳克预测道，我们将迎来"一个建筑的新时代，将来的文明可能将其称为'防空洞时代'。这可能是另一个黑暗时代的序幕。我们的孩子、孙辈以及重孙子那一辈，可能会生活在废墟之中"。格劳克甚至建议，修建"特殊的避难所似的城市"，以供幸存者居住，从而"至少能使在总体的崩溃发生之后，文明的核心能够被保存下来"。[32] 那样的担心在 1938 年 9 月是非常确切的事实，那时看起来与德国的战争是不可避免的。历史学家阿诺德·汤因比的这种情绪来得晚些，那是在《慕尼黑协定》签署之后，在给一位美国朋友的信中，汤因比写道：

很难表述这样一种感觉，即在一个面积狭小、人口密集的国家里，人们对于密集轰炸有着怎样的想法。即使对自己，如果没有经历前两周的那次经历，我都无法表述这种感觉（在伦敦，我们当时设想的是每晚 3 万人的伤亡，而在星期三的早晨，我们开始确信，而且我非常相信，在关键的三个小时之内可能就会达到这一数字），这有点像面对世界末日一样。在几分钟的时间里，时间将停滞，而正如我们知道的一样，生活将走向终点。这一破坏所有的可怕的前景，毁灭的是一个"英格兰"或者"欧洲"，这其实比个人和家庭被炸成碎片更为糟糕。七八百万生活在伦敦的人将经历这一切。[33]

当然，轰炸的阴影一直飘荡在 20 世纪 30 年代的欧洲上空，从而模糊了传统意义上的士兵和平民的界限。与英国一样（但是与德国不同），法国的首都主导着国家的政治、金融、工业和文化生活，巴黎人也同样受到轰炸的困扰。按照一位新闻记者的话说："在密集的炸弹雨的轰炸下，城镇在几个小时之内就会被摧毁，而毒气能够在几分钟之内就摧毁诸如巴黎这样大城市中每一个人的生活，上千万的儿童、妇女和男人很快会成为大屠杀的对象。"[34] 但是对于 30 年代的法国而言，这种对于轰炸的恐惧，由于历史上的焦虑而得到进一步的强化。纳粹时期的德国空军进一步强化了德国国防军对于法国北部的威胁，而对于英国，轰炸带来的则是全新的不安全感。因此，30 年代的空中恐慌在英国表现得特别敏锐，这有助于解释为什么会出现对和平运动的史无前例的支持，例如"和平调查"与"和平请愿联盟"都得到了广泛的支持。[35]

轰炸同样塑造了英国的外交政策。1933 年 3 月，即希特勒夺得政权几个星期之后，鲍德温告诉内阁的裁军委员会，有两件事情让他非常恐惧，"第一件是本国在应对空袭方面的不利因素，第二件是德国的重新武装"，他坚信"空军力量是德国要重建的第一项武器"，并坚持认为，"我们必须形成一个禁止轰炸的规定"。这也是在日内瓦裁军会议上鲍德温的主要目标，这一观点得到外交部和陆海军高级军官的支持。"只有空军部想保留这些针对城镇的武器，"一份海军部的备忘录怒称，"这种战争的手段是令人讨厌的，也是非英国式的。"即使在这一会议失败之后，外交部办公室也在主要大国之间艰难地推进这一协议的达成，但是法国不会把这一反轰炸协定与德国问题的总体解决分割开来。正如我们看到的一样，对于法国来说，德国的纳粹空军是德国总体威胁的一部分；而对于隔着海峡的英国来说，它是阿喀琉斯之踵。[36]

鲍德温一直寻求达成欧洲的多边协议。然而，在 1938 年，当战争乌云在捷克斯洛伐克的上空聚集的时候，内维尔·张伯伦决定自己亲自处理希特勒这一问题。今天，人们在谈到张伯伦的时候，往往把他定型为：一个轻信的、容易受骗的老傻瓜。但是在 20 世纪 30 年代的大部分时段里，他被看成是国民政府中真正的能动力量，刚开始担任财政大臣的职位，从 1937 年则开始担任总理。1938 年 9 月，他在不到两个星期的时间里三次访问德国，与元首进行谈判，以避免捷克斯洛伐克问题引发战争，这是危险极高的赌注。他选择乘坐飞机不仅仅是为了节省时间，而且是为了掌握主动权。他和他的姐姐说道，选择伦敦或者北海进行谈判都不太适合我，"这会使我的妙计很大程度上失去戏剧性的效果"。当时，张伯伦以 69 岁的高龄，冒着风险生平第一次乘坐飞机。他登上一架小型螺旋桨飞机的照片和影片，很快成为世界各地的头条新闻。他乘坐飞机是为了避免来自空中的威胁，故意使用了这一具有大规模杀伤性特征的运输工具来作为和平的道具。在一战中，张伯伦失去了他的表哥，也是他最亲密的朋友诺曼，现在，作为一名首相，他则面临责任的困扰，即他有可能把英国带入另一场大决战式的冲突中去。在他第二次会晤希特勒之后，他特别动情地说起了他飞回祖国上空的时候，特别是看到泰晤士河与伦敦东区时候的感觉。根据内阁的会议记录，"他曾经设想过德国的轰炸机沿着同样的路线飞行，他不断地追问自己，我们能够给目前在飞机下方的成千上万的家庭提供多大程度的保护。而且他感觉到，我们今天已经不可能还来判定，为了防止以后的战争而进行的战争是否合理"。[37]

张伯伦最高级首脑外交的顶点就是他与希特勒在慕尼黑的第三次会晤。在那里他牺牲了捷克斯洛伐克的安全和大部分领土，但是对于绝大多数英国人而言，真正重要的是那张著名的协议，即两个领导人签署的英国和德国之间永远不会进行战争的协议。时事评论员西里尔·乔德讽刺地说，"这不是美丽精彩的事情"，"这是战争"。[38]这两个国家的民众都狂热地庆祝《慕尼黑协定》的签署。9月30日，在张伯伦飞回英国之前，他的飞机被慕尼黑的民众团团围住。按照一位当代人的评论说，张伯伦因此把自己变成了"涉及上千万名民众的恐怖的形象代言人 ……尤其是在考虑到现代战争残暴性的时候"。在伦敦，从赫斯顿机场到达白宫，仅仅9英里的路程，他的汽车花了90分钟的时间，欢迎的人群层层叠叠，试图与他握手的人甚至站在了脚踏板上。乔治六世采取了非常引人注目的一步，邀请张伯伦来到白金汉宫的阳台上，以示对这个声明的承认。最后，张伯伦回到唐宁街10号的首相官邸，情绪非常激动，甚至有点筋疲力尽，他不断挥舞着手中的那纸协议，大声宣布："我坚信它为我们的时代带来了和平。"[39]

在随后的几年内，这些来自1938年9月30日的照片将伴随着公众的记忆。任何如此高调的政治家往往都是行动莽撞的人，张伯伦声誉的崩塌也是非常扑朔迷离的。"慕尼黑"很快成为一个畏缩的、投降的同义词。正如"绥靖"这一名词一样，这一名词在20世纪30年代刚刚开始使用的时候，是一个完美的、非贬义的外交词语，意味着关于不公正的和平解决。这种令人感慨的结局，部分是因为张伯伦是一个笨拙的谈判者，没有能够领会希特勒的真正意图，也没有掌握非常艰辛的谈判艺术。他也曾因为权力而得意忘形，他曾经和他的姐姐说过，作为首相，"我只要抬起一根手指，整个欧洲的形势就会发生变化"。姑且不论张伯伦的傲慢，他类似高空走钢丝的会谈的原因，也是出于20世纪30年代英国对可能遭遇轰炸的恐慌的反应，正如在汤因比的信中所流露出来的那种感觉一样。这种能够感知到的极度危险，引起了英国外交历史上独一无二的反应。从来没有任何一位英国首相把自己的个人声誉完全押在这样的一个和平建议之上。[40]

　　轰炸机使英国的战略和外交都黯然失色。虽然英国在寻求达成关于武器控制的国际协议，但是一旦德国开始重新武装，英国也必然不可避免地这样去做。当国防需求委员会（DRC）在1933年11月建立起来的时候，最初它建议在三军之中都均衡地进行重新武装以应对德国和日本的威胁。它认为德国是最终的潜在敌人，因此政府应该做好准备，在发生战争的情况下，英国能够在欧洲大陆部署5个师的远征军和1个坦克旅。国防需求委员会提出了一项五年计划，预算是9700万英镑，其中4000万是分配给陆军的。但是这些提议被张伯伦和财政部重新改造。他们被这一项目的耗资巨大以及公众关于轰炸的恐慌感所震撼。他们提议把整体预算削减到6900万英镑，其中只有1900万用于陆军建设，而空军则从52个中队发展到80个。考虑到公众关于西线的记忆，张伯伦警告说，这种关于军队花费的建议将会"引起关于未来意图和承诺的最危言耸听的想法"。因此，他建议应该把军队的花费集中在"公众最高度关注的领域"，也就是英国皇家空军对国内的防务，他坚持认为，对于英国最好的保护，"将是威慑力量的存在，保证这一力量处于强有力的态势，将会使得敌人考虑进攻是否值得。我提议，这种形势只有通过建立与这个国家的规模和效率相匹配的空中力量才能够实现，这也许会在可能的敌人心目中让他们产生敬畏"。[41]

威慑的概念一直贯穿于整个20世纪30年代的防务政策之中。"轰炸机总会来的，"鲍德温在1932年辩称，"唯一的防御手段就在于进攻，那也意味着，为了拯救自己，你必须比敌人行动得更快，你不得不杀死更多的妇女和孩子们。"尽管1934年的时候，鲍德温不同意张伯伦非常不平衡的预算建议，但他也没有否认，"从政治的角度看，的确需要做一些事情来改善目前的这种半恐慌状态，目前这种恐慌主要是关于空中的，而且其原因也是显而易见的"。因此，他反复呼吁，英国的空军力量"不应该弱于任何对我们国家的海岸能够构成打击的国家"。[42]

1933—1934年关于防卫问题的争论，是随后的重新武装的重要参数。在不断变化的国际形势中，预算也反反复复，但是英国皇家空军的预算一直保持在最高的水平之上。而在优先发展的名单中，英国远征军始终处于底端。这也反映了公众对于大陆上第二场流血战争的极度憎恶。没有任何一个国家"能够承担起我们需要用另外一个百年才能弥补的损失"，这是乔治·米尔尼将军发出的警告，"如果再发生类似于上一次的战争，文明本身也将被撕成碎片"。为了照顾公众的情绪，内阁禁止使用"远征军"这一术语，即使在秘密的文件中也是如此（而是使用地面力量来代替），并得出结论，"此时不适合发表一项关于我们深度关切比利时领土完整性的比较高调的声明"。军队的计划者们试图反驳这一声明，他们认为在未来的战争中，空军力量的作用是决定性的，对于欧洲大陆，英国应该承担"有限的责任"。"如果与德国的战争再度爆发，"陆军上校亨利·波纳尔在1936年写道，"为了我们的生活，我们还得继续战斗。我们必须尽最大的努力，无论在陆地、海上还是空中都是如此。"但是张伯伦不同意这个观点："我

250

认为我们的力量应该更有效地部署在空中，以及海上，而不是构建一支强大的陆军。"1937年12月，内阁指示军队计划部门，其规划应该建立在这样一种假定的基础上，即在战争刚刚开始的时候，英国不会为任何欧洲国家派出地面力量。[43]

在整个20世纪30年代的预算争执中，英国皇家空军一直在预算之争中保持着非常高的地位，但是在重点上有所变化。1938年年末，轰炸机的突袭似乎不是不可避免的了，其中一个原因，就是快速的、单翼战斗机的发展，特别是飓风机和喷火式战斗机能够在敌人的轰炸机抵达之前就把其摧毁。然而，同样重要的是，与之相伴随的雷达（就是众所周知的无线电测向）技术的发展，这主要应该归功于鲍德温1934—1935年政治上与金融上的支持手段。《慕尼黑协定》签订之后的那个冬天，政府忙着沿英国的东南海岸构建雷达的国防链条，它们直接与英国皇家空军战斗机司令部的电话网络连接在一起，能够可靠地接受指令。英国航空部现在对轰炸机的力量怀有浓厚的兴趣，继续坚持"反击力量仍然是我们主要的威慑和防务力量"；但是1架重型轰炸机的成本相当于4架战斗机，所以财政部在这种新型的国家防御概念之后抛出了重磅炸弹。雷达能够在敌军袭击之前的10分钟提供关键性的预警，而这已经足以令飓风机和喷火战斗机腾空而起，投入战斗，这一点在后来的1940年看得非常清晰。通过这些新型的电子眼，多佛的白垩断崖看起来仍然能够在英国的壕沟式防御中扮演堡垒要塞的作用。[44]

飓风式、喷火式战斗机和雷达技术都在揭示出这样一个事实，即在1918年之后的20年，英国仍然保持着强大的军事力量，尤其是在技术的尖端领域层面。20世纪20年代，从绝对数值来看，英国可能是世界上军事开支最高的国家。到了30年代中期，它不再居于第一的位置，原因主要在于德国、日本和其他大国的投入太大，而英国则采取了削减军费的政策。"两次世界大战期间，皇家海军的扩张超越其他国家对海军的投资，包括各个级别的军舰。"即使它投资的战列舰在

1939—1945 年看起来似乎已经过时了，但是其海军仍然处于航空母舰这一重要武器系统的最前沿。1939 年，英国拥有 7 艘航母，美国和日本各有 6 艘航母，德国 1 艘都没有。英国强大的海上力量根植于其强大的军工复合体，包括克莱德、默西、泰恩赛德和皇家造船厂，同时还依托于约克郡的钢铁厂，以及中西部各郡的机床厂。尽管在 1918 年之后，军工复合体的力量有所萎缩，但是二三十年代的时候也一直在延续，这意味着只需很小的投资就能迅速使其转向战争需求。英国的飞机制造行业仍然依托于精工制作，而没有转向大规模的标准化生产，这种方式的确需要大量的资金投入。但是飞机制造是涉及新技术的重要工业，喷火式战斗机和兰卡斯特战斗机尤其如此，因而投入也是值得的。一直到 20 世纪 30 年代早期，英国都是当时世界上最大的武器出口商，大约占据了 1/4 的市场，它与法国共同主宰了国际上的武器贸易。现在，我们对于英国的印象是比较老套的，认为它是一个新兴的“福利国家”，其自由主义的价值观导致了它反对军国主义的思想意识。而实际的情形是，20 世纪 30 年代的英国可以被看作是一个“战争国家”，其军工复合体的力量一直与其敌国是不分伯仲的。[45]

同时，在进行重新武装这一危险的问题上，英国采取的经济手段比它的邻居要有效率得多。无论是好是坏，张伯伦和财政部的确在这一过程中发挥了很重要的作用，在军事的花费上建立了优先的顺序，而且限制了不同军种之间的恶性竞争。从更深的层面来看，他们也坚持认为重新武装不应该削减英国经济的基础，而不是像丘吉尔等人那样要求迅速地重新武装。“我并不认为战争已经迫在眉睫”，张伯伦在 1936 年年末写道，“通过仔细的外交运作，我相信我们可以避免战争。也许这一点还表现得不是非常明确，但是如果我们现在遵循温斯顿先生的提议，牺牲我们的贸易来进行武器制造，必然会造成贸易上的损失，而这需要几代人的努力才能够恢复，我们不能损害我们的（贸易）自信，因为现在它正完美地存在，而且，我们应该降低税收。”

252

这些观念排除了增加税收的可能性，而且在前凯恩斯的时代，实际上排除了大规模借贷的可能性。张伯伦的政策不仅仅是为了和平时期的迫切需要，而且是未来战争战略的一部分。显而易见的一个道理是，英国的金融和经济健康发展是这个国家的"第四支军队"，在未来的冲突中扮演着与其他三支力量同样关键的角色。1938 年 3 月，约翰·赛门——张伯伦的财政大臣如此写道："在目前的时段里，我们是处在比赛中运动员的位置，想保留在恰当的时间冲刺的权利，但是目前还不知道终点线在哪里。危险在于我们可能过早地把我们的金融体系摧毁了。"一直到 1939 年春天，财政部一直持有这种立场，当希特勒占领了捷克斯洛伐克全境之后，赛门被迫承认"这一事件中其他方面的重要性的确超越了金融的重要性"。[46]

在海峡那边，没有发生与英国对等的重新武装事件。1936—1938 年，因为人民阵线以及它所推行的一系列社会福利政策，法国展开了疯狂的左翼和右翼之间的斗争，部门更替在不断发生，其武器政策也变得极其具有政治色彩。1936 年，金融危机和萧条开始发挥效力，这制约了法国的重新武装政策，而英国自从 1934 年开始的重新武装政策与其从大萧条中的经济恢复是协调一致的。结果是，当"静坐战"（phoney war）在 1940 年结束的时候，法国仍然在处于把空军向高速单翼战斗机转型的过程中。[47]

德国的重新武装，主要推动力是希特勒妄自尊大的想象，因而也更加混乱。尤其是 1936 年，德国面临着非常严重的预算和国际收支平衡的压力。最重要的是德国国家银行的董事长亚尔马·沙赫特做出了很大的努力，用一种很秘密的方式在协调这一进程。希特勒在 1936 年 9 月下令，"四年之内，德国的军队必须具有实战能力"，而且在同样的时间框架之内，经济"必须适应战争的需要"。德国的支付危机日益恶化，到了慕尼黑事件的时候，原材料和食品的缺乏不仅威胁到了持续的重新武装工作，而且影响了国内的稳定。德国国家银行发出紧急预警，德国已经"处于通货膨胀的边缘"。自20世纪20年代以来，这已经成为一个非常可怕的词汇，而其后果可能与战争具有同样的危险性。但是希特勒看待这一困境的视角是不一样的，他认为英法两国正在重新武装，在这种外部的压力变得压倒一切之前，德国军队的拼死一搏迟早会改变欧洲的平衡状态。至少按照希特勒疯狂的逻辑，这一点是行得通的。1939年8月，希特勒与苏联签订的条约，使之前双方意识形态的仇恨变成一堆废话，但是对于希特勒而言，这是一个给他带来政治机会的鼓舞人心的条约，使得希特勒在不必担心东线的情况下可以展开对西方的进攻，但是投入战争仍是一项巨大的赌注。[48]

1939年9月，张伯伦与上千万英国和平主义者感知到了希望破灭带来的巨大痛苦，这种痛苦与英国政府对未来战争中前景的乐观形成了明显的对比。多亏了张伯伦以及财政部的决策，英国的重新武装并没有削弱其经济乃至英镑的地位。在希特勒那令人畏惧的重磅猛攻之下，英国能够坚强地生存下来，这主要应该归功于新的空中防卫系统。当时，英国的政策制定者们断定，法国可以抵抗在西线的进攻，1939年8月，已经成为高级政策制定者的波纳尔非常自信地认定，如果战争真的爆发，"我们不会失败。若是去年9月，我们可能会在一次短暂的战争中失败，但是现在不应该了，即使在一场长期的战争中也是如此"。[49]这种自信在今天看起来是非常荒唐的，但是正如我们将在下一章看到的一样，1940年5月对于德国戏剧性的胜利，柏林、伦敦和巴黎都是极度震惊的。

无论自信与否，1938—1939年的英国都在再度思考战争问题。这种基本观念的变化也很容易感知得到。我们来看两条言论。1932年，亚历山大·卡多根爵士，英国的一位高级外交官，一直对日内瓦裁军会议面临的"基本问题"进行思索：

我们是否准备使用武力保持欧洲现在的状态？是否准备通过和平

条约继续限制德国？又或者我们准备结束"战后"时期，允许德国恢复其地位和权利，以与其他大国平起平坐，我们是否可以给予这样的一种信任，就是勉强地消解德国的怨恨情绪，这会与联盟条约一起，带来一个真正的和平时代吗？坦率地说，法国的政策不可能永远持续下去……[50]

1932 年，卡多根决心沿着战后时代继续推进，就像凯恩斯在 1931 年所想的那样，他也不确定能够取代这一政策的会是什么。五年之后，未来变得更加清晰，但是看起来却更像过去了。1937 年，威尔士人大卫·琼斯出版了《括号里面》这本书，这是关于一个英国士兵 1915—1916 年在法国经历的叙事式的散文诗集。通常意义上看，琼斯是一位在战后时期从事写作的诗人，它的题目中具有双重的含义：第一，对于应召入伍的年轻人，战争本身就是一个括号，琼斯补充说道，"我们在 1918 年的时候终于走出了这一括号，这是多么令人高兴的事啊"；第二，他希望传输这样一种感觉，"我们古怪的生活方式在这里都被容纳在括号里面"。单词"这里"可能主要目的是强调一种存在感，表示我们从出生到死亡期间的生活，但是我认为，这揭示了琼斯隐隐约约的一种担忧，他自己就生活在两次大战期间的括号里面。因此，在这里，我们认为早期关于 20 世纪二三十年代是"战后时期"的观念，应该转换成为"战争间歇"时期。[51]

20 世纪 30 年代的美国也存在对和平的强烈渴望，那里发生的一切使英国的故事情节进入了一个更多彩的场景。

如同英国一样，美国的反战运动根植于基督教的非暴力传统，这特别体现在贵格派和门诺派之中。美国和平协会早在 1828 年就建立了。而世俗的和平主义形式则是 20 世纪的产物，特别是一战的产物，一战期间，共有 4000 人登记成为"因良知而拒绝服兵役者"，这一术语来自英国。[52] 1918 年之后，美国的和平主义组织激增，如同英国一样，新获得选举权的妇女扮演了领导性的角色。"战争是男人与生俱来的本能，他们自身不能解决这一问题。"这是老兵中妇女参政权论者卡丽·查普曼·卡特一直宣称的观点。"从洞穴人开始的年代，他们就一直在进行战争"。国际妇女争取和平与自由联盟的纽约分会 1919 年宣布："通过帮助男人们从暴力和杀戮的奴役中解放出来，我们同时也在解放自身，因为在一个被暴力支配的社会里，女性永远体会不到真正的自由。"[53] 由于受到进步时代意识形态的影响，许多 20 年代的和平主义者希望，1914—1918 年的大屠杀，以及民主的推进将使国家"宣布战争为非法行为"。1928 年的《凯洛格—白里安公约》就是这种思潮的产物。在一开始，美国和法国就断定，也正式宣布了禁止把战争作为推行国策的手段，这一条约最后的签署国达到 50 多个，包括英国、德国、日本和苏联，而事实上，10 年之后，绝大多数国家对于彼此都有如鲠在喉的感觉。这一条约是美国国务院推行的一项非常狡猾的策略，其目的是转移法国对真正的安全条约要求的压力，并迎合美国国内的和平主义运动。这种平衡性的做法反映了 1918 年之后美国政策的困境，原则上恪守对和平的承诺，但是没有任何机制保证这一原则的实施。

因为美国参议院在 1919—1920 年拒绝加入国际联盟，美国被排除在这一最主要的国际和平机构之外，但这对美国的和平运动没有产生什么重大的影响。正如我们看到的，在英国，联盟工会得到了广泛的支持，而且与政治精英们紧密地结合在一起。相比之下，美国的联盟协会（LNA）主要根基在于东部的权势精英，也与华盛顿保持着比较紧密的联系，但是规模一直有限（1931 年最高峰的时候，成员达到 1.9 万人），它缺乏大众的认同。部分原因是因为它关注的是法律问题，这一点和法国和平协会非常相像，而联盟协会关注的是简单的基本性的问题。1920 年之后，美国的国际联盟会员的资格，是一个在政治上不值得考虑的问题。相比之下，美国和平运动中的非战主义因素比英国要强烈得多，而且是与国家预防战争委员会协调合作发挥作用的。在这一伞形结构之下的和平组织，无论在动员大众的支持方面，还是影响国会议员层面，都是非常有成效的。1931 年，它们领导了向世界裁军大会的请愿活动，其在 1936—1937 年发动的紧急和平运动被描述为"在越南战争之前，和平拥护者最统一的一次行动"。这一运动开始于 1936 年 4 月，大约有总数 50 万的高中生和高校的学生罢课参加了示威游行。[54]

和平主义者也是美国非常有特色的反对"军火商（死亡贩子）"的政治迫害的先锋。这里非常关键性的人物是多萝西·德策尔，她是妇女争取和平与自由联盟的执行秘书，非常有活力。她来自美国的中西部，仅有高中文凭，其背景与传统的妇女领导者都不太一样，像卡特这样的传统妇女运动领导者一般是大学毕业生，而且主要来自东海岸比较富裕的家庭。德策尔成为一位坚定的和平主义者，主要是在她最爱的孪生弟弟战争中死于毒气之后。1932—1933 年，也就是日内瓦裁军会议失败之后，德策尔奔波于国会山，强烈要求对国际上的武器贸易进行调查。最终，参议员杰拉尔德·奈，一位来自北达科他州的非常俭朴然而思想进步的共和党参议员，发起了一项决议案。它的通过同时受益于和平组织的游说活动和 1934 年春天几个比较轰动的关于对武器制造商结成了"血盟兄弟"的控告。武器制造商的信条，按照《财富》杂志一篇文章的提法，是"在战争时期延长战争，在和平时期扰乱和平"。[55]

由奈担任主席的参议员军需商特别调查委员会，完全由进步主义者和孤立主义者所主导，他们对美国东部权势集团和大不列颠都持怀疑的态度。1926 年进入参议院之前，奈从来没有走出过美国，甚至没有到达过芝加哥以东的地区，他也从来没有访问过欧洲。[56] 在他颇具改革精神的领导之下，1934 年 9 月~1936 年 2 月，委员会举行了 93 场听证会，其范围远远超出了武器贸易，而且仔细审视了美国对于一战的介入。这就是国会委员会的权威所在，在强烈眩光的媒体审查之下，甚至商业巨头如银行家摩根也要被迫去做证。尽管奈为首的委员会发现了大量的贿赂和内部交易的证据，但是它也没有证据表明国际武器的交易圈专心致力于发动战争。然而，这一耸人听闻的标题似乎强化了20年代关于一战的修正主义观点。"这似乎是不言自明的真理，"新闻记者雷蒙德·格拉姆·斯温写道，"美国介入一战，部分原因是因为要去解救那些濒临破产的银行家，他们在尽量地向英国供应军需品和贷款。"[57]

奈的委员会下定决心要用历史的经验教训来塑造未来，因而成为1935年8月《中立法》的主要推动者。根据该法案的规定，在任何未来的战争中，总统要对交战国实施强制的武器禁运，并且禁止用美国的船只运送军火。第二年2月，在意大利发动对阿比西尼亚的战争之后，新的立法补充了一条禁令，禁止给交战国提供贷款。1937年5月，通过了第三次中立法案，禁止美国公民在旅行的时候乘坐交战国的客船。评论家们讽刺说，这些法律是阻止美国卷入1914—1918年这场战争迟到的努力。更普遍的，也可以说是深思熟虑的看法是：这是对战争时期美国与所有交战国自由贸易传统的逆转，这种传统是托马斯·杰斐逊明确表达过的，即新世界可以"依赖于旧世界的罪恶而发家致富"。[58]在20世纪20年代，美国的商业和金融影响，被看作是其国际影响的重要标志，现在则被认为是一种易受伤害的资源。作为奈委员会的成员，参议员亚瑟·范登堡宣称，"在我看来"，"我们需要的是美国式的中立，在实际的和现实的程度上把我们和其他正在进行战争的国家隔离开来，但是这在旧的和平从属于商业的原则之下很难做到"。按照他的观点，"附带的商业损失与维护美国和平相比，是极其微不足道的"。[59]塑造中立法案的情绪也是大萧条的产物，这是一个国家失去了其塑造世界事务的自信的表现。小说家欧内斯特·海明威写道，"正在孕育之中的地狱肉汤在欧洲，我们没有必要去喝"，"我们被卷入欧洲的大战，一次已经够愚蠢的了，我们不会再被卷进去了"。[60]

白宫也表达了同样的观点，总统富兰克林·罗斯福在 1936 年 8 月宣布："对于战争，我曾经亲眼目睹。我目睹过陆地和海上的战争，我目睹过伤员身上流淌的血液，我目睹过毒气受害者痛苦的咳嗽，我目睹过泥浆中的死尸，我目睹过被毁坏的城市。我痛恨战争，我已经花费了无数的时光，我还要继续用无数的时光，考虑和筹划如何使这个国家远离战争。"[61] 罗斯福耸人听闻的语言，尽管是出于竞选活动的需要，但是也反映了具有国际主义精神的美国人自 1919 年以来走得有多远。尽管在一战期间担任过海军部助理，罗斯福从来就没有全心全意地拥戴威尔逊的计划。他坚信美国应该在世界事务中扮演一个更积极的角色，但是认为威尔逊的国际联盟概念对于美国人的利益来说显得过于僵硬和死板。他也从威尔逊努力说服美国的政治和公众意见的失败中，学到了具有深远意义的教训。"如果你试图充当领导，当你回头看的时候，最恐怖的一件事情，"他有一次这样说道，"是发现身后一个人都没有。"罗伯特·舍伍德助理认为："威尔逊的悲剧在于，他总是处于这种清醒意识的边缘。"由于 1919 年在全国疯狂的巡回演讲，威尔逊身患中风，使其余生都成为一个病人。这种个人的和政治上的麻痹也特别适用于罗斯福，在 1921 年身患小儿麻痹之后，他就再也无法站立行走了。[62]

1935 年，正是罗斯福鼓励以奈为首的委员会考虑中立的立法。这可能是为了转移他们对军火工业不断揭发丑闻的努力，但是罗斯福也持有这样的观念，即美国自 1914 年以来与协约国的情感和经济的纠缠确实限制了威尔逊的行动自由，而且把美国卷入了战争。[63] 他极力想要避免另一场大规模的抗议，这容易令人联想起 1915 年"路易斯安娜"号的沉没事件。在该事件中，德国的 U 型潜艇发射的鱼雷袭击了一艘英国定期航行的客船，其实当时船只也被用来秘密地携带军火，这次事件导致 128 名美国人失踪。但是当奈一旦得到了这一授权，产生的立法结果远远超出了罗斯福总统的愿望，而这将塑造这个 10 年中其余时间段的美国外交政策。

为了了解危险到底会出现在哪里，我们需要区分两种法律模式。第一，武器禁运和其他的禁令或者是全面的，或者在范围上是区别对待的。换句话说，是针对所有的交战国，还是仅仅针对发动侵略的国家。第二，在执行上，既可以强制执行，又可以任意决定，这完全取决于总统，他有很大的回旋余地决定什么时候、在多大程度上援引这一法律。罗斯福希望这个法案是区别对待的，可以随意决定的，这就允许他运用这一法律对付发动侵略的国家。而得到孤立主义者支持的和平主义运动，对总统表示怀疑，他们寻求强制的、普遍的立法，力求把美国与所有的战争火花隔绝起来，在1935年他们的目的达到了。但是1937年的法案赋予了罗斯福想要的权力。尽管在武器、贷款、运输和旅行方面仍然是强制性的、全面的禁运，但是现在总统有了自由裁量权，可以与交战国进行非武器的贸易，如果他认为这有利于美国的和平与安全，而且是在遵循"现金购货，运输自理"的基础上。这一词组主要是被伯纳德·巴鲁克通俗化了，他是威尔逊战争工业委员会的前任主席，他说："除了致命的武器，我们可以卖给交战国任何东西，但原则是'现金付款，并且自己来取货'。""现款自运"原则最大程度地保留了中立贸易的收益，但是却使卷入战争的风险最小化了。而且，这一原则的确有利于具有大量的金融储备和商业船队的国家，英国在这方面具有非常突出的优势。罗斯福希望通过这种方式，美国可以帮助遏制希特勒，但是又不会被拖入另一场战争。1937年10月，他公开宣称，应当将美国与侵略者隔离开来——与范登堡和他的同僚不同——而不是将美国与战争的病毒隔离开来。他后来告诉内阁，"这不能叫作经济制裁"，"可以称之为隔离，我们想发展一种不会导致战争的技巧"。[64]

发生在美国1935—1937年关于中立法案的这种比较激烈扭曲的争论，重复了英国在1935年的和平投票运动之后，其和平运动展现出来的那种分裂局面，当时分裂的一方是拥护集体安全的人，愿意采用制裁的手段实现和平，另一方是不惜一切代价也要维护和平的人。但是这里的确存在国家之间的差异，因为美国本身就在国际联盟之外，而且它关于一战的修正主义的观点的强度较大。美国关于"死亡贩子"的备忘录，的确刺激了英国去调查维克斯和其他的军火制造商，但是英国政府也一直在试图避免奈那种模式的政治迫害。它成立了一个皇家专门调查委员会，这是通过时间的消磨埋葬争论的一种方式，与美国的方式一样。1935—1936 年，尽管有超过 200 万的英国人提交观点和意见，但整个过程却似乎是对舆论哗然的一种小小的回应，其目的主要是转移对国家重新武装的注意力，反之奈的委员会的工作直接导致了立法，并且约束了美国政府的政策。[65]

美国对于战争的恐惧情绪比较强烈，但实际也是比较抽象的。它毕竟远离欧洲 3000 英里，不会产生与英国同样的对轰炸机的恐惧感。但是罗斯福总统在考虑空中战争的意义方面，确实比他的国民更具远见卓识。1938 年 10 月，他仔细考虑了捷克斯洛伐克危机的教训，吸收了驻欧洲大使们的意见。这有助于他理解巴黎和伦敦对于空中毁灭性打击的那种撕心裂肺般的恐惧感。1938—1939 年冬天，为了美国长远的安全利益，帮助英法调整空中力量的平衡成为总统关注的首要问题。他告诉其军事顾问们："德国势力在慕尼黑的复发，促使我们应该彻底调整我们的国际关系。"因此，美国必须立即建立起"强大的空军，而陆军则并不需要与空军同样强大"。他认为，把一支强大的军队派往国外是不受欢迎的，在政治上也是不可能的。罗斯福认为重新武装也是一种外交手段，"当我写信给其他国家的时候，我需要有些东西支持我的说法。今年夏天，我们已经有了 5000 架飞机，而且很快我们就会具有每年生产 1 万架飞机的能力，虽然我得征求国会的同意才能把它们借给或者卖给欧洲国家，但是即使这样，希特勒也不敢为所欲为"。[66][1]

---

[1] 关于把飞机卖给或者借给欧洲国家的评论，预示了后来 1941 年的租借法案。
——原注

罗斯福关于空军重新武装的理念，与张伯伦在 30 年代中期的理念非常相似——一种大型军队的替代，以及一种外交工具。他私下里告诫那些主要的参议员，希特勒是一个"难对付的人"，德国、意大利和日本正在发展"支配世界的政策"，国会必须认识到，美国的第一道防线是欧洲那些关键国家、特别是英法两国必须继续独立地存在下去。但是，他也警告说，在未来的战争中，击败德国和意大利的机会只有一半，这主要是由于纳粹德国的空中优势。一旦希特勒控制了欧洲，他就可以对阿根廷、巴西和其他拉美国家施加经济和政治压力，在这些国家建立空军基地，从而威胁美国的利益。从委内瑞拉起飞，到迈阿密只有不到三个小时的航程，而哥伦比亚基地上的飞机可以在不到一个小时的时间里袭击巴拿马运河。大体上，罗斯福就是想极力证明，在一个空中力量非常重要的时代，为了保证美洲的和平，就必须保证欧洲的和平。[67]

总统非常引人注意的评论的确显得过于夸张——特别是关于德国的空军力量和拉美弱点的观念——但是这也反映了他真正的信念，即美国所珍爱的南北美洲所具有的孤立隔绝与易于防卫的特点，已经不复存在了。空中力量不仅对英吉利海峡不可跨越的特点提出了质疑，正如鲍德温警告过的一样，而且意味着大西洋已经成为一个防务上的废物。欧洲的战争刚一爆发，变化的国际形势就赋予了罗斯福总统所需要的手段，1939 年 11 月，美国通过了新的中立法案。该法案仍然对贷款、旅行和运输实施强制性的限制手段，但是可以与交战国进行各种形式的贸易，包括军备，这同样基于"现金购货，运输自理"的原则。行政部门坚持认为这是一个和平的手段，罗斯福甚至辩称："通过武器禁运原则的废除，比这一原则的维持更使美国有可能维持和平状态，今天看来，事实的确如此。"批评他的人看穿了这一欺骗人的两面之词。"我憎恨希特勒主义、纳粹主义（原文如此）和共产主义，这一点与其他人一样，"参议员范登堡在他的日记中写道，"但是我拒绝接受任何机会主义者的想法——此时此刻这一想法如此实用，如此流行——我们可以不用介入这些冲突，就可以阻止战争的发生，每件事情都在我们的掌控之中，包括人力和金钱。其实并不存在任何的中间立场，我们或者全面介入，或者决不干涉。"[68]

范登堡的评论是比较恰当的。罗斯福努力要塑造战争形势，同时保持美国的和平，很快被证明是站不住脚的。但是他的诡辩很快把和平的游说集团推到了保守的孤立主义者的怀抱，这是由美国第一委员会领导的，怂恿美国推行"半球防御"的"美国堡垒"政策。但是罗斯福迂回曲折的关于集体安全的努力逐渐把美国引向了战争，他的对手们因此结束了不惜任何代价维护和平的倡导。

在 20 世纪 30 年代，和平运动无论在英国还是美国都是非常具有影响力的，其影响远远超过欧洲大陆。但是这两个国家之间的对比也是非常重要的。就像已经争辩过的一样，对于英国来说，最重要的是"这个国家适度的安全战略位置和比较中庸的自由政治文化"。[69]在这里，"适度、中庸"是操作性比较强的词语。30 年代的欧洲，极度的不安全感到处存在，而这导致一种观念，即认为和平运动是一种内部的背叛。相反，30 年代的美国人安全感极强，从而强化了这样一种感觉，即如果必要的话，美国可以彻底置身于世界大战之外。大洋是美国的防御栅栏，这一栅栏宽达 3000 英里，而英国只有 20 英里，这使英国产生了一定程度的安全感，但是还不足以使其在空中交战的时代，奉行逃避主义的态度，因此才诞生了和平投票运动和张伯伦疯狂的绥靖主义。

英国中庸的自由政治文化，强化了英国地缘政治的效果。大陆国家存在根深蒂固的军国主义传统，因而难以容忍哪怕是出于良心上的反对。这在德国和法国体现得都非常明显，天主教和共和政体的共同作用，产生了一种非常敏锐的与国家一致的感觉。相比之下，新教具有持异议的传统，该传统对盎格鲁以及美国的自由主义及其和平运动都是非常重要的。但是，美国缺乏政治上的多元主义，特别是社会主义的力量极其薄弱，以及它作为新世界的爱国主义信条的力量，这点与旧世界是不一致的，这有助于把美国的自由主义引导成为十字军东征式的理想主义，就像在一战以及红色恐慌中发生的事情那样。而在英国，一方面是最强烈的保守主义传统，另一方面又有工党力量的崛起，强化了一种政治上的多元文化特征，从而使和平运动能够繁荣兴旺，特别是在 20 世纪 30 年代。

1939 年春天，设在伦敦的帝国战争博物馆的馆长提交了年度报告，馆长叫莱斯利·布兰德利，他是一位战争老兵，在伊普尔战役中受伤，他简略提到了对乔治五世在 1920 年那番讲话的印象，在讲话中乔治五世提出要把战争武器转化成为历史遗迹。1938—1939 年是博物馆运作最好的一年，有超过 45 万的参观者，他们中的大部分人是来从过去的战争中寻求历史的教训，进行如何应对未来战争的思索。他们关心的都是比较实际的问题，包括壕沟和防空洞的修建，应对毒气攻击的防御，以及有效伪装的方法。布兰德利愤怒地宣称，这些并不是博物馆建立起来需要提供的功能，他坚持认为，建立博物馆主要是为了证明，战争是毫无价值的，是给战争做一个历史纪录，其目的是"终止战争"，而不是为了"纪录一系列战争中的第一场，每一次都比上次更加惨烈"。[70]

帝国战争博物馆馆长提交的这份报告是在 1939 年 4 月 1 日的愚人节，恰恰在五个月之后，希特勒入侵了波兰。

第二部分

—

镜　像

第七章　战争再现

这就是地理上的成本——为什么欧洲的地图从来没有固定不变过呢？

——卡尔·桑德堡，1940 年

因此，为了我们的责任，我们必须振作起来。我们必须自己承担责任，这样如果大英帝国和英联邦能够存在上千年，人们仍将会说，"这是他们最好的时光"。

——温斯顿·丘吉尔，1940 年 6 月 18 日[1]

E. M. 塞尔比，是一位护士志愿者，她在 1918 年的休战纪念日那天如此写道"当人们想到这些男孩永远无法回到家乡的时候"，"任何人都会忍不住哭泣"，那是她关于大战日记的最后一句。1940 年 6 月 7 日，也就是在敦刻尔克撤退之后，她再度拿起了手中的笔，同样写出了非常简洁的话语："另一场战争，同样的敌人。"[2]

这几个单词，含义极深。"不再"是 30 年代非常流行的说法，但仅仅在一代人的时间里，第二次由德国人发动的战争改变了英国人对于 1914—1918 年的观念。"大战"将成为"第一次世界大战"，对于第二次世界大战而言，这是一个极其无意义的序幕，后者规模更大，也更为恐怖。冲突的模式也是极为不同的。与 1918 年不同的是，这一次德国被彻底击败了，在这一过程中，英国差点面临被入侵和失败的命运。1940 年夏天——这在丘吉尔的措辞记载中就意味着"最好的时刻"——成为一个决定性的时刻，这不仅是依据 1914—1918 年的经历做出的判断，而且按照时间顺序来看，也是考虑到 20 世纪其余的时间段的经历。

对于所有被卷入这场战争的国家而言，第一次世界大战将通过二战的棱镜折射出来，我们在这本书的第二部分将会看到这一点。但是在法国和德国，乃至整个欧洲大陆，包括取得胜利的苏联，关于如何纪念第二次世界大战的胜利，都产生了诸多的问题。然而，在英国和美国，关于反对希特勒的这场战争的叙述，则完全是明确而积极的，从而使得第一次世界大战呈现出不同的场景。

1939年9月3日，星期日，11点15分，内维尔·张伯伦在BBC（英国广播公司）广播电台宣布，英国和德国已经进入战争状态，他的语调充满悲伤，而不是愤怒，他的哀悼主要是因为这"痛苦的一击"使得"他长期以来为和平所做的努力已经彻底失败了"。就在张伯伦的讲话即将结束的时候，空袭警报笛响彻了伦敦。"我正在隔音室里面弹钢琴，"一个埃塞克斯郡罗姆福德的老师回忆说，"突然，我的妈妈闯了进来，大声喊道，'别吵了'。然后猛冲过去打开窗户，防空警报笛的声音传了进来，很快，我父亲在家中充当了领导者的角色，下达了命令和建议：'都拿起你们的防毒面罩！稳住，别慌！每人都照顾好自己！'"某些人的确感到非常恐慌，屋外一个正在周日散步的母亲，冲到路边的壕沟里，拔起了一把草，她一直在想："我要把孩子藏在这里，把他们用草盖起来。"其他人的脸部显示出他们假装很有信心，但是一个叫切尔西的人，说出了大部分人的心声，他心脏怦怦直跳，内脏似乎都被搅拌到了一起，"我脖子以下的反应，都表明了我就是一个懦夫"。[3]

对于空战的恐慌感，一直伴随着整个20世纪30年代，驱使政府的政策建立在空战来临的假定上。当时政府的假设是，对于伦敦以及其他工业中心致命的大规模空中袭击，可能在战争开始的60天就导致60万人的死亡，政府制订了400万平民的疏散计划，特别是母亲和孩子们的疏散，当然也包括关键的公职人员，把他们转移到威尔士、英国西南部各郡和其他的农村地区。卫生部到处寻找安放30万张病床的地方，这是预计的第一个月的伤亡数字，内政部计划建立集体埋葬的墓地，以及用生石灰焚烧尸体，因为它不可能提供预计所需要的每月大约2000万平方英尺的风干木材来制作棺木。爱和死亡同时成为人们关注的问题，在 7、8、9 三个月的时间里，结婚率一直保持着历史上的最高纪录，比例是 29.3‰。一战期间的结婚率最高点出现在 1915 年，是 22.5‰。[4]

1939 年 9 月的头三天，150 万的英国人在英国政府的安排下进行了疏散，另有 200 万人自己进行了安排，从目标打击区逃离出来。当然，我们现在知道根本没有所谓的大决战，那年秋天，交战双方都避免轰炸对方的国土，许多疏散的人在圣诞节前慢慢回到了家乡。但是，"假战争"的事实（这一词语在 1939—1940 年的英国广为人知）并不能掩盖或者模糊这次战争与上次战争的差异与不同。1914 年 8 月，危机已经在海峡对面展开，当德国军队驱车通过比利时的时候，英国军队已经部署在前线了。1939 年 9 月，大后方已经变为作战前线，因为英国面临着来自空中力量的致命打击。考虑到 350 万的人口移动，他们被留下来的家人，以及安置疏散人员的房屋，据估算，大约 1/4 或者1/3 的英国人的日常生活被 1939 年的战争爆发彻底打乱了。[5]

在其他的一些方面，二战也被看作是一战的继续。到 1940 年早期，英国的政策制定者们终于承认，至少在私下里已经承认，他们在二三十年代关于德国威胁的想法过于天真。他们决定在这场冲突结束之后，避免重复这样的错误，他们开始构想与法国在和平时期的结盟，这是巴黎在 1918 年之后一直追求的那种形式，只不过这一追求一直没有实现。奥姆·萨金特爵士，是英国外交部的一位高级官员，他在 1940 年2 月提出建议，若指望法国放弃一个比《凡尔赛条约》更具惩罚性的条约，唯一选择就是向法国人显示出，他们可以指望英法之间结成一种亲密和长久的合作关系，无论政治、经济还是军事方面都是如此，也就是为了所有可能的国际上的目标，这两个国家在战后的欧洲可以形成非常严密的一体。在这番非常值得注意的致辞中，萨金特强调政府间的紧密合作，而不仅仅是联盟的结构。但即使是联盟，也需要英国进行思想上的革命。因此他建议为公众举办一场重大的宣传教育活动，张伯伦表示："我完全同意这一提议。"1940 年 3 月 28 日，这两个国家公开承诺，"在和平的结局显现出来之后"，它们将在所有的区域结成行动上的共同体，这既是出于安全保证的需要，而且在其他国家的协助之下，也有利于重建世界秩序，从而保证民众的自由、对法制的尊重，以及维护在欧洲的和平。同时，英国还在幕后秘密建立起一个跨部门的白厅委员会，其主要职责是界定各个部门之间的责任区域，以保证英法联盟能够有效运转。而且，教育委员会也建立起特别委员会，致力于在中小学加强对法国的了解，并且与 BBC 保持非常密切的联系，以保证广播内容的恰当性。[6]

　　对于英国外交官而言，德国人在 1939—1940 年发动的第二次战争可以被看作是第一次的继续，也许更精准地说，是第一次战争的改良版，这也是从战争间歇期学习到的教训。英国的战略也受到一战这一先例的影响，在面对另一场冲突的时候，英国优越的财富、海上力量和全球的资源最终将击败德国。据估计，德国将把所有的赌注都押在早期的进攻上，以此进行致命的一击，这种进攻是通过对伦敦的空中打击，以及对西线的陆地进攻来完成的。但是，这场战争中的总体预期，就像 1914—1918 年一样，主宰战争的终将是防御性的火力，即使坦克战的先行者也坚持这种信念。1937 年 10 月，军事评论员巴兹尔·利德尔·哈特，为《时代》周刊撰写了一系列的文章，题目为《进攻还是防御？》，最后的落脚点是对防御的坚强支持。私下里，他评论道："没有任何迹象表明，军事技术的发展已经到了如此有效的程度，即可以认为实施进攻性的军队能够突破力量相当的防御性的军队的防线。" 利德尔·哈特的判断是："法国抵抗崩溃的唯一的可能就是，敌人对其发动连续不断的猛力进攻，从而导致其力量局部失稳，就像在 1914 年发生的那样。"同样地，温斯顿·丘吉尔尽管高度颂扬 1918 年的胜利中坦克做出的重要贡献，但是也在 20 年后怀疑坦克能否"在下一次战争中发挥决定性的作用……时至今日，反坦克的来福枪和反坦克的大炮已经发展得非常迅速，旧坦克很难拥有足够的厚度去抵抗住它们的进攻"。而且，尽管他曾经因为发出关于战略轰炸的启示录般的警告而著名，但是对于战术上的制空权他仍然有些扬扬自得。1939 年 1 月，他以西班牙内战为例写道："就战斗部队而言，可以看出来，空中力量仅仅是有益的补充，而不是决定性的武器。"[7]

不是英国政府白厅中每个人都有如此自信，但仍然没有人预测到1940 年 5—6 月如此惊人的崩溃。在仅仅四个星期的时间里，一个骄傲自大的、奥地利出身的家伙做了德皇的将军们四年也没有做到的事情，把法国打败，逼其退出了战争。因此，1939—1945 年的战争与1914—1918 年的战争是截然不同的，因为西部战线已经不存在了。作为盟军胜利的重要平台，它当然会被重建，但那是一项极其艰巨的任务，要通过水陆两栖作战的方式，而且要比加里波利战役危险得多。直到1944 年 6 月，这一战线才得以开辟，此时已是法国沦陷四年之后。而英国能做的就是与美国结成可能的联盟，从而有一种即使在大战前景最暗淡的时期也没有过的相互依赖感。

对于英国的大后方来说，1940 年 5 月是一个非常重要的转折点。英国的进攻同样开始于 5 月 10 日这一天，张伯伦，这位支配 30 年代英国政坛的人物，也在这一天被逐出政府。这一时间的选择纯粹是偶然的，张伯伦被议会的反对派所推翻，主要原因是发生在挪威的混乱行动，但是这种巧合对于丘吉尔而言是极为幸运的。在战争刚刚爆发之际，张伯伦把他引进了内阁，而这之前，丘吉尔经历了 10 年的"政治放逐"。其实张伯伦非常不愿意这样做，就像鲍德温一样，他非常讨厌温斯顿那种鲁莽的、狂妄自大的行事方式。而事实上，在挪威崩溃这一问题上，丘吉尔比张伯伦更应该遭到谴责，这一失败很容易成为反对他的一个理由，就像第二个加里波利一样。[8]但是，张伯伦的声誉已经因为绥靖政策的失败而遭到彻底破坏，而唯一的首相替代人选哈利法克斯又因为有病而不能履行这样一个职责，因此，尽管丘吉尔没有任何的党派支持，但是仍然被迅速地推上了他梦寐以求的职位。

同样重要的是，丘吉尔能够构建一种战时的联盟，包括来自工党的高级政治家们，而这些人是不会与他们憎恨的张伯伦一起共事的。特别重要的是，来自工党的欧内斯特·贝文被提升为部长，他直率而朴实，是前工会首脑，他在说服工人们接受总体战的战争需求上，发挥了很重要的作用。自从1931年以来，工党一直处于政坛的边缘，20世纪30年代的国民政府只容纳了被认为是工党叛徒的拉姆齐·麦克唐纳。但是，现在工党则成为政府的心脏，因此，1940年5月10日，无论在英国国内政策还是外交领域都是非常重要的。法国的灾难使得丘吉尔在其执政的前六个月免遭攻击和批评，当时张伯伦仍然担任保守党的领袖，但是政府却在最关键的心脏地带给工党留下了一席之地，从而为其在1945年完全掌权提供了一个起跳板。这同大战期间构建起来的零星的联合不同——那是在1915年迟迟疑疑地开始建立，到1916年才形成真正的结盟关系。

造成法国灾难性后果的部分原因在于，联盟错误地判断了形势，完全没有想到希特勒使用装甲先锋部队和战术上的空军力量发动了猛烈进攻，从而突破了敌人的防线。但是运气与设计是同等重要的。德国国防军原来的计划是通过比利时发动最初的进攻，这是对1914年8月施里芬计划的重复，随后再对法国军队的主力和英国远征军发动进攻，同盟国把大部分的装甲部队和摩托化军队都部署到了这里。但是，这一进攻延缓到1940年，以及法国对于德国最初计划的掌握，迫使柏林彻底地重新思考。新计划由埃里希·冯·曼施坦因将军提出，得到了希特勒的大力支持。在该计划中，对比利时的进攻是伪装的佯攻。实质进攻的中心是比较遥远的南部，即通过阿登山区发动进攻，穿过默兹河（当时守卫这里的是两支比较弱的法国军队），随后向西北部的英吉利海峡推进，切断盟军已经推进到比利时的军事力量。换句话说，这与 1914 年的右勾拳不一样，而是一记左勾拳，或者说采取镰刀式的切割方式，这也是计划中最为著名的地方。

消息灵通的谍报报告，以及想象中的军事演习，都使德国最高司令部确信，法国把目标锁定在比利时，而且其情报和控制系统过于僵硬，不能迅速地做出反应，这些假想被证明是极其正确的。新计划使巴黎和伦敦花了整整四天的时间（当时丘吉尔正忙于组建他的新政府）才知道他们被彻底欺骗了。那时，德国军队已经穿过了色当的默兹河，正在向海峡推进，他们抵达那里的时间是 5 月 20 日，也就是进攻发动之后仅仅 10 天。[9]

无论我们今天回溯起来，这个计划是多么符合逻辑，看起来多么明智，但在当时这的确是令人难以置信的冒险。没有一位德国军事指挥官对胜利抱有希望，当时担任陆军参谋长的弗朗兹·哈尔德，认为该计划成功的可能性是 10:1，甚至希特勒本人虽然一直对德国及其军队有着神秘的信仰，仍然把色当传来的消息当成"奇迹"。[10] 德军最高司令部动员了大部分军队，以确保其空中优势，到 5 月末的时候，德国 30% 的空军力量都被消耗掉了。希特勒把 9 个装甲师中的 7 个都投入了阿登山区，而且没有任何的装甲储备了。其主力的冲击只能沿着四条非常狭窄的森林道路进行，装甲洪流延绵达到 300~400 公里，事实上处于严重的阻塞状态，很容易成为盟军轰炸机的目标。而且，因为出其不意和速度同样重要，德国石油储备只能维持五个月的机械化战争，此时被全部用于这次攻击。坦克的驾驶员都得到了大剂量的安非他命（被通俗地称为装甲部队巧克力），以让他们能够在接下来的 72 个小时内昼夜不停地驾驶。[11]

这之后，一方面，盟国的分析家们，包括利德尔·哈特，试图掩饰他们的尴尬，解释说，德国的胜利是由于其实施了一系列精彩的"闪电战"攻势，这是基于德国的经济而设计的。这是一种虚构的谎言，但的确是一个比较方便的借口，以掩饰法国和英国军事上的无能。

另一方面，第三帝国并没有把这一胜利归因于技术和战略，希特勒自己都认为"闪电战"是一个"愚蠢的词语"，德国的国防军从来没有在官方的场合中用到过它。德国的宣传机器认为，西线的胜利证明了雅利安人种的优越性，以及元首是一个天才。他被宣传为"德国有史以来最伟大的领导人"。这一声明的确有些荒谬，而且非常危险，因为曼施坦因计划不是一个全面的战略蓝图，它对法国能够取得成功，应该归因于精密的规划、惊人的胆量、盟军的愚蠢、巨大的好运，以及阿登山区与海峡地理上的接近。这在 1941—1942 年苏联广袤无垠的土地上就没有取得成功，因为它面临的是拥有巨大人力物力资源的对手。但是经历过 1940 年 6 月的胜利之后，希特勒的将军们也停止了对元首的判断的质疑，元首已经非常明显地改写了军事教科书，所以上一次战争的教训看起来不再有用了，这种狂妄自大后来将被证明是致命的。[12]

第一次世界大战期间，西线也曾经面临多次严重危机的时刻。1914 年 8 月，法国首席指挥官，约瑟夫•霞飞将军把目标锁定在解放阿尔萨斯和洛林上，因而对德国通过比利时发动的进攻反应缓慢。丘吉尔的大战回忆录中有一段非常形象地记录了令他恍然大悟的那一时刻，8 月 24 日，他正在读一封英国远征军发来的电报："那慕尔沦陷了！仅仅一天的时间，那慕尔就沦陷了……我们的心在颤抖……哪里才是这场战争的尽头呢？毫无装备的海峡的港口怎么办呢？敦刻尔克，加莱，布伦！"英国远征军的指挥官约翰将军，想把他那已经损失严重的军队拉回来，为了海岸的安全进行重新武装和部署，只是在得到内阁的直接命令之后才没有这样做，因为内阁对于英法联盟非常敏感，所以命令他加入霞飞将军的反击之中，在 1914 年 9 月解救巴黎的"马恩河奇迹"中，这支部队虽然规模不大，但是发挥了比较关键的作用。[13]

英国与法国联盟在大战期间经历的另一次危机发生于 1918 年 4 月，

也就是在鲁登道夫发动大规模的春季攻势的时候。彼时，英国军队最高指挥官黑格的防区的南部处于相对弱势：在 3 月 21 日的皇帝会战中，该部英国军队面临的是德国军队 8:1 的优势的进攻，黑格的第五集团军已经崩溃，而第三集团军也开始面临崩溃的局面。德国军队在英法军队之间打入一个楔子。鲁登道夫的第二次进攻，代号为"乔其纱"，是沿着弗兰德斯的海岸推进，威胁英吉利海峡的港口。到 1918 年 4 月 12 日晚上，德国距离号称铁路枢纽的阿兹布鲁克火车站只有不到 6 英里的距离，如果阿兹布鲁克火车站被攻占的话，随之而来沦陷的将是敦刻尔克，从而威胁到英国对于海峡的控制。黑格并不是一个善于慷慨陈词的人，但是在 4 月 11 日这一天，他发表了被称为"英国历史上最夸张的（因此也是最具纪念意义的）当日命令"。他的结束语如下："我们必须坚守我们的岗位，直到最后。我们已经无路可退，我们只能背水一战。我们相信我们事业的正义性，我们每个人都必须战斗到最后。我们祖国的安全，以及人类的自由，都取决于这一关键的时刻，取决于我们每一个人的行为。"黑格"背水一战"的指令，无论对军队还是对平民都产生了非常清晰的影响。维拉·布里顿从来没有忘记过 1918 年的这一时刻，她当时是后方的一名护士，工作已经让她筋疲力尽，她是在医院的布告栏上读到这番讲话的，尽管随后有对黑格的攻击，但是她在 1933 年写道："我从来也不知道黑格是不是一个非常轻率粗心的人，是不是具有自我欺骗的乐观主义精神，特别是在 1916 年的索姆河大屠杀之后，是否应该这样做，但是在我看来，是他写下了这一特别命令，在我读过这段话之后，我知道不管我能否做到，我都应该继续下去。"[14]

1918 年 4 月 18 日，也就是黑格的命令发出一周之后，丘吉尔给内阁提交了一份备忘录，其题目非常隐晦：《一个关于特定的、假设的意外事件的说明》。他警告说，目前正在逼近的问题，"是我们应该撤回我们的左手，还是右手"。他的意思是，"或者与英吉利海峡的港口失去联系，或者与法国的军队分割开来"。毫无疑问，丘吉尔认为黑格的军队必须与法国保持密切的联系，就像1914年那样共进退，这是为了继续反击已经处于筋疲力尽状态的敌人这一共同的事业。仅仅守卫住海峡，以保存英国远征军的撤退路线是徒劳无益的，丘吉尔警告说，如果这样做，德国人就会轻易地击败法国，然后把英国人赶进海里。丘吉尔关于"假设的意外事件"的判断与白厅的判断基本是一致的，几天之后，西线的结局开始呈现出平衡的状态，直到德国最后精疲力竭。[15]

因此，1914年8月和1918年4月，是大战中非常关键的两个时间节点。而且，按照丘吉尔的描绘，英国一直坚持在右翼与法国的合作，而不是仅仅守卫英吉利海峡的港口。但是1940年5月的形势则完全不同，德国的左勾拳切断了英军退守巴黎的路线，迫使英国远征军和大部分的法国军队撤退到了海岸边。这一次"奇迹"不是发生在马恩河，与1914年不同，这次奇迹发生在敦刻尔克。而且这更多的是拯救英国而不是法国。如果不是希特勒叫停了已经筋疲力尽的坦克部队，让他们整修以备战法国人可能的反攻，英法军队可能早就轻而易举地被歼灭在海岸上了。幸运的是，无论德国的步兵团还是纳粹空军都无法完成这一歼灭性的任务。在撤退刚刚开始的时候，白厅抱有的最大希望是撤出5万人，但最后的总数是33.5万人，其中1/3是法国人，后来他们的大部分返回了法国，最后落到了德国的战俘集中营里面。但是英国的士兵，绝大多数是正规军和地方自卫队士兵，成为预防可能入侵的防卫力量的核心。如果没有这些力量作为后盾，1940年5月末，面对以意大利作为中介与轴心国[1]达成和平的这一建议，丘吉尔是很难抵制的。[16]

---

[1] 二战中结成的法西斯国家联盟的国家。——编注

即便如此，在敦刻尔克大撤退之后，英国内阁还是意见一致地决定继续战斗下去，希特勒对于西线的征服引起了对 1914—1918 年战争场景的重新思考。5 月 25 日，参谋长提交了一份备忘录《不测之时英国的战略》，这种对于 1918 年 4 月丘吉尔报告的暗合，实际上是白厅对法国可能陷落的委婉表述。参谋长的假设认定，战争能够继续下去的关键在于美国"愿意为我们提供全面的经济和金融上的支持，如果没有这些，我们不会有任何取得胜利的希望，也无法继续战争"。这成为英国外交中的一条公理，无论在战争时期还是战后都是如此。1940 年 7 月初，当时仍然担任外交大臣的哈利法克斯注意到，"我们现在不再研究如何与法国结成联盟，我们现在关注的是如何与美国结成某种形式的特殊关系"。[17]

同样重要的是，法国的陷落产生了全球性的影响，现在希特勒完全获得了转向东方寻求生存空间的自由，而这比他预期的要提前好几年。1940 年 7 月末，他命令军事计划制订者制订第二年春天进攻苏联的计划。1941 年 6 月 22 日，"巴巴罗萨计划"的执行标志着二战中最为关键的战争开始了。法国的崩溃也改变了意大利的外交政策。之前，由于遭到国王和总参谋部的反对，以及与英法相比意大利军事力量的薄弱，墨索里尼对投入战争犹豫不决，但是"曼施坦因计划"的成功改变了争论的态势。"意大利国内对于战争的抵制消失了，"哈尔德将军记录道，"墨索里尼拥有了行动自由。"6 月 11 日，意大利对英法两国宣战，在北非开辟了一个战场，为这场战争添加了另一个新奇的地理空间。欧洲的战争也对亚洲产生了连锁反应，随着法国、荷兰落入德国的股掌之中，英国也在忙于为生存而战斗，这些欧洲帝国没有一个能够抵抗日本的扩张。1940 年 9 月，日本加入了罗马柏林轴心。第二年夏天，随着苏联陷入与德国的战争，日本抓住机会向南入侵了印度尼西亚。只有美国部署在夏威夷群岛的主力舰队是对日本的有效遏制力量，而 1941 年 12 月的珍珠港偷袭则拉开了日本闪电般征服东南亚的序幕。到 1942 年春季,轴心国控制了世界上 1/3 的人口和矿产资源。所以,法国的陷落使欧洲的冲突彻底转换为一场全球性的战争,这一点和 1914—1918 年是完全不同的。[18]

1940 年夏季的战争使英国处于醒目的中心位置,这是 1914—1918 年英国缺乏的。此一位置是在二战时期突然出现的,但之后也没有变得暗淡无光,这一点和一战之后英国混乱纠结的修正主义是完全不同的。英国关于 1940 年的宏大叙事由三个戏剧性的时刻构成——敦刻尔克、不列颠之战和闪电战,每一个都综合了英勇的、具有历史意义的、民粹主义的因素,而这在关于第一次世界大战的论述中是极为缺乏的。[19]

丘吉尔,作为著名的演讲家,构筑了这样的叙事模式,这不仅仅是通过他在广播中的那些著名的话语,而且是通过迅即的历史分析构建起来的。例如,在 6 月 18 日,他制造了"法国之战"和"不列颠之战"这些比较持久的标签性名词,还预测说 1940 年将被看作英国"最好的时刻"。他在 8 月 20 日发表的演讲不仅杜撰了关于英国皇家空军的"少数派"这一词组,而且在寻求这次战争与上次战争的区别:对生活的毁灭性减弱了,但是在影响上更具决定性的特征,而且"所有交战国家的整体,不仅仅是士兵,包括所有的男人、女人和儿童都被卷入,前线的概念在后方已经穿越了工厂这一层面"。[20]

但是丘吉尔对于这种神话构建的贡献仅仅是一部分,还有专家、评论员以及纪录片共同塑造了这一传奇。与现在对 1914—1918 年的讲述形成对比的第一个因素,是一种英雄的气概。关于英雄主义的古典语言是 1914 年一个非常重要的特征,这在鲁伯特·布鲁克的诗歌中体现得非常明显,也最为有名,而且在大战期间《泰晤士报》发表的每日诗歌中都能够体现出来。但是英雄主义不是对于萨松和欧文诗歌的重复,它也不是 20 世纪 20 年代修正主义叙述的一部分。相比之下,1940 年,英雄迅猛地回归,而且这些英雄已经超越了战壕。6 月 4 日,丘吉尔的讲话中辞藻最华丽的段落是献给战斗机飞行员的,正是他们把纳粹德国的空军从海岸边赶了回去。"圆桌骑士，十字军，都属于过去了；它们不仅遥远，而且也是平淡无奇的。""空中骑士"虽然不是全新的事物，在一战期间他们已经成为名人，但那时他们是战争故事的边缘，而1940年战斗机飞行员的作用是非常关键的。他们不仅在已经变黑的西部战线的废墟之上发挥了作用，而且其作用也发挥在英格兰"绿色而舒适的土地"上，因此，如同骑士一样，成为关于不列颠空战的媒体报道的核心。[21]

"少数"这一词汇在历史中的地位，因为英国航空部1941年3月出版的一份关于不列颠空战的备忘录，而得到进一步强化。这一备忘录预期的销售量是5万本，但仅仅在第一个月，销量就超过了100万册，而对插图版的订货已经达到了50万册。备忘录被翻译成多种语言版本，这个故事讲述的不仅仅是地面上的战斗，像1916年那样——炮弹、硝烟、噪音和"地表上的崩溃"，而是在数千英尺的高空中"剑的对决"，是"精通剑术的大师们的决斗"。不列颠之战也被描述为具有史诗般的重要性，"未来的历史学家会把它誉为马拉松、特拉法尔加"（对特拉法尔加的参考比较，在翻译成法语的时候被删除掉了）和马恩河。"最重要的是，"历史学家理查德·奥夫里写道，"它赋予了这场冲突以它能够容纳的非常传奇的层面。"[22]

备忘录的题词之中引用了丘吉尔在8月20日的讲话："在人类战争史上，从来没有像这次冲突一样，以如此少的兵力，保护了如此之多的众生。"但是在那篇谈话中，丘吉尔实际上仅仅用了不到一句话来描述战斗机飞行员，"我们每天能够用眼睛观察到的光辉的行动"。但是他用两段的篇幅赞美了在德国上空一夜又一夜飞行的轰炸机中队，"英国皇家空军的力量从来没有如此依赖于轰炸机的力量"。两个星期之后，丘吉尔告诉内阁，"这些战斗机就是我们的救星"，因为它们对不列颠群岛发挥了保护性的作用，"轰炸机编队自身就是我们取得胜利的手段"，"因为现在我们没有其他任何可行的方式来对付德国强大的军事力量"。[23]1940—1942 年，英国政府授予轰炸机司令部自由行动的指令，但是却对"战略轰炸"的精确度没有提出任何要求。丘吉尔对战略轰炸的信心在战争后期有所减退，这主要是发生在苏联和美国的人力和物力资源被投入到反对轴心国的斗争中之后，到 1945 年的时候，关于轰炸机编队的描述已经不再被列入战争的宏大叙事之中，因为他们在保护妇女和儿童、反对外国人侵过程中的那种骑士般的勇气以及建立在此基础上的清晰的作用，已经变得比较模糊了。"Blitz"（德文，闪电的意思，在 1940 年秋天的不列颠是一个非常流行的词语）是一个匈奴式的对英国的无辜者及儿童进行野蛮攻击的行为，也许可以说，这一点重新修订了关于 1914 年暴行的故事。直到今日，值得注意的还是，"英国人仍然愿意使用'德国的'这一单词描绘德国的行为，好像没有一个合适的英语词来表达空中袭击那种令人震惊和极度残忍的破坏性"。在二战期间，死于德国轰炸的英国人数达到 6.1 万人，相比之下，英美两国的轰炸机在法国杀死了更多的平民——6.7 万人，德国战争的死亡人数至少是 40 万人，而日本则要更多一些。[24]

强化英雄行为是非常重要的历史感。这一点立刻再度体现得非常明显。《泰晤士报》把保卫海峡沿岸港口的斗争宣扬成为英国历史上最具史诗般的时刻，与阿金库尔战役、无敌舰队、滑铁卢，甚至于黑格在 1918 年的战斗具有同样重要的历史地位。敦刻尔克大撤退之后，丘吉尔在众议院里讲道，"我们听说希特勒有一项进攻不列颠群岛的计划"，他补充道，"这是我们以前就考虑过的事情"，而最近的一次威胁发生在拿破仑时期。在演讲结束的时候，丘吉尔宣称自己有充分的信心，"我们将再一次证明我们能够保护我们的岛国家园，能够安然度过战争的风暴，能够对付暴政的威胁，即使这需要多年的时间，即使必要的时候我们只能单独作战"。"单独"这一词汇成为 1940 年夏天的一个标语。《那好吧，独自作战》，这是大卫·洛的一幅非常著名的卡通画，创作于法国沦陷之后，画面上是一位英国人，握紧拳头，伸向天空，准备在风雨飘摇的海域作战，洛表现出来一种共同的感受。"现在我们知道我们的处境了"，一位泰晤士河上的拖船船长大声喊道，"再也没有一起浴血奋战的盟友了。"更高雅的乔治六世表明了同样的观点，他和母亲说，"私下里讲，我也许应该感到高兴，因为我们再也没有需要我们礼让和纵容的盟友了"。[25] 艾略特宣布，"历史现在就属于英格兰了"，他在诗歌《小吉丁》中体现了此时此刻的炙热情绪，这首诗是 1941 年在海峡对岸看着德军闪击法国时写成的草稿，其诗句在大战时期是令人难以置信的，可能就像在 1914 年说"历史现在是比利时的"一样。而这种与 1914—1918 年的对比，在苏格兰诗人休·麦克迪米德的诗歌中体现得更为明显：

终于到了这一时刻！现在到了强化信心的时刻！

我们需要坚守真正重要的东西，

不是"为了民主，让世界更加安全"，

而是"拯救文明"或者任何类似的目标。[26]

"真正重要的东西"：1940 年主要是一场为生存而战的斗争，这使它与 1914—1918 年的斗争脱离开来。而且，如果进行更深入的对比，这是一场涉及所有人的战争，他们成为英雄主义和历史的一部分。这种关于国家叙事的民族主义的包容性，构成了与一战的第三个比较重要的对比，而且这是通过敦刻尔克、不列颠之战以及闪电战这些不同的方式展现出来的。1940 年 6 月 5 日，在为英国广播公司节目所作的"后记"中，作者普里斯特利强调了在临时进行的大撤退中起到一定作用的"快乐的小轮船"，如"格雷西费尔茨"号小轮船，他亲切地回忆起了这艘战前在考兹和怀特岛之间来回穿梭的小船。它以及许多"勇敢地直面摧残的姐妹们"一样，已经永远消失了，因为它们都被德国的炸弹炸沉了。但是普里斯特利概括说："我们的曾孙曾孙女们，他们在学习我们如何开始这场战争的时候，了解到我们从死亡那里夺得的荣耀，然后再度赢得胜利，可能也会同时学到这些度假用的小船如何勇敢地驶向地狱之地，然后又光荣地返回到英国。"事实上，这些小轮船、渔船和其他的"小型船只"在撤退中发挥的作用是很小的。但是普里斯特利传奇式描述的小品文、约克郡的圆润的语调，以及应用当时英国最受欢迎的通俗歌手的名字，构成了非常巧妙的组合，它敲定了敦刻尔克被记忆的方式。第二天，也就是 1940 年 6 月 6 日的一篇社论，也在鼓励读者们从"敦刻尔克精神"中得到启示。[27]

这种民粹主义的主旋律在不列颠之战中也体现得非常明显。尽管英国的媒体迷恋于对战斗机飞行员的宣传，但是它们也赞美了地勤人员，包括在工厂中辛勤劳动的男男女女们，也包括新成立的英国地方志愿军，到 6 月底，已经有 150 万人注册登记加入了这一队伍。在丘吉尔的联合内阁中，工党是一个完美的合作者，作为劳工大臣，贝文抓住了大众的心理，在国内实施征兵制度，但是同时支持工人阶级的权利。比弗布鲁克勋爵发动的把盆盆罐罐转换成战斗机的运动得到了群众的广泛支持。尽管在实际上并没有出现过铝的短缺状态，而且到 1941 年春季的时候，几乎英国的每个城镇都拥有自己的喷火式战斗机基金。一英镑能够支付一架默林发动机的温度计的费用，一便士相当于一个铆钉的价格。当时通过这种手段筹集到的 1300 万英镑，对军备的总开支来说是杯水车薪，但是这些运动是把"多"与"少"结合在一起的非常具有象征意义的手段和方式。[28]

"人民战争"（20 世纪 30 年代西班牙的左翼老兵们传播开来的一个术语）在闪电战的大部分时候都得以体现出来，平民们成为第一线的英雄。到 1942 年年末，也就是取得沙漠中阿拉曼战役的胜利之际，被敌军杀死的妇女和儿童比英国士兵还要多，这与 1914—1918 年形成了强烈的对比。战争中的战壕不是铭记于心的索姆河和弗兰德斯地区的泥浆，而是由伦敦和曼彻斯特被毁坏的街道构成的。而关于闪电战的最持久的影像，已经在新闻纪录片或者类似《图片杂志》的期刊中被表现出来，一个消防队员，高高地站立于梯子之上，非常勇敢地把浇水管子塞进燃烧的房子里面，或者家庭成员在晚上临时寄宿于地铁车站的月台上。与"小船"的故事一样，这种影像与现实并不完全相符。即使在最高峰的时期，即1940年9月27日，17.7万人在地下防空洞寻求庇护，而这一数字实际也只是伦敦留下来人口中的5%，但这却是图片中一直宣扬的场景。闪电战是"战争中一个非常关键的时刻"，在这一时刻，人民开始真正成为国家的一部分。[29]

1940年这一史学上非常生动的瞬息，具备英雄般的、史诗般的和民粹特征的，给1918年之后的几十年投下了新的，然而也是昏暗的光影。这一基调是《有罪的男人》这本小册子定下来的，这是一个惊人的论断，发表于法国投降两个星期之后，作者用的笔名是"卡托"，实际上是三个左翼的新闻记者，包括迈克尔·富特，他是工党后来的领导人。故事开始于敦刻尔克的海岸，讲述的是"战斗开始之前军队的失败已经是注定的了"，并且回溯到30年代去寻找真正的罪人。这一控告的指向是非常明显的，"麦克唐纳和鲍德温接管了一个大帝国，在武器上具有绝对的优势，而且在自由这一问题上也是安全有保证的"，但是他们却把这些优势导向了国家毁灭的边缘，这是被他们的保护伞张伯伦教唆的。他们对于希特勒的茫然无知，以及在重新武装问题上的失败决策，使得英国对于1940年5月爆发的闪电战完全没有准备，卡托认为这就是犯罪。《有罪的男人》很快成为畅销书，几天之内就卖出了5万本，到1940年年末，销量达到20万册。它实际上为接下来的关于绥靖政策的争论定下了议题，这有点类似于凯恩斯的《和约的经济后果》对于《凡尔赛条约》形成的作用。《有罪的男人》把张伯伦钉在了历史的耻辱柱上，而且它也成为左派对右派在20世纪30年代推行的政策进行批判的核心线索。[30]

在这些叙述之中，无论绥靖政策还是大危机都成为指责保守党和国民政府的证据，而且试图证明"30年代的世界就不应该是这样的一幅图景"。1941年的《爱在多尔》是沃尔特·格林伍德畅销书的第一个电影版，也是在这个紧要关头发行的。其中的一句台词引用了联合政府中一名工党成员亚历山大的话语："我们工作中的男男女女，都已经积极回应了这场战争加于他们身上的任何一个，也是每一个要求和任务，而对我们的回报应该是一个全新的英格兰，失业者再也不应该成为和平时期被遗忘的人群。""不再"这一词一度成为二三十年代对于停战日纪念的一个陈词滥调，但在这里却被赋予了不同的含义。1942年年末的贝弗里奇报告，要求建立一个"从出生到坟墓"的全面社会保障体系，这一报告很快吸引了人们的眼球，销量达到63.5万册，这是官方出版物从来没有达到过的销量。民意测验显示，这一报告拥有90%的支持率。在这一表象之下，也有对该报告的实施可能性的冷嘲热讽，"我不能忘记上一次战争中这一块英雄的乐土"，这是一位老兵的评论。人们要求所谓的特权派做出保证，在维持和平这件事情上不能再失败了，因为我们已经失去了上一次的和平。人们的要求很强烈，但并不是宣传部门夸大的结果。[31]

在1945年的选举中，工党以绝对优势取得了胜利。在其竞选宣言之中，以1940年为中心，把两次世界大战连接在了一起，而且具有明显的激进的讲述特征。宣言中讲道："就英国的贡献而言，这场战争真正是依靠人民的力量赢得的。"上次战争也大体一样，但是之后人们则允许"那些曾经在战争中表现得较好，但是其貌不扬的人"塑造了"适合他们自己的那种和平方式"。他们控制了政府，控制了经济，而且其地域范围不仅仅局限于英国，还波及整个工业世界。两次世界大战之间发生的经济大危机就是"极少数人掌握太多的经济权力"的恶果。1945年还存在这样的力量，工党警告说："战后世界的问题和压力仍然在威胁着我们的安全，当然世界也在进步，这种威胁比希特勒1940年的威胁要小得多，我们需要敦刻尔克以及在闪电战的时代里面生存下来的那种精神。"在选举日的上午,支持工党的《每日镜报》告诫读者:"投票给那些为你们赢得胜利的人,你们在 1918 年的时候没有这样做,而结果是众所周知的。"这篇文章在头版中的绝大部分重印了泽茨在胜利日那一天画的卡通画,那是一个疲倦的、受重伤的士兵,举起了一顶桂冠,上面写着"欧洲的胜利与和平",标题是:《这个给你,不要再失去它!》。[32]

因此 1940 年成为新的民族神话的中心。这与加里波利对澳大利亚人的意义不同,即它不是一个民族"发现"的神话,而是"重新发掘"的故事,这是一个国家因和平破灭而陷于迷茫境地时,通过人民战争的火炉重新赢得尊严和找回目标的故事。查尔斯·莫沃特的长篇历史著作《两次大战期间的英国,1918—1940》,出版于 1955 年,最后一部分的标题极其简明:《独一》。莫沃特断言,1940 年夏天,也就是在人们等待不列颠之战的时候,"他们在经历过 20 年的优柔寡断、犹豫不决之后,发现自己已经从过去的悔恨中摆脱出来,勇敢地面对新的未来"。这种对比,一面可能是黑暗的、虚度的 20 世纪 30 年代的 10 年,另一面是 1939—1945 年的光辉成就,呈现出人们对于一战神话观念的非常有意思的转变。而在此书的叙述中截然相反——一场黑暗的战争(不管是悲剧性的,还是徒劳无益的)被设定在爱德华七世的黄金时代这一场景里面,这是在 20 世纪 20 年代萨松和格雷夫的作品中被诱发出来的一种情绪。当然,在前两者中战前的画面是颇具讽刺性的,忽略了 1914 年之前的冲突,包括劳工权利、妇女的选举权和爱尔兰问题。而且同样地,与 20 世纪 30 年代的欧洲大陆相比,英国仍然是比较稳定和繁荣的。但是,与爱德华七世时代不同的是,20 世纪 30 年代的战前时期可以被理解为两次世界大战的间歇期,这是诗人大卫·琼斯在 1937 年已经看到的一个插曲。为使我们能够站在另一视角审视 1914 年以来的这段时期,不得不进行再一次的全面战争。[33]

与英国一样,1940—1941 年对于美国同样是一个重要的转折点,同样地赋予了人们以一种新的观点和视角来看待20世纪30年代和一战。

美国的媒体现在看待英国的视角比以前更为积极了。相比于20世纪30年代的疑虑，它们现在的关注点在于两国共同的价值观。正如在英国一样，敦刻尔克在美国也被当作是一个转折点。专栏作家桃乐茜·汤普森称它为"几乎成为一场形式上非常奇怪的革命的寓言"，因为"英格兰的小人物们"开始控制这一国家的命运，摆脱了历史上"头衔与财富的登记制度"。夏天的时候，潜在的入侵威胁激发出更多的华而不实的散文与诗歌。1940年6月24日，《纽约时报》发表社论："现在是伦敦时间12点……难道从此之后在不列颠群岛，乔叟、莎士比亚、米尔顿以及国王钦定版《圣经》，济慈和雪莱都将成为被奴役的民族的方言吗？现在是伦敦12点，但不是帝国的12点，帝国已经不复存在了，这是英格兰普通民众的12点，而英格兰最伟大的灵魂与精神正是来自于他们。"[34]

美国人被不列颠之战和闪电战深深打动，他们被伦敦人真实的故事打动，无论贫富，英国人都在继续每天的日常工作，尽管他们的连排房被希特勒的炸弹摧毁而被迫躲在防空洞，或者只能睡在地铁站的月台上。美国的广播公司派出了它们最优秀的记者来到伦敦，其中最著名的是哥伦比亚广播公司的爱德华·莫罗，他通过广播上的现场直播把现代战争的声音带到了美国人的客厅里面，他用沙哑的声音讲述这一事件，而且极其地实事求是，背衬着空袭警报笛的哀号、炸弹坠落的声音，以及高射炮的咔哒声。诗人阿奇博尔德·麦克利什在颂词中写道："你在我们的房子里烧掉了伦敦城，我们的确感受到了熊熊的火焰。"英国的宣传部给予了莫罗及其同事埃里克·萨法瑞等人全部的合作和支持，包括他们提出免除非常严格的审查制度的各种要求。鉴于美国人心中残留的对英国宣传的厌恶，这是20世纪20年代修正主义留下来的后遗症，没有经验的美国人的声音很显然比英国人发音清楚然而傲慢的语调在美国的中心地区具有更高的可信度。[35]

关于闪电战的追踪报道，以及由此激发出来的英国与美国之间的共同价值观，在美国产生了深刻的影响。大多数美国人在轴心国与同盟国之间的斗争中，情绪上并不是中立的。但是他们并不认为，他们对纳粹主义的反感，需要自身对西半球提供更强有力的防御。然而1940年的夏秋改变了这一切，尽管在美国占压倒性优势的多数人仍然希望能够置身事外。6月末，也就是法国沦陷之后，被调查的美国人中64%的人坚信置身事外比帮助英国更为重要。但到1940年11月中旬，60%的人认为帮助英国更为重要，即使冒着美国被卷入战争的危险也应该这样做。[36]

公众情绪赋予罗斯福总统更开阔的战略空间。1938—1939年，他得以在中立的幌子之下，精心装扮他支持英国的政策。但是法国沦陷之后，他摆脱了这一制约。当时他不仅参与而且史无前例地赢得了第三任总统大选，而且公开把英国视为美国的防务前线，1941年在国会山展开的非常激烈的争论中，他把这一原则写进了法律。《租借法案》授权总统，可以把武器通过贷款或者租借的方式，提供给那些其生存对于美国的安全至关重要的国家。《租借法案》对于赢得这场战争发挥了至关重要的作用，而且，罗斯福为其提供的理由塑造了冷战时期美国大部分政策的主旋律。

例如，他在1940年12月29日对整个国家发表了广播讲话。谈话一开始，他就说道，"这不是一次关于战争的炉边谈话"，"这是一次关乎国家安全的谈话"，这是对美国外交词典中的中心术语的比较早的使用，这一术语在关乎美国国家利益界定的问题上非常具有弹性。他引用了希特勒最近的论述："存在两个互相对立的世界。"罗斯福坚持认为："轴心国不仅承认，而且声明在它们的政治理念与我们的政治理念之间，并不存在最终的和平。"这种关于世界已经分成善与恶的想象，也预示着1947年的杜鲁门主义。罗斯福欺骗了那些仍然在讨论西半球防务的人们，力图证明"如果不列颠沦陷了，轴心国就将控制欧洲大陆、亚洲、非洲、澳大利亚和公海,它们将处于一个更为有利的地位,能够运用更强大的军事力量和海洋资源来对抗西半球"。他甚至辩称,那些非常著名的美国自己设定的法案是在英国的帮助下得以完成的,例如1824年警告反动的欧洲列强远离西半球的《门罗宣言》,"我们屹立在那里,守卫着大西洋,英国是我们的邻居。没有条约,没有不成文的协议,只是两个同样热爱自由的民族之间的自然而然的合作"。他反问道:"难道有人相信,当自由的英国是我们最强有力的大西洋上的海上邻国的时候,我们还需要害怕对美洲大陆的任何攻击吗?"[37]

罗斯福关于大西洋看法的潜台词,是要对1914—1918年的美国介入战争这一行为进行重新的解释。他没有公开承认这一点,唯恐招致评论家们警告他把这个国家再度引入战争,但是支持同盟国的宣传家们把这一观点公开地表达出来了。其中最有影响的就是记者沃尔特·李普曼,1919年,他曾经担任过威尔逊总统的顾问,但是很快对总统作为一个和平缔造者的讲话持批评的态度。1917年2月,在为美国介入战争辩护的时候,李普曼创造了一个新的词语"大西洋共同体",用以描述把美国和西欧连接起来的路径和价值观。1941年4月,在一篇亨利·鲁斯广为阅读的《生活》杂志所写的一篇文章中,他再度使用了这一词语,这篇文章为《大西洋与美国》。李普曼的目标很明确,就是重新解释美国1917年介入战争的行为。他说,这并不是被误导的理想主义的演习,而是深思熟虑的努力,其目的是为了维护大西洋的安全,美国在其中有着至关重要的利益。这一主题思想在1941年被新闻记者福雷斯特·戴维斯进一步发展起来。他的著作《大西洋体系》通过《门罗宣言》和开国元勋们的理念与行为,寻求追溯英国人—美国人利益共同体的历史轨迹。关于美国战时状态的那一章的题目是:《大西洋的第一场战争》。[38]

1941年,总统扩大了海军的作业范围,使其延伸到了大西洋,以保护《租借法案》对于英国的供应，并且声称他仅仅是扩大西半球的防御边界，这是出于对于国家安全新形势的考虑。同样地，在太平洋地区，他把美国的主要舰队部署在了珍珠港，距离加利福尼亚的本土基地大概2000英里，主要目的是威慑日本。最终，这一舰队与其说遏制住了日本，不如说是激怒了日本，成为日本建立太平洋帝国要努力打击的目标，当时整个西半球正忙于防御，这是对1919年巴黎和会中所受屈辱的蓄谋已久的报复行为。然而，尽管美国1942年对日作战主要集中在菲律宾、珊瑚海和中途岛，但是美国政策的中心在地理上仍然属于大西洋。对于罗斯福1940年新大西洋主义概括的最好观点体现在李普曼出版于1943年4月的著作《美国的外交政策：共和国之盾》中。这本书很薄，还不到200页，但是很快成为畅销书，印刷量达到50万册，并在诸如《读者文摘》的杂志上进行连载，同时向部队提供了定价25美分的平装本。该书最核心的论调认为"大西洋不是欧洲和美洲之间的边界，它是一个通过地理、历史和至关重要的必要性结合在一起的国际共同体的内海"。李普曼设想的共同体的范围非常广泛，包括法国等大陆上的同盟国，甚至力求在和平时期延续与苏联的盟友关系。但是其共同体观念更集中于英国—美国这一轴心，而其大西洋主义的概念成为美国外交政策核心，这将塑造美国在20世纪其后时间段里的外交政策。[39]

无论对于英国还是美国，1940—1941年的危机都是它们看待一战的一个转折点。对于一战影响的看法，受到了1941—1945年所发生事件的影响。而这次战争的结果，是完全的胜利，这种胜利对于英国而言似乎是极为新奇的，而且正如后来所证明的一样，造就了英国对美国的长期依赖，这与1918年之后的时期是不一样的，而且，二战的不同之处还体现在它造就了美国在战后国际事务中的长期领导权。

法国的陷落同样是至关重要的，因为它等于拆除了一战中处于中心地位的西方战线。尽管在英国的叙事中高度强调英国1940—1941年的"独自"作战作用，但最终击溃第三帝国实际主要依赖的是东方战线，这曾经是1914—1918年协约国最薄弱的地方。在希特勒转向东方实施"巴巴罗萨计划"之后，德国国防军至少2/3的兵力投入到与苏联红军的作战中。从1941年6月到1944年6月的诺曼底登陆，德国军队中90%的伤亡（被杀死的、受伤的、失踪的和被俘虏的）都是苏联造成的。[40]如果斯大林击败了希特勒（直到1942年年末，这都是一个巨大的"如果"性的假设），那么不可避免的是斯大林会致力于在东欧主导这场战争的结果，这也是影响战后世界的非常重要的因素。

"巴巴罗萨计划"刚一开始，斯大林就要求英国在法国开辟"第二战场"。他没有被丘吉尔极具蛊惑性的谣言所欺骗，很快意识到英国并不愿意跨过英吉利海峡，甚至当面奚落英国首相害怕与德国人作战。丘吉尔非常愤怒，但这种指责却是真实的。斯大林是一位残忍的独裁者，他统治着一个拥有众多人力资源的国家，在把几十万人的军队送去当炮灰方面毫无内疚之感。而丘吉尔领导的是一个规模较小而且非常民主的国家，仍然纠结于索姆河的屠杀，尽量避免与德国人的交锋。丘吉尔反复地告诉斯大林："如果跨海峡的作战只会导致毫无用处的惨败，我永远都不会批准。"甚至到1942年中期，苏联与美国都成了英国盟友时，丘吉尔仍然感到，"总而言之，我们赢得战争的最好的机会，应该依赖于大型轰炸机。因此在英美陆军能在开阔地面上打败德军之前，可能需要几年的时间"。尽管丘吉尔写出了非常详尽的进攻大陆的备忘录，但他最优先的方案是，只有当解放者身份的美英军队先锋部队强大到足以使被征服的人口起来暴动的时候，再实施沿海系列登陆作战。他认为在纳粹德国奄奄一息的时候，所发动的进攻才是真正的致命一击。而这与1944年极其危险的、集中优势兵力的诺曼底登陆是相差甚远的。[41]

丘吉尔的外围战略也反映了他对自己军队的忧虑。经历过1940年令人兴奋的日子之后，接下来的两年英国军队遭到了一系列的失败，希腊、克里特岛、新加坡和托布鲁克等等。BEF（Back Every Friday）这一术语不再是一个禁忌，人们开玩笑地称其为"每周五的撤退"。1942 年的托布鲁克陷落，被丘吉尔认为是整个战争中最严重的失利之一。总共有 3.3 万名英帝国部队的士兵向德国和意大利军队投降，而德意军队的数量只有英国军队的一半。丘吉尔后来写道，"失败是一回事，而屈辱是另一回事"，他把责任更多地推给其将军们，他们在掌握坦克、步兵和炮兵的联合作战策略方面过于缓慢。而在 1940 年，德国对于这种策略的使用已经非常成功了。但更深层的原因在于，经历一战的打击，英国已经伤痕累累。当时担任帝国总参谋部长官的艾伦·布鲁克爵士，在 1942 年 3 月的日记中写到道："我们军团和部队中一半的指挥官是不适应他们的工作岗位的，而如果我把他们解雇，我也找不到比他们更好的人担任这些职务。他们缺乏担任领导者所需的品质、想象力、内驱力和能力。造成这种情势的原因在于，我们在上一次大战中失去了最好的军队指挥官，他们本来可以成为我们当下最高级官员的。"当然，德国最高统帅部也可以发出同样的哀叹，他们在 1914—1918 年的损失更为惨重，但是两国由此得来的教训却是不一样的。鉴于大战的教训，布鲁克及其同事们得到的教训是，他们不能把军队推进得太远。部队的单位得到的命令是非常仔细而明确的任务，他们被告知要巩固既得的收益，而不是相机向前推进。而德国高级军官们被赋予的主动权完全超出了英国人的想象。由于担心士气受损，并且考虑到德国非常有限的人力资源储备，英国军队在战场的信条集中于：用重火力削弱敌人的抵抗力量。1944 年 3 月，伯纳德·蒙哥马利将军评论道："为了尽可能小的伤亡，我们必须这样做。"[42]

作为精心策划的阿拉曼战役的最高指挥官，蒙蒂（蒙哥马利的昵称）在击败了隆美尔指挥的德意军队并迫使对方在突尼斯投降后成为名人。阿拉曼战役的特征是火力非常集中，这一计划是对黑格 1918 年胜利的一个完美的回音。具有讽刺意义的是，黑格指挥的 60 个师的兵力是英帝国有史以来在战场上投入的最大兵力，但是它的成就与20世纪40年代的蒙蒂相比一直被遗忘，直到现在也是如此，尽管修正主义的历史学家试图扭转这一观点。相比之下，蒙蒂指挥的第八军团是黑格军队的1/4，但是却使阿拉曼在英国家喻户晓。部分原因在于，英国要强调这场战役政治上的重要性，因为在经历过连续两年的毫无斗志的失败之后，人们已经对于丘吉尔的领导力产生了怀疑。彼时，丘吉尔在六个月内，两次面对众议院的不信任投票。1940年他展现出来的那种蔑视的特质，现在看起来已经不那么打动人心了。一位恼怒的记者写道，"如果他总是那副叼着大雪茄的嘴脸"，就已经不能再引起人们的共鸣了。所以毫不奇怪，在阿拉曼战役取得胜利之后，首相要求教堂再度敲响钟声，而这自从1940年的不列颠之战以来一直沉寂着。正如1940年一样，丘吉尔这一擅长舞文弄墨的人，很快把瞬时的历史塑造成战争中的炙热场面，他把"埃及之战"描述成为"不是结局"，甚至不是"结局的开端"，但也许就是"结局的开端"。除却宣传的原因，黑格与蒙蒂之间的对比也反映了人们对于一战的叙述是比较混乱的，这与1939—1945年形成了鲜明的对比。阿拉曼是发生在战争中间时刻比较明确的一场胜利，而黑格的"百日进攻"发生在1918年大战即将结束的时候，其成就被德国内部的垮台这一事件夺去了光芒。尽管现在有非常明确的证据表明，这场长达四个月的杀戮耗尽了德国的力量和士气，但在当时这一点表现得并不明显。1916年，协约国的前进步伐没有超过7英里，而更为明显的是英国的大量伤亡，死亡、受伤加上失踪的人数达到了42万人。索姆河不能看成是一场胜利，而阿拉曼则被炒作成了二战中最具有决定性的时刻之一。[1]

---

[1] 虽然阿拉曼战役总计5000人的死亡人数与斯大林格勒战役中苏德军队各自伤亡50万人相比，就显得极为苍白和没有意义了。——原注

丘吉尔和布鲁克推行的消耗战略,其目的是通过较少的英国人以生命代价达到消耗敌人的目标,目标指向轴心国地中海"比较柔软的下腹部"。在北非取得胜利之后,盟军于1943年9月入侵了意大利,希望通过意大利的快速倒台使半岛的大部分纳入盟国的手中。但是德国决定为意大利而战,而亚平宁山脉提供了很好的防御空间。例如,夺取位于山顶的卡西修道院就花了四个月的时间,这令人想起了1914—1918年战壕里的战斗。在观测满目疮痍的卡西战场时,德军指挥官感觉似乎回到了30年前的索姆河战场。同样地,在1944年6—7月的诺曼底抢滩战,盟军每天的伤亡率超过了1917年的帕斯尚尔战役。事实上,1940年5月发生在法国的战斗,1941年夏季在苏联的战斗,以及1942年早期在北非的战役,这些机动性的战争都是比较异常的。1939—1945年的大部分战役是由步兵在战壕或者掩体中打下来的,是他们取得了巨大的胜利。当然,二战中的英国兵一直坚信,无论状况多么糟糕,他们的父辈在1914—1918年的境遇更为严峻。而统计数据也确实证明了这一点。1939—1945年,英国军队的伤亡人数(包括死亡,受伤和失踪的人数)共计36.6万人,而1914—1918年仅西线这一数字就是250万人。[44] 二战的高峰是德国的无条件投降,同时伴随着其元首的死亡——这与1918年形成了鲜明的对比。一战结束的时候,德国的军队仍然在国外的土地上,而德国皇帝也流亡到了荷兰。毫不奇怪,丘吉尔下令欧战的结束,应该被称为"胜利日",而不是"休战纪念日"或者"停火日"。[45]

回溯到1927年,当时陆军参谋部参谋学院被一再提醒,"战争并不是目标本身,而是实现最终目标的一种手段,换句话说,只有经济上的胜利才能确保一种繁荣的、令人心安的和平"。与1918年不同的是,1945年对英国而言是一场胜利,在经济方面也是如此,这主要应该感谢英国的盟友。苏联成为击溃德国军队的主力,其伤亡至少是2700万人。美国的损失比英国要小,但是美国向英国提供的人力和物力、后勤和金融方面的援助规模,的确使1914—1918年英国对法国的援助相形见绌。例如，《租借法案》基本上涵盖了英国在整个战争期间大部分的赤字支出。[46]

在 1943 年 11 月召开的德黑兰会议上，斯大林和罗斯福最终促使丘吉尔决定在第二年春天实施跨海峡作战。但是首相一直在抱怨"这一战役是苏联和美国的军事当局强加给我们的"。在诺曼底登陆的前一天夜里，他突然有一种强烈的预感，他跟妻子嘀咕道："你有没有意识到，当明天早晨你醒来的时候，也许有 2 万名的士兵已经被杀死了？"事实上，6 月 6 日这一天的伤亡数字"只是"1.1 万人，而且尽管诺曼底战役的进行是比较从容的，但滩头阵地的战役非常迅速。到 9 月中旬，随着法国和比利时的解放，艾森豪威尔军队所处的位置是战役制定者们认为到 1945 年 5 月末才会到达的地方。1944—1945 年战役取得胜利的关键，现在被人们遗忘的决胜武器之一就是 2.5 吨载重卡车，它们沿着不断延长的交通线，为艾森豪威尔军队提供了源源不断的补给。尽管脑海中的步兵还是字面上的含义，但丘吉尔不得不承认，他对美国战争机器令人钦佩的速度和灵活性印象非常深刻。他也暗指了英国的外交政策，"我们军队的规模仅仅相当于美国的一半，而且很快缩小到只有美国的 1/3"。他在 1944 年 12 月哀叹道："对我而言，像以前那样处理问题已经不可能了。"[47]

而且，英国军队的信条不可避免地受到 1914—1918 年"教训"的塑造和影响。美国在那场战争中卷入的时间非常短暂，不足以淹没 1861—1865 年那场所经历过的规模最大的战争的遗产。内战之后，联邦军队打败南方联邦的战略被美国军方加以总结和升华，发展成为"适用于所有全面战争的战略"，即通过压倒性的优势力量，摧毁敌人的武装力量、经济资源以及继续战斗下去的意志。实施这一战略的标志性人物是尤利西斯·辛普森·格兰特将军，一位非常残忍的北方指挥官。在反对希特勒的战争中，美国决定性的优势不是人力资源上的竞争，1941—1945 年美国仅仅动员了 90 个师的兵力，这与苏联在 1945 年出动的 400 个师，以及德国在战争期间投入的 300 个师相比是微不足道的。美国取胜的武器在于火力。这意味着炮兵的数量和精准度非常重要（准时、定位），而对于这些，英国人只能幻想。同时，战争也是空中力量的竞争，1944 年，美国制造出来 7.4 万架飞机，比英国和苏联的总数还要多 1/3。为了摧毁敌人的大本营以及继续作战的斗志，美国具备了真正摧毁敌人家园、实施"闪电战"的资源。其花费的顶点是在原子弹上的投入，达到了 20 亿美元。到 1944 年，美国的国民生产总值相当于英国、苏联、德国和日本的总和。[48]

英国极其有限的资源，加上一战带来的精神限制，使得一场歼灭战似乎是不可想象的事情，因此才有了丘吉尔的间接战略。然而美国不仅具有实施歼灭战的能力，同时也有这种愿望。美国对于一战的解读与英国不同，美国军队也是依照内战的模式运作的。罗斯福在 1943 年 1 月宣称，必须根除德国的战争能力，要求敌人完全的"无条件投降"，完全地清晰地使用了格兰特在 1862 年使用并且普及开来的这一词语。在使用这一词语的时候，罗斯福的意思一部分是为了回应苏联的疑虑，因为斯大林一直担心英美两国没有在 1942 年开辟第二战场是因为两国想与德国单独媾和。但是罗斯福总统更深层的动机在于，通过"无条件投降"的声明，避免 1918 年之后希特勒和德国的民族主义者一直煽动的"伤人的暗箭"的传说重演。这一次，德国必须明确地、彻底地被击败。罗斯福发展了关于德国军国主义和侵略扩张的固有观念。1944 年，罗斯福写道，"存在两种思想流派"，"一种是在对待德国人的问题上采取了利他主义的态度（他认为最典型的例证就是凯恩斯的《和约的经济后果》），还有一些人主张采取更严厉的态度，当时提倡这一态度的是克列孟梭和泰迪·罗斯福总统""毫无疑问，"罗斯福继续写道，"我属于后者。"依他之见，"无条件投降"仅仅是完全彻底根除德国战争能力的第一步，他当时没有认真考虑就主张消灭德国的工业，认为这是战争能力的基础。当然他也希望德国被分解成为一系列的小国，就像俾斯麦之前的时期一样。他认为，重要的事情在于"不要在德国人的脑海中留下帝国的概念"，那个单词应该在语言中成为贬义词。[49]

罗斯福从上一次战争中得到的更大教训在于：有必要确保一个更为有效的和平。正如我们看到的一样，他从来都不是威尔逊国际联盟的全心全意支持者。他的结论是，"国际联盟只是一个辩论社团"，而且是一个贫乏可怜的辩论社团。早在 1923 年，罗斯福就建议在国际联盟内设立"执行委员会"，既有长期的，也有流动的成员，从而保证大会的决议更有分量，也更有方向。这也是他在战争期间进一步发展起来的观点。[50]当他和丘吉尔在 1941 年 8 月签署《大西洋宪章》的时候，正是首相本人提议要构建一个"有效率的国际组织"，以安抚极端的国际主义者回归故土的愿望。总统则完全反对这一提法，因为这一提法在美国会激起"怀疑与反对"。无论如何，他的感觉就是，"没有比重建国际联盟的大会机构更徒劳无益的事情了"。他认为，战后和平的有效维持有赖于他所称的"警察"，这最初是英美两国的设想，但是在战争期间其认同感不断扩大，苏联、中国和法国也被包括在内。但是盟国中较小的国家，如挪威与荷兰等，在全球的监控中可以发挥"表面上的作用"，但也仅限于此，因为它们之中没有任何一个国家"能够采取任何有效的手段，或者说在任务执行的过程中，都不需要认真加以考虑"。罗斯福关于国际安全的概念体现在 1945 年建立的联合国结构之中，设立了安理会以平衡联合国大会，其中囊括五个常任理事国，正如罗斯福所指出的，这是对他 1923 年提议的一种回应。[51]

1944—1945 年，美国国务院做出巨大的努力与其他国际主义者团体进行合作，极力给美国公众灌输这样一种观念，即联合国是这个国家面临的"第二次机会"。"今天，也就是 1944 年，我们面临着与 1918 年类似的经历，"当时担任威尔逊基金会主任的夏洛特·马洪说道，"以前从来没有任何一代人，有这种回首往事的特权，而且能够获益于其巨大的悲剧性错误。我们就是这样的一代人。"威尔逊基金会在 20 世纪 30 年代已经濒临垂死的边缘，但是由于这场战争而重新恢复了活力，1944 年职员人数已经翻倍了。总统作为美国国际主义先锋的那种自我牺牲的形象复活了，威尔逊在出版的一系列的传记中被特别推崇，特别是 20 世纪福克斯公司的电影《威尔逊》，这部电影是在 1944 年 8 月首次公映的。[52]

这部电影的导演达瑞尔·扎纳克对威尔逊十分痴迷，他特别擅长拍摄传记类的史诗电影，如《林肯先生的年轻时代》。现在他想把"一个把毕生的精力贡献给世界和平这一伟大事业的人，把他的悲剧性故事搬上屏幕"。由于奢华的场景和大量的演员阵容，这部电影制作成本史无前例地达到了 520 万美元，甚至比《飘》还多出了 100 万美金。但是其票房的收益，特别是在美国内地，并不是很理想。电影结束放映的时候，其损失达到了 220 万美元。扎纳克拒绝让深受观众喜爱的男演员，如威廉·鲍威尔和罗纳德·考尔曼出演威尔逊，被认为是收益上失利的原因之一。另外一个原因在于，扎纳克非常顽固地坚持以《威尔逊》作为片名，而没有采用更能引起回忆的名称，如《灰色小车来来去去的时代》（这是 1914—1918 年流行的军曲）。但根本性的问题也许在于威尔逊自己的个性，尽管电影很努力地把他塑造成为一个热爱运动、唱歌和家庭的男人，但其终究是一位非常严肃的教授和传教士——这肯定不是普通的美国人愿意花一个下午的时间去欣赏的那种类型的人。在内布拉斯加州，扎纳克年迈的家庭医生如此说道："我们为什么要花 75 美分去看屏幕上的威尔逊？""他们甚至连花 10 美分去看活着的威尔逊也不愿意。"[53]

然而，《威尔逊》在商业上的失败，并不能掩盖其在政治上的熠熠生辉。到 1945 年 2 月，至少有 1000 万的美国人以极其优惠的价格观看了这部电影，这甚至发生于在影院第二轮以正常的价格放映之前。尽管一些共和党的文件谴责这部电影是为了"富兰克林·德拉诺·威尔逊"进行的"第四项宣传"，评论家的言语却是极为正面的。《生活》

杂志称"威尔逊"是好莱坞历史上的最好制作之一，另一则评论的标题是"防止第三次世界大战爆发的一部电影"。这部电影传达出的信息非常明确，甚至是比较夸张的。威尔逊的形象特别吸引人，而其共和党对手亨利·卡伯特·洛奇则被塑造成一个反面人物，他为了自己的个人目的，破坏了总统做出的种种努力。最后，总统因为中风而病倒，不再担任总统，但仍然告诫内阁，国际联盟的理想永远不会死去，"它可能以比我们所设想的一种更好的方式出现"。接下来，在妻子的搀扶下，他走出了房间，走进了历史。这一信息并没有被观众遗忘。在纽约初次演出的时候，威尔逊的海军部长约瑟夫斯·丹尼尔斯感觉到整个电影院都有这种感受，"我们必须修复那些错误，以免现在的大屠杀再度成为可能"。[54]对威尔逊本人及其作品的兴趣急剧上升，1945年7月，他名列历史上最有影响的美国人中的第五位。毫无疑问，罗斯福认为这部电影非常好，并且预测它将产生极佳的影响——尽管当威尔逊因为中风而倒下的时候，他对自己的一生喃喃私语道："上帝啊，这不会发生在我的身上。"[55]

当然，这是讽刺性的话语。当1945年4月联合国组织正式开幕的时候，罗斯福已经因大量的脑溢血去世了两个星期，与斯大林关于波兰问题的摩擦限制了大国内部合作的发展，这是他曾经极力去缔造的合作。罗斯福从来没有想过要让美国军队常驻欧洲，在雅尔塔会议期间，他警告说，国会一定会强迫他在两年内把所有的美国兵都带回家。一些英国外交部的人士担心1919—1920年的情形重演，当时的美国从国际合作摇摆到"扩张性的孤立主义，这是一个非常棘手的特征"。[56]这也是为什么丘吉尔在战争期间和战后一直致力于与美国结成长期同盟关系的原因，英美"特殊关系"成为他的口头禅。1946年3月，他在密苏里的富尔顿发表了著名的"铁幕"演说，被看作是反苏的号角，其实他更多的是想与美国构建"兄弟般的友好关系"，包括军事上的合作、共享的基地，甚至是共同的公民身份。丘吉尔大声地宣扬冷战，以证明这种特殊关系是极其合理的存在。[57]

在经过四年的对德战争胜利之后，与苏联的对峙导致美国卷入长期的大西洋联盟。第三帝国倒台 10 年之后，联邦德国成为北约的成员国，这在 1945 年是不可想象的事情。尽管在胜利日的时候，美国在未来世界扮演什么角色这一点仍然是非常朦胧的，但是没有人对美国的权力表示质疑。"这个伟大的共和国已经进入了属于自己的时代，"《纽约国际先驱论坛报》欢欣鼓舞地评论道，"它第一次屹立于世界民族之林。"[58] 尽管在为战争做出的努力的同时，美国国内仍然存在一些紧张关系，例如令人担忧的种族关系、严重的房屋短缺等问题，但是能够看得出来的是，对于 1941—1945 年的描述仍然是非常积极的。这使人们用更正面的视野看待 1917—1918 年的战争，同时也突出了 1919 年关于国际联盟斗争的错误。战争不仅按照罗斯福所设想的那样，以德国的全面战败而结束，而且它也帮助美国摆脱了历史上最为严峻的经济危机，当时很多人认为这场经济危机是一战的遗产。1933 年，美国的失业率是 25%；1940 年，这一数字是 14%；但到了 1944 年，仅仅是 1%。这种劳动力需求的增长应该归结于《租借法案》，但是对于许多年轻的美国人而言，武装部队提供给他们的不仅仅是一份有保障的工作，而且包括其他的东西，如一日三顿的美餐，以及非常良好的医疗服务。在所有交战国中，美国最为独一无二的特征是，它生产出了大量的武器装备，但是却没有导致民众生活水准的降低。正相反，在 1939—1945 年，酒精饮料的产量上升了 50%，加工食品产量上升了 40%，1917—1920 年没有完成的工作，现在则成功地完成了。美国既能生产大炮，又能生产黄油，其水平把它推进到了世界事务的顶峰。战争的确是地狱，"但是对于许多处于大后方的上千万美国人而言，第二次世界大战也有其出色之处"。[59]

那么，如何去称呼这场史诗般的战争？罗斯福尝试过不同的提法，并且试图传达这样的一种理念，这是为了弱小民族的生存和世界的民主而进行的战争。1942 年 4 月的一次新闻发布会上，他甚至呼吁公众的帮助。在接下来的两个星期里，他共收到了 1.5 万封来信和明信片，提出了相关建议，诸如"文明之战""反对奴役的战争"和"人民战争"。但是最终没有一个能够替代罗斯福本人 1941 年春天提出的概念，也就是在珍珠港事件之前的几个月，他在多次场合都提到过的"第一次世界大战"和"第二次世界大战"。[60] 美国人以前把 1917—1918 年称为"世界大战"（the World War），以区别于美国、中国和巴西加入协约国参战之前，1914—1917 年的欧洲战场。德国人同样把 1914—1918 年称为"世界大战"（Weltkrieg），理由是它是为反对英帝国和争夺世界霸权而展开的斗争。但是，英国的标签一直都是"大战"（the Great War），这是对与拿破仑时期的法国长达 20 年战争的回应。一个很罕见的意外是《第一次世界大战（1914—1918）》，它出版于 1920 年，作者是查尔斯·雷平顿，但是这一题目是吸引眼球的销售言辞，与内容本身并无多大关联。1939 年 9 月之后，英国给新冲突的命名就是"大战"，但是 1944 年，麦克米伦出版商要求官方的指导名称，并且注意到美国的出版界使用的术语是"第一次世界大战"和"第二次世界大战"。内阁大臣爱德华·布里奇斯承认"大战"的提法与当时是极不相符的。但是直到 1948 年 1 月，没有任何官方的正式指导，当时内阁办公室被要求为即将出版的官方战争史提供一个正式的名称。它没有选择"六年战争"的提法，而是决定遵循美国的惯例，这也是丘吉尔在战争回忆录中采用的提法。首相克莱门特·艾德礼批准了这一决定，于是在战争熄火两年半之后，最终的提法是它在为第二次世界大战而战斗。[61]

这种提法不是语义学上的琐事，"大战"（the Great War）这一术语已经把 1914—1918 年置于英国历史本身的高峰：与之相比的是发生在一个世纪之前的 1792—1815 年拿破仑战争。但如果简单地称 1914—1918 年为"第一次世界大战"，也就是下次大战发生之前的四分之一个世纪，则会塑造一个截然不同的讲述的角度，而且也把那次战争置于二战的阴影之下。新闻记者爱德华·卡尔把 1919—1939 年的时段界定为"20 年危机"。[62] 其实这是由其他作者发展起来的概念，特别是丘吉尔。丘吉尔在其 1948 年出版的战争回忆录第一卷前言里介绍这一短语的时候，认为"这是第一次世界大战故事的继续"。这也是他要在接下来的 6 卷里阐述的内容。他宣称"这套回忆录是对另一场 30 年战争的全面叙述"。在这一卷中，他审视了 1919—1939 年这段时期，卷名为：《风雨欲来》。其主体思想是，由于讲英语的民族愚昧、粗心和良善的品质，才导致邪恶力量的重新武装。他把 1914—1918 年和 1939—1945 年连接起来，统称为"30 年的战争"。这一比喻成为后来历史学家和权威们非常喜爱的词汇。[63]

"不再"被证明是正确的，但是很少有人在 1939 年想到这一点，更不要说 1940 年了。到 1945 年，第二次世界大战已经明显呈现出与一战的不同。它完成了 1918 年办砸了的工作，其方式是通过第三帝国的无条件投降、其领导者的死亡，以及盟军对德国的占领。1940 年的戏剧化情节也促使人们产生了一种关于不列颠成就的自豪感，这在上一次战争中是没有的。而且由于民众的疏离，以及在轰炸中生存下来的经历，战争也对英国的国内政策产生了很大影响。虽然最糟的闪电战在 1941 年 5 月已经结束了，但从 1944 年 6 月开始的 V 式飞弹袭击，引起了另一次大规模的人员疏散（超过了 100 万人），有 1.17 万人死亡。而且这场战争通过纪录片的形式生动地呈现出来，抓住了比 1914—1918 年更富变化性的东西，内容涉及在北非沙漠和苏联草原上的战斗，穿越了意大利的山脉和挪威的篱墙，穿越了德国的平原和亚洲的丛林。这些都与第一次世界大战中的电影资料以及随后的电影形成了鲜明的对比，因为一战的景象完全集中于战壕之中。

还有一个更重要的对比，这同时是暴露出人类罪恶的一场战争，把 1914—1918 年关于"暴行"和"文明"的斗争推向一个新的层面，这也是我们下一章的主题。

第八章　罪行

由于对一战中"暴行的宣传"持怀疑的态度，许多人不愿意太相信纳粹对待囚犯的不人道行径。然而，从上个星期开始，美国人不再怀疑这一点了。

——《生活》杂志，1945 年 5 月 7 日

恶行这一问题将成为战后欧洲精神生活中最为基本的问题，就像死亡是上一次战争的基本问题一样。

——汉娜·阿伦特，1945[1]

"当人们在这个星期打开贝尔森集中营大门的时候，我从来没有想到会为英国的士兵们感到如此的愤怒，"英国广播公司的记者理查德·丁布尔比于 1945 年 4 月 19 日告诫收音机前的听众，"在黑暗中，我穿过一具具的尸体，蹒跚前行，直到我听见一个非常微弱的、时断时续的呻吟声响起，我发现一个女孩躺在那里，她就是一具活着的骨架，很难猜测出她的年龄，因为她已经没有头发了。她的脸就像黄色的羊皮纸那样薄，上面只有两个洞，那就是她的眼睛……在她后面沿着走廊走到尽头的那个小棚屋里面，濒临死亡的人们正在抽搐，他们太虚弱了，甚至无法从地板上自己坐起来。"[2]

　　那样的故事看起来似乎很陈腐。在 20 世纪里，我们已经习惯于纳粹大屠杀的场景，还有后来的从柬埔寨到波斯尼亚的针对平民的暴行。所以，我们需要理解的是，为什么丁布尔比作为一名经验非常丰富的战地记者，在第一眼看到纳粹集中营的时候感到如此震惊。在整理他稿件的时候，中断了五次，并且告诉同事温福德·沃恩 - 托马斯："你必须去亲眼看看它，但是你永远洗不掉你手上的气味，永远不要把这种污秽从你的头脑中清除出去。"托马斯从来没有看见丁布尔比如此愤怒，"这是一个新的丁布尔比，一个如此体面的男人因为看到了真正的邪恶才导致了这种变化"。[3]

1945 年贝尔森集中营的事件是前所未见的，因此让人震惊。它赋予了第二次世界大战一种道德上的清晰界定，而这是 1914—1918 年的战争在 20 世纪 20 年代失去的东西，而且在那之后再也没有重新赢得过这种道德感。关于集中营的电影和照片在纽伦堡审判时被公开，而这再度与 1914—1918 年的战后时期形成了鲜明的对比。这是对德国领导人犯下的战争罪行明确的、毫不含糊的指控。1945 年，战争是突然结束的，这主要是因为一种具有大规模杀伤力的新型武器，其威力远远比军用毒气和高爆炸药强大得多。核威慑带来一个极为根本的问题，即第三次世界大战是否会导致整个人类的毁灭。在一定的时期之内，这种关于恶与善的完全的道德观，就像轴心国与同盟国的截然对立一样，将变得模糊不清。但是对于 1945 年之后的一代人而言，这种黑与白之间的摩尼教式[1]的划分将界定出对二战的认知，使一战的道德感更加模糊不清，仿佛进入了一个灰色的朦胧地带。

为了辨析第二次世界大战末期恶行的影响，我们必须回溯到一战开篇的那几个星期。1914 年 8~9 月，与贝尔森集中营类似的情况是鲁汶。就像在第一章看到的一样，德国人摧残下的比利时城市，对于英国人来说成为大战的意识形态标志，这是匈奴式暴行的可怕证据，以证明这是"为了文明而进行的战争"。20 世纪 90 年代所做的研究调查证实，大约有 6500 名的比利时和法国平民（大部分是成年男性）在 1914 年 8~10 月，死于德国军队手中。同时代的德国人声称，自己受到游击战的袭击，被卷入一场人民的战争，根本无法在被占领区站稳脚跟。很可能的情况是，惊慌失措的和训练不良的德国士兵们，被派到了一个

---

[1] 摩尼教，流行于古代西亚和中亚的宗教之一，其特征之一即是二元论的世界观和宇宙观，将一切现象归纳为善与恶，善为光明，恶为黑暗，而光明必会战胜黑暗。——译者注

令他们不知所措的环境之中，他们深深受到法国民间传说"不受约束的神枪手"[1]的影响，传说的主人公憎恶1870年普鲁士军队在法国的所作所为而到处还击普鲁士侵略军。德国士兵被告知比利时人在1914年做了同样的事情，于是他们在鲁汶、蒂南以及比利时的其他地区肆意破坏，任意对平民射击，甚至让其中的一些人充当人肉盾牌。4

德国人一直顽固地坚持这一观点，他们的所作所为是对1914年恐怖分子的"合法的报复"。他们官方的白皮书把正当的理由命名为"在比利时的人民战争之中存在侵犯人权的行为"。而这种破坏完全来自战争的另一方。白皮书在其使用的证据上进行了严格的筛选，但是协约国通过夸张的手法削弱了他们案例的效果。英国的官方报告，是由布莱斯勋爵在1915年5月提交的，该报告根据比利时和法国民众提供的证词得出的结论是："这些野蛮的行为的确是存在的，有一些事件是执行命令的结果，其他一些也是经过允许的，这是一个体系，也的确是为了达到要把恐怖施加给平民的目的。"报告继续说，"在普鲁士官员的头脑中，战争似乎已经成为一种神圣的使命，是无所不能的国家的最高级别运作手段之一。"而在法国和比利时民众的层面，关于普鲁士的残忍无情的观点则被夸张地呈现出来。而在本质上，关于德国行为的真实描述不断地被渲染，逐渐演变成一堆捕风捉影的类似神话故事的组合，包括他们如何像匈奴人那样凶残，把士兵们钉在了十字架上，切断孩子们的手，并且建造把尸体酿成黄油的工厂等。5

为了赢得美国的民心，在1914—1915年，关于德国暴行的故事也被传播到大西洋彼岸。对于英国人而言，非常幸运的是，布莱斯报告是在128名美国人死于"卢西塔尼亚"号之后的一个星期出台的。而

---

[1] "不受约束的神枪手"，法语：Francs—tireurs，英语：free shooters。最初指的是普法战争期间，法国人自发地反抗普鲁士占领军的战士，后成为一战和二战期间，法国抵抗运动的代名词。——译者注

德国的暴行在 1917—1918 年被美国公共信息委员会所证实和引用，该委员会需要动员民众对于遥远地方发生的战争进行支持，因为那里似乎与美国的利益没有直接必然的联系。这一次关于德国暴行的故事失去了在英法民众中产生的震惊性效果，主要原因在于经历过凡尔登和索姆河的惨烈之后，人们已经变得冷静多了。但 1918 年，公共信息委员会的主任乔治·克里尔则将这些故事直接展示给公众，主要目的是"为了争夺人们的思想，为了一种信念上的征服"，其方式是通过海报宣传告诫美国人，要"牢记比利时"，还有诸如"普鲁士的坏蛋与德国的皇帝这一柏林的野兽"。[6]

因此毫不奇怪，关于反对"暴行宣传"的反应极其激烈，就像我们在第五章看到的一样，这等于给 20 世纪 20 年代后期修正主义的争论增加了燃料，这种辩论认为 1914—1918 年两边的道德感实际是一样的，从而加剧了 20 世纪 30 年代孤立主义反弹的态势，他们反对美国卷入另一场欧洲的战争。英国人在讲述德国暴行故事的时候，态度也变得更加谨慎。这在 1939 年英国政府出版的关于纳粹集中营的报告中可以体现出来，报告的题目非常严肃——《关于德国如何对待境内外国侨民的报告，1938—1939》。报告的目的在于宣传希特勒政权的残暴。很多人并不怀疑报告的内容，但是其宣传的效果却被严重削弱了，主要原因在于当时普遍流行的对于政府出版这一报告动机的怀疑。其中一人尖刻地说："所有的细节去年 9 月我们就知道了"，"然而我们还是在慕尼黑签署了条约。"还有一个人质疑："这些残暴的故事来自哪里呢？"他的妹妹回答说："人们对于这场战争没有什么热情，所以政府必须激起一些仇恨。"[7]

由于注意到了公众对于宣传的反感，以及当时存在的反犹太主义的潜流，英国宣传部极力避免重复讲述在被占领的欧洲发生的恐怖故事，并在 1941 年 7 月的备忘录中强调，必须"注意上次战争中布莱斯报告的教训，那是绝对不应该被忘记的"。英国宣传部认为："介绍一定数量的惨状的确是必要的，但是这些故事使用的时候必须十分谨慎，而且应该挑选纳粹是如何对待无辜民众的故事，而不是他们如何对待自己的政治对手，如何对待犹太人。"由于一战期间的宣传被搞砸了，甚至一些英国的高级官员都不愿意相信日益增多的关于纳粹集中营的杀人证据。英国内阁联合情报委员会的主席维克多·卡文迪什本廷克，直到1943年8月的时候还毫不怀疑"德国一直设法消灭所有年龄段的犹太人，除非他们适合从事体力劳动"。"但是，至于把波兰人送到毒气室里去杀死"，"我不相信有任何的证据证明这一切已经发生了"。卡文迪什本廷克感觉到："我们削弱了我们反对德国的案例的力量，因为我们把这些没有明显证据的、自以为可信的暴行公诸于众。这些关于毒气室里大屠杀的故事，使我想起了上次大战期间的故事，当时传说德国使用尸体来制造脂肪，后来这被证实是一个可笑的谎言，而且还使关于德国暴行的真实故事反而被漠视了，这就是所谓的政治宣传。"[8]

这些对于暴行的恐惧感贯穿了战争的大部分时期。1944年3月，乔治·奥威尔[1]，虽然当时他的身份是一位正在从事宣传工作的学生，但他非常敏锐，对20年代充满谎言和仇恨的宣传进行了评价，认为这彻底损害了30年代宣传法西斯暴行的种种努力。奥威尔评价说，"暴行"在某种程度上已经被看作是"谎言"的同义词，"关于德国集中营的故事都是暴行的故事，因此这些都是谎言——基本上每一个普通民众都这样认为"。同样，1945年4月，对丁布尔比关于贝尔森集中营充满情绪化的描述，英国广播公司的职员十分怀疑，并且禁止其播出，直到其真实性得到新闻报告的证实。当时丁布尔比以辞职进行威胁，才使BBC播出了一个经过高度编辑，但是仍然非常感人的版本，英国

---

[1] 乔治·奥威尔，作家，代表作《1984》《动物农场》。——译者注

的听众可能达到了 1000 万~1500 万人次。[9]

来自于贝尔森集中营的视觉证据更加让人震惊。陆军随军影像部门人员拍摄的 33 部电影和 200 多幅照片"被认为是记录纳粹集中营罪行的,最具有影响力、最具证明性的证据"。这些片子在 1945 年以纪录片的形式在电影和电视中反复播放。"没有任何一个集中营像贝尔森一样,被如此全面地展现出来,而且在这么长的时间之内被反复播放"。在该集中营被解放之后,这些片子被反复播放了将近两个月。贝尔森集中营一共关押了 4 万人,大部分人患有严重的营养不良、斑疹伤寒和其他疾病。还有大约 1 万具被肢解的尸体,与垃圾等秽物堆在一起。英国陆军电影和摄影部费尽心机地拍下了这些恐怖的场面,以及接下来进行的打扫和清理,包括有的被送进坟墓,有的则进行了"人体洗衣机"的处理,也就是给他们洗漱,用 DDT 进行消毒和除尘。瘦骨嶙峋的受害人与营养充足的纳粹党卫军男女看守员形成的鲜明对比增加影片的影响效果,相机抓拍了他们冷漠、自大的面孔,再加上不少当地的德国人在附近的乡村玩得高高兴兴的镜头。这些摄影师在技术上做了非常特殊的处理,以应对这些照片可能被诬蔑为伪造的指控,比如,先用长距离的宽镜头拍摄整个集中营的远景,然后用特写镜头逐步移动拍摄特定场面。他们非常清醒地意识到,他们在进行的工作将成为非常形象化的证据,以证明所谓"优等民族"的残忍与麻木不仁。[10]

尽管考虑到公众的情绪,这些图像已经经过了仔细地编辑处理,但当它们在英国展出的时候,仍然产生了令人极度震惊的效果。"几乎每个人,每个地方,无论在电车里,还是办公室里,"有人在日记中写着,"他们都在讨论被揭露出来的德国暴行,而这些暴行极为真实,即使是最具想象力的人也不会想到情况会这样的糟糕。"另一个人记录道:"我在公交车上、商店里经常听到人们的对话,'这一定是真的,因为我看到那些图片了'。"这些图片也被印刷在报纸和杂志上,题为《避免遗忘》——甚至改变了两次大战期间的停战纪念日的祷告文。

《每日快报》还在特拉法加广场举办了展览，内容是来自贝尔森和其他集中营的 22 幅图片，题为《眼见为实》。更具有道德意义的是下划线标注的"我们时代的恐怖"，这是 1945 年 4 月由高蒙公司英国新闻部发布的图片，在主要展示集中营镜头的时候，穿插着 1940 年的照片，而评论员的点评是"永远都不要忘记，若非不列颠之战取得了胜利，这可能就是你要经历的事情"。[11]

1945 年 4 月 18 日进行的一项民意调查显示，在回答"你认为暴行的故事真实与否"这一问题的时候，81% 的英国人的答案都是肯定的。但是在 1944 年 12 月，这一比例仅仅是 37%。[12] 半个世纪过去了，剧作家阿兰·本奈特能够回忆起年轻时候看过的几十场电影，但只有一个新闻纪录片，他的印象比电影还要深刻。这就是"贝尔森集中营活尸体的发现、大量的墓地，以及排成一队队的阴郁的士兵，电影院里充斥着因恐怖而导致的哭喊，尽管在我的印象中，爸爸和妈妈比我和弟弟要悲伤得多，但是贝尔森是我永远都不会忘记的一个名字，而且在奥斯维辛之前很久就已经成为一个恐怖之地"。[13]

最后这一句子值得人们进行片刻的反思。人们经常认为是 1945 年 4 月的启示使英国人开始真正接触到大屠杀，但这一想法是有误导性的。对今天的我们而言，1945 年最具震惊性的特征在于它缺乏对占据大多数受害者的犹太人的强调和关注。其主要目的在于，展示这种毛骨悚然的方式昭示纳粹政权犯下的总体兽行，但却对受害人进行了匿名处理。这部分是战争时期英国展示纳粹罪行政策的一种延续，但同时反映了这样一个事实：所有英国和美国解放的集中营都位于德国的境内。这是英国 1939 年的官方报告中已经展示出来的比较熟悉的集中营模式，这里关押的不仅仅是犹太人，也包括共产党员、同性恋者和其他"不健全的人"，绝大多数都是德国特意选择出来的。贝尔森、布痕瓦尔德和达豪集中营不同于那种位于波兰的"灭绝式的集中营"，那里至少有 130 万人被处死（其中主要是犹太人）。

这些集中营的确是纳粹德国的杀戮场，但由于是被苏联红军解放的，而苏联的报告在西方的影响又十分有限，因此在1945年英国的评论中只是偶尔会用一点。例如，英国国会派往布痕瓦尔德的代表团成员会听到被关押者们说起，再往东更远的地方，那里的集中营情况更为糟糕，而许多人都说最糟糕的集中营是奥斯维辛集中营。但那种评论并没有真正引起公众的注意。奥当斯出版社当时出版了一本非常流行的书籍——《胜利》，该书发行于1945年夏天，书中写道，"在德国的境内发现了最为恐怖的景象，这些在布痕瓦尔德、达豪、贝尔森和其他类似的集中营中都有体现"，同时暗示性地提及，还有"诸如此类的死亡营存在"。[14]

美国对于集中营的反应与英国是类似的。布痕瓦尔德和达豪都是美国军队解放的，来自于这里的图片引起了美国人的强烈愤怒。爱德华·莫罗，这位声音粗哑的哥伦比亚广播公司评论员，因在闪电战期间报道《这就是伦敦》节目而在美国成为一个家喻户晓式的人物，并因在1945年4月15日关于布痕瓦尔德的节目而更加知名。在节目前，他事先警告说这不会是一场"令人愉悦的倾听"。莫罗的讲述似乎充满着难闻的部落中的饥饿的幸存者们散发出来的味道，"死亡似乎已经降落到他们的身上，但是他们用眼睛微笑"，看到这些人，他仿佛能够看到，"那些营养充足的德国人正在耕种的绿色的田野"。西方盟军的最高指挥官德怀特·艾森豪威尔将军在布痕瓦尔德看到那些恐怖的暴行时也大为震惊。仅仅在一个房间里面，"就可以看到二三十具堆积在一起的裸露的尸体，都是死于饥饿"。美国第三集团军司令乔治·巴顿将军"甚至不想进入这个地方"，艾克补充说，"他说如果这样做，他就会病倒"。参观集中营之后，艾森豪威尔变得更为坚定，就像他告诉五角大楼的那样："我们必须掌握这些第一手证据，因为在未来的岁月里，如果有一种倾向，认为这些指控仅仅是为了宣传，那这些证据就可以发挥作用。"因此他坚持，当地的德国人必须亲自来参观集中营，而且他还安排国会议员和编辑们都来参观。《生活》杂志是美国销量最好的周刊，该杂志刊登了一组非常具有震撼力的照片，题为《暴行》。编辑说明，虽然许多人对于一战的暴行宣传感到怀疑，在 20 世纪 30 年代很多美国人拒绝相信纳粹残忍地对待囚犯的故事，但是现在美国人不再怀疑纳粹的残酷暴行。这是第一次，英美联军拥有了令人无法驳倒的证据，这是通过集中营中的政治犯和奴役劳动展现出来的证据。[15]

最后这句话尤其值得注意。与英国一样，美国对于德国境内集中营事件的评论也没有特别关注犹太人的悲剧。对于集中营幸存者最常使用的词汇是匿名的"难民"。大屠杀的概念在美国成为共识开始于 20 世纪 60 年代，发生在对阿道夫·艾希曼的审判之后，以及 1967 年的阿以战争，特别是 1973 年战争之后。[16] 对于美国人而言，1945 年的真正意义在于，它为进行二战提供了一个极其正当的理由，而这正是一战中所缺乏的。1945 年 5 月进行的民意调查显示，84% 的美国人相信德国人在集中营中进行了惨无人道的大屠杀。就像《生活》杂志所表达的那样，"目前获取的有关德国集中营的证据堆积如山，证明了德国人的野蛮达到了人类退化的最低点"。[17]

与证据确凿的罪行相伴而来的是如何进行惩罚的问题。1914—1918 年之后，"战争罪"成为一个问题，但是 1945 年之后伴随着关于暴行的争论，这一问题的结局是不一样的。事实上，二战的胜利者细心地留意到了这一点，虽然方式不同，但的确吸取了一战的教训。

今日，战争罪这一问题与《凡尔赛条约》的第 231 条款紧密地缠绕在一起。但是第 231 条款从来没有使用"罪行"这个词语，而是仅仅讲到在这场由德国及其盟国强加给协约国的战争中，对于协约国造成的战争损害，"德国及其盟国应该承担的责任"。这里"责任"和"侵略"术语的使用，主要是为了界定法律责任的声明，协助协约国证明索要战争赔偿的正当性，但这种不明确的表达被德国的辩护者在 20 世纪 20 年代加以利用，他们认为第 231 条款是协约国为了证明德国在发动战争中负有独一无二的责任而进行的一项努力。[18]

事实上，第 227—230 条款在 1919 年的德国引起了更大的愤怒情绪。第 227 条声称要建立一个特别的审判法庭，对德国的前皇帝进行审判，其罪名是"违反国际道德和条约的神圣不可侵犯性的最高罪行"。而第 228—230 条，是德国政府承认战胜国享有这样一种权利，即把那些被指控为犯有违反战争法和规则的人，提交军事法庭进行审理，并且承诺移交全部犯有相关罪行的人，并提交相关证据。对于当时的人来说，第 227—231 条款放在一起，都是属于条约界定的"责任条款"。德国人称其为"羞耻段落"，认为德国在战争期间的行为与它的"愧疚"具有同样爆炸性的效果，并最终导致了战争的发生。被德国人视为民族英雄的那些人，包括兴登堡以及比他级别低的那些人，如果真的被移交给外国的法庭进行审判，那将是对国家主权的屈辱践踏。幸亏当时德国停战委员会主席马赛厄斯•埃茨贝格以极高超的政治手段，才确保了这些条款在 1919 年 6 月 23 日被接受，那是在协约国发出的最后通牒期满前的几分钟签署的，否则德国将面临再次被占领。[19]

英国一直痴迷于对德国皇帝的审判，在某种程度上是 1918 年 12 月选举活动的需要，因为当时"绞死德国皇帝"和"让德国赔偿"成为选举中主要运用的修辞。劳合•乔治对于公众情绪的利用，在凯恩斯的《和约的经济后果》中得到了充分体现。但首相并不是唯一一个这样做的人。大多数候选人，包括工党和阿斯奎斯的自由党，都想对威廉二世进行审判。无论公众还是议员的情绪都被终审时那几个星期的关于德国如何对待战俘集中营里囚犯的报告所点燃。大部分的德国战俘营不过仅仅是强制劳动的设施，1918 年春，德军因战役胜利而抓获了大批战俘，这些战俘很快填满战俘营，导致战俘营食物和卫生状况的崩溃。11 月拍摄的照片上，这些被协约国解救的"移动的骷髅"身上爬满了蛆虫，由于饥饿而濒临疯狂。这些照片在英国激起了强烈的愤怒情绪，因此关于战争罪犯的审判成为和平时期的主要目标。[20]

劳合·乔治对于审判德国皇帝态度非常积极。"这些国王们应该为他们犯下的前所未有的罪行遭受到审判。"他在 1918 年 11 月 20 日如此告诫帝国战争内阁。劳合·乔治的激进思想来源于他的一番想象，他希望德国皇帝能够像查理一世在 1649 年那样，在威斯敏斯特大厅受审。当然，这也是让德皇的表哥在白金汉宫感到非常惊恐的一幅画面。寇松也认为德皇是战争的罪魁祸首，但是大多数内阁成员都对审判持非常怀疑的态度。澳大利亚的比利·休斯指出，进行战争是自古以来每个主权国家的特权。丘吉尔则警告说，不偏不倚的公正审判可能很难证明德国皇帝在 1914 年发动战争这一点上是有罪的，"因为如果把问题彻底呈现开来，也有大量的证据表明俄国负有非常重要的责任"。一些战争内阁委员会的成员赞成先前的 1815 年波拿巴的那种模式，即把德国皇帝流放到非常遥远的南大西洋的诸如圣赫勒拿或者福克兰群岛。但是那种模式同样具有危险性，奥斯丁·张伯伦警告说，这样会像拿破仑的传说那样创造出一种新的关于霍亨索伦的传说。最后当一个由律师组成的委员会建议进行战争罪行审判的时候，声明除非德国皇帝遭受到审判，否则"国际法原则的无罪辩护"将被证明是不完整的，最后内阁才勉强同意。委员会的成员认为，德国皇帝作为军事力量的最高首脑，可以被指控下令违反了 1899 年海牙大会确立的战争法，包括实施无限制的 U 型潜水艇战，以及虐待战俘。在所有的 7 个成员中，甚至有 4 个人建议可以控告德国皇帝"激起了或者发动了极具侵略性的、非正义的战争"。[21]

这样的评论把我们带回了英国与德国首次交战的特别场景。英国对德国暴行的关注（从 1914 年的比利时修女，到 1918 年的英国战俘），表明如果考虑严格的国家利益，英国实质上缺乏投入战争的正当理由。因为与法国和比利时不同，英国的土地从来就没有被入侵过。如果你喜欢这样说的话，1914 年的比利时才是最初的原罪，在那里，匈奴式

314

的暴行的确在本质上就让人非常震惊，而这也的确是终极暴行的表现形式——严重违反比利时的中立，这是一个国家经过深思熟虑才会采取的一种行为状态。因此，要求德国国家元首以及军事力量的最高指挥官承担责任是非常重要的。[22]

英国的盟国并没有像英国那样要求审判德国皇帝，法国没有受到1918 年选举的那种狂热劲头的影响，而且公众关于惩罚的意见也没有像英国那样被调动起来。关于圣赫勒拿岛是流放最高战争罪犯的这一想法，在巴黎的反应和伦敦是不一样的。最终，克列孟梭支持了劳合·乔治的要求，同意对德国皇帝进行审判，这也许是出于要确立法国战争责任的需要，并且有助于法国从德国那里获得赔偿。[23] 但是美国强烈反对所有关于战争罪行的审判，美国的意见是非常值得关注的，因为这与它在 1945 年的观点截然对立。

1919 年 1 月 18 日，也就是巴黎和会刚刚开幕的那一天，协约国建立了"战争责任和实施处罚委员会"，主席由美国国务卿罗伯特·兰辛担任，他是一位国际法学家。尽管当时兰辛已经对威尔逊不再那么着迷了，但在战争罪行这一问题上，他们的看法是完全一致的，决定捍卫美国在这一问题上的自主性。兰辛坚持认为，如果一个主权国家要对一个更高一级的权威负责，那它就不能算是一个真正的主权国家。因此，美国拒绝提及"人类的法律"这样的概念，也不同意创建国际法庭，尤其是"在这种谁都无法预见的环境之下"，美国总统只能作为普通人发挥作用。关于以发动"非正义战争"或者"侵略战争"的罪名起诉德国皇帝的这一主意，也被美国否决了。这是劳合·乔治深感遗憾的地方。他发表评论说："在我看来，如果制造如此灾难的重要人物——所有罪犯中最严重的一个——逃避了罪责，那么在未来发动战争的可能性就更大了。"威尔逊则提醒他说："尽管查理一世性格卑劣，而且是历史上最大的谎言制造者，但是随着他被处决，他的形象将转化成为一名烈士。"[24]

劳合·乔治则对 1914 年 8 月发生的事情喋喋不休，坚持认为"无缘无故地侵略"就是"不可辩驳的罪行"，最终威尔逊同意了劳合·乔治的观点，决定对德国皇帝进行审判，目的是换取英国在签订条约的时候，支持其中维护门罗主义的条款。但是在 4 月 8 日这一天，美国总统认为有两点必须加以坚持，而这削弱了他让步的影响。一点是对于德国皇帝的指控不能以战争罪的名义，而只能指控其"违背了国际道德和侵犯了条约的神圣不可侵犯性"；另一点是，德国皇帝以及其他所有被指控违背战争法的人，只能由战胜国组成的特别法院进行审理，而不是交由国际法院审理。这些观点在《凡尔赛条约》的第 227 条款和第 228 条款中充分体现出来。[25]

在接下来的两年时间里，关于德国应该承担战争罪责的要求逐渐发展成为一场闹剧。在 1918 年的德国十一月革命之中，德国皇帝已经飞到了荷兰。而荷兰人依据传统对战败者给予庇护，拒绝把他移交给协约国。《凡尔赛条约》中第 227 条款的指控在任何的引渡条约中都没有被涉及，而和平的缔造者们本身在这个问题上就分歧重重，拒绝向荷兰政府施加任何的政治压力。所以德国皇帝一直居住在靠近乌特勒支的一个庄园之中，一直到 1941 年。引用纽约一份报纸的话说："没人哀悼他，也没人重视他，他所有的光环都没有了。"在随后的日子里，德皇以砍柴和写回忆录打发时间，并且不断斥责犹太人是如何欺骗了德国人来背叛他。1925 年，他在和一位新闻记者的交流时谈道："犹太人和蚊子"，"都是在一定时期内必须清除掉的东西"，"我认为最好的方式就是毒气。"[26]

要求惩罚其他战争罪犯的呼声也逐渐失去了最初的那种劲头。德国政府及人民，仍然非常坚决地拒绝移交所有被指控的人。德国的右派分子坚持要协约国提供一份对应的战争罪犯清单，包括那些组织封锁，因此导致德国的妇女和儿童被饿死的人。他们还警告协约国，如果坚持强硬的政策路线，可能会导致德国的国内战争，从而侵蚀它新建立的非常脆弱的民主局面，或者发生军事政变，或者引发布尔什维克革命。1919 年 12 月，德国的国防部长古斯塔夫·诺斯克用事先酝酿好的情绪向一位英国官员发出如此问话，"上帝啊，你这究竟是要把我们赶向何方啊？""如果我们拒绝移交这些人，协约国就要采取行动，那么政府就将不复存在……给我留下维持秩序的手段吧，不要请求指望这些官员"。[27]

在这种惩罚性的情绪发生逆转的一年前，协约国决定让德国审判这些被指控的人，并且最终把名单缩减到了 800 人，认为这些人是绝对不能被容忍的。伯肯恩德勋爵，当时担任英国的最高检察官，声称他们试图通过惩罚象征性的少数人，维护世界上的"道德法"。劳合·乔治补充说："如果处决了 20 人，那同样能够起到杀鸡儆猴的效果。"这一阉割的过程仍然在继续。为了保证法国不去起诉包括兴登堡和鲁登道夫等对上千万的德国人而言仍然是英雄的将军，英国人删除了所有海军将领的名字，因此也等于把所有德国发动无限制潜艇战的罪名的证据删除了。而空军参谋长休·特伦查德爵士宣布要为德国空军轰炸伦敦的这一事实进行辩护，以确保没有任何德国的飞行员出现在英国的名单里。特伦查德是坚决拥护对殖民地的叛乱进行空中管控的人，而且是倡导战略轰炸的先锋人物。他认为战争罪行法院是一把双刃剑，其他人也赞同他的观点，新闻记者奥斯丁·哈里森在 1920 年警告性地指出，"我们在世界上拥有如此大的一块地盘，必须小心行事"，"爱尔兰问题在拷问着我们的良心，还有讨厌的阿姆利则需要我们进行补偿"。[28]

从战犯名单中删除了那些德军领导人，而指控比他们低的下一级人员既没有意思，也是不公平的。但是协约国坚持要象征性地审判一些人，尽管这还需要它们在 1921 年 5 月以占领鲁尔区的威胁来刺激德国行动。审判设在莱比锡的皇家法院，由德国州检察官进行的起诉，使用的证据是协约国提供的。在有关英国的四个案例中，有一个被无罪释放，另外三个被判处 6~8 个月的刑期。英国的副检察长向议会解释说，犯人的有罪判决抵消了比较轻的审判，"我们在一个被征服的国家里，让其审判自己的罪犯，这在世界历史上还是第一次"。但是几乎没有一位英国评论员为之感动。法国和比利时人把更高级一些的德国人作为目标，而且很少利用确凿的德国证据，但只给其中 1/5 的人定罪，导致在本国国内激起了一波又一波的愤怒的狂潮，特别是在卡尔·斯滕格将军无罪释放这一问题上更是如此，他被认为是领导 1914 年 8 月杀戮的最重要人物之一，而在德国人心目中，他是一位因为法国的炮弹失去一条腿的民族英雄。当诉讼结束时，法国和比利时人将之缺席审判，而德意志最高法院则很快技巧性地扭转了这一控诉。几乎没有人怀疑莱比锡的审判就是一场闹剧。在伦敦，《泰晤士报》把其描绘成为"正义遭受的可耻的失败"，而它在纽约出版的副本则说这是一场伟大的道德秀，德国最高法院"把一些士兵和低级官员作为整个军队和国家的替罪羊"。[29]

莱比锡是战胜国的审判，但却交付给被征服国家执行。[30] 作为战争罪行审判，这一过程是失败的，它也没有解决发动战争的历史责任问题，事实上德国的修正主义者在 20 世纪 30 年代进行的勤勉工作使大部分人都确信，所有的欧洲强权都应该对这场战争负责。

因此，在第二次世界大战期间，同盟国坚持战争罪行和战争有罪论，1943 年的一份报告强调，因为不能证明 1919 年的德国战犯是有罪的，无疑已经播撒了纳粹残忍行为的种子，20 年之后，公认的国际法原则开始支配战争行为的实施。不能再犯同样的错误了，这也是实施无条件投降政策的一个非常重要的原因。由于进攻并占领整个德国，盟国既能抓住纳粹的主要领导人们，也能掌握相关的文件，这在 1918 年的停战协定之后是做不到的。[31]

尽管希特勒、戈培尔和希姆莱都自杀身亡，但是德国领导层的绝大多数都被围捕了，其中的 52 个被拘留在伦森堡蒙多夫的一个旅馆

（也被称作"垃圾桶集中营"）。在那里，他们接受世界各大新闻媒体的定期监察，这些媒体人竭尽全力地对这些人的缺点进行评论，里宾特洛甫的房间极为混乱，凯特尔元帅患有强迫性的洁癖症，邓尼茨对于粉色内衣的偏好，这些都严重削弱了他们在国内外的信誉。一位美国士兵评论道："谁能相信我们正在同这样一群傻瓜在作战？"1945年秋季，也就是在纽伦堡的国际军事法庭审判之前，就提前审判了22名罪犯。同样重要的是，1945年，德国的官僚们忽略了来自柏林的销毁文件的命令，而且由于盟军的轰炸，这些档案当时已经被疏散。在哈茨山脉，找到了德国的外交文件，海军的文件是在科堡找到的，所有这些都被送往伦敦。而德国陆军的文件则用船只横跨大西洋运送到了华盛顿。仅仅德国陆军的文件就有1500吨纸张，其中许多对于历史研究是没有什么价值的，但其中的6万份具有非常重要的意义。在接下来的10年时间里面，这些材料作为重要出版物逐步出版，既服务于学术研究，也是为了记录德国的战争责任。关于是否把这些文件还给德国是非常有争议的。"只要这些文件掌握在西方盟国的手中，"英国历史学家伊丽莎白·威斯科曼评论说，"这样才不会担心对教科书的刻意操纵处理，德国在另一场战争之后曾经发生过这样的事情。"后来的事实证明，这些证据对于纽伦堡审判是非常重要的资料。[32]

事实上，关于审判战争罪犯的想法并不是各国公认的原则，该问题是英美激烈争论的焦点，而这基于它们对上一次大战教训的不同解读方式。作为对1918—1919年审判战犯事件的彻底反转，英国政府反对实施任何对战犯的审判。英国外交大臣安东尼·艾登列举了"上次战争结束时那不幸的经历"，他告诫内阁成员说："我确信我们应该避免承诺'审判战争罪犯'和'绞死德国皇帝'。"丘吉尔自己也和内阁成员说："如果希特勒落入我们的手中，我们一定要把他处死。"他"与德国皇帝不同，不能说权力完全被大臣们掌控了，他就是罪恶的原动力"。带着令人毛骨悚然的幽默感，丘吉尔认为执行的工具应

319

该是"死刑电椅"，这在美国主要是用于黑帮人物身上的。他接着说道："无疑，这在《租借法案》上是可行的。"[33]

作为英国政府最重要的律政官员，时任英国上议院大法官的约翰·西蒙认为审判希特勒是一个荒谬的主意。他坚持认为对于希特勒、戈林和戈培尔这样臭名昭著的战争罪魁祸首的审判是政治问题，而不是司法问题，因此应该交由盟国领导阶层来决定和实施。西蒙非常担心出现这样的一幅场景，审判被拖得极其漫长，各种各样的问题都被挖掘出来进行讨论，这些问题既涉及法律层面，也涉及历史层面，导致整个世界都投入这场争论和辩论，而其反应是我们很难进行估算的。与其打开那样的一罐蠕虫给自己制造麻烦，还不如把那些纳粹的战争罪犯直接即刻处决。丘吉尔政府的意见是，主要的罪犯应该被抓捕，被鉴别，罗列告知他们的罪行，进行定罪，然后由行刑队枪决。英国外交部认为每个案子可以在不到六个小时的时间内完成这些程序。[34]

在华盛顿，财政部长小亨利·摩根索也主张对战争罪犯即刻处决，但他只是少数派。与1919年不同，美国政府要求进行一场全面的国际审判。领导权掌握在陆军部长亨利·史汀生手中。史汀生年轻时是纽约的一位律师，热衷于运用国际法来调控国家之间的关系。在罗斯福政府里，史汀生是一位权威级的人物。他是前共和党政府（1929—1933）的国务卿，1940年被罗斯福请回华盛顿担任陆军部长，并在全球性的危机中成为两党合作的重要象征。他虽然德高望重，但当时已经73岁高龄了，需要更有效地使用他的精力，然而他还是很快组建了一个非常能干的副官团队，使他能够在其自身职权领域之外仍然能发挥非常重要的作用。[35]

史汀生支持1928年的《白里安—凯洛格公约》，认为战争是不合法的，到1939年为止共有60个国家（包括德国）签署了这一条约。这一条约对于欧洲国家而言，仅仅是一纸承诺而已，根本发挥不了作用，因为它缺乏明确的定义，也没有实施制裁的手段。但是史汀生和军队的律师们都认为这是一场法律上的革命，"无论凡尔赛会议上的法律如何，今日通过的法律对战争进行了谴责，认为这是国际犯罪，因此也是可以裁决并且进行处罚的"。在美国的坚持下，发动侵略战争（罪名为"反和平罪"）成为纽伦堡起诉书的主要内容，这一观点得到罗斯福总统和杜鲁门总统的支持，并且得到美国首席检察官罗伯特·杰克逊的认可。杰克逊认为，欧洲人不像美国人那样，具有改变世界的雄心壮志，而且他们缺乏自信，认为自己没有能力那样做。因此欧洲倾向于接受战争在未来也是一种比较自然的现象。在这一问题上，杰克逊展示出了十字军东征式的热情。[36]

关于发动侵略战争的罪名，英国人在 1919 年没有据此对德国人进行审判，也没有以此给德国皇帝定罪。而这是盟国在纽伦堡审判的支柱之一。另外一个支柱是"反人类罪"，这一罪名在巴黎同样被美国人所漠视，但在他们对纳粹的控告书中，这一点是非常重要的内容。史汀生坚持认为全面的审判，相比于即时处决，能够对子孙后代产生更大的影响，能够提供一种更为有效的完整系统记录纳粹罪行的方式。当这些证据在法庭上被一丝不苟地呈现出来的时候，德国人就不能够再像他们曾经对《凡尔赛条约》所做的辩护一样对二战进行辩护，在这种压力之下，他们必须承认自己的战争罪行。纽伦堡的起诉书包括了承认犹太人是"蓄意的、成体系的种族灭绝"的受害者，上千万的来自德国以及被占领的西欧国家的犹太人被送往东部的国家实施种族灭绝。纽伦堡审判确定犹太人的死亡总数达到 570 万人。[37]

然而，纽伦堡审判并没有完全实现史汀生及其同事们的愿望。冷战彻底埋葬了建立全面的国际刑事法院的希望。这一法院最终于 2002 年建立，此时已是波斯尼亚和卢旺达的大屠杀之后。关于侵略战争的概念并没有成为国际法中和纽伦堡法庭上一个确定的概念，它的意义并没有充分体现出纳粹灭绝罪行的规模和恐怖程度。奥斯维辛、索比波尔、特林布雷卡和其他位于德国之外的死亡集中营再度被忽视了。特别具有讽刺意味的是，非常残忍的奥斯维辛集中营指挥官鲁道夫·赫斯，仅仅以辩护方证人的名义被传唤。而且，尽管有两位军队的高级指挥官被列入死刑名单，美国所强调的犯罪阴谋顶端论仍然强化了这样一种神话，即纳粹国防军与种族灭绝政策没有什么直接的联系。因此它等于赦免了 1500 万~1800 万在纳粹时期服务于德国陆军中的德国人。[38]

经历过 11 个月的调查，依据 5000 万页文献，法庭审判了希特勒的 22 个帮凶，其中 10 人被判处绞刑，这也有助于在世界其他地区起诉德国的战争罪行。1919—1922 年，英国没有能够使德国对战争暴行以及战争本身负有责任，但是 1945—1946 年，美国在这两方面都做得比较成功。当然，纳粹政权与德意志第二帝国的体制不一样，这是战争罪行和战争罪比较容易被确立起来的一个原因。但纽伦堡审判本身也是另外一个因素，这也是为什么二战令一战变得暗淡的一个原因。

史汀生认为侵略战争是不合法的，其核心还在于大规模杀伤性武器呈现出来的恐怖扩张局面。他坚持指出，"对上两次世界大战进行仔细审视，我们会发现无论侵略者还是受害者都在使用非人道的武器和手段，这日趋明显"，"因此战争的延续很可能以我们文明的终结而告终"。史汀生承认，美国已经被卷入了这种暴行螺旋式上升的旋涡之中。在太平洋地区，美国已经开始发动无限制的潜艇战，而这正是 25 年前，我们卷入战争的直接原因。他同时承认，盟国的战略轰炸已经夺去了德国和日本几十万平民的生命。一战之后，曾经有人也发出过关于现代武器的破坏性力量及其对于道德侵蚀作用的警告，但在史汀生看来，一种新型的武器——原子弹已经彻底在一种全新的水平上改变了争论的整体态势。[39]

让我们首先考虑一下在一战中最先出现的臭名昭著的武器——毒气。毒气的受害者在西线的比例相对较低，大约造成了两万人死亡，50 万人受伤，占到这次大战伤亡人数的 3% 左右。俄国人是毒气的主

要受害者，但是其人数只能做一个大体的猜测。大多数东西线的毒气
受害者在几个星期内都能恢复行动，但是前线士兵对于毒气的恐惧超
过对炮弹的恐惧，这种观念也影响到一些非常著名的战争文学和艺术
作品。威尔弗雷德·欧文的经典诗歌《美哉！宜哉！》关注的就是一位
忘了戴上防毒面具的士兵的状态：溺毙般的感觉，窒息般的感觉，淹
死般的感觉，就像身处"绿色海洋的下方"。约翰·辛格·萨金特的绘
画作品《中毒》描绘了一位中了毒气的士兵，手搭在前面那个人的肩
膀上蹒跚而行，在地面上留下了无力的线条，这在 30 年代的英国成为
人们最为熟悉并且不断被重印的一幅画面。一个人缓慢地窒息死亡，
或者是失明，看起来比身体突然被炮弹炸成碎片更为可怕，而一战中
大部分人是死于炮弹的。[40]

　　1915—1918 年，所有的大国都在使用毒气作为武器，但德国是最
大的生产商，其生产的氯气和芥子气的数量，比英国、法国和美国
加起来都要多。而且，它也是第一个使用这种新型武器的国家，即
1915 年 4 月 22 日的伊普尔战场。德国宣传机构给出的理由是，英法
两国也是这么做的，但这实质是德意志帝国抛出的另一个宣传的乌龙
球，反而成了它"匈奴式的漠视人类文明战争的野蛮做法的证据"。
这是陆军元帅约翰·佛伦奇爵士 [1] 所做出的下意识的讽刺性评论。德
国制造毒气部门的最高领导人是化学家弗里茨·哈伯，他的妻子也是一
位化学家，她对于这种不恰当地、卑劣地使用科学的行径感到极其愤怒。
她的丈夫则坚持认为，无论采用什么手段，死亡就是死亡，她没法说
服其丈夫，所以选择了独自生活。正如许多战争中的科学家一样，哈
伯为自己能够为国家服务感到十分骄傲，作为犹太人，他更加注意展

[1] 约翰·佛伦奇爵士（Sir John French），1852—1925 年，第一代伊普尔伯爵。一
战初期，任英国远征军司令，1915 年转任英国本土部队总司令，职位由道格拉斯·黑
格继任。——译者注

示他的爱国热情。1919 年，由于担心作为战争罪犯受到协约国的审判，哈伯逃往了中立的瑞士，在那里居住了几个月，留起了胡须，以掩盖其真实的身份。同时，他在实验室的伙伴们继续研制出了毒气齐克隆 B，在当时主要作为杀虫剂使用，但后来却成为纳粹死亡集中营的主要杀人武器。哈伯的一些亲戚也成为这种毒气的受害者。[41]

1925 年，签署了第三次《日内瓦公约》的草案，规定禁止使用化学和生物武器（尽管不包括其制成品和已有的储备）。英国、法国、德国和美国都是条约的签署国，这一条约最终并没有得到美国参议院的正式批准。二战期间，所有的交战国都储存了大量的毒气，但都没有投入使用。特别应该指出的是，美国把放弃使用毒气作为主要的一项原则。罗斯福总统在 1943 年 6 月宣布，"就文明的世界而言，使用那样的武器是不合法的"，"我要直截了当地声明，无论在任何情况下，我们都不会使用那种类型的武器，除非我们的敌人首先使用它"。1945 年 5 月，美军参谋部参谋长乔治·马歇尔将军的确建议过在进攻日本的时候使用芥子气作为武器，认为"芥子气并不比磷和火焰喷射器的使用更不人道，而且可以不把它用在人口密集地区和平民身上"，可以仅仅用来对付那些零星抵抗。但是罗斯福的禁令仍然被严格遵循，白宫办公厅主任海军上将威廉·莱希坚持认为，无缘无故使用毒气，将"违背基督教的道德规范，以及据我所知的所有战争法律，它将发展成为对敌国平民的攻击"。相比之下，行政当局在使用更大的、更具有杀伤力的原子弹对待平民的这一问题上，却没有什么道德上的愧疚感——原子弹被投放在了广岛和长崎。原子弹的使用看起来似乎只是战略轰炸逻辑上的继续，战略轰炸对日本的其他城市也构成了打击，燃烧弹已经把这些城市变成了人间地狱。1945 年 3 月 9 日夜里，东京大轰炸中投掷的燃烧弹，导致了 8 万 ~9 万人的死亡，比长崎的死亡人数要多。[42]

1945 年，美国进行的关于原子弹和化学武器的道德感问题的争论，在我们今天看来似乎是一场狡辩，但它也证明了一战残留的对于道德想象力问题的坚持。1945 年 8 月 6 日，随着广岛和长崎上空蘑菇云的腾空而起，所有关于使用芥子气的想法都烟消云散了。人们迅速察觉大规模杀伤性武器已经发生了革命性的变化，世界因此而变得完全不同。1945 年 8 月 20 日出版的《生活》杂志，把大部分的版面都用来介绍这个故事，在照片前后都用图表来进行解释，认为广岛市已经被彻底毁灭，而长崎则被炸毁了心脏。《时代》杂志本来要在封面刊登大幅的雷达照片，认为雷达是赢得战争的重要武器，但是最后这幅照片被放到了第 78 页，留下来的版面是为了描绘一种更大规模的武器，相对于这种武器本身，战争的意义都缩小了很多。《生活》和《时代》杂志这一期的出版都是在日本投降之后，《生活》杂志模仿了 T. S. 艾略特 [1] 的说法——伴随着"砰"的一声巨响，战争结束了，而不是以往战争结束伴随的啜泣声。随后，历史学家展开了争论，苏联在 8 月 8 日对日本宣战以及进入伪满洲国是否在日本投降的过程中扮演了重要角色，但在 1945 年，对于大多数美国人来说，因果的链条非常清晰，原子弹结束了战争。因此《生活》杂志和许多出版物都公开声明，世界历史上一个全新的时代已经到来，这就是原子的时代。[43]

广岛事件之后的两个星期，盖洛普的一项民意调查显示，85% 的美国人支持投放原子弹。两个月之后，仍然有一半的人支持政府做出的这一决策，而且是毫无保留地支持。出身于老兵的广播节目评论员卡藤博恩在广岛爆炸的当天发表评论说，"我们都知道，我们制造出了一个科学怪物"，"无论这件事情多么让人扬扬得意，今日的世界将被恐惧深深地笼罩"。诺曼·卡特兹在《星期六评论》中发表社论，"这是一种比较原始的恐惧，是对未知世界的恐惧，是对人类无法疏导和控制的力量的一种恐惧"。1946 年的民意调查显示，至少一半的

---

[1] T.S. 艾略特（Thomas Stearns Eliot），英国诗人、评论家、剧作家，1948 年获诺贝尔文学奖。——译者注

美国人认为，另一次世界大战很有可能在下个 1/4 世纪之内发生，原子弹有可能被投放在美国的土地上。[44]

1946 年间，普遍存在一种感觉，那就是认为虽然原子弹结束了第二次世界大战，但也有可能引发第三次世界大战，这种感觉与日俱增。美国有 22 名知识分子公开质疑，认为决定使用原子弹在道义上是站不住脚的，其中包括雷因霍尔德·尼布尔等新教的神职人员。美国所进行的战略轰炸调查则更加激发了人们的怒火，因为当时的调查显示，即使不投放原子弹，即使不进入日本本土，日本也很可能会在 1945 年 12 月投降。《纽约客》杂志用了整整一期的版面，发表了新闻记者约翰·赫西所进行的秘密调查报告，这是通过六个幸存者的视角对广岛爆炸的毁灭性后果进行的调查。这一调查报告很快在世界范围内连载，并出版成为一本畅销书，同时还在美国广播公司和英国广播公司播出。赫西的《广岛》一书鲜明地揭示出广岛受害人的现实状况，卡特兹在一个社论中赞扬了赫西的描述，宣称投掷原子弹就是明明白白的一个"罪行"。[45]

鉴于美国观念的负面性，亨利·史汀生在《关于使用原子弹的决定》的文章中陈述了非常具有权威性的观点。他之所以这样做，是被哈佛大学的校长詹姆斯·科南特说服的。科南特是原子弹轰炸计划的主要设计师，他告诫史汀生说："我们正面临着一种危险境地，即重复一战后产生的那种谬论。"科南特回忆说："20 世纪 20 年代，有一批被称为知识分子的人，他们执教于中学或者大学课堂，他们教条地认为，美国介入一战是一场错误。这种错误主要是由于权势集团的利益造成的。"科南特认为，这成为 20 世纪 30 年代实施孤立主义的知识界的基础力量，而且这也是一个少数具有较高社会地位的人对历史的扭曲发挥作用的例证，其后果极为严重。现在已经是 1946 年了，他不想对原子弹轰炸产生同样的批评，这会削弱美国在战后世界的权力地位，会引起另一场关于绥靖政策的争论，换句话说，关于二战的修正主义看法有可能导致第三次世界大战的爆发。[46]

史汀生同意了。他的文章由哈佛大学青年学者乔治·邦迪代笔，引用了美国陆军部的文件，非常清晰地陈述了做出原子弹轰炸这一决定的过程。文章承认原子弹造成了 10 万名日本人的死亡，但是史汀生指出："这是经过深思熟虑才做出的决定，而且是所有令人厌恶的选择中最为轻微的一项。"他的陈述表明，日本军队已经造成了 30 万美军的伤亡，而且日本仍然具有造成 100 万美军伤亡的能力。他通过分析这些得出的道德上的结论，如同他在关于纽伦堡的文章中一样，即"面对战争就是面对死亡……投在广岛和长崎的原子弹结束了战争。而且非常清楚的是，我们不会再有另外一场战争"，因为"随着原子能量的释放，人类毁灭自身的能力基本已经抵达顶峰"。[47]

史汀生的文章，发表在 1947 年 2 月的《哈珀杂志》上，很快在全世界流行开来，而且"至少在 20 年的时间里，能够成为解释实施原子弹轰炸的最具权威性的观点"。这种观点也掩盖了苏联军队介入亚洲战场的作用，并且搁置了日本是否会投降这一问题。文章的要点就是用 10 万日本人的生命拯救了"上百万"美国人的生命，这一观点被广泛引用。史汀生对于罪恶这一问题的阐述，有赖于对死亡人数的计算，这是一种极具创造力的算法。后来邦迪也承认，摆在他和史汀生面前的并没有任何官方的估算和预测，他们选择了 100 万是因为它是一个比较完美的整数。[48] 事实上，美国战争部的预测是，如果美国决定入侵日本本土的话，其死亡数字大概是 4.6 万人。政府的确是急于拯救美国人的生命，而且那时对于广岛投掷原子弹的理由也是比较充分的，所以当时这是一个比较冷静的决策。那是发生在蘑菇云的量级变得非常清晰之前，而且在随后的争论中，数字的巨大也变得极其诱人。史汀生的百万数字被广泛引用，成为后来进行相关评论的一个基准。出版于 1955 年的《杜鲁门回忆录》声称："马歇尔将军告诉我，至少需要 50 万美军的伤亡才会迫使日本在其本土投降。"这是另一个从草稿的 30 万中发展起来的完美数字，这似乎与史汀生的数字相差太多了。同样，丘吉尔在1954年出版的回忆录中也声称："一点一点地征服这个国家，可能需要付出100万美军的生命，以及50万英国人的生命。"无论确切数字到底是多少，总之，较大的数据在证明日本犯下了罪大恶极的恶行方面，是非常必要的。[49]

很快，美国人就学会了如何与原子弹共处，这也是评论员雷蒙德·格拉姆·斯温所宣称的"熟悉的侵蚀"作用造成的。阿肯色州的一位农场主决定炸毁一些树干，他非常严肃地向美国原子能委员会发问："你们有能够完成这项工作的合适尺寸的原子弹吗？"致命的饮料被称为"原子的鸡尾酒"。1946年之后，在太平洋的一个岛礁上进行了核爆实验[1]之后，一种新型的上下两件的泳装被命名为"比基尼"，就是因为这种泳衣所能产生的爆炸性效果。新闻记者和政策制定者们都在为原子时代一切值得肯定的发展兴奋不已。"不用再给你的油箱每周两三次地加油了，"理科出身的编辑大卫·德茨如此预测道，"只要你注入像维生素药丸大小的原子能，你就可以旅行一年。"《矿工杂志》则关注其医疗上的红利，包括使下肢麻痹者能够恢复笑容，其笑脸出现在蘑菇云后面，而他的轮椅则被扔在一边。[50]

但是对于原子时代的潜在焦虑并不可能彻底消失。比基尼环礁核试验在全世界的电视节目中播出，不仅吸引了人们对于原子弹威力的注意，而且引起了人们对核辐射的惊人副作用的关注。大卫·布兰德利是参加这一测试的一名医生，他在1949年举办了一次非常受欢迎的展览，名称就叫"无处可逃"，没有任何能够防御原子弹的可靠措施，同样没有任何有效净化核污染的手段。"随着核放射性的不断持续，核微粒可能会影响土地上的所有东西，甚至是人类，这种影响可能持续数个世纪。"[51]更有甚者，在1949年，苏联就进行了自己的原子弹

---

[1] 此次试验在比基尼环礁（Bikini Atoll），因此泳衣也被命名为"比基尼"。——译者注

测试，这比美国预期的要早得多。杜鲁门的反应是授权美国进行氢弹项目的开发研制，从而导致军备竞赛在一个新的水平上展开了，同时他还下令开启美国的民防项目建设。关于原子弹的争论在20世纪60年代古巴导弹危机之后达到了一个顶峰。但是从原子弹时代开始的那一刻，这种武器的巨大能量就是毋庸置疑的。20世纪40年代，无论美国还是英国，大多数人都认为作为二战结束的一种方式，原子弹的使用是必要的，但也不否认，人类现在生活于一种罪恶的阴影之下，比利时的暴行和毒气的危害都相形见绌。

因此汉娜·阿伦特的结论在本质上是正确的。她写道，大批民众的死亡——作为一战留给那一代人的最可怕的遗产——在1945年已经因更大的罪恶而显得黯然失色了。[52] 集中营、战犯审判和原子弹爆炸都提出了更为重要的道德层面的问题，那就是，是否人类本身就是对文明的最大威胁？就像我们已经看到的一样，这个问题是一把双刃剑，战胜者不能逃避他们在大屠杀中默许的责任的争论，以及关于战略轰炸的道德标准，还有投掷原子弹问题都是如此。但是，在20世纪四五十年代，战争罪行总体上仍然是归结于德国和日本这一方面的，这一观点仍然占据压倒性的优势。这些国家才是最初的邪恶轴心。在本章余下的部分，我们将看到，美国、苏联和大不列颠王国都在使用这一概念，尽管它们使用的方式是不同的。为了证明它们在二战中是正义的一方，成功本身就被塑造成为道德，从而使其与第一次世界大战模棱两可的结束方式和道德上的模糊性形成了更加尖锐鲜明的对比。

1945年，战胜国的三强之中，苏联遭受的损失最为巨大，大概导致2700万人死亡。战争爆发之前，苏联的人口大约是2亿人，但是一直到1956年才再度达到这一数字。苏联的西部地区两次成为主要的战场，纳粹国防军曾经向东推进到莫斯科和斯大林格勒，后来苏联红军的反攻又向西推进到柏林地区，它总的损失占到了整个国民财富的30%。苏联也面临着最为严峻的战后世界调整问题。集体农庄已经在战争期间崩溃了，1946—1947 年苏联出现了大饥荒现象，又夺去了大约 200 万人的生命，其中大部分是乌克兰人，这一地区在 1932—1933 年已经遭遇过一次类似的摧残。[53]1200 万的退伍士兵，虽然被颂扬为英雄，但只得到了非常少的补贴，因为政府的目标是"尽可能快速地让老兵的生活恢复原状"。列宁格勒经历过长达 900 天的史诗般的围城之后，已经有超过百万人无家可归，而当这些退伍士兵回到这座城市的时候，他们不得不在这座迷宫里，为了食物，为了工作，为了住房，为了衣物，为了抚恤金，而成为作奸犯科之人。他们强烈地谴责制造这一切的官僚机构，认为这些机构是由"一队老鼠"操作的。[54]

斯大林本人并不关注战争时期，因为他自己犯下的错误实在是太引人注目了。例如，在 1941 年 6 月，他没有预测到德国的进攻，还下令击毙所有后退的士兵，并下令把车臣人和鞑靼人这些少数民族驱逐出境。所以苏联领导人很快就对 1941—1945 年避而不谈。苏联的官方声明是有 750 万的苏联平民死于这场战争，这是另一个比较完美的数字，足够让人非常清醒，但是还没有达到带来严重问题的程度。由于担心波拿巴主义的出现，斯大林对于曾经领导这个国家走向胜利的将军们采取了边缘化的政策。仅仅在征服柏林一年之后，朱可夫元帅就被指控做出了"毫无意义和有害的决策"，被匆匆忙忙地打发到克里米亚半岛去了。1947 年，斯大林把 5 月 9 日这一胜利纪念日由全国假日，降级为一个普通的工作日，同时把在街道上乞讨的残疾老兵们驱逐出去，送到了遥远的类似殖民地的北方地区。鉴于这场战争的敏感性，苏联的电影制作人着力于塑造对斯大林的个人崇拜，斯大林是一位英雄，是一位无所不能的全能型领导人，导演米哈伊尔·切阿乌列里的影片《攻克柏林》（1949），是献给这位领导人的 70 周岁生日礼物，片尾是这样一幅画面：斯大林穿着白色的制服，搭载他的飞机从云层中降落下来，降落在纳粹德国的瓦砾之中。[55]

斯大林于 1953 年去世。他的继任者尼基塔·赫鲁晓夫，开始承认某些斯大林的错误，包括 30 年代的大清洗和 1941 年的惨败。"斯大林曾经为社会主义事业做出了贡献，但却是通过非常野蛮残酷的手段，"赫鲁晓夫告诫其同僚，"他摧毁了一切人们奉为神圣的东西。"赫鲁晓夫提升了官方宣布的死亡数字，认为这一数字应该为 2000 万，他认为胜利不应该归功于斯大林，而是应该归功于苏维埃人民的"伟大的、高尚的行为"，他们才是真正赢得伟大的爱国战争的人。在赫鲁晓夫解冻的"背景之下"，苏联电影界拍摄出了几十部关于 1941—1945 年的电影，其中很多都是关于后方浪漫的剧情片，但的确也有一些经典之作，如《飞翔的鹤》（1957），剧中人物比较复杂，同时具有模糊不清的含义指向，其暗含的意思是，虽然战争本身是英雄般的壮举，但并不是所有的苏联人都是英雄。20 世纪 50 年代也有几部电影触及到了 1914—1918 年，例如根据米哈伊尔·肖洛霍夫的巨著《静静的顿河》改编的电影，但该影片仅仅是把第一次帝国主义战争作为 1917 年革命以及接下来的国内战争的一个基本背景，这在当时是一个比较流行的主题，因为 1957 年正好是十月革命胜利 40 周年。1939 年出版的《伟大的苏联百科全书》用了 125 页的篇幅，介绍一战的起因、过程和影响，然而 1958 年出版的第二个版本则把这一内容压缩到了 5 页的篇幅。只有其作者亚历山大·索尔仁尼琴把第一次世界大战看得非常重要，然而其四卷本《红色的车轮》的开篇《1914 年 8 月》（1971），首次出版地是巴黎，这部作品直到 20 世纪 90 年代才在俄罗斯公开出版。[56]

去斯大林化的运动也打开了潘多拉的盒子，这些恐怖事件究竟是一个人的错误还是整个体系的产物？赫鲁晓夫于 1964 年倒台的时候，列昂尼德·勃列日涅夫试图把盖子重新盖上。重塑对斯大林的崇拜已经不可能了，所以勃列日涅夫政权抬高了伟大的爱国战争的地位，使其成为新的崇拜对象。1965 年 5 月，正好是二战胜利 20 周年，这是一个转折点，胜利日被重新确立为全国性的假日，而且莫斯科、列宁格勒和伏尔加格勒（斯大林格勒的新名字）这些英雄城市的博物馆都举办了相关展览。1967 年，在克里姆林宫的宫墙下面修建了无名战士墓，这几乎晚于西欧的先行者半个世纪。对于年轻的莫斯科人来说，拜访这一无名战士墓几乎成为他们结婚仪式一个必要的组成部分，这意味着在他们开启自己的新生活之前，要对父辈及祖父辈进行报答，这种实践上的模仿行为很快在全国的战争纪念馆展开。伟大的爱国战争很快成为这个斑驳破碎国家新的黏合剂，这似乎成为合理的悲剧，也成为掩匿罪恶的方式。官方的历史宣扬斯大林在 30 年代进行的疯狂的五年计划，是反对法西斯侵略者、赢得二战胜利的非常重要的基础。即使在 21 世纪，仍然有很多的俄罗斯人相信这一点。[57]

在美国，1941—1945 年的这段历史也成为民族记忆中的一块神圣之地。三年半的战争使许多家庭失去了亲人，这比 1918 年六个月的战争失去亲人的家庭要多一些，大约有 30 万人战死，100 万人受伤。一个最悲惨的例证发生在弗吉尼亚的贝福德小镇，共有 16 个儿子死于诺曼底登陆的奥马哈海滩（这一令人震惊的景象也反映了 1916 年英国一些小城镇的情况，当时被招募的伙伴营，在索姆河战役的第一天就被摧毁了）。一位悲伤的父亲说他真想割掉富兰克林·罗斯福总统的脑袋。这个小镇 10 年后树立起了一座战争纪念碑，当地的报纸也没有把这些第二次世界大战造成的死亡与第一次世界大战联系到一起，而是联系到了 1861—1865 年的美国内战，这被美国人视为真正的大战，声称贝福德的这些男孩子是"那些穿着灰军装，诸如李将军、杰克逊和斯图尔特等军人的直系后裔"。[58]

与苏联的老兵命运不同，美国军人得到了他们应有的奖赏。当时大约有 1600 万的男男女女服役于美国的军队，占到美国人口的 1/8，这赋予美国退伍军人协会更大的影响力，远远超过了该组织在 20 世纪 20 年代展现出来的能力。鉴于二战之后关于福利问题的争论，罗斯福总统并不想给予士兵们特殊的津贴。他建议实施确保国家经济安全的总体方案，并且警告说："饥饿的人们，失去工作的人们，都是制造独裁统治的东西。"他认为，弥补的方法就是《第二权利法案》，对在1791年授予的政治权利予以补充。但很快，军团非常聪明地拾起了他的口号，要求通过《退伍军人权利法案》，赋予老兵一些特权，它不断地对国会进行游说，得到赫斯特新闻集团的支持，以及由100万人签名的请愿书。《退伍军人权利法案》在1944年6月正式成为法律，在接下来的10年间，370万的退伍老兵以较低的利率得到了住房贷款担保，780万的退伍老兵得到了教育和培训的补助金。[59]

同苏联一样，而且可能比苏联要迅速得多，美国人对1941—1945年的讲述呈现出一个按照顺序的、情绪不断飙升的过程。它开始于美国在1917—1918年的十字军东征式的行动，随后通过绥靖政策的罪恶展示威尔逊的悲剧，接着美国拥有了赢得胜利、登上高峰的第二次机遇，最终赢得了全球"超级大国"的地位。"超级大国"这一名词是在1944年杜撰出来的一个新词汇。这可能是正确的。《芝加哥论坛报》认为："世界的好运在于，这个强国与无可挑剔的目标是结合在一起的。"与20世纪20年代不同的是，这个国家最具标志性的战争纪念碑，不是设在美国阿灵顿国家公墓的无名战士纪念碑，而是在墓墙之外的硫磺岛纪念碑，该碑树立于1954年，主要是为了纪念美国海军陆战队的死者，其1/3的损失都来自1944年硫磺岛战役。墓碑是仿照乔·罗森塔尔拍摄的海军陆战队著名照片建造的。在硫磺岛上遍布战死者的制高点，海军陆战队队员举起了星条旗，这一纪念碑的意义在于纪念来之不易的胜利，而不是为了记录巨大的损失。[60]

二战后，也没有发生过类似20世纪二三十年代那样的和平主义运动和反战运动的反弹。作为30年代影响人们情绪的经典影片《西线无战事》的导演，路易斯·迈尔斯通在二战之后没有沿袭一战之后的那种拍摄路线。例如，他拍摄的电影《火海浴血战》，主要展现的是海军陆战队在太平洋上反对邪恶的、危险的日本人的英雄事迹。战后几十年中美国最具代表性的战争电影是《碧血长天》，这是一部描绘诺曼底登陆的影片，由达瑞尔·扎纳克策划，就像在拍摄《威尔逊》这部电影时一样，他想传达出一种界限分明的善恶对抗的信息。为了达到这一目的，他找了一个经过仔细斟酌的国际演员阵容，包括约翰·韦恩、罗伯特·米彻姆，以及理查德·托德。[1] 鉴于美国、法国和英国政府能够提供物质上的援助，他把电影拍摄成黑白影片以增加其权威性，《碧血长天》隆重地纪念胜利者，颂扬他们的正确性，几乎没有质疑，也很少关注流血和勇气问题。这部电影在冷战的高峰时期上映，恰恰发生在古巴导弹危机几个星期之前，它几乎没有涉及场面更为宏大的红军的战斗。"良性的战争"这一词汇是新闻记者特科尔在20世纪80年代杜撰出来的，恰恰是二战的胜利与越南战争的失败和羞辱形成鲜明对比的时候，这基本体现出美国人对1945年夏天的正确判断。[61]

在三个战胜大国之中，英国对于战争的态度介于苏联和美国之间。在美国人看来，这场战争的积极性非常明显，而英国则以更大的怀旧之情来看待这场战争，因此对人们的回报也更加慷慨。在苏联，战争神话成为塑造国家认同的一个基础，但是这一切发生得极为迅速和明确。最为重要的是，与1914—1918年进行明确对比，这点对于英国如何看待1939—1945年是非常重要的。

1945年工党取得压倒性胜利的原因在20年之后才得以反映出来。克莱门特·艾德礼进行过简单的对比，"我们面向的是未来，而保守党则关注于过去"。事实上，保守党宣言中的许多政策与工党是极为相似的，"维持较高的、稳定的就业率"，一项进行住宅建设的紧急计划，推行国民保险的"贝弗里奇计划"，以及全面的医疗保险，其对象涉及所有人。所有这些政策都得到了承认，甚至年轻的保守党人如布特勒等人都表示认同，他们认为这是对一代经历了又一次世界大战的人

---

[1] 亚历山大·诺克斯（在扎纳克1944年拍摄的电影中扮演总统），是这部影片中的小配角，扮演了艾森豪威尔的参谋长。——原注

们的必要补偿。但是两个政党的基本分歧在于推行这种计划的速度，以及国家干预控制的程度。保守党希望放慢推进的速度，要在经济允许的范围之内，而且要避免普遍的国有化。1945年6月4日，丘吉尔断言："没有政治上的监管，就不可能建立起社会主义体系"，而工党"有可能后退到某种程度的盖世太保[1]式的统治，盖世太保最初的指导思想无疑也是非常人道的"。保守党草率的竞选活动正发生在关于贝尔森集中营的报道充斥报纸和纪录片的时候，这是一个非常明显的政治上的大错误。艾德礼巧妙地利用这一事件作为证据，即作为盟国领袖的伟大领导人，以保守党党魁的身份回归现实。而且，他提醒选民，这个国家在1918年之后，在保守党统治的大部分时间里，都发生了哪些事情，在他们选举的战争领袖中，劳合·乔治就是一个例证。这成为选举过程中工党的一个关键性论调，即劳合·乔治在1918年赢得选举的胜利之后，其承诺如何化为泡影，以及随之而来的工业领域冲突和经济上的大萧条。[62]

工党在1945年的选举纲领《面向未来》，主要希望能纠正过去的错误，并且试图帮助两次世界大战间歇期的那些受害者。例如，国家对煤矿的控制，也可以描绘成自1913年、1919年和1926年的大罢工以来漫长斗争中的最后一战。1947年新年那一天，在矿井外的官方标志后面隐藏的是真实的情况：这一煤矿现在是由代表人民利益的国家煤炭委员会经营管理。同样地，对英格兰银行的国有化部分是出于对1931年金融危机的一种回应，当时这场危机导致了第二届工党政府的垮台。事实上，工党正在利用在下议院中占据的大多数地位推行其以往议事日程上的政策，这些政策在1924年以及1929—1931年因为工党居于四面楚歌的少数派地位都没有能够实施下去。尽管工党政府的改革并没有像其看起来的那样激进，例如，新建立的英国国民健康保

---

[1] 国家秘密警察，为纳粹政权的恐怖统治机构。——编注

险制度仍然允许医生们继续进行私人执业，但是整个计划放在一起，仍然标志着 20 世纪英国政治土壤上发生了最为剧烈的变化。同样具有重要意义的是，当保守党在 1951 年重返政坛的时候，他们大量继承了工党的国有化措施，包括煤炭、铁路和英国国民健康保险制度，以及整个体系赖以运作的凯恩斯经济学。只是到了 20 世纪 80 年代，玛格丽特·撒切尔上台执政的时候，这种两党一致的趋势才彻底发生了变化。在这里，我们可以引用拉尔夫·达伦多夫的话语，他一直注意观察战后的英国和德国，他认为艾德礼政府所做的一切都是在"完成两次世界大战期间的重新分配计划，而不是为了一个新的增长时期做准备"，这使得 1945—1951 年成为两次世界大战间歇期的一个后记。他认为，工党的日程安排在社会领域是正确的，在经济领域则是错误的。当时，还有一些人表达了同样的观点，例如，有人质疑这种全民医疗保险的费用。但是经历过 1939—1945 年这一段时期之后，特别是在看到对 1918 年遗产的映衬之后，在社会领域里正确的事情在政治上似乎也是极为必要的。[63]

进入 20 世纪 50 年代，关于英国是福利国家的说法似乎已经司空见惯了。纳粹党人曾经用"福利国家"这个词来攻击魏玛共和国，但这一词在 20 世纪 30 年代和战争期间被英国拾起，成为这一迷恋于权力的专制的"福利国家"的反义词：构建一个建立在民主基础上的，关注于公众福利且权力有限的政府。只是到了 20 世纪 40 年代后期，在工党政府的统治之下，福利国家才意味着中央指导，高额的公共开销，以此推进公众的福利。这很快成为一种标准的用法，尽管在玛格丽特·撒切尔执政时期，政府宣传的论调并不一样。[64]

然而，工党政府及继任的保守党政府仍然使得英国以福利国家的方式进行运作，同时维持征兵制度到 1960 年，并继续坚持英国扮演的全球性角色。1947 年 5 月，担任英国外交大臣的欧内斯特·贝文，拒绝承认英国已经不再是一个世界强国的说法，他坚持说："我们一直都认为英国是维持世界和平最为重要的几个大国之一。"他和艾德礼都确信英国需要制造自己的原子弹，这既是出于安全的需要，也是为了国际地位。贝文告诉那些持怀疑态度的大臣们，"无论需要多少的费用，我们都必须拥有这件武器"，"我们必须让鲜艳的英国国旗在其上端飘扬"。英国备受瞩目的帝国撤退战略，特别是 1947—1948 年在印度和巴勒斯坦地区的退出，并没有偏离英国对其他地区基本的承诺，两党都力图保持英国在非洲、中东和比较关键的东南亚国家如马来亚等国的地位。所有这些都意味着巨大的财政负担。1953 年，国防费用占到了国家总收入的 9.3%，而社会保障支出只占到了 5.6%。必须承认的是，这发生在朝鲜战争刚刚结束之后，只是到了 20 世纪 90 年代，国防支出的比重才恢复到了 1914 年之前的水平。[65]

维持比较庞大的军事力量的一个正当理由就是全球范围的冷战。早在 20 世纪 20 年代早期，由于处在相对和平的时期，再加上国内的抗议，关于帝国主义战争的预算额度急剧地缩减（正如我们在第四章看到的一样），但是 1945 年之后面对苏联的扩张，这种做法是比较荒唐的。英国对于福利国家和战争国家的双重承诺，也反映了这一国家对其支付能力的高度自信。这种自信的确不是毫无根据的，1951 年，英国的工业产值大体相当于法国和西德工业产量的总和。但是，正如我们将在下一章中所看到的，到了 20 世纪 60 年代，经济现实的急剧变化促使白厅对这一问题进行重新思考。然而在 20 世纪 50 年代，胜利的取得坚定了英国的一个基本假设，即英国还是一个世界强国。[66]

这种成功带来的成就感通过当时英国拍摄的大部分电影闪亮地表现了出来，总的数字特别引人注目，1946—1965 年，大概拍摄了 100 部相关题材的电影。20 世纪 40 年代末期，大约有 3000 万的英国人每个星期都去电影院看电影，而当时英国的人口总数大约是 5100 万。到 1959 年的时候，观众人数下降到 1500 万，但这仍然与全国性日报的发行数量相差无几，其中多部电影都因为 20 世纪 60 年代和 20 世纪 70

年代在电视上重播而获得了新的生机，观众人数因此急剧增多。令人震惊的是，这些电影传达的信息基本是一致的。与两次世界大战之间的时期不同，这一时期不存在对战争正确性的质疑。双方的士兵也没有被描绘成是作为大屠杀受害者的普通人。在大多数的电影里面，德国人和日本人的形象都非常清晰，是完全的"反面人物"，纳粹也没有被看成是一个特殊的罪恶团体，而被认为是长期受到毒害的德国军国主义传统的一种延续。电影宣传的潜在论调——战争是必要的疯狂，与普通英国人的观念是格格不入的。其中有几部电影，如《桂河大桥》

（1957），的确揭露出这样一个事实，即扭曲的性格，甚至精神障碍是造就士兵勇猛的必要因素。但是大部分电影在方法上都是非常直接的，其论调也非常积极。电影主要关注于男性以及男性的价值观。他们的英雄人物，是类似于杰克·霍金斯和理查德·托德那样的明星，通常具有坚强的、不屈不挠的性格特征，外表冷峻，讲着带有一定口音的英语。除了偶尔提及澳大利亚人，这些电影对于盟友的贡献很少涉及，包括美国，更不要说苏联了。而且，这些电影作品也没有触及战争的大后方和平民，更不要说妇女的作用了。电影主要集中讲述的是白人男子的英雄事迹。当然，人们观看这些电影主要是因为它是一项充满令人激动情节的娱乐活动，特别是从战争集中营中逃离出来的囚犯，这一题材尤其受到欢迎。在潜意识里，这些电影主要是为了宣扬 1940 年英国单独作战的场面，因此对于塑造国家认同感产生了深远的影响。[67]

这两章主要是揭示出英国对于第二次世界大战的看法如何重新塑造了它对于第一次世界大战的观念。1945 年取得的胜利，是对显而易见的罪恶取得的决定性胜利，英国在其中扮演了英雄般的角色，这与 1918 年的经历是完全不同的。1945 年之后的 20 年间，借助于二战带来的荣耀，英国一直都存有或多或少的满足感。只是在这一光环开始黯然失色的时候，对于 1939—1945 年的态度才开始发生了转变。1914—1918 年终于得以从这一阴影中浮现出来。

第九章　世世代代

　　我们这一代没有参加过二战的战斗。对我们大多数人而言，前者就像克里米亚一样遥远。无论是引发它的原因，还是参与决策的相关人员，我们都认为是晦涩不清的，甚至可以说是声名狼藉的。

——艾伦·克拉克：《驴》（1961）

　　我出生于那场战争时期……关于我们的故事——受害者、公民、贫穷而无特权的人，这些以前从来没有人讲述过……我们逐渐了解到广大民众为了维护这一体系所做出的牺牲，但是我们父辈的那些人呢，是谁欺骗了他们呢？

——琼·利特尔伍德：《哦，多么可爱的战争》（1963）[1]

在私人生活中，周年纪念日非常重要，当然，那些以整数零为结尾的纪念日更为重要，在国家的生活中道理亦然。正如我们在第五章和第六章已经分析过的那样，1928 年停战 10 周年的活动，激起了人们对于战争意义的大量反思，有时甚至是对战争持有公开的怀疑态度。更大的一波纪念日的浪潮，本应是 25 周年的纪念，但却被更大的一场冲突夺去了光彩。一战爆发 25 周年的纪念日刚刚过去一个月的时候，第二次世界大战就爆发了，从而迫使人们以全新的视角审视 1914—1918 年战争的意义（参见本书的第七章和第八章）。进入 20 世纪 60 年代，第二次世界大战已经成为过去，各国对其的叙事模式已经固定化。大多数的交战国都在 1964—1968 年举办了一战 50 周年的纪念活动，采用了一种远观者的视角看待那场冲突，他们用当代人的观念审视一战，而且非常敏锐地意识到 1914 年的那一代人已经基本离开了历史舞台，大战因此从"记忆"走向了"历史"。

　　近些年来，关于"文化记忆"的概念在历史写作中变得日益重要。公众层面上，一般把其称为"记忆繁荣"，这已经滋养了一个巨大的、有利可图的传统行业。该领域的先锋人物是 20 世纪 20 年代法国的社会学家莫里斯·霍布瓦克。霍布瓦克认为，个人的记忆并不是单独反映出来的，而是由他们所属集体的言语和行动塑造出来的，这一集体可能是他们的家庭，可能是他们的工作场所，也可能是他们的国家。为了表达这一含义，他创造了一个新的名词"集体记忆"。尽管霍布瓦克坚持认为"个体是作为集体的成员而进行记忆的"[2]，但是"记忆"从个体层面转化到文化和社会层面仍然会呈现不确定性。"集体记忆"意味着某种形式上的集体意识，而这引发一些学者使用例如"收集记忆"或者"集体回忆"的术语，以力图保持这样一种感觉，既有个人的特征，又不放弃霍布瓦克所强调的社会语境。[3]"回忆"而不是"记忆"是我在这一章中要普遍使用的一个词。最近在这一领域比较有影响的人物是德国的埃及学家简·阿斯曼，他对于社会回忆中"交流"和"文化"两个词做了比较清晰的界定与区分。前者主要是个人之间，通过对话或者其他的日常交流方式进行。而文化的记忆是通过写作、纪念碑或者文化制品的方式来进行传输，因此能够世世代代的传承下去。[4]

　　为什么这种关于记忆的理论非常重要呢？首先，60 年代在关于大战的记忆方面，是一个非常具有标志性的转折时期，开始从交流层面转向文化记忆层面。大战的参与者相继去世，激发了人们收集这些人"记忆"的努力，以免这项工作开展得太晚了，由此引发了口述史和家族史的时尚，这将在下一章中进行展示和分析。其次，关于那一代人即将消逝的清醒认识同样刺激了关于文化记忆层面的努力。这不仅仅体现于印刷品层面，而且更具有影响力的是，通过电影和电视这些新媒体的方式表现出来。这种关于一战的记忆，不仅仅是行动上的"记忆"方式，而且寻求在其彻底消失之前抓住这段历史。正如霍布瓦克及其追随者所坚持的那样，要进行社会构建的活动，这受到目前的环境、观念和政治的影响和塑造。正如我们接下来要看到的一样，各个国家的构建活动差异是非常明显的，这不仅反映了各国国内社会和文化层面的变化，而且反映了国际关系的新模式，包括螺旋式上升的核武器军备竞赛，以及欧洲共同体的分化。在英国，围绕着一战 50 周年的纪念活动进行的社会构建，主要是把对 1914—1918 年的关注放在了战壕，放在了诗歌领域。在爱尔兰海的另一边，1966 年展开的是对 1916 年的纪念活动，这是复活节起义的那一年，选择的日期是索姆河战役的第一天。这激起了发生在北爱尔兰的国内冲突，该冲突持续了 30 年的时间。而在美国，对于一战的重新关注主要是由于全球冷战所引发的。

1962 年 10 月，人类似乎已经走到了第三次世界大战的边缘。当时，由于苏联在古巴部署导弹引发的危机，导致白宫与克里姆林宫之间摆好了战斗的架势，让人感到异常恐怖的是，如果战争真的爆发，那么它的确会成为终结所有战争的战争。约翰·肯尼迪和尼基塔·赫鲁晓夫都无意地、非常不恰当地卷入了这场导弹危机，美国总统拼命地想要避免更错误的估算，并且试图和平地结束这场面对面的冲突。当时有一本书《八月的枪炮》对肯尼迪冲击很大，该书是当年春季出版的，作者是美国新闻记者和通俗史学家巴巴拉·杜希曼。该书主要讲述了 1914 年 7 月和 8 月发生的事件，但是也留下了很多想象的空间，包括关于萨拉热窝的刺杀事件，哈布斯堡王朝对于塞尔维亚的最后通牒仅仅用了一页纸的篇幅，而且仅仅被用来作为"老年帝国轻浮好战"的一个证据。她的关注点主要集中于西欧，她在前言中就写道，"巴尔干半岛本身就存在无穷无尽的问题，这很自然地使它同战争的其他区域分割开来"，因此是可以被忽视掉的。在书中开篇，杜希曼讽刺性地写道，1914 年之前的世界似乎是一个无辜的时代，她认为 1910 年 5 月在伦敦举行的爱德华七世的葬礼，是欧洲所有王室成员的最后一次重聚。"旧世界的太阳虽然壮丽，但那已经是垂死的火焰，永远不会再看到它了。"她书中的大部分篇幅都用来介绍战争刚刚爆发的前几个星期发生在法国和比利时境内的战役，对"后来"她介绍得都非常简短。她坚持认为："后来的僵局，完全是战争爆发的第一个月就已经固定下来的。这一个月，决定了战争未来的进程，决定了和平的条款，塑造了两次世界大战时期的特征，并且决定了第二轮较量的情况。"杜希曼认为，"两个半球的所有国家都卷入了同一种类型的冲突"，全球也因此掉进了一个巨型的陷阱，"那里没有，而且从来就没有出口"。[5]

杜希曼关于"后来"的描述读起来就像是刻意追加上去的一样，主要是为了满足出版商的要求，因为后者要求书籍具有现实价值。为了呈现这种精确的因果链，她气喘吁吁地从1914年写到1962年，从第一次世界大战写到冷战，婉转一点说，其中很多地方是非常模糊不清的。肯尼迪总统深受这本书的影响。在当时，五角大楼充斥着虚假的理性估算，而总统似乎真正地被1914年由偶然、误解、自我以及愚蠢连接在一起所造成的意外深深震撼，当时的国家领导人似乎一不留神就一头扎进了战争，而没有把它作为一项深思熟虑的政策加以斟酌。古巴导弹危机期间，肯尼迪总统不断地对《八月的枪炮》这本书进行阅读和反思，他对弟弟说："在这次事件中，最大的危险，也是最冒险的行为，就在于计算的误差，这是一个判断上的错误。"肯尼迪认为所有的美国官员都应该阅读这本书，其复印本被放在美国部署于世界各地的军事基地的日常办公室里。[6]

肯尼迪关于误判产生后果的警告，在今天看起来特别具有讽刺性。这就必须考虑到20世纪60年代美国外交政策的轨迹。1963年，他正在考虑越南战争问题，特别害怕五角大楼的将军们再次推行强制性的政策，当时五角大楼的分析家们试图投入美国地面作战部队抵御来自共产主义的活动，这给肯尼迪造成很大的压力，他嘲讽性地告诉其副官："他们说为了恢复自信，保持士气，这样做是非常必要的。"然而，"军队将介入，乐队将演奏，人们将欢呼，但是四天之后人们都会忘记。然后就会有人告知我们应该投入更多的军队。这就和喝一杯的感觉一样。影响逐渐消退，你不得不再来一杯"。所以他派遣了很多的"军事顾问"指导南越反对游击队的战争，而不是直接派出地面部队。到1963年11月肯尼迪遇刺身亡之前，南越大约有1.6万名美国军事顾问。

不论肯尼迪的目的究竟何在，他已经固定了美国在印度支那的地位，这也使其继任者林登·贝恩斯·约翰逊面临危机深化的局面，很难避免战争的升级。[7]1965 年，为了给美国派出地面部队寻找正当的理由，约翰逊总统没有吸取一战误判的教训，而是从二战之前的绥靖政策中寻找依据。"如果我们从越南的领土上撤走，那么就不会有任何国家再度信任美国的承诺，或者说相信美国的保护，"他在 1965 年 7 月宣布，"而且投降本身并不能带来和平，这是我们从希特勒在慕尼黑的行动中学到的教训，那种所谓的成功只是进一步养肥了希特勒扩张的欲望。战斗将会再次从一个国家蔓延到另一个国家，相伴随的可能是一场更大、更残酷的冲突，这就像我们从历史中学习到的教训一样。"[8]

美国在 20 世纪 60 年代的外交政策主要被古巴所左右，这一共产主义的前哨阵地距离佛罗里达只有 90 英里，同样还受到 1964—1973 年之间不断深化的越南战争的影响，该战争造成了 4.7 万名美国士兵的死亡。这比美国在 1917—1918 年一战期间短暂的介入造成的死亡人数要少，当时的死亡人数是 5.3 万人。但越南战争是第一场美国人可以晚上在客厅里观看的战争。[9]古巴和越南都被看成是全球反对共产主义斗争的一部分，而这把公众的注意力推回到了 1917 年，也就是最早的布尔什维克革命时期。那些对冷战时期美国外交政策感到不满的人，主要受到了《美国外交的悲剧》（1959）这本书的影响，该书的作者是威斯康星州的历史学家威廉·阿普曼·威廉斯，他出生于美国中西部的一个小镇，是地道的美国人，二战末期曾经在美国的海军部队服役过。威廉斯举起了 20 世纪 20 年代进步主义历史学家挥舞过的批判旗帜，他坚持认为，美国的外交政策不仅仅是为了推进"自由"和"自决"，而且是为了建立一个基于自由贸易基础之上的非正式的美利坚帝国。这将使美国经济得以运用与生俱来的力量主导全球经济。他指控的中心人物就是伍德罗·威尔逊总统，认为他更像是一个资本家而不是一个加尔文教徒。他关注的另一个焦点就是布尔什维克革命，威廉斯并不认为冷战源于美国对苏联军事力量的恐惧（因为至少到 50 年代末期的时候，苏联的军事力量与美国相比还是处于劣势），而是根植于他认为的对共产主义革命"目光短浅的、弄巧成拙的偏见"，这一革命构成了对现存秩序的威胁，这可以追溯到 1919 年的红色恐慌。威廉斯的这本书，在 1962 年被重印再发行，成为 20 世纪 60 年代新左派历史学家的一个固定课本，它引起的争论很快在全国范围内的校园里扩展开来。[10]

其他的历史学家也开始重拾这一论调。阿诺•迈尔德的研究项目"新型外交政策的政治起源（1917—1918）"被冠以引人注目的书名《威尔逊与列宁》，该平装本著作出版于 1964 年，这看起来似乎是冷战的根源所在。在《伍德罗•威尔逊与世界政治》一书中，N. 戈登•勒万对于 1917—1919 年的讲述，不是把它塑造成一个悲剧性的、没有得到实现的国际主义的故事——这是威尔逊在 1944 年再度引起人们关注时的一个主题思想——而是把美国卷入世界大战与布尔什维克革命结合起来进行审视，同时把这两个创造性的事件与美国一直关注的外交政策一系列的后果结合在一起。对于勒万而言，威尔逊不是一个自由主义者，而是一个自由的资本家。他坚持认为，尽管总统在国际联盟的问题上失败了，但在关于美国外交政策在 20 世纪的最终定义上，威尔逊实际上取得了成功，实现了美国外交政策向自由的全球主义的转移，这与传统的帝国主义和革命的社会主义都是对立的。这一关于威尔逊的观点争议非常大，但该解释确立了冷战时期美国围绕第一次世界大战对于美国人的意义这一问题的基调。[11]

20 世纪 60 年代，联邦德国也出现了关于第一次世界大战的争论，尽管方式是截然不同的。1945 年之后，德国人面临的最艰难的任务就是与他们的过去达成妥协。尽管大屠杀在 40 年代[1]仍有发生，但德国

---

[1] 根据上下文疑为 60 年代，作者有误。——译者注

并没有出现否认纳粹发动战争罪行以及犯下巨大罪恶的势头。在东方的德意志民主共和国，是由一直反对纳粹的共产党人领导的国家，宣称自己是新型的、真正的反法西斯国家。只有位于西部的德意志联邦共和国，他们的领导人才一直纠结于与纳粹历史的巨大而扭曲的斗争之中。联邦德国令人尊敬的总理康拉德·阿登纳先生，在两次世界大战期间一直是反纳粹的，但联邦德国的大部分精英多多少少都是与纳粹政权有一定关系的。官方对此的立场是"公开的忏悔"，但也严格执行有限的债务责任；承认 1933—1945 年犯下的惊人罪行，但认为这些罪行是一小撮的派系造成的，同时豁免了在官僚机构中和军队里"办公桌上的犯罪者"，他们被认为仅仅简单地执行了命令而已。1951 年，阿登纳发表了针对以色列和全世界犹太人的和解与赔偿声明。对于这一点，德国总理表达得非常清楚。"德国人民的大多数实际上是拒绝针对犹太人的这些罪行的，他们也没有参与进来。"阿登纳接着说，"但是以德国人民的名义犯下的滔天罪行，给我们带来的道义责任，一定要进行物质上的补偿。"实际上，事情已经发生了，而且非常遗憾的是以德国人的名义发生的，现在体面的德国人必须进行赔罪。所以纳粹时期被塑造成为德国历史上的一个极其例外的时期。这里可以引用历史学家弗里德里希·迈内克所提出的一个比较呆板的公式，"这些人在人格上是个体的，在群体中也是个体的，在这种环境之中，政党可以独自地掌握权力，在一定的时期之内，强迫德国人去走一条错误的道路"。[12]

纳粹时期是短暂地偏离德国的正常轨道，是德国历史正常运转中的短暂失灵[13]，这种想法在 20 世纪 50 年代帮助德国人保留了对第一次世界大战的正面记忆，他们认为那是一场好的战争，是为了自卫而进行的必要的战争。这种观念对于维持德国人的自尊非常重要，然而这种观念最终在 20 世纪 60 年代被彻底打破了，这主要源于来自汉堡的历史学家弗里茨·费舍尔的著作《争雄世界》，该书描述了德国在 1914

年试图夺取世界权力的斗争。费舍尔主要关注的对象是接近政治决策精英们的国内压力集团，他坚持认为，这些人对于东欧地区和非洲存在着帝国主义的企图，为此他们不惜冒战争的风险。除了对 1914 年的历史进行重写，他认为从更广泛的含义而言，该书也对研究德国从一战到二战这段历史的延续性做出了贡献。费舍尔这本长达 900 页的巨著是一个非常复杂的写作工程，建立在对帝国时期大量文档解读的基础之上，其中很多是苏联返还给民主德国的文件，可以在波茨坦查到，但是这种关于承续性的评论激怒了德国人。德国历史学会的主席格哈德·里特率先对费舍尔进行了谴责，指责费舍尔正在进行"更新《凡尔赛条约》中战争条款的工作"。[14] 里特，出生于 1888 年，比费舍尔年长 20 岁，是一战期间的老兵，属于德国的保守派，一直从事传统的军事政治历史研究，而费舍尔及其助手们，如伊缪尔·盖斯和汉斯—乌利奇·威尔等人都属于左派人物，致力于社会和经济史研究。里特和费舍尔之间的对抗，实际代表的是代际、阶层和历史研究模式的冲突。而且，这与通常的学术辩论是不一样的，这一争论在大众媒体上引起了广泛的共鸣，特别是在《德国时代周报》和《明镜周刊》上。在辩论的过程中，双方越发走向极端，里特试图说服德国政府出面阻止给费舍尔提供到美国去演讲的经费。而费舍尔在 1969 年出版的著作《幻想的战争》，则非常直白地宣称，1914 年德国的领导人不仅发动了大战，而且这的确是他们想做并且经过了精心准备的事情。

真正促使"费舍尔论断"广为人知的原因主要在于，他认为希特勒的扩张并不是一个单单的偏离轨道的行为，而是德国历史，至少是自俾斯麦以来德国历史的一部分，战争是全体德国人的责任，而不仅仅在于少数的几个战争罪犯。该论断是对阿登纳时期德国杜撰的假象的根本性打击，而这又与当时对战争罪行新的揭露相互呼应，包括在电视中直播的 1961 年在耶路撒冷对阿道夫·艾希曼进行的审判，还包括 1963—1965 年在法兰克福进行的对低级官员的一系列审判。所有这些使得

"奥斯维辛"这一名词在全球范围内成为纳粹推行种族灭绝政策的同义词。有关费舍尔的争论同样反映了在这一个 10 年间，联邦德国向左倾斜的特征，当时年轻的学生们发动抗议，反对他们父母"沉默的一代"，而这个国家，最终也在 1969 年选举产生了第一个社会民主党政府。

同样，在法国，关于两次世界大战的评价是 20 世纪 60 年代争论的核心问题，只不过其方式与西德是不一样的。1945 年，法国毫无疑问是胜利的一方，但是法国在 1940 年耻辱的失败，以及维希政权与纳粹德国的勾结，带来了严重的道义问题。丘吉尔的回忆录在法国出版的时候，巴黎的出版商忠实地翻译了其六卷本的书名，只有一个例外，即关于 1940 年的第二卷，原名为《最光辉的时刻》，翻译更名为《目前的惨状》。1948 年，仍然有 85 万名 1914—1918 年的老兵还活着。50 年代，法国人发现，相比于 1940—1944 年的黑暗时期，纪念一战这一伟大的战争更容易，也更加让人舒服。[15] 当然，法国在这两次战争中均经历惨痛，这对菲利普·贝当个人尤为重要，1916 年他个人因为保卫了凡尔登而成为民族英雄，而二战期间，他在德国的占领下自称为法国的救星，但在战争末期被贬低为维希政权的领导人。1945 年，贝当被宣布判处死刑，后来被减刑为无期徒刑，1951 年在流放期间死亡，他一直是一个颇具争议的人物。

在战争期间，夏尔·戴高乐是在伦敦的自由法国领导人，他 1958—1969 年担任新建的法兰西第五共和国总统，而关于法国 1939—1945 年的叙事都是由他主导的。通过 50 年代写作的战争回忆录，以及他在担任国家领导人期间的言行，戴高乐塑造了一幅非常清晰的历史画面，他把自己塑造成为民族意志的代表，是法国国家的真正保卫者。而且，戴高乐针对的不仅仅是德国，也包括英国和美国试图把法国变成附庸的阴谋。他的这些垄断性声明遭到了共产党的强烈质疑，法国共产党在法国的抵抗运动中扮演了非常重要的角色，在战后的选举中经常赢得 1/5 或以上的选票。1964 年，戴高乐重新安葬了让·穆兰[1]的遗骸，安置于巴黎的先贤祠，这是安葬法国伟人的地方。法国的文化部长安德·马尔罗发表了一番讲话，对戴高乐的战争观进行了总结，"抵抗运动就等同于戴高乐，戴高乐就等同于法兰西，所以抵抗运动就等于法兰西"。[16]

20 世纪 60 年代，戴高乐重新编述的历史试图掩盖法国这一丑陋的裂缝。首先，通过对抵抗运动的不断强调，试图掩盖法国民众与纳粹占领者之间的合作。这一点和阿登纳的德国认为纳粹时期是德国历史上一个短暂的偏离一样，戴高乐时期的法国把维希政权边缘化了，认为这是被少数人误导的行为。其次，为了掩盖 1940 年的故事，戴高乐时期的叙事模式把抵抗和解放运动与 1914—1918 年的事迹紧密结合了起来，同时寻求排除战争的意识形态因素（维希政权本身就是法西斯主义的一个版本，因此反法西斯战争的提法本身就是令人产生疑问的），所以戴高乐时期把反对希特勒的战争描绘成为 1914 年以来 30 年战争的一个组成部分。早在 1941 年，他就坚持说："世界已经与主宰欧洲的德意志专制主义打了 30 年的战争。"[17]

20 世纪 70 年代，法国关于"官方记忆"的冰川被彻底打破。[18]正如联邦德国一样，学生的反抗构成了对于在历史和政治领域已经确立的权威的挑战，因为无论戴高乐主义者还是共产主义者，他们的合法性都是建立在战争时期的表现上。1969 年出品的电影《悲伤和怜悯》挑战了这个国家关于战争的大部分神话。电影主要讲述了德国占领时期克莱蒙费朗这座小城的日常生活，电影长达四个小时，这是一个明显缺乏将军的场景。通过广阔的画面，电影暗示很多法国公民对于反

---

[1] 让·穆兰（Jean Moulin），德国占领期间法国地下抵抗组织领袖，是法国抵抗运动的代表人物之一，其主要功绩是统一抵抗组织，并使之服从于戴高乐的领导。1943 年死于盖世太保手中。——译者注

犹太主义，或者是采取了合作的态度，或者是采取了骑墙的态度，甚至有的人暗中也存在反犹的心理趋向。尽管马塞尔·奥普斯的这部电影在西欧和美国都上映了，但多年来一直被禁止在法国播放，理由在于它破坏了法国人仍然非常需要的神话。最终，这部电影于1971年开始在法国的几个电影院播放，但经过了明显的剪辑，大约有60万人观看了影片。直到1981年，法国电视台才对这部电影解禁。在那之前，听说过、看过《悲伤和怜悯》这部电影的人们，已经使该影片在法国成为一个闹得满城风雨的事件，法国人展开了一场争论，即维希政权在放逐犹太人的事件中到底是否是共谋犯，从而凸显出这样一个问题：第二次世界大战在某种程度上是法国国内的一场战争。[19]

在20世纪60年代末期的联邦德国，两次大战都变为消极层面上的战争。而在法国，尽管有戴高乐的叙事，第二次世界大战的黑暗阴影也已经掩盖了一战持续多年的光环。这些与英国的情况都不一样，英国仍然把二战视为一场光辉的胜利。但是法国和联邦德国很快发现了一种把它们从关于两次世界大战的战壕叙事中摆脱出来的方式，而且是通过英国不认可的一种方式反映出来的，或者说英国人自己所拒绝的一种方式进行的。那就是欧洲的一体化。

正如法国的社会主义者和抵抗运动领导人克里斯蒂安·比诺[1]所观察到的那样，在盖世太保的牢房和布痕瓦尔德集中营待上几年，或者会激发一种报复德国的情绪，或者会产生一种再不要有集中营的强烈愿望。[20]复仇就是这30年战争的燃料，对于法国而言，在1914年重新得到了1870年失去的阿尔萨斯和洛林；对于德国而言，在整个30年代都在追求废除《凡尔赛条约》单方面的苛刻条件，并且力图在欧洲

---

[1] 克里斯蒂安·比诺（Christian Pineau），德国占领期法国地下抵抗组织领袖，是戴高乐的亲密战友。1943年被盖世太保关押在布痕瓦尔德集中营。战后作为社会主义者代表担任法国财长、外长等多个职位。——译者注

实现德国"生存空间"的扩展。尽管在 1945 年之后，因为冷战的因素，没有举行正式的和平会议，但是比诺在 1957 年为法国签署的《罗马条约》，对于西欧问题而言，是一个非常有效的解决方案。

在 10 年之前，关于法国和德国能够成立欧洲经济共同体的观点，看起来还是非常令人难以置信的荒谬之见。1945 年，当戴高乐执掌法国临时政府的时候，法国的外交政策看起来是对 1919 年的重复。戴高乐将军在一次新闻发布会上宣布："设想一下，我们在大约相当于一生的时间里，遭遇到了德国的三次侵略，所以我们应该从德国那里得到更多。"他的政府阻止德意志中央政府的建立，而且就像 20 世纪20 年代一样，试图把鲁尔和莱茵兰从德国分割出去。考虑到 1919 年的"背叛"行为，法国人并不信任"盎格鲁—撒克逊人"。他还告诉美国大使："你们距离那么远，你们的士兵不可能长期驻扎在欧洲。"他认为英国已经被"耗尽"了，所以在面对德苏联合的时候，不能指望英国做什么事情。事实上，戴高乐在 1945 年非常不吉利地谈到了这还是"两次战争期间的间歇"。[21]

40 年代中期，戴高乐的继任者们还是通过其他的方式继续了战争的政策，寻求让德国衰落下去，但到 40 年代末，国际环境已经发生了戏剧性的变化。1947 年的"马歇尔计划"，以及 1949 年的北大西洋公约组织都表明，这一次美国的确成为西欧可以依赖的盟友，而法国也没有能力阻止英国和美国重建联邦德国的工业，以及在波恩建立一个新的德国政府。因而法国的外交官和政策制定者们，又回到了 20 年代的那种选择困境，像雅克·赛杜[1]这样的技术专家主张法国与德国之间展开合作，合作围绕法国的煤炭和德国的钢铁工业展开。20 年代的时候，已经存在这样的合作，但主要是个人层面的，是通过两个国家

---

[1] 雅克·赛杜（Jacques Seydoux），法国经济学家，在一战期间提倡并组织了对德经济封锁。1920 年代任职法国经济部门高官，主张法德经济联合。——译者注

比较关键的制造业领域的卡特尔之间展开的合作。1/4 世纪之后，这种方法被政府机制化了。这一局面的关键驱动者是法国的经济规划师——让·莫内，但真正的大众代言人则是法国的外交部部长罗伯特·舒曼，他自身的故事比较完美地体现出两次世界大战期间，法国和德国之间发生的异常纠结的故事。

舒曼出生于 1886 年，在卢森堡长大，在德国大学受教育，在梅茨开业做律师，后来这一地区被法国控制。1914 年战争爆发后，他应征加入德军，因为身体上的问题，他做的是文书工作，因此没有面对面与法军战斗过。1918 年之后，法国收回了阿尔萨斯和洛林，舒曼在法国的政坛中开始活跃起来，在下一次大战中他投身于法国抵抗运动，但是他早期在法德不断变化的边界的生活经历，使他认为强硬的民族主义立场几乎没有任何意义。在舒曼的观点形成过程中，同样重要的是他的天主教背景，以及战后作为法国民主共和运动成员的身份的影响，这一运动在 1950 年前后曾经作为法国政治运动的基石发挥过非常重要的作用。人民共和运动是一个天主教的民主党派，其领导人如舒曼和乔治斯·皮杜尔，与德国和意大利相对应的天主教民主政党有很多的共性。阿尔契德·加斯贝利——一个莱茵兰人，与康拉德·阿登纳，都非常清醒地看到了法德之间历史边疆的转移以及伴随每次变动而爆发的血腥战争。加斯贝利早在 1911 年就以奥地利议会代表的身份开始了政治生涯，彼时他的家乡提洛尔是哈布斯堡帝国的一部分。大战之后，这一地区划归了意大利，而加斯贝利也在罗马重新开启了他的政治生涯，他最初反对墨索里尼的法西斯主义，后来又反对战后的共产主义者。舒曼、阿登纳与加斯贝利都对天主教的欧洲怀有同样的历史感，这要回归到查尔曼大帝的神圣罗马帝国时期。正是源于这一视角，舒曼逐渐走近了欧洲一体化运动，他坚持认为，"如果一个人在处理德国问题时，不想再犯以前的错误"，"那么只有一种解决方案，即欧洲的解决方案"。换句话说，如果不能打败它，那么你只有加入它，这就是舒曼在1950年5月表达的基本信息,他建议作为"欧洲联邦的第一步,首先要成立欧洲煤钢共同体"。[22]

煤炭和钢铁是一把双刃剑,对于工业增长和发动战争都是非常必要的资源。为了和平与繁荣,国家放弃对这些关键资源的控制似乎是不可避免的一项选择。正如法国外交部宣布的,"为了一个民主的欧洲,我们必须放弃我们的部分主权,这将使得德国与法国之间发生新的冲突,无论在经济上还是在政治上都是不可能的"。[23]欧洲煤钢共同体1952年成立,最初有六个成员国,法国、联邦德国、意大利、比利时、荷兰与卢森堡。后三个国家早在1948年就已经达成了三国关税同盟,实际上是欧洲共同体的先锋。考虑到它们地理位置上的困境,三国正好处于德法对立的"火山口"上,它们的选择并不奇怪。当法德两国再燃战火,比利时、卢森堡与荷兰就会被"火山"毫不留情地吞噬。

《罗马条约》以及欧洲经济共同体的推进非常缓慢,也极其不稳定。真正的交易主要是法国和德国苦思冥想进行设计的,阿登纳坚决反对其经济部长路德维希·艾哈德的主张。前者认为发展与法国的新型关系比特定细节要重要很多。法国因此能够设计自己的方式,尤其是能够保护新兴的共同市场,并且涉及对农业的优惠政策(这在法国是非常重要的因素)。《罗马条约》将产生持久的影响,而这些条款在1957年的意义则是让各方达成一致。阿登纳异常欣喜地宣布:"在西欧,两个民族间爆发战争的时代就此结束。"1958年5月,即欧洲经济共同体开始运作五个月之后,戴高乐就任法国总统,他很快就接受了这一既成事实。戴高乐迅速铸造了与德国总理更为亲密的一种关系,尽管这与预期是相反的。一战期间,戴高乐有一半的时间在德国的战俘集中营度过,而阿登纳对巴黎的首次访问是在德国代表团签署《凡尔赛条约》之前。更富有历史意义的时刻出现在1962年7月,两国领导人出席了法国兰斯大教堂的弥撒活动,这里是法国国王举行加冕礼的神圣之地,同时是德国在1914年进行文化"暴行"的所在地。

随后，在爱丽舍宫，戴高乐充满感情地讲道，法国和德国两个国家的长期敌对只不过是胜利与失败的交替循环，而代价则是数不清的坟墓。但是，他满怀希望地预测说，两国终于意识到了要实现"一体化"的梦想，这种想法我们已经思考了将近 20 个世纪，穿越查理曼大帝时代直到回溯至罗马帝国时期。1963 年签署的《法德条约》也具有基层合作的特征，例如姊妹城市的建设、青年的交流以及双方语言的学习项目，以弱化下一代年轻人的民族主义倾向。[24]

因此，尽管法国和联邦德国在与过去达成妥协方面都面临着一些困难，但是它们仍然在继续努力。欧洲一体化带来了一个全新的并且充满希望的未来，超越了两次世界大战带来的敌意和仇恨。20 世纪 50 年代的英国政府，工党政府也好，保守党政府也罢，都对欧洲一体化发展的速度和强度感到非常吃惊。他们对于欧洲煤钢共同体和欧洲经济共同体都态度冷淡，认为英国的经济利益存在于全球的贸易网络，与美国和英联邦国家的贸易比一个封闭的、保护主义的大陆集团要重要得多。而事实上，他们还存有一种潜在的疑虑，他们不相信欧洲人能够真的行动一致，特别是有鉴于刚刚过去的半个世纪的历史更是如此。一旦这六个国家的协议真的开始了生龙活虎的运转，英国面临着真正边缘化的危险。"六国的联合除了导致英国经济损失，"一个英国政府的委员会发出如此警告，"如果我们继续保持冷淡的态度，我们还将面临这样一种危险，即失去作为一个大国的政治影响力，无法提出任何的要求。"[25]

还有两个因素更加强化了这一警告的作用。第一，英帝国突然而且非常迅速地收缩了，1960—1964 年，17 个英国殖民地获得了独立地位；第二，美国对于欧洲一体化采取了积极的支持态度，对于长期敌对的欧洲终于达成了和解表示热烈的欢迎。为了保证在华盛顿的影响力与信誉，英国承担不起游离于新欧洲变化之外的代价。尽管已经成为一个有核国家，但英国在古巴导弹危机之中表现出来的虚弱无力，加深了这种边缘化的感觉。美国前国务卿迪安·艾奇逊在1962年12月宣布："大英帝国已经失去了帝国的地位，但是目前还没有找到自己的定位。"这彻底戳中了伦敦的痛处。首相哈罗德·麦克米伦对此进行了高调指责，声称艾奇逊"已经误入歧途，这种错误在过去的400年中已经有很多人犯过了"，从西班牙的菲利普二世到拿破仑，从德国皇帝到希特勒都犯过此类错误。但是他的这次讲话并没有抓住要领，英国过去的英雄传奇对新欧洲和战后的殖民地世界几乎没有发挥什么作用。[26]

艾奇逊的评价是恰当的，英国1963年的时候如此，到1967年的时候这一点再度得到了印证。秋季，戴高乐否决了英国加入欧洲经济共同体的申请，理由是，英国并不是真正的欧洲人，而且将为美国扮演"特洛伊木马"的角色。这位法国总统清晰地记得，1940—1944年他流亡到英国时候的卑微地位。他也不会忘记，丘吉尔在诺曼底登陆日前夕发出的警告，跨大西洋联盟永远是英国外交政策最为优先的选择。"每次我们都必须在欧洲和跨大西洋之间进行选择，而我们将选择跨大西洋。"1940年发生的戏剧性事件在英国和法国之间造成了巨大的分裂，或者从更广泛的意义上说，是欧洲与英国之间的分裂。到了戴高乐的继任者乔治·蓬皮杜时期，法国的语调温和了许多，英国最终在1973年被批准加入欧洲经济共同体，当时这一组织已经运行了15年。最初六国之间的协议已经变得非常牢固了，它要求英国接受已经达成的约定，而这并不符合英国的经济利益。[27]

新欧洲的崛起，英帝国的衰落，使得英国关于第二次世界大战的英雄叙事变得不再那么引人注目了。"光辉的时刻"这一概念仍然是神圣不可侵犯的，但是人们逐渐开始质疑到底取得了什么样的胜利。1965年1月，丘吉尔逝世，这时距离欧战胜利纪念日几乎已经20年了，这一事件被很多人认为是"战后时期"的结束，因为他曾经在这个国家的经历与观念中扮演过那么重要的角色。在前一年，丘吉尔90岁生日的时候，他收到了 30 万份卡片，这一数字也是他的灵柩停放在威斯敏斯特大厅的时候来祭奠他的人数。为丘吉尔举行的国家葬礼，是模仿惠灵顿和格莱斯顿的，2500 万的英国人通过电视节目观看了这一过程，全世界其他地方也大约有 50 万人通过电视观看了这场葬礼。葬礼经过精心设计，非常感人。工党政治家理查德·克罗斯曼称其为"狂欢的一天，但也是自我哀悼的一天，因为这预示着我们帝国命运的终结"。《经济学家》杂志的调查认为，随着丘吉尔的死亡，"一个时代，一个值得记忆的时代，渐渐地融入到了历史之中"，"我们今天见证了一个曲终人散的伟大时刻，这也是一个重新起跑的时刻"。约翰·格里格在《卫报》的评论则更为尖锐，他认为丘吉尔在 1945 年取得的胜利是令人迷惑的，因为这个国家的权力在这一进程中已经被碎片化了，带来了"沉重的心理负担"。格里格认为："我们应该重新评估现在的形势，必须正视所面对的转瞬即逝的时代，并相应地重塑我们的外交政策。"[28]

20 世纪 60 年代的英国是否面对着一个转瞬即逝的时代是值得商榷的。但是丘吉尔的葬礼，战后时代的流逝，乃至于无休止的冷战，都让英国再度超越 1939—1945 年的历史，去重新发现第一次世界大战的历史价值。

新时代的开端，1961 年出版的一本书《驴》，作者为艾伦·克拉克，主要讲述的是 1915 年的鲁斯之战。正是在这场战役中，英国"老式的职业军队"被彻底摧毁了。克拉克是艺术史学家肯尼斯·克拉克的儿子，他是一个特立独行的人，丝毫不顾虑偷工减料的问题。他认为其书名来源于鲁登道夫及其参谋长马克斯·霍夫曼（克拉克拼错了他的名字）之间的交流，而这来源于法尔肯海因的回忆录。

鲁登道夫：英国士兵战斗的时候表现得像狮子一样。

霍夫曼（原文如此）：的确是这样，但不为人知的是，他们是驴领导下的狮子。

多年之后，克拉克承认自己编造了这段对话，目的是为了使这一词语适用于自己的需求，因此采用了前几次战争中使用的这个词。他的书实际上是对英国将军们的又一次控告，特别是针对约翰·佛伦奇爵士（他被认为意志薄弱，而且是一个仅次于精神病人的患者），也包括道格拉斯·黑格爵士（他的晋升被认为是政治关系运作的结果，而不是他的天然才能），同时指责黑格冷酷无情地强迫勇敢的士兵们去发动"无望的进攻"。克拉克的作品主要是对从20世纪30年代起的一战评价的再修正，但是新的一代并不熟悉这些，因此产生了非常重大的影响。而且，最为重要的是，克拉克看到了这一引人注目的标题的价值，由于他的原因，虽然后来的军事历史学家做出了很大的努力，"驴领导的狮子"这一标签已经成为大战中英国故事的速记标签。[29]

为了理解这一切为什么会发生，我们需要探索20世纪60年代对于大战的重新回顾究竟是什么样的状况。关于周年纪念的剧作、书籍和电视的系列节目如潮水般涌现，这些都对英国人的态度发挥了难以磨灭的影响。

《哦，多么可爱的战争》是琼·利特尔伍德戏剧工作室的作品，1963年3月在伦敦东部开始上演，后来由于特别受欢迎，很快搬到了西区。该剧故意在形式上呈现出非戏剧性的特征，在技巧的处理上它把布莱希特以及其他欧洲大陆的现代主义派与英国传统的音乐厅混合在了一起，把公众融于情境之中。这是一个工人们的剧场，是一个自下而上的、平民阶层看待战争的视角。在利特尔伍德看来，政治家与指挥官们的故事已经众所周知了，但是"那些受害者，那些民众，那些没有特权的人们……他们的父辈，到底是谁欺骗了他们"。装扮成丑角的演员阵容，象征着被送往战场的小丑们，他们唱着士兵们的歌曲（其中一首就是本剧的题目），并且表演出这样一幅由驴领导的狮子的场景。艾伦·克拉克曾经声明，对他书中材料的未经允许的使用必须要进行赔偿，而这部戏剧被普遍认为是建立在他作品的基础之上。[30]

实际上,《哦,多么可爱的战争》运用了多方面的资料来源,而且经常断章取义地引用,以讽刺这些将军。

黑格:我们必须突破重围!
英国将军:先生,难道我们不需要考虑可能的损失伤亡吗?
黑格:再损失 30 万人可能会赢得真正的更伟大的胜利。[31]

该剧的背景是一个屏幕,屏幕上投放的是来自战场上的照片,并且配有新闻报道的大幅标题来介绍这是哪场战争,例如"11 月,索姆河战役结束,总共损失 1332000 人的生命,无所收益"。在双方阵营里面,驴这一阶层的人也具有友谊的一面,剧中用一幅非常长的场景描绘了 1914 年的圣诞节休战。这些人,无论英国人还是德国人,都是这场毫无意义的战争的受害者。

英国海军上将:你们有明确的计划吗?
英国将军:当然有。
幻灯片 5:一片空白

而且毫无价值。

美国:我们总统对这场战争表示非常痛心……
英国:我明白,他是一个病人。
美国:是的,他是一个理想主义者。

在戏剧的最后,交战双方都在预测胜利的到来,1918 年、1919 年、1920 年、1925 年等等。难道还能推进到 1964 年,还有很多的数字,不知道是从哪里来的。最后的幻灯片展现的是筋疲力尽的士兵们，他们正在反复唱着题头的歌曲。[32]

《哦，多么可爱的战争》从第一幕开始，主线就是逐渐失去的纯真，但到最后也没有表现战争结束。很明显，它并不想谈到战争为什么在1918年结束，战争是怎么结束的，而只是想通过新闻画面的形式宣布"结束战争的战争，杀死了上千万人的生命"。这部戏剧在1969年被改编成电影的时候，其结局的讽刺性变得异常尖锐。电影由理查德·阿滕伯勒执导（在电影标题中，"哦"之后加上一个感叹号）。无论在舞台上，还是在屏幕上，演员表上都包括了众多的名人，从劳伦斯·奥利弗到约翰·米尔斯，从凡妮莎·雷格列夫到玛吉·史密斯，这一演员表与《漫长的一天》一样有名。只不过这部电影是讽刺战争而不是纪念战争的。小丑们消失了，但是通过把战争的场景设在布莱顿码头，那种轻薄的气氛反而加强了。所有的关注都集中于史密斯一家人。最终，最后一位史密斯先生经过和平会议繁文缛节的协商，从战壕被运回到了苏塞克斯的丘陵，在那里，他死去的战友们和穿白衣服的妇女们逐渐融入到了白色的十字架里面。一位评论人对这部电影的描述是，"这是一部自从《西线无战事》以来最具和平主义特征的一项声明"，比较恰如其分。事实上，自从1931年以来，英国没有直接涉及战壕的电影，关于大战的电影集中关注的都是不那么敏感的主题，如谍战片等——希区柯克的《特工》（1936）是其中的经典之作。《哦！多么可爱的战争》是第一部关注战争如何爆发的电影，它把战争视为欧洲王朝之间的类似家庭内部的争吵与打斗。[33]

对于某些人来说，这是为了宣传而编纂的伪历史。奥利弗·利特尔顿以及怀康特·钱多思——他是伊顿公学的一名警卫官，经历过大战，伤心地评论道："我们，我这里指的既包括军官，也包括士兵，都坚信我们为了一项神圣的事业奋斗，但是没有想到有一天，在利特尔伍德女士看来，所有这一切都是非常荒诞可笑的。"观众们究竟如何看待《哦，多么可爱的战争》仍然是一个没有解决的问题。许多人承认这是对历史的一种嘲讽，但是却被歌曲深深打动，尤其是老年人的情绪更容易被唤出来。一位评论员写道："对于我们亲身参与过战斗并且幸存下来的人而言，这个节目让人想起的记忆并非都是痛苦的。听到这些我们曾经高唱过的歌曲——尽管现在的年轻人都不知道这些歌曲应该怎么唱了——又让我们回想起来那种讽刺性、幻想破灭的感觉，那种感觉是与战壕生活紧密结合在一起的。"正是该剧带有的娱乐和乡愁之情，而不是其散发出的政治性戏剧的能量，才真正地把很多人吸引到了剧场里面，并且助推其走向了伦敦西区。[34]而电影产生的影响可能是更加难以觉察的。它延续了戏剧中对军队精英人物的讽刺，其结局的力量比戏剧要具有更大的冲击力，清晰地表达了反战的信息。更为重要的是，对于年轻人来说，他们没有任何关于战争的记忆，他们没有得到关于1914—1918年战争发生的原因的解释，他们对战争的感觉就是它是毫无意义的，是在悲剧与闹剧之间游走的战争。

对于大战意义论述的缺乏，由于A. J. P. 泰勒在1963年出版的《第一次世界大战：一部插图史》，而得到了进一步的强化。该书是在《哦，多么可爱的战争》上演几个月之后出版发行的，该书被描绘为，"从英语读物的整体上来看，是阅读最为广泛的关于战争的历史书籍"，它在出版后的前25年就售出了25万册。[35]该书最初是想作为咖啡店里茶几上的摆放用书，为此泰勒选择了大约200张非同寻常的照片进行了简单的排列，并配有简单的文字说明。但泰勒在55岁前后，无论作为历史学家，还是作为一个辩论家，都达到了生涯的顶峰。他因为固执己见的报纸专栏以及电视讲座节目而享有盛誉，在电视节目中他的讲述非常生动，从来都不用纸条，完全脱稿讲述。他在1961年出版的打破传统观点的书籍《第二次世界大战的起源》曾经掀起轩然大波，现在他又非常敏锐地把火力指向了第一次世界大战。他的这本插图历史著作的特殊影响源于两个非常明显的特征。首先在于它轻松愉快、带有讽刺性的文风，缺乏相应的庄重，并且经常表现得像闹剧一样（似乎这本书是直接献给利特尔伍德的一样）。其次插图的文字说明也是特别风趣的。约翰·佛伦奇爵士身着燕尾服，戴着大礼帽，一路小跑穿过伦敦城，插图文字是"为了从蒙斯撤退而正在进行锻炼"。至于陆军元帅黑格先生，"他依赖于神灵的帮助，成为一个伯爵，并且从议会中每年得到10万英镑的收入"。另一幅插图的标题是"准备统治世界的威尔逊先生及其内阁"。而关于英国首相的照片，因为他是一位臭名昭著的沉迷于女色的人，其配文为"劳合·乔治对于从事军需品生产的女孩投以专家般的眼神"。泰勒对历史的调侃，明显是对"以前关于战争历史描述的一种背离"。[36]

从另一个层面来说，泰勒开辟了一个新天地。他的书籍第一次对于战争的历史进行了短暂但是尖锐的描绘，提供了一种非常清晰但是也带来争议的论点。1918年之后出现的瞬息史学（instant history），大多数是对于战役单调而冗长的年表式的叙述，缺乏解释的能力。其中最为著名的是小说家约翰·巴肯在1922年出版的四卷本著作，是对其在战争期间发表在杂志上的文章的整理修订，重叙述、轻分析，而且非常谨慎地强调了对于未来的积极看法。耐下心来仔细阅读这几卷本书籍的人没有一个清晰地感觉到战争到底是怎么回事。读者们可能会从利德尔·哈特1930年出版的《真正的战争》这本书中找到这种感觉，但是哈特提供的关于战争的观点非常片面，带有一定偏见。利德尔·哈特注重于战略层面以及战略的具体操作，几乎没有涉及外交层面（根本没有考虑本书的标题），也没有谈及士兵们的经历。他一心只关注西部战线的问题，而且故意特别关注1918年发生在法国的战斗，以充分证明他思维定式的正确，即海上封锁的力量，而不是黑格的军队，是最终赢得这场战争的决定性因素。牛津大学历史学家，同时是战争老兵出身的查尔斯·克鲁特维尔在1934年出版了《一战历史》，并没有公然地那么固执己见，对士兵们的经历也进行了更多的关注，但是该书对历史的叙述非常狭隘，相对于利德尔·哈特的著作，它只关注于军事行动层面。[37]

换句话说，当关于一战的历史已经被有关二战的瞬息史学所赶超后，关于1914—1918年的历史已没有非常清晰的、打动人心的通俗叙述。当然，关于1939—1945年的论述，没有任何人的叙述能够与丘吉尔在战争期间的演讲相比，而他回忆录的标题业已成为对二战描述的重要标志。这一鸿沟也是泰勒用了50年的时间填充上的，具体方式就是发展出一种简洁的、讽刺的、具有可读性的插图历史书。

对于一战，泰勒自始至终都认为这是一系列的意外事故，是人类的错误导致的结果。与人们通常认为的伟大事件必然有重大的起因这一观点不同，泰勒认为很难发现这场战争爆发的背后有着意义极其重大的缘由，而仅仅是出于1914年7月政治家们错误估计的结果。在古巴导弹危机发生后几个月，泰勒尖锐地写道："他们所依赖的威慑力量最终没有发挥出威慑的作用。"一旦开始了战争动员，这一过程就沿着自己的逻辑发展下去，因为在为时已晚之前，必须把军队部署到正确的位置上去。泰勒别有用心地宣称，战争被强加于欧洲政治家们的身上，而他们是依据铁路时间表设定的战争日程，这在铁路为主的时代是一个意想不到的高潮事件。他重提了艾伦·克拉克的名言，认为"驴领导下的狮子"并不仅仅局限于英国，"所有的人都在风雨同舟，战争超出了将领们和政治家们所能够控制的范畴"。这种论调一直贯穿全书，从1915年的加里波利到1918年德国与协约国发动的装模作样的进攻都是如此。泰勒断言，"没有人询问战争到底是怎么回事"，"也没有清晰的战争目标"，霞飞将军的自信建立在这样一种假设之上，"总有一天，所有的德国人都会被杀死，即使在这一进程中可能有更多的英国人和法国人战死也在所不惜"。战争的结束，如同其开始一样，都是错误估算的结果。鲁登道夫非常狡猾地要求停战，实际上是打算处理国内的崩溃以及发生在柏林的革命。泰勒在这里暗示的意思是，"实际上双方都没有更多的选择，德国人犯的唯一的错误就是放手了"。[38]

当然也存在关于战争起源和意义的不同描述方式，那就是德国的弗里茨·费舍尔发展起来的修正主义思想。他并没有强调德国的责任，这是泰勒在《争夺欧洲霸权的斗争》[39]一书出版几年之前所强调的，他滑向了一个违反常理的极端，在30年代他就持有这样一种思想，即认为这个国家滑向战争以及整个战争进程都是一场错误。他的这种不敬的论调强化了一种彻底的非理性感觉，"凡尔登是战争进程中最没有意义的一段插曲，在任何场合都是没有意义的"。帕斯尚尔战役是"这场盲目发动的战争中最盲目的一场大屠杀……甚至将军们最后也意识到有些事情一定是弄错了"。对于1916年7月的索姆河战役的最初时日，泰勒的语言也极其尖刻，他没有提及战役的其余时段。"在索姆河战役中，理想主义彻底消亡了……战争不再具有任何意义，战争本身具有自己的目标，就像是一场忍耐力的竞赛……索姆河战役确立起一种未来的青年一代看待战争的图景：勇敢的然而无助的士兵，浮躁的顽固不化的将军们，最终什么都没有得到。索姆河战役之后，人们以为战争会永远无休止地进行下去。"[40]以前，帕斯尚尔战役在英国人的记忆中是悲剧牺牲的原型，但是泰勒把索姆河塑造成为毫无价值的牺牲的典范。这一步强化了索姆河与英国在二战中取得阿拉曼战役胜利这一转折点（见第七章）的对比。[41]

泰勒的写作年代正值冷战高峰，他把对1914—1918年的描述置于20世纪的大场景之中。尽管泰勒也提到了众所周知的凡尔赛遗产，但是他关注的重点不是德国问题，也不是1919年与1939年之间的联系。泰勒坚持认为"和平缔造者们最大的错误，在于他们在东欧的工作戛然而止，也就是在苏俄的边疆地区突然中止下来"。尽管世界上的大部分国家最终都承认了布尔什维克政权，但是，他接着写道："从更深层的含义来看，非共产主义的世界直至今日仍然没有真正地承认苏维埃俄国。这才是1919年最大的遗产，两个世界的局势已经形成，这也是我们今天世界面临的最大麻烦。"早在20世纪60年代早期，泰勒就是废除核武器运动的坚决支持者，他对于一战的看法只是这一时期宣传的一部分。通过对欧洲战争进行的毫无意义屠杀的描述，泰勒实际想表达的是，50 年过去了，目前意识形态上的分裂已经把整个世界都带到了原子能所造成的毁灭的边缘。[42]

除了利特尔伍德的戏剧和泰勒的书籍，对 1914—1918 年的重新解释的第三个比较具有标志性的事件就是英国广播公司制作的系列节目《一战》。1964 年 5 月 30 日到 11 月 22 日，该节目分为 26 集播出，是英国广播公司为了纪念一战爆发 50 周年举行的系列纪念活动的核心，同时也是为了庆祝英国广播公司第二频道的开张。1964—1965 年秋季和冬季，这一节目在英国广播公司的第一套节目中重复播出，大约有 800 万人收看了该节目，收视率达到 20%。这与当代热门电视节目的人数大致相等，如关于警察的系列节目《Z 汽车》与《迪克金刚秀》。但是纪录片观众的反应指数超过了这些受家庭欢迎节目 20 个百分点，达到了 80%，可以与英足总杯决赛和皇家婚礼相媲美。如何解释这种影响仍然是一个值得争议的问题。部分原因可以归结于这一系列节目的视野与新奇性，大量的不为人知的档案，因为配音的效果而凸显出来，与老兵们的座谈，以及精心制作的音乐，加上彼时非常著名的英国演员的声音，如以迈克尔·瑞德格拉夫为首的洪亮旁白。画面看起来也极其现实，在可以承受的花销范围之内，尽可能地展开画面，从最初的每秒 16 帧，到更现代的 24 帧，并消除了旧电影中固有的抖动的画面感。对于那一代人而言，看到和听到的一战真实画面远比观看的二战电影要少。许多观众带着浓厚的个人乃至家族的兴趣来观看这一节目，这是一个弄明白父辈或者祖父辈在战争期间所作所为的机会，而那些现在已经 70 多岁的老兵则发现这一系列的纪录片给他们找到了一个发掘过去的宣泄机会，这就好像英国广播公司创造了"可以重新讲述记忆的安全空间"。[43]

《一战》准备重塑英国军队和将军们的形象，这和艾伦·克拉克与泰勒他们塑造的形象是不一样的。这也是节目主编、军事历史学家约翰·特里恩的目标，他发表了一项研究成果，其副标题为《受过良好教育的士兵》，对于黑格作为总指挥官的作用进行了高度评价。该目标也是托尼·埃塞克斯的想法，他是这一系列片的首席制片人。埃塞克斯注意到，"第二次世界大战之所以能够取得胜利，是由于东部战线巨大战役的消耗"，"难道一战中的西部战线没有过类似的战役吗？德国难道不是被击败的吗？"。在这套系列片中，他表达的核心思想就是，"无论怎样，赢得任何战争，从来都没有一种简单的、代价微小的并且快捷的方式"，该观点也体现出特里恩的想法，这在他为第十三集的索姆河战役所写的脚本中表现得特别明显，该集正好处于系列节目中的中点。特里恩并没有回避 7 月里发生的第一次暴行，"夜幕降临，一场英军历史上从来没有遇到过的灾难来临了，这是纯粹的大屠杀"。但是他很快转向了其余五个月的战斗，强调了基奇纳指挥的这些毫无经验的新兵如何开始在战斗中学习（这是一个周期性使用的词汇），从而日益老练并精明。特里恩高度强调英国军队给德国造成的巨大损失，认为这最终导致了德国军队在索姆河战役之中流血而死，当然这是在协约国巨大物质优势的大环境之下取得的胜利。炮击德国战壕是一场噩梦，"甚至战壕里的老鼠都变得歇斯底里了"。[44]

在这里，索姆河战役被塑造成为一场成功的消耗战，这是强有力的和持续的解读的成果，我们即将看到，这预示着一个军事历史的修正主义学派的形成。但这是有选择的解读，粉饰了黑格一直坚持的一个信念，他正处在赢得战争胜利的边缘，因此他才发布了重复的命令：再进行一次攻击。利德尔·哈特对于特里恩的消耗理论非常愤怒，而且对其所隐含的意思，即只有士兵而不是高级指挥官们需要学习这一点也非常愤怒，这使他从对《一战》宣传的历史学家中退出来了。无论如何，对于大部分观众而言，视觉的冲击力会超越文字的影响，真正留在观众记忆之中的，不是特里恩的脚本解说词，而是泥浆和毁灭的画面，也包括一些访谈画面的片断，例如一位澳大利亚老兵所说的："我们像野兽一样生存，而且事实上，我们也已经变成了野兽。"尽管特里恩的目标是展示战争的消耗有其自己的目的，但是数以百万计的观众了解到的则是战争的徒劳无益和造成的巨大浪费。其中有一个插曲叫《魔鬼来了》，似乎激起了人们无处不在的坠入地狱般的感觉，在结尾，这一场景是通过一个德国兵对英国坦克的评论而揭露出来的。这种目的与实际反应的分离有点像 R. C. 谢里夫 1928—1929 年的戏剧《旅程的终点》出现的那种写作与反应相分离的情况（参见第五章）。[45]

托尼·埃塞克斯的剧作有点精神分裂的特征。尽管不断地告诫公众胜利从来都不是廉价的，他同时也渴望制造悲剧性的史诗事件。这在其引人注目的，被描绘成为"既是挽歌，也是序曲"的开场画面中表现得非常明显，这些开场白建立在西部战线三幅图片的蒙太奇表现手法之中。第一幅照片是一个戴着头盔的士兵侧影，背衬着天空，低头正注视着一个极其粗糙的木头制的十字架，上面刻着"记忆"。然后，按照埃塞克斯的设想，伴随着嘶嘶声，音乐逐渐变得刺耳和尖锐，随之镜头很快就转向了战壕，几乎陷入了一片黑暗之中（就像爱丽丝掉进了兔子洞里面开始了奇妙的旅行一样，只不过这一次是来到了恐怖之中）。在战壕的最底端，镜头抓住了第二个非常关键性的画面——一个可怕的、穿着制服的、极其疲倦并且瘦骨嶙峋的人，眼睛斜看着镜头，眼神空洞，左手紧紧抓着自己的喉咙。然后在埃塞克斯的指导之下，伴随着非常强烈的、旋律感非常清晰的、激情的并且富有悲剧色彩的音乐，镜头又转向了废弃壕沟的另一部分，那里躺着两具尸体，旁边是极其疲惫的、靠在战壕墙上的英国士兵，他们眼神迷离，当镜头追踪到他们脸部的时候，他们用一种奇怪的、厌倦的眼神盯着镜头。[46]

在这三组依次排列的严酷镜头中，那位目光呆滞的士兵很快抓住了英国观众们的心理，激发起了他们的想象力。他很快成为一个被狂热崇拜的人物，以至于英国广播公司打破了因没有版权而不提供脚本印刷物的传统，破天荒地送出了几百张明信片。到 1965 年 4 月，

《广播时报》推断出："他是世界上最著名的无名战士。"最初，这名士兵的身份被定为是二等兵约瑟夫·贝利，来自于约克郡和兰开夏郡的第十二兵团，几个小时之后就在索姆河战役中阵亡。随后的调查显示，这并不是他的名字，这个人可能在爱尔兰军团服役，但是贝利的故事增加了这一图片的悲苦效果，这是一位失败的、浪漫的英雄，成为很多年轻人的墙头挂画。其中一个年轻人写道："我已经13岁了，我完全同意一个女孩所说的，'我认为他对我的意义比甲壳虫乐队更大'。"事实上，电影里的这幅照片经过了加工处理，在最初的原照片里，这一士兵并不是与尸体共存在黑暗的洞里面，而是在一个敞开的战壕里面，周围都是他的战友。埃塞克斯故意"设计了开场的蒙太奇，目的是引起人们思想上的共鸣，而这一关于战争的观念已经嵌入到英国人的现代记忆之中"。[47]

在这一时刻，回顾当年8月和9月在英国电影院上映的1916年电影《索姆河战役》是非常有教育意义的。一战时期，电影院在流行文化领域占有一席之地，其地位就像电视在60年代的地位一样。彼时，每个星期都会售出2000万张电影票，这对于那些找乐子的人们是不可抵抗的诱惑。"但是所有这一切都变了，而且是随着《索姆河战役》的发行，突然地发生了戏剧性的变化"。这是一部黑白的无声电影，镜头主要锁定在五个部分，配有小标题作为必要的解释，这部75分钟的电影对于现代人们的视觉来说可能是太残忍了。该电影第一次上映产生了非常巨大的影响，在头六个星期内，就有大约2000万英国人观看了这部电影，而且在整个放映过程中可以说是场场爆满。在1916年，这部电影被反复播放，最终英国人口的大多数都观看了这部电影。各种评论不断地强调这部电影的现实主义。《曼彻斯特卫报》评论说："这是最真实的事情。"《泰晤士报》则报道说："众多观众感兴趣而且为之震惊的是，战争的现实被如此清晰地呈现在他们面前，女士们在电影院里有时不得不闭上眼睛，不想看到电影里死亡的悲剧。普遍的观点都认为，后方的人们应该了解我们的士兵在法国皮卡第的战斗经历，他们的勇气，以及他们的遭遇。"当达拉谟的牧师提出在人们心灵受伤的时候应该反对娱乐活动，尤其是对于那些丧失亲人的人，这是对他们的亵渎，他的建议得到了热情的回应，人们纷纷写信给媒体表达自己的心情。其中一个人写道："我已经失去了两个近亲，但是在看到这部电影之前，我从来没有真正理解过他们的牺牲。"劳合·乔治的秘书，弗兰西丝·史蒂文森的弟弟也阵亡于西部战线。看到这部电影之后，她在日记中写道："我一直在试图想象他到底经历过什么，现在我终于知道了，而且我永远都不会忘记这一切。"[48]

"现实主义"这一评价在某种程度上具有人为因素在里面：战役中的连续镜头，比如士兵爬出战壕，爬到无人区，其拍摄是在后期完成的。观众们一直在回忆的画面，即受伤的士兵重新跌落到战壕里面，是整部电影中最为形象的一部分。其他的场景，如大炮的齐射（无声的）、大量地雷的爆炸、受伤士兵们的康复、对荒废村庄的射击，迄今为止一直在向人们传递一种信息，而这种信息的程度远远超出了人们的想象力。在更广泛的意义上说，其实他们更不清楚那种感觉究竟是什么。对于一些评论家来说，为了回应政府放映这部影片的目的，他们主要是刺激大众们对于政府战争努力的支持。詹姆斯·道格拉斯宣称，《索姆河战役》这部影片成为侵略的替代品，证明移动的图片能够把战争带到英国土地上来。詹姆斯·库伯则得出了不同的教训，他在《泰晤士报》的文章中写道："再没有比这个更好的手段，能够促使英国的男男女女们下定决心阻止战争的再次发生。"当然，这些可怕的图片并没有激起人们要求立刻进行和平谈判的努力。最具代表性的是《伦敦晚报》所经常使用的广告词："全世界的人们都可以通过这幅画面认识到，为了摧毁罪恶的统治，人类究竟付出了怎样的代价。"[49]

1916年，无论人们私底下是否存在质疑，但公开的说法是，罪恶在于敌人，而不是战争本身。战斗仍然在持续，就像在以往的战争冲突中一样，任何对于战争的批评都被看作不爱国，不支持自己人。然而，50 年过去了，《一战》引起了不同的反响，对其否定的陈述超过了肯定性的看法。进入 20 世纪 60 年代，战争已经成为过去的历史，丧失亲人的人们逐渐去世，从而消除了对于大战评价的限制。而且，第二次世界大战也使一战有了一个全新的解读视角。托尼·埃塞克斯抓住了这一视角，但他也许同时遗漏了一点，他注意到 1941—1945 年德国人是由于东部战线的巨大消耗而战败的，但我们同时也应该承认，1914—1918 年的西部战线实际上发挥了同样的作用。最为重要的是，他扭转了时间上的顺序。正是由于在反对德国皇帝的战争中消耗特别巨大，那么在反对希特勒的战争中就不能再度重复使用这样的方式。在 1914—1918 年带来的觉醒之中，蒙蒂不能再度成为另一个黑格，如果再进行一次索姆河战役或者帕斯尚尔战役那样的战斗，英国需要的就是一个斯大林，而不是丘吉尔先生。苏联领导人对个人生命的漠视，以及对苏维埃社会冷酷无情的控制，对于维持 20 世纪 40 年代那种战争消耗模式的确是必要的。在 20 世纪 60 年代的电视节目中重复播出《索姆河战役》，其目的当然是要激起与 1916 年去电影院的人的不同反应。

非常重要的原因在于战争诗人的因素。即使是托尼·埃塞克斯本人，尽管他是一位非常坚定的修正主义派学者，实际上也没有摆脱这些战争诗人的影响。威尔弗雷德·欧文以及在《一战》节目里出现的大多数诗人及相关作家，他们为大部分的片段提供了名称。埃塞克斯甚至想请求萨松为开头的标题系列创作一首特殊的诗篇。[50]

20 世纪 60 年代，是一战的创作诗人成为重要象征的 10 年，鉴于该类诗歌的巨大数量，这种象征性具有极强的讽刺意味。从广义上看，围绕 1914—1918 年的大战，英国诞生了 2225 名诗人，而 1939—1945 年，则是 2679 人。[51] 考虑到这些数据，第二次世界大战体现出来的诗意与一战是不相上下的。当然也有一点点例外，如基思·道格拉斯和西德尼·凯斯，他们的反战诗歌并没有产生什么影响。其中的部分原因在于，从敦刻尔克大撤退到诺曼底登陆的那一天，"爱国主义的诗歌并没有看作是自相矛盾的"，当时战争正在不可思议地接近其尾声，贝尔森集中营和原子弹，这似乎都是违背诗意的表达。[52] 也有很多作者发现一战给他们在文学上带来的负担是极其沉重的。"几乎所有服役的诗人都被鼓励去进行创作，这必然会出现反复的特征，"道格拉斯在 1943 年这样说道，"这种厌恶感不能被一再释放。"[53]

尽管一战的一些诗人以单卷本的形式出版了诗集，但是 1914—1918 年的大部分诗歌遗产是通过选集的形式代代相传下去的。不仅仅有田园诗歌般的浪漫诗集，诸如威尔弗雷德·欧文和爱德华·托马斯的作品都被收录在内，还有诸如《英语诗歌的牛津书》这种形式也有助于把诗歌的情怀传递给下一代。关于大战的诗歌选集在 1914 年的秋季就已经开始出现，其中大部分都是具有一定文学背景的年龄比较大的人整理出来的，他们年龄太大不能去参军战斗，但仍然想为战争事业做出自己的贡献。这些选集的语调都高度强调爱国主义，在 1914—1915 年创作任何反战的诗歌几乎都让人感到不可思议。然而 1916 年征兵制度的实施，使得关于征募的语句走向了衰亡，这些老男人也变得缄默了。这一时期，几乎很少有诗集出版，而且即使真的出现的话，那么这些诗歌也是出自现役军人之手，而且主要是高级军官们的笔下。1918 年 7 月，伯特伦·劳埃德的《大战中创作的诗歌》是第一本表达战争的伪善、理想主义和虚假魅力的诗歌选集，而这也是一战在市场上的形象代表。尽管 20 年代早期爱国主义的诗集仍然在市场上时有出现，但是读者已经失去了对任何形式的战争诗歌的兴趣，在停战 10 周年出版的关于战争书籍的繁荣中，只有一本是诗歌的选集。[54]

然而，这一本具有非常重要的意义。弗里德里克·布里尔顿的《战争诗集选》（1930），在选择诗歌的范围上是比较折中的，既包括哈迪和吉卜林这样出身平民的作家，也包括比较重要的具有主流地位的士兵诗人，7 篇自萨松，5 篇来自欧文，3 篇来自罗伯特·格雷夫。尽管诗歌的顺序是按照作者名字的字母顺序进行排列的,选集的格调基本上是埃德蒙·布伦登在长达 12 页的序言之中敲定的。他是一位战争诗人,也是一位作战经验丰富的老兵,曾经获得过军队的十字勋章,经历了索姆河战役和帕斯尚尔战役,虽然身体上没有受伤,但神经上显然受到了刺激。布伦登身材矮小,行动敏捷,非常谦虚低调,热衷于打板球,喜欢在肯特郡的乡村生活,无论作为个人还是诗作他都没有产生非常大的影响,而且也不像欧文、萨松和格雷夫那样有名气。但是,"作为评论家、编辑和学者,"文学家多米尼克·赫伯德认为,"如果用现代视野的角度审视布伦登的诗歌,他可能比其他任何人的影响都要大。"55

　　1928 年,布伦登出版了一本小册子《战争的底色》,这是他自己写的一本关于战争的诗歌集,主要是为了纪念 1914—1918 年的这段历史。这本诗集与萨松和格雷夫的作品一道,很快成为最经典的战争回忆录之一。它也反映出布伦登对于自身战争经历的迷恋,但是正如我们已经看到的一样,老兵们的经历并不都是真实的。在序言中,布伦登写道,"我必须再度重温这片土地","一个声音,也许并不是我自己的声音,在我内心深处这样说道,你必须再度重温这片土地,直到那一时刻,即痛苦的层面彻底被软化成为一个温暖的春天"。这一"声音"是正确的,也许它表现出来的比任何大战中的幸存者都要内涵多一些,即使对于他那位日益迷恋于自身的朋友萨松也是如此。在其余生之中,布伦登不断地质疑梅宁路山脊战斗和昂科尔山谷战斗 [1],从而对于我们理解什么是战争诗歌留下了抹不去的痕迹。56 [2]

---

[1] 梅宁路(Menin Road)山脊战斗和昂科尔山谷(Ancre Valley)战斗,两者均是一战期间英军伤亡巨大的战斗。前者是第三次伊普尔战役的一部分,在历时五天的战斗中,英军伤亡逾 2 万人;后者是索姆河战役结束时的一次战斗,战斗前后共 7 天,英军伤亡 2.3 万人。——译者注

[2] 他在战争期间的梦魇之一就是因为一个很小的错误被美丽的天使宣判,宣判书的几个词汇按照顺序依次是:"梅宁路—前线—来世"。——原注

布伦登在 20 世纪 30 年代为布里尔顿选集所作的序言，标题非常直白，《1914—1918 年的士兵诗人》，涉及 1914—1918 年的 2225 名诗人，其中不到 1/5 服过兵役，其余都是平民，大约 1/4 是女性。但是，正如布伦登的标题所体现出来的一样，相对于其他人，他更看重士兵出身的诗人。尤其值得指出的是，他说的"士兵"都是军队中的高级军官，他们大部分毕业于公立的寄宿学校。在布伦登的文章中，特别提到了五个年轻人。为了讲述的方便，是按照名字的字母顺序展开的。第一个是鲁伯特·布鲁克，其诗歌具有"侠义的责任色彩"，他完美演绎了 1914 年的爱国主义精神。随后是查尔斯·索利，他与布鲁克一样很早就死去了，在 1915 年的卢斯战役阵亡之前，他已经开始感觉到战争的毫无价值，这是他们这些优秀的人面临的厄运。到了 1916 年，在无数的人们被无情地赶到受难地之前，战争已经成为一个公认的错误，这些都被罗伯特·格雷夫的诗歌捕捉到了。而在 1917—1918 年，是萨松在相当大的程度上发起了对于战争的攻击，这在其诗作的合集《老猎人及其反击》之中体现出来。最后是欧文，他的创造力被萨松激发出来，他也"可能是被杀死的最伟大的诗人"。布伦登叮嘱读者，不要去强烈地谴责 1914—1915 年那些年轻的士兵诗人，不要指责他们的诗歌太精美柔和，不能创造出反映战争真实状况的诗句，当时他们还没有那么可怕的经历，而且当时国家也的确需要他们诗歌的甜蜜与芬芳。最为重要的是，在关于索姆河战役和帕斯尚尔战役造成的大家早已熟知的恐怖之中，有两位诗人"显示出了不可动摇的决心，在诗意的张力和为了这个世界进行无私的、忘我的战斗方面，他们是不可能被超越的"。1918 年，没有任何迹象表明战争即将结束或者取得胜利，而且在那样的战争中，"胜利"的观念是没有任何意义的。对于布伦登来说，战争诗歌的任务在于"有效而强烈地反对战争的虚伪、粗野和幻想，不能让它们延续下去"。在他看来，最适合从事这种"十字军东征"的人就是那些曾经参与过战斗的人。[57]

布伦登非常简短地追溯了可能被称为诗歌的"学习曲线"的过程，这是士兵诗人们在1914—1918年为了取得文学上的成就所痛苦遵循的一条曲线。他在1931年编辑的《威尔弗雷德·欧文的战争诗歌》，目的就是为了让欧文的诗歌在20世纪30年代保有生命力，他认为这是一种责任。在这本书中，布伦登所写的长篇的传记性介绍，实际上赋予了欧文"从来没有过的性格特征——诗意的性格"。[58] 作为战争自我牺牲的受害者，一方面他对于自己内心的不道德本质极为憎恨，另一方面他又不能逃避战争的道德需求。1954年，另外一本布伦登准备的文集，拯救了几乎被遗忘和淹没的诗歌创作者艾夫·格尼的诗句。这是给未来留下的标记。第二次世界大战期间，为了当时的爱国事业，一部分1914—1918年的诗歌被挑选出版。但是真正到了对1914—1918年50周年纪念的时候，关于一战的选集才开始变得再度流行，而布伦登的解释工作也得以进入了自己的框架之中。

出版的诗歌选集中最为经典性的一本，是布莱恩·加德纳的《死亡之线》，布伦登应邀为该选集写序言。在这里，他描述了诗歌如何从1914年的"理想主义"的发声，转化成为1917年的"哭喊"，并且赞扬了加德纳把"萨松、布鲁克和欧文这一代"的写作风格，在一战50周年的时候，转向了新一代的创作方式。相对于文学领域的成就，加德纳更是一个通俗历史学家，他自己写作了类似于布伦登式的介绍，坚持认为"在个人经历，尤其是情感上的喜怒哀乐层面，他创作的诗歌与同时代的其他人没有什么本质上的区别"，而且他特别强调索姆河战役的第一天，"在1916年7月之后，区别仅仅在于他们比其伙伴们更能够清晰地表达出自己的想法"。加德纳依据主旋律对诗歌进行了分类，包括"未知的土地"与"大后方"两部分，但主要集中于战壕中的经历，其讲述的弧度包括"经由痛苦（噢，上帝啊，快让战争停止吧）而仍然保有的天真（快乐现在属于英格兰）"到"胜利的哀歌（终于！终于！）"。这一书名本身就来源于萨松对于从事非战斗工作军官们的赤裸裸的嘲讽，如其中的《基地的细节》：

> 如果我凶狠、单调、呼吸急促，
>
> 我将忍受基地里面罪孽深重的一切，
>
> 并且加速把这些忧郁的英雄送到死亡线上。[59]

在一战 50 周年纪念的诗选中，加德纳的书是最好的一本。在学校的课程体系中，它也是一个非常重要的主题，时至今日仍然再版，其他的作品则具有很强的说教性。一年之后，帕森斯出版了一本合集《行军中的人们》（1965）。与加德纳一样，他分几部分对诗歌进行了排列组合，"每一部分都代表与战争相关的一种情绪或者主题"。布伦登的模式再一次表现出来。继"荣耀的图景"（在 1914 年激发起强烈的爱国主义的乐观情绪），转向了"现实的图景"（这一部分的名称是"逆耳之言"）。随后接踵而至的是"不再是玩笑"和"战争的悲哀"（这两个题目分别来自萨松和欧文），再之后就是"伤者""死者"和"后果"，从而圆满地完成了这一选集的工作。如果再深入探讨一下的话，莫里斯·赫西在他的选集《关于大战的诗歌》（1967）中，断言说他选择的诗歌，"尽管作品出自多人之手，但是至少在某一时刻他们是接近一致的，可以说是出自一个合成起来的作者之手，即它们都是战争诗歌"。赫西认为，从他的"思想"发展中可以看到，随着战争的进行，能够站得住脚的观点越来越少了。因此战争诗人的情绪从最初的"爱国主义激励"转向"沉思冥想的状态"，然后到了1916 年或者 1917 年的时候，这种情绪或者转化成为对冲突和浪漫主义诗歌的愤怒的抗议，或者接受了这样一个事实：战争是不可避免的，个人的奋斗终究徒劳无益。这三个阶段分别被设置在不同的部分之中，题目分别为《行军之前》（题目来自艾夫·格尼），《行军进行中》（大部分诗歌被放置在这一部分），最后是《行军之后》，每一部分都有针对中学生进行的简短的介绍。这些由加德纳、帕森斯与赫西出版的选集，被学校大量购买，之后老师们年复一年地循环使用，以证明其最初投资选择的正确性。[60]

一战50周年的诗选最终确立了布伦登在诗歌领域神圣教主般的地位。下级军官们的诗歌沉浸于浪漫主义的文学色彩之中，他们的情绪也从最初纯真的爱国主义转向了令人害怕的恐怖，并且按照已经成为陈词滥调的欧文的话来说，最终转化成为"战争的悲哀"，而不是其荣耀的一面。到了20世纪60年代，在英国的流行文化领域，欧文成为战争诗人中最为杰出的代表。这种地位的取得，部分应该归因于萨松和布伦登不断地翻印他的诗作，其全集《诗集》（1963）出版时，将1931年布伦登的回忆录也收录在内。欧文本人的战争故事同样让人唏嘘不已。他在战争的最后战役中牺牲，当他阵亡的消息被告知其居住于什鲁斯伯里的父母时，正值宣告停战的教堂钟声响起。他的许多诗歌都不是战壕之作，但总体上都与战争紧密联系在一起。1962年，本杰明·布里顿在其《战争安魂曲》中使用了欧文的诗歌，这主要是对新建的考文垂大教堂的献礼，此时距离原来的教堂被纳粹德国空军摧毁的时间已经过去了22年。1939—1945年，布里顿是一个和平主义者，他最初对这部作品的构思产生于在广岛被烧毁之后。1962年，他创作了一系列的诗歌，《献给在劫难逃的年轻人的赞美诗》和《奇怪的集会》，都在试图表达战争制造的巨大暴行。因为欧文的诗歌更多地关注苦难和受害者，比较符合英国在二战中的经历和20世纪60年代对于战争的总体态度，因此比仅仅关注于战斗和杀戮的、在道德上模棱两可的诗歌要好得多。正因如此，欧文成为历史学家丹尼尔·托德曼所说的"著名诗人"和"无名战士"。[61]

但是这种战争诗歌的经典已经变得越来越独立了，它已经从英国诗歌发展的总体轨迹中分离出来，这种分离在20世纪20年代开始初步显现，当时现代主义作家埃兹拉·庞德和艾略特已经开始崭露头角，艾略特被称为"在世的最伟大的英国诗人",布伦登评论说,他成为勋章的获得者(得到了萨松的认可),"如果我们承认汤姆是游吟诗人,那么我们最好把我们的帝国移交给美国,就我个人的感觉而言,艾略特更像是一位美国人,他的作品不像是我们国家的自然产物"。[62] 对于布伦登而言,所谓的"自然产物"就是根植于罗曼蒂克的英国田园风光传统,这一风格是在 19 世纪由华兹华斯、济慈和其他田园诗的作者共同确立的风格,然而这一风格却被战争诗歌残忍地扭转了,战争诗歌主要关注于对弗兰德斯和皮卡第地区战役的描绘。当然,随着战争诗人在英美文学的潮流中变得日趋孤立,他们之中的很多人转向成为一战的年代编年史作家。

与战争诗歌相比,1914—1918 年之后的战争艺术则走出了一条截然不同的道路。二战期间,英国政府再度发起了从事战争艺术创作的官方计划,规模比一战时期要大,集中程度也更高一些。战争艺术家咨询委员会(WAAC)委托并购买了 5000 件艺术作品,最后一半放到了帝国战争博物馆里面,涉及 400 多名艺术家,包括 52 名女性。但相对而言,这种巨大的投入对于文化领域产生的影响非常有限,甚至连战争艺术家咨询委员会的主席肯尼斯·克拉克都承认,大部分的作品都是平淡无奇的。[63]

其中的部分原因在于格式。一次大战中的官方项目里面,包含了理查德·内文森和保罗·纳什这样的艺术家,他们发现了欧洲大陆上的现实主义,把战争带来的震惊与艺术新形式带来的震撼结合在一起。但是 1939—1945 年的诗歌则是双重的重复。其风格主要根植于英国的田园传统,约翰·派博的艺术作品中具有浓厚的罗曼蒂克式的怀旧色彩,而格雷厄姆·萨瑟兰则具有黑暗的哥特式风格。在 20 世纪 40 年代,这似乎是一种比较合适的风格,正好适合描绘战争的残迹,特别是遭遇到轰炸损毁的城市,许多的战争艺术家都采取了这种形式,在艺术形式上几乎没有创新。无论如何,不管对于艺术家还是诗人而言，工业化的战争都不再让人惊讶，不会再像艺术家们对于1914—1918年的感受一样。对于战争中人类艺术的最清晰的描述来自于平民而不是士兵，来自于欧洲大陆而不是英国，这在集中营于1945年被打开之际，在他们哀婉动人的诗句中被清晰地表达出来。但是正如汉娜·阿伦特所预测到的那样，无论从视觉上还是从精神上，仅仅关注于死亡已经失去了对这一代的刺激能力。人们只有在受到罪恶折磨的时候，影响才能发挥出来。[64]

大部分战争作品的英国化都是自发的。这种形式似乎是比较恰当的，因为英国正在庆祝它能够从欧洲大陆的恐怖中摆脱出来，为了自身的清晰定位和价值，去寻找自己的文化之根。作为权威，克拉克极力推行这一理念，猛烈攻击把理论方法应用于艺术"本质上是德国的方式"，并认为，"法国绘画的国际影响在20年里几乎是主调，然而其作用现在下降了，英国民族的价值终于得以自由地进行自我重塑"。克拉克的感觉是，"英国的绘画不能像拉丁学派那样走豪华的和注重表面的路线，它必须形成一种亲密关系"，例如，与"乡村和天气"形成亲密的关系。[65]

然而，这个国家的情绪，就像英国的天气一样，转瞬即变。1945年10月，战争艺术家咨询委员会把其收购的1000幅作品在皇家艺术学会展出，观众总体的反应非常温和。《纽约时报》的观察认为，"这场战争具有很多阶段"，与"长时期的战壕里的战争"形成了对比，而那种战壕战争对于公众而言已经成为1914—1918年的典型代表。艺术家们也不例外，"没有任何一个单独的阶段让他们的思维和情绪迅速燃烧运转，从而在他们的艺术作品中表达出来，就像泥浆以及无人土地上枯萎的树木对于他们的兄长们产生的影响那样，包括30年前的纳什、埃瑞克·肯宁顿和内文森等人。也可能正是由于这个原因，现在的战争绘画，虽然它们之中有不少的确非常优秀，但是缺乏一种感觉上的深度"。具有讽刺意味的是，保罗·纳什仍然是一位官方艺术家，同样地，老兵缪尔黑德·波恩也是，但他们实在没有什么新的东西能够呈现出来。在《泰晤士报》挑出的为数不多的几个"具有敏锐洞察力"的艺术家中，亨利·摩尔是其中的一位，这主要是因为他所塑造的闪电战期间，伦敦地下防空洞中一半呆立不动、一半干瘪的睡眠者。这是对于战争的现代化表现形式，虽然抽象，但是仍然可以辨识出来，令人联想起内文森和纳什在战争期间最好的作品，而且也超越了普遍理解意义上的暗示层面。[66]

秋季的英国战争艺术展，与法国冬季举行的毕加索和马蒂斯的作品展相比，的确是黯然失色了。这一艺术展在维多利亚和阿尔伯特博物馆举行，长达10个星期，主要由法国政府资助，吸引了22万名参观者，另外还有15万人参观了1946年初在格拉斯哥和曼彻斯特举行的巡回展。这一数字远远超过了付费参观为期六个星期的英国战争艺术展的人数。毕加索和马蒂斯的作品展，"完全终结了内向忧郁和怀旧主义这一在战争期间被称为新浪漫主义的东西"。[67]尽管毕加索的作品引起了广泛的争议，但温斯顿·丘吉尔和皇家艺术学院的主席罕见地一致认为，应该踢一踢毕加索的屁股。1960年夏天，毕加索的一次单独作品展成为转折点。在超过10个星期的时间里，大约有50万人参观了展览，新闻媒体把这种发酵称为"毕加索癖"。一些评论家甚至把这位艺术家看成是私下里的亲英派，他们举出的例证就是毕加索对于圆顶高帽的嗜好。[68]

1960年的展览是在英国伦敦的泰特美术馆举行的，现在该馆已经完全独立于英国国家美术馆，自从二战以来，它已经成为现代艺术作品的主要收藏地。泰特博物馆在展出这些作品的时候，是按照国际主义的方式进行的，讲述了现代主义从解放走向普遍的这样一个进步的历程，从而把艺术从狭隘的民族主义中救赎出来。1965年之后，泰特艺术馆不再把"现代英国艺术"和"现代外国艺术"分别展出，因为"在当代，艺术是不可分割的，英国艺术家不应该认为他们是隔绝出来的单独部分，我们也不会提供这种服务"。[69]

当英国的艺术逐渐被融入大陆上的主流之际，很多来自于两次大战的具象派和田园派的艺术看起来日益被边缘化了。相比之下，关于一战的现实主义的现代派艺术逐渐确立了一种新型的地位，满足了现在构成艺术经典的标准规范，而且具有可辨识的和英国化的特征。这种神化比对战争诗人的神圣化速度要慢，也没有那么戏剧化，直到20世纪80年代其特征才表现得非常明显。20世纪90年代早期，帝国战争博物馆经过整修之后，把一战的艺术作品放在一个单独的展馆里进行了展出。但是，内文森、纳什、萨金特和温德汉姆·路易斯的绘画作品逐渐得到了公众的认可。这些绘画作品，对于欧文及其他战争诗人描述失落的灵魂、中了毒气的士兵和被毁坏的风景，对于所有这些文字的描述都是非常有益的补充。在2002—2003年帝国战争博物馆举行了长达五个月的展览，其名称为"献给劫数难逃的年轻人的赞美诗：第一次世界大战中的12位士兵诗人"，在展览中，一切都被系统化地整合到了一起。因此，这里就形成一种讽刺性的共生关系，现代战争的艺术作品成为战争诗歌的照明器，而战争诗歌并不具有任何现代主义的特征，这是英国人另一个创造性的设计。[70]

可以看出，从20世纪60年代开始，英国人带着报复的心理重新对一战进行了发掘。更确切地说，他们对一战进行了重新架构，在形式上使它与当代社会的态度与认知相一致，使1914—1918年的历史、1939—1945年的历史符合现代英国历史发展的轨迹。而在爱尔兰海的另一侧，一战则从来没有被忘记过。因为复活节起义和索姆河战役的第一天都见证了爱尔兰共和国和北爱尔兰建立的神话。对于1916年的50周年纪念，为新的一代提供了对这段历史进行重新解释的机会，这对于和平以及国内社会的和谐来说，后果都是极其严重的。

在爱尔兰共和国，20世纪60年代是一个发生广泛变化的时期。瓦勒拉自从在1932年成为爱尔兰总理，无论从字面上，还是隐喻上的含义，他都登上了权力的顶峰，他一直掌权至 1948 年，而且在 20 世纪 50 年代也曾两次短暂掌权。德·瓦勒拉是一个实用主义者，尽管爱尔兰在第二次世界大战期间官方立场是保持中立的，他的政府还是倾向于同盟国的，例如他把错误降落在爱尔兰南部的飞机上的全部机组人员都返还给了英国和美国，而德国的罪犯则被监禁起来。然而在公开场合，为了维护爱尔兰的主权，德·瓦勒拉非常谨慎地保持着公平的立场，1945 年 4 月 12 日，在罗斯福总统去世的时候，他公开向美国政府表达其哀悼之情。仅仅三个星期之后，他又拜访了德国设在都柏林的公使馆，表达对于希特勒之死的慰问。从道德层面上看，瓦勒拉的姿态，就像死亡集中营的消息成为新闻头条的一样，"对于上千万遭受战争痛苦的人们来说是非常愚蠢的，而且让他们极其受伤"，这是历史学家罗伯特·菲斯克得出的结论，"但是，从象征意义上看，这一姿态也不应该被误解，爱尔兰并没有接受这些交战国家的价值观，在将来他们也不打算这样做"。[71]

德·瓦勒拉的爱尔兰价值观仍然根植于爱尔兰独立早期那些不稳定的时光：乡村经济，尽可能地自给自足，受到天主教教堂的影响以及盖尔语言的控制，其文化倾向于把自己从新教和现代化的英格兰中分离出来。但是到了 20 世纪 50 年代，那种政策几乎成为催生经济自杀的毒剂。在席卷战后欧洲的 10 年"婴儿潮世代"，爱尔兰的人口下降了 40 万人，其中很多移居到了英格兰，在那里他们的收入是在爱尔兰平均收入的两倍。1957 年，德·瓦勒拉已经 75 岁高龄了，已几乎失明，但又重新返回了权力舞台。作为复活节起义中唯一还在世的高级指挥官，瓦勒拉对他的国家及他的政党——共和党保持着异乎寻常的控制。当时掌控财政部的惠特克，是一位精力充沛的青年公务人员，他排除重重困难对政策进行了调整改变。肯恩·惠特克，出生于 1916 年，是一位训练有素的经济学家，他在给内阁的文件中展示出一幅截然不同的经济途径，题目《爱尔兰还有未来吗？》也极具挑衅性。他给出的答案就是建立在外国投资和自由贸易体制基础之上的工业发展，并且期待最后成为欧洲经济共同体的成员。惠特克的计划最终被共和党接受了，而德·瓦勒拉最终也被说服或者退出政坛，或者至少权力边缘化，他于 1959 年当选为爱尔兰总统。[72][1]

瓦勒拉的总理继任者是西恩·勒马斯，虽然他也是复活节起义期间的一名老兵，但他把自己调整为非常适合 60 年代的时代情绪，而且使自己投身于现代化的进程之中。勒马斯一直努力把 1916 年的神奇传说从爱尔兰共和军的保守派中那里清除出去，这些人仍然沉浸于怀旧和分离的苦涩之中。他引用了最早起义的领导人帕特里克·皮尔斯的格言："每一代人都有自己的任务。"勒马斯认为，1916 年的人们现在应该接受"这一代人面临的历史性任务，即巩固支持我们政治制度的经济基础"。他设想，1966 年不仅仅是见证 1916 年历史意义的机会，而且也是"一个对民族记忆进行重新打理的时期，我们应该穿透雾气，去预测未来"。为了体现对这种精神的倡导，他在同一年的晚些时候宣布了退休的意图，"1916 年的纪念标志着我们历史上一个篇章的结束，现在要开启一个新的篇章了，作为 1916 年那一代人照片中的一员，这也标志着我走向了自己从政道路的终点"。[73]

然而，这并不意味着要把爱尔兰从其历史中隔离开来，1966 年的纪念周把 1916 年复活节生动地展现于年轻一代面前。其中只有少数是通过进行曲、游行和纪念性的服务项目等传统形式展开的，虽然这些形式中也有非常打动人的，特别引人注目的是一个纪念园推出的活动，失明的瓦勒拉被一群上了年纪的老兵所包围，其中还有几个老兵是躺在担架上的。更具有影响力的是电视这一新媒体的力量，它在爱尔兰出现还不到四年的时间。国家广播公司爱尔兰国家广播电台（RTE）用

---

[1] 爱尔兰共和国为议会制共和国，行政权力掌握在总理手中。因此，德·瓦勒拉退居幕后的方式是卸任总理而转任总统。——译者注

了 50 个小时介绍这一周发生的事件。特别有说服力的是具有史诗般叙事特征的巨著《暴动》。与英国广播公司的《一战》不同的是，《暴动》耗资非常巨大，包括 93 名演讲者，200 名临时演员，还包括 300 名来自爱尔兰国防军的成员。"在拍摄结束之前，"一位新闻记者讽刺说，"我发誓为了重现 1916 的情景，我们投入的人数比当时事件发生的时候还要多。"1966 年 4 月 10 日到 17 日，这一系列每晚 9 点 15 分准时播出，总共时长达 8.5 小时，在这一周中是所有节目中收视率最高的。作为一个整体，它在之后的一个月又进行了重播，同时在英国广播公司的第二套节目中播出。[74]

虽然一些人发现《暴动》有人为的因素，存在过度吹嘘的特点，但并不妨碍它产生了巨大的影响。爱尔兰共和军的一名成员后来回忆说，他当时仅是一名 8 岁的孩子，在他奶奶的边境农场里看到了这一节目，"每天晚上，我们都坐在奶奶家的电视机前面，观看事件的进展，然后第二天上午我们就非常直接地把它们表达出来，我们不再玩牛仔和印第安人、警察和劫匪的游戏，我们很快就投入了我们对于复活节的想象之中，表演攻打我们祖母的干草棚，并且把它占领。它代表着邮政总局，我们是光荣的爱尔兰反叛军的小分队，经受住大批量的英国军队的攻击，我们的装备是木制的来福枪和锡罐制成的手榴弹"。[75]当然，很多孩子都沉浸于那样的幻想之中，因为他们都没有经历过杀人的罪恶经历。但是《暴动》的确抓住了年轻人和那些不那么年轻的人的想象力。它把 1916 年的英雄们，从客厅里悬挂的逐渐褪色的偶像，变成了电视上"真实的形象"。它也把历史上的一个神话故事转化成了真实的剧情，结局对于观众而言是毋庸置疑的，但他们对荧屏上表现出来的内容仍然心存怀疑。而且，尽管该剧的目的在于展示 1916 年是如何为现代的爱尔兰铺平了道路，但这一系列节目中最后的结局呈现出来的图片，仍然提出了许多历史上未能解决的问题。英国广播公司的《一战》同样使 50 年前发生的事件复活了，特别是再现了英国兵的经历，但它并没有点燃英国与德国之间的敌意。然而，《暴动》则是一部关于"正义"与"邪恶"之间的战争，对于强硬的民族主义者来说，因为爱尔兰分裂的存在，邪恶的力量仍然取得了胜利。

没有什么比 1916 年的这个信息对于北爱尔兰的天主教徒更为重要的事情了，在勒马斯政府努力把爱尔兰从历史中解救出来的时候，他们的二流地位被无声无息地忽略掉了。阿尔斯特的民族主义者和共和主义者试图从 1916 年的纪念活动中获取最大的政治收益。他们的目标各不相同。例如，盖尔人运动联合会，力图推进爱尔兰的语言、运动和文化；然而新芬党的目标，在其 1956 年的边界袭击事件失败之后，转向了新公民运动，利用 1966 年构建工会、左翼组织和社区团体的支持。民族主义者的计划给特伦斯·奥尼尔领导的联合政府带来了新问题。他的目标与勒马斯政府的目标基本相同，也就是把爱尔兰，无论北部还是南部，从 1916 年以来形成的根深蒂固的心态中引领出来。奥尼尔特别关注英国的态度，因为英国给阿尔斯特州提供经济资助，而英国自从 1964 年以来一直由对统一派持怀疑态度的工党政府统治。他推行的大部分改革都是象征性而不具有实质性的意义，他没有做出任何实质性的努力去减少对天主教少数群体的歧视，这涉及工作、住房以及进入由新教控制的警察领域，因此在天主教徒那里几乎没有得到什么支持。尽管他也做了一些表面文章，如访问天主教的学校、与勒马斯举行会晤，但这些却激怒了强硬派的新教教徒，尤其是牧师伊恩·佩斯利——一位蛊惑人心的、鼓动分裂的福音派教会的创始人，这是对信仰和联盟的双重背叛。

因此，1966 年 4 月的纪念事件让奥尼尔处于进退两难的境地，既担心英国的反应，也担心爱尔兰共和军可能的暴力行为，奥尼尔决定让游行继续进行。其中最具有象征意义的就是沿着福斯路举行的大游行，有 2 英里长，7 万人参加了这次游行。其形式具有明显的挑衅性，一批衣着鲜艳的人举着爱尔兰的三色旗，后面跟着大型的横幅铜版画，画面上是 1916 年被枪决的领导人。佩斯利的反应是举行了 5000 人参加的反游行，并且在爱尔兰的议会大厅举行了号称"感恩"的仪式，目的是为了纪念 1916 年的失败，而这失败是"教皇在背后给了英国一刀"，他谴责奥尼尔的绥靖缓和政策，宣布"阿尔斯特的人们绝对不会向爱尔兰共和军这些暴徒屈服"。佩斯利巧妙地利用了这种对抗对奥尼尔的联合政府的信誉进行质疑，通过动员新教徒中日益觉醒的工人阶级达到这一目标，对其伊顿公学教育背景及英裔爱尔兰人的家族出身提出质疑。而奥尼尔站在他的角度，认为佩斯利的运动类似于 20 世纪 30 年代法西斯主义的威胁，认为佩斯利追随者和共和主义者都是一心要破坏北爱尔兰的前景，激起社会冲突。奥尼尔要求阿尔斯特的新教徒在 7 月 1 日这一天做出体现忠诚的积极姿态，他说道，北爱尔兰将参与一项伟大的国家的纪念性节日，以缅怀那些参加索姆河战役的阿尔斯特人。尽管也有改革的议事日程，但奥尼尔没有做出任何的努力试图把天主教的老兵们纳入这场纪念活动之中，因此导致统一派自己举行对 1916 年的血祭。这两者都没有阻止佩斯利的大胆行为，他在 7 月把他的支持者引向了街头，发生了与天主教和民族主义者的冲突，到月末的时候，他被投入了克拉姆林道监狱，但拒绝支付公共秩序犯罪罚金。这种被造就为烈士的监禁是一种完美的宣传方式，帮助他获得了更多的支持。1951—1966 年，佩斯利的自由长老教会只有 13 个，但是在 1966 年 7 月之后的 18 个月里，就又增加了 12 个。[76]

在官方看来，北爱尔兰的"麻烦"可以追溯到 1968 年 10 月警察和民权游行者在德里发生的冲突，但是奥尼尔后来断言，"正是 1966 年使得 1968 年的事情不可避免"。爱尔兰共和国也表达了同样的观点。1966 年，即举行伟大的纪念活动的那一年，康纳·克鲁斯·奥布莱恩宣称："魔怪开始行走了，无论南部北部都是如此。"[77]更确切地说，魔怪们被召集起来，政治家们给他们穿上了新衣服，他们都有自己的打算，勒马斯用其来协助自己的现代化运动，北部的民族主义者提醒他们的存在，奥尼尔用其表达自己积极的效忠，而佩斯利则极力破坏奥尼尔的地位。所有这些人都在为了自己的目的使用，甚至可以说是滥用历史。

造成这种麻烦的原因有很多，特别是对阿尔斯特天主教徒全方位的歧视。抗议者们借鉴了很多模式，尤其是美国 20 世纪 60 年代的民权运动。但是南部和北部竞相进行的针对新一代的重现 1916 年的努力，在电视时代是非常强烈的催化剂。进入 70 年代，爱尔兰似乎又退化到 1916 年那个时期，英国军队重新出现在街头，又开始上演暴力的轮回场面。在接下来的 30 年里面，大约有 3500 人被杀死。就像我们将在第十一章看到的一样，1916 年已经终止的麻烦被重新提及，而且是以完全不同的方式展现出来。

没有其他任何一个国家带着这么饱满的热情去进行 50 周年的纪念活动。苏维埃政权对于战胜德国 20 周年纪念日的纪念（参见第八章）使得 1914—1917 年一直处于阴暗的位置上，仅仅把它宣传为引爆革命的帝国主义战争。只是在陷入边境争端的苏联加盟共和国里，纪念活动才引起一些共鸣。1965 年 4 月，是土耳其人对亚美尼亚人大屠杀的 50 周年，上万人涌上了亚美尼亚首都埃里温的街头。两年之后，亚美尼亚共产党领导人为一个受害者纪念碑举行了揭幕仪式，目的是迎合公众的情绪。[78]

法国在 20 世纪 60 年代举行的纪念活动在某种程度上和英国非常接近。1964 年，法国推出了第二个国家电视台，政府邀请了三个历史学家分别讲述了一战、两次大战期间和二战的三个节目，作为历史学家和电视制作人，他们非常有名气。1914—1918 年这一部分的制片人是马克·费罗，这被证明是一个里程碑式的制作，由法国和德国联合出品，在两个国家同时播出，后来又被费罗制作成电影。费罗避开了通常进行的对于幸存者和学者的采访，而是集中于来自欧洲的电影档案的片段，其中很多是非常引人注目的。然而，一部 150 分钟的电影不可能像英国广播公司的《一战》26 个小时的节目那样产生持续长久的影响。费罗随后出版的书籍《战争》享受到了与泰勒的插图史不一样的关注和销售状况，"成为之后对于盎格鲁—撒克逊世界研究的一个基本视角"。[79]

英国对反战诗人的狂热崇拜，在欧洲大陆并没有呼应的现象。在法国，只有纪尧姆·阿波利奈尔的战争诗歌被认真看待，还出版了一些普通的诗集。20 世纪 60 年代人们对于大战诗歌的有限兴趣集中于以儒勒·罗曼为中心的一体主义者圈子，包括乔治·杜哈曼和雷恩·阿科斯。两次世界大战期间的德国出版了更多的选集，但是充满了反对《凡尔赛条约》的民族主义情绪，更多的是爱国主义诗句的合集。第三帝国结束之后，直到 20 世纪 80 年代，对于 1914—1918 年诗歌的兴趣才开始复活，其中大多数都是表现主义的作家。[80]

20 世纪 60 年代，英国通过诗歌而不是历史对于大战进行特别的关注，这一方式极为特别。它强化了另外一种当代的趋势，强调士兵们的个体经历，而不关注于全局性的战略、外交、金融和生产的问题。这一趋势在六七十年代欧洲的其他地区也表现得非常明显，但是正如我们将在下一章看到的一样，英国的模式再度显示出其不同寻常的特征。

第十章　英国兵[1]

几乎所有关于 7 月 1 日的故事都有特雷布林卡[2]的倾向，那些温顺的年轻人排成长队，身穿质量非常差的军服，负担沉重，脖子上挂着编号，沉重缓慢地穿越一片毫无特征的景观，走向导致他们自我灭绝的铁丝网之内。

——约翰·基根，1976

他们排成一行，漫长的一行，歪歪扭扭的一行，
静静地站在那里，
他们的队伍好像已经伸展到了
奥维尔和维拉公园的外面……

——菲利普·拉金，1964[1]

---

[1] Tommy 是用来指代大战期间英国士兵的一个广泛应用的术语，是"托马斯·阿特金斯"的缩写形式。自 1815 年以来，是英国战争办公室在填写表格的时候关于英国二等兵的一个样本。——原注

[2] 特雷布林卡（Treblinka），二战时纳粹设在波兰的死亡集中营，在该地共屠杀了 84 万犹太人。——译者注

菲利普·拉金创作的这首诗，灵感来源于一幅照片，相片拍摄于 1914 年 8 月，一群年轻的小伙子们排队等待志愿加入基奇纳的新军[1]，看起来他们好像在排队去观看一场板球或者足球比赛。1914—1915 年，大约有 250 万的志愿兵应召入伍，大约占到整个一战期间英军 570 万士兵的一半。拉金对这幅照片的反应具有非常伤感的浪漫色彩，他的这首诗配有图片，很快在 60 年代成为指代爱德华七世时代的纯真的一种流行方式。这是一个逝去的时代，"留着小胡子的古老的面孔""金钱和君主""穿着暗色衣服的儿童""酒吧／全天开放的酒吧""身着各色衣服的仆人""巨大房子里面的小房间"。（并不令人感到奇怪的是，拉金是布伦登和萨松钦佩的为数不多的诗人之一。）最后，他只能叹息：

　　　　再也不要这样纯真了，

　　　　无论以前还是以后，

　　　　千万不要再这样纯真了。[2]

_____

[1] 新军（New Amy），又称基奇纳军。一战前，英国陆军大臣基奇纳预测在未来对德战争中，英国传统的小型陆军无力与德军抗衡，因此极力要求改革陆军，扩大陆军规模。在此提议下组建的军队被称为新军。在随后的一战中，基奇纳的改革被证明极其正确。——译者注

50 年之后，拉金对于 1914 年 8 月的回忆，在起名的时候故意采用了古体主义的形式——MCMXIV（这一串罗马数字只有在旧式的座钟上或者在阵亡士兵的墓碑上才能看到，意思是"1914"）。这是一代人通过自己的眼睛和想象对另一代人进行的观察。是什么使得这些年轻男子排成的"长长的、歪歪扭扭的长队"如此让人心酸呢，那就是他们即将面临的命运，我们现在知道他们的命运是什么，但是当时他们自己并不知道。20 世纪 70 年代，出现了一种军事历史的新形式，他们力图通过出版普通战士对于战争回忆的书籍，重新复活这段历史，而没有像通常那样选择将军和政治家们的故事。这种新的历史形式的目的在于展示战役中的泥浆、热血和创伤。在这一过程中，大战对于英国的意义逐渐浓缩到了非常神圣的一天，即 1916 年 7 月的第一天，这被理解成大屠杀的时刻。

20 世纪 60 年代出版了一系列关于索姆河战役的书籍。布莱恩·加德纳，这位战争诗歌选集《死亡之线》的编辑，在 1961 年出版的一本非常薄的、对这场战役持怀疑态度的书籍。他在序言中不动声色地引用了半官方的出版物《黑格的指挥》中的话："索姆河战役取得了重大胜利，这主要是因为英国军队指挥官所具有的天才般的指挥能力。"1966 年一战 50 周年的纪念之际，小说家约翰·哈里斯出版了《索姆河：一代人的死亡》，认为这五个月战斗的特征就是"荒唐的、无意义的大屠杀"，但同时"也是英雄主义的史诗"。哈里斯认为没有任何一场战役像索姆河战役那样改变了世界历史的进程，"因为它对下一代的政治历史产生了深远的、广泛的影响"，特别是导致了"不惜以任何代价维持和平的迷恋"，而这则为另一次世界大战铺平了道路。[3]

20 世纪 60 年代关于索姆河战役最为权威同时立场比较客观的著作的作者是安东尼·法洛—哈克利，他是一名现役军官，曾经参与过二战和朝鲜战争并获得荣誉，同时也是历史学家。在其书籍的结尾部分，他对各方面的争论进行了评估，指出"有两个事实是无可争辩的"，第一，黑格并没有成功地实现对德国军队的突破；第二，黑格也的确削弱了德军在西线的力量，就如同苏联军队在斯大林格勒削弱了希特勒的军队一样。法洛—哈克利估计双方的伤亡大约都是在 60 万人。他指出："几十年过去了，这些数字的总和仍然让我们感到痛苦和恐怖，就像它一度对劳合·乔治产生的冲击那样。"但他回避了指责某些人，认为"索姆河战役，或者更确切地说，整个的这场大战，最终是整个欧洲乃至美国的责任，它们创造了通向这条道路的条件"。[4]

这些书籍中的每一本都全面描述了索姆河战役，大多数运用了官方的历史材料，还有来自将军和政治家们的回忆录。但马丁·米德布鲁克的《索姆河战役的第一天》与众不同，此书出版于 1971 年 7 月 1 日，其出版时间值得我们关注。1966 年，英国政府履行了仅对官方档案保密 50 年的承诺，解密了大量关于 1914—1918 年的官方档案。米德布鲁克是公共档案馆大规模资料的最早受益者之一。他也是第一个比较全面地关注一战中的普通士兵的人，这些士兵当时已经 70 多岁了，从工作岗位上退休，因而有大量的时间而且有意愿重新反思他们曾经遭受过创伤的时光。米德布鲁克交叉地运用了官方档案资料和退伍军人的回忆资料，他调查了 526 名英国老兵和 20 名德国老兵，有的是通过面对面的访谈，有的是通过调查表的方式进行的。这主要是基于个人的追求，是由他个人完成的，他并不是一名职业的历史学家。米德布鲁克出生于 1932 年，在林肯郡经营家禽生意，生意非常兴隆。但他被一战深深吸引，甚至可以说产生了迷恋，这不仅仅是因为他的两个叔叔作为士兵是这场战争的受害者，而且因为他在 1967 年参观了索姆河战场，看到那么多的墓碑刻着的日期是 1916 年 7 月 1 日，这深深触动了他。回到家乡之后，他把粘在他靴子上的已经干燥了的索姆河的泥巴奉为神物，"就像它是一个宗教的圣物一样"。[5]

最终刺激米德布鲁克写作愿望的是 1961 年出版的一部小说《死亡契约》，作者是约翰·哈里斯，他后来在 1966 年出版了一本短小精悍的通俗历史著作，还因为创作了一系列名为《检察员贝利》的犯罪题材小说而成名（所用的笔名是马克·赫布登）。在成为一个自由撰稿的作家之前，他是《谢菲尔德电讯报》的记者，在访谈这座城市的伙伴营时对索姆河战役产生了浓厚兴趣。他的小说讲述了一个虚构的朋友群，从1914年8月他们身着盛装一起参军讲起，一直讲到1916年7月他们在塞尔河附近的一个村庄被炸成碎片。书的题目来源于《圣经·旧约》中的一句诗文，"我们已经与死亡订立另外一个契约，我们与地狱达成了协议"，这句话正好是叙事者在登记参军那一天偶然打开的那一页。这部小说一共450页，过于冗长，而且缺乏节奏感，但是它关于7月1日的描写的最后那60页非常引人入胜。小说最后的冷嘲热讽显得特别吸引人，"从来没有人质疑索姆河战役……加里波利战役之后，很多人被解职了……但是在索姆河战役之后，一切都在继续，跟以前完全一样地继续"。小说最后的结语成为很多前伙伴营的座右铭——"酝酿用了两年的时间，但是破坏它却仅仅用了10分钟，这就是我们的历史真相"。[6]

1968年4月，在阅读了《死亡契约》后，马丁·米德布鲁克对他的妻子说："我要通过普通士兵们的视角，写一本关于索姆河战役的书。"鉴于哈里斯对于其中的一个军营进行了详细清晰的描述，米德布鲁克准备真实地描述出1916年7月1日英国各个军营的状况。对于整个创意的过程而言，与档案和访谈同等重要的是想象力，米德布鲁克了解索姆河，他也要感知索姆河，这种新的感情主义的色彩是20世纪70年代描写一战士兵时一个非常重要的特征。[7]

最初的时候，米德布鲁克设想自己做调研，写作交给一位在大学工作的朋友来执笔，然而这种合作关系没有成功。最后，米德布鲁克惶恐不安地开始了写作，他自己也承认，自从17岁离开学校之后的20年，再也没有写过比商务信件更长的文字作品。他面对的是异常艰难的学习进程，有一位读者友好地问道："难道你从来没有听说过分号吗？"而且他也需要努力地说服文学代理商。最终，企鹅出版社认可了他提供的样品章节的优点，与他签署了合同。他逐渐形成了一种非常明显的个人风格，他的书籍不是把每一个士兵的回忆转换成第三者干巴巴的陈述，米德布鲁克突然想到："为什么不让士兵们自己直接对读者讲述呢？"而作者和军营单位都用括号的形式标注出来。为了保证基奇纳新军的"精神栩栩如生"，米德布鲁克继续采用了这些志愿者兵营原来使用的名字，而没有采用后来英国官方授予他们的名称。他把西约克郡的第十五兵营称为"利兹的伙伴们"，皇家爱尔兰第十四步枪营称为"贝尔法斯特的年轻公民"等诸如此类的提法。事实上，1916年7月1日，还有许多正规军和地方自卫队参与了战斗，其中大部分也被杀死了，但是通过高度关注这些地方自卫队的辛酸故事，米德布鲁克帮助塑造了伙伴营的持久偶像地位。[8]

这种组合成的书籍读起来就像是一场希腊悲剧。我们已经知道故事的结局，但我们只能眼睁睁地看着这些人走上其命运的不归之路。米德布鲁克描绘的生动细节增加了战役最后几个小时的紧张程度，下面我们来看一些例证：

当军队开往前线的时候，师长愉快地说道："祝你们好运！战壕里面已经没有德国人了，我们的枪炮早就把他们送进了地狱。"

让我们来看一眼正在准备实施突破的骑兵部队……满头大汗的炮兵们，光着膀子，一些人的耳朵因为长时间震耳欲聋的炮声而渗出了鲜血……还有新挖的、超宽的战壕，这似乎是为大规模的葬礼准备的一样。

"我永远都不会忘记在行军过程中距离我最近的那个人。我那时只有18岁，还没有达到参军的法定年龄，他看起来比我稍微年长一点……他温柔地对我说：'比尔，不要担心，我们都不会有事的。'他说话的语气就像妈妈安慰一个受到惊吓的孩子一样。"

我们整晚站在进攻战壕里面，如果躺下就实在太拥挤了，也许有点打瞌睡，所以我们只能靠着沙袋，幸运的人可以喝到用汽油桶装的热腾腾的咖啡，当然也会有朗姆酒，"当我们站在积水的战壕之中时，谁还会介意汽油的味道呢？"

一个仲夏的清晨，非常早，刚刚过了4点……英军实施了大规模、持续性的轰炸……一些英国兵跪下来进行祈祷，一些人死死地盯着家庭的合影，一些人拿出了他们的书，在背面写下了他们的愿望，突然命令传来，要求他们立刻装上刺刀。

上午7点30分，英军大炮异乎寻常的平静，"这是非常可怕的寂静，天空中万里无云，阳光灿烂，鸟儿在天空盘旋，掠过战壕，清晰地歌唱着"，然后……[9]

7点30分，在士兵们跳出战壕之后，米德布鲁克带领我们沿着前线对每个军营依次追踪，这是依据官方的战争日志和幸存者的回忆构建起来的。通过第八章的记述，我们已经知道，结局是毫无疑问的。"投入进攻的6.6万名士兵中，死伤的人数大约占了一半，在仅仅60分钟的时间之内，就有3万名士兵或被杀死，或受伤了。"但是攻击仍然在继续，就像米德布鲁克描述的那样，这种大屠杀一直持续到那个仲夏日暮色降临的时候。[10]

他最后的章节特别具有沉思的和分析性的特征。带着深深的遗憾，米德布鲁克发现除了发动进攻，没有其他替代性的选择，因为英国需要对在凡尔登的法军提供支持。但他对这个战役的计划提出了批评。按照约翰·特里恩为黑格将军所写的传记，米德布鲁克把主要的攻击目标指向第四军的指挥官亨利·罗林森将军，他对于炮兵的齐射式攻击充满自信，认为这会彻底摧毁德军，拒绝沿用传统的步兵战术，希望通过"轰炸程序"尽可能迅速地掌控敌军的战壕。但结果这些排成长队行进的英国兵，在穿过无人区的时候行动缓慢，反而成为德国枪手容易攻击的目标。对于米德布鲁克来说，1916 年 7 月 1 日，既是一项必要的行动，同时也是可以避免的一场悲剧。他用了很短的篇幅承认，当索姆河战役一直持续到秋季时，德国身经百战的军队最终失去了最核心的力量。当然，他主要关注的仍然是索姆河战役的第一天，它看起来更像是一场单独的战役，最终的伤亡统计（19240 人死亡，35493 人受伤）表明，这是英国军队历史上最为血腥的一天，伤亡远远超过了克里米亚战争、布尔战争和朝鲜战争的总和。米德布鲁克认为："至少对于英国人而言，它是第一次世界大战的转折点。"这个国家 270 万的伤亡人数中，大约 80% 的伤亡发生在 1916 年 7 月 1 日之后，绝大部分发生在西部战线。米德布鲁克断言："因为把很多的骄傲和鲜血投入了这一天，在为投入的这些东西获得足够的回报——也就是完全的胜利之前，英国不可能抽身退出这场战争。"[11]

1976 年，另外一本书也对 1916 年 7 月 1 日的英军经历进行了解读，在强度上与米德布鲁克相同，但采取了不同的方式。与米德布鲁克一样，约翰·基根也出生于两次世界大战之间（1934 年），他没有参加过这两次世界大战。但他的职业是设在桑德赫斯特的英国皇家陆军学校教授军事历史的教师，他对于历史中"战争仅仅局限于非感性层面的描述"的不满逐渐增加，他和他的同事们逐渐开始传播一种理念，即应该关注战争的非军事场景，这就类似于在风景如画的地方构筑"英国公爵的府邸"，实际强化的是这是"乡间府邸"的错觉。对大战的正确认知，应该通过思想而不是行动，通过语言而不是鲜血，通过地图而不是泥浆来进行塑造。他通过非常冷静的观察，得到的结论认为"《第一次世界大战的官方历史》的编辑们，已经付出了巨大的努力对世界上这场最大的悲剧之一进行了非常详尽的描述，而且取得了很大的成就，但是他们在写作的过程中没有流露出任何的情绪"。作为一个课堂上的战士，基根的问题在于："在战斗中我会有什么样的表现？"他开始试图通过对三场战役的案例研究来回答这个问题，它们分别是阿金库尔战役、滑铁卢战役和索姆河战役，每一场战役都代表了军事技术发展的不同时期。通过观察这些战役中的士兵们如何战胜恐惧、如何止住流血的伤口、如何走向死亡，他希望能够"对战争的另一个层面有所了解"。[12]

在对1916年的案例研究中，基根只研究了索姆河战役的第一天。他赞颂了米德布鲁克取得的"非凡成就"，认为他的书堪比威廉·索伯恩写作的关于滑铁卢的经典历史书籍，该书同样建构于普通士兵回忆的基础之上。基根并没有进行新的调研，既没有与士兵们进行访谈，也没有采用新的档案资料，而是通过现有的资料分析战役中技术的交锋，特别是关于步兵和机关枪的案例。与米德布鲁克一样，他对伙伴营表达了深切的哀悼之情——也许没有任何一个关于一战的故事让人如此辛酸，但对他们缺乏作为士兵的基本技能而遗憾，他认为第四军的战术过于简单，只会简单的炮击和行走，这也是军官们对于这些缺乏经验的志愿兵可以理解的安排。他也承认，索姆河战役的第一天并不是彻底的军事失败，但的确是人类的悲剧。在这里，他同米德布鲁克一样，用了"大屠杀"这一语言，断言关于7月第一天的描述具有某种特雷布林卡的风格，"那些温顺的年轻人排成长队，身穿质量非常差的军服，负担沉重，脖子上挂着编号，沉重缓慢地穿越一片毫无特征的景观，走向导致他们自我灭绝的铁丝网之内"。在这里，他又一次同米德布鲁克一样，认为1916年7月1日开启了西部战线非常关键的一个阶段，工业化的战争的确击中了要害。基根最终结束其对索姆河战役的描述，采用的是布伦登、格雷夫、萨松等人抗议性文学的方式，并对关于一战最好作品的"高质量"与二战作品的缺乏进行了对比。通过进行解释的方式，他开始认识到，1914—1918年之后，人类能够或者不能够忍受的所有限制最后都成了现实，因此"战壕中传来的声音代表了工业时代每一个士兵的心声"。[13]

基根和米德布鲁克对于大战经历的描述招致了传统军事历史学家

的不满。卡罗利·贝洛特给企鹅出版社写了一份报告，谴责米德布鲁克提供样品的那些章节，抱怨说这些被访谈的人所说的都是"大家熟悉的东西"。这令人回想起萨松，他认为米德布鲁克是"重复所有关于高级指挥官的陈词滥调"，其写作风格本身也是非常平淡和无聊的。贝洛特从来没有改变他对这本书的看法，但他同样遭到黑格将军的拥戴者特里恩的谴责。[14] 其他的历史学家也抱怨说，米德布鲁克和基根的写作风格给关于大战的研究施加了残暴的特征，他们关注的是英国军队在这场战争中最坏的一天的场景，他们强化了这场战争无能和无意义的屠杀，而这在整个索姆河战役中非常普遍，是整个西部战线战争期间的一种常态。[15]

传统军事历史学家与新型写作模式的作者，他们之间的分歧开始暴露出来。传统军事历史学家研究战略、指挥与战术的具体运作，而新出现的这些作家则关注战争中普通士兵们的经历。这种"新的"军事历史的作者往往都是自学成才的业余史学家和作家，就像米德布鲁克一样，他们依赖的是比较时尚的家族史研究模式。这种模式形成的根源来自《寻根：一个美国家族的冒险故事》，该书的作者是非裔美国人阿历克斯·哈雷，他把其家族的故事追溯到昆塔·肯特在 1767 年作为奴隶被贩卖到马里兰之后的第一个世纪。这本书以及系列的电视短片鼓舞了世界上的很多人去追寻自己的根。1974 年，英国成立了一个家庭历史研究联合会，通过出版物及两年一次会议的形式强化人们在这方面的兴趣。1979 年，英国广播公司播放的一系列节目中，第一部就是关于"家族史"的系列节目。专业的杂志同样强化了这一进程。最早开始的是《家谱》杂志，创办于 1984 年 11 月，创办人是迈克尔和玛丽·阿姆斯特朗，他们在剑桥的拉姆齐使用便携式打印机开始了编辑工作。他们非常热衷于家族史的研究，也看到了建立此类杂志恰逢其时，但他们没有拉到商业出版商的赞助，于是他们像米德布鲁克一样，毅然决定自己开始这样的工作事业。一战为家族史的研究提供了异常丰富的研究领域，因为一些先辈服兵役时，在官方的档案之中留下了简短然而非常清晰的书面记录。尽管在 1940 年的闪电战期间，许多文件都被破坏了，但仍然有 275 万士兵们的书面记录被保存下来。存在英国国家档案馆的这些记录自从 1996 年被逐渐开放以来，成为档案馆中最吸引人的部分之一。[16]

正是这种根植于对祖先们日益增长的激情的新型军事历史，吸引了众多的读者。米德布鲁克的《索姆河战役的第一天》在出版后的第一个五年就卖出了 4 万册，到 2005 年，则达到 13 万册。[17]1986 年，继在《巴恩斯利纪事报》发表了一系列文章之后，当地作者乔恩·库克出版了《伙伴》一书，描写了在当地长大的两个军营志愿兵的传奇故事，他们都参与了 1916 年 7 月 1 日的战斗。作者依据的主要是幸存者的讲述。该书激发了一系列关于伙伴营故事的书籍的出版，迄今为止至少出版了 12 本类似的著作，内容涉及阿克林顿、达拉谟、利物浦和斯温西。这些著作多数集中于 1914—1916 年，特别是 1916 年索姆河战役的第一天，但是很少涉及战役中其余的参战单位。换句话说，他们讲述的是现在比较熟悉的内容与模式，这种模式是由哈里斯和米德布鲁克建立起来的，他们关注的是地方的历史如何演变成为民族的悲剧。值得注意的是，大部分在一战期间和战后出版的关于基奇纳志愿者新军的书籍都没有关注到伙伴营的故事，他们的身份认定、他们对于战争的奉献，这些都是 20 世纪 70 年代以后的事情了。[18]

如同米德布鲁克一样，英国广播公司节目的制片人林恩·麦克唐纳，在 1972 年与一群老兵重回战场所在地之后，开始被一战深深吸引。她成为一名自由撰稿人，在对退伍军人进行访谈的基础上，写了一本关于 1917 年第三次伊普尔战役的书《他们称它为帕斯凯达莱》，该书于 1978 年出版。"如果这本书读起来就像一本小说，甚至说像一个恐怖故事，请一定不要谴责我，"她告诉读者们，"所有这一切都是真实的，更精确地说，它是根据 600 个真实的故事编辑出来的，同时来源于见证伊普尔血浴过程的目击者的描述。"她解释道："写作其实是一件非常简单的事情，只是随着混战的展开，依据事情发生的经过，编辑整理他们的经历，并且对此进行解释。"在接下来的 20 年里，麦克唐纳积累了大量的访谈资料，又出版了关于战争不同阶段的更加畅销的书籍，包括加里波利、索姆河和 1918 年春天的战役。这些书籍的写作风格基本一致，写作方式是大量引用与老兵们会谈时的记录，她认为这样就可以"站在他们的角度"，"通过他们的眼睛"来观察战役的进展。她的叙述基本上是一个框架，即虔诚地展示这些士兵的证言和证词。[19]

这种写作方式，对于历史的研究而言，确实是存在问题的。尽管普通参与人的回忆能够补充官方档案没有记载过的细节，这些细节的确非常抓人，也非常重要，但学者们不能也不应该认为这些"证词"比其他的资料来源更为可靠。在这里，我们以米德布鲁克关于索姆河战役的描述为例，他记载了服役于炮兵部队的 F. W. 彼得尔中尉对 1916 年 7 月 14 日骑兵部队冲锋的回忆：

这是一个令人难以置信的场景，他们手持长矛、举着三角旗飞奔，他们径直冲上了高耸的树林密布的山坡。当然他们很快就坠落了……人和马都跌落在了地面上，没有任何抵抗机枪的可能和希望，德国人在山脊上面，向着山谷里的英国士兵开枪，这是一场完全的溃败景象，极其壮观，只不过是一场悲剧式的壮观景象。[20]

军事历史学家理查德·霍姆斯比较公正地对目击者提供的证词片段进行了分析和处理。首先，作为证据，1916 年提供的摄影图片更为清晰一些，当时的骑兵部队已经放弃了用锦旗来作为装饰。其次，骑兵们冲向茂密树林在夏季里几乎是不可能的，因此遭遇猛烈的炮轰也是不可能的，事实上，即使是步兵也很难突破 1916 年 7 月 14 日夏季的高坡山林。最后，上述单位的战地日记显示那天他们的伤亡非常小，反而对德国的机枪手造成了重大的打击。实际上，当时的骑兵主要是骑马步兵，目的是快速移动，以便在德国军队部署完毕和挖掘战壕之前就摧毁他们。简而言之，高地森林并不是一场"英烈传"，即使在半个世纪之后，英国的中尉通过自己的"心灵之眼"如此看待它。[1]用霍姆斯的话来说，彼得尔准确地描述了我们想听到的那样一种史实，这是鉴于我们对于索姆河战役无用论的假设的陈规想象之上，而这实际上并没有真正发生过。21

　　"记忆"因此不是对于过去发生事情的类似照片式的记录，或多或少都有可以被打扮的特征，而且可以这样说，对于我们所有人来说，这都是一个不断变化的过程，带有构建过去和现在的倾向。莎士比亚的《亨利五世》非常准确美好地抓住了这一点特征，这体现在他对阿金库尔战役之前的描述：

　　老人们记性不好，可是即使他忘记了一切。
　　也会分外清楚地记得，
　　那天里他干下的英雄事迹……22

　　"分外清楚地记得"——换句话说，就是画蛇添足地对故事进行装饰。这一旋律在阿里斯泰尔·汤姆森 1987 年写作的《澳新军团回忆录》中已经被揭示出来了，该书比较精细地记录了澳大利亚的老兵们在 80 年代从不同的视角，对他们在一战中经历的描述。为了描述这一进程，他选择的专用词汇是"镇定"，这个词具有两层含义，我们用"公众的语言和文化上的意义"构建了我们的记忆，我们这样做所采

---

[1] 也许这并不是不切题的，托尼·理查森拍摄的电影《轻骑队之歌》，描写的是 1854 年克里米亚战争中最臭名昭著的惨败，这一形势在 1968 年又开始出现了，这是越南战争时期反战情绪的又一个产物。——原注

399

用的方式也是让我们对我们的生活和身份感到舒适的方式，"那给我们带来了一种镇定的感觉"。汤姆森的广泛采访显示，第一位非常健谈的士兵，经常在重复使用的个人逸事，实际上是来自官方写作的历史中的一种镜像。第二位老兵，无论在心理上还是经济上，在战后都经历了一个非常艰难的转型时期，他体现了非常完整的澳大利亚人的特征——嗜酒的、友好的和粗鲁无礼的特征——使自己的形象能够作为澳大利亚男子汉形象的代表体现出来。第三位老兵，1916 年弗隆美尔炮火的轰击导致其神经崩溃，因此他对澳新军团 4 月 25 日的纪念日采取了沉默的疏离态度。他后来成为劳工的维权人士，这赋予了他一个新的清晰的无产阶级身份，也是帝国主义残杀的受害者的身份。然而，20 世纪 70 年代退休之后，他把自己的战争经历表达出来，在不违反其反战原则的情况下，其态度是非常公开和积极的。[23]

通过这三个差异悬殊的例证，汤姆森指出，口述历史——最初是对学术研究过于把官方文件作为唯一正确资料来源的比较合理的反应——也需要对自己的方式进行批判与反思。50 年过去之后，士兵们所回忆的东西并不一定自动转换成为"现实"，历史学家必须敏感地意识到这种证词是与"公开表达以及个人身份紧密联系在一起的"，而这两个因素则处于不断的变化之中。[24]

汤姆森的批评，适用于整个大战时期对于来自士兵们的"声音"的普遍推崇，尤其与澳大利亚有着特别的关系。在 20 世纪 70 年代和 80 年代的澳大利亚，关于澳新军团的神话已经牢牢抓住了观众的想象力。1965 年，关于加里波利的上市书籍已经开始低调起来了。它的纪念仪式完全由退伍军人服役联盟的退役军人们掌控，他们反对的是左翼人士对于战争的诽谤，后者认为老兵们上午还在美化战争，下午就进行酗酒和赌博。对于众多的小学生来说，澳新军团的仪式是"非常严肃的，其语言用词让人非常迷惑，我们对它极其懵懂，但是又必须充满热情地去反复吟诵，我们不断地被告诫，以免我们遗忘这段历史，但对它们，我们实在是弄不清楚，还是有可能忘记的"。一些报纸也在质疑，这些事情是不是就如此简单地逐渐淡出人们的视野。悉尼的《镜报》发出疑问，"难道澳新军团日对于未来的一代而言，就像特拉法加和滑铁卢一样，丝毫意义都没有了吗？"[25] 但 1965 年之后接下来的 1/4 世纪里面，澳新军团士兵在澳大利亚公众生活中的影响力更加根深蒂固，比英国兵在英国的影响要大得多。按照阿里斯泰尔·汤姆森的说法，这反映了历史与现实新的结合。

由于澳大利亚在 1915 年 4 月 25 日经历了加里波利战役的炮火洗礼，20 世纪 20 年代的这一天被确立为国庆日。按照一位神父所说，这种纪念仪式仍然反映了与"英国宗主"的"线性的用鲜血凝成的亲属关系"。墨尔本市的纪念堂建成于 1934 年，东墙上写着"纪念维多利亚时期，1914—1918 年战争时期为帝国服务的先生们和女士们"。当澳大利亚在 1939 年再度投入战争的时候，这些士兵继承了他们先辈们的衣钵，以"帝国澳大利亚第二军团"自称。[26] 就像第一次一样，他们把挫折归咎于伦敦的无能，特别是在 1942 年初新加坡投降的时候。也许我们可以说此时的澳大利亚已经开始露出对英国的离心倾向，政策开始转向美国，并开始自作主张，这一结论其实有些过于简单。1944 年澳大利亚外交部部长佩尔西·斯彭德宣布，"最为重要的是，澳大利亚是一个太平洋国家"，但是这丝毫不会减少它与大英帝国之间的亲属联系。澳大利亚是英国的一部分，在罗伯特·孟席斯及其自由党在 1949—1972 年的漫长任期之内，这种感觉特别强烈。至于他们的工党对手，亚瑟·卡尔维尔和班·奇夫利任期之内，这种感觉同样是一个事实。[27]

的确，战后的澳大利亚一直在强化与美国以及其他太平洋国家之间的关系。这一点在 1965 年，即它深深地并且具有争议性地卷入美国的越南战争之后，表现得更加明显和戏剧化，而英国对这场战争则保留了置身事外的态度。然而，这种界限极其清晰的政策变化的催化剂，即澳大利亚民族主义的增长与英国帝国主义实力的下降，并没有迅速地发挥作用。1961 年英国申请加入欧洲经济共同体的行为具有很重要的象征性意义，表明英国的注意力发生了根本性的变化：从帝国转向了欧洲。这也迫使澳大利亚，无论政治家还是公众，都在寻求并重新调整这个国家的定位，虽然这一进程已经缓慢地持续了多年。而在1961 年后，澳大利亚开始加速寻求更大的独立性，这是工党领导人推动起来的，他们为了攻击孟席斯及其保守党的同僚们，很快实现了从伦敦向美国的转向。保罗·基廷非常直率地指出，英国"已经抛弃了我们，加入了共同市场"。[28]

这一时期，也是澳大利亚的现实与未来都非常不明确的时期。正值此时，一些作家对澳大利亚在一战中的经历产生了新的兴趣。肯恩·英格利斯特别注意到了当时被忽略掉的查尔斯·比恩，澳新军团传说中一位领导人物。查尔斯·比恩是关于一战的澳大利亚官方历史作家，但他的作品不同于英国那种毫无感情的、自上而下的被约翰·基根所奠定的基调。比恩采取的是自下而上的历史写作模式，这比马丁·米德布鲁克在英国进行的实践要早得多。通过广泛地运用 20 世纪 20 年代的个人日记、士兵们的信件和口述的历史，他从这些资料中整理出来澳大利亚士兵的独一无二的斗士形象，因为他本人就是这一潮流的产品，是澳大利亚这一不存在阶级差别的社会的产品，而这是由深深的对伙伴们的忠诚所塑造出来的。这种潜在的身份在战争中的确是真实存在的，比恩在 1924 年宣称，在加里波利，"澳大利亚的民族意识诞生了"。[29] 比恩关于澳大利亚身份的定位，在围绕加里波利展开 50 周年纪念的时候，被英格利斯和其他一些人复活了，成为对一战中澳大利亚士兵新研究的模板。比尔·甘米奇充满情绪的著作《破碎的年代》（1974），就是从比恩那里得到的启示，他认为比恩的著作是对澳大利亚历史做出的最伟大贡献之一。他的书籍引用了大约 1000 名士兵的日记和信件，其中有 272 个士兵的资料的是他亲自访谈和通信得到的。甘米奇声称自己的目的仅仅是简单地展示出"一战期间澳大利亚士兵的思想和感情",但结果是,他很少表现出对战略或者战术上的关注,他认为这些士兵是最高指挥官们的受害者。事实上,与比恩不同的是,甘米奇认为这些士兵的战争是不可赎回的悲剧。"没有比一战更大的悲剧了,"他坚持认为,"一战吞噬了一个时代,制约了其后的时期,它玷污了它刚爆发时时代所标榜的理想,它比它想要避免的所有罪恶带来了更大的牺牲和恐怖。"甘米奇强调加里波利战役导致"国家地位、兄弟情谊的巨大牺牲",同时强调澳大利亚在索姆河战役期间遭到的更大损失——造成了大约超过 5000 人的伤亡,这是在 7 月 19 日到 20 日在弗隆美尔佯攻中牺牲的(澳大利亚人从来没有经历过更为残酷和悲剧性的夜晚),另外在博兹地区有 2.3 万人的伤亡,在 7 月和 8 月间的几个星期之内就经历了"巨大牺牲",而这仅仅是为了"赢得地面上几英尺的进展"。[30]

他笔下的士兵都是被迫卷入这场混乱的普通士兵,然而他们的精神几乎没有被摧毁,甘米奇高度赞扬他们在这些行动中表现出来的勇气和不屈不挠的精神。他认为,战争真正打破的是 1914 年之前形成的世界观。这不仅仅是因为澳大利亚民族主义的兴起,这一点已经被澳新军团的英雄们强化了,并取代了旧有的对帝国的感觉,同时也存在政治上的破裂。20 世纪 70 年代,澳大利亚工党(ALP)重返政坛,甘米奇主要从左的角度进行写作,坚信"1914 年,澳大利亚已经需要为大多数人提供一个天堂式的乐园,需要从旧世界的罪恶中净化出来,应该以民主和平等作为自己国家的特征"。但是这种非常尖锐的战争民族主义,以及 1916 年征兵制度引起的争论,导致了澳大利亚工党的分裂,因此"1914 年澳大利亚寻求在这块土地上建立起社会天堂的大多数人,或者被撕裂,或者已经群龙无首了"。而保守党则与那些在战争中持有严格的澳新军团精神的人们结合在一起,在澳大利亚生活中产生了我们今天看来已经消逝了的影响。甘米奇关于士兵战争的描述,与爱德华七世时代英国兵地狱般的旅程的传奇故事有很多共性特征,尽管 1914 年 8

月的那种绵延的热情早已经远离我们的时代，他得出的结论认为，"加里波利战役之后九个月发生的一切还在我们身边"。[31]

基于甘米奇的这种写作方法，流行书的作家帕奇·亚当·史密斯在1978年出版了《澳新军团》，该书配有众多插图，短小精悍，可读性非常强，写作主要依据的是更大量的老兵们的证词和回忆。在前言中，史密斯一针见血地指出"战争是地狱"。"但是在我们试图诋毁它、证明它不合法之前，我们不应该谴责战争的受害者，每一位参与战斗的人都是受害者。"尽管是受害者，但关于战争的记载中并不存在圣人。她在书中涉及一些禁忌，比如说妓院和性病，并褪掉了约翰·辛普森身上的神话色彩。辛普森是澳大利亚传说中加里波利战役的英雄，说他用一头驴把伤员从施雷普内尔山谷运到了海滩，从早到晚一直往返于这两个地方，其壮举一直持续了三个星期，直到1915年5月18日被杀死。她提醒读者，辛普森是在英国泰恩赛德出生长大的，他17岁的时候离开家乡作为船员环游世界。真实的他是一个"酒鬼，是一个爱吵斗的人"，喜欢打群架，而不是后来艺术家们和那些唱颂歌的人塑造出来的精致的、唯美的形象。亚当·史密斯的作品有意地没有涉及战略和将军们这一层面。将军们远离战场数英里来玩这场战争游戏，只要他们喜欢，这些将军可以不管牺牲多少人的生命，他们没有考虑到那些血肉之躯，没有考虑到那些令人纠结的铁丝网。亚当·史密斯毫不保留地指出，英雄们就是这些普通的士兵，他在书中对他们进行了热情洋溢的描绘。"随着时间的流逝，这个时代被推得越来越远，我们的后代谈及你们的时候，就像我们谈及的温泉关300勇士一样，但是我因为认识了你们而倍感荣幸。"[32]

甘米奇和亚当·史密斯的描述，推动了对1914—1918年澳大利亚士兵研究兴趣的新浪潮。到1981年，《破碎的年代》已经卖出了1.7万册，《澳新军团》则卖出了3万册，这个数字是在它出版平装本之前。[33]另一项重要的成果是堪培拉的澳大利亚战争纪念馆。这是比恩的另一项创造，是他在 1941 年把圣地、博物馆和档案文献独一无二混合的产物。但到了 20 世纪 70 年代早期，它已经是一个"相当守旧的形象"，这是工党首相高夫·惠特拉姆的话，由于行政人员的守旧，该馆使用的是过时的展品和破旧的设备，但随后政府的大量投资改变了纪念馆的状况，尤其是在教育和宣传方面。1965—1982 年，参观者增加了 1 倍，达到一年上百万人。其中大部分是 40 岁以下，他们不具有任何关于一战的知识。[34]

如同英国一样，电影银屏在将澳新军团的传说灌输给新一代的过程中起到了首要作用。在澳大利亚，与《哦！多么可爱的战争》相对应的作品是彼得·威尔拍摄的故事片《加里波利》，甘米奇的角色是历史顾问。电影的宣传海报上写道："一个你从来没有听说过的地方……一个你永远不会忘记的故事。"电影体现出了澳新军团冒险故事在 70 年代的形象，也同样关注了它将走向何方。《加里波利》生动地讲述了两个澳大利亚士兵的故事，该电影确实在调动人们对于 1915 年的兴趣方面做了大量的工作，电影中浮现的是年轻士兵们作为勇敢的冒险者的形象，而不是头发斑白的退伍老兵形象，随后激发出大量的电视片系列，都模仿了这部电影的形式。这部电影被描述成"纯粹是比恩式的，与传统的关于澳大利亚士兵的刻板印象，以及英国指挥官的无能完全吻合"。[35]

澳大利亚对于大战的迷恋也受益于官方的推动，特别是在 1988 年，当这个国家举行热情的 200 周年纪念活动的时候，澳大利亚的土著及其支持者认为澳大利亚的纪念日应该是 1 月 26 日（这天英国殖民者第一支舰队在博特尼湾登陆），并把其命名为"入侵日"，其目的是为了抗议"白色的澳大利亚有一段黑暗的历史"。随着这一争论的隆隆作响，澳新军团的纪念日逐渐成为双方都可以接受的国家身份象征。1990 年是澳新军团在加里波利登陆作战 75 周年，鲍勃·霍克参加了加里波利战役亡灵序曲的纪念仪式，他是第一位参加这个仪式的澳大利亚总理。他的继任者，保罗·基廷则主持了另一种形式的纪念，即把战役中无名战士的尸体埋葬在首都堪培拉，时间是 1993 年 11 月 11 日，也就是一战结束 75 周年的纪念日。20 世纪 20 年代设在威斯敏斯特大教堂的坟墓，象征着英帝国所有失去的士兵，这一点已经不再被接受了。随着澳大利亚与英国联系的日益松弛，澳新军团的"传说被重新塑造出来，等同于巴士底狱或者说 7 月 4 日这类事件，是把澳大利亚从英帝国的过去逐渐剥离出来的象征"。[36]

尽管在最初的澳新军团中，新西兰是澳大利亚全心全意的合作者，但新西兰人从来没有崇拜过澳大利亚士兵。考虑到新西兰在 1914—1918 年的损失，这一点特别具有讽刺性，新西兰共有 1.8 万人死亡，大约占了适龄男子的 8%，除了英国，在英帝国的所有自治领之中这一比例是最高的。新西兰士兵的文化特征与澳大利亚士兵极为相像，他们喜欢酗酒，性格温和，蔑视军官特别是英国军官。但是新西兰缺乏查尔斯·比恩式的人物，能够把民间神话转换成为民族传奇，而且新西兰在联邦中尤其亲英。在加里波利战役 50 周年纪念的时候，也没有澳大利亚那种追忆的方式。只是到了甘米奇写作 10 年之后的 1984 年，克里斯多夫·帕格斯利才首先开始叙述新西兰士兵在加里波利的表现，此后对于 1914—1918 年士兵的兴趣才被重新调度起来。直到 2004 年，无名战士才被从西线挖掘出来，重新埋葬在惠灵顿的国家战争纪念馆。新西兰在发现自己一战士兵的价值方面非常迟缓，也没有像其澳新军团的合作者那样大张旗鼓地进行宣传。[37]

因此可以说，是英国和澳大利亚开启了这种新的对于一战期间的士兵们的研究热情，但是这两个国家之间也存在着明显的差别。首先，澳大利亚把一个失败战役的周年纪念发展成为国家的国庆节。而与之形成对比的则是，在英国，尽管那个值得纪念的 11 月的星期日被列为阵亡战士纪念日，甚至比女王的正式生日更受人尊重，更不要说圣乔治的纪念日了，但这一纪念日与国家认同没有任何关系。我认为，这也体现出另外一个迹象，尽管战争在情绪上对于英国而言非常重要，但是并不意味着需要对它进行任何意义上的明确定位。

这种对比的第二个差异：在英国，11 月的阵亡战士纪念日让人回想起的是战争的结束，而澳新军团纪念日对于澳大利亚则意味着新的开始，这既意味着帝国澳大利亚军团的力量经历了战火的洗礼，从更广泛的意义上说，也象征着澳大利亚作为一个国家的诞生。这种纪念活动与澳大利亚的价值观紧密结合在一起。另一方面，对于英国人来说，这一纪念日主要是为了祭奠亡灵，语调上是忧伤阴郁的，从而促成了丰富的诗歌创作，威尔弗雷德·欧文的作品是其中的代表。

由此也带来了这两个国家之间第三个根本性的差异。澳大利亚关于大战的文学描述，无论战争期间还是战争之后的描述，"都是建立在这样一个前提之上：澳大利亚人在战斗中表现得非常优秀，他们甚至为此深感陶醉"。而且，这也不是一个阶段的特征，在整个 20 世纪，每一个涉及澳大利亚战争的论调，都在或明或暗宣传澳大利亚士兵是最能够体现出传统英雄价值观的一群人。[38] 简而言之，在澳大利亚并没有像在英国那样出现反战诗歌或者散文。20 世纪 70 年代，这种为新一代人写作的特征再度复活，并得到了保罗·福塞尔的认可。

福塞尔出生于 1924 年，大约比米德布鲁克和基根年长 10 岁左右，曾经作为美军成员在二战末期参加过在法国和德国的战斗，后来成为一名大学教授。他早期的作品主要集中考察 18 世纪的英国文学，但是《一战与现代记忆》这本书成就了他的名声。"这本书主要涉及的是 1914—1918 年，英军在西线的作战经历，"他解释道，"同时涉及大战被纪念，被定型化，被神话了的文学手段。"福塞尔仔细挑选出一些他认为比较能够体现出战壕经历的例证，参照经典的反战诗歌或者传记对每一个都进行了详细的解释。例如，埃德蒙·布伦登运用了田园生活的影像，拐弯抹角地嘲讽现代战争所具有的总体破坏性的特征。这种分析不仅仅是出于古物研究者的兴趣，福塞尔认为："在现代的理解层面，似乎存在一种主导性的方式，它在本质上是具有讽刺性的，而这主要是起源于意识和记忆对于大战中发生事件的运用。"他声称，讽刺"与希望相伴随，而希望的燃料是无辜的"。他引用了拉金《1914》这首诗的句子，"不要再那么天真了"，还有那张激发创作这首诗歌的 1914 年的志愿兵照片。他高喊："这些善良慷慨的人们正在奋力向前，差一点就自我毁灭。"他声称："这些天真的军人终于在 1916 年 7 月 1 日的索姆河，获得了关于善与恶的知识。"[39]

就像这些语录所显示出来的一样，福塞尔并不相信保守的陈述。他的书籍充满了有倾向的描述，观点风格也是极具选择性的。书中的许多章节都事先假定了一个主题，然后通过参照一战相关作者的资料对其进行发挥，他对观点的验证是通过士兵们的信笺和日记的几个片段来进行的。福塞尔采取了快进的写作方式，通过引用 20 世纪比较有影响的作家，包括诺曼·梅勒、约瑟夫·海勒和托马斯·品钦的作品达到这一目标。例如，西格弗雷德·萨松的"二分制愿景"被用来解释"总体的二分"——我们和他们，朋友和敌人——这也是福塞尔所断言的"关于这个时代的长期的富有想象力的习惯，这是有迹可循的，对于大战而言似乎更是如此……偏执的战壕战争，无论是否实施还是被记得，加深了偏执的耸人听闻的事件，这是我在从事现代写作的时候主要关注的一个方面"。[40]

对于福塞尔来说，最为重要的是他特别强调经验的至高无上性。影响他写作 1914—1918 年故事的，是他自己在 1944—1945 年历经炮火洗礼的士兵经历。《一战与现代记忆》一书主要是奉献给他那些美国兵伙伴们，"1945 年 3 月 15 日，在法国，他们就在我身边被杀死了"。他后来对此说得更具体，是在德军炮火的攻击之下，他的伙伴们被炸成了碎片。这种愤怒一直潜伏在福塞尔战后学术生涯的表象下面，他经常抱怨普通士兵们的命运如何被位于顶层的高官们所操纵，以及这些人如何利用崇高的理想和狡猾的委婉说法来为他们大规模的杀戮提供正当的理由。促使他这些想法公开化的是，这种模式一再地被重复，他对这些非常愤怒。他后来思考说，"1975年，我的那些美国读者们经历了越南战争，经历了这种非常恐怖但同时也是毫无意义的消耗战"，从而使得"死亡人数统计"成为一个家喻户晓的名词。这是另一场关于善与恶的"二分制"的战争。福塞尔希望他的书籍能够说服美国读者们，"那些东方的黄色人种也是有感情的，他们也憎恨死亡，当他们无法承受痛苦的时候，也像我们一样去寻求上帝或者母亲的帮助"。[41]

福塞尔为一战所设定的背景主要是西线的"穴居人的世界"。"无论正确与否，"他解释说，"现在关于一战的观念主要来源于法国和比利时的战壕中的景象，我曾经与英国步兵在那里待过，从而很大程度上忽视了发生在米索不达米亚、土耳其、非洲和爱尔兰发生的事件，也忽视了空军和海军的力量。"至于英国后方所做的大量战争努力，实质上几乎没有任何提及。然而，正如历史学家批判福塞尔所指出的那样："战争的这些主要方面都不是悲剧性的，也不具有讽刺性，而且也不是不言自明的那么无用。更为主要的是，因为做了这些，他们的确拯救了西线，只是经历了三年漫长等待。"换句话说，福塞尔对于一战的介绍把1918年排除在外了，只是在第一章中有半页纸涉及了一点，因为他坚持认为，"战争仍然在继续"。他试图说服其他人特别是英国人，"英国人日常生活的实质可以说仍然与纪念这场战争相关"，从酒吧关闭的时间，到现在英国经济的崩溃，以及欧洲的美国化都是如此。即使在描述西线的时候，福塞尔的根基也是非常不可靠的，这些士兵在前线的战壕里面仅仅待了三个星期的时间，随即就转入休息和训练区，然后通过后方再度转移到前线的战壕。所以，即使对参与作战的士兵而言，大战的绝大部分时光都是非常平静的。因此，战争的恐怖不在于其持续的长度，而是前线那"几个小时甚至几天被高度浓缩的恐怖"。[42]

25年之后，也就是在2000年，福塞尔这位比较好战的公众人物，对于《一战与现代记忆》采取了异乎寻常的辩护立场，承认这本书的确有很多局限，其借口是令人失望的，"毕竟，我写的不是历史书，只是哀悼式的评论……这本书之所以采用了历史的数据来源，主要是为了增加哀悼的效果……在那个时候，评论家的工作并不等同于学者的工作"。这也是他在遭到军事历史学家们的愤怒批判之后，所拿出来的一个非常自然的辩解答案。但它同时反映了那些贪婪地为了吸引人们注意力的书籍的最终命运，在写作过程中，对资料进行了彻底的挑选。无论福塞尔最终辩称他的目的的究竟是什么，这本书已经被看作是历史书籍，它通过反战诗人和回忆录对于前线经历的描述，强化了20世纪70年代的那一代人对于普通士兵们生活的关注。就像米德布鲁克和基根一样，福塞尔对于所依托的或者推导出来的证据有极其情绪化的反应，但与他们不同的是，他依据的是自身的战争经历，这的确偶尔也给他的写作提供了激情。在这些特殊的作者群中，他确实具有特别的创新精神，例如欧文诗歌中的同性恋的因素，或者说格雷夫在《向一切告别》中体现出来的特别具有讽刺性的喜剧风格。但他并不致力于去寻求新的历史突破，也许有的人会说，他是在用一种新的更具有刺激性的方式来对那些陈旧的泥浆进行发掘，以告诉读者大量的事实，"这些事实他们已经在某种程度上有所了解了，但是他们了解的是关于战争写作的既定模式的普遍描述以及对于战争进行的特别描述"。[43]

福塞尔采取了非常规范的形式描述士兵们作为受害者的故事，主要聚焦于战壕，以及士兵们被诗人所解读出来的悲剧性经历。截至2012年，他的书籍的销售量已经超过了10万册，对于整个英语世界的学术思维都产生了重要影响。福塞尔把1914—1918年看作是英国20世纪历史上最具决定性影响的事件。同时，在大西洋彼岸，他的那些文明的图片与那一场灾难恰好能够吻合，美国的知识分子对于越南战争的损失，对自己在其中能够做的斗争没有什么准备。[44]

应该承认，对于普通士兵生活的重新关注，不仅仅是英国和以英语为母语的世界的现象。事实上，这一领域的先锋是法国人。当然，那里讲述的故事，以及联邦德国的故事，都是为了衬托出英国的特点。

《法国兵》原文为"Poilu"[1]，该词用以指代一战中战壕里的步兵，是与英国兵相对应的一种称谓，写作的是两次大战期间的故事。也有几个人试图对这种模式进行反击。例如，让·诺顿·克吕的作品《见证人》（1929）——是一部对关于士兵们的小说、回忆录和信件进行分析的重要作品。雅克·佩里卡尔的《凡尔登》（1933），有点像米德布鲁克的风格，建立在士兵们描述的基础之上，而这是他通过报纸的方式寻求来的帮助。但这些都是例外。在法国，关于大战的历史比较令人接受的描述方式是在1934年确立的，这本书是《欧洲的危机和战争》，作者是皮埃尔·勒努万，他当时是在巴黎大学已任教30年的教授。这本书主导了关于1914—1918年的历史写作，这是在德国和英国都没有出现过的现象。勒努万的经典文本先后出了五个版本，有两个是在20世纪60年代印刷的。这是一项涉及外交、政治和军事历史的巨大研究工程，而且事实上也没有涉及战争的大后方，包括工人的罢工以及士兵们的叛乱，更不要说勒努万不予考虑的"战争的气氛"。他对战争历史的限定非常严格，勒努万是一位受伤严重的老兵（他在战争中失去了左臂，用右手创作了1917年的《贵妇小径》）。在学术写作生涯中，他从来没有提到他个人经历的这场战争。对于勒努万来说，历史需要客观性，应该排斥自我，但是克吕则坚信个人的经历是至关重要的。[45]

直到勒努万的生涯进入黄昏期之后，他对于法国历史编撰学的掌控才开始削弱。1959年，法国出版了《法国的生活和死亡，1914—1918年》一书，该书对于战争的描述建立在对普通人写作摘录的基础之上，包括士兵，也包括平民；包括男人，也包括女人。三位作者，安德尔·迪卡斯、雅克·迈耶和加布里埃尔·佩尔勒，他们都不是学者，都是1914—1918年的老兵，但正是他们写出了通俗的历史小说。事实上，迪卡斯已经出版了作品选集，该选集挑选了1932年以来对前线的描述。在《法

---

[1] 直到今天，该词在法语中仍广泛存在。——译者注

国的生活和死亡，1914—1918 年》这本书取得成功之后，该书在 1963年配以大量的插图重新出版（也正是在同一年，泰勒关于战争的插图史出版）。1966 年，迈耶和佩尔勒出版了类似的书籍，对于士兵们和平民们日常生活的细节进行了详尽的描述，同样引用了大量同时代人写作的作品。尽管迈耶的书籍花费了一半的篇幅用于叙述战壕里面的事，但他仍费尽心力地描绘战争经历的多样性，摆脱了事先熟悉的关于战争的描述模式。例如，凡尔登战役在他书籍的 370 页中只占到了 33 页的篇幅，其中有 90 页内容的章节名称是《感觉和感情》，揭示了勇气和恐惧、信仰和宿命对于盟国及敌国的态度。在整个过程中，迈耶强调的是士兵生活的多样性（与步兵相比，炮兵过着不一样的生活）。这种对于前线、后方战壕和休假区的对比，以及沿着战线（这条战线蔓延 800 公里，持续的时间长达 1600 天）不同地点和不同时段的多样性描述，都与英国对于 1916 年 7 月 1 日的讲述是完全不同的。[46]

佩尔勒关于平民的日常生活的写作版本同样场景极其庞大，甚至包括"没有男人的女人们"，限制（定量配给、保健及食品的短缺），以及不断变化的社会机遇（新的穷人和新富阶级）。像迈耶一样，它的语调是描述性的，不带有任何的感情色彩，强调了战争所铸造出来的基本社会变化，无论是否被承认，"仅仅四年的时间里，这一场战争似乎已经改变了数个世纪"。[47]与亚瑟·马威克的《泛滥》（1965）相比，如果说它们在格式上有所不同，那么在意图上具有诸多的共性。《泛滥》作为英国函授大学的系列教材，赢得了广泛的读者群。这本书是比较轻松的，同时也是比较粗略的研究，它在内容上涉及英国在战争期间社会领域发生的转型，马威克的许多结论后来随着时间的推移已经被修订了，例如关于女性地位的转变，以及"集体主义"经济不可抵制的上升趋势。但是《泛滥》作为对西部战线的攻击，意义非常明显，它也继续了英国关于一战的观念。马威克认为，50 年过去了，"虽然不能否认痛苦的有效性，或者忘记导致它的徒劳无益的恐怖性"，但人们应该承认这一点，"总体看来，两次世界大战期间的英国是比较适合居住的地方，这比 1914 年的情况要好得多"，他急忙补充道，"然而这并不意味着，战争本身是一件好事"。[48]

但是，在英国展开的对战壕生活进行哀悼的潮流之中，马威克的声音是比较孤独的。20 世纪 70 年代，英国在这方面的工作相比于法国甚至不具有可比性。基于档案解读的学术研究的主要作品开始于法国，例如，让雅克·贝克对 1914 年 8 月战争热情神话的批评，以及安托万·普罗斯特对于法国老兵在战后社会和政治生活领域的详细叙述，这两部作品都是在 1977 年出版的。相反，福塞尔的作品从来没有法国版本，他创作的诗歌没有一首被翻译成法文，直到 20 世纪末期，这种情况才有所改变，萨松与欧文的作品分别在 1987 年和 1995 年被翻译成法文。[49]法国的威尔弗雷德·欧文协会创建于 2005 年，声称自己的目标是使这样一位英国继莎士比亚之后最伟大的研究型作家的生活和作品闪闪发光，而"除了本国的居民，境外的人们很少知道他究竟是谁"。[50]

20 世纪七八十年代的联邦德国，围绕纳粹德国时期进行的历史和民族争论仍然是焦点问题，对大战期间士兵们的社会史领域的关注很少。弗里茨·费舍尔引发的争论仍然在继续，并煽动关于战争罪责的比较陈旧的争论话题。尽管也进行过关于德国大后方的比较有意义的调查，其中比较著名的是朱根·科卡，他主要集中于解释 1918 年革命的发生。科卡和其他居于领袖地位的历史学家被称为所谓的"比勒费尔德学派"，对社会史采用了高度意识形态的方法进行分析，这建立在韦伯式的社会学和现代化理论的基础之上，也就是对于个体的思想和行为采取了社会经济学的结构分析方法。20 世纪 80 年代也的确见证了以日常生活史的形式对结构社会史的反动。该方法以照片和口述历史等非常规的资料来源来突出普通人的生活，而关注的焦点则是劳工史，以及纳粹时期个人及地方复杂的居住条件。把这种方法应用于1914—1918 年的日常生活研究，所取得的成就非常有限，直到冷战结束之后，情况才有所改变。[51]

有一点非常重要，虽然方式上比较曲折，但最终德国人的确强化了对于前线士兵的关注。乔治·莫斯的书籍《坠落的士兵》出版于1990年，该书是他在70年代晚期就已经开始的调研结果，他把关于"前线经历"的谈话进行了重新的加工整理，那些材料对于20和30年代的德国右翼作家曾经非常重要，而不仅仅是希特勒的《我的奋斗》。1918年，莫斯出生于柏林的一个富有的犹太人家庭，1933年之后，他先是在英国后来又在美国接受了教育，也正是在美国他度过了自己的学术生涯。他特别关注1918年之后"残酷"的德国政治中的"战争经历的神话"——崇尚进攻、同志式的男子汉气概，以及"接纳战争"。莫斯坚持认为："战后，没有任何一个国家可以完全摆脱残酷的进程，对于欧洲的大部分国家来讲，第一次世界大战看起来并没有结束，在两次大战之间的时期仍然在继续进行。"他举了一系列关于英国的例子来证明他的论断，他认为，英国是这样一个国家，"也经历了残酷的过程，即使是谦恭的、令人尊敬的战前的政治话语看起来仍然比较完整"。这种神话部分是政治铸造的结果，但是他同时也坚持认为这并非完全虚构，是从"战壕的小世界中"对于"战争经历的事实中"蒸馏提取出来的。在他看来，"战壕中的战斗不仅仅界定了那些经历过战争的人们的战争的概念，而且决定了未来一代对于战争的理解"。莫斯的书籍在历史学家中产生了特别大的影响，尤其是他的"残酷性"理论。而且，他假设由战壕界定的统一的"前线经历"，这点强化了米德布鲁克、基根和福塞尔所表述的战争景象。[52]

《坠落的士兵》的副标题是《重新塑造关于大战的记忆》，它所进行的"关于坠落的士兵崇拜"的讨论，以及他对于战争记忆的设计，反映了人们对于战争记忆日益增长的兴趣。这种记忆的繁荣是本书最后一章的主题。

第十一章　纪念

现在，所有的道路都通向法兰西，
活着的人步履沉重，
逝去的人却轻舞归来。

——爱德华·托马斯，1996

如果诗歌可以倒叙，
那么它的确会这样做的。

——卡罗尔·安·杜菲，2009[1]

若非越战纪念碑的征集竞赛是通过设计方案编号而不是设计者的名字进行"盲选"，林璎的方案脱颖而出的可能性会十分渺茫。作为一个来自美籍华人家庭的 21 岁耶鲁女大学生，林璎在公开竞赛中很可能会被建筑专业受过系统训练的男子击败。当众人得知，林璎的作品被评委从大约 1400 个方案中选出并一致通过时，林璎遭到了前所未有的攻击和言辞侮辱。本次征集方案的目的是建立一座越南战争纪念碑，地点设在华盛顿特区，具体位于华盛顿纪念碑和林肯纪念馆中间的国家神圣地带的中心地域。

　　林璎的提案风格和之前纪念美国战争英雄们的雕塑截然不同，比如说和 1954 年的硫磺岛纪念碑（这一问题我们在第八章里面进行过讨论）相比就是如此。为了缓和守旧主义分子的情绪，不久之后，在林璎的作品旁建起了获得第二名的竞标作品——真人大小的三名士兵的青铜雕塑，能够清晰可辨的是，他们分别是白人、黑人和拉美人。三个士兵虽然神情上似乎厌倦战争，但是却全副武装，看上去准备好了随时要去战斗。相比之下，林璎的提案非常质朴，是一座非具象派的纪念碑，两面长长的墙逐渐插入大地，在地面上交织在一起，呈现出细长的 V 字形，最高部分离地也只有 10 英尺。墙面上按照时间先后顺序，陈列着越战期间所有为美国捐躯的军人姓名，包括女性军人。墙面是由黑色花岗岩制成的，能够反光。所以当游客们在找寻故人密友或是挚爱亲朋的名字时，会看到他们自己的面容。这种效果是十分强烈抽象的，也是十分私人的。活着的人和死去的人通过神秘的名字邂逅，该纪念碑不像通常的英雄雕塑那样直接期待人们的反应。尽管林璎在内心深处是一个现代主义者，但是她作品的概念回荡着过去的声音，能够看到雕刻着英军在一战中失踪名单的伊普尔的梅宁门战争纪念馆，以及索姆河的蒂耶普瓦尔纪念碑 [1]。事实上，鲁琴斯设计的蒂耶普瓦尔纪念碑对林璎的影响非常大。[2]

抛开最初的争议不说，自从 1982 年 11 月越南战争老兵纪念碑揭幕以来，这里就成为华盛顿特区最受欢迎的地方，每年吸引着超过 300 万游客来访。如今这里已经成为美国的"记忆之地"之一。"记忆之地"这个难以翻译的新词是由法国学者皮埃尔·诺哈创造的，来源于他在 1984—1992 年出版的浩瀚的七卷本著作《记忆所系之处》的英文版名称，这一词汇有着不可言说的新意义。诺哈对于"记忆"这个词的应用是不确定的，表达的是一种自发的几乎是形而上学的力量，他把现存的民族精神浪漫化了，与之相比的是，他认为"历史科学"这个词是枯燥无味的。诺哈认为，20 世纪 80 年代，法国的国家记忆因为科学历史而变得黯然失色。因此，他开始了一项由超过 120 位作者支持的记录纪念碑、仪式、信息和图片的计划，声称这个计划唤醒了全国同胞去理解"法兰西"的意义。尽管诺哈的"不变的想法"是十分高深莫测的法语词，但是他的作品在 20 世纪末被翻译成英文后，将"记

[1] 梅宁门战争纪念馆（Menin Gate）与蒂耶普瓦尔纪念碑（Thiepval Memorial），前者是英国树立的纪念伊普尔战役中无名烈士纪念馆，梅宁门是当时英军前往前线的必经之路，也因此成为该次战役的象征；后者是英国树立的纪念索姆河战役中 7.2 万无名烈士的纪念碑。——译者注

忆之地"这个词变得十分流行。这个术语不仅经常被文化历史学家提起，它也成为符合大众普遍迷恋的场所或人造物品的代名词，比如说林璎的墙，它给予人们一些私人的回忆空间。[3]

从国际范围的角度而言，冷战结束后，人们对于第一次世界大战的纪念变得越来越热烈。柏林墙的倒塌和 1989 年的其他革命重新绘制了东欧的版图，实质上结束了从第三帝国毁灭之后被苏联势力根深蒂固笼罩住的半个欧洲大陆上的秩序。德国自从 1945 年分裂之后，在 1990年的 11 月份又重新统一了。苏联在 1991 年年底解体了，留下了一群环绕在新俄罗斯共和国周边的急躁不安的民族国家。1989—1991 年这些戏剧性的事件重新开启了许多来自 1917—1918 年的遗留问题。那个年代帝国倒塌，革命浪潮涌动。这些事件终于从 1939 年到 1945 年的悠长的阴影中浮现出来，也激起了对于一战的新兴趣。本章将要探索的问题是，人们是如何在后冷战时代纪念 1914—1918 年的，一些形式是苦涩的、分裂的，另一些则关注和解与调停。在如今的互联网时代，一个不断被大众喜爱的倾向，即通过家族历史的方式将民族叙事展现到大众面前，这一现象变得越来越普遍。我们还要看到在前两章中提到的不列颠回忆模式的坚持不懈。不管修正军事历史学家做出了如何的努力，在英国，一战仍然被视为一种私人的悲剧故事，它被诗歌照亮而非历史记忆，它是回忆而非理解的对象。

冷战的戏剧性落幕终结了德国的分裂，但是它也重新开启了关于德国在欧洲的地位的历史问题。1945 年以后，尽管在公开场合承诺德国终将统一，西方盟国却表现得对德意志联邦共和国（FRG）和德意志民主共和国（GDR）的固化状态十分满意，尤其是 1961 年柏林危机因柏林墙的建立而解决的时候，这种态度就更为明显。法国知识分子弗朗索瓦·莫里亚克曾讥讽地说道："我太爱德国了，以至于我很高兴有两个德国。"1990 年新统一的德国终于接受了波兰法律上的存在地位，并且放弃了其在东欧所宣称拥有的领土主权，从而结束了自《凡尔赛条约》以来修正主义者塑造的德国外交政策走向。但也带来了一个更加有争议的决定，即将首都从波恩迁到柏林，在1991年的联邦议院里有17人投票赞成通过。这引发了更多旧有的争论，评论家认为波恩以及莱茵兰地区代表着这个国家从1945年开始的新的西方民主制度。反之，柏林则代表着德国灾难性的一面，那就是对普鲁士军国主义的继承，这是不可磨灭的烙印。德国如今可以变为一个"正常的"主权国家，这种论调听上去似乎有些乌托邦般不切实际。联邦德国国务秘书沃尔夫冈·伊辛格[1]曾警告："由于德国的特殊历史，我们的邻居和伙伴不会视我们为一个正常国家。"4

许多时事评论员观察到这样一个现象，即20世纪即将结束的时候，存在两条令人担忧的平行线：德国作为一个独立的民族国家对于欧洲的力量均势而言太强大，而对于发挥稳定的大陆领导作用又太弱小。5在德国强弱力量交界处之间徜徉的是1914—1945年30年来动荡和冲突的核心。但是德国国内外的乐观主义者则认为欧盟是欧洲自1918年以来所一直缺乏的框架。德国总理赫尔穆特·科尔坚称"德国是我们的祖国，而欧洲是我们的未来"。他的外交部部长汉斯—迪特里希·根舍重复托马斯·曼的格言是："我们不想要一个德国的欧洲，但我们想住在一个欧洲的德国里。"这个国家通过了一条宪法修正案，要求联邦共和国寻求一个建立在民主、法治、社会的和联邦原则上的欧盟。也就是说，欧盟不应该建设成为一个集权的超级国家。6

1989年，德国的邻居最初没有被这样消除隔阂的华丽文辞说服。法国总统弗朗索瓦·密特朗发出警告，欧洲也许会重新回到1913年，即英国、法国和俄罗斯联合结盟对抗德国带来的威胁。当米哈伊尔·戈

---

[1] 沃尔夫冈·伊辛格（Wolfgang Ischinger），德国现代外交家，曾任德驻美大使，德国外交部副部长，代表德国出席众多国际会议和谈判，但未曾担任文中职务（State Secretary），此处作者有误。——译者注

尔巴乔夫没有抵抗住科尔的统一计划时,法国领导人讨论又一次的慕尼黑阴谋——法国和英国如同在 1938 年一样,缺乏对抗德国的手段。但是科尔得到了美国的支持,统一的势头也变得不可阻挡。密特朗随即恢复了 1950 年后的法国战略,宣称"德国的问题将会被欧洲的磁力调节控制"。[7]作为接受迅速发展的德国重新统一的条件,密特朗强迫科尔接受欧洲货币联盟,以寻求把迅速发展的德国经济力量囊括在内。这意味着珍贵的德国马克,即战后西德的护身符这一宝贵财产的终结。1991 年 12 月的《马斯特里赫特条约》为 2002 年 1 月发行的欧盟单一货币——欧元铺平了道路。

在整个过程中,英国保持了一个消极并且越来越孤立的态度。尽管柏林墙的倒塌作为自由的象征受到人们欢迎,但是一些英国时事评论员仍在讨论着"第四帝国"即将到来的可能性。货币的统一激怒了英国内阁大臣尼古拉斯·雷德利,他认为这是"一个德国设计夺取全欧洲的骗局"。至于将主权交给欧洲共同体,他惊呼:"那你还不如将它托付给阿道夫·希特勒。"[8]在做出此番激烈指责之后,雷德利被迫下台,但是英国首相玛格丽特·撒切尔私下里赞成他的观点。她对德国重新统一的反对,尽管反映出对戈尔巴乔夫在莫斯科地位逐渐变得越来越摇摇欲坠的敏感度,也来源于她在 20 世纪 20 年代受到坚定的反大陆的父亲的影响,年幼的她读了很多历史书。撒切尔在她的自传回忆录里明确表示,每个国家都有截然不同的国家角色。"自俾斯麦领导的德国统一以来,也许是因为国家的统一来临得太晚——德国在侵略和自我怀疑之间难以预测地变来变去。"她怀疑 1945 年能够改变一个国家的民族性格,而且否定了德国这反复无常的国家会满足于在一个欧洲框架下的观点:一个重新统一的德国"单纯作为又一个欧洲联合体制内的竞争者而言过于庞大,力量也过于强大"。她辩称解决这一问题的唯一方案,就是欧洲在力量均势的前提下建立一个紧密英法关系,而这种关系必须得到美国的支持才会发挥作用。换句话说,欧洲应该建立在大西洋联盟的基础上而不是欧洲联盟的基础上。为了达到这一目的，撒切尔竭尽所能地说服密特朗和乔治·布什，并经常从她那声名狼藉的手提包里掏出一幅地图，向众人展示德国在过去的各种布局，而这是当时大家"没有一起为未来提供保证的后果"。但是布什（他在第二次世界大战中不在欧洲服役而是在太平洋服役）并不赞同她对德国的历史判定。与此同时，密特朗和他的前任一样，选择通过欧洲联合的方式来解决德国问题。撒切尔反对欧洲联合的最终结果是，按照英国大使提供的报告，"英国公众对德国的理解度为历年最低水平"。1992年，撒切尔的继任者约翰·梅杰，尽管不是那么强烈的欧洲统一怀疑论者，但也领导英国自愿退出《马斯特里赫特条约》和货币统一。[9]

撒切尔和梅杰的政策实际上展示了从20世纪40年代起建立的英国人有关两次世界大战的理解方式，而这种理解方式一直在发挥着持久的影响。布什和他多数的同胞对于1989—1991年则采取更积极的态度。他们认为，冷战的铁幕的升起和苏联的垮台是美国力量和美国价值观的一个胜利。学者弗朗西斯·福山断言冷战的结束标志着"历史的终结"。尽管"事件"还会持续发生，但他认为我们已经看见"人类意识形态进化的终点，以及西方的自由民主作为人类政府的最后形式的全球化过程"。[10]

关于美国必胜信念的一种表达方式是，美国人如何解读冷战起源的新一轮兴趣——把冷战追溯到1917年威尔逊和列宁的意识形态的碰撞。1991年之后关于威尔逊主义的书籍和论文在全美激增，内容涉及"威尔逊世纪""冲动""重要时刻"或者"劝说"的研究。这些作者仔细谈及威尔逊没有充分阐释的理念，包括用自由的国际秩序取代强权政治作为20世纪美国外交政策的基础。这一原则指导了冷战后的对外政策，甚至塑造了德国的重新统一。据称，威尔逊主义"开启了国际关系规范和标准的变化"，并最终导致了全球的非殖民化，甚至总统的观念已经成为推行自由的主要工具。所以截至 20 世纪 90 年代，"世界已经被定型，就算不是完全的民主，那么至少对民主而言也是安全的"。[11]

按照历史学家弗兰克·宁柯维奇在 1999 年提出的观点，"威尔逊世纪"已经结束，"后冷战世界"并不是另一个"把威尔逊主义政策进行制度化"的机会，而是"将它们全部实施的一个良机"。[12] 一些年长的新保守主义者同意宁柯维奇的观点。里根的前顾问珍妮·柯克帕特里克宣称："并不是美国国内的力量，可以导致全世界的民主化进程，而是我们要回归到一个正常的时代，我们可以又一次变成一个正常的国家。"但是随着 2001 年小布什上台，威尔逊主义在华盛顿重新获得了新生。年轻的新保守主义者，例如查尔斯·克劳塞默坚持认为，推进民主必将会是"美国新的外交政策意识形态的试金石"，他把这种政策夸张地称为，美国追求在"单极世界"的"世界统治权"。一些新保守主义者，比如马克思·布特，将自己描述为"硬派威尔逊主义者"，意味着他们赞成用美国力量去推广美国的价值观。他们最喜欢的目标是中东。理查德·柏尔在 2001 年 3 月断言："我认为在阿拉伯国家有一个潜在的市民文化可以引出民主机构，伊拉克是将此命题投入试验的最佳之地。"新保守主义者充分利用基地组织在 2001 年 9 月 11 日对美国的攻击，将此作为推翻萨达姆·侯赛因行动的借口。劳伦斯·F. 卡普兰在伊拉克战争爆发当夜宣称"如果不是在行动上，那么至少在言语上，布什已经成为自威尔逊本人以来最像威尔逊的总统"，他还敦促总统要"完成威尔逊的未竟之业"。但是在伊拉克的这场行动最终被搞砸了，认为仅仅靠除去"暴君"就会带来"自由"和"民主"，这一理想化的结果并没有达到。这种解决方案过于简单，对"硬派威尔逊主义"是一个非常痛苦的提醒。到了布什任期的结尾，他被公开指责是"服用了类固醇的伍德罗·威尔逊，一个荒诞夸张并且高傲自大的固执版本的威尔逊"。[13]

与此同时，1991 年在讨论美国外交政策时，威尔逊主义占了主导地位，终于解开了俄罗斯和东欧的历史回忆中列宁的束缚。正如我们所见，与对 1941—1945 年伟大的卫国战争纪念相比，俄罗斯对一战的回忆仍然是微不足道的。尽管俄罗斯在 1914—1917 年的死伤人数大约为 200 万，但是苏联并没有可以与伦敦的和平纪念碑、凡尔登的杜奥蒙军人公墓、堪培拉的澳大利亚战争纪念碑或是柏林的新岗哨无名战士纪念堂相比的纪念形式。苏联也没有任何纪念碑纪念那些在战争中死于城市或乡村的人们。与之相比的是，法国、英国和其他英联邦国家比如澳大利亚，它们大约有 1500 座公共纪念碑竖立在其国土上，以表达对那些埋葬在异国他乡土地上的挚爱之人的一份"遥远的悲伤"之情。然而，对于俄罗斯人而言，1914—1917 年的战争不是一个遥远的冲突，而是一场发生在国境之内的残酷搏斗。可能是考虑到官方令人害怕的寂静，对于那些丧失亲友之人而言，他们的悲伤之情比澳大利亚人的悲伤更为"疏离"。[14]

苏联的垮台给俄罗斯和西方历史学家提供了一个机会，他们可以去研究 1914—1917 年的战争，这场战争既是对外战争，又是 1914—1921 年俄国连续危机中的一部分，而 1917 年的革命是其中的"支点"。这些研究通常跟随最近西方学者的研究主题，比如 1914 年的"战争狂热情绪"抑或是民族主义的全民动员。[15] 俄罗斯人终于可以公开地纪念这场战争。在曾经的 1915 年全俄战争公墓的旧址（参见第六章），现在矗立的是纪念第一次世界大战英雄的建筑群公园。其中多数的塑像具有俄罗斯东正教的宗教特征，还有一座由最初的公墓教堂改建而成的小教堂。当然，俄罗斯民族的象征也很突出，尤其是俄罗斯联邦的双头鹰。2004 年 8 月 1 日，也就是战争爆发 90 周年之际，这一公园正式开放。但是现在，这里已经变成一个极具争议的地方。关于应该怎样纪念"所有为保护俄罗斯而在卫国战争中牺牲的人"，甚至包括那些曾经和"红军"在内战中厮杀的"白军"，有着连续不断的争议。这反映出后苏联时代，关于布尔什维克革命究竟是胜利还是灾难的潜在争辩仍在进行。[16]

在部分东欧国家，20世纪90年代也见证了1918年规划的失败。南斯拉夫，这个扭曲的南部斯拉夫民族国家在一战后被塞尔维亚人统治。冷战期间，这个国家在半克罗地亚人半斯洛文尼亚人约瑟普·布罗兹·铁托的意志和技巧的运作下，成为一个联邦政体。但是在1980年他去世后，民族冲突和经济问题加剧恶化，而1989年的剧变则导致了南斯拉夫国家的解体。1991年斯洛文尼亚迅速脱离南斯拉夫，克罗地亚在接下来的一年退出。波黑（波斯尼亚和黑塞哥维那，1992—1995）与科索沃（1998—1999）发生的冲突，都属于民族之间的暴力冲突，这与一战之后东欧的情形极为相似。萨拉热窝作为1914年7月危机的导火索而臭名昭著，它在波斯尼亚战争中再度声名狼藉，成为现代历史中被围攻时间最长的城市之一。捷克斯洛伐克是1918年由托马斯·马萨里克推动建立起来的，该国成为东欧剧变的另一个受害者。捷克和斯洛伐克之间由于领土争议引发了极度紧张的情绪，这在该国复杂多难的历史中曾经反复重现，并在共产党领导失败后达到了爆发危机的临界点。捷克斯洛伐克作为一个国家在1992年的新年之夜解体。它的分裂虽然算不上和谐，但是与南斯拉夫那场恐怖的战争相比可以称得上是"天鹅绒式离婚"，堪与该国1989年的"天鹅绒革命"齐名。

沿着苏联边境望去，90年代的活力有些不同——在那里，似乎又重新回到了1918年的旧秩序，而不是它所要推翻的那种秩序。波罗的海三国——爱沙尼亚、拉脱维亚和立陶宛的20世纪历史，是一部跌宕起伏的历史。尽管自18世纪以来就受到俄罗斯的控制，但是在一战后这些国家迎来了它们的"自由时刻"：每一个国家都在1920年后，在与德国人以及苏联人的野蛮战争中获得独立，然而1940年因为《苏德互不侵犯条约》，它们又被苏联吞噬，1941年被纳粹德国征服，1944年又重新被红军占领。在这一"双重占领"时期，当地人民为两方战斗，有一些和纳粹合作消灭犹太人。20世纪80年代末期，反苏联的抗议不断增长，爱沙尼亚、拉脱维亚和立陶宛成为反苏联的领头羊——1989年，这三个国家的民众手拉手结成了人墙，目的在于纪念1939年8月《苏德互不侵犯条约》签订50周年，这就是一个非常生动的例证。1991年，乌克兰也从苏联获得了独立，与波罗的海国家不同的是，乌克兰从未通过世界大战获取自由。在巴黎和会上，短命的乌克兰人民共和国曾绝望地试图获得国际社会的认可，但却被波兰和苏联在1921年分割治之。在第二次世界大战期间，数千名乌克兰游击队员与德国人站在同一战线上与红军作战，直至1943年该地区被苏联重新控制。

正如1991年西方历史学家开始认识到的那样，波罗的海国家和乌克兰成为20世纪德国和俄国不断碰撞的欧洲的"碎片地区"。这些国家是种族冲突、残酷政治和准军事暴力发生的"流血之地"，这里在两次世界大战期间和战后都是非常残暴的战场。[17]

接受具有如此纠纷和痛苦历史的东欧并不容易。在西方，尤其是在美国看来，东欧剧变带来的似乎仅仅是在冷战中被压抑住的历史民族主义的解冻和复活，而且它所强化的是这样一种观念，即威尔逊所认为的旧世界永远都存在永不间断的世仇。流行书籍则更强化了这样的印象，特别是在巴尔干半岛给人一种感觉，那就是古老的"幽灵"从历史的衣橱里浮现，从一个"已经组织好"的世界里走出来，"这是一个昏暗的舞台，在舞台上人们愤怒、流血杀人、经历幻想，并且忘乎所以"。据称，我们正见证着横跨东欧的"历史的重生"，"40年后它从人工冬眠中惊醒，并且面临许多需要赶上的任务"。[18]但是"历史"并不是自发的力量，它被当今政客自己的私利所用。最坏的例子便是南斯拉夫的斯洛博丹·米洛舍维奇。当剧变发生之际，米洛舍维奇为了寻找一个新的爱国且合法化的继续其领导权的办法，重新激活了塞尔维亚民间的回忆，尤其是1389年在科索沃平原和穆斯林土耳其人的战争——将战败英雄拉扎尔大公的棺材抬着游街，在塞尔维亚每个城市和村落展览，其目的就是在1989年激起人们在600周年后的热情。正如同马萨里克和毕苏斯基年代是民族主义被民族主义者激发，1990 年前后则是民族主义推动产生民族主义者。

前共产党东欧国家所谓的"回忆战争"是这种过程的一个延续，如同政治团体运用历史的不同版本来批判现在和塑造未来一样。在波罗的海国家，公众纪念碑变得特别容易引起争论。1947 年塔林市中心竖立的青铜士兵塑像是为了纪念苏联"解放者"帮助爱沙尼亚从纳粹统治中的解放，2007 年，这里成为一场暴动的焦点，人们促使政府将这个雕塑移动到城市郊区的一个军用公墓里。为了标记这个国家"真正的"解放，2009 年塔林的自由广场规划了一个独立战争胜利纪念柱，以纪念 1918—1920 年爱沙尼亚抵抗苏联而牺牲的 4000 人。此一规划终于完成了本是一个计划于 1919 年，并在 20 世纪 30 年代中期开启，但在苏联时代却被镇压的行动。然而，用如此具有民族主义的叙事口吻回顾第一次世界大战，是极具争议性的。爱沙尼亚的俄罗斯人族群，大约占总人口的 1/4，他们认为"纪念碑之战"关乎身份的认证，关乎他们在社会中的地位——这是在一个新的民族主义国家边缘化他们。这是在后苏联时代东欧多种族国家常见的通病，而且让人回想起第一章所描述过的发生于 20 世纪 20 年代和 30 年代的斗争。[19]

东欧的民族主义者极力主张将苏联政权和纳粹等同看待，但这也是极具争议的，因为它质疑了 20 世纪西欧关于纪念大屠杀的中心地位，按照皮埃尔·诺哈的话来说，"你可以说它是回忆，也可以说它是浩劫"。[20] 在新的千禧年到来之际，大屠杀已经成为"作为欧洲人"标志的一个必要因素，这已经不是一个因为害怕共产主义而团结起来的时代了。对犹太人的种族灭绝是"一个绝对的道德魔鬼，这是对——容忍和多元——这些被视为当代欧洲文明基本价值观的理念的一种反动"。20 世纪 90 年代，欧盟曾鼓励成员国纪念奥斯维辛集中营解放纪念日，并将 1 月 27 日作为大屠杀纪念日。英国在 1999 年签署这项提案，首相托尼·布莱尔公开声明他的决心，一定要"确保在大屠杀期间发生的违反人道主义的可怕罪行永远不会被忘记"——他引用了最近发生在科索沃的"种族清洗"浪潮作为"一个明显的需要警戒的例子"。[21]

在美国，人们对于大屠杀的"普遍了解"是由于《辛德勒名单》，这部由斯蒂文·斯皮尔伯格导演的电影拍摄于 1993 年，轰动一时，并获得了七项奥斯卡奖。这部电影很少关注传统的道德影片善恶对决的纠结情节，而是通过两个人物——一个是帮助犹太人逃亡的纳粹，另一位则是虐待狂的纳粹党卫军集中营指挥官来展现电影的主题。更加重要的是，在同一年，华盛顿特区开放了大屠杀博物馆。该项目一直是犹太人组织长期努力的目标，但是它的实现需要一个刻意的"美国化"的大屠杀，即将"犹太人定位为特别的受害角色"，并将美国刻画成为"一个有特权的、非常消极的旁观者，因此也是一个道德上失败的见证人"。这些先驱者在首都的冒险成功地使大量小型博物馆或者纪念碑在美国其他主要城市落地生根。大屠杀在西方逐渐被视为"在过去是史无前例的，而在未来则会变得比较普遍"——换句话说"大屠杀的过去是主要发生在犹太人身上的悲剧，但是未来的大屠杀有可能发生在任何人身上"。[22]

但是，在后苏联时代的东欧，关于大屠杀历史独一无二的特殊性并没有得到承认。它们坚持认为纳粹和苏联在道德上一样恐怖。他们质疑 2002 年美国犹太后裔的历史学者提出的两者之间的差别：一方面，是法西斯罪行的"热"记忆，这目前仍然是一个烫手话题；另一方面，是不断加剧的"冷"的回忆，随着苏联时代在历史中衰微，其余灰逐渐熄灭。相反地，2008 年捷克提倡的《布拉格宣言》中，关于欧洲良心和共产主义的提法得到东欧国家广泛支持，它们要求"许多罪行应该和纳粹罪行一样被纽伦堡法庭评估，因为这些罪行是违反人道的，应该以此作为对后人的告诫"。[23] 这项要求被欧洲议会接受，但是却遭到俄罗斯和各种犹太人群体的公开指责。他们指出许多乌克兰和波罗的海国家的民族主义者曾伙同纳粹一起杀戮犹太人——这是个在新的博物馆里很少被回忆起的故事。这次让人担忧的辩论重新开启了在东欧"血流之地"对一战后遗产的关注，这里大约有"1400万人被两个政权刻意杀害，在超过12年里，1933—1945年至少有1/3的人因为被苏联人射杀或因饥饿而死"。迟来的承认这种罪行和记住这些受害者是21世纪东欧国家一个重要的需求，大屠杀的纪念不允许被蒙上阴影。正如波兰加入欧盟之时，波兰学者玛丽娅·贾尼恩所说："对于欧洲，我们的回答是可以加入，但是同时加入的应该还有我们的逝者。"[24]

在东欧，如同在俄罗斯一样，苏联压迫的结束意味着终于可以进行真正的历史辩论。而这是一个橱柜里藏着许多骷髅的地区——遗骸来自这一地区曾经是两次世界大战的首要战场，来自纳粹和苏联的双重占领和大屠杀，以及1917—1918年的革命和充满血腥的民族主义纠葛。1989年后，橱柜被仔细地检索了一遍，而且是被竞争的政治和种族群体仔细搜查并对其中的物品进行了精心挑选。这种苦涩，混乱的"回忆战争"接踵发生，从远距离的角度反映出一个渐进的、有层次的反应以及随后的折射过程，这些都具备英国自从1918年以来关于大战记忆的特色。

超越俄德边境，在某些一战不引起当今政治争议的地区，冷战后的时代给予当地人超越狭隘的民族主义历史观并达成和解的机会。少数一些地区尤其引人瞩目。

一个活生生的例子出现在中东欧，在科巴里德的第一次世界大战博物馆，这一地区被英美国家更为熟知的名称是"卡波雷托"，这个名字让人联想起1917年10月意大利军队大撤退的场景。该战场现如今已经在斯洛文尼亚境内，是对12次沿着伊松佐河徒劳无益的进攻的[1]一个

---

[1] 这里指一战中的伊松佐河战役。意大利参战后，向奥匈帝国发动进攻，主战场即是阿尔卑斯山麓的伊松佐河谷。意军先后发起12次进攻，均被奥军据险打退且寸步不进，意军死伤累累。——译者注

讽刺注释，上百万的意大利人在这里死去。阿尔卑斯山的山麓地带仍然到处散落着一战遗骸，还有一个始建于 1990 年的博物馆，是当地狂热收藏者倡导的一项计划。斯洛文尼亚较早地进入欧盟，使其可以动用欧盟资金来建立一座小型但却非常重要的国际博物馆，馆中包含四国语言的介绍（斯洛文尼亚语、意大利语、英语和德语）。公开的意图不是渲染民族主义情绪，而是记录那些交战各方的受苦的士兵，他们经历了 29 个月的战斗，科巴里德"不是一座关于胜利和荣耀的博物馆……而是关于征服和复仇，关于复仇主义和国家尊严"，指南手册解释说，"男人们在前线，他们或高喊或沉静，为了他们自己又或是为了他们受苦的同伴们——他们用各种不同的语言无休止地喊道：'这该死的战争！'"25

这些跨国纪念计划里最复杂的要属位于贝罗尼的一战博物馆——一座法国、德国和英国联合纪念索姆河战役的博物馆。它是为了新目的而建，比邻的是战争中德国人作为总部的中世纪城堡。这座历史博物馆有着复杂的起源。它是 80 年代对家族历史热忱的部分产物，是掌握实权的地区领导人马克思·勒琼的脑力产物，他的父亲曾在 1916 年的索姆河畔战斗过，回家后身心破碎，成为一个难缠的家长。20 世纪 80 年代，勒琼希望以一种实用的方式来接受索姆河战役所投射在他身上的阴影。他的政治影响力使政府担保了贝罗尼博物馆的资金，如同科巴里德一样，战地旅游的前景使经济恢复了活力，成为摆脱经济萧条的一个原因。

曾帮助建造贝罗尼博物馆的学者之一杰·温特教授观察到，勒琼的博物馆的妙思"来源于家族历史，他的家族历史"，但是勒琼的独特视角是"将这座博物馆视为一种将国家叙事变化为家族叙事的方法，并与不同国籍的广大公众共鸣"。他的概念抓住了 20 世纪 80 年代欧洲合作的心态，特别是德国统一后的心态变化：贝罗尼的战争博物馆在 1992 年开放，正是《马斯特里赫特条约》出台的那年。通过强调法国在索姆河战役中的角色以及英国的伤亡程度，博物馆挑战了对于1916年叙述的根深蒂固的那种国家范式——法国在凡尔登的惊恐状态，以及英国深陷索姆河的困境。"历史"这个旧词的新意是表达一种历史和纪念的混合，并且温特极力主张博物馆应该涵盖一个研究中心以促进学术和会议的发展。因而这一计划反映了关于研究大战的、不断增长的国际间的学者合作。[26]

博物馆的内在设计在很多方面做出了先例。它是对三个国家真诚的展示，用三种语言，客观并且严肃地讲述法国、英国和德国这三个国家的故事。展示物件的方式也很特别，大部分是以地板上的壕堑或浅矩形坑方式展出，目的是为了浮现三国军队住在战壕里的情景。如同关注士兵一样，展出也很关注平民。参观者遵循的是这样一个顺序，先是描述战前起源的展室，然后转到战争深化的1914—1916年，最后转移到1916—1918的总体战的介绍。但是在博物馆的中间，有一个奇特的大洞口——索姆河战役本身。不像对七月危机的升级那样进行逐步的审视，博物馆刻意没有尝试去解释或以一个历史事件的纪年方式去记录索姆河战役。相反的是，在1914—1916年和1916—1918年两个展室之间是一面空白的墙，此举意在传递"对于用直接、比喻方式来表现一场战役的不可能性"，或是"表达士兵肉体上和道德上的痛苦"；我们被告知，所有这些都是"不可言喻的"。在接受战役"隐性"特征的前提下，一个特别制作的电影运用蒙太奇的手法放映了一些当代的图片、文件和音频，而且通常采用了中世纪三部曲的形式。大多数材料来源于士兵，尽管也有定期发行的官员公报，比如说黑格将军1916年12月23日的命令。总的意向是为了表达索姆河战役是如何"被那些参战者理解的"，让观众自行回应，但它要表达的强烈印象在于，这场战役是难以描述的人类悲剧之一。那种印象是有预兆的，博物馆大量应用了奥托·迪克斯的蚀刻板画，来唤起对战争兽性的思考。最后一个展室的展出更加强化了这一点，因为它寻求"展现出第一次世界大战是巨大的灾难，它决定了整个世纪的走向"。所以，尽管博物馆在形式和展出方面都有所创新，但用这种近乎形而上学的形式所传达的内容，仍然是人们已经非常熟悉的关于1914—1918的主题，即通过索姆河战役表现出一战是现代的大灾难。[27]

抛开欧洲，在澳大利亚，从90年代起，澳新军团日的演变逐渐成为一个显著的民族主义与和解的混合物。政府尽管更迭，但却一直在持续培养公众对它的兴趣，在工党领袖鲍勃·霍克和保罗·基廷的努力下，20世纪80年代末期和90年代初期（第十章）的自由党和1996—2007年政府领袖约翰·霍华德也给予了新动力。对于霍华德而言，澳新军团日既是纪念，也是庆祝——他在2003年曾说道："庆祝一些美好的价值观，关涉勇气、胆量、友谊、正派，关涉一个国家乐意去做正确的事情，无论代价是什么。"这些澳大利亚价值观，他声称是"9·11"之后与恐怖主义作战的重要部分，因为他们曾经在过去和独裁者们抗衡过。[28]霍华德的政府为退伍军人事务部（DVA）提供了充裕的资金以发展其教育部门，并通过学校的资源推动澳新军团日。通过与澳大利亚战争纪念馆合作，退伍军人事务部资助完成了收集所有在战争中服役的澳大利亚人的名册，让他们的名字可以在网上查询到。这些数据库，涵盖1914—1918年30万人员的收录，以及1939—1945年超过100万的人员，这对于学者和系谱学家来说是无价之宝。但是批评家声称这种方式鼓励了家族历史"军事化"，因为澳大利亚人在和平年代的记录不太容易获取。的确，整体"军事化"澳大利亚的历史是抓住了20世纪对外战争的这一特点，并且分散了人们对21世纪白人定居问题和土著人被剥削问题上的注意力。[29]

比对于新西兰人，4月25日变成澳大利亚的国庆节。晨曦仪式的出席率在堪培拉的战争纪念馆从1977年的仅仅2000人到1989年的6000人，再到接下来一年加里波利登陆作战75周年纪念的1.2万人，人数的不断上升使仪式地点不得不从前院转移到更为宽敞的平坦空地。到 2007 年为止，总计参加人数大约为 2.8 万人。[30] 如今每年有超过 6 万的澳大利亚人参观达达尼尔海峡，到达达尼尔海峡朝圣的人，如潮水般增多。一些批评者公开谴责朝圣之旅为"多愁善感的民族主义"，声称如果澳大利亚人认为加里波利之战"有意义的话"，那也是因为这些意义是"在澳大利亚本土内创造的然后到土耳其去卸下"，而不是因为这些意义镶嵌在当地的地形中："朝圣者应心怀神圣敬意而前行"，而不是在目的地找寻意义。[31]

尽管如此，如果不考虑这种声音刺耳的且有时粗鲁的爱国主义，澳大利亚的回忆里有一份真诚的跨国维度。继 1990 年总理鲍勃·霍克先驱性的访问之后，每次加里波利的澳新军团日仪式，土耳其政府都出席了。澳大利亚纪念仪式现在承认土耳其人战斗的重要性，毕竟他们是在击退侵略者。被称作恰纳卡莱（土耳其达达尼尔海峡东岸的城市）之战的战役是一场巨大的胜利，也帮助土耳其的指挥官穆斯塔法·凯末尔成为土耳其的国父和现代土耳其的设计者。在最近的跨国历史研究中，"对于英国人、法国人、加拿大人、印度人和德国人来说，加里波利之战不过是一连串长长的不幸的一战战役名单中的一次战斗而已。但是对于土耳其、澳大利亚和新西兰人来说，加里波利是独特的——是他们民族独立发展的一个重要事件"。[32]

这种对加里波利之战包罗广泛的观点应归功于澳大利亚国内来自土耳其群体的压力。与联邦德国相比，1945 年之后的土耳其移民群体在澳大利亚虽然只是一小部分，但是他们在诸如墨尔本这样的城市里在政治上举足轻重。1968 年以来，在澳大利亚移民体系的协助下，土耳其移民不断增多。他们经常对国家的纪念仪式表示愤怒，因为他们被当成首要敌人。当他们第一次尝试加入墨尔本的澳新军团日游行队伍时，被老兵领袖拒绝，一个老兵警告他们"任何对我们开过枪的人都不能加入进来"。但是公众的态度逐渐转变，现在，土耳其人在每年的 4 月 25 日都参加多数重要的游行。1985 年，土耳其政府重新命名阿里博奴海滩为"澳新军团湾",凯末尔曾在这里指挥过战斗。与此相辉映的是,堪培拉修建了国父纪念花园,穿过澳大利亚战争纪念馆路就是它。以上这些都是作为回忆和解的一种新手段。[33]

不列颠群岛如何与这个故事有关联?在后冷战时代,不列颠和爱尔兰受到一战后的再重组以及20世纪历史的影响究竟达到了何种程度?就民族身份而言,这种影响非常深远,因为1914—1918年所产生的吸引力和离心力都已经逐渐弱化。

1914年夏天,联合王国几乎濒临瓦解的边缘,爱尔兰内战即将来临,而且面临苏格兰自治法案运动的挑战,此外在威尔士,英国国教被迫同意政教分离。尽管如此,正如我们在第一章所分析的那样,大战点燃了在英格兰、苏格兰和威尔士作为英国人的新感觉。但是却将爱尔兰分成两个对立的国家——一个仰仗英国保护新教的身份,另一个则通过与英国的一场恶战获得独立,并且还经历了更为凶残的内部冲突。1914—1918年的这一系列事件,重新定位了英国和爱尔兰在20世纪大部分时段的关系,直到20世纪90年代,一战所形成的这种定位与安置才最终趋于瓦解。

当苏格兰和威尔士的军团正在"为了小国家的权利而进行战斗的时候,自治法案的起因却是第一次世界大战造成的伤亡",[34]这看上去有点讽刺意味。英国在一战中的胜利引起的普遍骄傲感,导致数不清的纪念碑雨后春笋般出现。人们经历苦难后,培育出对不列颠身份的新的认同感。尽管威尔士党和苏格兰民族党(SNP)都是在两次大战期间建立的,但是它们的影响力并不大,英国人的认同感在二战后又重振雄风。苏格兰人和威尔士人在20世纪50年代通过电影保持了对英国"最好的时光"的民族叙事的共享。这是经济强劲增长的时期,与此相对比的是两次大战期间苏格兰和威尔士遭受到的经济萧条变得更为严峻。工党和保守党政府的经济干涉主义者在1945年后将近1/4世纪里,通过国家津贴、福利救济金和公共住房供给的综合措施使工会直接受益。直至 20 世纪 80 年代，1/3 的苏格兰劳动人口被当地或中央政府雇用。甚至农村地区也受益了：到了 50 年代，林业委员会成为苏格兰最大的地主。直到 20 世纪 60 年代和 20 世纪 70 年代，英国的对手，战败的德国和日本的经济才开始回温，战争耗尽了这两个国家的经济的和精神的红利。苏格兰和威尔士的经济——严重依赖于重工业，如煤、钢铁和造船业的支撑，而这些都因为艾德礼的国有化政策而竞争力严重下降。在如此严峻的背景下，民族主义政治更有吸引力了：1967—1968 年，苏格兰民族党终于在威斯敏斯特赢得一席之地，而威尔士党则戏剧化地抢夺了迄今为止一直是工党占大多数的安全选区。[35]

但是，民族主义者的复苏在两个地区以不同形式出现。在威尔士，占压倒性地位的主题是文化，特别是威尔士语言的生存。1900 年，超过半数的人讲威尔士语，但是到 20 世纪 60 年代仅有 1/4 的人讲这种语言，1967 年的《全国语言法案》给予威尔士语和英语同等的官方地位。民族主义者感觉威尔士仅仅关心"对于一种即将消失的生活方式的保存"，而苏格兰的民族主义则更加激进，探讨"建立一个与英格兰相区别的新型机构"。这种自从 1707 年就存在的独立法律和教育系统是非常重要的基石。[36]

在苏格兰，对于移交权力的压力变得尤为引人注目，大不列颠帝国的快速的分崩离析更是加大了这一压力。苏格兰为大英帝国贡献了人力、金钱和贸易，这与苏格兰本身所占英国的人口和大小是极度不成比例的。如今逐步被解散的苏格兰格子裙军团，曾经享受着"作为苏格兰民族象征的不可撼动的地位"。[37]1979 年，虚弱的工党政府为了阻止苏格兰民族党而焦虑，安排了一场关于苏格兰和威尔士分权问题的全民公投，却没有赢得必要的多数票。20 世纪 80 年代的撒切尔政府有着中央集权的趋势，它卖掉了国有产业，并且大刀阔斧地削减公共支出，成功说服许多苏格兰人相信工会并不影响他们的权利。她的态度对此并没有帮助。用苏格兰托利党的话说："玛格丽特的问题是她是一个女人，是一个英格兰女人，而且是一个颐指气使的英格兰女人。"撒切尔的本地税收改革（臭名昭著的"人头税"）是她的最后一根救命稻草：保守党从北方（指苏格兰）获得的席位从 1979 年的 22 个跌至 1997 年的 0 个。在更广的层面来看，90 年代国际形势的转换也影响了众人的态度。两次世界大战以及彼时的冷战都逐渐在历史中淡去，英国失去了"一个明显的他者，一个外在的敌人"，以帮助英国维持民族身份来对抗共同的敌人"。[38]

当 1997 年托尼·布莱尔的工党政府进行了一次新的关于分权的公民投票时，苏格兰选民果断地投票赞成，而威尔士民族主义分子仅仅赢得了一个勉强的多数票。尽管如此，1999 年在爱丁堡和卡迪夫[1]，新建立的行政部门和议会逐渐从威斯敏斯特获得越来越多的发展力量。在苏格兰，2007 年开始执政的苏格兰民族党巧施手段，决定在 2014 年举行关于苏格兰独立的彻底的全民公投。这一年是苏格兰民族主义者特别有共鸣的一年，因为正是 700 年前苏格兰人在班诺克打败了英格兰人。但 2014 年也是一战爆发的 100 周年纪念。最近关于权力下放和独立的讨论提醒人们，对于 20 世纪大部分时间来说，1914 年是如何阻碍了英国宪法的发展。

如果英国重新回味大战前的辩论，会发现爱尔兰终于在 20 世纪 90 年代开始超越它自身在 1916 年的重要分裂。到了 1966 年这横沟变得越来越深，时逢复活节起义 50 周年纪念和索姆河战役第一天纪念日，这些都是北爱尔兰问题（第九章）的催化剂。对于北爱尔兰的民族主义者和大多数爱尔兰共和国的人民而言，一战已经成为一本合上的书——爱尔兰天主教士兵的奉献已经被遗忘。1914—1918 纪念馆位于都柏林附近的岛桥，在北爱尔兰问题激烈之际因害怕暴力所以多数时候纪念馆都

---

[1] 卡迪夫（Cardiff），威尔士地区首府。——译者注

处于关闭状态。1987 年，爱尔兰共和军故意选择荣军纪念星期日去炸掉位于爱尔兰北部的恩尼斯基林战争纪念馆，致 11 人死亡。

20 世纪 90 年代，看法发生了戏剧性的变化。后冷战时代，对于一战的新兴趣是"关于 20 世纪暴力和意识形态极端主义的循环"，对于爱尔兰问题的注意力也被置于这一宏大的叙事特征之中。[39] 甚至更为重要的是，因为约翰·梅杰和托尼·布莱尔促进北爱尔兰和平进程的不懈努力，并将爱尔兰政府拉入其中，这种努力的成果已经逐步显现出来，其顶峰就是 1998 年的《贝尔法斯特协议》。此举不仅缓和了公众的紧张情绪，而且还为忠英派和共和党人提供了一个在新政府中共同合作的框架。同时，英国从阿尔斯特的街头撤军，允许过去卷入对英战争的爱尔兰人再度出现而不会太引起争议。一些在贝尔法斯特的群体领袖承认历史的敌对版本已成为宗派分离的根深蒂固的原因。他们试图恢复将西线作为共同的回忆地点。对于家族历史不断增长的热情提供了一个入口：讨论祖先战时服役期间的图片和言行录的会议帮助人们互相联系和建立网络，这些在北爱问题时期都是不敢想象的。"康诺特游骑兵团"为此目的提供了特别的帮助，因为这个军团在其名头中没有"皇家"这个词汇，对于天主教徒和民族主义者来说还可以接受。[40]

两国政府在比利时树立"爱尔兰和平塔"即是以纪念与和解为主题。选择的地点是梅森附近，第三十六师（阿尔斯特师）和第十六师（爱尔兰师）在 1917 年 6 月曾于此并肩战斗。这座高达 110 英尺的塔是公众对新教徒和天主教徒的致谢。1914—1918 年，忠英派和民族主义者在此作为英军的志愿者并肩作战，总数超过 21 万人，其中 2.5 万人失去了性命。[41] 之前的一些纪念碑，尤其是 1921 年在索姆河边的阿尔斯特塔，实际上已成为忠英派的纪念碑。和平塔由总统玛丽·麦卡利斯和伊丽莎白女王在 1998 年 11 月 11 日 11 点的纪念仪式后揭幕。这是爱尔兰和英国两国首脑首次同时出席公共仪式。

和平塔和环绕着它的和平公园由爱尔兰统一党政治家帕蒂·哈特和前忠英派议员，来自贝尔法斯特的格伦·巴尔二人发起，该计划的目的是实现群体和解。公园里刻在石头上的和平誓言宣称："在这神圣的回忆圣龛里，各国士兵带着不同信念和不同政治立场在死亡中团结起来。我们向所有爱尔兰人呼吁，帮助我们建立一个和平和包容的社会。让我们铭记新教徒士兵和天主教徒士兵，纪念他们在壕沟中共同服役时所培育出的团结和信任。"新强调的"平等牺牲"听上去多少有点不自然。尽管一些曾参战的爱尔兰人，比如说像汤姆·凯德尔的确曾希望一同在战壕中服役会搭建弥合教派分离的桥梁。历史学家约翰·霍恩观察到"多数爱尔兰士兵无论如何都不可能在乎那些事情"。但是他们的意图并不重要了，"战争中死去的爱尔兰人今天都被重征入伍（仿佛经历战时却活下来的爱尔兰人从未如此过），他们为了一个非常政治化，或许出自好意的，相互理解并和解的共同公民计划而服役。"[42]

尽管联合王国自一战后以复杂的方式前行，但英国在战争中自身的形象仍以 20 世纪 60 年代和 70 年代塑造的形式展现出来。令人惊愕的是，一些军事历史学家抱怨，实质上有两个西线：一个是文学上的，另一个是历史的，二者相互独立，前者仍占据公众想象的主要空间。这些历史学家批评，尽管"这是一个恐惧和暴力之地"，但这也是"一个值得学习和技术革新的地方"。这里"终将标志着英国历史上最伟大的军事胜利——至少从规模上而言的确如此"。[43]

最重要的修正主义作品应属加里·谢菲尔德 2001 年发表的《被遗忘的胜利》，他坚持"第一次世界大战是一个悲剧的冲突，但并非毫无用处，也不是没有意义的。正如与拿破仑以及稍后的希特勒抗争一样，这场战争是英国注定要面对的，并且注定要赢得的"，"是为了防止一个大陆国家统治其他大陆国家"的另一回合的较量。至于涉及英国军队的陈词滥调，如"驴子领导雄狮"，谢菲尔德辩称："在战争属性发生革命变化的背景下，英国军队经历了血腥的学习曲线，体现出强大的战斗力量。"索姆河战役第一天处于"学习曲线"过程中的"一个重要的转折点"，他强调行动效率的提升，构建准确并有效的推进弹幕射击，灵活的步兵战略和全武器合作，上述进步在1918年的最后"百日进攻"达到了顶点。"1815年的余韵"，这个短语意在从1918年的老生常谈的片段中转移注意力，比如3月21日的暴动或者是停战协议一周前威尔弗雷德·欧文的去世。谢菲尔德坚持认为，1918年的秋天，黑格将军的军队，即大英帝国在战役中部署的有史以来最大的军队获得了"迄今为止英国军队历史上最伟大的胜利"。尽管年轻的美国军队产生了巨大的精神影响，谢菲尔德仍然质疑他们在1918战斗中的实质影响，并责怪他们粗糙的步兵战略导致的沉重损失，让人联想起1916年英国在索姆河畔的战斗。换句话说，1918年的美国兵又重新经历了"学习曲线"。[44]

《被遗忘的胜利》这篇论文引起了其他军事历史学家的共鸣，举例来说，威廉·菲尔波特在他关于索姆河战役的大量研究中，有意地将文章起名为《血腥的胜利》（2009），他从德国人、英国人和法国人的角度对这场持续五个月的战斗进行了整体调查。对于菲尔波特而言，德国在索姆河的损伤是"这场战争的军事转折点"，尽管结局在两年后才到来。他主张这场战役可以同二战中的斯大林格勒战役相比拟，两场战役都以巨大的代价换回了重大的胜利。那么，英国人为什么拒绝一个关于索姆河战役的类似主张呢？部分原因在于斯大林格勒战役中，德国人完全被打败，的确是受尽侮辱，然而随着时间流逝，索姆河战役逐渐淡出视线，这期间并没有发生什么引人瞩目的事情。并且因为1942—1943年死去的是苏联人，而1916年死去的却是英国人，这个国家从未适应在战争中如此严重程度的伤亡。"学习曲线"这个术语来源于商业心理学，它直接切中许多英国人的要害，因为这个曲线被士兵的鲜血浸染得如此圆润。历史学者的意图，比如说谢菲尔德和菲尔波特的意图是从字面意义上和比喻上，拯救英国军队脱离泥潭。他们轻描淡写地掠过巴兹尔·利德尔·哈特早在几十年前就提出的相反主张，他提出是海上封锁致使德国人投降。这些历史学者还不愿承认最终的"胜利"在 1918 年远不如 1945 年清晰明了的事实。谢菲尔德最多声称一战产生了"消极的利好"——换句话说阻止了某些更可怕的事情发生，即德国统治欧洲大陆，尽管如此，人们还是要在 1939—1945 年再经历一次痛苦，付出巨大的代价。[45]

修正主义者们和专家们将辩论的术语本义悄悄改变，但他们改变不了公众对第一次世界大战的看法。这大约从一战 80 周年纪念日出版的三本关于战争的畅销历史书就可见一斑。

自 1976 年撰写《战争的面容》一书以来，约翰·基根明显没有改变他的立场。在《第一次世界大战》（1998）一书中，他尖刻地驳斥"学习曲线"是"与敦刻尔克大撤退被称为为了登陆日而彩排的一场珍贵的两栖行动有异曲同工之妙"。对于基根而言，1914—1918 的战争科技和将军们精心策划的战略不过是简单地加剧了屠杀和杀戮。"只有一种以坦克和飞机为基础的十分独特的战略"，但是直到下一代军人才掌握这种战略，而当时只有它才能改变结果。基根将第一次世界大战视为"一个悲剧和不必要的冲突"——不必要是因为更好的外交手段可以阻止 1914 年滑向战争，悲剧是因为 1000 万人逝去并且一战的邪恶遗产导致第二次世界大战爆发，二战的确是"一战的直接结果"。基根在书中的最后一页已经超过了历史探讨的范围，他断定第一次世界大战无论从起源还是进程来看都是"一个谜"。"为什么？"他悲伤地问道，"一个繁荣的大陆，在其成功的鼎盛时期……选择冒着有可能失去它自身所赢得的一切和为世界所贡献的一切的风险，仅仅是碰碰运气，看能否在一场邪恶且自相残杀的战争中拔得头筹？"基根能辨识出的唯一积极面就是另一个谜——普通士兵们顽强的勇气，以及他们的战友情谊锻造出的一种被他叫作"西线和东线中的土木工程般的城市"。[46]

这是人们非常熟悉的后 20 世纪 60 年代的英国叙述模式，但是最新的周年纪念日已经对其进行了重新包装。基根的书并不是最新的研究，许多资料来源已经有些过时了。与此相对比的是，尼尔·弗格森为 80 周年纪念日献礼了《战争的悲悯》（1998）一书，这本书由一个小组通过在德国和英国档案馆里对最近几年的书籍、杂志和文献进行了广泛且深入的研究而著成。这本 600 多页的巨著细节充分，有理有据，并且可读性极强，全书充满了极具争议性的观点。作为一个训练有素的经济历史学家，弗格森的判断是，尽管拥有资源上的优势地位，但英国、美国和法国在进行战争时远远没有它们的对手有效率。用会计学的术语解释，同盟国花费 36485 美元才杀死一个敌人，是轴心国杀死一个人所耗费的金钱的三倍以上，"伤亡人数至少比杀死的敌人数多 35%"。所以，这个学习曲线的昂贵学费是非常令人震惊的，无论就金钱还是人命的消耗而言都是如此。被反事实的历史吸引，并且从 90 年代德国重新统一的有利地位和即将诞生的欧元视角审视 1914—1918 年，弗格森也为大众提供了一个有偏见的观点，如果英国没有在 1914 年参战，德国将会取胜，英国和欧洲将会变得更好，"如果德国没有通过两次大战便达到了其在欧洲大陆的霸权地位，那么这个结果可能更为可取"。他坚持认为德皇的帝国与希特勒的不同，前者是被不安全感和虚弱驱动，而非弗里茨·费舍尔描述的对权力的贪求。弗格森的想象力过于活跃，如果不列颠没有在 1914 参战，他感叹"希特勒可能以画劣质明信片勉强维持生计"。与此同时，"若英国没有因两次世界大战而导致海外力量收缩，欧洲大陆将会转变成与今天我们所知的欧盟不完全相同的地区"。[47]

以上多数属于纯粹的臆想，但是和 A. J. P. 泰勒一样，弗格森喜欢挑起争端，这是将一战用热辣的酱汁重新回锅以冒犯传统英国人的味蕾。《战争的悲悯》一书中所有辛辣刺激的新观点，根深蒂固反映的还是对于这场战争的传统观点，以西线和相关诗歌为主要核心。书的标题来源于威尔弗雷德·欧文，并以他作为全书的开篇和结尾。对于弗格森而言，战争的确是"使人怜悯"，但是他不会借助被人们经常引用的术语"悲剧"，因为那是莎士比亚式的对不可避免的事物的指代。他总结道，这不是悲剧，不是不可避免的事务，而"完全是现代历史上最大的错误"。[48]

周年纪念日的第三个主要献礼是杰·温特和布莱恩·巴格特的《1914—1918：一战和21世纪的塑造》（1996），这本书改编成一部非常重要的电视连续剧，曾在美国和英国播出。与英国广播公司1964年播出的《一战》相比，30年后的这部作品是一个十分不同的奇观。温特将这场冲突视为"文化历史"，他想探索通过图片、语言和艺术的形式，阐释领袖们如何将"战争及其后果解释得通"。电视制作人巴格特在读过保罗·福塞尔的《一战与现代回忆》后，深受1914—1918年间的一战本身及其遗产的启发，正如同冷战的结束吸引着他和温特一样。个人因素在塑造连续剧中也发挥着一定的作用，这两位作者都是美国人，他们对战争的态度以及战争的无用性都受到越战的影响。而温特则是纳粹死亡集中营幸存者的后人，对于他而言，研究"当代人如何界定一战"就如同他自己如何"能够最大程度忍受20世纪最大的恐惧"——大屠杀。温特和巴格特对于一战的解读开启了"一个黑暗的先例，将集体暴力正常化"，并且是从1914年的萨拉热窝到1994年的萨拉热窝这样一个20世纪的典型"签名"。这也是奥斯维辛集中营被称为"一部工业化的杀人机器"的原因，这部机器达到了令人毛骨悚然的极致程度。[49]

电视连续剧由美国的公共广播公司（PBS）和英国广播公司联合制作。对于这部电视剧，两国的反应差异极大。在美国，PBS是一个很小的频道，但观众反响却十分热烈，并且是压倒性的积极评价，大约有500万个家庭收看了节目，各大主流报纸和杂志都有评论，并且还获得了令人觊觎的艾美奖和美国广播电视文化成就奖。对于许多美国人来说，他们对内战的兴趣又重新被肯·伯恩斯空前成功的1990—1991年的这部PBS连续剧点燃了，这是美国观众第一次接触1914—1918的欧洲"内战"。然而，在英国，尽管观众收看人数相对来说还比较多（平均有250万人），但是对连续剧的反应却是喜忧参半。对于英国人来说这是一个关于不熟悉的一战场景，因为剧中有着欧洲大陆元素和文化上的偏见。此剧对于战争无用的鼓吹惹火了军事历史学家，比如约翰·特里恩，他是黑格将军的重要辩护者。温特不得不费很大力气为保留电影名称中的"大屠杀"而努力，这部电影是关于索姆河战役、凡尔登战役和帕斯尚尔战役的。英国广播公司的员工非常谨慎，极力主张用"牺牲"这个词汇，他坚持认为"牺牲有关救赎，而屠杀则不然"，并且"75万男人的生命的逝去没有任何救赎性的意义"。柯瑞里·巴尼特和特里恩同为英国广播公司《第一次世界大战》的顾问，他也十分愤怒。在《哦，一个多么哀怨的战争》这篇文章中，他哀悼关于战略和政治的污点讨论。他声称，没有以上这些因素，战争将注定失去意义。巴尼特因为杰·温特而变得十分恼怒，称他是"在美国的学术界中聒噪"，且最终宣称，"他所表达出的过分自信和声明让我渴望将其中某一个挂在他的汽笛上"。[50]

这些庞大而新型的战争历史，将战争展现为一个悲剧，"一个谜"，最严重的"错误"，或者是最恐怖的"大屠杀"，这些庞大的形容足以加强英国人所熟知的叙事方式。与修正主义军事历史学家的观点相比，这种观点更具吸引力。但是对普通观众而言，使战争跃然纸上的主流方式仍然是文学的形式。在20世纪90年代，战争诗人第一次与流行小说紧密联系起来。

小说家帕特·巴克写了一个三部曲，它们分别是《重生》(1991)、《门中眼》(1993)和《幽灵之路》(1995)。三部曲围绕着西格弗雷德·萨松和威尔弗雷德·欧文因患弹震症而在爱丁堡的克雷格洛克哈特医院接受治疗展开。第一本小说的开端是萨松所写的抗议1917年7月的公开声明，萨松是一位曾获得军功十字勋章的老兵，他认为这场冲突是"当我参加战争时是为了自卫和解放"，但是现在"却变成一场侵略和征服的战争……那些有权结束它的人故意延长战争"。帕特•巴克笔下的主角是神经病学家威廉•里弗斯医生，他的任务是"治疗"弹震症患者，这样他们就可以重返战场。三部曲围绕着"疯狂"这个主题，到底谁在这场罪恶的战争中是心智健全的？萨松和欧文之间的战友情谊或者至少是友谊改变了后者这个患有口吃的天才，使其成长为一个重要的诗人，并且能清晰准确地为战时所有的疯狂发声。萨松、欧文和里弗斯都是历史人物，此外巴克创造了比利•普里奥尔——一个不容于时代的双性恋工人阶层的低级军官，通过这个人物，作者探寻了战争时期的同性恋问题和英国及英国军队的等级结构。[51]

普里奥尔对于1917—1918年伦敦的探究，是第二本小说的核心，但是《幽灵之路》却在战争的最后几个月重新回归到战争本身。小说的标题来源于诗人爱德华•托马斯的诗词，本章开篇曾引用过这段铭文，这是关于活着的士兵迈着沉重的步伐在通往法国的道路上前行，与此同时"逝去的人，迈着轻快的舞步回归"。普里奥尔被送回到前线，他在曼彻斯特第二军团服役，和他喜欢的欧文在同一个军团。这两个男人现在都习惯了死亡和杀戮，习惯机器般开枪射杀德国人，"如同杀死水桶中的鱼一样"，而且他们习惯了被战友们的鲜血和脑浆溅一身的场面。"我们是克雷格洛克哈特医院的成功故事，"普里奥尔讽刺地在其日记中涂写道，"以任何文明的标准来看（不过现在这意味着什么？），我们都是恐怖的物体，但是我们的神经都很坚强，而且我们仍然活着。"[52]

然而仅仅几个星期后，尽管停火谈判当时已在进行，这是众所周知的事情（"因为当时没有人能够看到继续下去的意义"），曼彻斯特第二军团被投入到一个运河交叉的区域，这是一片湿漉漉的土地，完全被敌人的机枪射程所覆盖。"整个行动是疯狂的。"一个被授勋

443

的军官惊叹道。"成功的机会为零。"但是他们"被直截了当地告知一个简单却没有任何理论依据的断言，那就是大炮弹的威力将攻克所有对手"。由于担心这个典故并不清晰，巴克笔下的普里奥尔在日记中记录道："我认为这些语言，会让所有记得索姆河战役的男人都会感到脊梁骨上一阵寒意袭来。"（此处没有学习曲线。）正当普里奥尔和欧文最后一次呼吸着桑布尔运河的空气时，在伦敦医院的里弗斯正经历着他的一个战友的最后时刻，那是一位年轻的军官，他的脸被炸得只剩下一半，小伙子不断叫喊着"Shotvarfet"。"他在说什么？"他父亲极其痛苦地问道。他的父亲是一个退休的军官，直到那时也是一个坚定的、没有什么主见的爱国者。就在这一时刻，里弗斯突然意识到："这不值得。"正当他思考的时候，声声叫喊响彻病房，这是来自受损的大脑和下垂的嘴而发出的没有意义的咕哝："Shotvarfet，Shotvarfet"。军事历史学家布莱恩·邦德为此愤怒不已，他认为这是"最真实的 20 世纪 90 年代哀鸣的音符，这种对于 1918 年的转变的论调并不令人信服"。[53]

另一本畅销于 20 世纪 90 年代的小说是塞巴斯蒂安·福克斯的《鸟鸣》（1993）。战争消除了多年来他思想深处的观念。1965 年 11 月，他年仅 12 岁，嗓音嘶哑，在学校里读过几乎所有死于两次世界大战的"老男孩"的名单。1988 年的 11 月，他作为一个记者报道由林恩·麦克唐纳组织的沿着西线的旅行，这些老年人在整洁的英国花园公墓里，在他们逝去的朋友的墓前谈及故人。福克斯开始感觉到"这场战争的经历在某种程度上已经脱离了公众的理解范畴"，被 20 年后"第二次狂怒"遮挡，"二战得到了很好的纪念，这主要是受害者极力主张的结果，而这就导致看上去似乎没有给公众纪念早年的大屠杀留下更多的空间"。[54]

《鸟鸣》的主角是斯蒂芬·福雷斯福德，他是一位因为战争而变得无情的低级军官，他变成和三部曲《重生》里的欧文和普里奥尔一样，几乎对他憎恨的战争上瘾了。小说最引人注目的是对战争的叙述选择，按照福克斯的话是"英国军事史上最声名狼藉的一天"，即1916年7月1日。书中有30页的内容，引用了米德布鲁克的《索姆河战役第一天》。此书运用了熟悉的修辞手法，比如"喜剧似的歌剧"，上校向众人保证炮火封锁会使"敌人被完全地灭掉威风"，并且"只有少数枪支会向你开火"。但是也有着十分生动的想象的描写，比如福克斯描写道，黑暗最终突然降临了战场："大地开始摇摆……仿佛12英里长的公墓里的尸体开始复活"，那些受伤的逝者的"弯曲而痛苦的身形"正缓慢爬行回到他们的战壕来，"重新获得他们的生命"。[55]

　　我们关于士兵过着穴居生活的这种感觉被福克斯在其小说中反复强调，他提到这些人如同"下水道的老鼠"在下面无人之地的隧道里，使敌人战壕下的地雷爆炸，与此同时德国人正努力对英国人做同样的事情。福克斯宣称，挖地道构成了"地狱中的地狱"，而且他极其生动地捕捉并且描述了由此带来的幽闭恐惧症。在本书结尾，作者描述的是战争快要结束的时刻，斯蒂芬从那个毁灭的地道里禁闭般的生活中获得了自由，但是却看见他的救命恩人穿着战地的灰色衣服[1]，"一种最黑暗的梦的颜色"。他怒目而视，举起手臂做好搏斗的准备，那个德国人也是如此。但是接着两个人突然趴在对方肩膀上痛哭，用福克斯的话说："这体现出人类生活的的苦涩的陌生感。"读到此处，对于文学家来说，这是欧文所作诗篇中给人印象最深刻的回响，这首诗是"奇怪的相遇"，在诗里，诗人梦到他已经死去并且滑到"一个又深又暗的隧道"里面，那里直通地狱，一个"沉睡者"跳起来，在他眼中带着"怜悯的认同感"，说道"我是你杀死的敌人，我的朋友"，但那已是昨天。"现在，让我们睡觉吧……"至此，在《鸟鸣》一书中，生命是可模仿的艺术，一切都在可虚构的范围之内。[56]

---

[1] 灰色衣服，指德国兵。——译者注

围绕斯蒂芬的战争故事，福克斯又延伸出其他两个故事。第一个故事是斯蒂芬在 1910 年和一个已婚法国女人的激情外遇，那个女人在亚眠生下了他的孩子，但他却毫不知情。这个前奏也使福克斯能够对即将发生的事情以讽刺的笔调预测。举个例子，一个是昂科尔河的钓鱼之旅的故事。"你必须来"，斯蒂芬被告知，"他们在蒂耶普瓦尔有着有名的'英国茶'"。但是为了回应读者过早提出的疑问，比如说"这些遥远的恐怖事情和我们的现代生活有什么关系？"福克斯发明了一个更有当代气质的角色来"提出这样类似的问题"。这个人物就是斯蒂芬的孙女伊丽莎白，她在 20 世纪 70 年代晚期试图了解她的祖父。在家族的阁楼上，她发现了他的日记，并逐渐地破译了他的日记，她还与祖父已经忘记的脆弱的战争幸存者会面。至此，将战争编入小说是 90 年代回忆的另一种方式，是对家族历史的一种热忱。伊丽莎白的兴趣使她面对这样一个未来，作为一个 38 岁的年纪已长的单身女子，她很有可能膝下无子就死去。"正因为她没有自己的孩子，她必须开始回首过去，理解过去一代人的不同命运"，感到"几乎如同是他们的母亲一般"，特别是对那个与她"自身血缘相连"的男人。[57]

与《幽灵之路》黑暗、野蛮的结尾不同，福克斯给过去提供了一个救赎的机会。仿效斯蒂芬在战争末期和敌人"奇怪的相遇"，伊丽莎白最终找到了一个伴侣并且诞下了新的一代。为了履行她祖父对杰克·费尔布雷斯的一个承诺——这个"下水道的老鼠"般的人物曾经救过她祖父一命——她的新生儿取名为"约翰"，以纪念杰克死于白喉的儿子。因此，过去在某种程度上救赎了现在。这是福克斯通过他的书所渴望表达的，他希望他的读者也能如此，那就是做到他所称的"爱的姿态和对过去的补偿"。[58]

尽管方式不同，而且有时候不那么自然，但是帕特·巴克和塞巴斯蒂安·福克斯在某种程度上都利用了 20 世纪 90 年代英国人的回忆方式。这种回忆指一战是不证自明的无用的战争，对索姆河战役宗教般的关注，以诗人为主的声音，例如托马斯和欧文。他们的小说变成畅销书，《幽灵之路》获得布克奖，这是英国小说的最高奖，而这明显让许多人对于一战有了更加生动并且长久的印象。"人们应该读读这本书，"《鸟鸣》的一个读者评论，"要想知道一战中发生了何种恐怖的事情，可以不去读一本阴暗的真实历史书，但是这本书值得一看。"另一个人将《鸟鸣》描述为"一本让我能理解曾经没有认同感的历史中某段时间的书"。小说，换言之，比事实更真实。小说的影响力通过银幕进一步扩大。巴克的三部曲被压缩为一部电影《重生》（1997），在美国发行时以《对白之后》为标题，与此同时《鸟鸣》终于在2012年被英国广播公司和美国的公共广播公司改编成两集的电视连续剧（尽管将伊丽莎白的情节全部删除）。在英国，这两集连续剧的第一集吸引了700万观众，第二集吸引了600万观众。这种关注的程度是所有历史书不可比拟的。在美国放映的时候，这部电视剧也十分受欢迎。当福克斯在1993年的曼哈顿首次兜售自己用打字机打出的文稿时，他败兴而归。但是到了2000年，归功于电影和电视以及小说的影响，关于一战的英国叙事在大西洋另一端受到了重视。[59]

对于这些小说家来说，回忆的地点对于小说情节十分重要，并激发了他们一些最诗意的描写。在福克斯的《鸟鸣》中，伊丽莎白在探访位于索姆河畔鲁琴斯设计的宏大的蒂耶普瓦尔战争纪念馆之后，她的探索变成了一种迷恋，因为她被纪念馆多重直立的拱门上凿刻的7.2万个英国人的名字所吸引，"仿佛天空的表象已经变成文章的脚注一样"。这些"男人是战死在沙场中吗？"她问道。"不，"看门人回答道，"这是那些失踪的，那些没有找到的人的名单。另外的一些则在公墓里。"所以这些"仅仅是……未找到的"，她喘息着，"这场战争所有的？"那个男人摇晃着他的脑袋，"只是那些在战场上的。"伊丽莎白在纪念碑的台阶上跌倒。"我的天，从来没有人告诉过我。"在这个个人回忆地点的邂逅中，也许有人会说这是她的"奇怪的相遇，过去突然变成现在了"。在《另一个世界》（1998）里，帕特·巴克对一位受到索姆河战役困扰的老兵的精神领域进行了细致的探索。对于那位老人的孙子尼克而言，蒂耶普瓦尔真的十分可憎。那在提醒他，"一个战士"的头盔里却没有了头颅。不，比这还严重：受难之地，充满了头颅骨的地方。蒂耶普瓦尔是一个"彻底毁灭的抽象"之地，没有"战胜死亡的胜利，只有死亡的胜利"，这些都十分不同于鲁琴斯和吉卜林在 1932 年设计拱门的意图，也就是刻入石头的"他们的名字永远地活着"。换言之，记忆之地，还是观光场所，这主要取决于观看者的眼睛。[60]

所有这些小说都围绕个体的士兵展开。通过英国兵的经历，体现一战期间英国的身份认同方式，探索他们的心灵和肉体。在 20 世纪 90 年代这种迷恋的标志越加明显。英国军团下定决心号召一项运动，那就是在 11 月 11 日重新恢复两分钟的沉默致哀，而不是仅仅简单地在阵亡战士纪念日的时候举行。对 20 年代和 30 年代这一惯例的恢复从 1995 年开始实施，正值第二次世界大战结束 50 周年纪念日。在新的千禧年，互联网的发展促进了一战家族历史研究的发展，因为士兵的记录在网上都可以查到。这使人们可以舒服地在家里进行研究，而不是到伦敦西南的国家档案馆查阅。

在新的千禧年早期，随着最后幸存的老兵逐渐去世，公众对于英国兵的迷恋达到了一个顶峰。这个哀伤的时刻不仅仅是在英国发生，全世界也是如此。在所有前交战国家中，幸存的老兵都被官方鉴别，官方对他们的晚年进行调查，媒体也对他们做出近乎死亡的预测。举例来说，在澳大利亚，社会见证了被叫作"不断增加的近乎歇斯底里的倒计时"，即 2002 年的最后一个澳新军团日。[61] 一个来自塔斯马尼亚，名为艾礼克·坎贝尔的男人，在仅仅 16 岁的时候曾经在加里波利作为弹药输送兵服役过几个月。在人生弥留之际，他被大批政客和媒体称赞为"澳大利亚的传奇"，他还被看作国家和加里波利的"最后活着的纽带"。当他以 103 高龄去世后，国家给坎贝尔举办了国葬。在美国，1917—1918 年的"最后的步兵"，弗兰克·W. 巴克尔斯在 2011 年 2 月去世之后，110 岁的他被安葬在阿灵顿国家公墓。直到去世前他都口齿清晰并且思维敏捷，他已经成为在华盛顿林荫路的国家一战纪念馆运动的头号招牌。在法国，"最后的法国兵"被认为是拉扎尔·蒙蒂塞利，很不巧的是，他在一战中既代表过法国军队参战，又代表过意大利军队参战。他拒绝了官方将他与众位国家最伟大杰出之人一起葬在先贤祠的要求，选择安息在巴黎郊区的家族墓园。但是蒙蒂塞利同意了为他举办国家葬礼，2008 年 3 月，当他以 110 岁高龄离世后，法国在荣军院为他举行了风光的国葬，法国总统尼古拉·萨科齐出席了葬礼，并随后在福煦元帅的墓旁为一块纪念碑揭幕，以献给所有那些参战的人。纪念碑上写着："法国细致地保留了对于那些融进历史中的人的回忆，比如说一战中的法国士兵们。"[62]

通过这些例子可以看出一个共性，那就是人们对这些人可以活到如此高龄的敬畏之情。他们体现出的脆弱和 1914—1918 年图片上所呈现出的阳刚之气的视觉差距是如此之大。平凡的人们因为他们的长寿而变得不平凡，他们不断地被称为"英雄"，至少被视为英雄一代的代表。人们开始有这样一种感觉，那就是追溯一战的"跃然纸上的回忆"的最后线索将要消失。

所有这些以及更多的情绪在 2009 年 11 月 11 日威斯敏斯特大教堂举行的一次活动中明显体现出来，活动的名称就是"为象征着第一次世界大战的那一代人效劳"。活动的起因是参加过 1914—1918 年一战的三位英国老兵的去世。被官方指定为"最后一个英国兵"的人是哈利·帕奇，他生于两个世纪之前的 1898 年，在 1917 年的帕斯尚尔战役中打过仗也杀过人。1918 年后他过着普通的生活，在和平时代成为一个水管工，第二次世界大战期间是一个消防志愿者，他还有着一段悠长的退休时光。只是到了 21 世纪他才开口讲述第一次世界大战，他在

2005 年回到帕斯尚尔。后来他的故事被拍成电影，写成书籍和诗歌以做纪念。[63]

2009 年 11 月，为了纪念"这了不起的一代的离去"，战争诗人变得十分活跃。唱诗班唱起了以威尔弗雷德·欧文为背景的诗，选自本杰明·布里顿的《战争安魂曲》——《羔羊颂》。演员杰里米·艾恩斯在献给第一次世界大战诗人的诗人角落纪念馆的支持下，朗诵了由桂冠诗人卡罗尔·安·杜菲创作的现代诗。她的《最后岗位》开篇以欧文"为国捐躯"的著名诗词开始，欧文以一个士兵因戴防毒面具动作过慢而挣扎的噩梦画面，描述出"仿佛在绿色海洋之下"：

> 在我所有的梦里，早在我昏暗的视线前，
> 他猛地向我冲来，在水中挣扎、哽咽、淹死。

但是杜菲的濒临死亡的士兵是榴霰弹的受害者，并不是毒气的受害者。她想象诗人以倒叙的方式讲述自己的故事，并决心重新谱写他的过去，所以我们看到英国兵站起来，惊住了，在"恶臭的泥巴里"，他的血喷回到身体里，回到成千成百更多的男人身上，"一列一列的英国男孩闪回 / 回到他们的战壕中"；也回到未来，丢下他们的枪，回到充满咖啡和"热乎的法国面包"的城镇里，抛开战争本身，"从历史中释放"和"几百万生命仍然有可能活着"——生命充满了爱和希望，而不是"现在进入故事中 / 去死去死还是去死"，在泥泞中被遗忘。然后，杜菲写道：

> 你看见诗人将他的小册子收起来并淡淡一笑。
> 如果诗歌可以倒叙，
> 那么它的确会这样做的。[64]

《最后岗位》是一篇敏锐而犀利的文章，是 1917 年以来一个诗意的作品，运用了大家熟悉的泥土和死亡的修辞，但是却将它们和当今世界的图片融合，比如按下倒退按钮和在法国蛋糕店用早餐。杜菲颇有想象力地用诗歌将历史倒叙，渴望消除恐怖和救赎过去。这也是福克斯在《鸟鸣》中所表达的期望。但是《最后岗位》中的辛酸来自她知道，我们也知道的事实，那就是诗歌不能"以倒叙的方式讲述"。

然而，历史可以做到那一点，如果我们能够理解"历史"是一个诠释和重新诠释的过程，而不是引用不可改变的事实。就算历史学家谱写未来，按照顺序叙事，他们也会倒退着思考现在而退向过去。关于过去和现在的对白成为这本书十分有活力的中枢。在最后一章我将尝试"用倒序的方式讲述"——将 1914—1918 年复杂的历史遗留问题带入到如今的框架中，浓缩关于一战的英国观点，并提出这样的疑问："为什么会这样？"

结语　长长的阴影

死者已经逝去，他们已经不在了。没有人知道他们的地位，今天是属于我们的。他们曾经像我们一样真实存在过，有朝一日，我们也会像他们一样，成为影子。

——G. M. 特里维廉，1927

欧洲正处于危险之中，它所拥有的自由也岌岌可危，
因此，政治家们在哭泣。
愚蠢而固执的英国人，傻傻地相信了他们，
前进，战斗，乃至死亡。

——W. N. 尤尔，1914 年 11 月 [1]

《1814—1914》是尤尔在 1914 年 11 月创作的一首反战诗歌，内容涉及历史与现实两个层面。他是一位左翼的新闻记者，对英国卷入一战进行了猛烈的批评，但是我们在这一章开头引用了他的诗句，其目的在于唤起一个世纪之前的情绪。他的诗歌回忆起了英国早期爱国主义的花言巧语，那一次英国也是为了自由而战，当时的情形是皮特和卡斯尔雷反对拿破仑的暴政。尤尔冷酷地质问道，"当这位科西嘉人被推翻之后"，又发生了什么呢？法国的波旁王朝复辟了，而对于英国而言，紧随滑铁卢之后的就是彼得卢。[1]尤尔警告说，现在已经是 1914 年了，固执而愚蠢的英国人"又一次高高兴兴地出发了"，完全没有考虑到他们的先辈们曾经"为了自由而战"，却因此遭到破碎的诺言，承受了痛苦的恶果。[2]

　　尤尔的观点既通过诗歌的形式，也通过历史的形式反映出来，它激发了托马斯·哈代关于拿破仑战争的诗歌《统治者》，同时还与哈代在 1914 年 9 月创作的著名的爱国诗歌《那些出征的男人们》形成了对

---

[1] 彼得卢是 1819 年发生在曼彻斯特市圣彼得教堂的臭名昭著的"大屠杀"，当时军队镇压了要求进行议会改革的群众。——原注

比。《1814—1914》当然不是理解拿破仑战争遗产的唯一方式，事实上，到20世纪20年代的时候，尤尔已经成为一个秘密的布尔什维克。[3]然而，这首诗歌也提醒我们，1914年，如果没有萨拉热窝的突然袭击，英国应该正在准备滑铁卢战役的百年纪念。但是，英国却被迫仓促地投入了另一场大战，这就完全排除了对于1815年6月进行任何严肃纪念的可能性，也断送了"长和平时期"，以及随之而来的这个国家的工业增长和帝国的繁荣。时至今日，距离尤尔的诗作已经过去一个世纪了，这对于1914—1918年的大战是同样的周期时长。所有的老兵以及失去了亲人的人们都已经死去了，百年之后面临的主要任务，与其说是纪念，不如说是理解。

本书主要是探讨第一次世界大战给整个20世纪投下的影子，但同时也揭示出20世纪如何持续不断地以自己的光束重新塑造第一次世界大战的形象。不同的国家在不同的时段，基于自己特别关注的事情不断地对一战进行解读。大战与20世纪关系的动态发展是双向的，因此本书也是二元结构：大战的遗产及折射作用。在第一部分，我主要概述了一战对20世纪20年代和30年代产生的多样化的和多层次影响，这种影响有积极的，也有消极的。应当把这两个10年设定为"战后时期"——这是1918年之后当时人们看待这一时期的视角——而不应该后见之明地称之为"两次世界大战之间的时期"，当然"战后时期"的失败结局很快显露出来。1939年之后，当1914—1918年发生的事件通过一场新的战争折射出来的时候，这些事件的确看起来具有了特别的意义。对于大多数卷入两次大战的国家而言，这两次大战是共生的事件，每一次大战都通过另一次的光芒体现出来。只是在冷战结束之后——这是二战的漫长战后时期的结束——两者之间的纠缠才逐渐地被剥离出来。而2014—2018年展开关于大战的百年纪念，有可能为这场冲突的内涵和意义提供进行反思的新机会。

尽管《大英帝国与第一次世界大战》这本书涉及1914—1918年

主要的交战国家，但是英国还是被放在故事中最显著的位置。我一直坚持认为，无论在战时经历，还是战后的影响方面，英国始终都是非常突出的一个国家。而且，英国在公众文化领域的纪念方式上，表现也尤为引人注目。所有这一切都与欧洲大陆上的不同的战时经历和纪念方式形成了鲜明对比。当然，与英国相比，美国无论从地理上还是心理上都与一战更加脱节，它的耗资和影响要小得多，尤其是与1861—1865 年的内战，以及与它参与 1941—1945 年第二次世界大战相比。对于英国而言，1914—1918 年是一个永远都不会走远的问题。对它进行不间断的重新解释与很多同样不间断的争论纠缠在一起，特别是英国与欧盟之间复杂的关系。

因此，英国的故事到底有什么与众不同的地方呢？而且，在本质上，这本书主要的观点到底是什么呢？首先，1914 年，英国并不是直接为了祖国而战，既不是为了自己免于侵略，也不是为了增加自己的国土面积。相比之下，比利时、法国和塞尔维亚都是在为抵抗侵略而战，法国试图拿回阿尔萨斯和洛林，而德国、沙皇俄国和哈布斯堡王朝都认为它们的侵略是正当的，它们进行的是先发制人的防御。尽管英国外交部关注于欧洲大陆长期的均势，德国的开战在 1914 年 8 月仍然没有构成直接的领土上的威胁。只是德国皇帝对于比利时中立的侵犯，而这一中立得到英国的担保，才导致了战争的发生，公众的愤怒也是由于德国对于比利时平民的暴行而被激发出来。德国对于伦敦及其他工业中心的空袭，使得英国面临领土上的威胁。但在很大程度上，这些对于平民家园的攻击只是在德国暴行的单子上加了一项而已。在本质上，英国卷入战争主要是基于道义上，而不是出于利己的自我主义：这被看作是一场保卫自由和文明的原则的战争。

1914 年，英国与其他欧洲大陆国家构成的强烈对比还体现在志愿兵役制这一特别的现象。法国、德国、沙皇俄国和其他的交战国都要求其成年男子服兵役，尽管征兵制度略有不同，但通过征兵和预备役制度，德国和法国均动员了约 200 万士兵投入 1914 年的西线。而英国的远征军（BEF）即使把正规军和后备军加一起，还不到 10 万人（甚至小于比利时的军队规模）。[4] 直到在 1914 年大规模的战役中损失严重，英国才开始大规模征兵，但在 1916 年之前依然没有实施征兵制度。一战期间，大约有 250 万英国男子选择服役登记（其中 43% 在 1914—1918 年参加了军队），构成了历史上规模第二大志愿军队伍。[5][1] 在大战的前半段，这种大规模的志愿参军浪潮与欧洲大陆的其他交战国以及美国都形成了鲜明的对比，美国在 1917 年介入大战的六个星期之后开始实施大规模的征兵制度。志愿参军制度使得 1916 年投入索姆河战役的新军的伤亡更加让人倍感辛酸。同样地，英国自治领的损失也是如此，其军队来源至少在战争的头半段是志愿兵制度，而在澳大利亚，整个战争期间奉行的都是志愿兵役制。

慷慨地为其他国家的自由而战——正是这一点使英国独具特色。但是当成功的滋味变得异常酸楚的时候，它也带来了很独特的问题。本书探讨的是这种醒悟并没有随着战争的结束而立刻发生。我们这里先不要考虑战后时期存在的问题，英国在 20 世纪二三十年代的经历比其他欧洲大陆的交战国要积极得多。举例说明，大战摧毁了好几个大帝国，但英帝国却达到了它的最大规模，分得了奥斯曼帝国的残余地区，包括美索不达米亚、巴勒斯坦和外约旦，以及前德属东非和太平洋的殖民地。"白人自治领"所进行的战争努力，虽然从长期的进程来看导致独立的倾向日益加强，但在战争期间却加强了与母国共享身份的同一性。即使战争增加了英国与印度关系的变数，但印度在 20 世纪二三十年代仍然在英国可操控的范围之内。

即使在联合王国内部其运转模式虽然很复杂，但仍然非常有特色。

---

[1] 非常有趣的是，规模最大的志愿者部队，是 1939—1945 年的印度军队。——原注

欧陆帝国，如罗曼诺夫王朝和哈布斯堡王朝在战争末期均因战争动员而分崩离析。民族主义运动抓住这一机会获得了成功，然而其成功是在经历了数年的独立战争之后而取得的，这一进程还伴随着内战以及准军事部队之间的暴力对抗，比如波兰和波罗的海国家发生的状况。英国也是一个帝国，在不列颠群岛就是一个小型帝国，但可以说英帝国内部局势和东欧国家截然相反。英帝国的危机在战前达到了顶峰，而没有出现在战争结束的时候，苏格兰的自治在威斯敏斯特引起了激烈的争议，当时威尔士则要求与英国国教实行政教分离。但是战争的爆发转移了苏格兰和威尔士抗议的热情，随之而来的战争创建出一种新的英国观。第二次世界大战产生了同样的影响，这两个地区的民族主义一直到 20 世纪最后的 1/3 的时光里才得以复活。

爱尔兰在英国的故事中是一个例外，具有大陆模式的特征。1914年 9 月，议会大体上对于爱尔兰地方自治的批准平息了当时的危机，在大战期间还有 21 万的爱尔兰志愿者加入了英国军队作战，其中大多数是天主教徒和国家主义者。[6] 最初自治法案的实施和为爱尔兰而战是一个硬币的两个方面，显示出英帝国最终是为了寻求较小民族的自由。但是，随着战争的拖延，英国没有能够贯彻实施自治法案，加上它对1916 年 4 月爱尔兰堂·吉诃德式的复活节起义的残酷镇压，很快导致了爱尔兰大多数地区的情绪转移。同时，来自阿尔斯特的部分军队在索姆河战役第一天的惨重损失，强化了阿尔斯特那些反对独立人的意识反弹，他们反对统一派在背后射来的一箭。1916 年这两场的流血牺牲事件，无论对于民族主义者还是统一派都流下了持久的印记，只不过印记不同而已。随后，爱尔兰继血腥的独立战争之后，又爆发了更加残酷的内战，起因在于是否接受伦敦所能承认的局部独立。阿尔斯特的六个郡留在了英国，而爱尔兰也同意继续留在英帝国之内。所有这些战争都具有准军事暴力的特征，与东欧国家的情况非常相似，通常由英国军队中残忍的退伍军人发动。

英国的民主转型也别具一格。大战刚刚结束，大众民主的浪潮就席卷整个欧洲，他们受到了列宁和威尔逊两种不同模式的鼓舞和激励。但是它的不稳定的影响很快被新的政治精英所疏导——布尔什维克的先锋队概念是为最终的无产阶级专政进行准备，而法西斯的回答则是一个具有超人领袖的执政党。20 世纪 30 年代，欧洲的大多数国家走向了极左或者极右，即使与英国一起赢得胜利的法国也是如此。美国则非常独树一帜地抵制住了马克思主义的诱惑，但是对这种现象的反弹也通过自己的方式变得不那么稳定了。战争时期"百分之百的美国化"以及战后美国的红色恐慌，虽然只是非常短暂的发作，但它奠定了摩尼教式的狂热爱国主义的基础，以及强烈的反共产主义特征，从而塑造了美国在 20 世纪下半叶的对外政策。相比之下，在英国，1918 年选举权扩大三倍的结果被英国的议会政治成功地消化了。可能造成严重后果的总罢工这一现象也从来没有真正地变成现实。拉姆齐·麦克唐纳领导的工党政府执政期间，一直拼尽全力证明他们不会对英国的宪法、英帝国和英镑构成任何威胁。该党的意识形态很少关注欧洲大陆的马克思主义，而是更加关注英国本土的激进主义和 19 世纪英国基督教徒的宗教传统。同时，斯坦利·鲍德温和内维尔·张伯伦领导的保守党赢得了新增加的女性选民和熟练工人中的大多数人的支持，他们被类似于"中产阶级民主"的政策所吸引。在英国，默斯利这样的法西斯势力是比较边缘化的，而潜在的超人式领导人，如劳合·乔治和丘吉尔，最终被排挤出政坛。

由于战争的原因，全球的资本主义形态也彻底发生了转型，这不仅仅是因为战争对于贸易和金融的破坏，也是由于国家关系中新型因素的出现，特别是美国的影响，这令一直以伦敦为中心的全球经济处于混乱的状态。对于普通的德国人而言，20 世纪 20 年代和 30 年代早期的确是具有毁灭性的，首先是恶性的通货膨胀彻底破坏了货币的价值，使得每日的谋生和温饱成为噩梦。而在随后的几年里，毁灭性的通货紧缩又使得近 1/3 的劳动力处于失业状态。在不到 10 年的时间里，德国遭遇到的双重灾祸不可避免地削弱了人们对于新生的、脆弱的共和民主的信任，从而为希特勒掌握权力铺平了道路。相比之下，对于绝大多数普通的美国人而言，20 年代则是一个高度繁荣的时代，但是随着财政金融的过热趋势，以及消费需求的充分满足，经济低迷不可避免，并最终导致了美国历史上最严重的经济萧条现象，1933 年美国的失业率达到了 25%，美国的银行系统也几乎面临崩溃的境地。但英国则非常成功地保持了其币值的稳定和银行系统的正常运转。1931 年，它避免了金融上的崩溃，很早就废除了金本位制（这与法国不同），并且相对较快地脱离了危机，南部和中部地区逐步稳定地恢复了经济增长。但是经济危机的故事在边缘工业区则是比较晦暗的——包括苏格兰低地、英国北部地区和威尔士南部地区，这些地区的英国古老产业，如煤炭、纺织和造船业在全球市场都没有什么竞争力。上述地区是工党的核心领域，在整个 20 年代和 30 年代都经历了很高的失业率，它们的经历也造就了对这一时代的不同阐释，在它们看来这是一个贫困和背叛的年代，这在工党于 1945 年执掌政权之后成为普遍接受的一个观念。但是这一点却使事实变得模糊不清，考虑到非常宽泛的、与海外其他国家的对比，英国算是比较成功地度过了 20 年代和 30 年代的经济危机，尤其是与欧洲大陆相比，这一点表现得更为突出，而这对于政治的稳定极其重要。

站在当时人自己的角度看待战后的 20 年，而不是通过 1939—1945 年折射出的角度来看的话，尤其是把英国的经历放在当时的国际背景下进行分析，是本书前些章节关注的重点。这样做主要是为了对于大战留给英国的遗产有一个更加积极的看法，但是英国遭受到的损失究竟是什么呢？尤其是与英国进行的其他战争相比，其独特之处体现在哪里呢？72 万的死亡人数，以及数百万遭受到精神和肉体创伤的回乡老兵，他们的状况究竟怎么样呢？退役老兵们，例如作曲家兼诗人艾夫·格尼，他人生中最后的 15 年在精神病院度过，一直坚信自己就是莎士比亚。[7]

为了治愈大战造成的创伤，英国与大多数交战国一样，当然这里不包括苏联，以"奉献"的名义来祭奠死者。英国采取的纪念方式是独树一帜的。和平纪念碑、默哀时间和佩戴罂粟花活动，为了纪念西线而做的项链等。为了纪念伊普尔和蒂耶普瓦尔失踪的战士们，他们的名字被刻在了纪念碑上，这些终将成为充满感情的纪念仪式，充分体现出英国在战争纪念方面的独特模式：以统一的标准对每位牺牲者进行纪念。英国政府也着手开展了独一无二的战争艺术项目，委托了 100 多名艺术家，给予了他们充分的创作自由。保罗·纳什、理查德·内文森和温德姆·路易斯运用先锋派的手法展示出不同的画面，英国艺术家在这方面的运用是姗姗来迟的。他们在进行战争艺术创作的时候，带有浓厚的人性特征，这点与德国的奥托·迪克斯等人的虚无主义的表现手法完全不同。虽然英国的诗歌也受到欧洲范围之内爱国主义论调的影响，但仍然具有与众不同的特征。在欧文、托马斯和格尼的战争诗歌的语句之中，具有浓厚书生气的田园诗歌般传统，与战争所引发的对于自然形形色色的破坏，两者进行了奇特的撞击，这也是纳什关注被蹂躏的风景的一个主题。英国的回忆录、艺术和诗歌成为子孙后代纪念战争的清晰标志。

然而，20 世纪 20 年代英国关于大战的文化读物本质上并不是消极的。即使是 1928 年的停战 10 周年纪念激起了新的关于战争的恐怖与罪恶的争论，也并没有导致对于战争的大规模谴责。如果 1914—1918 年的战争真的被证明是"结束战争的战争"，士兵们的痛苦经历仍然被认为是值得的。这里存在另外一种由德国右翼退伍军人所推动的关于战争的不同解读——曾经丢掉的胜利只能通过另外一场战争夺回来。20 世纪 20 年代，在所有的交战国，包括法国、德国和美国，英国退伍军人的运动规模最小，但是到了 30 年代，它却诞生了世界上最大的和最坚定的和平主义运动，正如1934—1935年"和平投票"所展示出来的那样，参加这些活动的大多数都不是非战主义者，而是和平主义活动的积极分子，希望动员国际联盟来遏制潜在的侵略。然而，随着另一场战争的威胁日益迫近，以及对于大规模空袭破坏的恐慌，和平主义运动变得越来越消极，甚至最终变成了非战主义者。张伯伦推行的绥靖政策不仅仅是一项安抚欧洲的政策，而且也是在竭尽全力让英国远离战争——不惜任何代价都要保持和平。

但是，这种努力最终失败了。一战爆发25周年的纪念，因一场新的战争而黯然失色。这似乎是命中注定的对比，一旦变成了第一次世界大战，大战就呈现出不同的形态，而且经常被与第二次世界大战进行比较。鉴于这些对比，英国在1939年9月卷入战争，是一系列聚集了的"暴风骤雨"的结果，这是丘吉尔的话语，该阴谋已经筹划多年，和1914年7月危机突然爆发是不一样的。自1933年以来，抵制希特勒正面的和反面的理由一直是公众漫长和激烈争论的核心问题。另外一个对比则是，这一次没有志愿兵军队了，在二战爆发前的1939年4月，英国已经开始实施征兵制度。而且，尽管这一次英国立刻宣布开战的原因还是为了保护一个小国——波兰——但很快就演变成为一个自我防卫的问题，特别是1940年纳粹德国对英国发动了闪电战攻击，不列颠群岛面临入侵的威胁。英国独自在最危险的时刻创造了英雄传奇，这与1914—1918年的状况截然不同。1940年，在海滩上为了保卫温暖舒适的家园作战，比在战壕里为了那已经被打垮的盟国而战要更有意义，也更加令人钦佩。对英帝国而言，第二次世界大战的终点是在阿拉曼取得的清晰胜利，这和1914—1918年代价巨大的对应物是不同的——最典型的就是索姆河战役。1945年，当集中营被占领和打开的时候，纳粹暴行被彻底揭露出来，这与1914年的那些暴行故事也是截然不同的，而且对于大多数人来说，后者是在20世纪20年代被揭露出来的。简而言之，这一次是一场正义的战争，英国及其民众扮演了英雄的角色，结局是敌人被彻底击败，而英国的损失大约只有 1914—1918 年的一半左右。

所有的交战国都被迫卷入了两场世界战争的命运对决，但它们的反映方式却是截然不同的。在法国，失败的耻辱和 1940—1944 年与纳粹德国的合作，使其在 1914—1918 年为了解放祖国所做出的一切牺牲都被彻底地掩盖掉了。与英国一样，苏联把反对希特勒的这场战争塑造成为一个民族的神话。但它在这样做的同时，把 1914—1917 年的战争仅仅降低到了意识形态层面上的意义。美国则认为 20 世纪 30 年代是一个巨大的错误，是通向 1941—1945 年的重大跳板，是美国实现威尔逊理想的第二次机会。而在英国，通过强化第二次世界大战的积极意义，几乎完成了对第一次世界大战负面影响的彻底治疗。

新型叙事模式的构建并没有在 20 世纪 40 年代停止。对于法国和德国而言，1939—1945 年产生了巨大的精神和政治问题，但是在接下来的 10 年里，它们设法冰释前嫌，促成了欧洲经济共同体的诞生。这种发展程度非常令人震惊，当今的英国经常忽视其历史意义。这种整合的过程建立在新的叙事基础之上，法国人和德国人开始从他们一直以来针锋相对的战争怪圈之中摆脱出来，形成了一种新型的合作关系，从而成为欧洲未来和平与繁荣的发动机。相比之下，60 年代的大英帝国，其光彩，其"光辉时刻"已经开始慢慢消失，英帝国四分五裂，英国本身也异常困扰地被置于蒸蒸日上的欧洲经济共同体之外。因此，两次世界大战结果究竟如何？难道获得重大胜利的两次战争，都是在为加速英国的衰落而做准备吗？

正是在这种态势下，英国在 60 年代中期举行了一战 50 周年的纪念活动，开始强化二战后 1/4 世纪以来公众对这场战争的淡漠的关注力。在电视普及 10 年之后，英国广播公司推出的《一战》系列片清晰地把 1914—1918 年传输给了新一代。英国对这场战争的关注集中于战壕，这一趋势由于以欧文为代表的反战诗人而进一步强化。当时的社会风尚也开始关注社会和家庭的历史，这导致注意力从将军转向普通的士兵。在爱尔兰，战争50周年纪念的影响是非常有害的。电视系列节目《起义》是建立在美国西部电影的那种好与坏对立模式基础之上的，从而把复活节起义栩栩如生地呈现给了青年观众。这是在1966年举行的纪念1916年的部分仪式，民族主义者和统一派之间重新点燃了宗派上的敌意，从而导致了麻烦的出现。

对很多国家而言，冷战的结束是对大战进行重新审视的时刻。苏联集团的崩塌以及德国的统一重新绘制了欧洲的地图。南斯拉夫和捷克斯洛伐克都是1918年之后建立的国家，这一时期也相继解体。乌克兰最终赢得了独立，波罗的海各国重新获得了自由，这是它们在20世纪20年代和30年代享受过的自由。当然近些年来的动力也是非常重要的，特别是欧洲一体化的问题，欧盟不断东扩，向更多的前苏联国家敞开了怀抱，欧盟通过货币的联合在深度上也不断扩展。所有这些都更加强化了英国与欧洲的疏离感。统一与和解的紧迫性同样体现在欧洲的战争纪念问题上，特别引人注目的就是建立在索姆河贝罗尼的新博物馆，它将法国、英国和德国对一战的看法统一起来。对爱尔兰而言，90年代也是特别重要的。麻烦的减少促成了在历史与现实之间构建桥梁的努力，特别是在伊普尔地区修建爱尔兰和平塔。这是一种姗姗来迟的认可，无论来自天主教还是新教家庭的爱尔兰人，他们都曾经为英国的大战战斗，并且战斗至死。

英国自身也处于变化之中。随着两次世界大战共同影响逐步减弱，威尔士和苏格兰都在重新强调自己的身份。英国对大战的看法仍然主要由50周年时的纪念活动所代表——一场人类的悲剧，在战壕之中陷入了困境，又被诗歌所照亮，即使关于1914—1918年的学术研究在之前的20年已经取得了很大进展的情况下也是如此。通过诸如保罗·福塞尔、帕特·巴克、塞巴斯蒂安·福克斯等作家，美国人也进入了战争的想象。但是，英国总是试图通过战壕回看爱德华七世时代的伊甸园，美国则是面向未来，其目的是实现威尔逊的诱人理想。正如 1925 年，斯科特·菲茨杰拉德在《了不起的盖茨比》的结尾中所说："盖茨比一直相信绿灯，他认为那些令人兴奋的年代在我们面前会逐年消退，会逐渐逃离我们，但是无论如何，明天我们都会跑得更快，我们的力量所及会更为遥远……会有一个更美好的清晨，所以我们奋力向前，逆流而上，击退那些试图无意识地回到过去的人们。"[8]

那么，我们失去了什么呢？那些愿意爬出战壕的人，我们会为他们开启什么样的远景呢？首先，应该学会领略 1914—1918 年多样化的战争场面，最初的那几个星期，德国几乎逼近巴黎的戏剧性的场面，而法国则近似疯狂地向阿尔萨斯和洛林推进。在战争的另一头，是 1918 年发动的新的战争行动，当德国人几乎把英法军队彻底撕裂的时候，英法军队得到了美国的支持，又把精疲力竭的德国军队打退回去。英国在西线的军队只有 1/3 是步兵，其余的都是支援部队，包括炮兵、工程兵、后勤供应部队、医疗和其他的非交战军队。即使在 1915—1917 年的"战壕战斗"时期，进攻是"偶然的例外，而不是规律性的事件"，而且"任何一位步兵也不可能在长达两年的时间里一直待在战壕里面"，因为他们所属的连队在前线、修养区和储备区来回调动。1916 年 7 月 1 日在持续了 1561 天的战争中是非同寻常的一天。[9]

今天站在旁观者的角度可以从远景上审视这场战争，我们会发现战争的后方与前线几乎具有同等的重要性。对于现代战争而言，整个经济的动员至关重要。这意味着军事力量、制造工业、食物生产以及女性劳动力在工厂中的作用，运输、农业和行政工作都必须处于一个大体平衡的状态。说服人们进行持续不断的努力也意味着必须满足他们的物质需求，特别是食物需求与政治要求，在这方面，英法两国的措施远远比俄国、德国和哈布斯堡帝国要成功。战争经历覆盖了大多数人，而不仅仅是前线的士兵，特别是妇女对于这场战争的反应仍然是一个极度被忽视的领域。1914 年大不列颠与爱尔兰联合王国的人口总数加起来是 4600 万，战争是关于他们的故事，而不仅仅是那些长眠于国外土地的 72 万人的故事。[10]

我们也需要对那些标志性的战争诗人进行重新思考。诚然，无论作为个人，还是作家，他们都非常杰出，他们运用非常迷人的复杂的，也可以说是扭曲的方式表达了他们对于现代战争的看法，他们也在探索如何用诗歌的形式把这种看法表达出来。当然这些人既不能代表普通意义上的士兵，也不能代表所有在 1914—1918 年发表诗歌的作者（其中 1/4 是女性）。他们的诗歌不应该被视为士兵们所经历的历史的描述资料，就像 60 年代出版的选集所暗示的那样。[11] 大多数的英国兵对于他们的男子气概、性欲甚至是遭受到的痛苦并没有那么高度敏感。大多数的诗歌都在公开宣扬爱国心，激励志愿兵们在 1914—1915 年去登记，甚至在 1918 年春天面临的巨大危机之中保持高昂的斗志。更为奇怪的是，更多的文字用来描述那些战争诗人，而不是关注大战期间那些为协约国而战的 400 万非白人的军队。[12]

这也提醒我们，我们的视线应该在地理范围内更加拓宽。矗立在贝尔格莱德的一个小山上的南斯拉夫无名英雄纪念碑，涵盖的时间段是 1912—1918 年。在他们的观念中，1914 年的战争是继 1912 年和 1913 年两次巴尔干战争之后的第三次巴尔干战争，这种观点在长达 40 年的时间里一直是西方历史学家的争论点。但是英国关于这场大战的观念主要是由西线塑造的，根植于这个国家与德国和法国之间的复杂关系——这种心理状态在 21 世纪仍然主导着英国与欧洲关系的争论。理解导致这场战争的巴尔干根源非常重要，这不仅仅是为了更好地理解 1914 年发生的事件，而且更能够了解战争对东欧和东南欧的持续影响：从 1914 年的萨拉热窝到 1994 年的萨拉热窝，从布尔什维克革命到苏联的解体。尽管在西线协约国取得了战争的胜利，但 1917—1918 年，德国击败俄国导致了 20 世纪其余时段东欧的混乱状态。当然，尽管最近看到了德国和俄国的调查研究，但是西方对于东线的了解仍然是比较少的。即使在德国，这也是"被遗忘的前线"，正如1931年丘吉尔把他的一卷回忆录定名为《未知的战争》那样。[13]

丘吉尔六卷本的战争回忆录被命名为《世界危机》，这也提醒我们的视野应该超越欧洲的范围。一战虽然不像1939—1945年的战争那样在全世界范围内展开，但其影响的确是全球性的。这场战争使英帝国内部的关系发生了转型，它重塑了中东地区特别是巴勒斯坦和伊拉克，改变了非洲和东亚的均势状态。所有这些全球性的主题都需要进行更多的研究和关注。在亚洲，日本是主要的受益者，在战争的头几个月，就得到了德国在中国的前殖民地，而且不顾中国的愤怒，在巴黎和会上紧紧抓住这些权益不放。1919年，由于《凡尔赛条约》的原因，中国的民族主义在民众中彻底爆发出来（五四运动），这在20世纪的中国成为一场持久的并且可塑性极强的记忆，在最近则被政府视为中国民族主义的一次洗礼。把1919年5月4日对中国的意义，看作是类似1916年7月1日对于英国的意义，这并不夸张。当然，虽然对于今天的理解而言，中国是非常重要的，但在英国为中心的叙事模式中，中国在大战中扮演的角色很少被注意到。[14]

交流技术的变迁也影响到对于历史的领悟。对于大战50周年的纪念与电视的全盛期是同时来临的，正如我们已经看到的一样，电视系列片在60年代中期的英国和爱尔兰具有特殊的意义。当今，我们已经处于网络时代。以前，数据的来源只能依靠个人查阅档案，比如英联邦战争坟墓委员会所列举的死于大战中的士兵名单，以及英国国家档案馆服役士兵的记录，这些只能通过个人亲自去查阅，现在则可以通过关键词在网上搜索查阅。从伦敦到堪培拉，官方战争博物馆都建立了非常详尽的教育网站。私人的媒体提供关于一战战役和前线的多媒体叙事模式，大多数的战争诗人都有自己的协会网站。还有更多的非正式博客和留言板都提供了更便捷的分享信息和观点的方式。然而，这种技术革命的影响很难评估，互联网是潜在的没有国界的信息宝库，它会鼓励人们超越国家的文化记忆疆界，获得一种关于冲突的更为广泛的感觉吗？还是在这样一个数据的时代，会使英国传统的战争纪念更加深化，使得年轻的新一代更容易卷入士兵们的个人悲剧里面呢？[15]

毫无疑问，死亡是一个最基本的问题，一个国家在1914—1918年的大规模伤亡，与20世纪欧洲其他的战役和大屠杀相比有其特殊性。就像惠灵顿谈到滑铁卢战役时所表述的那样，战争是一场艰苦的鏖战，成年男子们做着苦力一样的工作，并且被撕成碎片。索姆河战役的第一天就是欧洲大陆20世纪前半段中可怕经历的一隅，这种恐怖由于这些人主动地选择死亡而更甚。当然，随着战争的参与者逐渐离世，大多数人对战争的记忆都逐渐消退了。按照历史学家乔治·麦考利·特里维廉的说法，一战能够持续下去主要在于人类对于历史的不断呈现，从而帮助逝者就像我们"一样真实地"永存下去。

例如，士兵们的信件，仍然可以在家族的阁楼里找到，也可以大批量地保留在档案馆里。一战是英国历史上第一次真正意义上的文化战争，当时普通的士兵们已经在学校里学会了写作，他们写给家里的信函，无论文笔生动也好，还是平平淡淡也好，都栩栩如生地表达了他们的希望和恐怖，他们的无聊和军队之间的战友情谊。还有已经泛黄的老照片，照片中的人物通常表情僵硬，看起来就像装模作样的肖像。这样，妻子和孩子们才能记住那些远去征战的男人，它帮助士兵们架起了前线和家里之间的桥梁，艾夫·格尼在他1917年的诗作《照片》中抓住了其中的某些含义：

尽管仅仅是一幅照片，

一张常见的便宜的服役照片……

无论在陆地上，还是海洋上，它都让人极度兴奋，

那不是突然在齐射式攻击下坠落的恐惧，

能够被彻底清除的，不仅仅是泥浆，也不是那种死气沉沉的局面。[16]

照片拍摄是为了让一个家庭更为亲近。一个世纪之后，它们发挥了完全不同的影响，现在则是为了给那些死亡的人留下图像，这些面孔，这些摄影作品今天则被赋予了美国作家苏珊·桑塔格所说的"死后的讽刺"的含义。[17]

信件、照片和石头都是非常重要的。在纪念光谱的另一端，是众多的国家纪念项目，这就是现在众所周知的由费边·韦尔指导，并且由鲁琴斯和吉卜林美化的英联邦战争墓地委员会。委员会同样也体现出历史就是现实的特征，只不过规模更大，把战争对个体造成的遗憾与国家的战争史诗般的景象有机地结合在了一起。这种统一的纪念模式在 1919—1920 年受到了猛烈的批评，特别是那些统一建立的石头纪念碑，但现在却赋予了这些场地别具一格的庄严肃穆。没有这些精心设计的坟墓，法国和比利时的边境只会变成"乱坟岗"。在艾萨克·罗森伯格最有影响力的诗歌之中，有一篇的名称就是《乱葬岗》（就像在滑铁卢战役之后），同样是大量的随机地埋葬，而且很快就被遗忘了。在沿着西线建设的花园般的墓地里面，在伊普尔和蒂耶普瓦尔所设立的纪念失踪者的石碑上，为了悼念的永恒性，死者是用宗教方式加以命名的。同样的状况还发生在英国城镇和乡村中的地方战争纪念碑。即使到了今日，这些没有名字的人名发挥了他们对于活人的影响，调动着我们的想象力，让这些男人从阴影中走出来。

也许在一战百年纪念日的时候，英国应该开阔视野，超越西线本身，把大战置于更宏大的画面之中。毕竟，1914—1918 年的英国兵现在对我们而言太过遥远，就像惠灵顿 1815 年的军人对于大战中的英国兵一样。也许，这些石头本身就是对一战阴影的挑战。也许，这些纪念性的景观还会继续发挥其迷人的影响，这正是那些伟大的设计者努力想要达成的目标，这是由敬畏、恐怖、罪恶甚至是扭曲联合造成的，导致他们着手进行独一无二的、民族的和民主的纪念仪式。引用 20 年代丘吉尔的一些比较著名的语句来说，相对于其他的政治家，他更多地关注于英国的 20 世纪：

即使是在未来，遥远如当今时代之于都铎王朝，也没有理由认为在法国的墓园失去其永久的、伟大的纪念意义……我们知道人为的安排的易变性，但即使我们的语言、我们的制度、我们的帝国都已经从人们的记忆之中逐渐淡化了，但是，这些大石头将使一个伟大的国家在遥远的过去所追求的目标得以永存，而且无疑会创造出奇迹，以及对未来时代的崇敬和向往。[18]

注 释

序 言

1　Draft preface in Jon Stallworthy, ed. , *Wilfred Owen*: *The Complete Poems and Fragments* (2 vols, London, 1983), 2:535.

2　Jay Winter, *Sites of Memory*, *Sites of Mourning*: *The Great War in European Cultural History* (Cambridge, 1995); Annette Becker, *War and Faith*: *The Religious Imagination in France*, *1914 – 1930* (Oxford, 1998); Stefan Goebel, *The Great War and Medieval Memory*: *War*, *Remembrance and Medievalism in Britain and Germany*, *1914 – 1940* (Cambridge, 2007).

3　George Creel, *The War*, *the World*, *and Wilson* (New York, 1920), p. 1.

4　Cf. Stéphane Audoin—Rouzeau and Annette Becker, *1914 – 18*: *Understanding the Great War* (London, 2002), p. 225, and Richard Overy, *The Morbid Age*: *Britain Between the Wars* (London, 2009), p. xiii. For a broader approach to the various historiographies of the war see Jay Winter and Antoine Prost, *The Great War in History*: *Debates and Controversies*, *1914 to the Present* (Cambridge, 2005).

5　Niall Ferguson, *The War of the World*: *History's Age of Hatred* (London, 2006).

6　For suggestive international comparisons see the essays in Stéphane Audoin – Rouzeau and Christophe Prochasson, eds, *Sortir de la Grande Guerre*: *Le Monde et L'Après – 1918* (Paris, 2008), and in 'Aftershocks: Violence in Dissolving Empires after the First World War', *Contemporary European History*, 19/3 (2010), pp. 183 – 284. For the new Irish interest see John Horne, ed. , *Our War*: *Ireland and the Great War* (Dublin, 2008).

7　As emphasized by Hew Strachan, *The First World War*, *vol. I*, *To Arms* (Oxford, 2001) and Daniel Marc Segesser, *Der Erste Weltkrieg*: *in globaler Perspektive* (Wiesbaden, 2012) and in many of the essays in Hugh Cecil and Peter Liddle, eds, *Facing Armageddon*: *The First World War Experience* (London, 1996).

8　Figures from J. M. Winter, *The Great War and the British People* (London, 1985), p. 75.

9   Building on my essay 'The Origins of the Two "World Wars": Historical Discourse and International Politics', *JCH*, 38 (2003), pp. 29 – 44. I have also benefited from two insightful analyses of the British experience by Dan Todman, *The Great War: Myth and Memory* (London, 2005), and Adrian Gregory, *The Last Great War: British Society and the First World War* (Cambridge, 2008).

10   I have adapted the framework in the superb analytical overview by David Stevenson, *1914 – 1918: The History of the First World War* (London, 2004). Other major recent studies in English include Hew Strachan, *The First World War: A New Illustrated History* (London, 2003) and Ian F. W. Beckett, *The Great War* (2nd edn. , London, 2007).

11   Stéphane Audoin – Rousseau and Jean – Jacques Becker, eds, *Encyclopédie de la Grande Guerre, 1914 – 1918* (Paris, 2004), p. 245. The French death toll during the four days 20 – 23 August 1914 was 40,000.

12   Hein E. Goemans, *War and Punishment: The Causes of War Termination and the First World War* (Princeton, 2000), p. 85.

13   For the debate about casualty figures see William Philpott, *Bloody Victory: The Sacrifice on the Somme* (London, 2009), pp. 600 – 3.

14   Lansdowne, memorandum, 13 Nov. 1916, War Cabinet papers, CAB 37/159, doc. 32 (TNA).

15   Gary Sheffield, *Forgotten Victory. The First World War: Myths and Realities* (London, 2001); see also Brian Bond, *The Unquiet Western Front: Britain's Role in Literature and History* (Cambridge, 2002).

16   Josef Redlich, in Holger H. Herwig, *The First World War: Germany and Austria – Hungary, 1914 – 18* (London, 1997), p. 439.

第一章

1   'Empire's Honour', *Times*, 21 Sept. 1914, p. 12; Arthur S. Link, et al. , eds, *The Papers of Woodrow Wilson* (69 vols, Princeton, 1966 – 94), 46:323.

2   'President to Occupy Murat Home in Paris', *New York Times*, 25 Nov. 1918; Edith Wilson, *Memoirs of Mrs Woodrow Wilson* (London, 1939), pp. 268 – 9.

3   Mark Mazower, *Dark Continent: Europe's Twentieth Century* (London, 1998), pp. 1 – 2.

4   On the theme of brutalization see three recent sets of essays 'Violence and Society in Europe after the First World War', *Journal of Modern European History*, 1 (2003), pp.

11 – 149; 'Aftershocks: Violence in Dissolving Empires after the First World War', *Contemporary European History*, 19/3 supplement (2010), pp. 183 – 284; and Robert Gerwarth and John Horne, eds, *War in Peace: Paramilitary Violence in Europe after the Great War* (Oxford, 2012).

5 See, for instance, Eric Hobsbawm, *Nations and Nationalism since* 1780: *Programmes, Myth, Reality* (Cambridge, 1990); Anthony D. Smith, *Nationalism and Modernism: A Critical Survey of Recent Theories of Nations and Nationalism* (London, 1998); Paul Lawrence, *Nationalism: History and Theory* (London, 2005).

6 Jörn Leonhard, 'Nation – States and Wars', in Timothy Baycroft and Mark Hewitson, eds, *What is a Nation? Europe* 1789 – 1914 (Oxford, 2006), p. 235.

7 'Am Amfang war Napoleon. ' Thomas Nipperdey, *Deutsche Geschichte*, *1800 – 1866: Bürgerwelt und starker Staat* (München, 1983), p. 1.

8 The essays in Baycroft and Hewitson, eds, *What is a Nation?* constitute a sustained attack on the civic – ethnic schema; see esp. chs 4 and 8.

9 Miroslav Hroch, *Social Preconditions of National Revival in Europe*, transl. Ben Fowkes (Cambridge, 1985), esp. pp. 22 – 4.

10 Jean – Paul Bled, *Franz Joseph*, transl. Teresa Bridgeman (Oxford, 1992), p. 152. For a succinct analysis of the Habsburg predicament see Dominic Lieven, *Empire: The Russian Empire and Its Rivals from the Sixteenth Century to the Present* (London, 2002), ch. 5; a revealing case study is provided by Mark Cornwall, 'The Struggle on the Czech – German Language Border, 1880 – 1940', *EHR*, 109 (1994), pp. 914 – 51.

11 On the Serbian mythscape see Christopher Clark, *The Sleepwalkers: How Europe Went to War in* 1914 (London, 2012), pp. 20 – 7.

12 See Béla K. Király &. Nándor F. Dreisiger, eds, *East Central European Society in World War I* (Boulder, 1985), esp. pp. 305 – 6, 358, and more generally Jonathan E. Gumz, *The Resurrection and Collapse of Empire in Habsburg Serbia*, *1914 – 1918* (Cambridge, 2009).

13 Peter Gatrell, *Russia's First World War: A Social and Economic History* (London, 2005), pp. 3, 21 – 2, 188 – 90. For a good general discussion see Ronald Grigor Suny, 'The Empire Strikes Out: Imperial Russia, "National Identity", and the Theories of Empire', in Suny and Terry Martin, eds, *A State of Nations: Empire and Nation – making in the Age of Lenin and Stalin* (Oxford, 2001), pp. 23 – 66.

14 Quotations from *Gatrell, Russia's First World War*, p. 64, and Orlando Figes, *A People's Tragedy: The Russian Revolution 1891 – 1924* (London, 1996), pp. 75 – 6.

15   Mark von Hagen, 'The Great War and the Mobilization of Ethnicity in the Russian Empire', in Barnett R. Rubin and Jack L. Snyder, eds, *Post-Soviet Political Order: Conflict and State Building* (London, 1998), pp. 34–57; Nancy M. Wingfield, 'The Battle of Zborov and the Politics of Commemoration in Czechoslovakia', *East European Politics and Societies*, 17 (2003), pp. 654–81.

16   *FRUS 1918: The World War* (2 vols, Washington D. C., 1933), 1:15–16, points 10 and 13; Erez Manela, *The Wilsonian Moment: Self-Determination and the International Origins of Anticolonial Nationalism* (New York, 2007), pp. 37–43.

17   Zbyněk Zeman, *The Masaryks: The Making of Czechoslovakia* (London, 1976), chs 1–3, quoting p. 115; Victor S. Mametey, *The United States and East Central Europe, 1914–1918: A Study in Wilsonian Diplomacy and Propaganda* (Princeton, 1957), pp. 342–3.

18   See Ian Bremner and Ray Taras, eds. , *New States, New Politics: Building the Post-Soviet Nations* (Cambridge, 1997), p. 240.

19   Viscount D'Abernon, *The Eighteenth Decisive Battle of the World: Warsaw, 1920* (London, 1931), p. 39.

20   Quoted in Mark Mazower, 'Minorities and the League of Nations in Interwar Europe', *Daedalus*, 126/2 (Spring 1997), p. 50

21   Quoted in Adam Zamoyski, *Warsaw 1920: Lenin's Failed Conquest of Europe* (London, 2008), p. 67.

22   See David Kirby, *A Concise History of Finland* (Cambridge, 2006), esp. pp. 174–81, 198–9, 216, 218, 271.

23   Theodor Schieder, 'Typologie und Erscheinungsformen des Nationalstaats in Europa', *Historische Zeitschrift*, 202/1 (Feb. 1966), pp. 58–81.

24   Robert Howard Lord, 'Poland', in Edward M. House and Charles Seymour, eds, *What Really Happened at Paris: The Story of the Peace Conference by American Delegates* (London, 1921), pp. 82–3; on the dispute see H. M. V. Temperley, ed. , *A History of the Peace Conference of Paris* (6 vols, London, 1920–4), 4:348–63.

25   Alan Sharp, *The Versailles Settlement: Peacemaking in Paris, 1919* (London, 1991), p. 127.

26   See table in M. C. Kaser and E. A. Radice, eds, *The Economic History of Eastern Europe, 1919–1975, vol. 1* (London, 1985), p. 25. For a good recent overview see Alexander V. Prusin, *The Lands Between: Conflict in the East European Borderlands, 1870–1992* (Oxford, 2010), chs 1–4.

27 Mark Cornwall '"National Reparation"? The Czech Land Reform and the Sudeten Germans 1918 – 38', *Slavonic and East European Review*, 75 (1997), p. 280.

28 Zara Steiner, *The Lights that Failed: European International History, 1919 – 1933* (Oxford, 2005), p. 84.

29 See the discussion in Glenda Sluga, *The Nation, Psychology, and International Politics, 1870 – 1919* (London, 2006), esp. chs 2 – 3.

30 Cf. John Elliott, 'A Europe of Composite Monarchies', *Past and Present*, 137 (1992), pp. 48 – 71.

31 On Ireland as a version of 'proconsular despotism', see C. A. Bayly, *Imperial Meridian: The British Empire and the World, 1780 – 1830* (London, 1989), pp. 193, 196 – 7. See more generally Alvin Jackson, *The Two Unions: Ireland, Scotland, and the Survival of the United Kingdom, 1707 – 2007* (Oxford, 2012).

32 Quotations from Linda Colley, *Britons: Forging the Nation, 1707 – 1837* (New Haven, 1992), p. 368.

33 Robert Colls, *Identity of England* (Oxford, 2002), p. 49.

34 Quoted in F. S. L. Lyons, *Culture and Anarchy in Ireland, 1890 – 1939* (Oxford, 1982), p. 42.

35 See generally Patricia Jalland, 'United Kingdom Devolution 1910 – 1914: Political Panacea or Tactical Diversion?', *EHR*, 94 (1979), pp. 757 – 85.

36 Quotations from T. M. Devine, *The Scottish Nation 1700 – 2007* (London, 2009), p. 308; House of Commons Debates, 53:481 – 2, 30 May 1913 [William Cowan].

37 Speeches by Law (27 July 1912) and Churchill (14 March 1914) in Randolph S. Churchill, *Winston S. Churchill, vol. II* (London, 1967), pp. 469 – 70, 489.

38 David Powell, *The Edwardian Crisis: Britain 1901 – 1914* (London, 1996), ch. 5, quoting p. 149. On Ulster Catholics see A. C. Hepburn, 'Irish Nationalism in Ulster, 1885 – 1921', in D. George Boyce & Alan O'Day, eds, *The Ulster Crisis, 1885 – 1921* (London, 2006), esp. pp. 105 – 11.

39 Winston S. Churchill, *The World Crisis, 1911 – 1914* (London, 1923), pp. 192 – 3.

40 A theme developed in Kenneth O. Morgan, *Consensus and Disunity: The Lloyd George Coalition Government, 1918 – 1922* (Oxford, 1986), ch. 1.

41 John Horne and Alan Kramer, *German Atrocities, 1914: A History of Denial* (New Haven, 2001), p. 419.

42 Alan Kramer, *Dynamic of Destruction: Culture and Mass Killing in the First*

World War (Oxford, 2007), ch. 1, quoting p. 13 (Louvain); Adrian Gregory, *The Last Great War: British Society and the First World War* (Cambridge, 2008), ch. 2, quoting p. 57 ('baby killers').

43 Jalland, 'United Kingdom Devolution', p. 759; Richard Toye, *Lloyd George and Churchill: Rivals for Greatness* (London, 2007), p. 22; John Grigg, *Lloyd George: From Peace to War, 1912–1916* (London, 1997), p. 144.

44 Grigg, *Lloyd George*, pp. 162, 164–6; *Times*, 21 Sept. 1914, p. 12.

45 Kenneth O. Morgan, *Rebirth of a Nation: Wales, 1880–1980* (Oxford, 1982), ch. 6, quoting p. 163.

46 Trevor Royle, *The Flowers of the Forest: Scotland and the First World War* (Edinburgh, 2007), p. 195.

47 Gregory, *Last Great War*, esp. pp. 81–7, 120–1, 228.

48 Jack Brand, *The National Movement in Scotland* (London, 1978), ch. 4, quoting p. 49; see also Atsuko Ichijo, 'Civic or Ethnic? The Evolution of Britishness and Scottishness', in Helen Brocklehurst and Robert Phillips, eds, *History, Nationhood and the Question of Britain* (London, 2004), p. 119, and Catriona MacDonald and E. W. McFarland, eds, *Scotland and the Great War* (Edinburgh, 1999), chs 1–2.

49 Joseph P. Finnan, *John Redmond and Irish Unity, 1912–1918* (Syracuse, NY, 2004), pp. 86, 88–9, 141.

50 Charles Townshend, *Easter 1916: The Irish Rebellion* (London, 2005), p. 72.

51 Townshend, *Easter 1916*, pp. 90, 309.

52 Keith Jeffrey, *Ireland and the Great War* (Cambridge, 2000), p. 51.

53 A point made by Adrian Gregory and Senia Pašeta, eds, *Ireland and the Great War: 'A War to Unite Us All'*? (Manchester, 2002), p. 3

54 Thomas Hennessey, *Dividing Ireland: World War I and Partition* (London, 1998), p. 142.

55 Townshend, *Easter 1916*, pp. 310–14; Grigg, *Lloyd George, 1912–1916*, pp. 349–55.

56 J. B. Lyons, *The Enigma of Tom Kettle: Irish Patriot, Essayist, Poet, British Soldier* (Dublin, 1983), p. 293.

57 See Gregory and Pašeta, eds, *Ireland and the Great War*, ch. 6, quoting p. 119.

58 Bill Kissane, *The Politics of the Irish Civil War* (Oxford, 2005), pp. 51–2.

59 Peter Hart, *The IRA and Its Enemies: Violence and Community in Cork, 1916–1923* (Oxford, 1998), p. 82. See also Anne Dolan, 'The British Culture of Paramilitary Vi-

olence in the Irish War of Independence', in Gerwarth and Horne, eds, *War in Peace*, ch. 12.

60   A. D. Harvey, 'Who Were the Auxiliaries?' *Historical Journal*, 35 (1992), pp. 667, 669.

61   Tom Barry, *Guerilla Days in Ireland* (Dublin, 1949), p. 2; Hart, *IRA and Its Enemies*, pp. 36 – 7, 50.

62   Martin Gilbert, *Winston S. Churchill*, *vol.* 4 (London, 1975), p. 471.

63   Adrian Gregory, 'Peculiarities of the English? War, Violence and Politics: 1900 – 1939', *Journal of Modern European History*, 1 (2003), pp. 53 – 4; Colls, *Identity of England*, p. 93, note 1. For other continental comparisons see Julia Eichenberg, 'The Dark Side of Independence: Paramilitary Violence in Ireland and Poland after the First World War', *Contemporary European History*, 19 (2010), pp. 231 – 48.

64   Quotations from Roy Foster, *Modern Ireland*, *1600 – 1972* (London, 1988), pp. 506, 511; see also Kissane, *Politics of the Irish Civil War*, ch. 4; Anne Dolan, *Commemorating the Irish Civil War: History and Memory*, *1923 – 2000* (Cambridge, 2003), p. 6.

65   See J. Jorstad, 'Nations Once Again – Ireland's Civil War in European Context', in David Fitzpatrick, ed. , *Revolution? Ireland 1917 – 1923* (Dublin, 1990), pp. 159 – 73. Nigeria after 1960 and Bosnia post – 1991 are other examples.

66   Patrick Buckland, *The Factory of Grievances: Devolved Government in Northern Ireland*, *1921 – 1939* (Dublin, 1979), ch. 10; Northern Ireland Parliamentary Debates, vol. 16, col. 1095, 24 April 1934.

67   Jeffrey, *Ireland and the Great War*, p. 2.

68   J. M. Winter, *The Great War and the British People* (London, 1985), pp. 71 – 2, 75; Basil Collier, *The Defence of the United Kingdom* (London, 1957), p. 528.

69   Steven Casey, *When Soldiers Fall: How Americans Have Confronted their Combat Losses from World War I to Afghanistan* (Oxford, 2013), pp. 13 – 43.

70   Winter, *Great War*, p. 75; Robert H. Zieger, *America's Great War: World War I and the American Experience* (Lanham, Maryland, 2000), p. 108. See also Congressional Research Service, report RL32492 'American War and Military Operations Casualties: Lists and Statistics', 26 February 2010, p. 2, available at www. crs. gov.

71   David M. Kennedy, *Over Here: The First World War and American Society* (Oxford, 1980), p. 46.

72   Cf. John Breuilly, *Nationalism and the State* (2nd edn. , Chicago, 1994), p. 5.

73   Hobsbawm, *Nations and Nationalism*, p. 88.

74　See David Reynolds, *America, Empire of Liberty: A New History* (London, 2009),pp. 204 – 5.

75　'An Appeal to the American People', 18 Aug. 1914, in Wilson, *Papers*, vol. 30, pp. 393 – 4. See also John A. Thompson, *Woodrow Wilson* (London, 2002),pp. 111, 128.

76　Address to a Joint Session of Congress, 2 April 1917, in Link, et al. , eds, *Papers of Woodrow Wilson*, 41: 519 – 27.

77　Sluga, *Nation, Psychology and International Politics*, p. 35.

78　Lloyd E. Ambrosius, *Woodrow Wilson and the American Diplomatic Tradition: The Treaty Fight in Perspective* (Cambridge, 1987), pp. 11, 14.

79　Robert Lansing, *The Peace Negotiations: A Personal* Narrative (New York, 1921),p. 97; Temperley, ed. , *A History of the Peace Conference*, 4: 429.

80　Remarks to foreign correspondents, 8 April 1918, in Wilson, *Papers*, 47:288.

81　For discussion see George W. Egerton, *Great Britain and the Creation of the League of Nations: Strategy, Politics, and International Organization, 1914 – 1919* (Chapel Hill, North Cardion,1979); Peter Yearwood, '"On the Safe and Right Lines": The Lloyd George Government and the Origins of the League of Nations', *Historical Journal*, 32 (1989), pp. 131 – 55.

82　Daniel Smith, *The Great Departure: The United States and World War I, 1914 – 1920* (New York, 1965), p. 185.

第二章

1　Wilson, war message, 2 April 1917, in Arthur S. Link, et al. , eds, *The Papers of Woodrow Wilson* (69 vols, Princeton, 1966 – 94), 41: 525; speech to Junior Imperial League, 10 March 1928, in Stanley Baldwin, *This Torch of Freedom: Speeches and Addresses* (London, 1935), p. 308.

2　H. G. Wells, *The Shape of Things to Come: The Ultimate Revolution* (London, 1933), p. 96.

3　Dr Cary Grayson, diary, 27 Dec. 1918, in Wilson, *Papers*, 53:521; David Lloyd George, *The Truth About the Peace Treaties*, vol. 1 (London, 1938), pp. 180 – 1;Lloyd C. Gardner, *Safe for Democracy: The Anglo – American Response to Revolution, 1913 – 1923* (New York, 1984), pp. 2 – 3; Erez Manela, *The Wilsonian Moment: Self – Determination and the International Origins of Anticolonial Nationalism* (Oxford,2007).

4　Orlando Figes, *A People's Tragedy: The Russian Revolution, 1891 –1924* (London, 1996), respectively pp. 385, 351.

5   S. A. Smith, *Red Petrograd*: *Revolution in the Factories*, *1917 - 1918* (Cambridge, 1983), pp. 5 - 14.

6   Quoted in Richard Pipes, *The Russian Revolution 1899 - 1919* (London, 1990), p. 278. On the garrison strength see Allan K. Wildman, *The End of the Russian Imperial Army* (2 vols, Princeton, 1980 - 7), 1:123 - 4.

7   Figes, *People's Tragedy*, p. 813. Cf. Eric Hobsbawm, *Age of Extremes*: *The Short Twentieth Century*, *1914 - 1991* (London, 1994), p. 61: 'Contrary to Cold War mythology, which saw Lenin as the organizer of coups, the only real asset he and the Bolsheviks had was the ability to recognize what the masses wanted; to, as it were, lead by knowing how to follow' - a splendid piece of Marxist casuistry.

8   Chris Wrigley, ed. , *Challenges of Labour*: *Central and Western Europe*, *1917 - 1920* (London, 1993), ch. 1. See also Leopold Haimson and Giulio Sapelli, eds, *Strikes, Social Conflict and the First World War* (Milan, 1992), pp. 13 - 21, 587 - 98.

9   A point emphasized in David Stevenson, *1914 - 1918*: *The History of the First World War* (London, 2004), p. 491.

10   Thomas Mann, *Diaries 1919 - 1939*, transl. Richard and Clare Winston (London, 1983), p. 44, entry for 7 April 1919.

11   Harold Nicolson, *Peacemaking 1919* (London, 1933), p. 298, diary entry for 4 April 1919.

12   Donald Sassoon, *One Hundred Years of Socialism*: *The West European Left in the Twentieth Century* (London, 1987), pp. 36 - 41; Robert Gildea, *The Past in French History* (New Haven, 1994), pp. 52 - 3.

13   As discussed by MacGregor Knox, *To the Threshold of Power*, *1922/33*: *Origins and Dynamics of the Fascist and National Socialist Dictatorships*, *vol. 1* (Cambridge, 2007), pp. 243 - 53.

14   Mark Thompson, *The White War*: *Life and Death on the Italian Front*, *1915 - 1919* (London, 2008), p. 44.

15   Knox, *To the Threshold of Power*, p. 222.

16   Philip Morgan, *Italian Fascism*, *1919 - 1945* (London, 1995), p. 51.

17   'Sie sollen die Suppe jetzt essen, die sie uns eingebrockt haben!' Albrecht von Thaer, *Generalstabsdienst an der Front und in der O. H. L.* : *Aus Briefen und Tagebuchaufzeichnungen 1919 - 1919*, ed. Siegfried A. Kaehler (Göttingen, 1956), pp. 234 - 5, entry for 1 Oct. 1918.

18　Wilhelm Deist et al. , *Germany and the Second World War*, *vol* 1 (Oxford, 2000),pp. 27 [Stahlhelm], 375 – 6, 555 – 9; C. J. Elliott, 'The Kriegsvereine and the Weimar Republic', JCH, 10 (1975), esp. pp. 118 –19.

19　Quotations from Jeremy Noakes and Geoffrey Pridham, eds, *Nazism*,*1919 – 1945* (4 vols, Exeter, 1983 – 98), 1:121, and Richard J. Evans, *The Coming of the Third Reich* (London, 2003), p. 307.

20　See generally Steven A. Aschheim, *The Nietzsche Legacy in Germany*,*1890 –1990* (Berkeley, 1992).

21　Quotations from *The Will to Power* (1899 – 1902), para. 128, and Walter Kaufmann, *Nietzsche: Philosopher, Psychologist, Antichrist* (New York, 1956),p. 268. Kaufmann was trying to rescue Nietzsche from the Nazis by giving him an excessively aesthetic, a-political reading. Cf. Ruth Abbey &. Fredrick Appel,'Nietzsche and the Will to Politics', *Review of Politics*, 60 (1998), pp. 83 – 114.

22　Denis Mack Smith, *Mussolini* (London, 1983), esp. pp. 15, 118, 142 – 4, 193 – 4;Peter Morgan, 'The Cult of the Duce in Mussolini's Italy', *JCH*, 11 (1976),pp. 221 – 37.

23　Ian Kershaw, *The 'Hitler Myth': Image and Reality in the Third Reich* (Oxford, 1989), chs 1 – 2, quoting pp. 21 – 2, 69 – 70.

24　Aschheim, *Nietzsche Legacy*, pp. 160 – 1, 239; Jacob Golomb and Robert S. Wistrich, eds. , *Nietzsche: Godfather of Fascism? On the Uses and Abuses of a Philosophy* (Princeton, 2002), esp. pp. 1 – 16. The nazification of Nietzsche meant, among other things, suppressing all reference to his cultural francophilia,advocacy of racial mixing and opposition to anti – Semitism.

25　Recent interpretations in English include Roger Griffin, *The Nature of Fascism* (London, 1991), Stanley G. Payne, *A History of Fascism, 1914 –1945* (London,1997), and Robert O. Paxton, *The Anatomy of Fascism* (London, 2004).

26　Payne, *History of Fascism*, esp. pp. 129, 141, 312, 324.

27　Cf. Zara Steiner, *The Lights that Failed: European International History, 1919 – 1933*(Cambridge, 2005), appendix B, pp. 828 – 9.

28　Philippe Bernard and Henri Dubief, *The Decline of the Third Republic, 1914 – 1958* (Cambridge, 1985), p. 290.

29　Anthony Adamthwaite, *Grandeur and Misery: France's Bid for Power in Europe*,*1914 –1940* (London, 1995), p. 172.

30　Raymond Carr, *Modern Spain, 1875 –1980* (Oxford, 1980), p. 96.

31   Payne, *History of Fascism*, p. 264.

32   Ronald Fraser, *Blood of Spain: The Experience of Civil War, 1936 –1939* (London, 1981), p. 322. On the neglected revolutionary side of Republicanism, see George Esenwein and Adrian Shubert, *Spain at War: The Spanish Civil War in Context, 1931 – 1939* (London, 1995), ch. 7.

33   Charles Tilly, 'Conclusions', in Haimson and Sapelli, eds, *Strikes*, p. 591.

34   John Turner, *British Politics and the Great War: Coalition and Conflict, 1915 – 1918* (New Haven, 1992), p. 1.

35   Adrian Gregory, *The Last Great War: British Society and the First World War* (Cambridge, 2008), p. 205; David Lloyd George, *War Memoirs* (6 vols, London, 1933 – 8), 5:2614 – 15.

36   Gregory, *Last Great War*, pp. 241 – 8.

37   Harold Nicolson, *King George V: His Life and Reign* (London, 1952), pp. 307 – 10, quoting p. 308 ['alien']; Kenneth Rose, *King George V* (London, 1983), pp. 170 – 5, 208 – 18; John W. Wheeler – Bennett, *King George VI: His Life and Reign* (London, 1958), pp. 159 – 60 [Esher].

38   Martin Pugh, *Electoral Reform in War and Peace, 1906 – 1918* (London, 1978), pp. 87 (Bryce), 173 – 4; Ross McKibbin, *The Evolution of the Labour Party, 1910 – 1924* (Oxford, 1974), p. 111.

39   Richard Holmes, *Tommy: The British Soldier on the Western Front, 1914 – 1918* (London, 2004), p. 89; Nigel Keohane, *The Party of Patriotism: The Conservative Party and the First World War* (London, 2010), p. 41 [Selborne, May 1915]; HC *Debs*, 84: 1049 and 85:1460, 19 July and 14 Aug. 1916 [Carson].

40   Alexandra Woollacott, *On Her Their Lives Depend: Munitions Workers in the Great War* (Berkeley, 1994), esp. pp. 7, 24 [Lawrence], 31, 81, 189; HC *Debs*, 5s. 92: 469 – 70, 28 March 1917 [Asquith].

41   Nicoletta F. Gullace, *'The Blood of Our Sons': Men, Women, and the Renegotiation of British Citizenship during the Great War* (New York, 2002), ch. 8, quoting pp. 191 – 2; Peter Clarke, *Hope and Glory: Britain 1900 – 2000* (London, 2004), p. 98 ['housewife suffrage']. Strictly, the 1918 Act conceded the vote to women over 30 who were either local – government electors or the wives of localgovernment electors: this was effectively a householder franchise.

42   Chris Wrigley, *Lloyd George and the Challenge of Labour: The Post – War Coalition, 1918 – 1922* (London, 1990), quoting pp. 27 – 8, 160, 299.

43 Wrigley, ed. , *Challenges of Labour*, p. 270; James E. Cronin, 'Industry, Locality and the State: Patterns of Mobilization in the Postwar Strike Wave in Britain', in Haimson and Sapelli, eds, *Strikes*, pp. 93 ['more workers'] and 100.

44 Points emphasized by Gregory, *Last Great War*, pp. 205 – 7, 294; cf. Niall Ferguson, *The Pity of War* (London, 1998), p. 275.

45 Wrigley, *Lloyd George*, pp. 80 – 2, 91 [quotation], 249.

46 See Ross McKibbin's essay 'Why was there no Marxism in Great Britain', in McKibbin, *The Ideologies of Class: Social Relations in Britain, 1880 – 1950* (Oxford,1990), ch. 1. Stefan Berger, *The British Labour Party and the German Social Democrats, 1900 – 1931* (Oxford, 1994) has blurred some of the detail but not the overall contrast.

47 Trevor Royle, *The Flowers of the Forest: Scotland and the First World War* (Edinburgh, 2006), pp. 187 – 8, 308; see also the insightful essay by John Foster, 'Working Class Mobilization on the Clyde, 1917 – 1920', in Wrigley, ed. , *Challenges of Labour*, pp. 147 – 75.

48 J. M. Winter, 'Arthur Henderson, The Russian Revolution, and the Reconstruction of the Labour Party', *HJ*, 15 (1972), pp. 770 – 2; Kenneth O. Morgan, *Consensus and Disunity: The Lloyd George Coalition Government, 1918 – 1922* (Oxford, 1979), p. 78 [Hodge]; J. R. Clynes, *Memoirs* (2 vols,London, 1937), 2:19.

49 On the PR issues see Pugh, *Electoral Reform*, esp. ch. 11.

50 Duncan Tanner, 'Class Voting and Radical Politics: The Liberal and Labour Parties, 1910 – 1931' in Jon Lawrence and Miles Taylor, eds, *Party, State and Society: Electoral Behaviour in Britain since 1830* (London, 1997), pp. 106 – 30.

51 Nicolson, *King George V*, p. 384.

52 David Marquand, *Ramsay MacDonald* (London, 1977), p. 297; Nicolson, *King George V*, pp. 385 – 6; Maurice Cowling, *The Impact of Labour, 1920 – 1924 : The Beginning of Modern British Politics* (Cambridge, 1971), p. 359.

53 Wrigley, *Lloyd George*, pp. 301 [Riddell]; Martin Pugh, 'The Rise of Labour and the Political Culture of Conservatism, 1890 – 1945', *History*, 87 (2002), esp. pp. 523 – 4.

54 Marquand, *MacDonald*, pp. 90, 458 – 9, 793 – 4.

55 John Ramsden, *The Age of Balfour and Baldwin 1902 – 1940* (London, 1978), pp. 122 – 3 [including quote]; McKibbin, *Ideologies of Class*, pp. 259 – 60.

56 Philip Williamson, *Stanley Baldwin: Conservative Leadership and National Values* (Cambridge, 1999), p. 146; Keith Middlemas and John Barnes, *Baldwin: A Biography* (London, 1969), pp. 502 – 3.

57　Williamson, *Baldwin*, p. 241; Middlemas and Barnes, *Baldwin*, pp. 412, 448 – 53.

58　Williamson, *Baldwin*, pp. 181 – 2. See also David Jarvis, 'British Conservatism and Class Politics in the 1920s', *EHR*, 111 (1996), pp. 59 –84.

59　The only continental parallel was Belgium – another country that industrialized early and feared proletarian unrest. Denmark and Sweden had similar proportions of owner – occupancy, but this was largely in rural areas. Colin G. Pooley, ed. , *Housing Strategies in Europe*, *1880 –1930* (Leicester, 1992), esp. pp. 73 – 104, 127 – 8, 217, 330; see also M. J. Daunton, 'Housing', in F. M. L. Thompson, ed. , *The Cambridge Social History of Britain*, *vol. 2* (Cambridge, 1990), ch. 4, esp. pp. 231 – 47. The phrase 'silent revolution' comes from Martin Boddy, *The Building Societies* (London, 1980), p. 12.

60　Mark Swenarton and Sandra Taylor, 'The Scale and Nature of the Growth of Owner – Occupation in Britain between the Wars', *EcHR 38* (1985), esp. pp. 391 – 2; McKibbin, *Ideologies of Class*, pp. 297 – 9.

61　David Jarvis, 'The Conservative Party and the Politics of Gender, 1900 – 1939', in Martin Francis and Ina Zweiniger – Bargielowska, eds, *The Conservatives and British Society*, *1880 –1930* (Cardiff, 1996), pp. 172 – 93, quoting p. 175 [J. H. Bottomley advice to canvassers in 1912]; Williamson, *Baldwin*, pp. 240 – 1; Adrian Bingham, '"Stop the Flapper Vote Folly": Lord Rothermere, the *Daily Mail*, and the Equalization of the Franchise, 1927 – 28', *Twentieth Century British History*, 13 (2002), pp. 17 – 27, quoting pp. 19 – 20, 25.

62　Helen L. Boak, '"Our Last Hope": Women's Votes for Hitler – A Reappraisal', *German Studies Review*, 12 (1989), pp. 289 – 310, quoting p. 304.

63　Rose, *King George V*, pp. 376 – 7; Marquand, *MacDonald*, p. 636. Philip Williamson, though playing down the King's role, credits him with influencing Baldwin: see *National Crisis and National Government*: *British Politics*, *the Economy and Empire*, *1926 – 1932* (Cambridge, 1992), pp. 341 – 2.

64　Williamson, *National Crisis*, quoting pp. 427, 455.

65　A pointed noted by Martin Pugh, *We Danced All Night*: *A Social History of Britain Between the Wars* (London, 2009), p. xi.

66　Thomas Jones, *A Diary with Letters*, *1931 – 1950* (London, 1954), 28 Oct. 1931, p. 20.

67　Richard Lamb, *Mussolini and the British* (London, 1997), p. 67.

68　Martin Pugh, '*Hurrah for the Blackshirts*': *Fascists and Fascism in Britain be-*

tween the Wars (London, 2006), p. 112; Robert Skidelsky, *Oswald Mosley* (London, 1990), 285 [Mussolini]. See also Simon Ball, 'Mosley and the Tories in 1930: the Problem of Generations', *Contemporary British History*, 23 (2009), pp. 445 – 59.

69 Quoted in Tom Jeffrey and Keith McClelland, '"A World Fit to Live In": the *Daily Mail* and the Middle Classes, 1918 – 39', in James Curran, et al, eds, *Impacts and Influences: Essays on Media Power in the Twentieth Century* (London, 1987), p. 49.

70 Pugh, '*Hurrah for the Blackshirts*', pp. 196 – 7, 315 – 16.

71 David S. Thatcher, *Nietzsche in England, 1890 – 1914: The Growth of a Reputation* (Toronto, 1970), ch. 7, quoting p. 197; Richard Toye, *Lloyd George and Churchill: Rivals for Greatness* (London, 2007), p. 236; Middlemas and Barnes, *Baldwin*, p. 123.

72 David Carlton, *Churchill and the Soviet Union* (Manchester, 2000), pp. 15, 18, 20, 32, 37; Middlemas and Barnes, *Baldwin*, p. 411.

73 Roland Quinault, 'Churchill and Democracy', in David Cannadine and Roland Quinault, eds, *Winston Churchill in the Twenty – First Century* (Cambridge, 2004), pp. 33, 36, 38; Carlton, *Churchill and the Soviet Union*, pp. 51, 57.

74 Middlemas and Barnes, *Baldwin*, p. 712.

75 Martin Gilbert, *Winston S. Churchill*, vol. 5 (London, 1976), pp. 687, 741.

76 Charles F. G. Masterman, *England after the War, A Study* (London, 1922), p. 32; David Cannadine, *The Decline and Fall of the British Aristocracy* (New Haven, 1990), pp. 81 – 3, 96 – 7.

77 Phillip Hall, *Royal Fortune: Tax, Money and Monarchy* (London, 1992), chs 2 – 5.

78 Harold Nicolson, *Diaries and Letters, 1945 – 1962* (London, 1968), p. 174; Wheeler – Bennett, *King George VI*, p. 160.

79 John M. Regan, *The Irish Counter – Revolution, 1921 – 1936: Treatyite Politics and Settlement in Independent Ireland* (Dublin, 1999), p. 374.

80 Anthony J. Jordan, *W. T. Cosgrave, 1880 – 1965: Founder of Modern Ireland* (Dublin, 2006), p. 73.

81 Tim Pat Coogan, *De Valera: Long Fellow, Long Shadow* (London, 1995), pp. 404 – 5.

82 *New York Times*, 19 Aug. 1928, p. 32; Richard Dunphy, *The Making of Fianna Fáil Power in Ireland, 1923 – 1948* (Oxford, 1995), p. 143; Conor Cruise O'Brien, *States of Ireland* (London, 1972), p. 118; Coogan, *De Valera*, p. 426.

83 Dunphy, *Making of Fianna Fáil Power*, p. 150.

84 Coogan, *De Valera*, esp. pp. 3, 36, 495 – 6; John Bowman, *De Valera and the I-rish Question, 1917 –1973* (Oxford, 1982), p. 128 [MacDermot].

85 Ferghal McGarry, *Eoin O'Duffy: A Self – Made Hero* (Oxford, 2005), pp. 200, 275; Mike Cronin, *The Blueshirts and Irish Politics* (Dublin, 1997), pp. 115 – 16,135 – 61.

86 McGarry, *O'Duffy*, pp. 268 – 9; Regan, *Irish Counter –Revolution*, pp. 382 – 3.

87 Speech of 22 Nov. 1895, reprinted in Eugene V. Debs, *Debs: His Life, Writings, and Speeches* (Chicago, 1908), pp. 327 – 44.

88 Harold C. Livesay, *Samuel Gompers and Organized Labor in America* (Boston, 1978), p. 112; Robert H. Zieger, *America's Great War: World War I and the American Experience* (Lanham, Maryland, 2000), p. 122.

89 Werner Sombart, *Why Is There No Socialism in the United States?* [1906], transl. Patricia M. Hocking and C. T. Husbands (London, 1976), pp. 105 – 6; also Jerome Karabel, 'The Failure of American Socialism Reconsidered', *The Socialist Register*, 16 (1979), pp. 204 – 27.

90 Maldwyn Allen Jones, *American Immigration* (Chicago, 1960), pp. 177 – 9; Jacob A. Riis, *How the Other Half Lives: Studies Among the Tenements of New York* [1901] (New York, 1971), p. 19.

91 David M. Kennedy, *Over Here: The First World War and American Society* (New York, 1980), pp. 270 – 9, 287 – 92.

92 Colby note, published 11 Aug. 1920, in Arthur Link et al. , eds, *The Papers of Woodrow Wilson*, vol. 66 (Princeton, 1992), p. 23. Roosevelt told the map story to Stalin at Yalta in 1945 – see US Department of State, *Foreign Relations of the United States: The Conferences at Malta and Yalta 1945* (Washington, DC, 1955), p. 921.

第三章

1 Keith Jeffery, *The British Army and the Crisis of Empire, 1918 –1922* (Manchester, 1984), p. 1; W. E. Burghardt Du Bois, *The Souls of Black Folk: Essays and Sketchers* (New York, 1961 edn.), p. 23.

2 Erez Manela, *The Wilsonian Moment: Self – Determination and the International Origins of Anticolonial Nationalism* (Oxford, 2007), p. 221.

3 John Darwin, *The Empire Project: The Rise and Fall of the British World – System, 1830 –1970* (Cambridge, 2009), p. 308.

4 See Catherine Hall and Sonya Rose, eds, *At Home with the Empire: Metropolitan Culture and the Imperial World* (Cambridge, 2006), esp. pp. 2 – 3, 20.

5 P. J. Cain and A. G. Hopkins, *British Imperialism: Crisis and Deconstruction* (London, 1993), p. 3.

6 Christopher M. Andrew and A. S. Kanya – Forstner, *France Overseas: The Great War and the Climax of French Imperial Expansion* (London, 1981), pp. 14 – 15.

7 Robert Holland, 'The British Empire and the Great War, 1914 – 1918', in Judith M. Brown and Wm. Roger Louis, eds, *The Oxford History of the British Empire*, vol. 4 (Oxford, 1999), esp. pp. 114 [War Office] and 136 [1918 deployments]. For troop statistics (notoriously problematic) see also Gregory W. Martin, 'Financial and Manpower Aspects of the Dominions' and India's Contribution to the British War Effort, 1914 – 1919' (Cambridge University PhD, 1987), p. 360 and appendices.

8 Hew Strachan, *The First World War*, vol. I (Oxford, 2001), p. 455.

9 I. H. Nish, 'Japan and China, 1914 – 1916', in F. H. Hinsley, ed., *British Foreign Policy under Sir Edward Grey* (Cambridge, 1977), p. 459.

10 For a full discussion see Strachan, *First World War*, vol. I, ch. 7.

11 Justin McCarthy, *The Ottoman Peoples and the End of Empire* (London, 2001), p. 3.

12 As emphasized by e. g. Nadine Méouchy and Peter Sluglett, eds, *The British and French Mandates in Comparative Perspective* (Leiden, 2004), p. 6, and D. K. Fieldhouse, *Western Imperialism in the Middle East, 1914 – 1958* (Oxford, 2006), pp. 3 – 20.

13 M. Sükrü Hanioğlu, *A Brief History of the Late Ottoman Empire* (Princeton, 2006), pp. 187 – 8.

14 Hanioğlu, *A Brief History of the Late Ottoman Empire*, pp. 180 –1.

15 Eitan Bar – Yosef, 'The Last Crusade? British Propaganda and the Palestine Campaign, 1917 – 18', *JCH*, 36 (2001), pp. 87 – 109, quoting Lloyd George on p. 105.

16 John Darwin, *Britain, Egypt and the Middle East: Imperial Policy in the Aftermath of War, 1918 – 1922* (London, 1981), p. 149.

17 David Gilmour, *Curzon* (London, 1994), p. 30 [Asquith]; David Dilks, *Curzon in India* (2 vols, London, 1969 – 70), 1:113; Darwin, *Britain, Egypt and the Middle East*, pp. 153, 160.

18 Andrew and Kanya – Forstner, *France Overseas*, pp. 172, 194, 197 –8.

19 Manela, *Wilsonian Moment*, pp. 55, 65 – 6.

20 Manela, *Wilsonian Moment*, esp. pp. 60 – 1, 145 – 7, 166, 183, and N. Gordon

Levin, Jr. , *Woodrow Wilson and World Politics*: *America's Response to War and Revolution* (Oxford, 1973), p. 243. See also Rana Mitter, *A Bitter Revolution*: *China's Struggle with the Modern World* (Oxford, 2004).

21 George Creel, *The War*, *The World and Wilson* (New York, 1920), pp. 162 – 3; Manela, *Wilsonian Moment*, pp. 137, 149, 195 – 6.

22 *FRUS, 1919*: *Paris*, vol. 3, pp. 720 – 2 [Hughes] and 765 – 6 [Wilson]; David Hunter Miller, *The Drafting of the Covenant*, *vol. 2* (New York, 1928), p. 28.

23 Susan Pedersen, 'The Meaning of the Mandates System: An Argument', *Geschichte und Gesellschaft*, 32 (2006), p. 571.

24 Keith Jeffery, ed. , *The Military Correspondence of Field Marshal Sir Henry Wilson*, *1918 – 1922* (London, 1985), p. 133; Keith Jeffery, *The British Army and the Crisis of Empire*, *1918 – 1922* (Manchester, 1984), pp. 13 – 15, 36 (Chetwode).

25 Jeffery, ed. , *Military Correspondence*, pp. 288 – 9; see generally John Gallagher, 'Nationalisms and the Crisis of Empire, 1919 – 1922', *Modern Asian Studies*, 15 (1981), pp. 355 – 68.

26 Maurice Hankey, the Cabinet Secretary, quoted in Jeffery, *The British Army*, p. 161.

27 C. A. Bayly, *The Birth of the Modern World*, *1780 – 1914* (Oxford, 2004), ch. 13.

28 Darwin, *Britain*, *Egypt and the Middle East*, chs 3 – 5, quoting p. 115.

29 Gudrun Krämer, *A History of Palestine*: *From the Ottoman Conquest to the Founding of the State of Israel* (Princeton, 2008), p. 146.

30 *The Times*, 9 Nov. 1917, p. 7.

31 Michael L. Dockrill and J. Douglas Goold, *Peace without Promise*: *Britain and the Peace Conferences*, *1919 – 23* (London, 1981), pp. 141 – 3; James Renton, *The Zionist Masquerade*: *The Birth of the Anglo – Zionist Alliance*, *1914 – 1918* (London, 2007), p. 69.

32 Supreme War Council minutes, 30 Oct. 1918, quoted in David Lloyd George, *War Memoirs*, *vol. 6* (London, 1936), p. 3314.

33 Gudrun Krämer, *A History of Palestine*: *From the Ottoman Conquest to the Founding of the State of Israel* (Princeton, 2008), p. 153.

34 Dockrill and Goold, *Peace without Promise*, pp. 140, 159; Renton, *Zionist Masquerade*, p. 16.

35 Darwin, *Britain*, *Egypt and the Middle East*, p. 156.

36　Margaret MacMillan, *Peacemakers: The Paris Peace Conference of 1919 and Its Attempt to End War* (London, 2001), p. 401.

37　Points stressed in Fieldhouse, *Western Imperialism in the Middle East*, pp. 117, 219. On the larger issues see Abbas Kelidar, 'States without Foundations: The Political Evolution of State and Society in the Arab East', *JCH*, 28 (1993), 315 – 39.

38　Pierre – Jean Luizard, 'Le mandat britannique en Irak: une rencontre entre plusieurs projets politiques', in Méouchy and Sluglett, eds, *The British and French Mandates in Comparative Perspective* , esp. pp. 383 – 4.

39　Daniel Yergin, *The Prize: The Epic Conquest for Oil, Money, and Power* (New York, 1991), p. 183; V. H. Rothwell, 'Mesopotamia in British War Aims, 1914 – 1918', *HJ*, 13 (1970), pp. 289 – 90.

40　D. K. Fieldhouse, *The Colonial Empires: A Comparative Survey from the Eighteenth Century* (2nd edn. , London, 1982), pp. 242, 303.

41　Ronald Hyam, *Britain's Imperial Century, 1815 – 1914: A Study of Empire and Expansion* (London, 1976), p. 158 [Palmerston]; John Gallagher and Ronald Robinson, 'The Imperialism of Free Trade', *EcHR*, 6 (1953), p. 13.

42　Fieldhouse, *Colonial Empires*, p. 305; Martin Thomas, *The French Empire between the Wars: Imperialism, Politics and Society* (Manchester, 2005), p. 57.

43　Robert Holland, 'The British Empire and the Great War, 1914 – 1918,' in Brown and Louis, eds, *Oxford History of the British Empire*, 4:117.

44　Miles Taylor, 'Imperium et Libertas? Rethinking the Radical Critique of Imperialism during the Nintenth Century', *JICH*, 19 (1993), p. 12.

45　J. R. Seeley, *The Expansion of England* (London, 1883), pp. 176 –7, 179, 185; cf. Deborah Wormell, *Sir John Seeley and the Uses of History* (Cambridge, 1979), pp. 154 – 5.

46　W. David McIntyre, *Historians and the Making of the British Commonwealth of Nations, 1907 – 1948* (London, 2009), p. 116. On Curtis and the rest see John E. Kendle, *The Round Table Movement and Imperial Union* (Toronto, 1975), pp. 67 – 8, 302.

47　E. M. Andrews, *The Anzac Illusion: Anglo – Australian Relations during World War I* (Cambridge, 1993), pp. 100, 202 – 3; Canadian quotations from Martin Thornton, *Sir Robert Borden* (London, 2010), p. 46.

48　J. G. Fuller, *Troop Morale and Popular Culture in the British and Dominion Armies, 1914 – 1918* (Oxford, 1990), chs 5 and 10, cartoon on pp. 167 – 8; Andrews, *Anzac Illusion*, pp 170 – 3.

49　See John Keegan, *The Face of Battle* (Harmondsworth, 1978), pp. 223 – 30, though a few units on the Somme did adopt more fluid 'infilitration' tactics: see Gary Sheffield, *Forgotten Victory - The First World War: Myths and Realities* (London, 2002), pp. 166 – 7.

50　Jeffrey Grey, *A Military History of Australia* (3rd edn, Cambridge, 2008), pp. 103 – 4; Desmond Morton, '"Junior but Sovereign Allies": The Trans – formation of the Canadian Expeditionary Force, 1914 – 18', *JICH*, 8 (1979), pp. 63 – 4.

51　W. K. Hancock, *Smuts* (2 vols, Cambridge, 1962 – 8), 1: 215 – 16; W. K. Hancock, ed. , *Selections from the Smuts Papers* (7 vols, Cambridge, 1966 – 73), 3:510 – 11 and 4:16. On the 'myth' of British magnanimity in 1906 see Ronald Hyam and Peter Henshaw, *The Lion and the Springbok: Britain and South Africa since the Boer War* (Cambridge, 2003), ch. 3.

52　Brown and Louis, eds, *Oxford History of the British Empire*, 4: 71 – 2 [Darwin] and 165 – 7 [emigration].

53　Denis Judd, *Balfour and the British Empire: A Study in Imperial Evolution* (London, 1968), p. 375; W. K. Hancock, *Australia* (London, 1930), p. 68; James Weston, *W. F. Massey* (London, 2010), pp. 70 – 1.

54　Darwin, *Empire Project*, p. 401, and generally Carl Bridge and Kent Fedorowich, eds, *The British World: Diaspora, Culture and Identity* (London, 2003), esp. pp. 1 – 15, building on the historiographical concept of 'neo – Britain' developed by J. G. A. Pocock – see his *The Discovery of Islands: Essays in British History* (Cambridge, 2005), esp. ch. 11.

55　Jonathan F. Vance, *Death So Noble: Memory, Meaning, and the First World War* (Vancouver, 1997), pp. 66 – 7, 233.

56　Darwin, *Empire Project*, p. 400, quoting Bruce in 1924.

57　David Omissi, ed, *Indian Voices of the Great War: Soldiers' Letters, 1914 – 18* (London, 1999), pp. 1 – 4.

58　Judith M. Brown, *Modern India: The Origins of an Asian Democracy* (Oxford, 1985), p. 191.

59　Hancock, *Smuts*, 1:345; M. K. Gandhi, *Hind Swaraj and Other Writings*, ed. Anthony J. Parel (Cambridge, 1997), pp. 28, 39, 41, 42.

60　David Arnold, *Gandhi*, (London, 2001), p. 108; *The Collected Works of Mahatma Gandhi*, vol 14 (Delhi, 1965), pp. 440, 489.

61　Judith M. Brown, *Gandhi's Rise to Power: Indian Politics, 1915 –1922* (Cambridge, 1972), pp. 162 – 3 and 242 note 2.

62　Brown, *Gandhi's Rise to Power*, pp. 175 - 6, 307 - 8, 328, 343.

63　Commons Debates, 8 July 1920, vol. 131, cols 1725, 1729, 1730.

64　D. A. Low, *Britain and Indian Nationalism*: *The Imprint of Ambiguity*, *1929 - 1942* (Cambridge, 1997), p. 1, quoting Ho in May 1922.

65　Carl Bridge, *Holding Britain to the Empire*: *The British Conservative Party and the 1935 Constitution* (London, 1986), pp. 5 - 6; Judd, *Balfour and the British Empire*, pp. 261 - 2.

66　The Earl of Halifax, *Fulness of Days* (London, 1957), pp. 114, 117; Low, *Britain and Indian Nationalism*, p. 72; Nicholas Owen, *The British Left and India*: *Metropolitan Anti - Imperialism*, *1885 - 1947* (Oxford, 2007), pp. 172 - 3, 181.

67　R. J. Moore, *The Crisis of Indian Unity*, *1917 - 1940* (Oxford, 1974), p. 94; Judith M. Brown, *Gandhi and Civil Disobedience*: *The Mahatma in Indian Politics*, *1928 - 1934* (Cambridge, 1977), p. 188; Martin Gilbert, *Winston S. Churchill*, vol. 5 (London, 1976), pp. 390, 397.

68　Philip Williamson, *Stanley Baldwin*: *Conservative Leadership and National Values* (Cambridge, 1999), p. 267; Graham Stewart, *Burying Caesar*: *Churchill*, *Chamberlain and the Battle for the Tory Party* (London, 2000), p. 195; Bridge, *Holding India*, p. 158.

69　Ronald Hyam, *Britain's Declining Empire*: *The Road to Decolonization*, *1918 - 1968* (Cambridge, 2006), p. 65.

70　Brown, *Modern India*, pp. 284, 286.

71　Sir Malcolm Hailey, 'India - 1983', *The Asiatic Review* 29 (1933), p. 631.

72　Naoko Shimazu, *Japan*, *Race and Equality*: *The Racial Equality Proposal of 1919* (London, 1998), pp. 80, 96.

73　Ian Nish, *Alliance in Decline*: *A Study of Anglo - Japanese Relations*, *1908 - 1923* (London, 1972), chs 8 - 14.

74　Frederick R. Dickinson, *War and National Reinvention*: *Japan in the Great War*, *1914 - 1919* (Cambridge, Massachusetts, 1999), p. 235; Shimazu, *Japan*, *Race and Equality*, p. 20.

75　Shimazu, *Japan*, *Race and Equality*, pp. 27, 166, 181 - 4; Macmillan, *Peacemakers*, p. 328 [Hughes].

76　Roger Daniels, *The Politics of Prejudice*: *The Anti - Japanese Movement in California and the Struggle for Japanese Racial Exclusion* (Berkeley, California, 1977), pp. 21, 55.

77 Manela, *Wilsonian Moment*, pp. 31 - 2.

78 W. David McIntyre, *The Rise and Fall of the Singapore Naval Base*, *1919 -1942* (London, 1979), p. 20; Roger Dingman, *Power in the Pacific: The Origins of Naval Arms Limitation*, *1914 -1922* (Chicago, 1976), p. 34.

79 David Trask, *Captains and Cabinets: Anglo - American Naval Relations*, *1917 - 1918* (Columbia, Missouri, 1972), pp. 112, 120; Phillips P. O'Brien, *British and American Naval Power: Politics and Policy*, *1900 -1936* (Westport, Connecticut, 1998), pp. 119 - 21.

80 O'Brien, *British and American Naval Power*, p. 154 [Lloyd George]; Marian C. McKenna, *Borah* (Ann Arbor, Michigan, 1961), p. 176; Thomas H. Buckley, *The United States and the Washington Naval Conference*, *1921 - 22* (Knoxville, Tennessee, 1970), p. 72 quoting journalist Mark Sullivan.

81 As emphasized by O'Brien, *British and American Naval Power*, p. 171.

82 Churchill, Cabinet memo, 20 July 1927, in Martin Gilbert, *Winston S. Churchill*, *vol. 5*, *companion part 1* (London, 1979), p. 1033; O'Brien, *British and American Naval Power*, pp. 154, 172, 188, 195 - 7; Christopher Hall, *Britain, America and Arms Control*, *1921 -37* (London, 1987), p. 32.

83 Michael Adas, 'Contesting Hegemony: The Great War and the Afro - Asian Assault on the Civilizing Mission Ideology', *Journal of World History*, 15 (2004), esp. pp. 42, 62.

第四章

1 John Maynard Keynes, *Essays in Persuasion* (London, 1931), p. ix, preface dated 8 Nov. 1931; Norman and Jeanne Mackenzie, *The Diary of Beatrice Webb*, vol. 4 (London, 1985), p. 258, entry for 19 Sept. 1931.

2 Jackson E. Reynolds, President of the First National Bank of New York, in Diane B. Kunz, *The Battle for Britain's Gold Standard in 1931* (London, 1987), p. 113.

3 By 1929 the USA accounted for 16 per cent of the world's exports as against 11. 8 per cent for Britain, and 12. 4 per cent of global imports, compared with Britain's 16. 3 per cent. Derek Aldcroft, *From Versailles to Wall Street*, *1919 -1929* (London, 1977), pp. 36 - 49, 223 - 31; Frank Costigliola, *Awkward Dominion: American Political, Economic, and Cultural Relations with Europe*, *1919 -1933* (Ithaca, NY, 1984), p. 142.

4 Martha A. Olney, *Buy Now, Pay Later: Advertising Credit, and Consumer Dura-*

bles in the 1920s (Chapel Hill, North Carolina,1991), pp. 86 - 91; Maury Klein, *Rainbow' s End: The Crash of 1929* (Oxford, 2001), p. 255; Hans Rogger, 'Amerikanizm and the Economic Development of Russia', *Comparative Studies in Society and History*, 23(1981), p. 385.

5　Mira Wilkins, *The Maturing of Multinational Enterprise: American Business A-broad from 1914 to 1970* (Cambridge, Massachussetts, 1974), esp. pp. 29 -30, 155 - 6. Kathleen Burk, 'Great Britain in the United States, 1917 - 1918: The Turning Point', *International History Review*, 1 (1979), p. 228; Charles Kindleberger, *The World in Depression, 1929 - 1939* (Berkeley, 1973), p. 56: Reinhold Niebuhr, 'Awkward Imperialists', *Atlantic Monthly*, May 1930, p. 670.

6　The theme of cooperation is emphasized by Barry Eichengreen, *Golden Fetters: The Gold Standard and the Great Depression, 1919 - 1939* (New York, 1995),pp. 4 - 12; but see also Marc Flandreau, 'Central Bank Cooperation in Historical Perspective: A Sceptical View', *EcHR*, 50 (1997), pp. 735 - 63.

7　Eichengreen, *Golden Fetters*, p. 192; P. J. Cain and A. G. Hopkins, *British Imperialism: Crisis and Deconstruction, 1914 -1990* (London, 1993), pp. 66 - 7.

8　Andrew Boyle, *Montagu Norman: A Biography* (London, 1967), pp. 198 - 9; Kenneth Mouré, *The Gold Standard Illusion: France, the Bank of France, and the International Gold Standard* (Oxford, 2002), p. 156.

9　David M. Kennedy, *Over Here: The First World War and American Society* (Oxford,1980), p. 345, quoting banker C. H. Crennan; statistics from John Braeman, 'The New Left and American Foreign Policy during the Age of Normalcy: A Re - examination', *Business History Review*, 57 (1983), pp. 82 - 6.

10　Jim Potter, *The American Economy Between the Wars* (London, 1974), p. 95.

11　Kindleberger, *World in Depression*, p. 292; cf. Adam Tooze, *The Wages of Destruction: The Making and Breaking of the Nazi Economy* (London, 2005),pp. 691 - 2. For analyses of the changing debate see two articles by Barry Eichengreen, 'The Origins and Nature of the Great Slump Revisited', *EcHR*,45 (1992), pp. 213 - 39, and 'Understanding the Great Depression', *Canadian Journal of Economics*, 37 (2004), pp. 1 - 27.

12　See John H. Wood, *A History of Central Banking in Great Britain and the United States* (Cambridge, 2005), pp. 169 -73, 210 - 11; also Allan H. Meltzer, *A History of the Federal Reserve, vol. I: 1913 -1951* (Chicago, 2003), pp. 411 - 13.

13　Potter, *American Economy*,pp. 24, 95; Ben S. Bernanke, *Essays on the Great Depression* (Princeton, 2000), pp. 44 - 5; Charles C. Alexander, *Nationalism in American*

Thought, *1930 –1945* (Chicago, 1969), p. 2, quoting Wilson.

14　Robert Skidelsky, *John Maynard Keynes* (3 vols, London, 1983 – 2000), vol. 2, esp. pp. 345 – 6, 371, 394.

15　John Maynard Keynes, *The Economic Consequences of the Peace* (London, 1920), pp. 29, 37 – 8, 209; Skidelsky, *Keynes*, vol. 2, p. 389.

16　Niall Ferguson, *The Pity of War* (London, 1998), pp. 414 – 15, 419; Sally Marks, 'Smoke and Mirrors: In Smoke – Filled Rooms and the Galerie des Glaces', in Manfred F. Boemeke, Gerald D. Feldman and Elisabeth Glaser, eds, *The Treaty of Versailles: A Reassessment after 75 Years* (Cambridge, 1998), pp. 338 [quotation], 347 – 9; Albrecht Ritschl, 'The Pity of Peace: Germany's Economy at War, 1914 – 1918 and beyond', in Broadberry and Harrison, eds, *Economics of World War I*, *esp*. pp. 67 – 8.

17　Ferguson, *Pity of War*, ch. 14, quoting p. 411.

18　Ferguson, *Pity of War*, esp. pp. 412, 420, 424.

19　Gerald D. Feldman, *The Great Disorder: Politics, Economics, and Society in the German Inflation*, *1914 –1924* (New York, 1997), pp. vii, 5, 704 – 6; Richard J. Evans, *The Coming of the Third Reich* (London, 2003), pp. 105 – 7.

20　Aldcroft, *From Versailles to Wall Street*, pp 85, 300; Costigliola, *Awkward Dominion*, *p. 124*, Harold James, *The German Slump: Politics and Economics, 1924 – 1936* (Oxford, 1986), pp. 135 – 8.

21　William L. Patch, Jr. , *Heinrich Brüning and the Dissolution of the Weimar Republic* (Cambridge, 1998), p. 150; Eichengreen, *Golden Fetters*, p. 278.

22　Feldman, *Great Disorder*, p. 855; Jürgen von Kruedener, *Economic Crisis and Political Collapse: The Weimar Republic*, *1924 –1933* (New York, 1990), p. xiii.

23　Timothy J. Hatton, 'Unemployment and the Labour Market, 1870 –1939', in Roderick Floud and Paul Johnson, eds, *The Cambridge Economic History of Modern Britain*, *vol. 2: Economic Maturity*, *1860 – 1939* (Cambridge, 2004), pp. 348, 353 – 5; R. C. O. Matthews, C. H. Feinstein and J. Odling – Smee, *British Economic Growth*, *1856 –1973* (Oxford, 1982), pp. 6 [quotation], 497 – 8.

24　Keynes, 'The Economic Consequences of Mr. Churchill' in *Essays in Persuasion*, pp. 244 – 71, quoting p. 261; Martin Gilbert, *Winston S. Churchill*, *vol.* 5 (London, 1976), ch. 5, quoting p. 98.

25　D. E. Moggridge, *British Monetary Policy*, *1924 – 1931: The Norman Conquest of $4.86* (Cambridge, 1972) developed Keynes' critique; see also G. C. Peden, ed. , *Keynes and His Critics: Treasury Responses to the Keynesian Revolution, 1925 –1946* (Oxford, 2004), ch. 1. On 'gentlemanly capitalism', see more generally P. J. Cain and A. G. Hopkins, *British Imperialism : Innovation and Expansion, 1688 - 1914* (London, 1993), ch. 1.

26　Derek H. Aldcroft, *The Inter - War Economy : Britain, 1919 - 1939* (London, 1970), pp. 31 - 7; A. J. Arnold, 'Profitability and Capital Accumulation in British Industry during the Transwar Period, 1913 - 1924', *EcHR*, 52 (1999), pp. 45 - 68.

27　Aldcroft, *Inter - War Economy*, ch. 5, esp. pp. 157, 167, 173.

28　J. A. Dowie, '1919 - 20 is in Need of Attention', *EcHR*, 28 (1975), pp. 439 - 41; Hatton, 'Unemployment and the Labour Market', pp. 360 - 9.

29　John Stevenson, *British Society, 1914 - 1945* (London, 1984), pp. 297 - 9; Hatton, 'Unemployment and the Labour Market', pp. 360, 372.

30　Philip Williamson, *National Crisis and National Government : British Politics, the Economy and the Empire, 1926 - 1932* (Cambridge, 1992), pp. 268, 312, 315; see also David Marquand, *Ramsay MacDonald* (London, 1977), chs 25 - 26, especially pp. 610 - 11, 625, 633 - 41.

31　Gaston V. Rimlinger, 'American Social Security in a European Perspective', in William G. Bowen, et al. , eds, *The American System of Social Insurance : Its Philosophy, Impact, and Future Development* (New York, 1968), pp. 214 - 17; Peter Flora and Arnold J. Heidenheimer, eds, *The Development of Welfare States in Europe and America* (New Brunswick, NJ, 1981), p. 19, quoting Papen; Jose Harris, 'Enterprise and Welfare States: A Comparative Perspective', *TRHS*, 40(1990), pp. 182 - 4, 188.

32　T. Balderston, 'War Finance and Inflation in Britain and Germany, 1914 - 1918', *EcHR*, 42 (1989), esp. pp. 228, 237 - 8, 241 - 2; Martin Daunton, *Just Taxes : The Politics of Taxation in Britain, 1914 - 1979* (Cambridge, 2002), chs 1 - 4, quoting pp. 60 [Hugh Dalton] and 88[Niemeyer].

33　Daunton, *Just Taxes*, chs 1 - 4, esp. pp. 3, 12 - 14, 58, 96 - 9. Standard rate of income tax rose from 5. 8 per cent in 1913 to 30 per cent in 1919 - 22, and remained above 20 per cent for the rest of the interwar era.

34　Mark Thomas, 'The Service Sector' in Floud and Johnson, eds, *Cambridge Economic History*, pp. 118 - 19; Eichengreen, *Golden Fetters*, p. 279.

35　Barry Eichengreen, 'The British Economy between the Wars' in Floud and Johnson, eds, *Cambridge Economic History*, pp. 332 - 3; Williamson, *National Crisis*, pp. 480, 494 - 5.

36　Williamson, *National Crisis*, p. 498; Keynes, *Essays in Persuasion*, p. ix;

Eichengreen, 'Origins and Nature of the Great Slump', pp. 232 -5; Martin Daunton, 'Britain and Globalisation since 1850: II, The Rise of Insular Capitalism, 1914 - 1939', *TRHS*, 17 (2007), pp. 3 - 5.

37   Mouré, *Gold Standard Illusion*, esp. pp. 72, 102, 273; also L. D. Schwarz, 'Searching for Recovery: Unbalanced Budgets, Deflation and Rearmament in France during the 1930s', in W. R. Garside, ed. , *Capitalism in Crisis: International Responses to the Great Depression* (London, 1993), pp. 96 - 113.

38   Eichengreen, 'British Economy', pp. 330 - 7.

39   Aldcroft, *The Inter - War Economy*, pp. 177 - 98; S. M. Bowden, 'Demand and Supply Constraints in the Inter - War UK Car Industry: Did the Manufacturers get it right?' *Business History*, 33 (1991), esp. pp. 244, 257 -8.

40   Sue Bowden and David M. Higgins. 'British Industry in the Interwar Years', in Floud and Johnson, eds, *Cambridge Economic History*, p, 377; Martin Pugh, We *Danced All Night: A Social History of BritainBetween the Wars* (London, 2009),pp. 97 - 9.

41   S. N. Broadberry and N. F. R. Crafts, 'The Impact of the Depression of the 1930s on Productive Potential in the United Kingdom', *European Economic Review*, 34 (1990), esp. pp. 602 - 4; Bowden, 'Demand and Supply Constraints in the Inter - War UK Car Industry', pp. 260 - 4.

42   Aldcroft, *The Inter - War Economy*, pp. 285 - 94; Eichengreen, 'British Economy',pp. 337 - 42; cf. Jacques Marseille, *Empire Colonial et Capitalisme Français: Histoire d'un divorce* (Paris, 1984), ch. 2, and Martin Thomas, *The French Empire between the Wars: Imperialism, Politics and Society* (Manchester, 2005), ch. 3.

43   As argued by Daunton, 'Britain and Globalisation since 1850', pp. 4 -5.

44   Quoted in Zara Steiner, *The Lights that Failed: European International History, 1919 -1933* (Oxford, 2005), p. 636.

45   Statistics from R. W. Davies et al. , eds, *The Economic Transformation of the Soviet Union, 1913 - 1945* (Cambridge, 1994), pp. 18, 148; quotations from Stalin,*Works* (13 vols, Moscow, 1952 - 5), vol. 12, p. 141, and vol. 13, pp. 40 - 1.

46   Stephen Kotkin, *Magnetic Mountain: Stalinism as Civilization* (Berkeley, 1995), esp. pp. 18, 42 - 5, 71, 363 - 6.

47   Norman and Jeanne MacKenzie, eds, *The Diary of Beatrice Webb*, vol. 4 (London,1985), pp. 237, 255, 258.

48   Sidney and Beatrice Webb, *Soviet Communism: A New Civilisation* (London: 1937), pp. 431 - 2, 807, 1213 - 15; Kevin Morgan, *Bolshevism and the British Left:Part*

Two, *The Webbs and Soviet Communism* (London, 2006), pp. 11 – 12.

49　Morgan, *Bolshevism and the British Left*, p. 242.

50　On which see David Caute, *The Fellow – Travellers: Intellectual Friends of Communism* (2nd edn. , New Haven, 1988), chs 5 – 7, quoting p. 264.

51　Isaac Kramnick and Barry Sheerman, *Harold Laski: A Life on the Left* (London, 1993), pp. 384 – 9, 590.

52　Ruth Dudley Edwards, *Victor Gollancz: A Biography* (London, 1967), pp. 253 – 5. See also Ludmilla Stern, *Western Intellectuals and the Soviet Union, 1920 – 1940: From Red Square to the Left Bank* (London, 2007) and John McIlroy, 'The Establishment of Intellectual Orthodoxy and the Stalinization of British Communism, 1928 – 1933', *Past and Present*, 192 (Aug. 2006), pp. 187 – 230.

53　Matthew Worley, *Labour Inside the Gate: A History of the British Labour Party Between the Wars* (London, 2005), ch. 3, quoting p. 152; Ben Pimlott, *Hugh Dalton* (London, 1985), ch. 14, quoting p. 211.

54　Robert Boothby et al. , *Industry and the State: A Conservative Viewpoint* (London,1929), pp. 35 – 6.

55　Harold Macmillan, *Winds of Change, 1914 – 1939* (London, 1966), p. 285; Harold Macmillan, *The Middle Way: A Study of the Problem of Economic and Social Progress in a Free and Democratic Society* (London, 1938), pp. 8, 374 – 5.

56　Martin Gilbert, *Plough My Own Furrow: The Story of Lord Allen of Hurtwood as told through his writings and correspondence* (London, 1965), pp. 308 – 9.

57　Still useful here is Arthur Marwick, 'Middle Opinion in the Thirties: Planning, Progress and Political "Agreement"', *EHR*, 79 (1964), pp. 285 – 98.

58　John Dizikes, *Britain, Roosevelt and the New Deal: British Opinion, 1932 – 1938* (New York, 1979), quoting pp. 128, 219; *Planning*, 2 July 1935, p. 15. See also R. H. Pear, 'The Impact of the New Deal on British Economic and Political Ideas' *Bulletin of the British Association for American Studies*, 4 (Aug. 1962), pp. 17 – 28; Barbara C. Malament, 'British Labour and Roosevelt's New Deal: The Response of the Left and the Unions', *Journal of British Studies*, 17 (1978),pp. 136 – 67.

59　Keynes, *Essays in Persuasion*, p. vii.

60　Skidelsky, *Keynes*, vol. 2, esp. pp. 20, 438, 541.

61　Skidelsky, *Keynes*, vol. 1: 26, 133, and vol. 2: xv, 18; D. E. Moggridge, *Keynes*(London, 1976), pp. 43 – 5.

62　Quotations from Macmillan, *Middle Way*, pp. 375 – 6; Allen, *Britain's Political*

Future (1934) in Gilbert, *Plough My Own Furrow*, pp. 295 – 6; see also Sidney and Beatrice Webb, *The Decay of Capitalist Civilisation* (London, 1923), p. 1.

第五章

1　John Middleton Murry, 'Aims and Ideals', *Rhythm*, 1/4 (Spring 1912), p. 36; Margaret Newbolt, ed. , *The Later Life and Letters of Sir Henry Newbolt* (London, 1942), p. 315.

2　'Changing Warfare', *Times*, 24 Nov. 1914, p. 5; Alan Kramer, *Dynamic of Destruction: Culture and Mass Killing in the First World War* (Oxford, 2007), pp. 251 – 2. The German army medical corps calculated that 85 per cent of injuries down to July 1918 were caused by artillery fire.

3　Georges Duhamel, *Civilisation, 1914 – 1917*, trans. E. S. Brooks (New York, 1919), ch. 16.

4　As for example in Pericles Lewis, *The Cambridge Introduction to Modernism* (Cambridge, 2007), p. 2.

5　John Richardson, A *Life of Picasso, vol. 2* (London, 2009), p. 105.

6　Franz Marc, 'The "Savages" of Germany', in Wassily Kandinsky and Franz Marc, eds, The Blaue Reiter *Almanac* (London, 1974), p. 61. *Wilde* can also be translated as 'loners'.

7　Joan Shapiro, *Painters and Politics: The European Avant – Garde and Society, 1900 – 1925* (New York, 1976), p. 76.

8　Alex Danchev, *Georges Braque: A Life* (London, 2007), pp. 48 –50.

9　See David Cottington, *Cubism in the Shadow of War: The Avant –Garde and Politics in Paris, 1905 – 1914* (New Haven, 1998), quoting p. 87.

10　Charles Harrison and Paul Wood, eds, *Art in Theory, 1900 –2000: An Anthology of Changing Ideas* (2nd edn. , Oxford, 2003), pp. 119 –20.

11　Published in *Le Figaro*, 20 Feb. 1909, p. 1.

12　Didier Ottinger, ed. , *Futurism* (London, 2009), pp. 20 – 41.

13　Frances Spalding, *British Art since 1900* (London, 1986), ch. 2, quoting pp. 37 – 9; John Ferguson, *The Arts in Britain in World War I* (Southampton, 1980), pp. 9 – 10 (Blunt).

14　Ezra Pound, 'Vorticism', *Fortnighly Review*, 96: 573 Sept. 1914, p. 469; *Blast: Review of the Great English Vortex*, no. 1 (1914), p. 41; Paul Gough, A *Terrible*

Beauty: British Artists in the First World War (Bristol, 2010), p. 215.

15 Joan Weinstein, *The End of Expressionism: Art and the November Revolution in Germany, 1918 – 19* (Chicago, 1990), pp. 1 – 2, 19; Linda F. McGreevy, *Bitter Witness: Otto Dix and the Great War* (New York, 2001), chs 6 – 8; Peter Paret, 'Betrachtungen über deutsche Kunst und Künstler im Ersten Weltkrieg', in Wolfgang Mommsen et al., eds, *Kultur und Krieg: Die Rolle der Intellektuellen, Künstler und Schriftsteller im Ersten Weltkrieg* (München, 1996), esp. p. 162.

16 Elizabeth Louise Kahn, *The Neglected Majority: 'Les Camoufleurs', Art History, and World War I* (Lanham, Maryland, 1984), pp. 1, 11; Kenneth E. Silver, *Esprit de Corps: The Art of the Parisian Avant – Garde and the First World War, 1914 – 1925* (London, 1989), esp. chs 2 – 4.

17 Aaron J. Cohen, *Imagining the Unimaginable: World War, Modern Art, and the Politics of Public Culture in Russia, 1914 – 1917* (Lincoln, Nebraska, 2008), ch. 3, quoting p. 111; Richard Cork, *A Bitter Truth: Avant – Garde Art and the Great War* (New Haven, 1994), pp. 9 – 10, 48 – 51.

18 Alfred Emile Cornebise, *Art from the Trenches: America's Uniformed Artists in World War I* (College Station, Texas, 1991), pp. 12, 35 -6, 58; Peter Krass, *Portrait of War: The U. S. Army's First Combat Artists and the Doughboys' Experience in World War I* (New York, 2007), pp. 231 – 2 [quotations].

19 Kahn, *Neglected Majority*, pp. 92 – 5.

20 Ségolène Le Men, *Monet* (Paris, 2010), pp. 398 – 40; Philippe Dagen, *Le Silence des Peintres: Les Artistes face à la Grande Guerre* (Paris, 1996), pp. 15 – 17, 321 – 2.

21 Quotations from Sue Malvern, 'War, Memory and Museums: Art and Artefact in the Imperial War Museum', *History Workshop Journal*, 49 (Spring 2000), pp. 188 – 9.

22 'Junkerism in Art', *The Times*, 10 March 1915, p. 8; Gough, *Terrible Beauty*, p. 17.

23 Meirion and Susie Harries, *The War Artists: British Official War Art and the Twentieth Century* (London, 1983), p. 8. See also the essay on Masterman in Gary S. Messenger, *British Propaganda and the State in the First World War* (Manchester, 1992), ch. 3.

24 William Philpott, *Bloody Victory: The Sacrifice on the Somme* (London, 2009), p. 293; Sue Malvern, *Modern Art, Britain and the Great War: Witnessing, Testimony and Remembrance* (New Haven, 2004), p. 48; Jane Carmichael, *First World War Photographers* (London, 1989), pp. 48, 141 – 2.

498

25　Nicholas Reeves, 'Film Propaganda and its Audience: The Example of Britain's Official Films during the First World War', *Journal of Contemporary History*, 18(1983), esp. pp. 463 – 6; David Welch, *Germany, Propaganda and Total War, 1914 – 1918: The Sins of Omission* (London, 2000), p. 53, quoting The Cinema.

26　Lucy Masterman, *C. F. G. Masterman: A Biography* (London, 1939), pp. 286 – 7; Malvern, *Modern Art*, p. 24.

27　Nicholas Reeves, *Official British Film Propaganda during the First World War* (London, 1986), pp. 10 – 11; Welch, *Germany, Propaganda and Total War*, pp. 21,51.

28　Malvern, *Modern Art*, pp. 21 – 24; Gough, *Terrible Beauty*, p. 25. See more generally Matthew Johnson, 'The Liberal War Committee and the Liberal Advocacy of Conscription in Britain, 1914 – 1916', *Historical Journal*, 51 (2008),pp. 399 – 420.

29　A. J. P. Taylor, *Beaverbrook* (London, 1974), p. 27; see generally Harries and Harries, *The War Artists*, pp. 82 – 108.

30　Malvern, *Modern Art*, pp. 69, 75 – 6; Maria Tippett, *Art in the Service of War: Canada, Art, and the Great War* (Toronto, 1984), p. 111.

31　Wyndham Lewis, *Blasting and Bombardiering* [1937] (2nd edn, London, 1967), pp. 114 – 15; Wyndham Lewis, *Rude Assignment: A Narrative of My Career Up – todate* (London, 1950), pp. 128 – 9.

32　For these different interpretations see Cork, *Bitter Truth*, pp. 226 –7; Paul Edwards, *Wyndham Lewis: Art and War* (London, 1992), pp. 39 – 4; David Peters Corbett, ed. , *Wyndham Lewis and the Art of Modern War* (Cambridge, 1998),pp. 51 – 3 and 71 – 3. The 'madmen' quote comes from Lewis.

33　Gough, *Terrible Beauty*, p. 101, 122 – 5; David Boyd Haycock, *A Crisis of Brilliance: Five Young British Artists and the Great War* (London, 2009), pp. 259 – 60 (Hind).

34　Cork, *Bitter Truth*, p. 202; Paul Nash, *Outline: An Autobiography and Other Writings*, ed. Herbert Read (London, 1949), pp. 188 – 9, 210 – 11.

35　Gough, *Terrible Beauty*, pp. 153 – 63.

36　See the discussion in Malvern, *Modern Art*, ch. 1, esp. pp. 21, 35.

37　James King, *Interior Landscapes: A Life of Paul Nash* (London, 1987), p. 88.

38　Harries and Harries, *The War Artists*, p. 152.

39　Gough, *Terrible Beauty*, pp. 314 – 16. See also Spalding, *British Art since 1900*, ch. 3, and Alexandra Harris, *Romantic Moderns: English Writers, Artists and the Imagination from Virginia Woolf to John Piper* (London, 2011).

40　*The Times*, 26 July 1919, p. 13. This paragraph and the next draw on Adrian Gregory, *The Silence of Memory: Armistice Day 1919 – 1946* (Oxford, 1994), ch. 1, and David W. Lloyd, *Battlefield Tourism: Pilgrimage and the Commemoration of the Great War in Britain, Australia and Canada* (Oxford, 1998), ch. 2.

41　Tim Skelton and Gerald Gliddon, *Lutyens and the Great War* (London, 2008), p. 47; see also Jay Winter, *Sites of Memory, Sites of Mourning: The Great War in European Cultural History* (Cambridge, 1995), pp. 103 – 5.

42　Leonard V. Smith, Stéphane Audoin – Rouzeau and Annette Becker, *France and the Great War 1914 – 1918* (Cambridge, 2003), p. 73. See also Ulrich Schlie, *German Memorials: In Search of a Difficult Past. Nation and National Monuments in 19th and 20th Century German History* (Bonn, 2000), and Stefan Goebel, *The Great War and Medieval Memory: War, Remembrance and Medievalism in Britain and Germany, 1914 – 1940* (Cambridge, 2007).

43　On which see generally Thomas W. Laquer, 'Memory and Naming in the Great War', in John R. Gillis, ed. , *Commemorations: The Politics of National Identity* (Princeton, 1994), pp. 150 – 67.

44　*Henry V*, Act 4, Scene 7, lines 72 – 4; *Henry VI Part I*, Act 4, Scene 7, lines 85 – 6.

45　Richard van Emden, *The Quick and the Dead: Fallen Soldiers and their Families in the Great War* (London, 2011), p. 276; Philip Longworth, *The Unending Vigil: A History of the Commonwealth War Graves Commission, 1917 – 1984* (2nd edn, London, 1985), pp. 33 – 4.

46　Eric Gill, 'War Graves', *The Burlington Magazine for Connoisseurs*, 34/193 (April 1919), pp. 158 – 60; Longworth, *Unending Vigil*, p. 53.

47　HC Debs, 4 May 1920, vol. 128, col. 1935; see also Charles Carrington, *Rudyard Kipling: His Life and Work* (London, 1970), pp. 497 –514.

48　HC *Debs*, 4 May 1920, vol. 128, cols 1960 – 3; Laqueur, 'Memory and Naming', p. 161.

49　HC *Debs*, 128: 1969 – 70.

50　Longworth, *Unending Vigil*, p. 13.

51　'On Passing the New Menin Gate' in Siegfried Sassoon, *Collected Poems 1908 – 1956* (London, 1984), p. 188.

52　Skelton and Gliddon, *Lutyens and the Great War*, pp. 134 – 9; see also Gavin Stamp, *The Memorial to the Missing of the Somme* (London, 2006).

53　Michèle Barrett, 'Death and the Afterlife: Britain's Colonies and Dominions', in Santanu Das, ed. , *Race, Empire and First World War Writing* (Cambridge, 2011), pp. 302 – 12.

54　See G. Kurt Piehler, 'The War Dead and the Gold Star: American Commemoration of the First World War', in Gillis, ed. , *Commemorations*, pp. 168 – 74, and also the World War I section of the website of the American Battle Monuments Commission. http:// www. abmc. gov/search/wwi. php.

55　Drew Gilpin Faust, *This Republic of Suffering: Death and the American Civil War* (New York, 2009), pp. 99 – 103; Gary Wills, *Lincoln at Gettysburg: The Words that Remade America* (New York, 1992), p. 261.

56　Richard Carwardine and Jay Sexton, eds, *The Global Lincoln* (Oxford, 2011), pp. 130, 146 – 52; Lloyd, *Battlefield Tourism*, p. 27.

57　Skelton and Gliddon, *Lutyens and the Great* War, p. 139; Stamp, *Memorial to the Missing*, p. 99; Lloyd, *Battlefield Tourism*, ch. 3.

58　Catherine W. Reilly, *English Poetry of the First World War: A Bibliography* (London, 1978), pp. xiii, xix.

59　*Wilfred Owen, Collected Letters*, ed. Harold Owen and John Bell (London, 1967), p. 596. See generally Martin Stephen, *The Price of Pity: Poetry, History and Myth in the Great War* (London, 1996), ch. 7, esp. pp. 185 – 93.

60　T. E. Hulme quoted in Ross, *The Georgian Revolt: Rise and Fall of a Poetic Ideal, 1910 – 22* (London, 1967), p. 41 ['treacle']; Laurence Binyon, 'The Return to Poetry', *Rhythm*, 1/4 (Spring 1912), p. 1.

61　'A Lecture on Modern Poetry' (1908), in Michael Roberts, *T. E. Hulme* (London, 1938), p. 266.

62　*Georgian Poetry, 1911 – 1912* (London, 1912), prefatory note; 'Aims and Ideals', in *Rhythm*, 1/1 (spring 1911), p. 36 – Murry's aphorism was adapted from a remark by the Irish playwright J. M. Synge.

63　Matthew Hollis, *Now All Roads Lead to France: The Last Years of Edward Thomas* (London, 2011), pp. 141 – 2.

64　Elizabeth A. Marsland, *The Nation's Cause: French, English and German Poetry of the First World War* (London, 1991), pp. 1 – 2; *The Times*, 6 Aug. 1915, p. 7.

65　*The Poetical Works of Rupert Brooke*, ed. , Geoffery Keynes (London, 1970), p. 19.

66　Marsland, *The Nation's Cause*, ch. 2 – 3, esp. pp. 44 – 5, 50 – 4; see also Frank

Field, *British and French Writers of the First World War* (Cambridge, 1991), pp. 112 – 13.

67   Stefan Collini, *Public Moralists: Political Thought and Intellectual Life in Britain* (Oxford, 1991), ch. 9, esp. pp. 354 – 5, 362; Krishan Kumar, *The Making of English National Identity* (Cambridge, 2003), pp. 202 –25; Samuel Hynes, *A War Imagined: The First World War and English Culture* (London, 1990), p. 31; from 'August 1914', in *The Collected Poems of John Masefield* (London, 1924), p. 375. See also David Goldie, 'Was There a Scottish War Literature? Scotland, Poetry, and the First World War', in Tim Kendall, ed. , *The Oxford Handbook of British and Irish War Poetry* (Oxford, 2007), pp. 155 – 73.

68   Ted Bogacz, '"A Tyranny of Words": Language, Poetry, and Antimodernism in England in the First World War', *Journal of Modern History*, 58 (1986), p. 666; Dominic Hibberd and John Onions, eds, *The Winter of the World: Poems of the First World War* (London, 2007), pp. xv – xxi, xxvii.

69   Stephen, *Price of Pity*, pp. 138 – 42; Paul Fussell, *The Great War and Modern Memory* (New York, 1975), p. 168.

70   Jon Stallworthy, ed. , *Wilfred Owen: The Complete Poems and Fragments* (2 vols, London, 1983), vol. 1, p. 140. See also Marsland, *The Nation's Cause*, chs 4 – 5.

71   The official citation in 1919 stated that Owen, using a captured German machine gun, 'inflicted considerable losses on the enemy'. A typed copy in Harold's papers does not contain that phrase but states that he 'took a number of prisoners'. This wording was printed in Harold's published edition of Wilfred's letters. See Dominic Hibberd, *Wilfred Owen: A New Biography* (Chicago, 2003), pp. 348 – 50, 376 – 7; Harold Owen and John Bell, eds, *Wilfred Owen: Collected Letters* (London, 1967), p. 580.

72   Stallworthy, ed. , *Owen: Complete Poems and Fragments*, vol. 1, 185 – 7, vol. 2, pp. 535 – 6.

73   *The Collected Poems of Edward Thomas*, ed. R. George Thomas (Oxford, 1978), p. 257; W. Cooke, *Edward Thomas: A Critical Biography, 1878 –1917* (London, 1970), chs 5 and 9, quoting p. 93.

74   George L. Mosse, *Fallen Soldiers: Reshaping the Memory of the World Wars* (New York, 1990), pp. 82 – 90; Longworth, *Unending Vigil*, p. 73; Brooke, *Poetical Works*, p. 23.

75   Cf. Dominic Hibberd, 'Wilfred Owen and the Georgians', *Review of English Studies*, 30 (1979), pp. 28 – 40.

76   William Pratt, *Ezra Pound and the Making of Modernism* (New York, 2007), p.

10; Ezra Pound, *Selected Poems*, *1908 - 1969* (London, 1977), p. 101.

77 'The Waste Land', in *The Complete Poems and Plays of T. S. Eliot* (London, 1969),pp. 61 - 80, quoting lines 60 - 3, 368 - 9 and 372 - 6; cf. T. S. Eliot, *The Waste Land: A Facsimile and Transcript of the Original Drafts*, ed. Valerie Eliot (London, 1971), pp. 72 - 5. For Eliot's concerns about contemporary Europe see Stan Smith, *The Origins of Modernism: Eliot, Pound, Yeats and the Rhetorics of Renewal* (London, 1994), pp. 25 - 6, 144 - 51.

78 Stephen Spender, *T. S. Eliot* (London, 1975), p. 106; Peter Ackroyd, *T. S. Eliot* (London, 1985), ch. 6, quoting p. 120; T. S. Eliot, 'The Frontiers of Criticism' in *On Poetry and Poets* (London, 1957), p. 109.

79 Sigmund Freud, *Civilization and Its Discontents*, transl. James Strachey (New York, 1962), pp. 69, 92.

80 Richard Overy, *The Morbid Age: Britain Between the Wars* (London, 2009), ch. 1,quoting p. 37.

81 Clive Bell, *Civilization: An Essay* (London, 1928), p. 1.

82 Harold Lasswell, *Propaganda Technique in the World War* (London, 1927),pp. 195 - 8, 221 - 2.

83 Lasswell, *Propaganda Technique*, pp. 214 - 18.

84 Arthur Ponsonby, *Falsehood in War - Time: Containing an Assortment of Lies Circulated throughout the Nations during the Great War* (London, 1928), pp. 56,192.

85 Adrian Gregory, *The Last Great War: British Society and the First World War* (Cambridge, 2008), ch. 2, quoting p. 41.

86 Keith Wilson, ed. , *Forging the Collective Memory: Governments and International Historians through the Two World Wars* (Oxford, 1996), chs 3 - 5, quoting p. 88;David Lloyd George, *War Memoirs* (6 vols, London, 1933 - 6), 1:52, 55.

87 Robert Graves, *Good - Bye to All That: An Autobiography* (London, 1929), p. 240;Siegfried Sassoon, *Memoirs of a Fox -Hunting Man* (London, 1975 edn.), part 9,pp. 247 - 8.

88 Virginia Woolf, *To the Lighthouse* (London, 1930 edn), pp. 200, 207; Vincent Sherry, *The Great War and the Language of Modernism* (Oxford, 2003), p. 294;Sharon Ouditt, *Fighting Forces, Writing Women: Identity and Ideology in the First World War* (London, 1994), p. 200.

89 Erich Maria Remarque, *All Quiet on the Western Front*, transl. A. W. Wheen (London, 1929), quoting dedication and pp. 107, 155, 193, 248.

90　This paragraph follows Andrew Kelly, *All Quiet on the Western Front: The Story of a Film* (London, 1998), esp. pp. 42 – 3, 83 – 8, 126 – 7, 113, 131, 163.

91　Hynes, *A War Imagined*, p. 424.

92　See the essays by Pierre Sorlin, 'Cinema and the Memory of the Great War' and 'France: The Silent Memory', in Michael Paris, ed. , *The First World War and Popular Cinema: 1914 to the Present* (Edinburgh, 1999), esp. pp. 17 – 22, 118, 129 – 32.

93　David M. Kennedy, *Over Here: The First World War and American Society* (New York, 1980), p. 366; Paul Fussell, *The Great War and Modern Memory* (New York, 1975), p. 160.

94　Edith Wharton, *A Son at the Front* (London, 1923), p. 314.

95　See David D. Lee, *Sergeant York: An American Hero* (Lexington, Kentucky, 1985).

96　Michael T. Isenberg, *War on Film: The American Cinema and World War I, 1914 – 1941* (London, 1981), pp. 140 – 1.

97　Ernest Hemingway, *A Farewell to Arms* (London, 2005 edn), ch. 27, p. 165; F. Scott Fitzgerald, *Tender is the Night* (New York, 1934), p. 67.

98　Kelly, *All Quiet*, pp. 48, 52; Graves, *Good – bye*, p. 1; Brian Bond, *The Unquiet Western Front: Britain's Role in Literature and History* (Cambridge, 2002), pp. 33 – 4.

99　Rosa Maria Bracco, *Merchants of Hope: British Middlebrow Writers and the First World War, 1919 – 1939* (Oxford, 1993), ch. 5, quoting pp. 152 – 3, 178.

100　Letter of 2 Aug. 1914 in Margaret Newbolt, ed. , *The Later Life and Letters of Sir Henry Newbolt* (London, 1942), pp. 314 – 15.

101　Janet S. K. Watson, *Fighting Different Wars: Experience, Memory, and the First World War in Britain* (Cambridge, 2004).

102　Cf. Overy, *The Morbid Age*, pp. 2 – 3; Hynes, *A War Imagined*, pp. xi – xii, 459 – 60.

103　Gregory, *Last Great War*, pp. 273, 292; Watson, *Fighting Different Wars*, pp. 307 – 8.

第六章

1　W. N. Medlicott, et al. , eds, *Documents on British Foreign Policy, 1919 – 1939, series 1A, vol. I* (London, 1966), p. 846; Siegfried Sassoon, *Collected Poems, 1908 – 1956* (London, 1961), pp. 231 – 2.

2 3rd Annual Report of the Imperial War Museum, 1919 – 20, p. 4 (IWM).

3 Catherine Merridale, *Night of Stone: Death and Memory in Russia* (London, 2000), pp. 122 – 9, 452; Melissa Stockdale, 'United in Gratitude: Honoring Soldiers and Defining the Nation in Russia's Great War', *Kritika*, 7 (2006), pp. 465 – 8, 482; Daniel Orlovsky, 'Velikaia voina i rossiiskaia pamiat', in N. N. Smirnov, ed., *Rossiia i pervaia mirovaia voina: Materialy mezhdunarodnogo nauchnogo kollokviuma* (St Petersburg, 1999), esp. p. 50.

4 Jeffrey Verhey, *The Spirit of 1914: Militarism, Myth and Mobilization in Germany* (Cambridge, 2000), pp. 207 – 13; Stefan Goebel, *The Great War and Medieval Memory: War, Remembrance and Medievalism in Britain and Germany, 1914 – 1940* (Cambridge, 2007), pp. 127 – 45; Anna von der Goltz, *Hindenburg: Power, Myth, and the Rise of the Nazis* (Cambridge, 2009), pp. 104 – 9.

5 Alan Kramer, 'The First World War and German Memory', in Heather Jones et al., eds, *Untold War: New Perspectives in First World War Studies* (Leiden, 2008), pp. 390 – 1.

6 Richard Bessel, *Germany after the First World* War (Oxford, 1993), p. 258; see also Richard Weldon Whalen, *Bitter Wounds: German Victims of the Great War, 1914 – 1939* (Ithaca, NY, 1984), pp. 121 – 9.

7 Thomas Weber, *Hitler's First War: Adolf Hitler, The List Regiment, and the First World War* (Oxford, 2010), esp. pp. 220 – 2, 345 – 7; Kramer, 'The First World War and German Memory', pp. 393 – 4; Benjamin Ziemann, *War Experiences in Rural Germany, 1914 – 1923* (Oxford, 2007), pp. 274 – 5; Wilhelm Deist et al., *Germany and the Second World War*, vol. I (Oxford, 1990), pp. 77 – 82.

8 Gregory, *Silence of Memory*, pp. 99, 102.

9 Gregory, *Silence of Memory*, ch. 2, quoting p. 78; A. P. Sanford and Robert Haven Schauffer, eds, *Armistice Day* (New York, 1927), pp. 447, 455 – 7.

10 Karl Rohe, *Das Reichsbanner Schwarz Rot Gold: Ein Beitrag zur Geschichte und Struktur der politischen Kampfverbände der Weimarer Republik* (Düsseldorf, 1966), pp. 73, 115 – 16; James M. Diehl, *Paramilitary Politics in Weimar Germany* (Bloomington, Indiana, 1977), pp. 293 – 5; Antoine Prost, *In the Wake of War:'Les Anciens Combattants' and French Society* (Oxford, 1992), ch. 2, esp. p. 44.

11 Niall Barr, *The Lion and the Poppy: British Veterans, Politics, and Society, 1921 – 1939* (Westport, Connecticut, 2005), chs 1 – 3, esp. pp. 1, 57 – 8.

12 Deborah Cohen, 'The War's Returns: Disabled Veterans in Britain and Germany,

1914 – 1939', in Roger Chickering and Stig Förster, eds, *The Shadows of Total War*: *Europe*, *East Asia*, *and the United States*, *1919 –1939* (Cambridge,2003), ch. 6, quoting pp. 114 – 15, 119; also Whalen, *Bitter Wounds*, esp. ch. 12.

13   Maris A. Vinovskis, ed. , *Toward a Social History of the American Civil War*: *Exploratory Essays* (Cambridge, 1990), pp. 21 – 3, 172; Frank Freidel, *FDR*:*Launching the New Deal* (Boston, 1973), pp. 239 –47.

14   William Pencak, *For God and Country*: *The American Legion*, *1919 – 1941* (Boston, 1989), esp. pp. 50 – 1, 156 – 7, 266, 285.

15   Gregory, *Silence of Memory*, pp. 123, 126.

16   Malcolm Smith, 'The War and British Culture', in Stephen Constantine, Maurice W. Kirby and Mary B. Rose, eds, *The First World War in British History* (London, 1995), p. 171.

17   See Catriona Beaumont, 'Citizens not Feminists: The Boundary negotiated between Citizenship and Feminism by Mainstream Women's Organizations in England, 1928 – 39', *Women's History Review*, 9 (2000), pp. 411 –29; Patricia M. Thane, 'What difference did the vote make? Women in Public and Private Life in Britain since 1918', *Historical Research*, 76, no. 192 (May 2003), pp. 269 – 85;'Adrian Bingham, "An Era of *Domesticity*"? Histories of Women and Gender in Interwar Britain', *Cultural and Social History*, 1 (2004), pp. 224 – 33.

18   Josephine Eglin, 'Women Pacifists in Interwar Britain', in Peter Brock and Thomas P. Socknat, eds, *Challenge to Mars*: *Essays on Pacifism from 1918 to 1935* (Toronto, 1999), pp. 159 – 60 [Brittain]; Gertrude Bussey and Margaret Tims, *Pioneers for Peace*: *Women's International League for Peace and Freedom*, *1915 – 1965* (London, 1980), pp. 32, 76, 96. On the development of post – war internationalism in general see Daniel Gorman, *The Emergence of International Society in the 1920s* (Cambridge, 2012).

19   Speech of 25 Oct. 1928 in Winston S. Churchill, *Arms and the Covenant* (London, 1938), p. 17.

20   Quoting Zara Steiner, *The Lights that Failed*: *European International History 1919 –1933* (Oxford, 2005), p. 775, and Steiner, *The Triumph of the Dark*:*European International History 1933 –1939* (Oxford, 2011), p. 54.

21   Cmd 3591, 'The Channel Tunnel: Statement of Policy', 4 June 1930; see also 'A Brief Historical Survey of the Channel Tunnel Project, 1802 –1929', CTUN 5/1 (CAC); Vansittart memo in CP 4 (32), CAB 24/227 (TNA).

22   Cecil to Wiseman, 19 Aug. 1918, in Viscount Cecil of Chelwood, *All the Way*

(London, 1949), p. 142.

23　Helen McCarthy, *The British People and the League of Nations: Democracy,Citizenship and Internationalism* (Manchester, 2011), esp. pp. 4, 103.

24　The principal studies are Martin Ceadel, 'The First British Referendum: The Peace Ballot, 1934 - 5', *EHR*, 95 (Oct. 1980), pp. 810 - 39; Helen McCarthy, 'Democratizing British Foreign Policy: Rethinking the Peace Ballot, 1934 - 1935', *Journal of British Studies*, 49 (2010), pp. 358 - 87. Both draw heavily on Adelaide Livingstone, *The Peace Ballot: The Official History* (London, 1935).

25　Donald S. Birn, *The League of Nations Union 1918 - 1945* (Oxford, 1981),pp. 146, 150; McCarthy, *British People*, p. 201, Ceadel, 'First British Referendum', p. 824.

26　Winston S. Churchill, *The Second World War*, vol. 1 (London, 1948), pp. 132 - 3;Ceadel, 'First British Referendum', pp. 832 - 3.

27　Martin Ceadel, *Pacifism in Britain, 1914 - 1945: The Defining of a Faith* (Oxford,1980), esp. pp. 249, 262, 266; Richard Overy, *The Morbid Age: Britain Between the Wars* (London, 2009), p. 250 [Martin].

28　Reinhold Lütgemeier - Davin, *Pazifismus zwischen Kooperation und Konfrontation:Das Deutsche Friedenskartell in der Weimarer Republik* (Köln, 1982), p. 92; Norman Ingram, *The Politics of Dissent: Pacifism in France, 1919 - 1939* (Oxford, 1991), esp. pp 2, 24, 38, 142.

29　HC *Debs*, 5s, 292: 2339, 30 July 1934.

30　HC *Debs*, 5s, 270:63 - 12, 10 Nov. 1932; Uri Bialer, *The Shadow of the Bomber: The Fear of Air Attack and British Politics, 1932 - 1939* (London, 1980), pp. 129 - 30.

31　Harold Macmillan, *Winds of Change* (London, 1966), p. 575. The official history by Basil Collier, *The Defence of the United Kingdom* (London, 1957), p. 528, lists the total casualties as 146,777, including 60,595 dead.

32　Bialer, *Shadow of the Bomber*, pp. 12 [Gloag], 47 [Russell].

33　Arnold Toynbee to Quincy Wright, 14 Oct. 1938, in Roger S. Greene papers,folder 747 (Houghton Library, Harvard University).

34　Gugliermo Ferrero (1931), quoted in Ladislas Mysyrowicz, *Autopsie d' une Défaite:Origines de l'effondrement militaire français de 1940* (Lausanne, 1973), p. 319.

35　As emphasized by Bialer, *Shadow of the Bomber*, pp. 12 - 13, and Brett Holman, 'The Air Panic of 1935: British Press Opinion between Disarmament and Rearmament', *JCH*, 46 (2011), pp. 292 - 3.

36　Bialer, *Shadow of the Bomber*, pp. 20 - 1, 24 and 76 - 100.

37　Neville to Ida, 19 Sept. 1938, Neville Chamberlain papers, NC 18/1/1069 (Birmingham University Library); Cabinet minutes, 24 Sept. 1938, CAB 23/95, folio 180 (TNA).

38　James Hinton, *Protests and Visions: Peace Politics in Twentieth -Century Britain* (London, 1989), p. 111.

39　See the insightful study of his changing reputation by David Dutton, *Neville Chamberlain* (London, 2001), quoting pp. 52 - 3.

40　Neville Chamberlain to Ida, 18 Aug. 1937, NC 18/1/1015; see also David Reynolds, *Summits: Six Meetings that Shaped the Twentieth Century* (London, 2007),ch. 2.

41　Robert Paul Shay, Jr. , *British Rearmament in the 1930s: Politics and Profits* (Princeton, 1977), p. 39; Michael Howard, *The Continental Commitment: The Dilemma of British Defence Policy in the Era of the Two World Wars* (London,1974), p. 110.

42　Bialer, *Shadow of the Bomber*, pp. 50 - 1.

43　David French, *Raising Churchill's Army: The British Army and the War against Germany, 1919 -1945* (Oxford, 2000), p. 14; Brian Bond, *British Military Policy Between the Two World Wars* (Oxford, 1980), pp. 208, 218; Norman Gibbs,*Grand Strategy, vol. 1, Rearmament Policy* (London, 1976), p. 113; Keith Feiling,*The Life of Neville Chamberlain* (London, 1946), p. 314.

44　Shay, *British Rearmament*, pp. 172 - 3; Peden, *British Rearmament*, p. 134; Alexander Rose, 'Radar and Air Defence in the 1930s', *TCBH*, 9 (1998), pp. 219 - 45.

45　David Edgerton, *Warfare State: Britain, 1920 -1970* (Cambridge, 2006), ch. 1, esp. pp. 23, 30 - 2, 46.

46　George Peden, *The Treasury and British Rearmament, 1932 -1938* (Edinburgh, 1979), pp. 66, 148.

47 Contrasts brought out well in Joe Maiolo, *Cry Havoc: The Arms Race and the Second World War, 1931 -1941* (London, 2010), esp. chs 5, 8, 10.

48　Following the argument of Adam Tooze, *The Wages of Destruction: The Making and Breaking of the Nazi Economy* (London, 2006), chs 7 - 9, esp. pp. 222, 287,317, 322 - 5.

49　Brian Bond, ed. , *Chief of Staff: The Diaries of Lieutenant -General Sir Henry Pownall*(2 vols, London, 1972 - 4), vol. 1, p. 221. See generally Zara Steiner, 'Views of War: Britain before the "Great War" - and After', *International Relations*, 17(2003), pp. 7 - 33.

50　Bialer, *Shadow of the Bomber*, p. 10.

51   David Jones, *In Parenthesis* (London 1963), p. xv.

52   Charles Chatfield, *For Peace and Justice: Pacifism in America*, *1914 – 1941* (Boston, 1973), pp. 68 – 9.

53   Harriet Hyman Alonso, *Peace as a Women's Issue: A History of the U. S. Movement for World Peace and Women's Rights* (Syracuse, 1993), p. 86.

54   Chatfield, *For Peace and Justice*, pp. 256, 272. On the Anglo – American contrasts see Cecilia Lynch, *Beyond Appeasement: Interpreting Interwar Peace Movements in World Politics* (Ithaca, NY, 1999), pp. 30 – 8.

55   Robert A. Divine, *The Illusion of Neutrality: Franklin D. Roosevelt and the Struggle over the Arms Embargo* (New York, 1962), p. 65.

56   Wayne S. Cole, *Senator Gerald p. Nye and American Foreign Relations* (Minneapolis, 1962), pp. 81 – 2.

57   Raymond Gram Swing, 'Morgan's Nerves Begin to Jump', *The Nation*, vol. 140, 1 May 1935, p. 504.

58   Merrill D. Peterson, *Thomas Jefferson and the New Nation* (New York, 1970), p. 398.

59   Divine, *Illusion of Neutrality*, p. 167; C. David Tompkins, *Senator Arthur H. Vandenberg: The Evolution of a Modern Republican*, *1884 – 1945* (East Lansing, Michigan, 1970), p. 125.

60   Cushing Strout, *The American Image of the Old World* (New York, 1963), p. 205.

61   Speech of 14 Aug. 1936, American Presidency Project website, http://www. presidency. ucsb. edu.

62   Samuel I. Rosenman, *Working with Roosevelt* (New York, 1952), p. 167; Robert E. Sherwood, *Roosevelt and Hopkins: An Intimate History* (New York, 1948), p. 227. See more generally Graham Cross, *The Diplomatic Education of Franklin D. Roosevelt*, *1822 – 1933* (New York, 2012).

63   Divine, *Illusion of Neutrality*, pp. 86 – 8.

64   David Reynolds, *From Munich to Pearl Harbor: Roosevelt's America and the Origins of the Second World War* (Chicago, 2001), pp. 32, 37 – 8.

65   David G. Anderson, 'British Rearmament and the "Merchants of Death": The 1935 – 36 Royal Commission on the Manufacture and Trade in Armaments', *JCH*, 29 (1994), pp. 5 – 37, quoting p. 30.

66   Henry Morgenthau diary, vol. 150, pp. 337 – 8 (Franklin D. Roosevelt Library,

Hyde Park, NY).

67   Transcript of conference with Senate Military Affairs Committee, 31 Jan. 1939, in Donald B. Schewe, ed. , *Franklin D. Roosevelt and Foreign Affairs*, *2nd series*, *vol. 13* (New York, 1969), doc. 1565.

68   Roosevelt, address of 21 Sept. 1939, American Presidency Project website; Wayne S. Cole, *Roosevelt and the Isolationists*, *1932 – 1945* (Lincoln, Nebraska, 1983), p. 328.

69   I follow here the argument of Martin Ceadel, 'A Legitimate Peace Movement: The Case of Britain, 1918 – 1945', in Brock and Socknat, eds, *Challenge to Mars*, pp. 143 – 6.

70   21st Annual Report of the Director, 1 April 1939, pp. 1 – 2 (IWM); 'Obituary, Mr L. R. Bradley', *The Times*, 30 Jan. 1968, p. 8.

第七章

1   'Turn of the Wheel', in Carl Sandburg, *Complete Poems* (New York, 1950), p. 645; HC *Debs*, vol. 362, columns 60 – 1, 18 June 1940.

2   Quoted in Adrian Gregory, *The Last Great War: British Society and the First World War* (Cambridge, 2008), p. 275.

3   Tom Harrisson, *Living through the Blitz* (London, 1990), p. 47.

4   Richard M. *Titmuss*, *Problems of Social Policy* (London, 1950), esp. pp. 13, 64 and 91.

5   Titmuss, *Problems*, pp. 101 – 2, 137.

6   Minutes by Sargent, 28 Feb. 1940, and Chamberlain, 1 March 1940, FO 371/ 24298, C4444/9/17 (TNA); 'Schools in Wartime' memo no. 18, 'France and Ourselves', April 1940, Board of Education papers, ED 138/27 (TNA); House of Commons Debates, 2 April 1940, vol. 359, cols 40 – 1.

7   J. P. Harris, *Men, Ideas and Tanks: British Military Thought and Armoured Forces*, *1903 – 1939* (Manchester, 1995), pp. 291 – 2; Michael Wolff, ed. , *The Collected Essays of Sir Winston Churchill* (4 vols, London, 1976), vol. 1, pp. 394 – 5, 424 – 5.

8   Drafting his war memoirs (published in 1948), Churchill and his wife were painfully aware of the Gallipoli analogy. In a passage eventually omitted, Churchill wrote of the Norway campaign 'it was a marvel – I really do not know how – I survived and maintained my position in public esteem while all the blame was thrown on poor Mr Chamberlain. ' CHUR 4/ 109, folios 42 –3 (CAC).

9   See the insightful analysis by Ernest R. May, *Strange Victory: Hitler's Conquest*

of France (New York, 2000).

10   May, *Strange Victory*, pp. 287 – 8, 414.

11   Adam Tooze, *The Wages of Destruction*: *The Making and Breaking of the Nazi Economy* (London, 2006), pp. 377 – 9.

12   On the Blitzkrieg see the comments in Tooze, *Wages of Destruction*, pp. 370 – 5 and the detailed analysis by Karl – Heinz Frieser, *Blitzkrieg – Legende*: *Der Westfeldzug 1940* (Munich, 1996), here quoting from pp. 5 – 6.

13   Winston S. Churchill, *The World Crisis*, *1911 – 1914* (London, 1923), pp. 268 – 9; Hew Strachan, *The First World War*, *vol. 1*, *To Arms* (Oxford, 2001), pp. 249 – 50.

14   David Stevenson, *With Our Backs to the Wall*: *Victory and Defeat in 1918* (London, 2011), pp. 68 – 73; J. P. Harris, *Douglas Haig and the First World War* (Cambridge, 2008), pp. 447 – 8, 469 ['melodramatic']; Vera Brittain, *Testament of Youth* (London, 1933), pp. 419 – 20.

15   Winston S. Churchill, *The World Crisis*, *1916 – 1918* (London, 1927), pp. 441 – 3.

16   On this see David Reynolds, 'Churchill and the British "Decision" to Fight on in 1940: Right Policy, Wrong Reasons', in Reynolds, *From World War to Cold War*: *Churchill*, *Roosevelt and the International History of the 1940s* (Oxford, 2006), ch. 2.

17   Memo of 25 May 1940, para. I, CAB 66/7, WP (40) 168; Halifax to Hankey, 15 July 1940, FO 371/25206, W8602/8602/49 (TNA).

18   For fuller discussion see David Reynolds, '1940: Fulcrum of the Twentieth Century?' in *From World War to Cold War*, pp. 23 – 48, quoting Halder on p. 38.

19   For studies of these themes see Angus Calder, *The Myth of the Blitz* (London, 1991); Malcolm Smith, *Britain and 1940*: *History, Myth and Popular Memory* (London, 2000); Mark Connelly, *We Can Take It*! *Britain and the Memory of the Second World War* (London, 2004). See also Sonya Rose, *Which People's War*? *National Identity and Citizenship in Britain*, *1939 – 1945* (Oxford, 2003), and the chapter on Great Britain in Patrick Finney, *Remembering the Road to World War Two*: *International History, National Identity, Collective Memory* (London, 2011), pp. 188 – 225.

20   HC, *Dets*, 362:60 – 1 and 364:1159 – 60, 1167. 18 June and 20 Aug. 1940.

21   HC, *Dets*, 361:792, 4 June 1940; Connelly, *We Can Take It*!, ch. 3, esp. pp. 97, 115.

22   'The Battle of Britain: An Air Ministry Account of the Great Days from 8th August – 31st October 1940' (London, 1941), pp. 4 – 5, 35; Peck to Peirse, 6 April 1941, AIR 19/258 (TNA); Richard Overy, *The Battle* (London, 2000), pp. 130 – 1.

23 Churchill, *Into Battle*, p. 259, speech of 20 Aug. 1940; Churchill memo, 3 Sept. 1940, WP (40) 352, CAB 66/11 (TNA).

24 Smith, *Britain and 1940*, pp. 70 – 1 ('Blitz'); Claudia Baldoli, Andrew Knapp and Richard Overy, eds, *Bombing, States and Peoples in Western Europe, 1940 – 1945* (London, 2011), pp. 1, 18; see also Overy, *The Bombing War* (London, 2013).

25 *The Times*, 25 May 1940, p. 7; HC, *Debs*, 361:792, 795, 4 June 1940; Connelly, *We Can Take It!*, p. 66 (Low); Angus Calder, *The People's War: Britain, 1939 – 1945* (2nd edn, London, 1971), p. 130.

26 'Little Gidding' in *The Collected Poems and Plays of T. S. Eliot* (London, 1969), p. 197; Peter Ackroyd, *T. S. Eliot* (London, 1985, pp. 263 –4; 'Verses written during the Second World War' in Hugh MacDiarmid, *Complete Poems*, ed. Michael Grieve and W. R. Aitken (Manchester, 1993 – 4), vol. 1, p. 603.

27 J. B. Priestley, *Postscripts* (London, 1940), p. 4; *The Times*, 6 June 1940, p. 7. See also Siân Nicholas, '"Sly Demagogues" and Wartime Radio: J. B. Priestley and the BBC', *Twentieth Century British History*, 6 (1995), pp. 247 – 66.

28 Smith, *Britain and 1940*, p. 58.

29 Titmuss, *Problems of Social Policy*, pp. 335 – 6; Connelly, *Britain Can Take It!*, p. 142; Lucy Noakes, *War and the British: Gender, Memory and National Identity* (London, 1998), pp. 26, 29.

30 'Cato', *Guilty Men*, ed. John Stevenson (London, 1998), pp. xv, 17, 45, 111; Paul Addison, *The Road to 1945: British Politics and the Second World War* (London, 1975), p. 133. See also David Dutton, *Neville Chamberlain* (London, 2001), ch. 3.

31 John Baxendale and Chris Pawling, *Narrating the Thirties: A Decade in the Making: 1930 to the Present* (London, 1996), ch. 5, quoting p. 137; Smith, *Myth of 1940*, pp. 101 – 2 [Alexander]; Ian McLaine, *Ministry of Morale: Home Front Morale and the Ministry of Information in World War II* (London, 1979), pp. 180, 182.

32 Labour Party, *Let Us Face the Future* (1945) – http://www. labourparty. org. uk/ manifestos; *Daily Mirror*, 5 July 1945, p. 1.

33 Calder, *Myth of the Blitz*, p. 7; Charles Loch Mowat, *Britain between the Wars, 1918 – 1940* (London, 1955), pp. 656 – 7; Baxendale and Pawling, *Narrating the Thirties*, pp. 116 – 17.

34 Nicholas John Cull, *Selling War: The British Propaganda Campaign against American 'Neutrality' in World War II* (Oxford, 1995), p. 100; *New York Times*, 24 July 1940, p. 18.

35　Cull, *Selling War*, ch. 4, quoting p. 109.

36　Hadley Cantril, ed. , *Public Opinion*, *1935 –1946* (Princeton, 1951), p. 973. The poll specifically used the word England.

37　Fireside chat, 29 Dec. 1940, American Presidency Project website, http:// www. presidency. ucsb. edu.

38　Walter Lippmann, 'The Defense of the Atlantic World', *New Republic*, 17 Feb. 1917, p. 61, and 'The Atlantic and America', Life, 7 April 1941, pp. 84 – 88;Forrest Davis, *The Atlantic System* (New York, 1941).

39　Walter Lippmann, *U. S. Foreign Policy*: *Shield of the Republic* (Boston, 1943), p. 135; Ronald Steel, *Walter Lippmann and the American Century* (New York,1981), pp. 405 – 6.

40　Jonathan Adelman, *Prelude to the Cold War*: *The Tsarist*, *Soviet*, *and US Armies in the Two World Wars* (London, 1988), p. 128.

41　Churchill to Stalin, 19 June 1943, PREM 3/402 (TNA); Churchill memos of 21 July 1942, WP (42) 311, CAB 66/26 and 26 Nov. 1943, WP (43) 586, CAB 66/44 (TNA) . See also Reynolds, *From World War to Cold War*, chs 5 – 6.

42　Winston S. Churchill, *The Second World War* (London, 1948 – 54), pp. 343 – 4; Lord Alanbrooke, *War Diaries*, *1939 – 1945*, eds Alex Danchev and Daniel Todman (London, 2001), p. 244; David French, *Raising Churchill's Army*: *The British Army and the War against Germany*, *1919 – 1945* (London, 2000), esp. pp. 242 – 6, 274 – 85.

43　J. P. Harris, *Douglas Haig and the First World War* (Cambridge, 2008), pp. 270 – 3;Max Hastings, *Finest Years*: *Churchill as Warlord 1940 –1945* (London, 2009),p. 302 [cigars]; Niall Barr, *Pendulum of War*: *The Three Battles of Alamein* (London, 2004), pp. xxxvii, 404 – 7.

44　John Ellis, *Cassino*: *The Hollow Victory* (London, pbk edn, 2003), p. 222; John Ellis, *World War II*: *The Sharp End* (London, 1980), p. 156 [casualties]; G. D. Sheffield, 'The Shadow of the Somme: the Influence of the First World War on British Soldiers' Perceptions and Behaviour in the Second World War', in Paul Addison and Angus Calder, eds, *Time to Kill*: *The Soldier's Experience of War in the West*, *1939 – 1945* (London, 1997), pp. 29 – 39.

45　A point made clear in the Cabinet Secretary's notes of the meeting on 9 April 1945, WM 41 (45) 6, CAB 195/3, pp. 85 – 6 (TNA).

46　French, *Raising Churchill's Army*, p. 14 (1927 lecture); R. S. Sayers, *Financial Policy*, *1939 – 1945* (London, 1956), p. 498.

47 Reynolds, *From World War to Cold War*, ch. 6, esp. pp. 123, 130 – 1; Mary Soames, ed. , *Speaking for Themselves*: *The Personal Letters of Winston and Clementine Churchill* (London, 1998), p. 497.

48 Russell Weigley, *Eisenhower's Lieutenants*: *The Campaigns of France and Germany*, *1944 – 1945* (London, 1981), pp. 3 – 4, 13 – 14, 28; Mark Harrison, ed. , *The Economics of World War II*: *Six Great Powers in International Comparison* (Cambridge, 1998), pp. 10, 15.

49 John L, Harper, *American Visions of Europe*: *Franklin D. Roosevelt*, *George F. Kennan*, *and Dean G. Acheson* (Cambridge, 1994), pp. 13 – 18, 36, 91 – 3, 105 – 6.

50 Graham Cross, *The Diplomatic Education of Franklin D. Roosevelt*, *1882 – 1933* (New York, 2012), pp. 114 – 15; Robert A. Divine, *Roosevelt and World War II* (Baltimore, 1970), p. 57.

51 U. S. Department of State, *Foreign Relations of the United States* (Washington, 1862 -), 1941, vol. 1, pp. 355, 363, 366.

52 Robert A. Divine, *Second Chance*: *The Triumph of Internationalism in America during World War II* (New York, 1967), pp. 167 – 8.

53 Thomas J. Knock, '"History with Lightning": The Forgotten Film *Wilson*', *American Quarterly*, 28 (1976), pp. 523 – 43, esp. pp. 529, 541; Leonard J. Leff and Jerold Simmons, '*Wilson*: Hollywood Propaganda for World Peace', *Historical Journal of Film*, *Radio and Television*, 3 (1983), pp. 3 – 18, esp. pp. 3, 8, 12 – 14.

54 Knock, '"History with Lightning"', esp. pp. 524, 531, 533, 536, 538.

55 Leff and Simmons, '*Wilson*', pp. 12 – 13; Knock, '"History with Lightning"', p. 538; Robert H. Ferrell, *The Dying President*: *Franklin D. Roosevelt*, *1944 – 1945* (Columbia, Missouri, 1998), pp. 84 – 5.

56 U. S. Department of State, *Foreign Relations of the United States*: *The Conferences at Malta and Yalta 1945* (Washington, DC, 1955), p. 628; Christopher Thorne, *Allies of a Kind*: *The United States*, *Britain*, *and the War against Japan*, *1941 – 1945* (London, 1978), p. 502, quoting Richard Law.

57 Reynolds, *From World War to Cold War*, ch. 14, 'Churchill, Stalin and the "Iron Curtain"', esp. pp. 258 – 60.

58 Thorne, *Allies of a Kind*, p. 503.

59 Harrison, ed. , *The Economics of World War II*, p. 101; Peter Fearon, *War*, *Prosperity and Depression*: *The U. S. Economy 1917 – 45* (London, 1987), p. 274; Mark H. Leff, 'The Politics of Sacrifice on the American Home Front in World War II', *JAH*, 77

(1991), p. 1296.

60 President's Official File OF 4675 – D (Franklin D. Roosevelt Library, Hyde Park, NY); Reynolds, *From World War to Cold War*, pp. 19 – 22.

61 CAB 103/286 (TNA), quoting Bridges to Martin, 24 June 1944, and CAB 134/105 (TNA), meeting of 21 Jan. 1948, minute 7, and Attlee's endorsement,27 Jan. 1948; Reynolds, *From World War to Cold War*, pp. 10 -11, 16 – 17.

62 Carr's book, originally published in 1939 and revised after the war, was actually a critique of liberal utopian internationalism: the title was proposed by his publishers, Macmillan, and was hardly developed in the text itself. Edward Hallett Carr, *The Twenty Years' Crisis 1919 – 1939: An Introduction to the Study of International Relations* (2nd edn, London, 1946), p. 224; Jonathan Haslam, *The Vices of Integrity: E. H. Carr, 1892 – 1982* (London, 1999), pp. 68 – 9.

63 Winston S. Churchill, *The Second World War* (6 vols, London, 1948 – 54), vol. 1,pp. vii, ix; he had already used the term in his speech about Yalta to the Commons on 27 Feb. 1945 – Winston S. Churchill, *Victory* (London, 1946),pp. 52 – 3. See also P. M. H. Bell, *The Origins of the Second World War in Europe*(London, 1986), chs 2 – 4, and Michael Howard, 'A Thirty Years War? The Two World Wars in Historical Perspective, *TRHS*, 6th series, 3 (1993), pp. 171 – 84.

64 Titmuss, *Problems of Social Policy*, pp. 559, 562.

第八章

1 *Life*, 7 May 1945, p. 33; 'Nightmare and Flight' in Hannah Arendt, *Essays in Understanding*, *1930 –1954*, ed. Jerome Kohn (New York, 1994), p. 134.

2 Broadcast of 19 April 1945, in Leonard Miall, ed. , *Richard Dimbleby, Broadcaster* (London, 1966), p. 44.

3 Wynford Vaughan – Thomas in ed. Miall, *Dimbleby*, pp. 42 – 3. No sound recordings survive: as to which parts of Dimbleby's script were actually broadcast by the BBC see Judith Petersen, 'Belsen and a British Broadcasting Icon', *Holocaust Studies*, 13 (2007), pp. 19 – 43.

4 John Horne and Alan Kramer, *German Atrocities, 1914: A History of Denial*(New Haven, 2001), chs 1 – 2, esp. pp. 74 – 5.

5 Horne and Kramer, *German Atrocities*, pp. 207 – 13, 237, 240.

6 Horne and Kramer, *German Atrocities*, pp. 250 – 5, 317, 321 – 5; David Kennedy,

Over Here: *The First World War and American Society* (New York, 1980),pp. 61 – 2.

7　Tony Kushner, *The Holocaust and the Liberal Imagination* (Oxford, 1994),pp. 123 – 7.

8　Ian McLaine, *Ministry of Morale*: *Home Front Morale and the Ministry of Information in World War II* (London, 1979), p. 166; Richard J. Evans, *Lying About Hitler*: *History, Holocaust, and the David Irving Trial* (New York, 2001),p. 130.

9　Sonia Orwell and Ian Angus, eds, *The Collected Essays*, *Journalism and Letters of George Orwell*, *vol.* 3 (London, 1968), p. 117; Petersen, 'Belsen', pp. 22, 26.

10　Toby Haggith, 'The Filming of the Liberation of Bergen – Belsen and its Impact on the Understanding of the Holocaust' in Suzanne Bardgett and David Caesarani, eds, *Belsen 1945*: *New Historical Perspectives* (London, 2006),pp. 89 – 122, quoting pp. 89, 101. See also Hannah Caven, 'Horror in Our Time: Images of the Concentration Camps in the British Media, *1945*', *Historical Journal of Film*, *Radio and Television*, 21 (2001), pp. 205 – 53, and Joanne Reilly, *Belsen*: *The Liberation of a Concentration Camp* (London, 1998), pp. 50 – 77.

11　Kushner, *Holocaust*, pp. 210 – 11; Caven, 'Horror in Our Time', pp. 231 – 2; Haggith, 'Filming', p. 110.

12　Reilly, *Belsen*, pp. 64 – 5. These were Mass – Observation surveys rather than 'scientific'opinion polls but the broad contrast is striking.

13　Alan Bennett, 'Seeing Stars', *London Review of Books*, 3 Jan. 2002, pp. 12 – 16.

14　Kushner, *Holocaust*, pp. 208, 215, whose ch. 7 examines these issues at length. See also Samuel Moyn, 'In the Aftermath of the Camps' in Frank Biess and Robert G. Moeller, eds, *Histories of the Aftermath*: *The Legacies of the Second World War in Europe* (New York, 2010), pp. 49 –64.

15　Edward Bliss, Jr. , ed. , *In Search of Light*: *The Broadcasts of Edward R. Murrow*, *1938 – 1961* (London, 1968), pp. 90 – 1; Alfred D. Chandler, ed. , *The Papers of Dwight David Eisenhower*, *vol.* 4 (Baltimore, 1970), pp. 2615 – 16, 2613; *Life*, 7 May 1945, pp. 32 – 7, quoting p. 33.

16　Peter Novick, *The Holocaust in American Memory* (Boston, 1999), pp. 63 – 6. Similarly Deborah E. Lipstadt, 'America and the Memory of the Holocaust,1950 – 1965', *Modern Judaism*, 16 (1996), pp. 195 – 214. Lawrence Baron, 'The Holocaust and American Public Memory, 1945 – 1960', *Holocaust and Genocide Studies*, 17 (2003), pp. 62 – 88, qualifies this argument on points of detail but without really blunting its essential thrust.

17　*Life*, 7 May 1945, p. 33; David Wyman, *The Abandonment of the Jews*: *America and the Holocaust*, *1941 – 1945* (New York, 1984), p. 326.

18 Robert C. Binkley, 'The "Guilt" Clause in the Treaty of Versailles', *Current History*, 30/2 (May 1929), p. 294.

19 Horne and Kramer, *German Atrocities*, p. 329; James F. Willis, *Prologue to Nuremberg*: *The Politics and Diplomacy of Punishing War Criminals of the First World War* (Westport, Connecticut, 1982), pp. 82 – 5.

20 Heather Jones, *Violence against Prisoners of War in the First World War*: *Britain, France and Germany*, *1914 – 1920* (Cambridge, 2011), pp. 210 – 17.

21 IWC 37, 20 Nov. 1918, CAB 23/43 (TNA); Willis, *Prologue to Nuremberg*, pp. 56 – 9, 102 – 4.

22 This argument develops Trevor Wilson's judgment on the Bryce report: see Wilson, *Myriad Faces of War*, p. 191.

23 Willis, *Prologue to Nuremberg*, pp. 62 – 3.

24 Willis, *Prologue to Nuremberg*, ch. 5, esp. pp. 69 – 70, 73 – 4; Jürgen Matthaüs, 'The Lessons of Leipzig: Punishing German War Criminals after the First World War', in Patricia Heberer and Jürgen Matthaüs, eds, *Atrocities on Trial*: *Historical Perspectives on the Politics of Prosecuting War Crimes* (Lincoln, Nebraska, 2008), p. 6; Margaret MacMillan, *Peacemakers*: *The Paris Peace Conference of 1919 and its Attempt to End War* (London, 2001), p. 174.

25 Willis, *Prologue*, pp. 79 – 80.

26 Thomas A. Bailey, *Woodrow Wilson and the Lost Peace* (New York, 1944), p. 38; Christopher Clark, *Kaiser Wilhelm II*: *A Life in Power* (London, 2009), p. 350.

27 Willis, *Prologue*, pp. 118 – 19.

28 Willis, *Prologue*, pp. 119 – 20, 124, 128; Austin Harrison, 'The Punishment of War Guilt', *The English Review*, 30 (Feb. 1920), p. 166.

29 Horne and Kramer, *German Atrocities*, pp. 345 – 55, quoting p. 358; Willis, *Prologue*, ch. 8, quoting p. 139; Matthaüs, 'Lessons of Leipzig', esp. pp. 9 – 10, 19 – 20.

30 Horne and Kramer, *German Atrocities*, p. 351.

31 Horne and Kramer, *German Atrocities*, p. 411.

32 Ann and John Tusa, *The Nuremberg Trials* (London, 1983), pp. 42 – 8, 94 – 105, quoting p. 46; *Times Literary Supplement*, 31 July 1953, p. 490; Jeffrey Grey, in Grey, ed. , *The Last Word*: *Essays on Official History in the United States and the British Commonwealth* (Westport, Conn. , 2003), pp. 118 – 19. On the saga of the German archives see Astrid M. Eckert, *Kampf um die Akten*: *Die Westallierten und die Rückgabe von deutschen*

Archivgut nach dem Weltkrieg (Stuttgart, 2004), esp. ch. 1.

33 Eden memo, 5 Oct. 1941, WP (41) 233, CAB 66/19; Cabinet Secretary's notes of WM (42) 86th meeting, 6 [sic] July 1942, CAB 195/1, pp. 67 – 8 (TNA).

34 Simon, memos of 4 Sept. 1944 and 6 April 1945, in Bradley F. Smith, ed., *The A-merican Road to Nuremberg: The Documentary Record* (Stanford, 1982), pp. 32,151 – 2; Tusa and Tusa, *Nuremberg Trial*, p. 25.

35 See Walter Isaacson and Evan Thomas, *The Wise Men: Six Friends and the World They Made* (New York, 1986), chs 6 – 7.

36 Smith, ed., *American Road*, p. 97; Tusa and Tusa, *Nuremberg Trial*, p. 89.

37 Smith, ed., *American Road*, pp. 31, 43; Baron, 'Holocaust and American Public Memory', p. 66; Michael Marrus, 'The Holocaust at Nuremberg', *Yad Vashem Studies*, 26 (1998), pp. 5 – 41.

38 On these limitations of Nuremberg, see Donald Bloxham, *Genocide on Trial: War Crimes Trials and the Formation of Holocaust History and Memory* (Oxford, 2001),esp. pp. 124 – 33.

39 Henry L. Stimson, 'The Nuremberg Trial: Landmark in Law', *Foreign Affairs*, 25/2 (Jan. 1947), p. 189.

40 L. F. Haber, *The Poisonous Cloud: Chemical Warfare in the First World War* (Oxford,1986), pp. 230 – 45; Andrew L. Rotter, *Hiroshima: The World's Bomb* (Oxford, 2008), pp. 14 – 22; Sue Malvern, 'War, Memory and Museums: Art and Artefact in the Imperial War Museum', *History Workshop Journal*, 49 (spring 2000),pp. 191 – 2.

41 Haber, *Poisonous Cloud*, pp. 169 – 70; Daniel Charles, *Between Genius and Geno-cide: The Tragedy of Fritz Haber, Father of Chemical Warfare* (London, 2006),pp. 165 – 9, 189, 245 – 6.

42 Barton Bernstein, 'Why We Didn't Use Poison Gas in World War II', *American Heritage*, 36/5 (Aug. – Sept. 1985), pp. 40 – 5; Rotter, *Hiroshima*, pp. 145, 174 – 6,222.

43 *Life*, 20 Aug. 1945, pp. 26, 27, 32; *Time*, 20 Aug. 1945, pp. 1, 78. On the de-bate see Tsuyoshi Hasegawa, *Racing the Enemy: Stalin, Truman, and the Surrender of Japan* (Cambridge, Mass., 2005).

44 Paul Boyer, *By the Dawn's Early Light: American Thoughts and Culture at the Dawn of the Atomic Age* (New York, 1985), ch. 1 esp. 7 – 8, 23; Allan M. Winkler, *Life Under a Cloud: American Anxiety about the Atom* (New York, 1993),p. 29 – 30.

45 James G. Hershberg, *James B. Conant: Harvard to Hiroshima and the Making*

of the Nuclear Age (New York, 1993), ch. 16, esp. pp. 284 – 5, 292 – 3.

46　Hershberg, *Conant*, pp. 293 – 4. See also Barton J. Bernstein, 'Seizing the Contested Terrain of Early Nuclear History: Stimson, Conant, and their Allies Explain the Decision to Use the Atomic Bomb', *Diplomatic History*, 17 (1993), pp. 35 – 72.

47　Henry L. Stimson, 'The Decision to Use the Atomic Bomb', *Harper's Magazine*, Feb. 1947, quoting pp. 106 – 7.

48　Kai Bird, *The Color of Truth: McGeorge Bundy and William Bundy: Brothers in Arms* (New York, 1998), pp. 92 – 3.

49　Bernstein, 'Seizing the Contested Terrain', p. 48; Harry S Truman, *1945: Year of Decisions* (New York, 1965 pbk edn), p. 460; Hershberg, *Conant*, p. 301; Winston S. Churchill, *The Second World War* (London, 1954), p. 552. In this case Churchill was embroidering the account he gave to the House of Commons only a week after Nagasaki, when he said that the alternative was for the Allies to have 'sacrificed a million American, and a quarter of a million British lives'. See Churchill, *Victory: War Speeches*, 1945, ed. Charles Eade (London, 1946), 16 Aug. 1945, p. 229.

50　Winkler, *Life Under the* Cloud, pp. 27 – 8, 137; Boyer, *By the Bomb's Early Light*, pp. 156, 291.

51　David Bradley, *No Place to Hide* (London, 1949), p. 176.

52　See note 1.

53　Stephen Lovell, *The Shadow of War: Russia and the USSR. , 1941 to the Present* (Oxford, 2010), p. 2; Elena Zubkova, *Russia after the War: Hopes, Illusions, and Disappointments, 1945 – 1957* (Armonk, NY, 1998), p. 47.

54　Mark Edele, *Soviet Veterans of the Second World War: A Popular Movement in an Authoritarian Society, 1941 – 1991* (Oxford, 2008), p. 11; Robert Dale, 'Rats and Resentment: The Demobilization of the Red Army in Postwar Leningrad', *JCH*, 45 (2010), pp. 123 – 4.

55　Dmitri Volkogonov, *Stalin: Triumph and Tragedy*, transl. Harold Shukman (London, 1991), p. 505; Geoffrey Roberts, *Stalin's General: The Life of Georgy Zhukov* (London, 2012), pp. 244 – 6; Denise J. Youngblood, *Russian War Films: On the Cinema Front, 1914 – 2005* (Lawrence, Kansas, 2007), ch. 4, esp. pp. 97 – 102.

56　Lovell, *Shadow of* War, p. 40; Richard Overy, *Russia's War* (London, 1998), p. 323; Youngblood, *Russian War Films*, ch. 5; Karen Petrone, *The Great War in Russian History* (Bloomington, Indiana, 2011), pp. 282 – 9.

57　Tumarkin, *The Living and the Dead: The Rise and Tall of the Cult of World War*

II in Russia , (New York,1994) ch. 6, esp. pp. 133 – 6, 144.

58　John Bodnar, *The 'Good War' in American Memory* (Baltimore, 2010),pp. 111 – 13. The parallel with a Pals battalion is, in fact, quite exact because the Bedford boys were all part of a National Guard regiment raised in the Blue Ridge Mountains of Virginia.

59　Davis R. B. Ross, *Preparing for Ulysses: Politics and Veterans during World War II* (New York, 1969), esp. pp. 49 – 50, 121 – 2, 124.

60　Christopher Thorne, *Allies of a Kind: The United States, Britain, and the War against Japan, 1941 – 1945* (London, 1978), p. 503; Bodnar, *'Good War'*, pp. 87 – 8.

61　Bodnar, *'Good War'*, esp. pp. 95, 143 – 4; see also Ann Douglas, 'War Envy and Amnesia: Cold War Rewrites of Russia's War', in Joel Isaac and Duncan Bell,*Uncertain Empire: American History and the Idea of the Cold War* (Oxford, 2012),pp. 115 – 39.

62　Peter Hennessy, *Never Again: Britain, 1945 – 1951* (London, 1993), p. 67; Kenneth Harris, *Attlee* (London, 1982), pp. 256 – 7. See also Kevin Jefferys, *The Church-ill Coalition and Wartime Politics, 1940 – 1945* (Manchester, 1995), ch. 8.

63　Hennessy, *Never Again*, pp. 184, 424 – 5. On the fraught issue of 'consensus' see Harriet Jones and Michael Kandiah, eds, *The Myth of Consensus: New Views on British History, 1945 – 64* (Basingstoke, 1996); Brian Harrison, 'The Rise and Fall of Political Consensus in Britain since 1940', *History*, 84 (1999), pp. 301 – 24;Richard Toye, 'From "Consensus" to 'Common Ground": The Rhetoric of the Postwar Settlement and its Col-lapse', *JCH*, 48 (2013), pp. 3 – 23.

64　Rodney Lowe, *The Welfare States in Britain since 1945* (3rd edn, London, 2005),p. 13; David Edgerton, *Warfare State: Britain, 1920 – 1970* (Cambridge, 2006), pp. 59 – 60.

65　David Reynolds, *Britannia Overruled: British Policy and World Power in the Twentieth Century* (2nd edn, London, 2000), pp. 148, 152; Edgerton, *Warfare State*, p. 68.

66　Alec Cairncross, *Years of Recovery: British Economic Policy, 1945 –1951* (Lon-don,1985), p. 278.

67　Nicholas Pronay, 'The British Post – Bellum Cinema: A Survey of the Films Rela-ting to World War II Made in Britain between 1945 and 1960', *Historical Journal of Film, Radio and Television*, 8 (1988), esp. pp. 39 – 41; John Ramsden, 'Refocusing "The Peo-ple's War": British War Films of the 1950s', *JCH*, 33(1998), esp. pp. 36 – 8, 45; Sonya O. Rose, 'From the "New Jerusalem" to the "Decline" of the "New Elizabethan Age": Na-tional Identity and Citizenship in Britain, 1945 – 56', in Biess and Moeller, eds, *Histories of the Aftermath*, p. 238；Wendy Webster, *Englishness and Empire, 1939 - 1965* (Oxford, 2005), ch. 3, esp. p. 91.

第九章

1　Alan Clark, *The Donkeys* (London, 1961), p. 11; Joan Littlewood, *Tribune*, vol. 26, no. 16, 19 April 1963, p. 9.

2　Maurice Halbwachs, *The Collective Memory*, ed. Mary Douglas (New York,1950), p. 48; see also *Maurice Halbwachs on Collective Memory*, ed. Lewis A. Coser (Chicago, 1957).

3　James E. Young, *The Texture of Memory: Holocaust Memorials and Meaning* (New Haven, 1993), pp. xi - xii; Jay Winter, *Remembering War: The Great War between Memory and History in the Twentieth Century* (New Haven, 2006), pp. 3 - 5.

4　Jan Assmann, 'Collective Memory and Cultural Identity', *New German Critique*,65 (spring - summer 1995), pp. 125 - 33. See also Alan Confino, 'Collective Memory and Cultural History: Problems of Method', *American Historical Review*,102 (1997), pp. 1386 - 1403, and the succinct theoretical discussion in Meike Wulf, *Shadowlands: Generating History in Post - Cold War Estonia* (Oxford, 2014),ch. 1. Major essay collections include Jay Winter and Emmanuel Sivan, eds, *War and Remembrance in the Twentieth Century* (Cambridge, 1999); T. G. Ashplant,Graham Dawson and Michael Roper, eds, *The Politics of War Memory and Commemoration* (London, 2000), and Karen Tilmans, Frank van Vree and Jay Winter, eds, *Performing the Past: Memory, History and Identity in Modern Europe* (Amsterdam, 2010).

5　Barbara Tuchman, *August 1914* (London, 1962), pp. 7, 13, 78, 426. This was the title of the British edition.

6　Robert F. Kennedy, *Thirteen Days: The Cuban Missile Crisis* (London, 1969),p. 65; Richard Reeves, *President Kennedy: Profile of Power* (New York, 1993),p. 306.

7　Arthur M. Schlesinger, Jr. , *A Thousand Days: John F. Kennedy in the White House* (New York: Fawcett, 1971), pp. 505, 909 - 10.

8　Lyndon B. Johnson, press conference, 28 July 1965, American Presidency Project website, http://www. presidency. ucsb. edu/ Accessed 12 Dec. 2012.

9　Congressional Research Service report RL32492, 'American War and Military Operations Casualties: Lists and Statistics', 26 Feb. 2010, pp. 2 - 3,http://www. fas. org/sgp/ crs/natsec/RL32492. pdf - Accessed 13 Dec. 2012.

10　William Appleman Williams, *The Tragedy of American Diplomacy* (2nd edn, New York, 1962), pp. 64 – 5, 82 – 3, 99 – 101.

11　N. Gordon Levin, Jr. , *Woodrow Wilson and World Politics*: *America's Response to War and Revolution* (New York, 1968), pp. 64 – 5, 99 –101, 260.

12　Mary Fulbrook, *German National Identity after the Holocaust* (Cambridge, 1999), pp. 59 – 60, 66; Friedrich Meinecke, *A German Catastrophe*, transl. Sidney B. Fay (Boston, 1950), p. 96.

13　In origin a mocking caricature by Munich historian Helmut Krausnick – see Astrid Eckert, 'The Transnational Beginnings of West German *Zeitgeschichte* in the 1950s', *Central European History*, 40 (2007), p. 86.

14　Fritz Fischer, *Griff nach der Weltmacht*: *die Kriegszielpolitik des kaiserlichen Deutschland*, *1914/18* (Düsseldorf, 1961), p. 12; Gerhard Ritter, 'Eine neue Kriegsschuldthese? Zu Fritz Fischer's Buch "Griff nach der Weltmacht"', *H Z*, 194/3 (1962), p. 667. See also *TCH/48/2*(2013), special issue on Fischer.

15　There were still 700,000 alive in 1973. Olivier Wieviorka, *La Mémoire Désunie*: *Le souvenir politique des années sombres*, *de la Libération à nos jours* (Paris, 2010), pp. 75 – 8. See also David Reynolds, *In Command of History*: *Churchill Fighting and Writing the Second World War* (London, 2004), p. 204.

16　Malraux as encapsulated by Henry Rousso, *The Vichy Syndrome*: *History and Memory in France since 1944*, transl. Arthur Goldhammer (Cambridge, Mass, 1991), p. 90.

17　Sudhir Hazareesingh, *In the Shadow of the General*: *Modern France and the Myth of de Gaulle* (Oxford, 2012), p. 20.

18　Julian Jackson, *France*: *The Dark Years*, *1940 – 1944* (Oxford, 2001), p. 613.

19　Rousso, *Vichy Syndrome*, pp. 110 – 11.

20　Wieviorka, *La Mémoire Désunie*, pp. 134 – 5.

21　John W. Young, *France*, *the Cold War and the Western Alliance*, *1944 – 1949* (Leicester, 1990), pp. 76, 84.

22　Raymond Poidevin, ed. , *Histoire des Debuts de la Construction européénne*, *mars 1948 – mai 1950* (Brussels, 1986), p. 326.

23　Young, *France*, p. 209.

24　Hans – Peter Schwarz, *Adenauer*: *Der Staatsmann*, *1952 –1967* (Munich, 1994), pp. 297, 759 – 60.

25　N. Piers Ludlow, *Dealing with Britain*: *The Six and the First UK Application to the EEC* (Cambridge, 1997), p. 32.

26   David Reynolds, *Britannia Overruled*: *British Policy and World Power in the Twentieth Century* (2nd edn, London, 2000), pp. 208, 212; Harold Macmillan, *At the End of the Day, 1961–1963* (London, Macmillan, 1973), p. 339.

27   *The Complete War Memoirs of Charles de Gaulle* (New York, 1998), p. 557.

28   John Ramsden, *Man of the Century*: *Winston Churchill and His Legend since 1945* (London, 2002), pp. 4, 17, 18, 20–1.

29   Alan Clark, *The Donkeys* (London, 1961), pp. 6, 21–2, 182, 186; Ion Trewin, *Alan Clark*: *The Biography* (London, 2009), pp. 176, 181–2, 188–9.

30   Joan Littlewood, *Tribune*, vol. 27, no. 16, 19 April 1963, p. 9; Trewin, *Clark*, pp. 182–8; see also Derek Paget, 'Remembrance Play: *Oh What a Lovely War* and History', in Tony Howard and John Stokes, ed. , *Acts of War*: *The Representation of Military Conflict on the British Stage and Television since 1945* (Aldershot, 1996), pp. 82–97.

31   The actual entries in Haig's diary for 1 Aug. 1916 run as follows: '1. "*The Powers that be*" are beginning to get a little uneasy in regard to the situation. 2. Whether the loss of say 300,000 men will lead to really great results, because if not, we ought to be content with something less than we are doing . . . I replied . . . Our losses in July's fighting totalled about 120,000 more than they would have been, had we not attacked. They cannot be regarded as sufficient to justify any anxiety as to our ability to continue the offensive. ' Gary Sheffield and John Bourne, eds, *Douglas Haig*: *War Diaries and Letters 1914–1918* (London, 2005), pp. 213–14.

32   Theatre Workshop, *Oh What a Lovely War*, revised and restored edition by Joan Littlewood (London, 2000), pp. 6, 44, 60, 70, 74, 85.

33   *Oh What a Lovely War*, p. 87; Michael Paris, 'Enduring Heroes: British Feature Films and *the First World War*', *in Paris, ed.* , The First World War and Popular Cinema: *1914* to the Present (*Edinburgh*, 1999), *pp.* 63, 68; *Brian Bond*, The Unquiet Western Front: Britain's Role in Literature and History (*Cambridge*, 2002), *pp.* 65–7.

34   *Simon Ball*, The Guardsmen: Harold Macmillan, Three Friends, and the World They Made (*London*, 2004), *p.* 393; *Daniel Todman*, The Great War: Myth and Memory (*London*, 2005), *pp.* 108–11.

35   *Alex Danchev*, '"*Bunking*" and "*Debunking*": *The Controversies of the 1960s*', *in Brian Bond*, *ed.* , The First World War and British Military History (*Oxford*, 1991), p. 263.

36   *A. J. P. Taylor*, The First World War: An Illustrated History (*London*, 1966

edn),*pp.* 28, 85, 108, 238; *Todman*, Great War, *p.* 138.

37　B. H. *Liddell Hart*, The Real War, *1914 – 1918* (*London*, 1930), *p.* 503. *See also the discussion by Hew Strachan*, '*"The Real War"*: *Liddell Hart*, *Cruttwell*, *and Falls*', *in Bond*, *ed.*, First World War, *pp.* 41 – 67.

38　*Taylor*, First World War, *pp.* 11, 16, 20, 62, 99 – 100, 230 – 3, 236, 255, 287.

39　*A. J. P. Taylor*, The Struggle for Mastery of Europe, *1848 – 1918* (*London*, 1954),*pp.* 526 – 7, *where he places the main responsibility firmly on Austria – Hungary and Germany.*

40　*Taylor*, First World War, *pp.* 123, 140, 194.

41　*Bond*, Unquiet Western Front, *p.* 63, *perhaps underplays the importance of Taylor in this shift of attention from Passchendaele to the Somme.*

42　*Taylor*, The First World War, *pp.* 276 – 7; *Adam Sisman*, A. J. P. Taylor: A Biography(*London*, 1994), *pp.* 288 – 9, 307 – 9.

43　*Dan Todman*, '*The Reception of* The Great War *in the* 1960s', Historical Journal of Film, Radio and Television, 22 (2002), *pp.* 29 – 36, *quoting p.* 35.

44　*J. A. Ramsden*, 'The Great War: *The Making of the Series*', Historical Journal of Film, Radio and Television, 22 (2002), *p.* 10; The Great War, *episode* 13, '*The Devil is Coming*'.

45 *M. L. Connelly*, 'The Great War, Part *13*: The Devil is Coming', Historical Journal of Film, Radio and Television, 22 (2002), *pp.* 21 – 8; *Ramsden*, 'The Great War',*p.* 17 (*quote*).

46　*Emma Hanna*, The Great War on the Small Screen: Representing the First World War in Contemporary Britain (*Edinburgh*, 2009), *pp.* 38 – 9.

47　*Hanna*, The Great War on the Small Screen, *pp.* 39 – 41, 46.

48　*Nicholas Reeves*, '*Through the Eye of the Camera*: *Contemporary Audiences and their "Experience" of War in the Film* Battle of the Somme', *in Hugh Cecil and Peter H. Liddle*, *eds*, Facing Armageddon: The First World War Experience(*London*, 1996), *ch.* 55, *quoting pp.* 782, 786 – 90; '*War's Realities on the Cinema*', The Times, 22 Aug. 1916, *p.* 3.

49　*Reeves*, '*Through the Eye of the Camera*', *pp.* 785, 791 – 2.

50　*Hanna*, The Great War on the Small Screen, *p.* 36.

51　*Catherine W. Reilly*, English Poetry of the First World War: A Bibliography(*London*, 1978), *p.* *xix and* English Poetry of the Second World War: A Biobibliography (*London*, 1986), *pp.* vii – viii. '*English poets*' *comprise those writing in English from Eng-*

land, Scotland, Wales and Ireland.

52   Helen Goethals, 'The Muse that Failed: Poetry and Patriotism during the Second World War', in Tim Kendall, ed., The Oxford Handbook of British and Irish War Poetry (Oxford, 2007), ch. 19, esp. pp. 367, 372.

53   Keith Douglas, 'Poets in This War', in Keith Douglas, The Letters, ed. Desmond Graham (Manchester, 2000), p. 352.

54   Dominic Hibberd, 'Anthologies of Great War Verse: Mirrors of Changes', in Michael Howard, ed., A Part of History: Aspects of the British Experience of the First World War (London, 2009), ch. 13, quoting pp. 110, 111.

55   Hibberd, 'Anthologies', p. 112.

56   Edmund Blunden, Undertones of War [1928] (London, 2000), p. xii. The nightmare comes from Barry Webb, Edmund Blunden: A Biography (London, 1990), pp. 80 – 1.

57   Edmund Blunden, 'The Soldier Poets of 1914 – 1918' in Frederick Brereton, ed., An Anthology of War Poems (London, 1930), pp. 13 – 24; cf. Reilly, English Poetry of the First World War, p. xix.

58   Samuel Hynes, A War Imagined: The First World War and English Culture (London, 1990), p. 437.

59   Brian Gardner, ed., Up The Line to Death: The War Poets, 1914 –1918 (London, 1964), pp. vii – viii, xix, 114.

60   I. M. Parsons, ed., Men Who March Away: Poems of the First World War (London, 1965), esp. pp. 13 – 14, 16, 18; Maurice Hussey, ed., Poetry of the First World War (London, 1967), esp. p. xv; see also http://greatwarfiction.wordpress.com/2010/10/10/up-the-line-to-death/ accessed 5 Nov. 2012.

61   This paragraph follows the perceptive discussion of Owen in Todman, Great War, ch. 5, quoting p. 161.

62   Blunden to Sassoon, 30 Sept. 1940, in Carol Z. Rothkopf, ed., Selected Letters of Siegfried Sassoon and Edmund Blunden, 1919 – 1967 (3 vols, London, 2012), vol. 2, p. 265.

63   Kenneth Clark, The Other Half: A Self – Portrait (London, 1977), pp. 22 – 4; see generally Brian Foss, War Paint: Art, War, State and Identity in Britain, 1939 –1945 (New Haven, 2007).

64   See generally Frances Spalding, British Art since 1900 (London, 1986), ch. 6.

65   Foss, War Paint, pp. 164 – 5, 186.

66   'Pictures of the War', The Times, 13 Oct. 1945, p. 5.

67　*Foss*, War Paint, *pp.* 188 – 9, 192; *Spalding*, British Art, *p.* 152.

68　*James Beechey and Chris Stephens*, *eds*, Picasso and Modern British Art (*London*, 2012), *pp.* 34, 185, 227.

69　*Sue Malvern*, 'War, Memory and Museums: Art and Artefact in the Imperial War Museum', History Workshop Journal, 49 (*Spring* 2000), *pp.* 195, 202.

70　*Cf. Jon Stallworthy*, Anthem for Doomed Youth: Twelve Soldier Poets of the First World War (*London*, 2002).

71　*Robert Fisk*, In Time of War: Ireland, Ulster and the Price of Neutrality, *1939 – 1945* (*London*, 1985), *p.* 537.

72　*Roy Foster*, Modern Ireland, *1600 –1972* (*London*, 1988), *pp.* 578 – 80; *Tim Pat Coogan*, De Valera: Long Fellow, Long Shadow (*London*, 1993), *pp.* 670 – 7.

73　*Mary E. Daly and Margaret O'Callaghan*, *eds*, 1916 in 1966: Commemorating the Easter Rising (*Dublin*, 2007), *pp.* 30, 180; *Roisín Higgins*, Transforming *1916*: Meaning, Memory and the Fiftieth Anniversary of the Easter Rising (*Cork*, 2012), *p.* 115.

74　*Higgins*, Transforming *1916*, *pp.* 121, 124 – 31, *quoting* 125; *see also Cathal Brennan*, '*A TV Pageant – The Golden Jubilee Commemorations of the* 1916 *Rising*', The Irish Story, 18 *Nov.* 2010, *http://www. theirishstory. com/*2010/11/18/*a-tv-pageant-%e2%80%93-the-golden-jubilee-commemorations-of-the-*1916*-rising/ Accessed* 17 *Dec.* 2012.

75　*Peter Wilson*, Provos: The IRA and Sinn Fein (*London*, 1997), *p.* 6.

76　*Catherine O'Donnell*, '*Pragmatism versus Unity: The Stormont Government and the* 1966 *Easter Celebration*', *in Daly and O'Callaghan*, *eds*, 1916 *in* 1966, *ch.* 7, *quoting pp.* 248 – 9, 259, 260; *Steve Bruce*, Paisley: Religion and Politics in Northern Ireland (*Oxford*, 2007), *ch.* 3, *quoting pp.* 81, 89; *James Loughlin*, '*Mobilising the Sacred Dead: Ulster Unionism, the Great War and the Politics of Remembrance*', *in Adrian Gregory and Senia Pašeta*, *eds*, Ireland and the Great War: 'A War to Unite Us All'? (*Manchester*, 2002), *p.* 147.

77　The Autobiography of Terence O'Neill (*London*, 1972), *p.* 87; *Conor Cruise O'Brien*, States of Ireland (*London*, 1972), *pp.* 149 – 50.

78　*Karen Petrone*, The Great War in Russian Memory (*Bloomington, Indiana*, 2011), *pp.* 288 – 9.

79　*Jay Winter and Antoine Prost*, The Great War in History: Debates and Controversies, *1914* to the Present (*Cambridge*, 2005), *pp.* 20 – 1.

80　*Elizabeth A. Marsland*, The Nation's Cause: French, English and German Poetry of the First World War (*London*, 1991), *pp.* 11 – 15.

第十章

1 John Keegan, *The Face of Battle: A Study of Agincourt, Waterloo and the Somme* (London, 1978 pbk edn), p. 260; 'MCMXIV', from Philip Larkin, *Collected Poems*, ed. Anthony Thwaite (London, 1988), pp. 127 -8.

2 'MCMXIV', from Philip Larkin, *Collected Poems*, ed. Anthony Thwaite (London, 1988), pp. 127 - 8; Richard Holmes, *Tommy: The British Soldier on the Western Front, 1914 -1918* (London, 2004), p. 138.

3 Brian Gardner, *The Big Push: A Portrait of the Battle of the Somme* (London, 1961),p. x; John Harris, *The Somme: Death of a Generation* (London, 1975 edn),pp. 79, 143 - 4.

4 A. H. Farrar - Hockley, *The Somme* (London, 1964), pp. 5, 211 - 12.

5 Martin Middlebrook, *The First Day on the Somme: 1 July 1916* (London: Book Club edn, 1971), p. 353; Martin Middlebrook, 'The Writing of *The First Day on the Somme*', Dec. 2004, p. 6. http://www. fylde. demon. co. uk/middlebrook2. htm Accessed 19 Nov. 2012.

6 John Harris, *Covenant with Death* (London: 1973 edn), pp. 7, 15, 445, 448.

7 Middlebrook, 'Writing of *The First Day*', p. 7.

8 Middlebrook, 'Writing of *The First Day*', pp. 15, 18 - 19.

9 Middlebrook, *First Day*, pp. 106 - 22.

10 Middlebrook, *First Day*, pp. 148, 241.

11 Middlebrook, *First Day*, pp. 244, 263 - 5, 275 - 80, 290; cf. John Terraine, *Haig: The Educated Soldier* (London, 1963), pp. 200 - 04.

12 John Keegan, *The Face of Battle*, pp. 16 - 18, 29, 77.

13 Keegan, *The Face of Battle*, pp. 221, 229, 259 - 60, 262, 286 - 9.

14 Middlebrook, 'Writing of *The First Day*', pp. 18, 22, 24.

15 Peter Simkins, 'Everyman at War: Recent Interpretations of the Front Line Experience' in Brian Bond, ed. , *The First World War and British Military History* (London, 1991), pp. 304 - 5; Brian Bond, *The Unquiet Western Front: Britain's Role in Literature and History* (Cambridge, 2002), pp. 93 - 4, 120.

16 Entry on 'family history' in David Hey, ed. , *The Oxford Companion to Family and Local History* (2nd edn, Oxford, 2008); http://www. abmpublishing. co. uk/A-bout. html accessed 29 Nov. 2012; Simon Fowler, William Spencer and Stuart Tamblin, *Ar-*

my Service Records of the First World War (London, 1996).

17 Middlebrook, 'Writing of *The First Day*', pp. 32 – 3.

18 A point established by Joanna Costin in her unpublished Cambridge BA dissertation on the Accrington Pals (2013), ch. 6.

19 Lyn Macdonald, *They Called it Passchendaele: The Story of the Third Battle of Ypres and of the Men Who Fought It* (London, 1978), p. xiii; Lyn Macdonald, *To the Last Man: Spring 1918* (London, 1998), pp. xvi – xvii. See also Dan Todman, *The Great War: Myth and Memory* (London, 2005), pp. 206 – 8.

20 Lyn Macdonald, *Somme* (London, 1983), pp. 137 – 8.

21 Holmes, *Tommy*, pp. 440 – 1; William Philpott, *Bloody Victory: The Sacrifice on the Somme* (London, 2009), pp. 239 – 41.

22 *Henry V*, act 4, scene 3, lines 52 – 4.

23 Alistair Thomson, *Anzac Memories: Living with the Legend* (Melbourne, 1994), pp. 8 – 11, 161 – 71, 205 – 15.

24 Thomson, *Anzac Memories*, pp. 218, 228.

25 Jenny Macleod, 'The Fall and Rise of Anzac Day: 1965 and 1990 Compared', *War and Society*, 20 (2002), pp. 150 – 1, 157 – 8.

26 Graham Seal, *Inventing Anzac: The Digger and National Mythology* (St Lucia, Queensland, 2004), pp. 123, 133 – 4; Bart Ziino, *A Distant Grief: Australians, War Graves and the Great War* (Crawley, Western Australia, 2007), pp. 158 – 62.

27 David Lowe, *Australia Between Two Empires: The Life of Percy Spender* (London, 2010), p. 97; Stuart Ward, *Australia and the British Embrace: The Demise of the Imperial Ideal* (Melbourne, 2001), p. 21.

28 Ward, *Australia and the British Embrace*, p. 2.

29 C. E. W. Bean, *The Official History of Australia in the War of 1914 – 1918*, vol. II (11th edn, Sydney, 1941), p. 910; see also Joan Beaumont, 'Gallipoli and Australian National Identity', in Neil Garnham and Keith Jeffery, eds, *Culture, Place and Identity* (Dublin, 2005), pp. 138 –51.

30 Bill Gammage, *The Broken Years: Australian Soldiers in the Great War* (Canberra, 1974), pp. vi, xiii, xvii, 159, 169.

31 Gammage, *Broken Years*, pp. xvii, 1 – 3, 276 – 9.

32 Patsy Adam – Smith, *The Anzacs* (London, 1978), pp. vii – viii, 122 – 7.

33 Thomson, *Anzac Memories*, p. 193.

34 Michael McKernan, *Here is Their Spirit: A History of the Australian War Me-*

morial, 1917 - 1990 (St Lucia, Queensland, 1991), p. 272; Macleod, 'Fall and Rise of Anzac Day', p. 159.

35 Beaumont, 'Gallipoli and Australian National Identity', p. 145.

36 Mark McKenna, 'Anzac Day: How did it become Australia's national day?' in Marilyn Lake and Henry Reynolds, eds, *What's Wrong with Anzac: The Militarization of Australian History* (Sydney, 2010), ch. 5, quoting p. 122.

37 Jock Phillips, 'The Quiet Western Front: The First World War and New Zealand Memory', in Santanu Das, ed. , *Race, Empire and First World War Writing* (Cambridge, 2011), pp. 231 – 48.

38 Robin Gerstler, *Big - Noting: The Heroic Theme in Australian War Writing* (Melbourne, 1987), pp. 2, 5.

39 Paul Fussell, *The Great War and Modern Memory* (New York, 2000 edn), pp. ix, 18 – 19, 29, 35.

40 Fussell, *Great War*, pp. 75 – 6.

41 Fussell, *Great War*, p. 341; see also the profile by Susanna Rustin, 'Hello to All That', *Guardian*, 31 July 2004.

42 Fussell, *Great War*, pp. ix, 18, 36, 315 – 19; Robin Prior, 'Paul Fussell at War', *War and History*, 1 (1994), pp. 63 – 80, quoting p. 67.

43 Fussell, *Great War*, p. 338; Leonard V. Smith, 'Paul Fussell's *The Great War and Modern Memory*: Twenty – Five Years Later', *History and Theory*, 40 (2001), pp. 241 – 60, quotations from p. 247.

44 Frank Field, *British and French Writers of the First World War: Comparative Studies in Cultural History* (Cambridge, 1991), p. 247; sales figures in E – mail of 3 Dec. 2012 from Christian Purdy, Director of Publicity, OUP New York.

45 Jay Winter and Antoine Prost, *The Great War in History: Debates and Controversies, 1914 to the Present* (Cambridge, 2005), pp. 9 – 11, 13 – 15, 82 – 8; Kelly Boyd, ed. , *Encyclopedia of Historians and Historical Writing* (2 vols, Chicago, 1999), 2: 995.

46 Jacques Mayer, *La vie quotidienne de soldats pendant la grande guerre* (Paris, 1966), quoting p. 12.

47 Gabriel Perreux, *La vie quotidienne des civils en France pendant la grande guerre* (Paris, 1966), quoting p. 346.

48 Arthur Marwick, *The Deluge: British Society and the First World War* (London, 1965), pp. 10, 12.

49 Originally theses, it should be acknowledged, that were directed by Renouvin.

50   Jay Winter, *Remembering War*: *The Great War between Memory and History in the Twentieth Century* (New Haven, 2006), pp. 118 – 19; http://www. wilfredowen. fr/ Accessed 28 Nov. 2012.

51   Gerd Krumeich, 'Kriegsgeschichte in Wandel', in Gerhard Hirchfeld and Gerd Krumeich, eds, *Keiner fühlt sich hier mehr als Mensch . . . Erlebnis und Wirkung des Ersten Weltkriegs* (Essen, 1993), pp. 11 – 14; see also David F. Crew,'*Alltagsgeschichte*: A New Social History "From Below?" *Central European History*,22 (1989), pp. 394 – 407.

52   George L. Mosse, *Fallen Soldiers*: *Reshaping the Memory of the World Wars* (New York, 1990), pp. 3 – 5, 7, 159 – 60, 174.

第十一章

1   Edward Thomas, 'Roads', *The Collected Poems of Edward Thomas*, ed. R. George Thomas (Oxford, 1978), p. 267; Carol Ann Duffy, 'Last Post', in *The Bees* (London, 2011), p. 4.

2   Maya Lin, 'Making the Memorial,' *New York Review of Books*, 2 Nov. 2000.

3   Pierre Nora, ed. , *Rethinking France*: *Les Lieux de Mémoire*, vol. 1 (Chicago, 2001), Nora's general introduction, pp. vii – xxii.

4   Konrad H. Jarausch, *After Hitler*: *Recivilizing Germans*, *1945 – 1955* (New York,1994), pp. 267 – 8; Kristina Spohr Readman, *Germany and the Baltic Problem after the Cold War*: *The Development of a New Ostpolitik*, *1989 – 2000* (London, 2004),p. 76.

5   Thomas Nipperdey, *Nachdenken über die deutschen Geschichte* (Munich, 1986),pp. 213 – 14.

6   Timothy Garton Ash, *In Europe's Name*: *Germany and the Divided Continent* (London, 1993), pp. 384 – 8.

7   Jacques Attali, *Verbatim*: *Tome 3*, *Chronique des années 1988 – 1991* (Paris, 1995), pp. 331, 363, 369.

8   Werner Weidenfeld, *Aussenpolitik für die deutsche Einheit*: *Die Entscheidungsjahre*,*1989/90* (Stuttgart, 1998), p. 73; *The Spectator*, 14 July 1990, pp. 8 – 10.

9   Margaret Thatcher, *The Downing Street Years* (London, 1995), pp. 790 – 9; Patrick Salmon et al. , eds, *Documents on British Policy Overseas*, series *III*, vol. *VII*: *German Unification*, *1989 – 1990* (London, 2010), p. 151.

10   Francis Fukuyama, 'The End of History?' *The National Interest*, summer 1989, pp. 3 – 4.

11　Mary N. Hampton, *The Wilsonian Persuasion*: *U. S. Foreign Policy, the Alliance, and German Unification* (Westport, Connecticut, 1996); Erez Manela, *The Wilsonian Moment*: *Self - Determination and the International Origins of Anticolonial Nationalism* (Oxford,2007), p. 5; Matthew C. Price, *The Wilsonian Persuasion in American Foreign Policy*(Youngstown, NY, 2007), p. 3.

12　Frank Ninkovich, *The Wilsonian Century*: *U. S. Foreign Policy since 1900*(Chicago, 1999), p. 289.

13　Stefan Halper and Jonathan Clarke, *America Alone*: *The Neo - Conservatives and the Global Order* (Cambridge, 2004), pp. 18, 74 - 9, 146 - 54; John A. Thompson,'Wilsonianism: The Dynamics of a Conflicted Concept', *International Affairs*, 86(2010), p. 27, quoting Kaplan and historian David Kennedy.

14　Catherine Merridale, *Night of Stone*: *Death and Memory in Russia* (London, 2000), pp. 122 - 4, 452; Bart Ziino, *A Distant Grief*: *Australians, War Graves and the Great War* (Crawley, Western Australia, 2007), pp. 1 - 7. Ken Inglis, *Sacred Places*: *War Memorials in the Australian Landscape* (3rd edn, Melbourne, 2008),p. 471, gives a figure of 1,455 Australian memorials to the Frist War World .

15　Peter Holquist, *Making War, Forging Revolution*: *Russia's Continuum of Crisis, 1914 - 1921* (Cambridge, Mass achussetts, 2002), pp. 1 - 2. For a synthesis of recent work see Peter Gatrell, *Russia's First World War*: *A Social and Economic History* (Harlow, 2005).

16　Karen Petrone, *The Great War in Russian History* (Bloomington, Indiana, 2010), pp. 292 - 300.

17　E. g. 'Violence and Society after the First World War', *Journal of Modern European History*, 1 (2003), pp. 7 - 149; Alexander V. Prusin, *The Lands Between*: *Conflict in the East European Borderlands, 1870 - 1992* (Oxford, 2010); Timothy J. Snyder, *Bloodlands*: *Europe between Hitler and Stalin* (New York, 2010); Robert Gerwarth and John Horne, eds, *War in Peace*: *Paramilitary Violence in Europe after the Great War* (Oxford, 2012)

18　Robert D. Kaplan, *Balkan Ghosts*: *A Journey Through History* (New York, 1993),pp. xxi - xxii; Misha Glenny, *The Rebirth of History*: *East Europe in the Age of Democracy* (London, 1990), p. 236.

19　David J. Smith, '"Woe from Stones": Commemoration, Identity Politics and Estonia's "War of Monuments"', *Journal of Baltic Studies*, 39 (2008), pp. 419 - 430; Aro Velmet, 'Occupied Identities: National Narratives in Baltic Museums of Occupations', *Jour-*

nal of Baltic Studies, 42 (2011), pp. 189 – 211. quoting p. 191; see also Meike Wulf, *Shadowlands: Framing the Past in Post – Soviet Estonia* (Oxford,2014).

20   Jan – Werner Müller, ed. , *Memory and Power in Post – War Europe*: *Studies in the Presence of the Past* (Cambridge, 2002), introduction, p. 14.

21   James Mark, *The Unfinished Revolution : Making Sense of the Communist Past in Central – Eastern Europe* (New Haven, 2010), p. 95; HC Debs,11 June 1999, vol. 332, col. 408.

22   Daniel Levy and Natan Sznaider, 'Memory Unbound: The Holocaust and the Formation of Cosmopolitan Memory', *European Journal of Social Theory*, 5(2002), pp. 96 – 9.

23   Charles S. Maier, 'Hot Memory . . . Cold Memory: On the Political Half – Life of Fascist and Communist Memories', *Transit*, 22 (winter 2001 – 2), pp. 153 – 65.

24   Snyder, *Bloodlands*, pp. x, 406.

25   http://www. kobariski-muzej. si/exhibitions/permanent/ accessed on 10 Dec. 2012.

26   Jay Winter, *Remembering War : The Great War between Memory and History in the Twentieth Century* (New Haven, 2006), pp. 41 – 2, 222 –37; Gerd Krumeich,'Der Erste Weltkrieg im Museum: Das *Historial de la Grande Guerre* in Péronne und neuere Entwicklungen in der musealen Präsentation des Ersten Weltkriegs',in Barbara Korte, et al. , eds, *Der Erste Weltkrieg in der populären Erinnerungskultur*(Essen, 2008), pp. 59 – 71.

27   Caroline Fontaine, et al. , eds, *The Collections of the Historial of the Great War* (Paris,2008), pp. 38, 117 – 19, 150.

28   Speech of 25 April 2003, accessed on 26 April 2011 from John Howard prime ministerial website at http://pandora. nla. gov. au/pan/10052/20031121-0000/www. pm. gov. au/news/speeches/speech94. html.

29   On the DVA see Marilyn Lake, 'How do schoolchildren learn about the spirit of Anzac?' in Marilyn Lake and Henry Reynolds, eds, *What's Wrong with Anzac*? *The Militarisation of Australian History* (Sydney, 2010), ch. 6.

30   K. S. Inglis, *Sacred Places: War Memorials in the Australian Landscape* (3rd edn,Melbourne, 2008), pp. 411 – 12, 547.

31   Mark McKenna and Stuart Ward, '"It was Really Moving, Mate": The Gallipoli Pilgrimage and Sentimental Nationalism in Australia', *Australian Historical Studies*, 38 (2007), p. 146.

32   Kevin Fewster, Vecihi Başarin and Hatice Hürmüz Başarin, *Gallipoli: The Turk-*

ish Story (2nd, Crows Nest, New South Wales, 2003), p. 7.

33   Fewster et al. , *Gallipoli*, ch. 1, quoting p. 18.

34   Trevor Royle, *The Flowers of the Forest : Scotland and the First World War* (Edinburgh, 2007), p. 329.

35   Alvin Jackson, *The Two Unions : Ireland, Scotland, and the Survival of the United Kingdom, 1707 -2007* (Oxford, 2012), esp. pp. 172 - 7.

36   Kenneth O. Morgan, *Rebirth of a Nation : Wales, 1880 - 1980* (Oxford, 1981), pp. 367 - 8, 384, 414 - 15.

37   Stuart Allan and Allan Carswell, *The Thin Red Line : War, Empire and Visions of Scotland* (Edinburgh, 2004), p. 40.

38   Jackson, *Two Unions*, pp. 265 - 8, 278; T. M. Devine, *The Scottish Nation , 1700 - 2007* (2nd edn, London, 2006), p. 662.

39   John Horne, ed. , *Our War : Ireland and the Great War* (Dublin, 2008), introduction, p. ix.

40   Richard S. Grayson, *Belfast Boys : How Unionists and Nationalists Fought and Died Together in the First World War* (2nd, edn. , London, 2010), pp. 181 - 4.

41   Keith Jeffrey, *Ireland and the Great War* (Cambridge, 2000), pp. 6, 35, 138 - 43. The figures are for Irishmen born and enlisting in Ireland; if men born in Ireland who served in the Canadian or American forces are included the death toll rises to perhaps 35 ,000.

42   Horne, ed. , *Our War*, pp. 273 - 4.

43   S. D. Badsey, 'The Great War since *The Great War* ', *Historical Journal of Film ,Radio and Television*, 22/1 (2002), p. 44. See also Brian Bond, *The Unquiet Western Front : Britain's Role in Literature and History* (Cambridge, 2002), ch. 4.

44   Gary Sheffield, *Forgotten Victory. The First World War : Myths and Realities* (London, 2001), pp. xvii, 48, 169, 253 - 4, 263.

45   William Philpott, *Bloody Victory : The Sacrifice of the Somme* (London, 2009), pp. 626 - 9; Sheffield, *Forgotten Victory*, pp. 92 - 3, 280.

46   John Keegan, *The First World War* (London, 1998), pp. 3, 315 - 16, 456.

47   Niall Ferguson, *The Pity of War* (London, 1998), pp. 445, 460 - 1.

48   Ferguson, *Pity of War*, pp. 447, 462.

49   Jay Winter and Blaine Baggett, *1914 - 18 : The Great War and the Shaping of the Twentieth Century* (London, 1996), pp. 6, 10 - 11, 361, 392, 398, 402; see also Winter, *Remembering War*, pp. 207 - 8.

50   Winter, *Remembering War*, pp. 214 - 15; Bond, *Unquiet Western Front*, pp. 80 -

2;Todman, *Great War*, pp. 147 – 51; 'Oh What a Whingeing War!', *The Spectator*, 18 Jan. 1997, pp. 18 – 19.

51　Pat Barker, *The Regeneration Trilogy* (London, 1998), p. 5.

52　Barker, *Regeneration Trilogy*, pp. 427, 544 – 5, 559.

53　Barker, *Regeneration Trilogy*, pp. 544 – 5, 559, 576 – 7, 588 – 9; Brian Bond, *The Unquiet Western Front* (Cambridge, 2002),p. 77.

54　Sebastian Faulks, *Birdsong* (London, 2007 edn), quoting introduction (2004),pp. ix – xi.

55　Faulks, *Birdsong*, pp. xvi, 215, 236, 238 – 9.

56　Faulks, *Birdsong*, pp. x, 482 – 3; C. Day Lewis, ed. , *The Collected Poems of Wilfred Owen* (London, 1963), pp. 35 – 6.

57　Faulks, *Birdsong*, pp. xii, 65, 261 – 2, 266 – 7.

58　Faulks, *Birdsong*, p. xv.

59　Faulks, *Birdsong*, p. xvii; Daniel Todman, *The Great War: Myth and Memory* (London, 2005), pp. 175 – 6. Viewing figures from http://en. wikipedia. org/wiki/Birdsong _(TV_miniseries) -Accessed 19 Dec. 2012.

60　Faulks, *Birdsong*, pp. 263 – 4; Pat Barker, *Another World* (London, 1998), pp. 72 – 4;see also Virginie Renard, 'Reaching out to the Past: Memory in Contemporary British First World War Narratives', in Jessica Meyer, ed. , *British Popular Culture and the First World War* (Leiden, 2008), pp. 292 – 5.

61　Joan Beaumont, 'Gallipoli and Australian National Identity', in Neil Graham and Keith Jeffrey, eds, *Culture, Place and Identity* (Dublin, 2005), p. 145.

62　'L'hommage à Ponticelli honore tous les poilus', *Le Figaro*, 17 March 2008.

63　Obituary, 'Harry Patch', *Guardian*, 27 July 2009, p. 30; 'A Service to Mark the Passing of the World War One Generation', Westminster Abbey, 11 Nov. 2009.

64　'Last Post,' reprinted in Carol Ann Duffy, *The Bees* (London, 2011), pp. 4 – 5.

结语

1　G. M. Trevelyan, 'The Present Position of History'in *Clio, A Muse, and Other Essays* (2nd, edn, London, 1930), p. 196; W. N. Ewer, '1814 – 1914', reprinted in Dominic Hibberd and John Onions, eds, *The Winter of the World: Poems of the First World War* (London, 2007), p. 28.

2　Ewer, '1814 – 1914', in Hibberd and Onions, eds, *Winter of the World*, p. 28.

3 Christopher Andrew, *The Defence of the Realm: The Authorized History of MI5* (London, 2009), pp. 145, 152 – 9.

4 David Stevenson, *1914 – 1918: The History of the First World War* (London, 2004), pp. 47 – 8.

5 Richard Holmes, *Tommy: The British Soldier on the Western Front 1914 – 1918* (London, 2004), p. 89.

6 John Horne, ed. , *Our War: Ireland and the Great War* (Dublin, 2008), pp. 5, 133.

7 John Lee, 'Shakespeare and the Great War', in Tim Kendall, ed. , *The Oxford Handbook of British and Irish War Poetry* (Oxford, 2007), pp. 138, 145 – 6.

8 F. Scott Fitzgerald, *The Great Gatsby* [1925] (London, 1974), p. 188.

9 Richard Holmes, *Tommy: The British Soldier on the Western Front 1914 – 1918* (London, 2004), pp. 273 – 6.

10 Important studies include Stephen Constantine, Maurice W. Kirby and Mary B. Rose, eds, *The First World War in British History* (London, 1995); Sharon Ouditt, *Fighting Forces, Writing Women: Identity and Ideology in the First World War* (London, 1994); Gail Braybon, ed. , *Evidence, History and the Great War: Historians and the Impact of 1914 – 18* (Oxford, 2003); Janet S. K. Watson, *Fighting Different Wars: Experience, Memory, and the First World War in Britain* (Cambridge, 2004); and Adrian Gregory, *The Last Great War: British Society and the First World War* (Cambridge, 2008).

11 For examples of anthologies that break the mould see Catherine Reilly, ed. , *Scars Upon My Heart: Women's Poetry and Verse of the First World War* (London, 1981) and Dominic Hibberd and John Onions, eds, *Winter of the World: Poems of the First World War* (London, 2007).

12 Santanu Das, 'Introduction', in Das, ed. , *Race, Empire and First World War Writing* (Cambridge, 2011), pp. 4, 7.

13 Joachim Remak, '1914: The Third Balkan War: Origins Reconsidered', *JMH*, 43 (1971), pp. 353 – 66; Christopher Clark, *The Sleepwalkers: How Europe Went to War in 1914* (London, 2012), pp. xxvi – xxvii; Barbara Korte, et al. , eds, *Der erste Weltkrieg in der populären Erinnerungskultur* (Essen, 2008), p. 9; Winston S. Churchill, *The World Crisis: The Eastern Front* (London, 1931), p. 7; Gerhard P. Gross, ed. , *Die vergessene Front. Der Osten 1914/15: Ereignis, Wirkung, Nachwirkung* (Paderborn, 2006). A pioneering exception to this neglect in English was Norman Stone, *The Eastern Front* (London, 1975).

14 Hew Strachan, *The First World War*, vol. *I*, *To Arms* (Oxford, 2001), p. xvi; Daniel Marc Segesser, *Der Erste Weltkrieg in globaler Perspektive* (Wiesbaden, 2012); Rana Mitter, *A Bitter Revolution: China's Struggle with the Modern World* (Oxford, 2004); Xu Guoqi, *China and the Great War* (Cambridge, 2005).

15 Dan Todman, 'The First World War in Contemporary British Culture', in Heather Jones, Jennifer O'Brien and Christopher Schmidt – Supprian, eds, *Untold War: New Perspectives on First World War Studies* (Leiden, 2008), pp. 434 – 5, 439; Gundula Bavendamm, 'Der Erste Weltkrieg im Internet', in Gross, ed. , *Die vergessene Front*, quoting p. 389.

16 'Photographs (To Two Scots Lads)' in P. J. Kavanagh, ed. , *Collected Poems of Ivor Gurney* (Oxford, 1982), pp. 46 – 7.

17 Susan Sontag, *On Photography* (New York, 1977), p. 70. I follow here the insightful discussion in Catherine Moriarty, '"Though in a Picture Only": Photography and the Commemoration of the First World War', in Braybon, ed. , *Evidence, History and the Great War*, pp. 36 – 9.

18 HC Debs, 4 May 1920, vol. 128, cols 1970 – 1.

致　谢

本书的创作可以追溯到 10 年之前，也就是 2002 年我提交的一份会议论文，其主题是探讨各国关于一战和二战的话语体系是如何构建起来的。那篇论文中的观点就是本书的萌芽，因此我非常感谢会议的组织者理查德·J. 埃文斯和埃玛·罗斯柴尔德，感谢他们为我提供的机会。最近，我也在一些研讨会和会议上发表了我的观点，包括在巴黎召开的巴黎政治学院会议（莫里斯·维斯），在柏林召开的欧洲学院会议（安德烈亚斯·埃特格斯），在奥地利格拉茨召开的波斯曼研究所会议（斯蒂芬·豪纳和芭芭拉·斯泰尔兹马克思），以及在墨尔本迪肯大学召开的会议（戴维·劳）。

我还要特别感谢我的朋友和同事们，他们对我的整个书稿奉献了非常有价值的评论。尤其是约翰·汤普森和莎拉·斯坦纳，以及其他与我详细讨论了书稿部分章节及其蕴含的思想观点的人，包括克瑞斯·克拉克、马丁·道恩顿、尼雅弗·加拉赫以及迈克·伍尔夫。本书的题目主要归功于詹妮丝·哈德洛。我也从在帝国战争博物馆关于一战的美术馆学术咨询委员会的那些同仁们身上获益匪浅，他们是休·斯特罗恩、戴维·史蒂文森、丹·托德曼和黛博拉·托姆。他们的学术作品，还有杰伊·温特 2012 年在剑桥大学举办的人本主义的讲座，都是我从事研究的必要基础。在帝国战争博物馆工作的詹姆士·泰勒和詹姆斯·沃里斯都及时地回应了我的各种询问和需求。

　　如果没有剑桥大学庞大有效的图书馆网络，本书的研究也是不可能完成的。包括大学图书馆，存有各种版权书籍的地方，可以借阅，可以浏览，这是非常难得的；还有历史系的西利图书馆和基督学院的图书馆都给我提供了非常有用的资料。同样还要感谢塞格林和埃弗勒曼在马里尼的慷慨好客，他花费了很长的时间与我讨论和追寻大战的轨迹。和以往一样，我的家人做出了必不可少的贡献，他们的支持、忍耐，以及采取适当的手段和措施转移我的注意力！谢谢你们，玛格丽特、吉姆以及埃玛！特别感谢本书的编辑麦克·琼斯和我的经纪人彼得·罗宾逊，他们都仔细阅读了本书的草稿，并提出了很多的宝贵建议。同样感谢西蒙舒斯特出版公司的工作人员，特别是乔·惠特伍德，以及文字编辑塞莉娜·迪尔洛特和图片编辑塞西利亚·麦基。

　　与我同时代的历史学家书写关于大战的书籍时，往往集中于关注那些英勇的祖父级士兵的记忆上面。我的两位祖父他们都没有直接参加战斗，他们从事的都是不服兵役的职业，亨利·乔治·雷诺兹在伦敦的邮局从事电报服务，詹姆斯·凯则是一位样板师，就职于曼彻斯特最大的工程公司麦氏普莱特公司。然而，作为试图把我们对大战的关注从战壕中转移出来的书籍，这两个人也是比较合适的奉献者。